1 月 15 日，同济大学附属肺科医院戈宝学教授团队与上海科技大学饶子和院士团队合作完成的研究成果“Host-mediated ubiquitination of a mycobacterial protein suppresses immunity”（《分枝杆菌蛋白利用宿主泛素化系统抑制免疫》）发表于国际顶级学术期刊《自然》（*Nature*）

1 月 17 日，生命科学与技术学院高亚威教授与美国芝加哥大学教授何川、中科院北京基因组研究所研究员韩大力合作完成的研究成果“N6-methyladenosine of chromosomeassociated regulatory RNA regulates chromatin state and transcription”（《染色体相关 RNA 上的 m6A 修饰参与染色质状态与转录活性的调控》），在线发表于国际顶级学术期刊《科学》（*Science*）

2 月 7 日，同济大学党委书记方守恩、校长陈杰等校领导通过网络视频连线，向身在湖北的同济师生及其家人表示诚挚慰问，向奋战在抗疫一线的所有同济人致以崇高的敬意

3 月 12 日，海洋与地球科学学院副教授李江涛与美国伍兹霍尔海洋研究所合作完成的最新研究成果“Recycling and metabolic flexibility dictate life in the lower oceanic crust”（《有机质的循环利用和新陈代谢的灵活性决定着下洋壳中的生命》）在线发表于国际顶级学术期刊《自然》（*Nature*）

5 月 13 日，同济大学人工智能专业人才贯通式培养研讨会召开

6 月 21 日，同济大学参与研制的时速 600 公里高速磁浮试验样车在同济大学嘉定校区磁浮试验线上成功试跑

7 月 6 日，同济大学党委与嘉定区委中心组举行联组学习会，会上区校双方签约共同建设“嘉定同济大学科技园”“同济大学嘉定基础教育集团”

8 月 24 日，同济大学与贵州省人民政府签署战略合作协议

8 月 28 日，依托同济大学建设的上海自主智能无人系统科学中心专家咨询会暨学术委员会会议举行

9 月 27 日，同济大学与上海市城市运行管理中心签署战略合作协议并联合发布研究成果

10 月 20 日，由同济大学牵头组建的高校“城乡规划扶贫联盟”在上海成立，同日召开 2020 年工作研讨会

11 月 13 日，世界知识产权组织（WIPO）前任总干事弗朗西斯·高锐（Francis Gurry）博士受聘同济大学上海国际知识产权学院名誉院长仪式在上海举行

12 月 1 日，同济大学与四川省人民政府签署全面深化战略合作协议

12 月 12 日，同济大学研究生教育会议召开

12 月 25 日至 26 日，同济大学科研工作大会召开

2021
同济大学年鉴

同济大学年鉴编辑部　编

同濟大學 出版社
TONGJI UNIVERSITY PRESS
·上海·

图书在版编目(CIP)数据

2021同济大学年鉴/同济大学年鉴编辑部编. --上海:同济大学出版社,2023.8

ISBN 978-7-5765-0895-6

Ⅰ. ①2… Ⅱ. ①同… Ⅲ. ①同济大学—2021—年鉴 Ⅳ. ①G649.285.1-54

中国版本图书馆CIP数据核字(2023)第144965号

2021同济大学年鉴

同济大学年鉴编辑部 编

责任编辑 荆 华 金 言 责任校对 徐春莲 封面设计 宋善威

出版发行 同济大学出版社 www.tongjipress.com.cn

(地址:上海市四平路1239号 邮编:200092 电话:021-65985622)

经 销 全国各地新华书店

印 刷 上海安枫印务有限公司

开 本 889mm×1194mm 1/16

印 张 26.25 插页4

字 数 840000

版 次 2023年8月第1版

印 次 2023年8月第1次印刷

书 号 ISBN 978-7-5765-0895-6

定 价 80.00元

凡　例

一、《同济大学年鉴》是同济大学的资料性工具书，《2021同济大学年鉴》(以下简称本《年鉴》)是同济大学正式出版的第十七部综合性年鉴。

二、本《年鉴》以马克思列宁主义、毛泽东思想、邓小平理论、"三个代表"重要思想、科学发展观、习近平新时代中国特色社会主义思想为行动指南，客观记述学校各领域、各方面的发展情况。

三、本《年鉴》记载时间是2020年1月1日至12月31日。

四、本《年鉴》采用分类分条目编纂法，以特载、概述、概况为纲，以大事记为经，以院系情况概述、教学科研与科技开发、教职工队伍建设、对外交流与合作、教育设施与保障、校办产业、校园文化与体育、党的建设与思想政治工作等栏目为纬，较为全面、系统地记述了全校各领域各系统的情况，并附重要规章、文件选目和统计资料。

五、本《年鉴》分类目、栏目、分目和条目，其中各栏目、各分目之首一般设"概况"条目，集中记述各系统、各领域的总体情况，便于各年度间的延续和相互比较；分目以黑体字标识；分目下设条目，以【】号为标识，条目为主要信息载体和基本撰稿形式。

六、本《年鉴》对各分目、条目间的交叉重复现象，采取详略得当、平衡删留、区别视角等不同记述方法。

七、本《年鉴》采用规范语体文记述，直叙其事。文字力求严谨、简练。单位名称和专用名词在第一次出现时用全称，随后用简称。人物称谓直书姓名，必要时冠以职务。

八、本《年鉴》有关全校的统计数据，由发展规划部提供；各业务部门统计数据由各部门主管审定、提供。原则上，按学年统计的，截止日为2020年9月30日；按自然年统计的，截止日为2020年12月31日；具体见统计表下注释。

目　录

特　载

中共同济大学委员会“不忘初心、牢记使命”主题教育总结大会讲话提纲　方守恩 …… 3
在同济大学2020年全面从严治党工作会议上的讲话　方守恩 …… 9
勤思·纳新·作为一流大学治理中管理干部的自我修炼与能力提升——在中层干部综合治理能力提升专题研讨班上的讲话　陈　杰 …… 12
加强系统谋划　紧抓关键要素　推动高质发展　服务国家战略——在2020同济大学科研工作大会上的讲话　陈　杰 …… 18
中共同济大学委员会2019年工作报告 …… 21
同济大学2020年工作要点 …… 29

学校综述

2020年学校情况概述 …… 37
【概况】 …… 37
重要事件与活动 …… 39
【6项成果被授予国家科学技术奖】 …… 39
【医学与生命科学科研成果相继在国际顶级学术期刊发表】 …… 39
【海洋学院教授合作研究完成的科研成果在线发表于《自然》】 …… 39
【同济大学位列世界大学影响力排名全球榜单第13位、亚洲榜单首位】 …… 39
【嘉定区人民政府和同济大学合作共建“同济大学嘉定基础教育集团”】 …… 39
【同济大学3位学者荣获全国创新争先奖状】 …… 39
【时速600公里高速磁浮试验样车线上成功试跑】 … 39
【同济大学与贵州省人民政府签署战略合作协议】 … 39
【上海自主智能无人系统科学中心首届学术委员会会议举行】 …… 39
【同济大学技术转移中心成功入选“2020年全球百佳技术转移案例”】 …… 39
【同济大学“双一流”建设周期总结专家评议会举行】 …… 39
【郭重庆荣获第七届管理科学奖特殊贡献崇敬奖】 … 39
【同济大学与上海市城市运行管理中心举行合作协议签约仪式和联合成果发布会】 …… 40
【朱伟林教授被石油技术展览会授予特别贡献奖】 … 40
【高校“城乡规划扶贫联盟”成立暨2020年工作研讨会在同济大学召开】 …… 40
【同济大学和中国银行共同设立“同济大学—中国银行全球菁英奖学金”】 …… 40
【同济大学入选第二批教育融媒体建设试点单位】 … 40
【同济大学获评“全国文明校园”】 …… 40
【同济大学航天测绘遥感与深空探测研究团队为嫦娥五号探测器实现月面软着陆贡献力量】 …… 40
【同济大学与四川省人民政府签署全面深化战略合作协议】 …… 40
组织机构概述 …… 40
学校党、政领导及管理机构干部名录 …… 42

院系及直属研究机构情况概述

电子与信息工程学院 …… 51
建筑与城市规划学院 …… 55
土木工程学院 …… 59
测绘与地理信息学院 …… 61
机械与能源工程学院 …… 63
经济与管理学院 …… 67
材料科学与工程学院 …… 70
环境科学与工程学院 …… 72
法学院 …… 76
马克思主义学院 …… 79
政治与国际关系学院 …… 81
人文学院 …… 83
外国语学院 …… 85
理学部 …… 88
海洋与地球科学学院 …… 89
航空航天与力学学院 …… 93

数学科学学院 …… 96
物理科学与工程学院 …… 97
化学科学与工程学院 …… 100
医学院 …… 102
生命科学与技术学院 …… 105
交通运输工程学院 …… 107
艺术与传媒学院 …… 110
软件学院 …… 113
汽车学院 …… 116
女子学院 …… 118
国际文化交流学院 …… 119
口腔医学院 …… 122
职业技术教育学院 …… 124
设计创意学院 …… 124
体育教学部 …… 127
国际足球学院 …… 128
上海防灾救灾研究所 …… 130
铁道与城市轨道交通研究院 …… 131
新农村发展研究院 …… 132
创新创业学院 …… 134
德国研究中心/德国学术中心 …… 136
中德人文交流研究中心 …… 138
磁浮交通工程技术研究中心 …… 140

教　育

学科建设 …… 145
招生工作 …… 145
【概况】…… 145
本科教育 …… 146
【概况】…… 146
【完成2020年度国家及省部级一流课程推荐工作】…… 147
【获批4个基础学科拔尖人才培养基地,培养基础学科拔尖人才】…… 147
【本科生学科竞赛成果斐然】…… 147
研究生教育 …… 147
【概况】…… 147
【召开研究生教育会议】…… 149
【压实人才培养相关岗位职责,建立三类责任岗位制度】…… 149
【国务院学位委员会第八届学科评议组换届】…… 149
【评选校优秀博士硕士学位论文】…… 149
【开展线上视频答辩,增加2次学位授予审核备案】…… 149
【完善学位标准及成果要求】…… 149
【成立同济大学工程类专业学位研究生教育管理中心】…… 150
招生与就业 …… 150
【研究生招生概况】…… 150
【研究生招生首次采用网络远程复试方式】…… 150
教学质量管理 …… 150
【概况】…… 150
【实现线上教学督导评价】…… 151
【完成"三全育人、本研贯通人才培养质量保证体系2.0"项目研究】…… 151
【CIQA组织开展成立一周年系列活动】…… 151
思想政治教育 …… 151
【概况】…… 151
【举办学生思政工作创新论坛】…… 153
【上线同济大学学生每日健康上报平台】…… 153
【开通面向全国的抗疫心理援助热线和公众号在线树洞回复功能】…… 153
【通过网络视频连线身在湖北的师生】…… 154
【新冠肺炎防控第一课空中开讲】…… 154
【爱国主义教育大课举行】…… 154
【举行学生返校模拟演练】…… 154
【开展以"战'疫'中成长——我的'云端'心情故事"为主题的年度心理健康宣传月活动】…… 154
【《深夜树洞——大学生与心理咨询师的书信对话》出版】…… 154
【校领导参加"形势与政策"课程教学】…… 154
【"云端"开讲毕业思政大课】…… 154
【举办同济大学就业实习空中双选会暨2020届毕业生夏季招聘会】…… 154
【新任辅导员岗前集中培训开展】…… 154
【第一批"三全育人"综合改革试点工作进入验收程序】…… 154
【开发上线"同济学生服务站"学生事务综合管理系统】…… 154
【2020年新生第一课举行】…… 154
【"同济嘉定大学生"公众号投入运营】…… 154
【举行第十一届民族风采嘉年华闭幕式】…… 154
【"擎济工程"开班仪式暨"以体之强健,济国之盛年"健康促进工程启动仪式举行】…… 154
【"同舟领航追求卓越"优秀大学生报告会举行】…… 154
【获评上海高校心理健康教育与咨询示范中心建设项目】…… 154
【嘉定校区学生成长中心改造工程完成】…… 154
学位授予 …… 155

【概况】…… 155
就业工作 …… 155
【概况】…… 155
【全面启动疫情防控常态化形势下就业工作方案】…… 155
【召开疫情防控形势下同济大学学生就业工作推进会】…… 155
【同济大学被选定为高校毕业生就业状况布点监测高校】…… 155
【推进教育部24365校园招聘服务平台】…… 156
【同济大学与长江大学签订毕业生就业创业工作“一帮一行动”合作协议】…… 156
【出台《同济大学“扬帆奖”评选办法》】…… 156
【举办首届“基层就业毕业生”论坛周】…… 156
【召开同济大学2020届毕业生就业工作“冲刺行动”部署会议】…… 156
【举办同济大学2020届毕业典礼】…… 156
【校领导线上慰问江西等地选调生】…… 156
【教育部教师工作司来同济大学调研】…… 156
【召开同济大学2021届毕业生就业工作启动会】…… 156
【沪上高校首份2021届毕业生就业协议书签约】…… 156
【校领导赴四川看望慰问在川工作选调生】…… 156
【校领导赴西藏自治区慰问学校在基层工作的选调生】…… 156
【举办2021届毕业生校园系列综合招聘会】…… 157
【举办“福建人才周”系列活动】…… 157
【举办第二届联合国机构宣讲咨询活动】…… 157
【举办“校园苏州日”活动】…… 157
【江西省来校举行2021年定向同济大学选调应届优秀毕业生宣讲会】…… 157
【参加2021届全国普通高校毕业生就业创业工作网络视频会议】…… 157
【校领导参加“2021届全国普通高校毕业生就业创业促进行动”对接大会启动仪式及系列活动】…… 157
【同济大学与中建八局签订人才输送工作合作协议】…… 157
【山西省太原市来校召开人才引进座谈会】…… 157
【山西省委组织部部长曲孝丽来校调研】…… 157
留学生教育 …… 158
【概况】…… 158
【留学生招生】…… 158
【留学生管理】…… 158
【留学生活动】…… 158
继续教育学院/网络教育学院 …… 159
【概况】…… 159
出国培训学院/留德预备部 …… 160
【概况】…… 160
【教学工作】…… 160
【高校合作】…… 160
【中德合作/留德咨询】…… 160
【教学研讨】…… 161
中德学院 …… 161
【概况】…… 161
【召开中德学院第二十二次咨询委员会会议】…… 161
中德工程学院 …… 162
【概况】…… 162
【同济大学中德工程学院与德国高校国际合作联合会第五期合作协议正式签署】…… 162
【中德工程学院被誉为德国“外交科技政策的灯塔项目”】…… 162
中法工程和管理学院 …… 162
【第十三届国际可持续发展城市交通系统研讨会】…… 164
【中法创新创业空间】…… 164
中意学院 …… 164
【概况】…… 164
【抗疫物资捐赠意大利合作伙伴及师生】…… 164
【意大利佛罗伦大学孔院召开理事会会议】…… 165
【第二届“同济大学意大利校园嘉年华活动”成功举办】…… 165
【首届“中意设计创新论坛”成功举办】…… 165
【“意大利孟菲斯x同济在地设计展”成功举办】…… 165
【“长三角创新创业与设计教育论坛”成功举办】…… 165
【“中意司法研究中心”揭牌成立】…… 165
【可持续发展中心高级研修班总结暨主题研讨会召开】…… 165
中芬中心 …… 166
【概况】…… 166
【举办NICE CITY 2020短视频大赛】…… 166
【承办上海市青少年创意设计院首届骨干教师培训班】…… 166
【举办MAD WOOD设计展】…… 166
【推动上海国际设计创新学院人才培养】…… 166
【雅默·索米宁教授获白玉兰奖】…… 166
【举办上海国际设计创新学院中芬合作课程】…… 166
【承办上海市青少年创意设计院“小设计师”培训】…… 166
【举行上海市青少年创意设计院挂牌仪式】…… 166
中西学院 …… 167
【概况】…… 167
【“欧洲遗产保护奖——我们的欧洲奖西班牙案例展”】…… 167
中德职业教育项目 …… 168
联合国环境规划署—同济大学环境与可持续发展学院

…………………………………………………… 168
【概况】……………………………………………… 168
【教学工作】………………………………………… 168
【科研工作】………………………………………… 168
对外交流 …………………………………………… 168
【与联合国合作】…………………………………… 168
【与中国气象局合作】……………………………… 168
【与生态环境部对外合作与交流中心合作】………… 169
【与北京绿色未来基金会合作】…………………… 169
【国际组织实习与预备人才培养】………………… 169
浙江学院 …………………………………………… 169
【概况】……………………………………………… 169

科学研究与科技开发

科学研究 …………………………………………… 175
【概况】……………………………………………… 175
【同济大学与上海申康医院发展中心签约，合作建设同济大学附属口腔医院】 …………………………… 175
【附属同济医院获“肝胆胰外科 ERAS 标准病房”授牌】 …………………………………………… 175
【同济大学入选教育部教育融媒体试点】…………… 175
【同济大学医学院呼吸病研究所成立】……………… 175
【附属同济医院医疗集团眼科联盟及日间病房揭牌】 …………………………………………… 176
【同济大学“中意司法研究中心”揭牌成立】………… 176
【同济东方中德医学院、国家干细胞转化资源库揭牌】 …………………………………………… 176
【“艺术、时尚及算法设计”学术研讨会在同济大学举办】 …………………………………………… 176
【专家齐聚同济探讨城市应急管理与生物安全体系建设】 …………………………………………… 176
【部校共建马克思主义学院工作推进会在同济大学举行】 …………………………………………… 176
【上海高校国际青年学者论坛启动仪式在上海人工智能岛(同济大学)举行】 ………………………… 176
【同济大学创新创业日太原站—轨道交通科技专场活动举办】 ……………………………………… 176
【同济大学外国语学院承办第四届《外国语》翻译研究高层论坛】 …………………………………… 176
【上海高校学习《习近平谈治国理政》第三卷交流会暨新时代中国共产党与国家治【《中国科学：信息科学》杂志第十一届编委会第三次全体会议在同济大学举行】 … 176
【同济大学共同承办创新与新兴产业发展国际会议“人工智能技术与产业专题会”】…………………… 177
【同济大学共同承办创新与新兴产业发展国际会议“现代交通工程技术与产业专题会”】……………… 177
【同济大学联合主办“城市应急管理与治理体系建设学术论坛”】…………………………………… 177
【商用航空发动机适航技术论坛在学校举行】……… 177
【生命科学与技术学院参与承办第九届全国生物信息学与系统生物学学术大会】 …………………… 177
【2020 年全国知识产权统计工作处级干部培训班在同济大学上海国际知识产权学院举行】 …………… 177
【同济大学共同承办第 353 期东方科技论坛】……… 177
【第十七届上海知识产权国际论坛分论坛暨 2020 同济知识产权国际论坛在同济大学召开】 …………… 177
【同济大学共同承办 2020 年浦江创新论坛】 ……… 178
【同济大学共同承办“环境与健康”院士沙龙】……… 178
【由同济大学主办的第 17 届中国城市规划学科发展论坛在线举行】 ………………………………… 178
【同济大学承办的 2020 中国自动化大会】 ………… 178
【同济大学联合主办“打造中欧绿色与数字合作伙伴关系：路径与前景”学术研讨会】 ……………… 178
【同济大学联合主办首届全国智能建造学术大会】 …………………………………………… 178
【同济大学联合主办第四届国际智能地下空间大会】 …………………………………………… 178
【同济大学联合主办“双循环”背景下上海创新策源能力提升研讨会】 ……………………………… 178
【同济讲座教授摘获国际科学技术合作奖】………… 178
【同济大学周彩存教授获 2019 年度国家科技进步二等奖】 …………………………………………… 178
【同济大学王占山教授及其团队获 2019 年度国家技术发明奖二等奖】 ……………………………… 178
【同济大学石建勋教授两项成果获“2019 年度 CTTI 来源智库优秀成果奖”】……………………… 179
【同济大学 7 项研究成果获上海市决策咨询研究成果奖，获奖数创新高】 ………………………… 179
【同济大学 23 个专业入选国家级一流本科专业建设点】 …………………………………………… 179
【同济团队荣获 2019 年度华夏医学科技奖一二三等奖】 …………………………………………… 179
【同济大学入选交通运输新型智库联盟第一届理事单位】 …………………………………………… 179
【同济大学获 6 项中国产学研合作创新与促进奖】 …………………………………………… 179
【同济大学国家海底科学观测系统项目办公室获评“2019 年度上海市重点工程实事立功竞赛优秀团队”】…… 179
【上海市委书记李强调研同济疫苗研发团队】……… 179
【同济一集体一个人分别被授予“全国卫生健康系统新冠

肺炎疫情防控工作先进集体”“先进个人”称号】…… 179
【同济大学一项合作研究成果入选“2019中国光学十大进展”(应用研究类)】…… 179
【《同济大学学报》(社会科学版)接连斩获多项荣誉】…… 179
【中国标准化协会来信感谢同济大学为国家标准研制作出的贡献】…… 179
【同济大学为可持续发展贡献力量】…… 180
【同济牵头完成的24项成果(人)获上海市科学技术奖】…… 180
【同济设计集团斩获上海市质量金奖】…… 180
【同济大学院校研究数据分析系统入围泰晤士高等教育亚洲“年度技术创新奖”】…… 180
【首份《上海城市运行安全发展报告(2016－2018)》蓝皮书发布】…… 180
【英国工程技术学会与同济大学合作推出区块链领域全球首本国际期刊“IET Blockchain”】…… 180
【同济医学四位教授荣获2020年“上海医务工匠”荣誉称号】…… 180
【同济团队联合主持的“南海冷水珊瑚”载人深潜航次告捷】…… 180
【建筑设计研究院(集团)有限公司斩获4项2019年度上海市既有建筑绿色更新改造评定奖】…… 180
【同济大学铁道与磁浮科普实践教育基地被认定为“全国铁路科普教育基地”】…… 180
【中国驻汉堡总领馆来函感谢同济大学对中国与北德地区高校合作研讨会的大力支持】…… 180
【同济大学技术转移中心入选“2020全球百佳技术转移案例”】…… 181
【同济大学多用途智能无人船亮相2020线上智博会】…… 181
【同济大学获第二十二届中国国际工业博览会多个奖项】…… 181
【同济大学获中国汽车工业科学技术奖3项、优秀科技人才奖1项】…… 181
【同济大学创办的英文期刊“Underground Space”入选Web of Science数据库】…… 181
【同济大学磁浮中心助力新一代中低速磁浮列车完成量产前测试】…… 181
【同济大学主办的英文学术期刊“Built Heritage”被Scopus数据库收录】…… 181
【同济力量助力嫦娥五号完成高难度落月】…… 181
【同济大学与重庆环卫集团将合作攻关垃圾处置关键技术及设备研发】…… 181
【同济大学附属医院获上海市卫生健康系统“创新医疗服务品牌”6项、“援鄂创新医疗服务项目”5项】…… 181
【同济大学与广联达共建“智能建造联合研究中心”,教育发展基金同步设立】…… 181
【同济大学发布“十大最具转化潜力科技成果”】…… 182
【同济大学黄宏伟教授获国际岩土工程安全学会突出贡献奖】…… 182
【同济大学建筑与城市规划学院周俭教授被授予“全国工程勘察设计大师”称号】…… 182
【同济大学化学科学与工程学院博士后研究人员陈双双入选2020年“CAS未来领袖”】…… 182
【同济大学吴志强、蒋昌俊、王韬三位教授荣获“全国创新争先奖”】…… 182
【附属同济医院肾脏内科余晨教授获“德医双馨医师”荣誉】…… 182
【附属第一妇婴保健院院长万小平荣获“中国医师奖”】…… 182
【同济大学张弛教授当选欧洲科学院院士】…… 182
【Jarmo Suominen教授荣获2020年上海市“白玉兰纪念奖”】…… 182
【同济大学朱伟林教授荣获OTC亚洲特别贡献奖】…… 182
【同济大学郭重庆院士荣获第七届管理科学奖特殊贡献崇敬奖】…… 182
【同济大学建筑与城市规划学院卢济威教授获“俄罗斯艺术科学院荣誉院士”称号】…… 182
【同济大学土木工程学院张冬梅教授荣获第十六届中国青年科技奖】…… 182
【同济大学汽车学院吴光强教授当选美国机械工程师学会会士】…… 182
【同济大学吕西林院士获国际结构混凝土协会“终身荣誉会员”奖】…… 183
【同济大学毛昊教授获第十一届全国知识产权优秀调查研究报告暨优秀软课题研究一等奖】…… 183
【附属同济医院梁爱斌获“圣安东尼－EBMT青年领袖奖”】…… 183
【同济大学教授解学芳获批研究阐释党的十九届四中全会精神国家社科基金重大项目立项】…… 183
【国家海底科学观测网监测与数据中心建筑主体结构封顶】…… 183
【同济大学建筑设计研究院为昆阳路越江工程制定项目总体方案】…… 183
【同济大学获批8项教育部第二批新工科研究与实践项目】…… 183
【同济大学助力世界第一埋深大峡谷公路隧道智慧建造】…… 183
【先进技术研究工作概况】…… 183
【取得专用科研资质第三证:科研生产许可备案】… 184
【顺利通过上海市二级BM资质单位双随机现场审查】…… 184

【顺利通过国军标质量管理体系第三次监督审核】…… 184
【文科建设概况】…… 184
【海底项目工作概况】…… 185
科技开发 …… 186
【肺干细胞移植领域研究取得进展】…… 186
【结核菌感染致病领域取得重要研究成果】…… 186
【揭示RNA的m6A修饰调控染色质状态和转录活性的重要机制】…… 186
【新型冠状病毒mRNA疫苗研发正式立项】…… 186
【新型冠状病毒受体基因研究取得进展】…… 186
【新型冠状病毒抗体方面研究取得重要成果】…… 186
【揭示DUX－miR－344－ZMYM2介导的MERVL激活在全能性样细胞产生过程中的作用】…… 186
【超辐射量子相变的研究上取得重要研究进展】…… 186
【概括总结非水体系锂空电池的研究进展并发表观点】…… 186
【发现铁电聚合物中的声子重整化效应】…… 187
【深部生物圈取得重要合作研究成果】…… 187
【创新构建"四臂囊泡",展现粒子自组装之美】…… 187
【建筑声学通风隔声窗领域研究取得重要进展】…… 187
【小鼠染色质三维结构重塑研究取得重要成果】…… 187
【仿生制备"人工多酶",实现安全高效的肿瘤成像】…… 187
【人工智能交叉物理学方面研究取得重要进展】…… 187
【柔性多孔材料分子识别和催化方面的研究取得进展】…… 187
【开拓磁力热协同肿瘤治疗新模式】…… 188
【研发仿生微型手术机器人,为超微创血栓清除提供新型医疗手段】…… 188
【为解决二维层状材料能源应用中的固有问题提供一种新策略】…… 188
【手性分子检测方面研究取得重要进展】…… 188
【时速600公里高速磁浮试验样车在同济大学嘉定校区磁浮试验线上成功试跑】…… 188
【同济大学助力国内最深基坑建设】…… 188
【同济、清华学者在BMJ子刊发论文,介绍方舱医院及城市应急管理经验】…… 188
【三维成像领域的研究有新突破】…… 188
【自旋电子学领域取得重要突破:L10相FePt中体自旋力矩效应】…… 188
【提出中医用药科学性的新观点】…… 188
【发现新冠病毒可能利用肺泡细胞助其传播】…… 189
【研发全球首个心肌梗死人工智能预警系统】…… 189
【研一学生研究成果发表于国际著名地学期刊】…… 189
【关于中国公司治理的研究论文发表于国际金融领域一流期刊】…… 189
【关于衍射光学元件实现轻薄计算成像取得最新研究成果】…… 189
【同济大学科研团队合作发表有关旋涡布朗运动的研究成果】…… 189
【电容去离子除氯脱盐研究取得新进展】…… 189
【建立一种基因编辑并可以大幅降低嵌合率的新方法】…… 190
【发明"多模态光声分子成像和肿瘤诊断系统"】…… 190
【阐明前列腺癌精准化治疗新策略】…… 190
【声自旋传输调控研究取得重要进展】…… 190
【发现心肌细胞增殖的关键调节蛋白LRP6】…… 190
【开发治疗肝细胞癌的新型联合疗法】…… 190
【光学近场调控研究取得重要进展】…… 190
【挑战传统10万年波动理论,同济科学家发表全球季风度量指标研究成果】…… 191
【发现一种细胞修饰可提高克隆效率】…… 191
【新冠患者肺部干细胞可修复损伤】…… 191
【解析末次冰期以来暖池温跃层演变】…… 191
【为相关肿瘤的诊断和治疗提供新策略】…… 191
【在光催化分解水研究上获重要进展】…… 191
【在二阶非线性光学氧化物晶体方面取得系列重要研究成果】…… 191
【胚胎干细胞领域的研究有助于揭示人类衰老之谜】…… 191

教职工队伍建设

教职工队伍建设 …… 195
【概况】…… 195
【做好教职工疫情防控各项工作】…… 195
【组织开展各类人才项目申报】…… 195
【组织举办学校第五届国际青年学者论坛】…… 196
【组织开展各类师资项目申报】…… 196
【牵头开展第七届同济大学"追求卓越奖励基金"教师奖、服务奖评选】…… 196
【牵头开展2020年同济大学社会捐赠教育奖励金的评选】…… 196
【完成博士后流动站评估工作】…… 196
【组织开展军队转业干部培训、安置工作】…… 196
【组织开展2020年度教职工考核】…… 196
【稳步推进博士后管理工作】…… 196
【教师队伍思想政治和师德师风建设概括】…… 197
【教职工疫情防控工作】…… 197

【教职工思想政治工作】…… 197
【开展师德师风专题活动和典型选树】…… 198
【教师职业能力提升】…… 198
【双轨制人事管理工作】…… 198
【劳动合同制人事管理工作】…… 198
【派遣制度人事管理工作】…… 198
【挂靠、借用人员人事管理工作】…… 198
【离退休工作概况】…… 198
【同济老年艺术团越剧队纪念越剧队成立60周年】…… 200
【同济大学老科协年会召开】…… 200
【机关党委第二党支部为同济新村老年活动中心送温暖】…… 200
【离退休教职工党支部书记培训首次线上开班】…… 200
【离退休干部党工委开展老年人应对疫情心理健康培训】…… 200
【离退休党支部书记"四史"学习教育线上开讲】…… 200
【学校退休教职工积极参加上海市高校退管会网络棋牌活动】…… 200
【离退休干部党工委组织赴上海淞沪抗战纪念馆考察】…… 200
【"唱响桑榆乐 梦圆小康年"——同济大学2020年敬老节大会举行】…… 200
【上海健康医学院来同济调研交流】…… 200
【同济关工委在上海市教育系统关工委成立25周年大会上荣获多个奖项】…… 201
【同济退休教师在上海市退管会"桑榆未晚，老有担当"主题征文活动中获佳绩】…… 201
【离退休干部先进集体和先进个人表彰座谈会召开】…… 201
【同济新村老年活动中心接受并通过上海市"达标"老干部活动室考评】…… 201
【学校离退休干部专题学习党的十九届五中全会精神】…… 201
【学校召开老领导迎新座谈会】…… 201

对外合作与交流

国内合作…… 205
校校合作…… 205
【概况】…… 205
【第二届"中国工程院院士走进井冈山大学学术指导会"举行】…… 206
【同济大学出版社"井冈山大学学术文库"新书发布会举行】…… 207
【2020年度同济大学对口支援井冈山大学工作会议召开】…… 207
【医学院陈建军教授挂职接任井冈山大学校长助理】…… 207
【井冈山大学第十一届"同济学术周"开幕式举行】…… 207
【井冈山大学获批2020年江西省新增硕士学位授予单位】…… 207
【2020年度内地高校对口支援新疆大学工作会议召开】…… 207
【土木工程学院孙建渊老师赴新疆大学挂职】…… 207
【宜宾学院党委书记蔡乐才一行来校访问】…… 207
产学研合作…… 207
【概况】…… 207
【同济大学重庆研究院积极开展与重庆两江新区战略合作】…… 208
【成立昆山市同济智能制造产业发展协同中心】…… 208
【成立同济余杭产业发展协同中心】…… 208
【成立同济大学浦发人保城市建设与管理人工智能联合研究中心】…… 208
【中国工程院战略咨询中心与同济大学签订十堰市产业发展"双百行动"项目委托合同】…… 208
【深化落实同济大学与中车集团合作】…… 208
【同济大学与深圳市水务局、深圳市建筑工务署合作】…… 208
【与嘉定区人民政府签署《合作共建幼儿园协议书》】…… 209
【与上海申康签约共建同济大学附属口腔医院】…… 209
【党委书记方守恩、校长陈杰一行赴青浦区调研】…… 209
【同济大学党委与上海市嘉定区委举行中心组联组学习会】…… 209
【四川省校战略合作工作推进会召开】…… 209
【与贵州省人民政府签署战略合作协议】…… 210
【普陀区委书记曹立强一行赴沪西校区调研】…… 210
【与嘉兴市召开深化合作座谈会】…… 210
【与上海市城市运行管理中心签署合作协议】…… 210
【与中国银行签署全面战略合作协议】…… 210
【党委书记方守恩、校长陈杰一行访问中国商飞】…… 210
【福州市常务副市长杨新坚一行来校商洽职业教育合作事宜】…… 210
【金山区副区长张娣芳一行来校商洽医疗合作事宜】…… 210
【"同济大学设计创意学院台州黄岩设计创新中心"揭牌】…… 210
【与四川省人民政府签署全面深化战略合作协议】

…… 210
【党委书记方守恩、党委副书记吴广明率代表团赴太原市调研】…… 211
【山西省委常委、组织部部长曲孝丽一行来校调研】…… 211
【与普陀区人民政府签署关于生命健康产业合作框架协议】…… 211
【挂职干部扶贫】…… 211
【扶贫资金管理】…… 211
【开展科技扶贫工作】…… 211
【开展教育扶贫工作】…… 211
【开展消费扶贫工作】…… 211
【开展产业扶贫工作】…… 212
【开展医疗扶贫工作】…… 212
【开展人才帮扶工作】…… 212
【成立高校"城乡规划扶贫联盟"】…… 212
【开展永安示范村建设】…… 212
【开展扶贫宣传工作】…… 212
国际/港澳台合作 …… 213
【概况】…… 213
【学校代表与英国华威大学代表召开线上合作讨论会】…… 214
【学校外籍教授荣获2020年上海市"白玉兰纪念奖"】…… 214
【德国驻沪总领馆科教领事一行来访】…… 214
【常务副校长伍江与法国国立桥路学校校长视频工作会议举行】…… 214
【学校领导参加"中意大学校长论坛"】…… 214
【同济大学中德学部指导委员会第十一次会议圆满召开】…… 214
【中欧"学术领导力发展研讨会"项目在线会议举办】…… 215
【同济大学中德学院咨询委员会第二十二次会议线下线上召开】…… 215
【校领导出席"中英大学工程教育与研究联盟2020年度高端论坛"】…… 215
【校长陈杰与奥地利格拉茨工业大学校长视频工作会议举行】…… 215
【台湾中华大学城市探索教学实践活动在学校举行】…… 215
【校领导出席2020年沪港大学联盟年会暨行政人员工作坊线上活动】…… 215
【第五届海峡两岸青少年创客大赛举办】…… 215
【葡语片概况】…… 215

教育设施与保障

发展规划 …… 219
【概况】…… 219
【"双一流"建设监测数据填报培训班在同济举办】…… 219
【国内首个院校研究数据分析系统投入使用】…… 219
【2020 QS学科排名发布，同济艺术设计亚洲第一】…… 219
【上海市教委来校调研"十四五"规划编制】…… 220
【发展规划部与普陀区规划局会商沪西校区控规】…… 220
【同济大学在2020年世界大学影响力排名全球第13位】…… 220
【"一流大学建设与治理"校庆学术研讨会举行】…… 220
【四个党支部联合开展"四史"学习主题活动】…… 220
【第二届京沪高校"双一流"建设交流研讨会召开】…… 220
【同济大学"双一流"建设周期总结专家评议会举行】…… 220
【同济大学与嘉兴市举行深化合作会谈会】…… 220
【同济大学统计工作会议召开】…… 220
【同济大学院校研究数据分析培训营举办】…… 220
【同济大学第七次全国人口普查工作有序开展】…… 220
【同济大学"十四五"规划工作征求校务委员会意见】…… 221
【"2020年高等教育国际化趋势与发展"论坛举办】…… 221
法律事务管理 …… 221
【概况】…… 221
【启动学校治理体系和治理能力现代化建设】…… 222
【构建学校制度体系总体框架】…… 222
【设立制度体系建设工作小组】…… 222
【启动"依法治校示范(标准)学院"创建】…… 222
图书情报工作 …… 222
【概况】…… 222
【制定图书馆"十四五"发展规划】…… 224
【扎实推进"四史"学习教育】…… 225
【疫情期间创新服务方式，扎实推进各项工作】…… 225
【沪西校区图书馆开馆】…… 225
【嘉定校区图书馆文榷堂正式揭牌】…… 225
出版工作 …… 225
【概况】…… 225
【在学校的统一领导下，科学依法防控，统筹抓好出版社的疫情防控工作与特殊出版工作】…… 225
【建立健全"不忘初心、牢记使命"长效机制，巩固深化主

题教育成果】 ………………………………… 226
【结合出版工作特点,以多种形式开展“四史”学习教育】 ………………………………………… 226
【国家“十三五”重点出版物规划项目稳步收官】…… 226
【做好顶层规划和设计,精心编制“十四五”出版规划】 ………………………………………… 226
【重点抓好主题出版】………………………… 226
【积极服务高校教学、人才培养和科学研究】 ……… 226
【依托学校的学科优势,实现出版“走出去”】 ……… 226
【图书获奖持续有亮点】……………………… 226
【推进数字与出版融合,建设融合出版中心】 ……… 227
【线上线下融合,宣传营销协同创新】 ……………… 227
档案、史志研究 ………………………………… 227
【概况】……………………………………… 227
【档案文化建设】……………………………… 228
【校史文化传播】……………………………… 228
【档案信息化建设】…………………………… 228
校园信息化建设 ……………………………… 228
【概况】……………………………………… 228
【多举措确保疫情“停课不停学”】……………… 228
【高标准自主建设校园网络基础设施】………… 229
【一体化教学管理信息系统成功上线】………… 229
【科研四技项目管理系统成功上线】…………… 229
【建设一网通办门户】………………………… 229
【智慧教室二期】……………………………… 230
【数据整合与共享】…………………………… 230
【其他新建和升级、运维和运营工作】 …………… 230
【网络安全保障】……………………………… 230
治安与保卫 …………………………………… 230
【概况】……………………………………… 230
【落实疫情防控工作】………………………… 230
【强化安全生产督查、培训和考核】 ……………… 231
【强化校园管理和治安工作】………………… 231
【推动消防制度、设施建设】 …………………… 231
【推动校园交通管理服务工作】……………… 231
基础建设 ……………………………………… 231
【概况】……………………………………… 231
【彰武三期研究生公寓项目通过联合检查率先复工】 ………………………………………… 232
【上海自主智能无人系统科学中心项目桩基部分顺利开工】 ………………………………… 232
【同济大学校园照明规划(二期)顺利完成】………… 232
资产与设备管理 ……………………………… 232
【概况】……………………………………… 232
【对接云龙扶贫攻坚】………………………… 233
【多措并举抗击疫情】………………………… 233
【推进嘉定校区学生社区回购】……………… 233
【挖掘房源温暖校园】………………………… 233
【完成 2020 年学生宿舍调整和搬迁工作】 ……… 233
【全面落实生活垃圾分类工作】……………… 233
【积极推进大型科研仪器开放共享工作】……… 233
【开展世界一流大学实验室建设】…………… 234
【开展国家虚拟仿真实验教学项目认定】……… 234
采购与招标 …………………………………… 234
【概况】……………………………………… 234
【完善制度建设,夯实管理基础】 ……………… 235
【开发系统移动版,提高采购效率】 …………… 235
【优化采购管理系统,完善采购流程】 ………… 235
【强化采购人主体责任,创新采购方式】 ……… 235
【开展疫情防控采购,助力学校安全防疫】 …… 235
【修缮工程项目分片区入围遴选工作】………… 235
【深入基层广泛宣传】………………………… 235
财　　务 ……………………………………… 236
【概况】……………………………………… 236
【加强大财务统筹】…………………………… 236
【深入推进预算绩效管理】…………………… 236
【深化“放管服”改革】………………………… 236
【积极应对疫情】……………………………… 236
【加强财务信息化建设】……………………… 236
【加强落实内控责任】………………………… 237
【学校国有资产管理】………………………… 237
【加强嘉定校区赋能建设】…………………… 237
【建设风清气正的学习型、服务型处室】 ……… 237
【加强党风廉政建设】………………………… 237
【学校财务制度建设】………………………… 237
审　　计 ……………………………………… 237
【概况】……………………………………… 237
后　　勤 ……………………………………… 238
【概况】……………………………………… 238
医院管理 ……………………………………… 240
【概况】……………………………………… 240
附属学校管理 ………………………………… 241
【概况】……………………………………… 241
【同济大学杨浦基础教育集团成立】………… 242
【嘉定区政府与同济大学共同签署《合作共建幼儿园协议书》】……………………………………… 242
【同济大学附属嘉定幼儿园开园】…………… 242
【召开同济大学嘉定基础教育集团第一届理事会】 ………………………………………… 242

所属企业

创新创业工作 …… 245
【概况】…… 245
【同济创新创业控股有限公司荣获2019年度产权交易资本运营金奖】…… 245
【上海同济技术转移服务有限公司入选“2020全球百佳技术转移案例”】…… 245
【同济大学发布“十大最具转化潜力科技成果”】…… 245
【同济区块链研究院承办的长三角区块链技术与产业创新大会在苏州召开】…… 245
【同济区块链研究院承办的第二届“链谷杯”区块链应用创新大赛决赛暨“链谷杯”颁奖仪式在苏州召开】…… 246
【同济大学国家大学科技园概况】…… 246
【“嘉定同济大学科技园”合作启动】…… 246
【同济科技园举办中层干部能力提升专题研讨班】…… 246
【同济科技园设立“同济孵化器创新孵化种子资金”】…… 246
【“同济科技园·链空间”众创空间建成使用】…… 246
【上海市大学生科技创业基金会同济分基金概况】…… 247
【同济创业分基金获年度“特优分会”表彰】…… 247
【“创业修炼”课程入选国家级一流本科课程】…… 247
【上海同济检测技术有限公司概况】…… 247
【同济大学斩获2020年第二十二届中国国际工业博览会8个奖项】…… 250
【上海同济科技实业股份有限公司概况】…… 250
【同济大学建筑设计研究院(集团)有限公司概况】…… 252
【上海同济城市规划设计研究院有限公司概况】…… 260

校园文化与体育活动

校园文化 …… 265
【概况】…… 265
体育活动 …… 266
【概况】…… 266
【校园群众体育】…… 266
【群体赛事】…… 266
【高水平运动队】…… 266
【竞赛组织】…… 266
【社会服务】…… 266

党的建设与思想政治工作

党的建设 …… 269
【概况】…… 269
【同济大学召开“不忘初心、牢记使命”主题教育总结大会】…… 271
【同济大学举行中层干部学习贯彻党的十九届四中全会精神培训班开班仪式】…… 271
【同济大学召开学校公共卫生安全应急工作领导小组会议】…… 271
【同济大学党委召开第五轮巡察工作动员会】…… 271
【同济大学举行机关“作风建设年”启动会】…… 271
【同济大学召开2020年全面从严治党工作会议】…… 271
【“同济大学”学习强国号在中宣部学习平台“学习强国”上线】…… 271
【上海市委宣传部在同济大学举行部校共建马克思主义学院工作推进会】…… 271
【《启航——中国共产党早期在上海史迹展》在同济大学揭幕】…… 271
【同济大学举行庆祝中国共产党成立99周年大会暨党建示范创建和质量创优工作交流大会】…… 272
【同济大学党委与上海市嘉定区委举行中心组联组学习会】…… 272
【同济大学举办“寻找红色起点——《中国共产党早期在上海史迹》‘四史’学习分享会”】…… 272
【上海高校学习《习近平谈治国理政》第三卷交流会暨“新时代中国共产党与国家治理现代化”学术研讨会在同济大学举办】…… 272
【同济大学党委召开第七轮巡察工作动员会】…… 272
【同济大学举行全国党建工作示范高校创建工作满意度测评会】…… 272
【同济大学举行党委理论学习中心组(扩大)学习会暨党的十九届五中全会精神宣讲报告会】…… 272
理论学习、思想教育与宣传 …… 273
【概况】…… 273
纪检与监察 …… 273
【概况】…… 273
统战工作 …… 275
【概况】…… 275

民主党派

中国国民党革命委员会同济大学委员会 …… 279
【概况】…… 279
中国民主同盟同济大学委员会 …… 279
【概况】…… 279
中国民主建国会同济大学委员会 …… 280
【概况】…… 280
中国民主促进会同济大学委员会 …… 280
【概况】…… 280
中国农工民主党同济大学委员会 …… 281
【概况】…… 281
九三学社同济大学委员会 …… 281
【概况】…… 281
中国致公党同济支部委员会 …… 282
【概况】…… 282

群众团体

同济大学工会 …… 287
【概况】…… 287
共青团同济大学委员会 …… 287
【概况】…… 287
【成立三支青年“抗疫突击队”】…… 288
【入围全国第六届大学生艺术展演】…… 288
【成立同济大学学生科协技术协会】…… 289
【开展学生会、研究生会组织改革】…… 289
妇女工作委员会 …… 289
【校院两级妇女之家联动机制构建专项开始实施】…… 290
【承办第四届上海市优秀青年女教师联谊会会员大会暨2020年上海女教师创新发展论坛】…… 290
【组织举办同济大学第六届女教师论坛暨卓越女性颁奖典礼】…… 290

校区管理

嘉定校区 …… 293
【概况】…… 293
沪西校区 …… 294
【概况】…… 294
沪北校区 …… 295
【概况】…… 295

校董事会、基金会及校友会

校董事会、基金会及校友会 …… 299
【概况】…… 299
【“同济大学抗击新型冠状病毒肺炎专项基金”“同济英雄基金”设立】…… 299
【“同济校友终身学习平台”推出】…… 299
【同济大学教育发展基金会第三届理事会第七次、第八次全体会议召开】…… 300
【同济大学校友会第一届常务理事会第四次会议、第五次会议召开】…… 300
【同济大学校友会第一届理事会第六次会议召开】…… 300

附属单位

同济医院 …… 303
【概况】…… 303
【同济红原公益项目启动】…… 306
【首批援鄂队员出征驰援武汉】…… 306
【第二批援鄂队员驰援武汉】…… 306
【7 名援本市定点医院医疗队员圆满完成支援任务】…… 306
【同舟共济互联网医院正式上线】…… 306
【医院召开中层干部聘任大会】…… 306
【医院获 ERAS 标准病房授牌】…… 307
【医院荣获全国血栓防治优秀单位】…… 307
【医院与全球 5 家跨国医疗器械公司签署集中采购协议】…… 307
【医院联合普陀区多部门举办辐射事故应急处置演练】…… 307
【医院成功完成首例 TAVR 手术】…… 307

【医院举行内科医技综合楼结构封顶仪式】………… 307
【医院与纳米技术公司签署共建协议】………………… 307
【医院举行十九届五中全会精神中心组扩大学习报告会】…………………………………………………………… 307
同济医院分院 ………………………………………………… 307
口腔医院 ……………………………………………………… 309
【概况】……………………………………………………… 309
【同济大学和上海申康医院发展中心签订合作建设同济大学附属口腔医院的协议】 …………………………… 309
第十人民医院 ………………………………………………… 310
东方医院 ……………………………………………………… 312
【概况】……………………………………………………… 312
上海市肺科医院 ……………………………………………… 315
【概况】……………………………………………………… 315
【首获市级医院院长绩效考核A等】 ……………………… 317
【启动上海市感染性疾病(结核病)临床医学研究中心】…………………………………………………………… 317
【结核菌免疫逃逸机制被揭示研究入选2020年度中国十大医学科技新闻】 ……………………………………… 317
【同济大学医学院呼吸病研究所成立】………………… 317
第一妇婴保健院 ……………………………………………… 318
【概况】……………………………………………………… 318
杨浦医院 ……………………………………………………… 318
第一附属中学 ………………………………………………… 320
第二附属中学 ………………………………………………… 321
【概况】……………………………………………………… 321
七一中学 ……………………………………………………… 323
【概况】……………………………………………………… 323
实验中小学 …………………………………………………… 325
【概况】……………………………………………………… 325

先进集体与个人

先进集体与个人 ……………………………………………… 329
2020年度科研获奖情况 …………………………………… 333

综合统计

统计资料 ……………………………………………………… 339
一、机构 …………………………………………………… 339
二、学科 …………………………………………………… 349
三、教职工情况 …………………………………………… 351
四、学生情况 ……………………………………………… 357
五、校舍情况(2020-09-31)……………………………… 394
六、信息化建设情况(2020-09-31)……………………… 395
七、资产情况(2020-09-31)……………………………… 395
八、专职辅导员分年龄、专业技术职务情况、学历情况(2020-09-31) ……………………………………………… 395
九、心理咨询工作人员情况(2020-09-31)……………… 396
大 事 记 ……………………………………………………… 398

特　　载

中共同济大学委员会“不忘初心、牢记使命”主题教育总结大会讲话提纲

同济大学党委书记　方守恩

（2020年1月10日）

尊敬的诸葛组长，中央第三指导组各位领导、同志们：

根据中央的统一部署，我们召开同济大学“不忘初心、牢记使命”主题教育总结大会。做好主题教育总结工作，对于巩固深化主题教育成果，推动主题教育善始善终、善作善成，意义重大；对于教育引导党员干部坚定理想信念，践行为民宗旨，把“不忘初心、牢记使命”作为学校加强党的建设的永恒课题和全校党员干部的终身课题，意义重大；对于建立“不忘初心、牢记使命”制度，形成长效机制，汇聚全校师生力量，深入推进中国特色世界一流大学建设，意义重大。

现在，我代表学校向中央第三指导组、向全校党员干部师生代表，汇报学校主题教育工作。

一、学校“不忘初心、牢记使命”主题教育主要工作情况

在中央第三指导组悉心指导下，我校从2019年9月开始，集中开展了“不忘初心、牢记使命”主题教育。三个多月以来，学校认真贯彻落实习近平总书记关于“不忘初心、牢记使命”的重要论述和中央决策部署，把开展好主题教育作为首要政治任务，坚持高标准严要求，准确把握高校主题教育着力重点，紧扣立德树人根本任务，精心组织，统筹谋划，扎实紧凑，各级党组织有力推动，全校党员干部积极投入，广大师生热情支持，实现了“思想政治受洗礼、理论学习有收获、干事创业敢担当、为民服务解难题、清正廉洁作表率”的预期目的，取得了明显成效。人民网、新华网、中央电视台、《光明日报》等中央媒体7次报道我校主题教育工作，其中中央电视台新闻联播节目两次报道我校主题教育成果，《光明日报》也整版介绍我校主题教育开展的情况。

通过开展主题教育，学校领导班子和党员干部对中央大政方针的理解更加深刻，进一步提升了增强“四个意识”、坚定“四个自信”、做到“两个维护”的政治自觉、思想自觉和行动自觉；全校党员党性修养得到锻炼，践行党的初心和使命更加自觉自信，活学活用党的创新理论更加走心走实；全校干部师生知责负重、攻坚克难的信心和决心进一步增强，立德树人、教书育人的行动更加用心用情。

（一）聚焦教育主题主线，提高站位谋划全局

一是提前谋划，充分预热。第一批主题教育部署后，学校利用暑假举办了校领导班子专题读书班，领导干部研机析理，先学一步、学深一层。二是抓实组织，计划先行。成立主题教育领导小组，由校党委书记任组长，其他党员校领导任副组长，全程抓好工作开展。设立领导小组办公室负责日常工作，由党委分管领导兼任办公室主任，下设综合组、宣传组、9个巡回指导组，明确责任分工。学校主要领导牵头抓总，多次召集研讨制定实施方案，按周制定详细工作计划表。三是分类指导、迅速启动。针对二级单位特点，分类下发5个工作要点提示和工作明细表，针对全体党员和领导干部分别梳理16种和28种学习材料清单。学校动员大会启动后，二级党组织迅速响应，认真贯彻主题教育的工作部署。一周内，43个二级党组织全部召开了主题教育动员部署会。全部750个党支部积极跟进，结合工作实际制定具体方案，夯实主题教育深入基层的“最后一公里”。四是把牢方向，走深走实。学校紧扣任务目标，分类开展培训，把稳主题教育方向。召开基层党委书记会和巡回指导组会，重点部署抓牢“关键少数”。邀请上海市委党校专家作以“弘扬建党精神，感悟初心使命”为主题的讲座。组织全校党支部书记集中轮训，做到主题教育不落空、不漏项、不走形、不变样。

（二）理论学习入脑入心，以学铸魂以学强基

一是校领导班子以上率下，主动学、系统学、深入思考学。校领导班子围绕五个专题和新中国成立70周年等重要节点，开展了6次共计6天的集中学习研讨，推动学习习近平新时代中国特色社会主义思想往心里走、往深里走、往实里走。二是各基层单位领导班子和领导干部全面学、深入学、联系实际学。邀请专家开展《深入学习领会党的十九届四中全会精神》等四场专题辅导报告；学校43个二级党组织领导班子和机关处级领导干部，共计组织了344场次的集中学习研讨。三是各基层党支部对标学、持续学、及时跟进学。各基层党支部制定主题教育工作明细表，通过读书分享会、微党课等形式开展集中学习研讨。全校党支部组织集中学习研讨共3043场。为确保学习质量，帮助大家检验学习成效，学校在10月中旬和11月中旬分别组织了两次全校主题教育理论知识检查，确保学习教育入脑入心。以机关党委为例，党员首次评测率就达100%，实现全覆盖，两次测试党员干部平均分均在95分以上。党员干部主动学习的热情也带动了全校师生的政治理论学习，使学习成了一种习惯。

(三)创新学习载体形式,营造氛围厚植情怀

学校把握初心使命内涵,结合国情校情开展特色学习活动。一是以庆祝新中国成立七十周年为契机,用好"现实题材"。国庆前后,引进上海及遵义红色资源,把高水平党史、新中国史展览搬进校园,举办了"伟大开端——中国共产党创建历史图片展""伟大转折——遵义会议纪念馆主题展览""不忘初心、牢记使命——陈云与党风廉政建设"等大型展览。精心筹备并组织观摩"不忘初心、牢记使命,与祖国同行、以科教济世"同济大学庆祝新中国成立70周年主题党课,讲述一代代同济人与国家民族同呼吸共命运、不懈奋斗的动人故事。组织了"歌唱祖国"师生合唱比赛,来自全校各单位47支队伍3000多人通过歌声共同祝福祖国。举行庆祝中华人民共和国成立70周年纪念章颁发仪式和师生庆祝新中国成立70周年晚会,举行祭扫同济学生运动纪念园、烈士纪念日向同济英烈献花等活动,传承红色基因,激发爱国热情。举办"青春告白祖国"献礼新中国成立70周年长三角大学生原创诗歌朗诵会等,推动主题教育有特色、入人心、得实效。国庆当天举行升旗仪式,班子成员和近3000名师生集中收看了中央庆祝大会和阅兵式,现场热烈的气氛感染着每一名师生。特别是广大青年学生展现出来的对新中国成立70周年取得成就的高度认同,对中国共产党的衷心拥护,对党的领袖的由衷爱戴,对实现民族复兴的热切向往、相互激荡、同频共振,极大地激发了广大党员干部和师生的民族自信和爱国激情。二是以同济红色资源为依托,用足"同济教材"。深入挖掘同济历史,和上海广播电视台共同制作并组织观看纪录片《山河行过——抗战中的同济大学》,举办"同济大学服务新中国建设70年主题展",用办学之初同济人立下的"济世兴邦"的铮铮誓言,用抗战期间十年六次迁校、虽受尽颠沛流离之苦但救国初衷不改的生动历史,用社会主义建设时期"与祖国同行,以科教济世"的华彩篇章,用同济先辈和"身边人身边事",感染教育全校党员干部和师生。推出根据校史自编自导原创舞台剧《同舟共济》、大型原创大师剧《国之英豪》,演出同济校园版歌剧《江姐》、原创舞台剧《遍地英豪》和音乐会版歌剧《志丹,志丹》等,将这些剧目的创编及展演活动与课程思政紧密结合,广大师生从中接受了生动的爱国主义教育,从同济校史中一些英雄人物身上汲取了精神力量。关工委老同志编写《同济的故事》《同济学子话恩师》等作品,引导学生爱党爱国爱校,弘扬传承同济优良传统。特别是在全校党员中开展重温时任上海市委书记的习近平同志在同济大学百年校庆大会上的重要讲话,在师生中产生强烈共鸣,激发起全校师生为党育人、为国育才的强烈使命感和责任心。三是激发基层党委和党支部活力,全方位营造学习氛围。建筑与城市规划学院党委在浙江省台州市黄岩区挂牌成立"同济·黄岩党建教育基地",将同济人对"不忘初心、牢记使命"的理解和与扶持乡村振兴的实践有机联系在一起。土木工程学院党委抓好"学习线",用"四个一"讲好主题教育的"土木故事",充分利用学院优质资源,使学习形式更多样、内容更充实、效果更显著。医学院党委联合普陀区甘泉街道、《忘不了餐厅》导演团队等多家单位,在"世界阿尔茨海默日"前夕开展"共同守护您及家人的记忆"主题党日活动,服务广大患者。机关团总支举办"不忘初心、牢记使命"青年教师主题演讲大赛,讲述新时代青年教师的责任和担当。四是注重氛围营造,加大宣传力度。在校园公共场所、建筑楼宇、教学科研一线、学生生活社区、各处电子屏幕等,配合主题教育进展,加大宣传力度,营造了浓厚的主题教育氛围。

(四)全面统筹扎实调研,问题导向找准症结

校领导班子聚焦主题教育着力重点、教育综合改革中的短板弱项和广大师生的急难愁盼问题,深入基层深入一线开展调研,召开座谈会97场次,访谈师生655人次,察实情、找问题、提对策,把情况摸清楚、把症结分析透,召开调研成果交流会,形成高质量的调研报告14篇。校领导班子成员认真指导二级单位确定调研课题385个,使调研的过程成为加强对党的创新理论领悟、推进学校改革发展的过程的生动实践。学校主要领导带头讲党课,党员校领导积极跟进,共计讲授党课13场。二级单位党员领导干部,结合学习教育和调研成果讲授专题党课297场。全校广大党员在一场场党课中寻根问本、学思践悟,在一次次思想交流中叩问初心、砥砺使命。

(五)刀刃向内严查真摆,对标对表深剖细研

一是对标对表挖根源。按照"四个对照""四个找一找"的要求,班子成员把自己摆进去、把职责摆进去、把工作摆进去,结合上级单位在巡视检查、干部考察、工作考核中发现和反馈的问题,结合对照党章党规检视的问题,采取个别访谈、征求意见座谈会、设立意见箱、发放征求意见表、新媒体留言等方式,广开言路,共回收对学校、校领导班子、班子成员三类共331条意见和建议。全校各基层单位共开展个别访谈2437次,召开座谈会669次,设立意见箱87个,发放征求意见表28290份,汇总整理意见1907条。二是严肃认真列清单。坚持高标准、严要求,认真查找工作不足和工作短板,逐条梳理、逐项分解,汇总形成校领导班子和班子成员涉及思想、政治、作风、能力、廉政等方面的52个问题清单,制定整改措施。推动机关各部门梳理工作流程,大力改进机关作风,提高工作效能,以党员干部的"辛苦指数"换来了更多师生群众的"幸福指数"。

(六)始终坚持人民立场,推动整改落细落实

一是精准整改落实。梳理形成校领导班子牵头的139项整改措施,按照11月底、春节前和长期三个时间节点明确了整改期限,坚持项目化推进、全过程督办、销号式管理,建立两周一次定期报送整改落实情况的机制,目前已整改完成110

项，其余按计划推进。在领导班子的示范带动下，中层单位的整改落实工作也扎实有效推进。强化立行立改，应改尽改。主题教育以来，已解决群众急难愁盼问题26个，如与地方政府联合筹办九年一贯制基础教育学校，解决青年教师后顾之忧等问题；新生入学后通过大数据分析，将资助工作由大水漫灌改为精准滴灌，采用“隐形补助”办法使资助工作更有精度，更有人情味。二是坚持“开门整治”。专题研究明确9个专项整治任务，逐一研究形成具体整改工作方案，推动整改任务一项一项落实到位。如先后制定修订校级工作制度45项，其中制定出台激励干部担当作为、整治不担当不作为的办法2个，完善落实中央八项规定精神制度规定2个。针对“整治贯彻落实习近平新时代中国特色社会主义思想和党中央决策部署存在的突出问题”“整治干事创业精气神不够，患得患失，不担当不作为问题”等问题，从49个方面进一步细化确定专项整治措施116项。目前，已落实113项，其余3项正在按计划稳步推进。

（七）做好政治体检，高质量开好专题民主生活会和组织生活会

一是校领导班子以身示范，从严从实召开专题民主生活会。校领导班子会前进行了充分准备，向上级部门征求意见，向师生征求意见；开展谈心谈话，把问题谈开谈透，把思想谈通谈拢；在中央第三指导组悉心指导下，认真撰写检视剖析材料。专题民主生活会上，班子成员深刻检视剖析问题，严肃批评和自我批评，进行积极健康的思想斗争，打扫思想上和政治上的灰尘，共同经历了一次新的思想洗礼和党性检验。中央第三指导组同志参加了专题民主生活会，诸葛组长代表中央第三指导组充分肯定了会议效果。她指出，本次专题民主生活会紧扣主线、聚焦主题、出于公心开展批评，达到了红脸出汗、排毒治病的效果，是一次高质量的专题民主生活会。民主生活会后，为回应广大师生期盼，加快突出问题整改，校领导班子马不停蹄召开了网络安全和信息化领导小组会议，推动“智慧校园”和“一网通办”建设，学校信息系统浏览器兼容问题取得阶段性进展；召开精神文明建设委员会全体会议进一步压实基层意识形态工作责任制；召开嘉定校区院长书记座谈会加强多校区办学资源统筹规划；学校主要领导带队前往沪西校区现场调研，规划沪西校区功能定位。二是巡回指导组严格把关，指导监督基层高质量开展专题民主生活会。校领导深入73个二级单位和机关职能部门指导召开专题民主生活会，基本实现全覆盖。学校9个巡回指导组全程参与所指导单位的专题民主生活会，从严从实把好会议方案、领导班子和班子成员检视剖析材料的质量关，督导各基层单位认真扎实开好专题民主生活会。三是基层党委和校巡回指导组紧密配合，做好党支部专题组织生活会和民主评议党员工作。基层党委和校巡回指导组紧密配合，就各支部深入学习贯彻习近平新时代中国特色社会主义思想环节、检视问题环节和谈心谈话环节加强指导和监督，指导开好专题组织生活会。

二、学校“不忘初心、牢记使命”主题教育主要成效

（一）总体来看，学校主题教育成效主要体现在以下五个方面

1. 政治建设进一步加强，做到“两个维护”，更加坚定自觉。通过主题教育，全校党员干部对马克思主义的信仰、对中国特色社会主义道路的信念、对习近平总书记和党中央的拥护更加坚定。领导班子以政治建设为统领，加强了自身思想建设、作风建设、纪律建设，增强了人民立场，践行了一线规则，更加全身心地投入学校管理工作。通过修订下发《同济大学加强党的政治建设干部读本（文件选编）》，引导机关干部对照《中层领导干部履职尽责若干规定》自查自纠，进一步增强了党员干部加强政治建设的主动性和自觉性。通过组织形式多样的集中学习研讨和组织观看《走在大路上》《榜样4》《叩问初心》等，广大党员的信仰之基更加牢固、精神之钙更加充足。

2. 理论武装进一步强化，学习贯彻习近平新时代中国特色社会主义思想更加走深走实。通过主题教育，学校以党的创新理论教育干部师生，使科学理论成为推动工作、解决问题的“金钥匙”，全校师生越学越觉得有信心，越学越觉得有力量，形成了推动学校改革发展的强大思想合力。党委常委会将学习作为第一常设议题，组织学习传达十九届四中全会精神、习近平总书记考察上海和在进博会开幕式上的重要讲话精神等，带动全校掀起了学习习近平新时代中国特色社会主义思想的新高潮。印发《同济大学校院两级党委理论学习中心组学习细则》，推动中心组学习制度化规范化。按月下发教职工理论学习指导意见，进一步把每周二下午全校理论学习和思政教育活动制度落到实处。最新一次教师思想动态问卷结果显示，除学校安排的集中理论学习外，学校教职工主动学习政治理论的比例达65%，明显高于上年同期的45%；对国家政策的熟知了解程度超过95%，明显高于去年同期的75%。

3. 立德树人使命担当进一步坚定，为党育人为国育才的初心更加矢志不渝。通过主题教育，全校党员干部进一步从党性的高度认清立德树人的重要性，从政治的高度认清立德树人的必要性，从事业的高度认清立德树人的紧迫性，凝聚了立德树人思想共识。通过积极构建党委统一领导、部门分工负责的“三全育人”工作机制，将立德树人成效作为院系评估、干部考核、职称评聘、党员评议的首要指标，纵深推进了“三全育人”综合改革试点高校建设。集全校之力提升马克思主义学院思想政治教育教学和科研水平，在获批全国重点建设马克思主义学院的基础上，与上海市委宣传部共建马克思主义学院，入围上海高校思政课教学资源建设基地，成为了上海高校马克思主义理论研究、教育和传播的重要基地，进一步擦亮了社会主义大学的马克思主义鲜亮底色。党委主要负责同志带头谋划开设“习近平新时代中国特色社会主义思想概论”课，积极参加集体备课；党委班子成员带头上党课、形势与政策课，在全校范围内形成了重视思政理论课建设的浓厚氛

围。编制课程思政教学指南，推动了课程思政全覆盖，入选了上海市课程思政教育教学改革试点“领航高校”。推动大类招生、大类培养和大类管理联动，构筑厚基础、宽口径、通专结合、多学科交叉复合的进阶式人才培养模式和本研一体化人才培养体系，进一步提高了人才培养质量。

4. 干事创业精气神进一步振奋，中国特色世界一流大学建设更加坚实有力。通过主题教育，学校着力弘扬勇于担当、主动作为的奋斗精神和斗争精神，将深入开展主题教育与学校中心工作紧密结合起来，推动了中国特色世界一流大学建设再上新台阶。一流学科建设继续走在全国高校前列。通过了教育部学位点合格评估，完成了一流学科建设中期自评工作。23个专业入选国家级一流本科专业建设点。获批“智能科学与技术”上海市高峰学科，以人工智能赋能传统学科，提升了学科内涵。学校整体排名在各类排行榜中稳步向前，QS 2020年世界大学排名再创新高，位居内地高校第九，土木工程学科软科排名连续三年保持全球第一，设计学科蝉联亚洲第一。一流人才师资队伍建设成绩卓著。新增中国工程院院士2人，中国科学院外籍院士1人，学校高层次人才总量达到378人次，新增高层次人才总数69人次，增幅达22%，高层次人才总量占专任教师总数达10%，高层次青年人才数量同比增幅达12.5%。2018年度教育部“长江学者奖励计划”8人获批，其中特聘教授4位，青年项目4位，创历年最佳成绩。杰青、优青获批人数均创历史新高，杰青获批5项，排名全国高校第10；优青获批12项，排名全国高校第10。基础研究能力和攻克“卡脖子”核心技术能力进一步增强。全年获批国家自然科学基金514项，承担国家重点研发计划、科技创新2030重大专项等项目59项，课题193项，均居全国高校前列。以第一单位或通讯作者单位发表在CNS、PNAS及其子刊上论文30篇、ESI高被引论文507篇，授权发明专利725项。获得国家奖5项，其中主持3项，参与2项；主持获得教育部奖4项，参与4项，其中主持获得自然科学一等奖1项、科技进步一等奖1项。获得上海市科技进步奖一等奖15项，超出去年获奖数一倍以上。获得5项国家社科基金重大项目和教育部重大攻关项目，创历年最高，文科科研合同和到款经费“双过亿”，取得长足进步。主动服务国家重大战略和地方经济发展取得新成绩。牵头的国家重大科技基础设施“海底科学观测网”建设迈出关键步伐，上海自主智能无人系统科学中心建设进展顺利。发扬“把论文写在祖国大地上”的传统，持续为雄安新区、北京大兴国际机场、长三角一体化发展、嫦娥四号首次月球背面软着陆避障、乡村振兴等贡献同济智慧和同济方案。国际合作交流影响力进一步提升。升级中德、中欧国际合作平台，服务构建“人类命运共同体”和“一带一路”倡议。

5. 全面从严治党进一步深入，校园政治生态更加风清气正。通过主题教育，进一步压实了管党治党主体责任，深化细化了“四责协同”机制，持之以恒的落实中央八项规定精神，集中整治“四风”突出问题，为培养德智体美劳全面发展的社会主义建设者和接班人提供了坚强的政治保证。制订《同济大学深化巡视整改工作任务清单（2019年版）》，部署新的93项深化整改措施，深化了巡视后半篇文章。制定《中共同济大学委员会巡察工作领导小组会议议事规则》《中共同济大学委员会关于加强巡察整改落实工作的办法》《关于被巡察单位召开民主生活会的实施办法》等文件，进一步完善了巡察制度建设。对6家学院党委开展高质量巡察，督促5家被巡察单位完成整改任务；针对巡察中发现的一些共性问题，向相关职能部门下发了5份《巡察整改建议书》；督促相关部门有针对性地加强管理，对巡察发现问题较多的单位负责人以及个别履职尽责不到位的干部，由校党委书记、分管组织工作的党委副书记或纪委书记分别进行提醒谈话，推进了巡察工作向纵深发展。组织召开二级党委书记、纪委书记会议，通报巡察情况，强调整改要求，下发未巡先查、未巡先改自查自纠工作通知，将巡视巡察整改落实情况列为党建和党风廉政建设年度检查的一项重要内容，既推动了治标也夯实了治本。建立了“作风建设部门联席会议”机制，加强了作风建设的协作机制。扎实推进学校内部控制建设，形成了内部控制评价、内部控制建设的规范化系列制度，有效促进了学校内部治理的规范化水平的提升。

（二）聚焦来看，学校主题教育着力重点上取得的成效主要体现在以下五个方面

1. 党委领导下的校长负责制进一步完善。修订党委全委会、党委常委会、校长办公会议事规则，健全完善“三重一大”制度。贯彻落实《中共教育部党组关于在直属系统建立一线规则的意见》，进一步推动领导班子成员将问题在一线掌握、对策在一线产生、效果在一线检验、责任在一线落实。建成“同济大学工作规程查询系统”并投入使用，共计收录470项有效规章制度，持续开展党委系统规范性文件的“废立改”工作。稳步推进依法治校及校院两级管理，建立依法治校示范试点学院2个，制定二级学院依法治校指标清单，接受了上海市“依法治校示范校”的实地检查评审。

2. 基层党组织建设进一步加强。制订二级党组织、党支部党建质量标准和党建重点工作任务分解表，确定72项重点工作任务，完成软弱涣散现象突出党支部的整改，压紧压实了党建工作责任。制订、修订完善基层单位党委会议和党政联席会议事规则，强化了党委政治核心地位。实现131家教师党支部书记“双带头人”全覆盖，按教学、科研机构设置的原则优化教师党支部设置，做好各级“双带头人”工作室培育创建，并统筹协调各部门制定能力提升计划。着力加强新生思想引领，新生入学一个月后递交入党申请书比例由两年前的29%上升到50.8%。

3. 教师队伍建设质量进一步提升。在招聘录用、职务评聘、年度考核等工作中将师德师风列为第一标准。发布《同济大学长聘教职体系实施办法（试行）》，推进长聘教职体系实施，建设一流师资队伍。制订《同济大学绩效工资实施办法》，

建立实绩和贡献导向的薪酬体系。研制《同济大学校院两级人才工作责任制实施办法》，理清校院人才工作分工职责，强化学院的主体责任和核心作用。加强新进教师思想政治素质及优良师德师风培育，及时处理两起师德师风失范行为问题，做好警示教育素材积累工作。

4. 意识形态工作进一步夯实。把意识形态工作纳入各级各类领导干部培训，结合党建检查加强对各基层党委宣传思想和意识形态工作指导。进一步加强基层单位意识形态阵地管理，全面梳理意识形态工作的 32 个相关文件，开展宣传思想工作队伍摸底，明确各基层单位岗位人员和职责要求。加强国际交流合作中的意识形态工作，理顺来华短期授课外籍专家的管理体制机制并明确责任。建立导师和辅导员与在国（境）外交流学生定期交流制度，并推动相关文件的制订工作。

5. 学生社团工作进一步强化。成立学生社团建设管理工作领导小组和学生社团团工委，修订《同济大学教师社团管理办法》《同济大学学生社团管理办法（试行）》等文件，对师生社团进行全流程管理。研制《"三全育人"重点社团扶持方案》，实现学生社团团支部全覆盖并充分发挥团工委辅导员作用。制订《同济大学学生社团指导教师和辅导员工作绩效核定细则》，完善学生社团指导教师考核办法。制订《同济大学学生社团指导教师工作手册》《同济大学学生社团团工委辅导员工作手册》，为学生社团指导教师和辅导员开展工作制定准则并提供详细引导。

三、学校"不忘初心、牢记使命"主题教育主要体会

（一）始终将"两个维护"作为检验和衡量工作成效的标准

通过主题教育，大家深刻认识到，"两个维护"是具体的、不是抽象的，一定要体现在行动上、落实在工作中。要始终把"四个意识""两个维护"作为一面镜子，作为检验和衡量工作成效的标准。始终认真对标对表中央精神，不折不扣贯彻落实好中央决策部署，确保规定动作不走样、不漏项、落到位；同时紧密结合学校实际，做到高标准设计方案、高标准推动实施、高标准检验成果。始终把守初心、担使命体现在坚持和加强党对学校工作的全面领导上，健全完善党委领导下的校长负责制，不断提高现代大学治理水平。

（二）始终将理论学习作为推动学校发展的重要法宝

通过主题教育，大家深刻认识到，政治上的坚定、党性上的坚定都离不开理论上的坚定。善于学习是干好一切工作的先决条件，不学习就没有办法赢得主动、赢得优势、赢得未来。学校党委带头加强理论学习，在理论学习上舍得花时间花精力，努力学深悟透党的创新理论并将其作为自己的看家本领。学校自 2017 年以来，就将政治理论学习作为全校师生思想建设的第一环节，在主题教育期间，进一步保证学习时间，创造学习条件，丰富学习形式，拓展学习内容，推动了广大干部师生用马克思主义中国化最新成果统一思想、统一意志、统一行动，依靠大学习，推动大发展，走向新未来。

（三）始终将人民立场作为干事创业的根本立场

通过主题教育，大家深刻认识到，人民立场是党的根本立场。我们始终在改革发展中坚持以师生为中心，把主要精力、主要资源花在广大师生身上，不断改善教学科研环境、学习生活条件，全力解决师生急难愁盼的问题；引导教师把主要心思、主要时间花在学生培养上。如主题教育期间，全面推行驻楼导师工作站建设，选派 210 名知名教授学者进驻全部学生社区，在日常生活第一线以身示范，帮助学生扣好人生的第一粒扣子。我们始终树牢宗旨意识，坚持一线规则。领导班子带头进教室、进实验室、进食堂、进班级、进社团、进宿舍、进网络，问政于民、问需于民、问计于民、使各项工作思路和政策措施更加符合实际、更加符合民心，使主题教育成为践行人民立场的生动实践。

（四）始终将务求实效作为贯穿世界一流大学建设全过程的工作作风

通过主题教育，大家深刻认识到，将同济大学求真务实的传统传承好发扬好，是我们建设好中国特色世界一流大学的重要保障。主题教育过程中，我们把反对形式主义、官僚主义作为突出要求，统筹好主题教育整改工作、专项整治工作、巡视巡察整改工作、年度重点工作等，通过工程式设计，高起点谋划，项目式推进，台账式管理，挂图作战，逐项销号，应改尽改，整改到位，并且将实践中行之有效的做法及时上升为可操作、能执行的制度，以实实在在的整改成效推动学校事业发展。

四、建立"不忘初心、牢记使命"制度和长效机制，巩固拓展主题教育成果，加快推进中国特色世界一流大学建设

根据中央部署，我校主题教育基本结束，但"守初心、担使命"永远在路上。学校工作还存在一些不足，主要表现在：各学科发展依旧不平衡，学科布局需要进一步优化；对前瞻性基础研究和引领性原创成果谋划仍不足；师生思想政治教育还存在一些薄弱环节；干部担当作为精气神还需要进一步提振；"四风"问题尤其是形式主义和官僚主义倾向性问题仍然一定程度存在，等等。这些问题，都需要加强研究、完善举措、着力解决。

我们要把"不忘初心、牢记使命"作为加强党的建设的永恒课题和全体党员、干部的终身课题，一以贯之，常抓不懈，不

断巩固和拓展主题教育成果，建立“不忘初心、牢记使命”制度和长效机制，以主题教育实际成效推进中国特色世界一流大学建设。

（一）深入学习贯彻习近平总书记在“不忘初心、牢记使命”主题教育总结大会上的重要讲话精神

总书记在讲话中强调，我们党要始终得到人民拥护和支持，书写中华民族千秋伟业，必须始终牢记初心和使命，坚决清除一切弱化党的先进性、损害党的纯洁性的因素，坚决割除一切滋生在党的肌体上的毒瘤，坚决防范一切违背初心和使命、动摇党的根基的危险。全党要以这次主题教育为新的起点，不断深化党的自我革命，持续推动全党不忘初心、牢记使命。我们要把学习总书记的重要讲话精神作为当前和今后一个时期的重要政治任务，学深学透，入脑入心。要和学习习近平总书记关于教育的重要论述结合起来，和学习贯彻十九届四中全会精神结合起来，和学习全国教育大会精神、全国高校思政工作会议精神、学校思政理论课教师座谈会精神结合起来，践行好社会主义大学的光荣使命，为人民服务，为中国共产党治国理政服务，为巩固和发展中国特色社会主义制度服务，为改革开放和社会主义现代化建设服务。

（二）扎实做好主题教育总结工作，以高质量整改成效迎接“回头看”

严格按照中央要求，既认真总结主题教育有效做法成功经验，也实事求是分析问题解决问题，使总结的过程成为盘点收获、查漏补缺的过程，成为深化认识、总结规律的过程，成为凝心聚力、促进事业的过程。要紧盯问题、精准整改，逐条逐项推进春节前计划完成的整改举措落实，统筹推进需要长期整改工作，问题不解决不松劲、解决不彻底不放手、师生不认可不罢休，一锤接着一锤敲，确保取得的成果经得起检验，以高质量的整改成效迎接第二批主题教育“回头看”。根据中央第三指导组对我校主题教育开展情况的测评结果，我们在“党员领导干部担当作为，转变作风，力戒形式主义、官僚主义”方面与广大师生的期盼还有很大差距，在“解决群众反应强烈问题”方面还存在明显不足，党委常委会为此进行了专门研究，已计划将2020年作为我校“作风建设年”，结合四中全会精神学习，狠抓管理体系完善和治理能力水平提升，并作为寒假务虚会主题，深入分析研究，提出措施，狠抓落实，力戒虚功、务求实效。

（三）推动建立“不忘初心、牢记使命”制度和长效机制

进一步推动政治理论学习系统化精细化，将政治理论学习进一步融入每周二下午集中学习、新进教师入职培训、发展党员、干部培训等师生工作学习的各个环节，进一步提高知信行合一能力，增强守初心、担使命的思想自觉和行动自觉。要按习近平总书记的要求，教育引导各级党组织和广大党员、干部经常进行思想政治体检，同党中央要求“对标”，拿党章党规“扫描”，用人民群众新期待“透视”，同先辈先烈、先进典型“对照”，不断叩问初心、守护初心，不断坚守使命、担当使命。既坚持目标导向又坚持立足实际，进一步建立完善精准把脉的调研制度，在落实校领导干部年度调研制度的基础上，推动学校全体中层干部调查研究常态化制度化，推进调研成果转化为解决突出问题的新思路、新办法、新举措。建立整改落实闭环考核机制，以刀刃向内的自我革命精神，落实各项整改任务，把整改制度贯穿办学治校全过程，确保整改工作凡事有交代、事事有着落、件件有回应。

（四）全面提高大学治理能力，将社会主义大学制度优势转化为现代大学治理效能

根据党中央部署和上级单位要求，认真抓好十九届四中全会精神的学习宣传和理论阐释，组织校内宣讲团，将四中全会精神纳入各级各类干部培训和教职工政治理论学习的重要内容，推进全会精神入脑入心。同济大学中层干部深入学习贯彻党的十九届四中全会精神培训班将于今天下午开班，我还会作培训动员和首场报告。要强化制度意识，自觉尊崇制度，严格执行制度，坚决维护制度，健全权威高效的制度执行机制，自觉把四中全会提出的新思想新观点新举措贯彻落实到学校各项工作之中。全面加强党对学校工作的领导，坚持和完善党委领导下的校长负责制制度建设，深化“三全育人”改革，完善立德树人体制机制，综合运用法律、标准、信息服务等现代治理手段，不断完善现代大学制度，推进学校治理体系和治理能力现代化。

下一步，学校将认真贯彻落实“不忘初心、牢记使命”主题教育总结大会会议精神，对表对标中央要求，以这次主题教育为新的起点，坚持用“四个意识”导航，“四个自信”强基，“两个维护”铸魂，以党的政治建设为统领，坚持立德树人根本任务，只争朝夕、不负韶华，培养德智体美劳全面发展的社会主义建设者和接班人，加快建成中国特色世界一流大学。

在同济大学2020年全面从严治党工作会议上的讲话

（2020年4月24日）

方守恩

同志们：

上午好！

今天，我们召开学校2020年全面从严治党工作会议，我讲三点意见。

一、深入学习领会习近平总书记重要讲话精神，切实把思想和行动统一到中央决策部署上来

今年1月13日，习近平总书记在十九届中央纪委第四次全体会议上发表重要讲话。总书记强调，要以新时代中国特色社会主义思想为指导，全面贯彻党的十九大和十九届二中、三中、四中全会精神，一以贯之、坚定不移推进全面从严治党，坚持和完善党和国家监督体系，强化对权力运行的制约和监督，确保党的路线方针政策贯彻落实，为决胜全面建成小康社会、决战脱贫攻坚提供坚强保障。总书记的重要讲话，站在实现"两个一百年"奋斗目标的历史交汇点上，深刻总结新时代全面从严治党的历史性成就，深刻阐释我们党实现自我革命的成功道路、有效制度，深刻回答管党治党必须"坚持和巩固什么、完善和发展什么"的重大问题，对以全面从严治党新成效推进国家治理体系和治理能力现代化作出战略部署。

今年1月21日，上海召开十一届上海市纪委四次全会。李强书记在会议上要求深入学习贯彻习近平总书记在十九届中央纪委四次全会上的重要讲话精神，切实把思想和行动统一到党中央决策部署上来，把"严"的主基调长期坚持下去，始终保持自我革命精神，砥砺初心、勇担使命，坚定不移推动全面从严治党向纵深发展，为创造新时代上海发展新奇迹提供坚强保障。他强调，2020年是全面建成小康社会和"十三五"规划的收官之年，也是上海全面推进三项新的重大任务的关键之年，做好全面从严治党各项工作至关重要。

昨天下午，教育部召开了教育系统全面从严治党工作视频会议。宝生部长对2019年教育系统全面从严治党工作进行了回顾总结，对学习贯彻总书记在十九届中央纪委四次全会上的重要讲话精神、学习贯彻十九届四中全会精神、做好2020年教育系统全面从严治党工作做了部署安排。他强调，要发挥政治建设统领作用，推动"两个维护"融入血脉、见诸行动；坚决贯彻中央决策部署，确保扶贫攻坚圆满收官，疫情防控全面胜利；着力提升党组织政治功能和组织力，推动党的基层组织全面进步、全面过硬；提升思想政治工作质量，维护教育系统政治安全、校园稳定；持之以恒正风肃纪反腐，推动教育生态风清气正、持续向好；提升监督体系整体效能，推动权力运行规范有序、公开透明；压紧管党治党责任链条，推动责任主体贯通联动、一体落实。把严的总基调长期坚持下去，推动全面从严治党向纵深发展，为加快推进教育现代化、建设教育强国、办好人民满意的教育提供坚强保证。

全校党员干部要深刻领会党中央不断把全面从严治党引向深入的坚定决心和战略定力，深刻认识反腐败斗争形势依然严峻复杂，深刻把握新时代全面从严治党的新要求，严格对标对表，狠抓落地落实，使之贯穿到学校全面从严治党各项工作全过程，推动学校全面从严治党取得新进展。

二、去年学校全面从严治党工作的主要情况

去年，学校全面落实中央工作部署，层层压实管党治党责任，把全面从严治党要求融入学校中心工作，奋力推进学校全面从严治党向纵深发展。

1. 扎实开展"不忘初心、牢记使命"主题教育，推动主题教育成果转化为建设中国特色世界一流大学的澎湃动力。在中央第三指导组悉心指导下，学校从去年9月到今年1月，集中开展了"不忘初心、牢记使命"主题教育，认真贯彻落实习近平总书记关于"不忘初心、牢记使命"的重要论述和中央决策部署，坚持高标准严要求，准确把握高校主题教育着力重点，紧扣立德树人根本任务，以强烈的政治责任感精心组织，统筹谋划，认真抓紧抓实抓好学习教育、调查研究、检视问题和整改落实。各级党组织有力推动，全校党员干部积极投入，广大师生热情支持，实现了"思想政治受洗礼、理论学习有收获、干事创业敢担当、为民服务解难题、清正廉洁作表率"的预期目的，取得了明显成效。人民网、新华网、中央电视台、《光明日报》等中央媒体7次报道我校主题教育工作，其中中央电视台新闻联播节目2次报道我校主题教育成果，《光明日报》也整版介绍了学校主题教育开展的情况。

2. 贯彻落实纪检体制改革精神，进一步增强党内监督实效。党委常委会及时传达学习上级全面从严治党工作会议和文件精神，组织专题学习《关于深化中央纪委国家监委派驻机构改革的意见》，深刻理解和把握文件要求。按照上级纪委监委的工作部署，研究形成《同济大学关于贯彻落实高校纪检体制改革的任务清单、责任清单》，69项具体举措已落实，并

将长期坚持。学校党委支持纪委落实“三个为主”工作机制，聚焦主责主业，持续深化“三转”。学校党委常委会年内两次讨论纪委“三转”工作。

3. 严格履行管党治党主体责任，健全落实“四责协同”工作机制。学校党委切实担负起主体责任，深入推进党风廉政建设，不断深化细化“四责协同”机制。党委常委会专题听取和研究党风廉政建设和反腐败工作、巡察工作11次，加强对学校党风廉政建设情况研判，确定年度重点任务，列出责任清单。组织召开学校全面从严治党工作会议，部署党风廉政建设和党内监督工作。建立起党风廉政建设年初有部署、日常有推进、年底有检查的工作闭环。按照学校党委布置，我本人认真履行第一责任人职责，亲自部署学校全面从严治党工作，对重要信访件进行批示并提出处理建议，主动听取学校政治生态、巡察等情况汇报，并提出明确要求。校领导班子成员根据分工，加强对分管和联系部门、单位党风廉政建设的指导、督促，履行“一岗双责”。

4. 巩固拓展中央八项规定及其实施细则精神成果，坚决纠治形式主义、官僚主义。制定《同济大学集中整治形式主义、官僚主义问题清单》并积极推动整改落实。加强宣传教育，在重要时间节点向基层单位下发严格落实中央八项规定精神的通知，重申纪律要求。编印《高校党员干部违纪违法警示案例汇编》等学习资料，修订《作风建设实用手册》，坚决防止“四风”问题反弹回潮。

5. 对标对表中央最新要求，深化中央巡视整改和校内巡察工作。召开巡视整改领导小组会议和党委常委会，总结《同济大学深化巡视整改工作任务清单(2018年版)》完成情况，制订《同济大学深化巡视整改工作任务清单(2019年版)》，部署新的93项深化整改措施。进一步完善巡察制度建设，制定了加强巡察整改办法等文件。2019年对11家学院党委开展高质量巡察，督促前两轮共计9家被巡察单位完成整改任务。针对巡察中发现的一些共性问题，向相关职能部门下发了5份《巡察整改建议书》，督促相关部门有针对性地加强管理。对巡察发现问题较多的单位负责人以及个别履职尽责不到位的干部，分别进行提醒谈话。将巡视巡察整改落实情况列为党建和党风廉政建设年度检查的重要内容。

回顾2019年，学校深入贯彻落实中央全面从严治党的决策部署，党委对学校工作的全面领导不断加强，全校党员干部和教职员工“四个意识”“四个自信”不断增强，“两个维护”的自觉性和坚定性不断增强。但对照总书记在十九届中央纪委四次全会上的重要讲话精神要求，对照推进大学治理体系和治理能力现代化的要求，对照主题教育整改要求和深化巡视整改要求，对照上海市教卫工作党委调研学校落实“三大主体”责任情况的反馈意见，对照加快建设中国特色世界一流大学的紧迫任务，学校工作还存在一定的差距。如，全面从严治党责任压力传导还不够，管党治党的力度从学校到基层存在一定程度弱化现象；“四责协同”机制体制建设的意识还要进一步加强，个别领导干部的“一岗双责”意识不够强；二级单位中校内巡察整改情况不平衡，有的单位缺乏长效机制，有的没有做到逐项推进。这些问题，需要在以后的工作中着力克服。

三、以自我革命的精神，以科学有效的方法，刀刃向内、从严从实推动学校全面从严治党再上新台阶

2020年学校全面从严治党总的要求是：坚持以习近平新时代中国特色社会主义思想为指导，深入贯彻党的十九大和十九届二中、三中、四中全会精神，全面落实十九届中央纪委四次全会、十一届上海市纪委四次全会和教育系统全面从严治党工作会议部署和要求，增强“四个意识”，坚定“四个自信”，做到“两个维护”，坚持稳中求进总基调，严格落实教育部推进扶贫攻坚任务要求、按时高质量完成云龙县等地扶贫攻坚圆满收官；统筹推进疫情防控和全面从严治党工作、夺取疫情防控全面胜利；发挥政治建设统领作用，严格落实全面从严治党主体责任；结合学校完善治理体系和治理能力以及“作风建设年”建设，健全完善“四责协同”机制、权力运行监督体系，深化纪检监察体制改革，构建一体推进不敢腐、不能腐、不想腐体制机制，建设高素质专业化纪检监察干部队伍，推动学校全面从严治党向纵深发展。

1. 以党的政治建设为统领，推动学校事业取得新发展。党的政治建设是党的根本性建设。抓住了政治建设，就抓住了党的建设的“纲”和“魂”。要认真贯彻落实《中共中央关于加强党的政治建设的意见》，要结合学校实际，研究制定出台《同济大学关于进一步加强政治建设的若干举措》。巩固拓展主题教育成果，进一步加强全校师生思想理论武装，学习内容再充实、学习主题再突出、学习形式再丰富、学习效果再提高，推动形成不忘初心、牢记使命的长效机制。我和陈校长要带头，校领导班子要充分发挥表率作用，自觉做严以律己、从严管党治党的带头人。严格执行《关于新形势下党内政治生活的若干准则》《中共同济大学委员会领导班子成员落实基层党建责任和联系基层的若干规定》等文件，认真落实党委领导下的校长负责制，严肃党内政治生活。要认真贯彻落实“一线规则”，执行好校领导嘉定带班制度，加强领导班子对基层单位党建工作的指导、检查和督促，深入一线、联系师生、问计基层，强化“一岗双责”，完善“四责协同”。

2. 深化纪检监察体制改革，推动监督执纪和党风廉政建设取得新突破。深入贯彻落实高校纪检监察体制改革的各项工作要求，在更深层次更高水平上持续深化“三转”，构建一体推进不敢腐、不能腐、不想腐的工作机制。完善监督体系，推进纪律监督、监察监督、巡察监督和其他监督有机结合。加强日常监督，突出政治监督，深化运用监督执纪“四种形态”，完善发现问题、纠正偏差、精准问责机制。继续盯住重点人、重点事、重点领域和关键环节，完善内控体系建设，督促主责部

门发挥管理和监督职责。加强对二级单位纪检干部的工作指导和业务培训，切实提高纪检干部的履职意识和能力。要重点结合上海市教卫工作党委在学校落实“三大主体责任”情况调研反馈的意见，坚持以师生为中心，制定落实党风廉政建设和党内监督工作责任相关问题清单和整改清单，明确整改时限，确保反馈的问题整改到位，并且举一反三，建立长效机制，推动全面从严治党向基层延伸、向纵深发展。

3. 开展“作风建设年”行动，推动党员干部担当作为取得新成效。通过落实干部履职尽责“十六条”、《同济大学加强和改进机关工作作风实施细则》等文件，突出正向激励主基调，进一步改善机关工作作风，充分激发广大干部干事创业积极性、主动性、创造性，促进担当作为。坚持从讲政治的高度整治形式主义、官僚主义突出问题，持续改进文风、会风，压缩发文、会议数量，优化各类督查、检查、考核，切实为基层减负。继续紧盯年节假期等重要节点，紧盯“四风”隐形变异问题，保持高压态势，对违反中央八项规定精神和“四风”问题发现一起，查处一起，通报一起。继续发挥作风建设联席会议机制的作用，定期研判作风建设情况，开展联合检查，形成监督合力。用好信访举报途径，畅通师生监督渠道，更好发挥来自身边人的监督作用。坚持纠“四风”和树新风并举，大力弘扬求真务实、开拓创新、清正廉洁的良好风尚。

4. 从严从实持之以恒深化整改，推动巡视巡察“后半篇文章”取得新进展。2017 年 6 月，中央巡视组向学校党委反馈巡视意见后，学校制定印发《同济大学党委巡视整改方案》，开展为期两个月的集中整改；取得阶段性成果后，制定印发《关于继续做好巡视整改工作的通知》，继续深化落实。为继续持之以恒做好巡视巡察“后半篇文章”，学校先后制定了《同济大学深化巡视整改工作任务清单》2018 年版和 2019 年版，不断深化巡视整改。同时，学校从 2017 年启动了对二级党委的巡察，目前已对 17 个二级党委开展了四轮校内巡察，正在对 6 个学院党委开展第五轮巡察，各二级单位也及时开展了巡察整改、未巡先查、未巡先改、即知即改等工作。巡视巡察是全面从严治党的利剑，学校党委一直坚持发现问题和整改落实相结合，不断认真总结工作经验，持续改进方法，完善体制机制，堵塞制度漏洞。今年 6 月，学校党委将对《同济大学深化巡视整改工作任务清单(2019 年版)》进行总结，各部门各单位要高度重视，要统筹和优化好疫情防控下的整改工作安排，加快整改进度，提高整改质量。要深入学习重温习近平总书记关于巡视工作的重要论述，重新认真研读中央巡视组巡视反馈意见和 2017 年制定的《同济大学党委巡视整改方案》的三大方面 25 项整改任务，要结合中央关于巡视工作的最新要求最新精神最新部署，回到原点，以更高的站位、更高的要求、更严的标准，全面重新审视我们的问题、我们的工作，推动巡视整改取得更高质量的成果。

以上是我的三点意见，下面方平副书记还会全面部署 2020 年的工作，结合学校整个监督监察工作情况，会议还安排了雷星晖副校长介绍审计工作情况，目的就是把校内所有监督监察体系形成合力，真正织密我们的监督监察网，切实落实我们全面从严治党的主体责任。

勤思·纳新·作为
一流大学治理中管理干部的自我修炼与能力提升

——在中层干部综合治理能力提升专题研讨班上的讲话

（2020年7月16日）

陈　杰

今天我们举办的是中层干部综合治理能力提升专题研讨班，关键词是"中层干部"和"治理能力"，"中层干部"是学校重要决策的参与者、高层决策的执行者、基层工作的组织者，"治理能力"是指谋划和管理好学校各方面事务的领导力和管理能力。

中层干部在治理过程中起到"核心枢纽"的关键作用，他们的能力和水平对学校的未来发展至关重要。建立与世界一流大学相适应的高水平管理队伍，是学校举办此次研讨班的初衷和目的。

作为第一讲，我围绕大学治理的思考、管理方式的转变，来谈谈在一流大学建设中，中层干部如何提升领导力和管理能力，如何努力修炼成为勤于思考、吐故纳新、善作善成的实干者和开拓者。

一、对大学治理的理解和认识

（一）大学治理的重要意义和作用

坚持和完善中国特色社会主义制度、推进国家治理体系和治理能力现代化，是关系党和国家事业兴旺发达、国家长治久安、人民幸福安康的重大问题。党的十九届四中全会从政治上、全局上、战略上全面考量，立足当前、着眼长远，作出了推进国家治理体系和治理能力现代化的重大决策。推进大学治理体系和治理能力现代化是国家治理体系和治理能力现代化的重要组成，是扎根中国大地办好中国特色社会主义大学的根本保障，是新时代中国大学推进内涵式发展、提升国际竞争力的内在需求，是建设世界一流大学和一流学科、跻身国际学术前沿的必备前提。在习近平新时代中国特色社会主义思想的指导下，完善社会主义大学治理体系，不断提高大学治理效能，是实现教育现代化、建成世界一流大学、服务民族复兴伟业的必然选择。

（二）大学治理体系的发展演变

回顾近40年来高等教育的发展历程，随着大学发展模式的不断转变，大学治理体系也始终处在变革与完善之中，治理能力也不断得到提升。下面，从外部因素和内部组成两个方面来看中国大学治理体系的发展演变。

1. 影响大学治理的外部因素

大学与政府、社会的关系是影响大学建设发展的外部因素，构建大学与政府、社会的新型关系，是推进大学治理现代化的必然要求。探求构建大学与社会其他主体的良性关系，既是完善大学外部治理结构的题中之义，也是推进大学治理现代化的现实要求。随着知识经济时代到来，大学在创造知识、服务社会方面起着越来越重要的作用，大学与社会的关系日益紧密。适应社会发展，探索更高质量的服务社会经济发展、引领社会治理体制机制创新，是大学治理体系现代化的应有之义。

中国大学治理体系是在特殊历史条件下经过革命、建设、改革的长期实践形成的，具有深刻的历史逻辑、理论逻辑、实践逻辑。中国的现代大学自诞生时就肩负着民族复兴的使命，始终与国家社会发展紧密相连，与社会、经济、科技发展紧密相关。1949年解放以后到20世纪50年代，百废待兴，当时苏联援建156个重点工程，中国的高等教育，尤其是工科教育，主要参照苏联的模式，以行业、产品来设立专业和院系，适应建国初期的国家建设需求。同济大学也一样，很多专业院系以是行业、产品来设置的。到了60年代中后期，"文化大革命"，我国高等教育发展受到巨大冲击，基本是停滞发展。改革开放以来，中国进入了前所未有的发展时期，高等教育发展和我们国家的发展紧密相连，大致可以分为4个阶段：

第一阶段，20世纪70年代中后期，中国开启改革开放进程，当时中国社会科技发展的模式是国家任务驱动的集中攻关模式，计划经济为主，典型特征是自上而下、择优组织；这一阶段，大学以国家任务为基本工作内容，以人才培养为主，参与和承担一部分国家科研任务。

第二阶段，进入20世纪80年代，以国家需求为导向，跟踪国外先进技术成为社会科技的主要发展模式，其特征是自上而下与自下而上并存，在择优组织科技攻关的同时也有部分自由申报，当时我们跟踪国外的技术，例如上海的上汽，和德国的合资企业。典型标志是1986年成立国家自然科学基金委，以及同年实施的国家重点攻关计划"863计划"。这一阶段，大学在做好人才培养工作之外，开始瞄准国家任务和国际前沿，但这两个目标被人为隔离，两者之间没有交集，国际前沿仅限于基础研究,国家需求仅指技术研发和应用。在这一阶段,除了人才培养以外,基础研究、技术研发、技术应用与产业化也逐渐成为大学的主体功能。

第三阶段,进入20世纪90年代,社会科技发展变为以国家需求为主、面向国际前沿的选择性、跨越性发展模式,其特征是自上而下与自下而上并存、择优组织与自由申报并存,其标志是1997年实施的“973计划”,以及高等教育“211工程”“985工程”。国家任务、国际前沿两个目标开始并轨,技术研发开始追求国际水平,国际一流基础研究同样也是国家需求。在这一阶段,除了人才培养以外,大学还承载了面向国际前沿的基础研究以及核心关键技术研发等使命,并开始逐步退出技术应用一线。

第四阶段,进入21世纪,我国社会科技发展已经是国家需求和国际前沿并重的模式,其特征是自上而下与自下而上并存、常规性经费支持和竞争性经费支持相结合,其标志是国家创新体系建设,高等教育的“2011计划”“双一流”计划实施等。经过第三阶段的井喷式发展,我国成为科技大国。进入第四阶段后,我国正在成为科技强国,部分领域已经开始引领发展。这一阶段,国际前沿和国家需要这两个目标日益趋同,并重新划分为知识创新和技术创新两个目标。大学的根本使命是立德树人,同时大学也是知识创新的主体,是核心关键技术攻关的重要力量,是技术源头及技术转移的主体。这一时期,大学所承担的国家使命和任务就是要在国际前沿诸多方面取得突破,为国家跻身世界强国行列提供智力与人才支持。

由上可见,改革开放以后的大学发展是和社会经济发展趋势紧密相关的。哪个大学遵循高等教育规律,哪个大学转型的快,就发展的快;如果转型的慢,就有可能落后甚至被淘汰。值得注意的是,在这个过程中,国家任务、国际前沿、大学使命这三条轨迹正在不断靠近且趋向融合,大学发展面临的形势和任务发生了变化,大学发展面临着转型的要求,这就是我们要遵循的高等教育发展规律。而决定大学转型是否成功的重要因素之一就是大学治理体系和治理能力现代化建设能否实现快速转型中的新的突破。我们能不能跟上社会的发展,就是大学的发展规律能不能得到遵循的问题。

2. 大学治理体系的内部组成

改革开放之前,中国高校在计划经济体制下,人事任命、专业设置、招生分配、经费划拨等都由政府直接作出决定。之后,中国逐步启动教育体制改革,1985年《中共中央关于教育体制改革的决定》明确规定:“当前高等教育体制改革的关键,就是改变政府对高等学校统得过多的管理体制,在国家统一的教育方针和计划的指导下,扩大高等学校的办学自主权。”1992年《关于国家教委直属高等学校内部管理体制改革的若干意见》中,首次提出“国家教委直属高校是由国家教委直接管理的教育实体,具有法人地位”。此后高等学校的法人实体和法律地位逐步确立。1998年颁布的《中华人民共和国高等教育法》以立法形式明确了高校的七项自主权。大学治理取得了一些突破,包括大学领导体制的基本定型、学术委员会制度的确立等。2007年,教育部在学位授权、专业设置、人员总量、岗位设置、机构设置、职称评审等方面,给高校松绑减负、简除烦苛。2010年《国家中长期教育改革和发展规划纲要(2010—2020年)》吹响了“完善内部治理结构”的号角。北京大学等26所高校被确立为教育体制改革试点单位,围绕“完善高等学校内部治理结构”进行探索。2011至2020年,国家先后下发若干文件,进一步强调“规范高校内部治理体系,推进管理重心下移”。

由此,我国大学治理结合政府与高校边界重构(管办评分离、简政放权),从原则性提出“完善治理结构”要求,到组织试点,以章程建设为突破口推进实施、出台实施规程,再至构建政府与大学、大学与学院、行政权力与学术权力之间的良性互动机制,着力提高学校自主管理能力,完善学校治理结构,推进教育治理体系和治理能力现代化。在此过程中,党的领导核心地位不断明确和强化,依法治校逐步成为基本方式。

随着内部治理结构的演变,高校治理体系也不断明晰和确立。综合不同学者、管理者的观点,我认为,当前中国一流大学治理体系由7个部分组成,即党群工作体系、学科建设体系、人才培养体系、科学研究体系、队伍建设体系、对外合作体系和支撑保障体系。这7个部分不是相互独立的,而是相互作用、相互耦合、相互关联的,密不可分的关系。党群工作体系引领大学治理的正确政治方向,为其他体系运作把方向,直接关系到培养什么人、怎样培养人、为谁培养人的根本问题;学科建设体系统领人才培养体系、科学研究体系、队伍建设体系、对外合作体系;支撑保障体系维护着其他体系的健康有效运行,是大学治理体系不可或缺的一部分。

二、中层干部在治理体系中的重要作用

任何组织来说,干部都发挥着关键性作用。今天在座的各位,大多处于中层领导岗位,还有部分同志是科室负责人,也直接主管部门某一方面的工作,在学校的各个环节都发挥着关键作用,自身修养和能力决定着整个组织或团队的走向和发展,直接体现了学校的治理水平。

(一)领导和领导力的内涵

邓小平同志曾指出“领导就是服务”。美国政治家 Henry Kissenger 认为“领导就是要带领随员,从他们现在的地方,去还没有去过的地方”。这个表述强调引领作用,接近领导与领导力的字面含义。管理学中,将领导力定义为:充分利用

组织管辖范围内的人力和客观条件，以最小成本实现既定目标的能力；或指把握组织的使命、动员人们围绕这个使命奋斗的能力。1978年，美国著名学者James Burns在《领袖论》一书中提出了交易型(Transactional)和变革型(Transformational)两种领导模式，在世界上产生了重要影响。

一是交易型领导模式：指通过明确的任务及角色需求来引导与激励组织成员，根据工作绩效进行奖励、晋升等手段，促使该组织实现目标；二是变革型领导模式：指与组织成员共同形成奋斗目标、道德标准、相互信任和支持，促使成员为上述目标而忘我奋斗，进而达到超过原定期望的结果。

在中国文化背景下的变革型领导力包括：愿景激励、个人魅力、德行垂范、个性化关怀等。作为关键核心的中层干部，要有未来5到10年的发展愿景，强大的人格魅力，尤其在学校育人的环境中，要德行垂范。例如学院文化的形成，对学生都是一种垂范，起到了潜移默化的作用。个性化的关怀就是不能一刀切，要运用个性化的方法。而管理能力，更多体现在组织和实施层面。体现为：沟通交流能力、协调能力、规划与统整能力、决策与执行能力、培训能力。

所以对中层干部的治理能力来说，应该包含卓越的领导力和高水平的管理能力，管理层能力是在领导力之下来落实的。

(二)中层干部的领导力和管理能力

世界一流大学建设是一项系统性工程，学科是龙头，队伍是基础，干部是关键。一流的干部队伍具有全球视野、战略思维和创新思路，能够构思面向未来的发展愿景，能够制定科学合理的政策，在有限的资源条件下运用精准有效的举措，为学科建设、人才培养、科学研究、队伍发展、社会服务、文化传承等提供有力的支撑和保障。一方面，管理督促"快变量"，例如基建改造、短期培训、社会服务等，以此进一步巩固办学的物质基础；另一方面，浸润服务于"慢变量"，例如人才培养、原始创新、基础研究，以此夯实学术和育人的制度基础、文化基础，最大限度地产生"正反馈"。比如弘扬同济的大学文化，要长期浸润。同时，中层干部的领导力和管理能力，与学校的党群子系统、支撑保障子系统强关联，又辐射其他五个子系统，推动大学这一复杂系统的运转、改革和创新，从而决定一所大学的治理能力和治理水平。而与世界一流大学建设不匹配的领导力和管理能力，必然会掣肘建设的成效，出现低水平的重复和无谓的内部消耗。

中层干部的领导力主要体现在：一是能对未来方向和未知事件做出理性预期和科学判断，整体上对大学战略方向和所负责的工作进行宏观管理，客观分析学校在核心竞争力上的优势和劣势，所处环境带来的机遇，结合国家重大发展战略进行长远的、根本性的部署。二是能吸引和感染教职工与之共同奋斗，在专业知识水平上让大家信服，成为"懂教育、善管理"的高人，深谙高等教育规律，熟悉所分管的业务工作，用先进的高等教育理念引领教职员工为学校建设服务，用责任感和奉献精神对学校的师生形成感召，鼓舞他们相互团结产生协同效应。

中层干部的管理能力主要体现在：一是在领导力的支撑下，具备良好的对外、对内、对上、对下的交流沟通能力，对上，能了解政策内涵和诠释政策，对下，能够组织大家围绕上级愿景、学校愿景努力。二是能够巧妙设计和配置人、财、物等资源 ，运用整体性原则和结构化原则，加强目标管理，有效控制大学组织的发展方向、战略实施过程和成效，形成"组合效应"，加强内部治理的有效性。三是能够营造良好和谐的管理文化，使各部门间相互支持、亲密协作，形成合力，促进各项工作和谐、稳步发展。四是要将个人追求融入学校发展，形成学校"命运共同体"，具备超前服务的意识，充分发挥主动性和创造性。

三、如何提升中层干部的领导力和管理能力

"育才造士，为国之本"，建设世界一流大学是一项具有挑战的工程，需要学校理清思路、找准定位、统筹规划、扎实推进，并不断优化。从宏观来看，高校应该适应国家政治、经济、文化、社会、生态发展的大需求，实施内涵式发展，提高国际竞争力；从微观来看，高校应该协调内部利益相关主体之间的竞争。整个建设和发展过程都需要高水平的内部治理能力作为支撑，所以，当务之急是要构建一流管理体系和队伍，加速释放学校办学活力。

同济发展到今天，对干部管理能力和素质的要求，是前所未有的。学校第十一次党代会报告指出，"现代大学治理体系需要进一步完善，距离'一流管理'还有较大差距"。在今年学校工作部署会上，我们提出的管理工作理念是：目标导向、提前谋划、系统思维、统筹推进。提出的工作要求是：脑中有"事"、眼中有"活"、心中有"数"、手中有"招"。提出的建设目标是：建成与世界一流大学相适应的一流管理队伍，打造一支研究型、服务型、主动型、创新型，执行高效、作风优良的管理服务队伍。也就是说，打造一流大学研究型队伍的内涵是要研究国家经济社会、高等教育发展的政策，主动为国家部委在制定政策中出谋划策，提高学校在国家部委层面制定政策过程中、各项评审决策中的话语权，贡献我们的智慧和力量。

在学习中要主动适应新形势、新任务、新要求，谋划脑中的"事"，研究眼中的"活"；我们要把握经济社会发展的动态，国际科技发展前沿，才能遵循高等教育发展规律。在工作中要增强干劲，跨前一步，依据心中的"数"，盘活手中的资源，用好手中的"招"，提高效能；由此，不断提升素养，转变作风。

(一)锤炼内功,做好“四项修炼”

新的形势,要求我们的干部不仅要有优秀的政治素质、理论修养、管理能力,还需要具备优秀的工作作风、个人修养,善于把握世界高等教育、科技发展的规律,善于从师生员工中发现思想火花,将办学思想转化为师生员工的自觉行动。总的来说,要兼具谋划、管理和服务能力,要加强“四项修炼”。

1. 远大理想和价值引领

面对复杂的国内外形势,只有先解决好“怎么看”,才能更明确知道“怎么干”。只有深入学习习近平新时代中国特色社会主义思想,才能更深刻理解“大学培养什么人”“怎样培养人”“为谁培养人”,才能不断增强对维护核心的价值认同和情感认同。

按照总书记要求,“领导干部要胸怀两个大局,一个是中华民族伟大复兴的战略全局,一个是世界百年未有之大变局,这是我们谋划工作的基本出发点”。看清这两个大局,有助于我们精准定位中国所处的历史坐标与世界坐标,从而在发展教育事业时自觉胸怀大局、在谋划工作时自觉服从大局。

古人语,“立志而圣则圣矣,立志而贤则贤矣”“夫志当存高远”。拿破仑说,“世界上只有两种强大的力量,即刀枪和思想;从长远看,刀枪总是被思想所战胜”。

在任何一个国家和政党、一个部门和单位,干部必须具有远大理想,具有坚定的信念,这是事业成功的前提。事实上,世界上任何著名的大学,也都必须有远大理想和坚定信念。

大学是教师和学生的共同体。既然是一个组织,就要明确自身的价值取向,而不是一个仅讲学术自由的松散联邦。在长期办学中,同济形成了“与祖国同行,以科教济世”的精神内核,以及“同心同德同舟楫,济人济事济天下”是同济人所追求的精神境界,我们的使命是追求真理、培养人才、研究学术、服务社会、促进文化传承创新,交往世界与贡献智慧,这是办学的永恒追求。

各级干部、学术带头人是提升和守护大学价值的骨干,我们应当更加重视守护和提升同济自建校以来形成的品牌,坚守办学的价值取向。同时,带领广大师生员工朝着这个价值取向去努力,坚定不移地摒弃小农意识、本位主义、小富即安、朝九晚五。共同努力,使学校成为人民满意的大学、服务国家重大需求的大学、开拓世界科技和教育前沿的大学。

2. 战略思维和谋划能力

“不谋万世者,不足谋一时;不谋全局者,不足谋一域。”在国内外形势瞬息万变和信息充斥的时代,战略思维和谋划能力是高校中层干部必备的一种素质,要把握全局、围绕中心、抓住机遇,统筹兼顾,制定出具有前瞻性的发展规划,确保学校各项工作持续健康、良性发展。新形势下,中层干部要从世界看中国、从全局看局部、从未来看当下,观清大势、把握大局、危中见机。要跳出学院看学院、跳出部门看部门、跳出同济看同济,要跳出上海,在全国范围内看同济发展,要在国际高等教育发展中,看同济发展的步伐。还要注重从实践中归纳、从经验中总结、从失败中反思,确保战略思维和谋划的结果能够符合教育发展规律和学校发展总目标。

“辨方位而正则。”一是要有战略高度,从战略高度和更高的系统层次上思考重大现实问题,提出满足学校发展意图的、解决教育问题的新方案、新途径、新尝试;二是要有战略深度,深入实际,吃透事物发展的本质规律,找出影响学校全局发展的主要矛盾和重大矛盾,发现分管工作的薄弱环节,确定战略布局、主攻方向和工作的着力点;三是要有战略广度,用宽广的世界眼光认识问题,判断形势,做好定位,把握学校所处的环境,掌握学校的发展方向;四是要有战略跨度,增强预判性,从时间、空间维度筹划好发展的各个阶段,抢占先机,加速发展;务必要把握时机、抢抓机遇,机遇与挑战并存,抓住机遇方能战胜挑战,困难与希望同在,战胜困难方能迎来希望。作为主要领导,谋划和决策是最重要的本职工作。中层干部必须投入主要精力谋划未来,围绕学校的使命和愿景,制定自己所领导单位的发展战略。

在谋划中,要运用战略思维,深入进行调查研究,吃透上情和下情、外情和内情,客观分析所领导组织的优势和劣势,制定符合实际的发展战略。在吃透上情方面,要深刻理解上级、主管部门的重要战略部署和方针政策,根据学校实际,及时布局,正确落实,同时把握规律、预判政策导向、提前准备,体现“高站位、前瞻性”。在吃透下情方面,要深入了解学校师生员工的思想状况,学校的办学资源等信息。同时还要积极参与上级部门的政策制定,主动贡献决策建议。

避免匆忙决策。中层干部经常要做出决策,其决策水平往往取决于谋划水平。通常,战略决策应该是主动的、深思熟虑的,产生于精心谋划之中;要尽可能避免被动的、匆忙的决策。

把握工作重点。对于学院主要领导,谋划重点应放在学科方向的遴选与凝练,学术团队的建设、团队与个体的表现评价等;而决策重点应放在“有所为、有所不为”方面。对于机关部门主要领导,谋划重点应放在提升学校核心竞争力,提高服务保障能力,提高师生员工幸福感上,决策重点应是如何统筹兼顾,以最小代价获得最佳效果。

3. 系统思维和协同能力

党的十八大以来,总书记多次指出,“各级领导干部要努力学习掌握科学的思维方法,坚持辩证思维、系统思维、战略思维、法治思维……"其中，系统思维是指以系统论为思维基本模式的思维形态，是管理思维与管理观念上，综合认识对象的思维方法，它体现在管理工作的各个方面，能极大地简化对复杂的教育发展规律的认知，从而带来整体观。总书记还反复强调，"各级领导干部要树立系统思维思想"。

基于整体论、结构论、要素论和功能论的系统思维方法，要求把思维对象放在普遍的联系中进行全面思考，把要达到的结果、实现该结果的过程、对未来的影响等一系列问题作为一个整体系统进行研究。高校治理同样也是一项涉及全局的系统大工程，干部的系统思维要从整体效能来考虑，始终把学校这个整体放在第一位，并且基于学校校情、办学宗旨、生源层次和性质、总目标和阶段性目标等要素，扬长避短、抓好着力点，辩证施诊、抓好特色。

系统思维、辩证思维和全局观念，是领导能力的关键。大学这样的复杂系统犹如一个小社会，各子系统之间是相互耦合、相互支撑的，人才工作离不开科研，科研工作离不开国际合作，各个子系统运转又要以学院为主体，使许多工作需要大家互相配合。当前，学校正变革内部治理体系，深化综合改革，改革面临的问题复杂而深刻，哪个领域的改革都不是孤立的，必须用系统的思维、全局的观念来思考和推进。

这要求中层干部，要以目标为导向谋发展、以问题为导向促改革，提前谋划，系统思维，统筹推进。做到"四有"：脑中有"事"、眼中有"活"、心中有"数"、手中有"招"。

首先，统合各方优势打好"组合拳"。"积力之所举，则无不胜也；众智之所为，则无不成也""能用众力，则无敌于天下矣；能用众智，则无畏于圣人矣"。要善于运用马克思主义的基本原理和基本方法，运用辩证思维，全面、联系和发展地思考问题、解决问题。处理好难易、近远、点线、线面的关系，注重系统性、整体性、协同性，学校整体利益是第一位的，一流大学是学校整体的一流，这一点特别是在资源分配时要注意。

其次，勇于推动工作改革创新。把优良传统与创新发展相结合，这是辩证统一的。要积极大胆实验、大胆突破，比如大类培养、大类管理改革，比如长聘制体系建设，我们的目标要高，步子要稳，边实践边总结，边总结边实践，推动工作再创新、再突破、再提高。

最后，需要多部门共同完成的工作，大家必须树立工作"一盘棋"思想，能够上下一条心、拧成一股绳、鼓足一股劲，迎难而上、排难而进。紧扣工作的核心问题，加强部门间的协同推进，往前一步，形成合力，及时协商解决工作中的矛盾和问题，认真按照协调意见分工落实，形成协同效应，高效达成既定目标。中层干部一定要往前一步，遇到新生事物，要主动协商，才能实现目标。

学校工作是系统性工程，它涉及知识面广、工作量大、政策性强、技术含量高，具有前瞻性、服务性、层次性和交叉性等特点。这对中层干部的工作方式提出了非常高的要求，必须建立完善协同工作机制，充分整合资源，调动各个部门联动工作，分工合作，将工作做到专业化、精细化，使得很多发散状态的工作实现有序化、可跟踪化、可追溯化，呈现工作的统一性、完整性。

协同工作能力主要体现在对工作的整体把握，对人力、物力、财力的整体协调，对工作目标的准确解读与传达等方面。协同工作能力需要建立在目标导向和明确分工的基础上，要求干部在设计工作机制中，明确共同目标和责任分工。在目标达成的过程中，各职责部门需要通力合作，并明确追责制，避免推诿扯皮和存在工作死角，出现"为官不为"的现象。

4. 服务意识和执行能力

"大学之道，在明明德，在亲民，在止于至善。"大学就是要培养社会发展、知识积累、文化传承、国家存续、制度运行所要求的人。我国社会主义教育就是要培养社会主义建设者和接班人，办学的目的是为了人的发展，为了人民发展。这就是要求干部要强化教育"为人民服务"意识，也是办公平而有质量的教育的必然要求。

服务意识体现为是否主动担当、具有责任意识；执行能力体现为抓落实到底。这是领导能力在实践中的体现。在新时期的办学指导思想和工作实践上，我们要坚决贯彻执行党的教育方针，突出"为人民服务"。我们追求"两个满意"：人民满意、师生满意。

一是在办学方向上要服务国家需求，让人民满意，让师生满意。因此要千方百计提升学校服务国家重大需求的能力，提升办学水平和教育质量，办人民满意的大学，与祖国同行，以科教济世。我们的人才培养目标是社会栋梁、专业精英，要按照这样的目标去考量各学院的学科和专业。

二是在办学举措上要营造温暖校园，让师生满意。干部必须牢记，师生永远是同济发展的核心，是创建世界一流大学的智慧之源和直接动力。我们不仅要高度关注国际学术界、国家和社会对学校的评价，追求学术卓越，而且要努力提升全校师生员工的幸福感、认同感；不仅要高度重视学科带头人队伍建设，而且要将更多的人力、物力和财力投向青年教师以及青年学生的培养、成长和成才，调动全校师生员工的积极性，共同建设世界一流大学。

在办学实践中，有些干部经常抱怨教师、职工对工作推进不力，工作成效不好。但如果认真检查和反思，则发现问题往往出在领导者自身。要么是这类工作来自上级部署、或借鉴它校、或主观构思，而不是来自师生，甚至与部分师生员工的意愿相悖;要么是沟通不力,工作思路得不到理解和支持,无法变成大家的自觉行动;要么是干部在这类工作中只说不做,没有率先垂范,带头推进。

总书记深刻指出,“我们所有的成就都是干出来的,如果落实工作抓得不好,再好的方针、政策、措施也会落空,再伟大的目标也实现不了”。干部必须始终坚持追求卓越的价值取向和服务意识,争当善作善为的实干者,在抓落实、干成事上下更大功夫。要把握好“小”与“大”的关系,做真正的行动派。家国情怀是大情怀、大命题,“尽小者大,慎微者著。”贵在用小的、点点滴滴的实际行动,去坚持践行“立德树人”的根本任务。概括来说,干部“不能有官气”,要不缺位、有作为,真心实意付出、真抓实干攻坚。抓落实,最关键的还是要对自己所负责的工作有担当、敢担当。以正视问题的自觉和刀刃向内的勇气,奔着问题去、盯住难题改。

(二)勇于担当,做到“四个转变”

当前,高等教育已进入转型换挡期,正处于从外延式发展向内涵式发展转换的重要阶段 。正如习近平总书记 所说的“不能身子进了新时代,思想还停留在过去,看问题、做决策、推工作还是老观念、老套路、老办法”。

如果说外延式发展阶段可以依靠经验管理等传统管理方式来维持学校的正常运行,那么在内涵式发展 阶段必须快速转变 治理思维,来推动学校的改革创新。在这个过程中,干部必须要率先垂范,推动管理工作实现“四个转变”。

一是管理向服务转变。作为中层干部,不能把“官”太当回事,摆正自己的位置,“领导就是服务”,要做到“俯身亲民”破难题。全校工作都要为育人和学术服务,干部要做亲力亲为者,不做甩手掌柜;要做实干家,不能做看客、评论家。唯有真诚服务、实干担当,才能赢得师生员工拥护 。

二是被动向主动转变。不能老想着别人找你才算有事,主动去发现工作中面临的问题和难题,主动解决问题、提供对策和服务,要有敢啃硬骨头的担当。当好主攻手,不能做二传手。要精心沟通,舍得花时间、下气力与部门成员沟通,多一些“一对一、面对面”交流,形成共同的奋斗目标和相互支持力,凝聚创建一流部门和单位的力量。

三是粗放向精细转变。瞄准一流目标,做第一等事业,敢于创新方式方法,使管理服务更加精细化、人性化。前提是要深入调查研究,认真听取师生意见,用心提炼,只有对工作各方面真实情况了然于胸,才能做到把准方向、精准发力,将意见变为实实在在的改进措施。

四是办事向谋事转变。善用系统战略思维,从繁杂的日常事务中跳出来,集中精力谋划本单位的发展方向、重点工作,思考工作创新,把握工作节奏,动员全员力量,共同完成目标。“谋事”更要“谋实”,“不受虚言,不听浮术,不采华名,不兴伪事”。“谋”的路子必须要对,“谋”的脚步必须要实。要从本部门、本单位的实际出发,把工作当成事业干,这种境界应该是无私无畏的,它源于对教育事业的挚爱,源于对共同理想的认同。

大道至简,实干为要,回到邓小平同志的名言:领导就是服务。领导必须主动服务于,而不是被动受聘于自己的组织;提出符合组织的全局和长远利益,而不是急功近利的使命;动员和组织,而不是简单命令人们围绕这个使命去奋斗。领导力和管理能力既是怎样做事的技能,更是怎样做人的艺术,决定领导能力的是领导者的品质和个性。希望大家在工作中,加强“四个修炼”,实现“四个转变”,勤思、纳新,努力为一流大学治理作出新贡献。

加强系统谋划　紧抓关键要素 推动高质发展　服务国家战略

——在2020同济大学科研工作大会上的讲话

（2020年12月25日）

陈　杰

同志们：

在“十三五”收官和“十四五”布局之年，我们在这里隆重召开“2020年同济大学科研工作大会”，共同总结学校“十三五”时期科研方面取得的成绩和经验，研究部署“十四五”重点工作任务，我认为很有必要、也非常及时。首先，请允许我代表学校、代表方守恩书记，向莅临会议指导的教育部和上海市各位领导表示衷心感谢，感谢您们长期以来给予同济大学的关心和支持！向获得表彰的各位老师表示热烈的祝贺！向奋战在科研一线的科技工作者、科技管理工作者和支撑服务学校科技事业发展的同志们致以崇高的敬意！

第一部分　回顾与展望

回顾“十三五”，我校科研创新工作取得一系列重大突破。

(1)科研队伍水平整体提升。学校尊重人才成长规律，激发人才创新活力，全方位培养、引进人才，涌现出一批具有国际水平的科技领军人才和科技创新团队，培养了一批具有国际竞争力的青年科技人才后备军。“十三五”期间，新增两院院士（含双聘）12人，获批国家自然科学基金基础科学中心项目2个，国家自然科学基金创新研究群体3个，新增入选国家级人才计划（项目）198人次，新增入选省部级人才计划（项目）442人次。

(2)科研平台建设成效显著。初步构建了科技创新支撑体系，发挥有组织科研重要作用。“十三五”期间，新增33个国家和省部级科研基地，目前平台基地基本涵盖学校各个学科。牵头建设海洋领域唯一的国家重大科技基础设施海底科学观测网、教育部首批建设的7个前沿科学中心之一的细胞干性与命运编辑前沿科学中心、干细胞领域两所国家级库之一的国家干细胞转化资源库、上海自主智能无人系统科学中心等一批重大科研基地平台；同济大学城市发展与管理研究基地入选上海市重点智库，学校获批“上海市习近平新时代中国特色社会主义思想研究中心”等。

(3)科研竞争能力显著增强。瞄准国际科学前沿和战略必争领域，聚焦优势、突出重点，不断增强学校科研竞争实力。“十三五”期间，科研投入总经费达173亿元。国家自然科学基金共获批2580项，2020年获批数比2019年增长11.8%，其中集中期获批数位居全国高校第七位。牵头国家重点研发计划项目79项、课题233项，居全国高校前列。获得国家社学科学基金重大项目15项、教育部哲学社会科学研究重大课题攻关项目4项，居全国高校前列。

(4)科研成果质量持续提升。“十三五”期间，在城市建设、防灾减灾、深空探测、精密制造、信息技术、生物医药等领域高水平成果不断涌现。2016－2019年，获得包括科技进步一等奖在内的国家科学技术奖27项，获得的国家科学技术奖项目数排名全国高校第11；主持获得省部级科学技术奖一等奖40项；文科主持获得省部级以上科研奖44项，其中人文社科最高奖——高等学校科学研究优秀成果奖（人文社会科学）9项，一等奖获奖数量排名全国第11位。发表高水平论文成果3200余篇；在南海深海过程演变、大洋钻探、干细胞、结核病防控等领域基础研究取得重大原创性成果，在*Nature*、*Science*、*Cell*、*PNAS*主刊上发表顶级论文成果68篇。

(5)社会服务和成果转化实现新发展。针对国家和区域重大战略需求，发挥学校学科优势，推动科技成果在重大工程和任务中的广泛应用。“十三五”期间，为嫦娥四号、五号着陆避障任务提供重要科技支撑，服务港珠澳大桥、北京大兴机场等一批重大工程建设，参与雄安新区的规划与建设，完成北京城市副中心规划等。为脱贫攻坚、乡村振兴、科技抗疫工作贡献同济智慧和力量。积极推进与上海相关区，与云南、四川、贵州、广西、山西、福建等校地合作，与中车、中电建、中铁重工等校企合作，物理、医学生命、海洋等一批成果成功实施转化，转化金额超亿元。2019年，“环同济知识经济圈”实现产值460亿元。

(6)科教融合和科研育人实效喜人。发挥科技创新在人才培养中的重要支撑和引领作用，促进科教深度融合，培育同济报国擎天柱。学校通过举办“创新研讨＋1”“青年教师＋10”“青年榜样＋100”和“未来科学家”等一系列活动，构筑科研育人体系。同济学子连续四届获得上海市“挑战杯”大学生科技作品竞赛第一名，在全国“挑战杯”大学生科技作品竞赛中取得优异成绩。本科生“学术之星”和研究生“学术先锋”活动具备广泛基础，部分学生在顶级期刊发表高水平学术论文、在国际重要赛事上屡获金奖。

“十三五”期间，在大家的共同努力下，我校科研投入持续增加，平台建设获得突破，高层次人才培养卓有成效，重大成果质量提升，有力地支撑了中国特色世界一流大学建设。

同志们，成绩喜人，但是我们也要清醒地认识到：1、对战略性问题的提前谋划意识还不够强，缺少更多的战略科学家进行顶层设计和谋划布局；2、对需要持之以恒、久久为功、深入研究的基础性问题，投入还不够多、不够扎实，前沿交叉研究还未形成特色品牌，学科交叉平台、交叉成果认定和人才培养等机制还不完善；3、高质量科研成果整体偏少，科研成果转化还有较大的提升空间；4、科研体制机制与新发展格局不完全适应，科研队伍体系还存在分散、低效、重复的问题，组织模式需要创新，有组织科研需要强化；5、校院两级科研管理的全链条和全过程服务有待完善，专业化、信息化和精细化不够，分类评价标准和评价体系需要进一步优化。

同志们，展望“十四五”，世界科技发展正在发生深刻变化，基础性、前沿性、颠覆性高新科技将推动新一轮的科技革命和产业变革。同时，国际形势出现了深刻转变，科技竞争加剧、国际合作形势出现新态势，疫情蔓延导致全球创新链和产业链布局发生新的调整。在此背景下，如何更好地贯彻新的发展理念，优化科技创新支撑体系，推动科研高质量发展，成为高等学校面临的重要命题之一。

纵观同济的发展历史，是与中华民族命运休戚与共、与祖国科教事业心手相牵、与上海城市发展相濡以沫的历史。面对新时代和新要求，同济大学责无旁贷，努力成为国家重大战略和体制机制创新的冲锋队，上海科创中心建设和长三角区域发展的排头兵。

第二部分　加强系统谋划　紧抓关键要素

科学研究是高等学校最重要的功能之一，科学研究水平是评价高等学校办学水平的一个重要指标。我国大学的发展是与国家社会科技发展紧密相连。当前，在创新驱动战略的创新型国家建设过程中，大学，尤其是一流大学理应是知识创新、原始创新的重要源泉，是核心关键技术攻关的重要力量，是技术源头及技术转移的主体。

党的十九届五中全会将“坚持系统观念”作为“十四五”时期我国经济社会发展必须遵循的五项原则之一，指明了提高社会主义现代化事业组织管理水平的方向。针对全球新一轮科技革命和产业变革的新特点、新趋势，新时代高校要立足自身基础和办学特色，加强系统谋划，推动高质量科学研究。我们既要推进基础研究和学科交叉融合，统筹设立前沿科学中心，探索新型研究型大学的发展之路；我们又要探索学科之间、科学和技术之间、技术之间、自然科学和人文社会科学之间的交叉融合；也要注重推动跨学校、跨学科、跨学院、跨领域、跨国界的协同创新，形成产学研协同攻关、协同创新的强大合力。

推动学校科学研究高质量发展，我认为要重点聚焦三项关键要素：

一是进一步加强基础研究。甘坐冷板凳，以“十年磨一剑”的精神深入探索、厚积薄发，勇闯创新“无人区”，努力实现更多“从0到1”的突破。基础研究是科技创新的源头，把基本理论搞清楚、科学问题弄明白、作用机制研究透，才能从根本上和底层上产生原始创新，从而推动技术层面的大幅突破。我们必须强化基础研究导向，立足同济特色，凝练布局若干基础研究领域，遴选和集聚团队，创新机制，提供长期稳定支持，重视并优先倾斜支持基础学科的前沿基础研究，加大从重大工程应用中凝练科学问题开展基础研究和应用基础研究，实现重点突破，抢占原始创新制高点。

二是进一步加强交叉学科和新兴学科的科技创新。交叉融合既是当前学科发展的必然趋势，也是产生创新性成果的重要途径。面向国家产业发展重大战略，重点布局新兴学科，鼓励和推进各学科与同济优势学科的交叉融合，进一步创新机制、加强系统设计，在优势工科、厚重理科、精品文科、特色医科的基础上，推动以“人工智能＋”为主要特征的学科交叉与融合，通过人工智能，为传统学科赋能，实现学科跨越式发展。学校正在积极构建“人员流动不调动、成果归属原单位、附加绩效再奖励”为原则的交叉研究机构的新的评价体系，消除了多方顾虑，为促进学科交叉和融合提供制度保障。

三是进一步加强有组织科研。坚持需求导向和问题导向，从国家急迫需要和长远需求出发，依托国家重大科技基础设施、教育部前沿科学中心、国家及省部级重点实验室等科研基地平台，进行有组织的科研和集中攻关。“一人拾柴火不旺，众人拾柴火焰高”，重大得科学问题和技术攻关，不是一个人单打独斗能够完成的。需要通过加强有组织科研，着力解决学校科研小、散、虚的现象，以“聚集大团队、构建大平台、承担大任务、催生大成果”为导向，全面提升学校的科技攻关能力。

第三部分　推动高质发展　服务国家战略

推动高质量发展，服务国家战略，需要我们围绕“四个一”：围绕一个目标、弘扬一种精神、坚持一个导向、建好一支队伍。

(1)围绕一个目标

学校第十一次党代会确立的发展愿景是：与祖国同行，以科教济世，建设成为中国特色世界一流大学。为实现2030

年进入世界一流大学行列、2050年进入世界一流大学前列的目标，我们必须以一流的科学研究全面支撑一流大学建设、支撑一流学科发展。

希望通过“十四五”期间大家的共同努力，构建布局完善、高效运行的科技创新能力和支撑体系，在创新全链条布局、重点科研创新平台体系建设、科研队伍建设、科研机制及创新文化建设方面取得重大进展。科技创新水平和学术影响力显著提升，服务经济社会发展能力和支撑高质量人才培养效果显著增强，整体科研水平进入一流大学前列，使得我们学校成为前沿科学探索、重大科技发现，重大技术发明的原创地。

(2)弘扬一种精神

“科学成就离不开精神支撑”，要大力弘扬以“爱国、创新、求实、奉献、协同、育人”为主要内涵的科学家精神。被誉为“深海勇士”的汪品先院士，以超凡的意志、长年甘坐冷板凳的恒心和执著于科学的精神，带领着同济大学“三深”团队，为把我国真正建设成为“海洋强国”不懈奋斗。94岁高龄的孙钧院士，每年坚持出差30多次，潜心致志、默默奉献，在工程第一线以自己卓越的学术功底解决工程实际问题，是其永不懈怠的追求。我们要以他们为榜样，在学校上下，营造崇尚科学、探究真理、只争朝夕、追求卓越的文化氛围和高尚的价值取向，鼓舞和激励同济人争做前沿未知的探索者、科学高峰的攀登者、重大成果的创造者、科教育人的领路者。

(3)坚持一个导向

同济人应肩负起时代使命，落实“四个面向”，坚持以科技创新高质量发展为导向，不断向科学技术广度和深度进军。

面向世界科技前沿，我们要强化基础研究系统布局，培育和产出一批具有基础性、前沿性、颠覆性的重大原创高质量成果，若干领域和方向达到国际领先水平。

面向经济主战场，我们要瞄准产业升级方向、破解重大产业技术难题，为引领和支持经济社会发展供给重大产业化成果和高质量的决策成果。

面向国家重大需求，我们要将同济科研特色和优势融入国家战略，攻克一批关键核心技术，破解“卡脖子”难题，供给国家急需的高质量科技创新成果。

面向人民生命健康，我们要加强医学与理科、工科及文科的交叉融合，前瞻布局、精准发力，开展高质量的基础与转化研究。

落实“四个面向”，我们需要以科技创新高质量发展为导向，贯彻新发展理念，服务新发展格局，将我校建设成为上海建设具有全球影响力科创中心的重要策源地和承载地。

(4)建好一支队伍

推动学校科技创新高质量发展，必须建设一支强大的科研队伍。培育和引进一批具有国际视野、扎根前沿基础研究和科技攻关能力的科技杰出人才和领军人物，发挥战略引领作用。我们要加强科研支撑队伍建设，培养一批稳定的具有较高水平的实验技术队伍和科研助理队伍，提供优质的专业化服务。我们要建立政策水平高、组织策划强、服务意识优的、“召之即来，来之能战，战之必胜”科研管理队伍。最终形成一支精核心、强外围，结构合理、素质优良、富有创新精神和国际影响力的同济科研队伍。

同志们，“十三五”即将圆满收官，我们在这要感谢全体科技工作者、科技管理人员和支撑服务科技发展的全体同志们，为同济发展所作出的卓越贡献。“十四五”让我们充满期待。立足中华民族伟大复兴的战略全局和世界百年未有之大变局，坚持以习近平新时代中国特色社会主义思想为指导，加强党对科研工作的全面领导，深入贯彻新发展理念，坚持“四个面向”，立足科技自立自强，大力弘扬科学家精神，不断优化科技创新支撑体系，加速科技成果高质量发展，推动学校成为国家战略科技创新力量的重要组成部分，为加快中国特色世界一流大学建设而努力奋斗！

最后，预祝本次大会圆满成功！谢谢！

中共同济大学委员会 2019 年工作报告

2019 年，同济大学以习近平新时代中国特色社会主义思想为指导，深入学习贯彻党的十九届四中全会精神，学习贯彻落实全国教育大会、全国高校思政工作会议和学校思政理论课教师座谈会精神，用“四个意识”导航、用“四个自信”强基、用“两个维护”铸魂，扎实推动“不忘初心、牢记使命”主题教育取得实效。学校全面贯彻党的教育方针，牢牢把握社会主义办学方向，坚持立德树人根本任务，扎根中国大地建设中国特色世界一流大学。

2019 年，社会主义大学底色更加鲜亮。纵深推进全国党建工作示范高校和首批“三全育人”综合改革试点高校建设，土木工程学院获批第二批全国党建工作标杆院系，建筑与城市规划学院教工第八党支部、外国语学院本科生党支部获批第二批全国党建工作样板支部，学生社区综合育人平台建设项目入选教育部思想政治教育精品项目，打造“党建示范”新高地和“三全育人”新模式。马克思主义学院获批全国重点马克思主义学院。人才培养能力进一步提高。深化人才培养改革，成立新生院，设立“八大学堂”，推动大类招生、大类培养和大类管理联动，完善本研一体化培养体系，以学生为中心，促进通专融合和学生的个性化发展，构筑厚基础、宽口径、通专结合、多学科交叉复合的进阶式人才培养模式和本研一体化人才培养体系。一流师资队伍建设取得突破性进展。新增中国工程院院士 2 人，中国科学院外籍院士 1 人，学校高层次人才总量达到 378 人次，高层次人才总量占专任教师总数达 10%，高层次青年人才数量同比增幅达 12.5%。一流学科建设继续走在全国高校前列。在 2019 年的 QS 世界大学学科排名再创新高，排名内地大学第九，设计学科蝉联亚洲第一，土木工程学科软科排名连续三年保持全球第一。基础研究能力和攻克“卡脖子”核心技术能力进一步增强。国家海底科学观测网东海子网和监测与数据中心初步设计评审通过，提前启动了监测与数据中心大楼的工程建设。上海自主智能无人系统科学中心建设加快推进，取得了阶段性成效。新增“国家干细胞转化资源库”，“细胞干性与命运编辑”前沿科学中心建设再进一步。全年获批国家自然科学基金 514 项，承担国家重点研发计划、科技创新 2030 重大专项等项目 59 项，课题 193 项，均居全国高校前列。主动服务国家重大战略和地方经济发展取得新成绩。成立雄安未来城市研究院助力雄安新区规划与建设，获得地方政府好评。同济智慧同济方案服务港珠澳大桥建设和大兴国际机场建设，攻克若干世界级技术难题。发挥学校学科智力优势，“输血”与“造血”相结合，扎实帮扶云龙县脱贫攻坚取得显著成效。杨浦环同济知识经济圈年产值突破 460 亿元。国际合作交流影响力进一步提升。升级中德、中欧合作平台，促进中外人文交流，服务“人类命运共同体”和“一带一路”倡议。推荐的国际办学案例被收录到 2019 年全国外事工作会议交流材料中，在 2019 年中国高校国际化水平排名中名列全国第 6 位。

一、扎实开展“不忘初心、牢记使命”主题教育

按照党中央统一部署，在中央第三指导组的精心指导下，于 9 月至 12 月在全校范围内开展第二批“不忘初心、牢记使命”主题教育。

1. 加强组织领导，精心谋划扎实推进。迅速启动，制订《中共同济大学委员会关于开展“不忘初心、牢记使命”主题教育的实施方案》，成立学校主题教育领导小组，由校党委书记任组长，全程抓好组织领导和工作开展。领导小组下设办公室，内设综合组、宣传组、九个巡回指导组，各组分工明确，职责清晰。召开基层党委书记会和巡回指导组会，传达主题教育的具体要求，加强对二级党组织指导，重点部署抓牢“关键少数”。组织全校党支部书记集中轮训，夯实主题教育推向基层的“最后一公里”。学校党委要求各级党组织在围绕学校主题教育实施方案制定工作明细表和每周工作计划基础上，每周一报送上周工作进展和本周工作安排，把工作抓紧抓实，把主题教育的成效落到实处。

2. 营造浓厚氛围，抓紧抓好学习教育。将学习教育贯穿始终，围绕“教育报国守初心”“学思践悟知大局”“遵章守纪懂敬畏”“争创一流明方向”“奋发有为抓落实”五个专题依次展开，每个专题安排两到三周时间。校领导班子以上率下，以中心组集中学习研讨的形式，逐一交流学习体会。各基层单位处级干部参照校领导班子的学习方式扎实开展学习交流。各基层党支部以“三会一课”形式，加强普通党员的学习教育。深入挖掘爱国主义教育资源，组织师生观摩同济大学庆祝新中国成立 70 周年主题党课、制作播映“山河行过——抗战中的同济大学”纪录电影，举办“同济大学服务新中国建设 70 年”“同济人与港珠澳大桥”等主题展，组织主题教育理论知识检查，检查师生党员理论学习情况，确保学习入脑入心。

3. 深入师生一线，有序开展调查研究。学校领导班子结合主题教育着力重点和学校特色，坚持问题导向，精选 14 个调研题目，分批分类带队深入教学科研一线和师生中间开展调查研究。校领导班子召开师生座谈会 97 场次，参加座谈面谈的师生 655 人次，收集意见、建议 354 条次，形成了问题清单。二级党组织结合日常工作，通过实地走访、专题调研、专题座谈、个别访谈、问卷调查、与相关部门会谈等方式，与师生员工进行了充分交流，广泛听取意见建议，确保调查研究取得成效。学校领导班子和各二级党组织领导班子召开调研成果交流会，对调研中发现的问题和整改思路、举措进行充分剖

析和交流，为检视问题和整改落实提供了强有力的支撑。

4. 深刻检视问题，扎实推进整改落实。制订《中共同济大学委员会关于在"不忘初心、牢记使命"主题教育中开展专项整治的工作方案》，并细化了9个专项整治工作方案，确定牵头部门、整治措施及整治要求，确保专项整治各项工作要求落实到位。校领导班子坚持广开言路、畅通渠道，广泛听取各方意见，共回收对学校、校领导班子、班子成员三类共331条意见和建议。各二级党组织和机关职能部处广泛听取各方意见，每两周向学校主题教育领导小组办公室报送检视问题和整改落实进展情况。全校各基层单位共开展个别访谈2437次，召开座谈会669次，设立意见箱87个，发放征求意见表28290份。突出"改"字当头，学校对师生反映的问题及时予以回应，对其中26项能够立即解决的问题即知即改，同时各部门优化工作流程，提高服务质量，让师生切身感受到实实在在的变化。

二、坚持以习近平新时代中国特色社会主义思想武装师生头脑

围绕深入学习贯彻习近平新时代中国特色社会主义思想这一主线，推动思想理论武装往深里走、往实里走、往心里走，为建设中国特色世界一流大学提供不竭精神动力和强大文化支撑。

1. 深学细悟习近平新时代中国特色社会主义思想。坚持构建领导领学、干部党员必学、师生共学的理论学习机制。坚持将学习环节作为党委常委会的常设第一议题，书记、校长等校领导班子成员带头读原著、学原文、悟原理，结合学校和个人实际谈体会、谈思路。党委常委会组织集体政治学习24次，党委理论学习中心组（扩大）集体学习13次，学校领导班子共发表各类文章14篇，向师生汇报学习体会。专门组织学习传达十九届四中全会精神、习近平总书记考察上海和在进博会开幕式上的重要讲话精神，组建校内宣讲团，迅速掀起学习热潮。印发《同济大学校院两级党委理论学习中心组学习细则》，推动中心组学习制度化规范化。按月下发教职工理论学习指导意见，进一步把每周二下午全校理论学习和思政教育活动制度落到实处。制定并实施"学习强国"学习活动方案，推动全校党员开展学习。

2. 落深落细落实党委领导下的校长负责制。深入贯彻民主集中制原则，健全完善"三重一大"制度，修订《中共同济大学委员会常务委员会议事规则》《中共同济大学委员会全体会议议事规则》《同济大学校长办公会议事规则》。建成"同济大学工作规程查询系统"并投入使用，共计收录470项有效规章制度，不断提升制度执行力，完善学校治理能力。开展党委系统规范性文件的"废立改"工作，共计废止22件，宣布失效10件，决定修改22件。修订编印2019年版《同济大学加强党的政治建设干部读本》（文件选编），帮助党员干部加强政治建设的主动性和自觉性。认真贯彻落实《中共教育部党组关于在直属系统建立一线规则的意见》，修订《中共同济大学委员会领导班子成员落实基层党建责任和联系基层的若干规定》，进一步推动领导班子成员将问题在一线掌握、对策在一线产生、效果在一线检验、责任在一线落实。学校领导班子成员给学生讲授思政课53课时，参加二级党组织的党委会或党政联席会议45次，以普通党员身份参加所在党支部"三会一课"活动86次，参加联系学生和教工党支部活动14次，深入教学、财务、后勤、食堂、学生宿舍、服务大厅等实地调研走访近150次，班子成员身体力行，以上率下，根据工作分工，形成责任链闭环。

3. 牢牢把握意识形态工作领导权主动权。制订《意识形态工作主体责任清单、任务清单和制度清单》和《基层单位意识形态工作要点》，明确各单位工作责任，指导二级单位党委做好意识形态工作。加强课程和课堂管理，对本科通识类课程、哲学社会科学类教材和研究生教材进行了抽查，对发现的问题要求限期改正。加强对哲学社会科学类讲座、报告会、论坛等的管理，实行"一事一报""一会一报"，全年受理审批1136个。加强对出版工作的管理，对学校主办的学术期刊和出版物执行"三审三校"制度的情况进行了全面检查。加强网络意识形态管理，对学校各单位各部门所属770个网站、260个微信公众号、48个微博账号、225块发布信息的LED及电视屏幕进行摸底备案，责任到人。加强对师生涉外活动的管理，对教师参与国际学术组织和国际合作项目、接受境外媒体采访实行事前审批制度，加强对宗教、境外基金和非政府组织渗透的防范。对全校各基层单位党委履行意识形态工作主体责任情况、教职工集中学习开展情况进行专项督查。

三、扎根中国大地，推动世界一流大学和一流学科建设再上新台阶

全面贯彻落实中央"双一流"建设各项决策部署，加快推进学校综合改革和内涵式发展，持续完善治理体系提升治理能力，建设中国特色世界一流大学事业迈出了坚实的步伐。

1. 优化学科布局，协同推进学科内涵发展。进一步完善学科规划，调整学科布局，构建优势学科引领带动、厚重理科融合推动、特色医科协同驱动、精品文科共享联动、前沿交叉创新互动的学科生态系统。落实专项学科建设规划，优化学科布局，自主增列基础医学一级学科博士点，增列智能科学与技术交叉学科博士点。推进智能科学与技术学科、上海国际知识产权学院等高峰项目立项。完善学科建设责任制，开展科学合理的学科绩效考核评价。通过教育部学位点合格评估，完成一流学科建设中期自评工作，以评促建，为第五轮学科评估做准备。加大对学科交叉的政策倾斜和资源投入，促进理工医文相互交叉融合。首建"智能科学与技术"高峰学科，以"人工智能＋"赋予传统学科新的发展动能，新增"人工智能"本科专业，探索人工智能领域交叉学科"本－硕－博"培养新机制，设立"本－硕－博"贯通的人工智能拔尖实验班，招收110名人工智能博士生。在前沿领域超前布局战略性新兴学科，在优势学科拓展新的学科发展方向。

2. 强化基础研究，服务国家重大战略需求。加强战略谋划和顶层设计，研究编制"十四五"和中长期科技发展规划。落实科研管理"放管服"，改善科研体制机制。面向国际前沿，加强基础研究。新增国家重点研发计划、科技创新2030重大专项19项，获批国家自然科学基金重点项目13项、国家重大科研仪器研制项目1项、重点国际合作研究项目1项。以第一单位或通讯作者单位发表在CNS、PNAS及其子刊上论文30篇、ESI高被引论文507篇，授权发明专利725项。同济大学以第一完成单位、同济大学教授以第一完成人分别荣获国家技术发明奖二等奖、国家科学技术进步奖二等奖；以同济大学为第一合作单位获中华人民共和国国际科学技术合作奖；合作完成的成果获得3项荣获国家科学技术进步奖二等奖。面向国家战略需求，着力突破关键核心技术。培育申报"无人系统多体协同大设施""多重灾害全息实验系统"等国家重大科技基础设施。"细胞干性与命运编辑教育部前沿科学中心"建设机制不断完善，研究成果不断显现。"上海自主智能无人系统科学中心"组建若干科研团队，积极推进各类重大专项。新增国家干细胞转化资源库（全国仅有的2个干细胞国家库之一）、长三角城市群智能规划省部共建协同创新中心、上海市感染性疾病（结核病）临床医学研究中心等3个科研基地平台。获批国家社科基金36项（含重大4项），教育部社科基金13项（含重大1项），上海市哲社基金25项，横向及其他文科类项目立项449项，实现合同金额、到款金额首次"双破亿元"。7人获第十二届上海市决策咨询研究成果奖，上海高校智库从1家增加至4家。程国强教授入选2019年文化名家暨"四个一批"人才、宣传思想文化青年英才。吴志强院士、娄永琪教授获"第十五届（2019）光华龙腾奖·中国设计贡献奖金质奖章。积极服务国家及区域发展战略，重点聚焦智能建造、智慧交通、智能汽车、人工智能等领域，全力推进学校与江浙沪地区及银川、铜陵、青岛、重庆等地的合作。

3. 弘扬同济精神，大力推进学校文化建设。学校被命名为上海市首批"文明校园"，并入围全国"文明校园"培育单位。深入开展"弘扬爱国奋斗精神 建功立业新时代"主题活动，选树践行社会主义核心价值观先进典型。"社会主义核心价值观网络传播"项目入选上海市示范项目。制作和公开放映校史纪录电影《山河行过——抗战中的同济大学》，自编自导原创舞台剧《同舟共济》、大型原创大师剧《国之英豪》，演出同济校园版歌剧《江姐》、原创舞台剧《遍地英豪》和音乐会版歌剧《志丹，志丹》等，弘扬同济优良传统，充分发掘校史中的育人资源。加强嘉定校区的校园文化建设，启动嘉定校区文化建设年，打造了"祖国颂"露天交响音乐会等一批重点文化艺术项目。改版升级学校中、英、德文网站，制作学校2019版校况片，充分展示学校及学科办学特色及文化内涵。积极组织开展同济大学2019年艺术节活动，举办了60多场文艺演出、艺术讲座、展览、比赛和艺术类社团活动。加强对新闻的事前策划，建立重大新闻会商机制，主动向社会媒体推介学校典型工作和突出成绩。学校人才培养创新举措、高水平科研成果、人工智能学科建设以及服务乡村振兴、北京大兴国际机场等国家战略、国家重大建设所取得的重要进展等，持续受到中央及上海媒体关注。中央电视台、人民网、《光明日报》等中央媒体及《解放日报》《文汇报》、澎湃新闻、上海电视台等上海主流媒体对同济大学的报道800余条。

4. 深化国际合作，有效提升国际学术影响。进一步完善国际交流与对外合作战略布局，推动以"国际办学有品质，国际平台有特色，国际师生有规模，国际科研有地位，国际组织有任职，国际会议有声音，国际期刊有文章，国际奖励有名次"为主要内涵的国际学术影响力提升工作，学校国际化办学水平和国际排名持续提升。中德学院成功转型，明确以"小核心、大外围"为功能定位，着力提升中德教育和人才资源之间的协同效力，开创对德合作交流新局面。继续提高境外师资占比，提高师生境外交流人次，提高国际学生和港澳台学生数量。超额完成国际引智工作，境外师资数量达203人。扩大国际合作领域和范围，加强与世界一流大学和学术机构的实质性合作。积极参与国际学术组织和学术活动，学校国际学术影响力和话语权进一步提升。2019年，学校师生参加国际会议2443人次，举办国际会议57场，8名学生赴国际组织实习。与联合国环境署联合发起成立"全球环境与可持续发展大学合作联盟（GUPES）"，并担任秘书处单位，成员单位覆盖全球各大洲105个国家的820个大学。

5. 积极服务师生，建设一流管理保障体系。通过制度建设工程、能力提升工程、机构优化工程、流程再造工程、作风建设工程等，推进学校治理体系和治理能力现代化。结合学科未来发展需求，继续厘清校区功能定位，编制完成四平路校区控制性规划，谋划沪西校区医学学科具体规划。综合服务大厅加强精准对接，力促跨校区服务延伸，合力攻破跨部门流程，师生办事更加方便。继续实施"增收优支、提质增效"专项行动计划，扎实推进科研财务"放管服"改革。围绕干部监督管理、科研管理自主权、重点工程建设等重点工作，强化审计结果运用，完善内控体系建设。推进大型仪器设备共享，鼓励交叉学科、跨学院的协同使用，提高设备使用效益。通过建设同济京东采购平台，加强数字化技术应用和管理，打通校内预算、采购、报销、管理全流程。校园网络基础设施大幅改造升级，智慧校园工程取得初步成效。生命科学与创新创业大楼、嘉定校区工程教育及科创中心、嘉定校区学生活动中心等全面推进，完成年度总投资36832万元；累计完成四平路校区灯光维修与提升项目等修缮工程项目856项，改善师生生活学习条件，保障科研及学科发展需求。同济杨浦基础教育集团成立，一批公租房和人才公寓筹措到位，50岁以上的教职工到附属三级甲等医院体检，更多的教职工在暑期疗休养中享受更高质量的服务，嘉定校区教职工活动中心建成开放，同济新村老年活动中心修葺一新，学校这些在子女入学、住房周转、健康保障、休息休养等方面的"暖心工程"，让教职工有更多的幸福感和获得感。积极发挥基金会募集资源的功能，共签署各类捐赠协议116份，协议捐赠金额1.23亿元，推动学校建设稳步发展。推进同济系统附属医院建设，打造同济特色医疗服务品牌，4所附属医院进入中国医学科学院发布的中国医院百强。全面落实垃圾分类工作，积极推进"无烟校园"建设。全面落实实验室安全准入制度，加强危化品和特种设备安全管理。

6. 主动对接谋划，精准施策助力脱贫攻坚。结合云南省云龙县脱贫需求和学校年度扶贫工作目标，依托学校学科、人才和资源优势，创新举措，推进精准扶贫，全力支持云龙社会经济实现跨越发展。聚集"两不愁三保障"突出问题，在教育扶智、医疗服务、规划编制、永安示范、产业支持等方面加大力度，按照"6个300"的要求落实《中央单位定点扶贫责任书(2019年度)》，年内对云龙县直接投入帮扶资金350.1755万元，引入帮扶资金413.31万元，培训基层干部905人，培训技术人员673人次，购买贫困地区农产品353.861万元，帮助销售贫困地区农产品388.5万元，选派支教人员6名，投入和引进物资折合15.45万元，圆满完成责任书各项指标任务。截至2019年底，在校地双方的共同努力下，云龙县贫困发生率由2018年的7.67%降至1.35%。连续2年举办同济大学新年慈善音乐会，座位捐售收入120余万元全部注入云龙发展基金，以支持云龙的长远发展。

四、坚持立德树人根本任务，纵深推进"三全育人"综合改革试点

学校坚持立德树人根本任务，创新人才培养模式，一体化构建内容完善、标准健全、运行科学、保障有力、成效显著的思想政治工作体系，"三全育人"综合改革试点建设取得阶段性成效。

1. 纵深推进全国首批"三全育人"综合改革试点高校建设。成立"三全育人"综合改革工作推进领导小组、工作小组及十个育人小组，建立联席会议制度和工作简报制度，构建党委统一领导、部门分工负责、全员协同参与的"三全育人"责任体系。教代会、校董会、校友会上专题研讨"三全育人"工作。制订《"三全育人"综合改革试点方案》，细化83项具体任务，明确责任主体，逐一落实到位。启动"三全育人"综合改革院系试点工作，确定首批15个试点学院和8个试点项目。开展"基层党建质量提升工程""体育育人体系构建工程""以美育人以文化人工程"等十大工程，确保院系层面"三全育人"工作落实到各个环节和每一名教职员工。上海市人大代表来学校调研"三全育人"综合改革试点工作，充分肯定了学校通过推进"一区五品六中心"建设，打通育人"最后一公里"的系列举措。

2. 以人才培养模式创新不断提高人才培养质量。改革招生工作，持续提高生源质量。校领导、院士等高层次人才积极进中学宣讲，开展各省市招生宣讲会640余场。生源质量排名创历史新高，27省区理科生源和6省区文科生源排名全国前10。改革研究生名额分配方法，向交叉学科、基础学科倾斜，成功试点科研经费博士招生，博士生招生规模达1638名。正式设立新生院，打破专业壁垒，构建大类招生、大类培养和大类管理联动的人才培养新体系，实施"新生+学院"两级本科生导师制。坚持和完善以通识教育为基础的宽口径专业教育，进一步提高通识课程教育教学质量，开设同济通识大讲堂。构建交叉学科学生培养机制，立项建设交叉课程82门。通过智慧教室促进课堂革命，投入使用一期59间智慧教室。建设具有鲜明同济特色的"金课"体系，获批首批国家级一流本科专业建设点23个，省级建设点2个。形成了以精神培育、能力发展、项目孵化为一体的共生型创新创业教育生态，成立创新创业教育研究基金，建设创新创业教育发展智库，打造创新创业教育的升级版。全面启动同济特色质量保证体系2.0项目研究工作，打造同济特色质量保证体系升级版，牵头成立"全国高校质量保障机构联盟"。

3. 切实增强学生思想政治教育针对性实效性。把加强马克思主义学院和学科建设作为重要政治任务。将首个自主设置的一级学科博士点放在马克思主义理论学科，为马克思主义学院置换出3700平方米的独立楼宇，开辟高端人才绿色通道，集全校之力促进马克思主义理论学科提升思想政治教育教学和科研水平。以全国重点马克思主义学院和一流马克思主义理论学科建设引领同济大学哲学社会科学繁荣发展，奏响社会主义高校的最强音。本学期率先开设"习近平新时代中国特色社会主义思想概论"，学校党委主要领导参加集体备课，党委领导同志参与授课，组成最强阵容，引领学校思想政治理论课建设。编制课程思政教学指南，加强课程思政能力培训，完善课程思政教学研讨交流平台，所有课程大纲都增加德育育人环节，推动课程思政全覆盖。学校入选上海市课程思政教育教学改革试点"领航高校"，土木工程、交通工程、应用化学等三个专业入选"上海高校课程思政教育教学改革试点"示范专业，18门课程入选"上海高校课程思政教育教学改革试点"重点示范课程。

持续开展党建"信仰启航""先锋示范""卓越领航"三大工程，深入开展新生入党启蒙教育，2019级本科新生提交入党申请书比率达58.6%，比上年增长18%。持续实施学生党支部"对标争先"建设计划，立项307个学生支部建设项目。制订《同济大学2019—2020学年学生社区驻楼导师工作站建设方案》，在本科生社区全面推行驻楼导师工作站建设，推动知名教授、知名学者进驻学生社区，33个学院共选派210名知名教授学者进驻全部学生社区，打造"个体环绕式"社区思政微体系。做细做深做实少数民族学生教育管理服务工作，开设少数民族学生辅导课程10余场，开展万里大家访工作，织密"学校－学生－家庭－企业"四位一体的育人立体网，切实解决少数民族学生实际困难。继续加大经济困难学生资助力度的同时，引入大数据手段，提高资助的针对性有效性。2019年助学金和专项困难补助资助额度达资助总额2308.38万元，

较上一年度增幅15%；勤工助学岗位覆盖2260人次，较上一年度增幅40%。2019年接待1285名学生进行一对一心理咨询服务6381次，构建个性化心理关怀体系。开展心理健康教育主题宣传月活动，丰富和深化大学生心理健康教育内容。不断开辟和拓宽毕业生到西部、基层、“四重”领域就业的渠道。升级学生就业信息系统，打通就业各环节的数据资源。2019届毕业生总体就业率达99.02%，到重点地区、重点行业和企业就业的比例近70%，152名学生入选选调生，年度增幅20.63%。成功推送8名学生赴国际组织实习任职；705名毕业生赴QS世界排名前100的高校继续深造，占升学总人数的28.07%。举行全国实践育人暨创新创业工作联盟专题研讨会，形成全国高校实践育人资源共享网络。成立学校学生社团管理领导工作小组，修订《同济大学教师社团管理办法》和《同济大学学生社团管理办法（试行）》及配套文件，对师生社团进行全流程管理。

五、全面推进全国党建工作示范高校建设，切实抓好组织力提升

学校紧紧围绕教育部党建示范创建和质量创优工作总要求，认真落实“对标争先”建设计划，不断深化基层党建内涵，层层压实基层党建责任。

1. 进一步完善基层党建责任体系，全面推进基层党建工作质量提升。修订完善《中共同济大学委员会二级党组织党建工作质量标准》《同济大学党支部工作质量标准》等党建工作质量标准，完善“校—院—党支部”三级党建工作责任制度。修订完善《同济大学关于学院党政联席会议议事规则的指导意见》，制定《同济大学关于学院党委会议议事规则的指导意见》，进一步理顺了二级单位决策议事体系，强化党组织在二级单位中的政治核心地位。组成联合检查组，对未接受校内巡察的31家二级党组织开展基层党建工作督查，全面审视基层党组织推动和落实基层党建工作情况。对检查发现的问题，梳理总结形成问题清单，统筹推动研究解决，进一步形成年初有调研部署，日常有过程管理检查，年底有“回头看”的基层党建工作闭环。

2. 进一步抓好党建工作队伍建设，全面推进基层党建工作质量提升。授牌培育首批10家同济大学“双带头人”教师党支部书记工作室，探索形成具有同济特色、符合学科专业特点的“双带头人”教师党支部书记培育机制。2019年9月，实现全校131个专任教师党支部“双带头人”支部书记全覆盖。召开组织员培训和工作会议8次，不断推进基层组织员队伍建设。结合学校基层党务工作者队伍实际，赴宜宾李庄开展为期4天集中学习培训，校党委主要负责同志赴现场召开座谈会并作动员讲话。制订《同济大学2018—2022干部教育培训规划》，组织完成2019年新上岗处级干部培训班、中层干部“高校管理创新与干部能力建设”专题网络培训、优秀中青年干部培训班和党外中青年干部培训班等培训工作。

3. 进一步抓实各项党建基础性工作，全面推进基层党建工作质量提升。举行同济大学庆祝中国共产党成立98周年主题大会，在前期评选推荐各级“两优一先”先进典型的基础上，集中表彰近200名各类先进党组织和个人。围绕上级文件精神和要求，共下发10期组织生活指导意见和7期工作提示，重点针对基层党组织开展日常“三会一课”“主题党日”等工作加强指导。在总结第一批“党员之家”建设经验的基础上，全面启动第二批24家设计和施工。编写《新时代高校党员之家建设导则》，积极发挥“党员之家”的示范效应和辐射作用。进一步完善“同济党建e家”信息化平台统计报表、数据精准查询等功能模块，有效提升服务广大党员和基层党组织的能力。推进基层党组织及时换届，合理设置基层组织架构。2019年新建党委1个、党支部36个，撤销总支1个，撤销合并党支部38个，对288个支部进行了换届，有效健全和加强党员日常管理的组织保障。做好党员发展和党籍管理工作，全年发展党员919名，其中在岗教职工40名（副高及以上职称的教师2名，其中1名为省部级高层次人才），研究生474名，本科生405名。全年转入党员1849名，转出党员2232名。

六、加强干部队伍和人才队伍建设，为学校事业发展提供坚强保证

坚持党管干部、党管人才的原则，牢固树立正确的用人导向，持续推进人才强校战略，努力打造强有力的干部人才队伍。

1. 建设高素质专业化干部队伍，引领干事创业呈现新气象。制订《同济大学中层领导干部履职尽责若干规定》《中共同济大学委员会关于进一步激励广大干部新时代新担当新作为的实施办法》，在旗帜鲜明讲政治、守土有责促发展、全情投入重大局、严肃作风明奖惩等四个方面对中层领导干部提要求、压担子，充分调动和激发我校广大干部干事创业的积极性、主动性和创造性，干部的精神面貌、精神担当都取得了极大的提升。结合学校当前年轻干部工作现状和实际需求，在全校范围内开展了优秀年轻干部调研工作，掌握了一批优秀年轻干部情况，建立了新一轮后备干部队伍库。在调研基础上，制订《同济大学优秀年轻干部队伍建设实施办法》，建立持续发现识别优秀年轻干部的常态化工作机制。严格遵照选人用人工作流程，从严从实把好选拔任用各个环节。全年共计选拔任用领导人员81人次，27人为提拔任职（其中党外干部4人，女干部8人）。免去领导职务76人次，调整长期（8年及以上）在同一岗位上的领导人员16人。进一步用好提醒、函询和诫勉三种手段，坚持抓早抓小、防微杜渐，对在个人有关事项填报核查中不如实报告的9名干部进行了严肃处理。选派共计9名干部到新疆、西藏、对口支援、扶贫支教等单位和地区开展挂职锻炼，开展了2批共计18名青年教师的校内挂职交流，其中，党外青年教师5人。

2. 激发全员活力，努力构建一流师资队伍。制订《同济大学高层次人才服务细则》，引育结合，着力提升师资队伍能级，做好全过程精细化服务。推进适应一流大学建设的教职新体系改革和薪酬体系改革，激发全体教职工主动性和能动性，构筑一流人事人才管理和服务体系。大力建设高层次人才队伍，重视培养青年人才。新增高层次人才总数69人次，增幅达22%。学校高层次人才总量达378人次，其中国家级青年人才计划入选者(四青)144人次。2018年度教育部"长江学者奖励计划"8人获批，其中特聘教授4人，青年项目4人，创历年最佳成绩。杰青、优青获批人数均创历史新高，杰青获批5项，排名全国高校第10；优青获批12项，排名全国高校第10。获批中组部万人领军人才4人、上海市学科带头人2人、学科带头人青年学者2人、曙光人才计划5人、启明星人才计划7人、浦江人才计划10人，扬帆计划14人。树牢学术导向，破除"五唯"倾向，构建与一流大学建设相适应的长聘教职体系。做大做强博士后队伍，获批新设5个博士后科研流动站，获批总数居全国第3位，共招收博士后236名，在站博士后数达到528名。以执行力、服务满意度和实际效果为评价重点，打造一支研究型、服务型、执行力强、精干高效的管理服务干部队伍。进一步完善以贡献为导向的校内薪酬体系。

3. 全面深化教师思想政治工作，进一步强化师德师风建设。以"同心筑梦""同行致远""育才济人""奉献济世"四个工程为抓手，强化教师思想政治教育和师德师风建设。在招聘录用、职务评聘、年度考核等工作中将师德师风列为第一标准。在进人环节严格执行思想政治审核制，从源头上防止思想政治素质不合格人员进入教职工队伍，全年共完成370名应聘人员思想政治审查。加强教师仪式感教育，教师节大会组织广大教师集中收看《习近平总书记与人民教师在一起》，首次举办退休教师荣休仪式，拍摄《师说济语》宣传视频，展现教师爱岗敬业、无私奉献的精神风貌。评选并大力宣传"师德师风"优秀教师，举办各级各类荣誉奖项获奖教师颁奖仪式，树立先进典型，郑时龄院士获评全国"最美教师"，艺术与传媒学院李睿获评全国"最美高校辅导员"，建筑与城市规划学院常青院士、二附中李岩老师获评"全国优秀教师"，测绘学院航天测绘遥感与深空探测研究团队获评"全国教育系统先进集体"。制订《同济大学师德师风失范行为处理实施细则(试行)》，列出师德师风失范行为清单，明确师德师风失范行为处理流程，建立师德师风建设追责机制。制作《师德师风失范案例警示教育》电子课件在全校加强警示教育。组织青年骨干教师、海归教师100余人赴井冈山、延安、宜宾等革命老区开展暑期社会实践。

七、强化党风廉政建设和党内监督，推动全面从严治党向纵深发展

严格落实高校纪检体制改革各项任务，深化细化"四责协同"机制，持之以恒落实中央八项规定精神，整治"四风"突出问题，推进学校全面从严治党向纵深发展。

1. 贯彻落实纪检体制改革精神，进一步增强党内监督实效。党委常委会专题学习《关于深化中央纪委国家监委派驻机构改革的意见》和上海市纪委监委有关文件、会议精神，深刻理解和把握文件要求。按照上级纪委监委的工作部署，研究形成《同济大学关于贯彻落实高校纪检体制改革的任务清单、责任清单》，69项具体举措已落实，并将长期坚持。学校党委支持纪委落实"三个为主"工作机制，聚焦主责主业，持续深化"三转"。学校党委常委会年内两次讨论纪委"三转"工作，目前校纪委书记除了纪检、监察、巡察工作，不再分管和协管其他工作，学校纪委参与的领导小组和议事协调机构已由年初的18个减为8个。

2. 严格履行管党治党主体责任，健全落实"四责协同"工作机制。学校党委高度重视全面从严治党工作，深入推进党风廉政建设，不断深化细化"四责协同"机制，切实担负起主体责任。党委常委会全年传达学习上级全面从严治党工作会议和文件精神，专题听取和研究党风廉政建设和反腐败工作、巡察工作11次，加强对学校党风廉政建设情况研判，确定年度重点任务，列出责任清单。组织召开学校全面从严治党工作会议，部署党风廉政建设和党内监督工作。建立起党风廉政建设年初有部署、日常有推进、年底有检查的工作闭环。校党委书记认真履行第一责任人职责，亲自部署学校全面从严治党工作，对重要信访件进行批示并提出处理建议，主动听取学校政治生态、巡察等情况汇报，并提出明确要求。学校纪委履行监督责任，加强监督检查、信访核查，针对发现的问题，提醒谈话26人次，下发《纪律检查建议书》3份，查处违纪问题1起，给予党内警告处分1人。校领导班子成员根据分工，加强对分管和联系部门、单位党风廉政建设的指导、督促，履行"一岗双责"。

3. 巩固拓展中央八项规定及其实施细则精神成果，坚决纠治形式主义、官僚主义。印发《关于解决形式主义突出问题为基层减负的通知》，梳理形成《同济大学集中整治形式主义、官僚主义问题清单》，要求各牵头校领导和责任单位切实担负起整改落实责任，涉及的21项任务清单已完成20项，另1项按照计划正在推进中。2019年学校消减文件44件，比上年同期减少13%；消减会议20次，比上年同期减少6.2%；减少监督检查考核事项1件，比上年同期减少4.1%。开展违反中央八项规定精神突出问题专项整治，督促主责部门对公务接待、办公用房、公务用车、出国出境、津补贴发放等方面的情况进行再梳理、再检查，同时紧盯外出参加的社会实践活动和社会培训活动，防范可能发生的廉洁风险。建立"推进作风建设部门联席会议"机制，分析研判学校作风建设方面存在的苗头性、倾向性问题，加强工作协同。在元旦、春节、中秋、国庆等重要时间节点以及寒暑假前向基层单位下发严格落实中央八项规定精神的通知，坚决防止"四风"问题反弹回潮。

4. 对标对表中央最新要求，深化中央巡视整改和校内巡察工作。召开巡视整改领导小组会议和党委常委会，对《同济大学深化巡视整改工作任务清单(2018年版)》完成情况进行总结。制订《同济大学深化巡视整改工作任务清单(2019年版)》，部署新的93项深化整改措施。进一步完善巡察制度建设，制定《中共同济大学委员会巡察工作领导小组会议议事规则》《中共同济大学委员会关于加强巡察整改落实工作的办法》《关于被巡察单位召开民主生活会的实施办法》等文件。2019年对11家学院党委开展高质量巡察，督促前两轮共计9家被巡察单位完成整改任务。针对巡察中发现的一些共性问题，向相关职能部门下发了5份《巡察整改建议书》，督促相关部门有针对性地加强管理。对巡察发现问题较多的单位负责人以及个别履职尽责不到位的干部，由校党委书记、分管组织工作的党委副书记或纪委书记分别进行提醒谈话。组织召开二级党委书记、纪委书记会议，通报巡察情况，强调整改要求，下发未巡先查、未巡先改自查自纠工作通知，将巡视巡察整改落实情况列为党建和党风廉政建设年度检查的一项重要内容。

八、积极凝聚各方面力量，共同推动学校各项事业改革发展

学校坚持深化统战、群团、老龄等工作改革，调动汇聚各方力量，形成更大工作合力，为学校事业改革发展营造和谐稳定的环境。

1. 推动统战工作再上新台阶。召开统战工作领导小组(扩大)会议，邀请上海市人大常委会党组副书记、副主任沙海林同志作统战工作专题报告。召开组统联席会议，通报了对学校各民主党派的调研情况，讨论民主党派后备干部培养方案。组织召开民主党派负责人双月午间会、党外青年知识分子纪念五四100周年座谈会、同济同心微论坛、“党外代表人士迎中秋、庆国庆茶话会”等活动，学校党委分管负责同志通报学校重要发展情况，鼓励党外青年教师紧紧跟党走，为“双一流建设”添砖加瓦。召开7次民主党派“不忘合作初心、继续携手前进”主题教育活动调研会，推进各民主党派主题教育活动。继续利用重要节假日开展统战活动，慰问在校工作的近50名各区和上海市党外人大代表和政协委员、上海市参事。

2. 推动群团工作再上新台阶。持续加强制度建设，制订《同济大学工会关于贯彻落实“三重一大”决策制度的实施办法》等规范性文件，促进各项事务有序管理。十届四次教代会征集的84条提案已全部办理完毕，已进入反馈阶段。成立工作小组，对38家部门工会二级教代会开展情况开展督查，提出整改意见。搭建青马工程、时代新人研习营等育人体系，武装青年思想，增强育人实效。开展首届本科生“学术之星”评比、“五月科技节”等活动，荣获2019第十六届“挑战杯”大学生课外科技作品竞赛“优胜杯”。探索专业教育与实践育人融合模式，共荣获25个国家级、市级实践奖项，荣获2019年知行杯社会实践大赛“优胜杯”。召开庆祝“三八”国际劳动妇女节109周年暨先进表彰大会，表彰荣获全国、上海市、上海市教育系统及同济大学各级各类荣誉的先进个人和先进集体。继续推进校院两级“妇女之家”“爱心妈咪小屋”建设，使其成为女教职工们增强互动交流、提升工作能力的温馨家园和坚强阵地。统筹校内外科技教育资源，举办科协“大师讲坛”等活动，打造科学道德和学风建设系列品牌项目，促进科学普及与科技创新协同发展。加强校友分支机构管理，组织召开首届校友产业博览会，推动校友联络网络高质量发展。

3. 推动老龄工作再上新台阶。组织离退休干部“两会”精神学习报告会和校情通报会，向离退休干部代传达“两会”精神及通报校情。组织开展离退休干部座谈会、形势报告会；支部书记培训班等形式的学习，加强离退休干部的思想引领。深入挖掘学校离退休党支部和党员先进典型，宣传先进事迹，110名建国前参加革命工作的老同志获得新中国成立70周年纪念章。开展“三区融合共同育人”“师生面对面”“同济学子话恩师”“读懂中国”等关工委品牌活动，积极发挥老同志余热，释放正能量。完成同济新村老年活动中心修缮工程，增设了“党员之家”、社团活动室、三个老年大学教室，改善了相关硬件设施，老年大学生源数量连续刷新，教学水平不断提高。2019年发放各类补助和慰问金3075万元，用心用情关怀离退休干部，提升精准服务水平。

4. 扎实推进安全稳定和保密工作。以习近平总书记关于防范化解重大风险的重要指示精神为指导，校党委常委会及时传达学习中央和教育部党组稳定工作相关要求，研究部署学校安全稳定工作有关议题30余项。制定了《同济大学重大风险排查分析情况及防范化解举措和应对处置预案》，梳理了主要风险点29类，形成应对机制及化解措施93项。围绕关键节点和重点工作专项，每月召开政治稳定工作专题会议，对表对标月度风险点，分析研判、落实化解措施和实施方案。在重要敏感节点组织力量对网络安全和网络舆情进行24小时监测，建设网络信息员队伍，积极应对网络舆情。聚焦重要人群、重点岗位、重要时间节点，通过展板、专题学习、网络安全周活动、保密知识竞赛等活动，加强宣传教育，提升保密意识和技能水平。制订《同济大学2019年保密自查自评工作计划》，下发了自查自评专项工作通知，明确各保密委成员单位和二级单位自查自评工作重点，加强工作指导。重点推进了学校统一考试命题场所、机要室、试卷保密室等涉密要害部位和场所的建设，按规定配备安防保密产品。开展了2018年度保密工作先进集体和先进个人评选工作，共计评选5个先进集体和15名先进个人。

九、工作中存在的不足与下一步努力方向

2019年，学校牢牢把握新时代高等教育主旋律，把加强党的领导、党的建设和全面从严治党贯穿办学治校全过程，推动学校改革发展取得了一定成绩，但与中央加快教育现代化、建设教育强国的战略要求相比，与推进中国特色世界一流大学建设的目标相比还存在一定的差距，主要表现在：各学科发展依旧不平衡，学科布局需要进一步优化；对前瞻性基础研究和引领性原创成果谋划仍不足；师生思想政治教育还存在一些薄弱环节；学校治理体系和治理能力有待进一步完善和加强；"四风"问题尤其是形式主义和官僚主义倾向性问题仍然一定程度存在，等等。这些问题，都需要加强研究、完善举措、着力解决。

2020年，学校将坚持以习近平新时代中国特色社会主义思想为指导，不断增强"四个意识"，坚定"四个自信"，坚决做到"两个维护"，深入贯彻落实十九届四中全会精神，持续完善现代大学治理体系建设、提高现代大学治理能力，把中国特色社会主义大学的制度优势转化为现代大学的治理效能，秉承一刻也不能停、一步也不能慢、一环也不能松的精神，以目标为导向谋发展、以问题为导向谋改革，扎根中国大地加快建设中国特色世界一流大学，为培养德智体美劳全面发展的社会主义建设者和接班人不懈奋斗！

同济大学2020年工作要点

2020年工作的总体要求是：高举中国特色社会主义伟大旗帜，以习近平新时代中国特色社会主义思想为指导，全面贯彻落实党的十九大和十九届二中、三中、四中全会精神，深入学习贯彻习近平总书记关于教育工作的重要论述和全国高校思政工作会议、全国教育大会、学校思想政治理论课教师座谈会精神，牢固树立“四个意识”，坚定“四个自信”，坚决做到“两个维护”。领导团结全校师生，遵循规律、抢抓机遇、只争朝夕、追求卓越，深入推进一流大学治理能力与治理体系现代化，全力推动学校“双一流”建设，以优异成绩为决胜全面建成小康社会、实现“两个一百年”奋斗目标作出应有贡献。

一、科学依法精准防控，统筹抓好校园疫情防控和学校其他工作

深入学习贯彻习近平总书记关于防控新冠肺炎疫情的系列重要讲话精神，全面落实中央、教育部和上海市各级要求。强化组织领导统一部署，持续健全完善工作机制，把握全局，整体统筹推进，坚持一手抓好校园疫情防控，一手抓好学校其他各项工作，努力完成学校既定工作目标。压实学校整体防控工作责任，严格做好全过程管理。按师生群体特点健全完善分类防控措施，研究制订教学、科研、外事和后勤保障等各工作预案，做好预警提示、应急处置和人文关怀，全面保障师生健康。充分发挥学科优势人才优势科研优势支持抗“疫”，全力支援湖北武汉开展医疗救治工作，积极推进疫苗研发等科研攻关工作，开展公共卫生防疫防控智能技术支撑体系研究。跨前一步，坚决落实地区属地防控工作要求，与各校区所在区及街道主动联系，建立联防联控工作机制，确保防控工作不留死角。进一步加强相关宣传报道和舆情引导工作，坚定打赢疫情防控攻坚战的决心和信心，营造全员参与防疫工作的良好氛围。在防疫保障条件下，全力做好学校发展各项工作，努力把疫情对学校工作的影响降到最低。

二、坚持政治建设统领，牢牢把握社会主义办学方向

1. 建立健全不忘初心牢记使命长效机制，巩固深化主题教育成果

巩固主题教育成果，结合工作实际，抓好成果转化，加强制度建设，推动形成不忘初心牢记使命的长效机制。针对主题教育期间形成的问题清单和整改事项，认真开展自查、逐项盘点梳理，深入分析研判、真实评估成效，持续深化整改、紧盯问题不放，抓好制度建设、促进工作落实。坚持上下贯通、前后衔接，针对主题教育校领导班子和班子成员问题清单中139项整改措施，在春节前完成和基本完成132项的基础上，持续做好需长期坚持的7项工作，做到力度不减、精力不散、工作不断，以高质量的整改成效迎接主题教育“回头看”。

2. 切实推进党建示范创建和质量创优工程，不断提高学校党建水平

围绕“对标争先”建设总要求，高质量完成全国党建工作示范高校培育创建验收工作。修订《中共同济大学委员会关于健全和落实基层党建工作责任制的意见》，推进落实二级党组织和党支部党建工作质量标准，形成落实基层党建责任制度体系。加快形成对全校基层党组织优化设置的建议方案，并结合党组织换届稳步推进。指导各二级单位制定本单位党委会和党政联席会议事规则，加强二级单位党委会和党政联席会运行决策的规范性。深化“双带头人”教师党支部书记队伍内涵建设，做实校内10家“双带头人”工作室的培育创建，制订“双带头人学术能力提升”专项资助计划。扎实推进师生党员发展工作。坚持党管人才，强化人才队伍思想引领和人才安全工作。完善校院两级党外人才联系制度，完善“同济党建e家”信息化平台。进一步加强附属医院党建工作。

3. 纵深推进“三全育人”综合改革试点工作，做足育人大文章

继续推进“一区五品六中心”建设，统筹推动各项工作落地落实。召开“三全育人”综合改革试点工作总结大会。完善具有同济特色的大类招生、大类培养、大类管理联动的人才培养体系，研究梳理德智体美劳全面发展的培养指标体系和培养路径，完善新生德育培养及评价方案。结合第五轮学科评估，完善思政教育成效评价体系。科学设计思想政治工作质量保障体系，形成一流人才培养质量评价闭环。进一步完善实践育人岗位标准化建设、逐步落实开展全国高校实践育人暨创新创业工作联盟基地的评估。推进“一站式”学生社区综合管理模式改革，探索学生社区思政工作新模式。加快思政工作创新发展研究中心、大学生智慧党建中心、积极心理体验中心、学业发展与指导中心建设，实现育人资源共享。

4. 深入贯彻十九届四中全会精神，不断推进学校治理体系与治理能力现代化建设

要以建立和完善中国特色社会主义现代大学制度为目标，以《同济大学章程》为核心高质量完成各类规范性文件的修订与完善工作，不断深化依法治校。要进一步梳理学校组织架构，理顺职责关系，优化工作流程，完善运行机制，形成科学合理、精干高效的运行体系。要继续推进校院管理改革，工作重心进一步下移，明晰两级治理的责权利。提升资源配置效能，全面推行预算绩效管理。加强决策咨询与民主监督，完善校务委员会、教代会、学代会师生参与机制。优化校外参与机制，充分发挥董事会、基金会作用。要持之以恒严纪律、强效能，深入开展“作风建设年”行动，进一步把握好权力与制约

的关系、激励与监管的关系，用好考核评价“指挥棒”，更好促进广大干部教师干事创业，不断提升管理工作效能。

5. 坚持以政治建设为统领，深入学习贯彻习近平新时代中国特色社会主义思想

分期分批对学校处级以上干部开展十九届四中全会精神与业务工作轮训，对全体党员开展培训。坚持完善党委常委会集体政治学习制度，科学制定2020年党委理论中心组学习计划，不断强化领导班子思想政治建设。落实一线规则，完善班子成员上课、听课、评课制度。及时总结学习成果，发表理论文章，向师生汇报学习心得。继续落实好全体教职工每周二下午不排课开展理论学习、思政教育和业务培训制度，打好基层单位政治理论学习根基。加强教职工理论学习指导，建设学习资源库，组建讲师团，开展学习情况专项检查。把制度自信教育贯穿学生教育全过程。继续抓紧抓实广大党员师生使用“学习强国”学习平台在线学习任务。坚持学习和实践紧密结合，助力全面建成小康社会，支援云南省大理白族自治州云龙县打赢脱贫攻坚战，确保扶贫任务如期完成。

6. 全面加强制度建设，不断完善党委领导下的校长负责制

扎实推进党的政治建设，将党的领导和建设贯穿办学治校和教书育人全过程，贯彻落实好党委领导下的校长负责制，切实履行管党治党、办学治校主体责任，切实发挥领导核心作用。根据教育部文件精神，全面加强和完善学校内部治理体系和党的领导运行机制，持续推动党委领导下的校长负责制落细落深落实。贯彻落实好直属高校领导人员管理有关工作办法的文件精神，持续加强学校领导班子建设。研究制定《同济大学关于进一步加强政治建设的若干举措》，进一步凸显各级党组织政治核心作用，全面提升各级领导干部政治能力。严格落实校领导班子基层党建责任，修订完善《中共同济大学委员会领导班子成员落实基层党建责任和联系基层的若干规定》等文件，突出一线规则，继续规范和加强对基层单位党建工作的指导、检查和督促。

7. 不断推进意识形态工作创新，牢牢掌握意识形态工作的领导权和主动权

创新工作机制，加强事前谋划，把握新闻舆论工作的时、度、效。修订学校党委意识形态工作责任制实施细则，进一步压实各级党委主体责任。加强对基层单位意识形态工作的培训和指导，完善督查和考核机制。加强对师生思想状况调研分析，提高对师生思想状况掌握的精准性。加强对课堂教学、教材选用、讲座论坛、学术出版、社团组织、外籍师生和涉外活动等意识形态阵地的规范管理，不给错误观点传播提供空间，严密防范西方敌对势力的渗透。进一步健全网络管理工作机制，发挥正向引领作用，加强网络育人。进一步提高政治站位，加强意识形态领域动态研判，强化底线意识，把握重要节点，确保校园政治稳定。

8. 对标忠诚干净担当，着力培养选拔充满激情富于创造勇于担当的高素质干部

完善干部选任制度体系，突出选人用人政治标准，进一步加强干部政治把关和政治素质考察。做好干部队伍建设的全面规划，有序推动完成年度基层党政班子换届工作。制定学校“作风建设年”总体工作方案，制定机关作风建设实施细则，完善和深化机关干部队伍的作风建设。持续加大年轻干部培养力度与投入，逐步形成数量充足、质量优良的年轻干部梯队。增强干部教育培训实效，突出政治训练，提升干部适应新时代发展要求的本领能力。继续办好暑期社会实践，探索举办暑期优秀年轻干部培训班等新形式。对照“十六条”各项要求，继续开展自查、督查工作，坚持问题导向，坚决立行立改，确保问题整改不走形式、不走过场。在干部日常管理监督上下功夫，使从严管理干部成为“新常态”，推动形成正气充盈的良好政治生态。

9. 加强和改进思想政治工作，进一步提高思想政治教育实效

以标准化、规范化建设为抓手，发挥学生党建工作核心和引领作用。建立辅导员专业化发展分层分类培育体系，提升辅导员核心素养。进一步打造有序、高效的心理健康服务体系。完善学生资助工作和学生事务管理工作平台。完善少数民族学生和国际学生服务教育管理工作。积极推送优秀大学生到国际组织实习任职。重点加强疫情防控期间应届毕业生的就业指导和服务，进一步提升就业服务与生涯教育的精准化、智能化程度，实现毕业生更高质量和更充分就业。增强毕业典礼仪式感。建立教师大思政格局，在教师管理全过程中进一步强化思想政治和师德师风考核。构建教师系统性培训体系，促进教师成长成才。继续开展青年教师暑期社会实践活动，继续评选同济大学“师德师风优秀教师”，举办新进教师入职仪式、优秀教师颁奖仪式和退休教师荣休仪式。拓展“互联网+”平台，发挥典型人物的正能量引领作用。

三、科学谋划深化内涵，推动一流大学建设再上新台阶

10. 科学谋划学校未来发展蓝图

完成“十三五”建设目标与任务，总结建设经验与不足。落实“十四五”规划编制，科学阐明学校在“十四五”期间的办学目标、定位和学校战略重点等，为新时代同济大学“双一流”建设提供可靠规划保障和科学政策指引。规划编制要统筹兼顾前瞻性与可操作性、整体与局部、定性目标与定量指标、深化改革与加快发展之间的关系。学校“十四五”规划包括总体规划1个、专项规划9个(包含党的建设、人才培养、学科建设、队伍建设、科学研究与社会服务、国际交流与对外合作、大学文化建设、校园信息化建设、校园基本建设)和学院规划若干。年内安排各专项规划和学院规划逐一向校长办公会议或

党委常委会议汇报。进一步优化"双一流"建设的统筹协调机制、有效推进机制、过程管理机制，全面落实"双一流"建设各项任务。开展"双一流"建设验收筹备工作，做好新一轮建设规划。

11. 深化本研一体管理，完善人才培养体系

多措并举，大力提升人才培养质量。做好新生院学生专业确认工作。加强专业、课程和教材建设，做好"双万计划"申报工作，持续建设"金课"体系。力争50门课程进入"双万计划"，建设校级金课75门。教授、副教授本科上课率达100%。优化工程类专业学位教育体系，保持同济在工程类专业学位教育中的领先地位。拓展创新创业教育国际化特色。培育国际化创业项目4个，力争获得"互联网+"大赛国际赛道金奖1项。优化公共教学资源配置，提升公共基础课教学质量，完善工程实践中心体制机制，加强实验教学管理协调联动。提高博士研究生培养质量。强化博士生创新能力培养，建立博士学位论文校级查重系统，大幅提升一级学会优秀博士学位论文数量。本研一体，构建同济特色的高质量人才培养体系。结合"强基计划"开展招生选报预案工作，修订培养方案，完善制度建设，建成本研一体化教学管理信息新系统。先行先试，推进专业责任教授和课程责任教授制度落地。实现学科专业责任教授以及"双万计划"专业和课程责任教授全覆盖，完成50个专业责任教授和70个课程责任教授确认。稳中求进，深化大类招生改革。按照定性定量考核相结合的总思路，修订《同济大学本科招生队伍管理办法》。确保校院两级领导进中学全覆盖，稳步提升生源规模和质量。全面落实苗圃计划2.0，在3—5所著名高中设立同济班，开展同济科技周活动。主动谋划，催生高水平教学成果，为新一轮国家教学成果奖奠定基础。全面升级，打造同济质量保证体系(2.0版)，保证同济在教育质量保证领域中的国内领先地位。

12. 推进交叉协同融合，优化学科生态体系

做好学科规划，优化学科生态。强化优势工科引领，充分发挥土建、制造、信息学科群的引领带动作用。加强厚重理科建设，出台理科提升行动计划，提高基础学科自主创新能力。促进特色医科发展，明确沪西医学片区规划并启动实施。落实口腔医院市校共建。医工融合，探索人才培养新机制。强化"人工智能+医疗。培育精品文科优势，强化马克思主义理论学科建设，夯实管理科学与工程、设计学等优势学科基础，推进知识产权上海市高峰学科建设。完善学科交叉机制、强化协同创新。强化学科资源配置，优先配置重点学科交叉领域。建立健全学科交叉体制机制，完善相关管理办法。落实2020年学位学科点增设与动态调整，面向学术前沿、学科交叉、国家重大需求，争取建设面向国家重大需求的博士点、前沿交叉的博士点。推进一流学科和高峰学科过程管理及阶段性验收。做好学科动态监测，编制学科建设分析报告。在此基础上，进一步优化学科绩效评价指标体系，为学科经费动态调整提供依据。以学科评估促进内涵发展。做好顶层设计和各项准备，迎接第五轮学科评估，力争优秀学科数量进入全国前十。积极推进学科内涵建设，争取进入各类国际学科排名的学科数量递增、学科排名提升。

13. 面向基础前沿急需，创新科学研究体系

强化战略谋划，做好顶层设计。制定《同济大学"十四五"和中长期科技发展规划》。凝练面向未来的基础研究和关键核心技术领域。主动对接国家需求，积极参与国家科技规划、政策制定和指南编制。聚焦"四大"和学科交叉，统筹做好校内培育资助。面向国际前沿，加强基础研究。制定"基础研究提升计划"。加强数据信息分析和挖掘，做好人才和重点项目规划及培育。加强主动服务和精准指导，进一步提高基金申报数量和质量，力争国家自然科学基金项目获批数超580项，重大仪器研制、群体和科学中心数量有新突破，获批经费实现新增长。面向国家战略，突破核心关键。持续做好"科技创新2030"跟踪和申报。提高国家重点研发计划申报质量和获批率，力争牵头项目获批数继续保持国内前列。加强平台建设，提升支撑能力。完善优化科研基地平台管理机制。积极培育和争取新的科研基地平台。重点推进上海市自主智能无人系统科学中心建设，落实科学中心用地方案，争取年内开工建设。大力推进海洋科学中心以及分析测试中心等公共实验平台筹建工作。推进精品文科建设，加强智库研究。制定全国重点马克思主义学院"十四五"建设规划，强化精品文科科研工作。完善智库运行机制，充分发挥优势学科作用，整合研究力量，进一步提升同济智库影响力。力争国家社科基金项目数量增长10%～15%，重大项目获批3—5项。凝练重大成果，提升学术影响。完善和强化以重大成果为导向的全链条管理和服务机制，建立重大项目跟踪、谋划、组织、培育机制，主动提供服务指导，提高科技奖励申报质量和获批数。力争国家奖获批数超6项、国家自然科学奖取得突破。面向经济发展，促进成果转化。加强统筹协调，主动对接国家地方重大发展需求。形成跨部门协同，完善成果转移转化全链条管理拓展科技成果信息披露渠道。加强成果运营，提高成果转移转化的数量和质量。建立分级管理制度，加强内控风险防范。重点推进同济大学国家大学科技园建设。完善政策体系，激发科研活力。做好保密工作和国军标质量体系管理，新增资质证书，提供专业化资质国防专利全流程服务等。完善科研管理政策体系，强化全链条管理。

14. 加强分类评价管理，健全队伍建设体系

继续深化人才工作校院两级体制建设，不断完善高层次人才服务工作。加强人才工作制度建设压实校院两级责任，强化高层次人才岗位考核评价服务双一流发展需求，加大海内外招聘精细化开展各类人才服务，发挥高层次人才引领示

范作用持续提升师资队伍水平。新增四青人才40人、上海市高层次人才20人以上。完善长聘制改革,形成具有同济大学特点的长聘制教职评聘制度。制定“十四五”师资规划,继续实施长聘体系(全球招聘)、现有体系双通道评聘工作,有序推动并轨工作。专任教师中具有博士学位教师比例超82%。加强学科交叉,畅通发展通道,做大建强青年科研队伍。创新博士后揽蓄渠道,稳步推进博士后招收,力争在站规模达800人。完善高研院体制,统筹专职科研队伍人事管理。完善机制,不断提高管理服务队伍能力素质。继续做好科级干部选拔聘任全过程管理。不断健全科级干部轮岗交流制度,加强跟踪培养。开展分类业务培训,提升队伍能力素质。服务重要教学科研平台,不断完善教辅队伍分类管理。强化分类管理和岗位匹配度,加强部门协同和院系自主权。充分发挥岗位聘任工作的作用。结合学校重点任务,落实岗位责任,完善分类、优化结构,推进绩效管理严格考核,进一步优化以激励与约束并举的薪酬机制。

15. 布局一体两翼发展,重构对外合作体系

实施国际化新战略。以德国为牵引,进一步优化、提升对欧合作。明确“小核心、大外围、高层次”的功能定位,做强国际平台学院,继续深化中德学院转型,完成中意学院转型。主动对接国家“一带一路”主场外交,力争与1—2所知名大学建立合作关系。加强同科技强国间的合作与交流,推动与以色列一流高校的合作。提升对外合作管理服务水平。召开外事工作大会。建立完整及时的“八有”台账。出台“同济大学提升国际学术影响力若干措施”。力争新增1—2个新基地,扩大高端引智规模,获批上海市外籍专家奖项1项。加强学生境外交流,力争派出交流学生3500人次。推进与港澳台地区的交流,办好联合大学。提升国际学生招生质量和培养能力。增加合作国际高中8所、系统完成东南亚招生基地建设。提升新招学历生人数和质量,新招学历生数量达到700人,其中博士生达到80人。继续加强全英文课程建设,增加英文授课项目30%。落实教学管理激励等5个文件,持续提升国际学生培养能力。建成国际学生选房网,完成住宿货币化改革。建立国际学生校友库,在库人数倍增至600人以上。

16. 狠抓管理服务作风,夯实支撑保障体系

建设平安校园。完善风险防范和管控机制,积极开展治安、消防、交通、食品等专项安全整治活动,确保实验室安全教育全覆盖。强化信息安全,加强一卡通、校门智能管控和车辆有序管理。加强保密队伍建设,不断提高保密工作水平。建设智慧校园。提高教学、办公区无线网高性能覆盖率和接入速率。完成107间智慧教室建设。推进一网通办工作,解决主要系统兼容问题,完善本研一体化、科研等信息管理系统建设。建设绿色校园。落实沪西校区医学片区分阶段建设规划。推进嘉定校区学生社区管理与建设工作。持续推进增收优支,提高学校国有资产管理和使用效益,在8个学院推进房屋全额成本核算试点。加强垃圾分类工作,制定校园垃圾管理办法,落实垃圾源头减量800吨。建设美丽校园。完成校园灯光改造项目二期(嘉定校区、彰武、三好坞等)、楼宇修缮等工程。力争科学中心项目开工。建设温暖校园。实施后勤综合改革,完成各校区“明厨亮灶”建设。推进基础教育集团建设,优化落实教工子女入学保障机制。推进同济大学附属实验幼儿园建设,确保2021年招生。继续提高疗休养品质,优化教职工在校医院的体检项目,继续实施50岁以上教职工高端体检。建设文化校园。推进全国“文明校园”创建工作。完善学校美育教育方案。丰富校园文化生活,继续加大嘉定校区文化建设投入力度。完善《口述同济》资料库建设。推进“楼宇阅读”。建立文化宣传大使队伍。

17. 积极调动各方力量,共同推进学校发展

进一步提高统战工作水平。完善基层统战工作机制,构建大统战工作格局。做好学校民主党派和团体自身建设,特别是做好党外后备干部队伍建设,进一步做好无党派代表人士的推荐工作。进一步提高群团工作水平。强化工会组织自身建设,着力规范二级单位教代会的组织实施。实施好学校系列温暖工程。持续提升提案工作效率和质量。进一步保持和增强各级团组织的政治性、先进性、群众性,加强学生会组织改革、完善学生社团管理、学生骨干培养。精心组织三八妇女节110周年系列活动,出版《同济大学卓越女性获奖者风采录》。成立青年科协和学生科协。进一步提高老龄与校友工作水平。不断推进离退休干部党组织建设,发挥好关工委作用,为学校改革发展奉献智慧和力量。完善校院两级校友工作体制,优化校友组织治理体系,建立健全支持校友事业发展的长效机制。

四、纵深推进从严治党,营造风清气正的校园政治生态

18. 深化纪检监察体制改革,进一步加强监督执纪和党风廉政建设

按照党中央决策部署,认真落实高校纪检监察体制改革的各项工作要求,在更深层次更高水平上持续深化“三转”,构建一体推进不敢腐、不能腐、不想腐的工作机制。完善监督体系,推进纪律监督、监察监督、巡察监督和其他监督有机结合。健全完善学校全面从严治党“四责协同”机制,督促学校领导班子成员落实“一岗双责”。加强日常监督,突出政治监督,深化运用监督执纪“四种形态”,完善发现问题、纠正偏差、精准问责有效机制。继续盯住重点人、重点事、重点领域和关键环节,完善内控体系建设,督促主责部门发挥管理和监督职责。加强对学校二级纪委的领导,探索对二级纪委书记开展专项考核。

19. 保持恒心韧劲，持续抓好作风建设

坚持从讲政治高度整治形式主义、官僚主义突出问题，从领导干部抓起，深化治理贯彻党中央决策部署只表态不落实、维护群众利益不担当不作为等突出问题。持续改进文风、会风，压缩发文、会议数量，优化各类督查、检查、考核，切实为基层减负。继续紧盯年节假期等重要节点，紧盯“四风”隐形变异问题，保持高压态势，对违反中央八项规定精神和“四风”问题发现一起，查处一起，通报一起。继续发挥作风建设联席会议机制的作用，定期研判学校作风建设情况，开展联合检查，形成监督合力。用好信访举报途径，畅通师生监督渠道，更好发挥来自身边人的监督作用。坚持纠“四风”和树新风并举，大力弘扬求真务实、开拓创新、清正廉洁的良好风尚。

20. 深化巡视巡察整改，继续高质量开展巡察工作

持之以恒做好巡视巡察“后半篇文章”，对《同济大学深化巡视整改工作任务清单(2019年版)》进行定期检查和及时总结，健全整改公开机制，创新整改日常监督机制，抓好巡视巡察整改落实。加强统筹谋划，高质量推进一届任期内巡察全覆盖，2020年完成对10个左右的基层党委的巡察工作。加强对巡察工作的指导，准确把握政治巡察内涵，发挥政治监督作用。探索建立巡视巡察联动机制，推进未巡先查、未巡先改工作。综合运用巡察成果，精准处置巡察移交线索，举一反三推动改革，完善体制机制，堵塞制度漏洞。

学 校 综 述

2020 年学校情况概述

【概况】 2020年，同济大学设有29个专业学院，9家附属医院，6所附属中小学。有四平路、嘉定、沪西和沪北等4个主要校区，占地面积2.55平方公里，校舍总建筑面积183余万平方米，图书馆总藏书量451万余册。

学校有全日制本科生18510人，硕士研究生11038人，博士研究生6514人。另有国际学生2225人。拥有专任教师2785人，其中专业技术职务正高级1074人，中国科学院院士13人(含双聘)，中国工程院院士16人(含双聘)，发展中国家科学院及美国、德国、瑞典等国科学院或工程院外籍院士21人次。国家级教学名师5人，教育部"长江计划"特聘教授36人，国家重点基础研究发展计划首席科学家23人，国家重点研发计划首席科学家73人，国家杰出青年科学基金获得者66人，"青年长江""优秀青年科学基金获得者"等四类优秀青年人才150人。国家级教学团队6个，国家自然科学基金创新群体9个，教育部"创新团队发展计划"12个，科技部重点领域创新团队1个，入选科技部"国家创新人才培养示范基地"。

学校学科设置涵盖工学、理学、医学、管理学、经济学、哲学、文学、法学、教育学、艺术学等10个门类。现有本科招生专业82个，硕士学位一级学科授权点45个，专业硕士学位授权点26个，博士学位一级学科授权点33个，专业博士学位授权点9个，博士后流动站30个。拥有3个国家重点实验室、1个国家工程实验室、1个国家重大科技基础设施、1个国家协同创新中心、1个国家大型科学仪器中心、5个国家工程(技术)研究中心、5个其他国家级研究平台以及70个省部级研究平台。

2020年，同济大学以习近平新时代中国特色社会主义思想为指导，深入学习贯彻十九大和十九届二中、三中、四中、五中全会精神，牢固树立"四个意识"，坚定"四个自信"，坚决做到"两个维护"，全面贯彻党的教育方针，坚持立德树人，坚持社会主义办学方向，遵循高校办学基本规律，按照同济大学第十一次党代会制定的发展方略和建设目标，深度谋划学校"十四五"发展规划，加快推进学校综合改革和内涵式发展，推进学校治理体系和治理能力现代化，统筹常态化疫情防控和改革发展，学校综合实力稳步提升。

完成全国首批党建工作示范高校各项建设任务，学校党委、1个学院党委、2个党支部顺利通过首批全国党建工作示范高校、标杆院系、样板支部培育创建单位验收。学校荣获"全国文明校园"称号。

制定并实施《同济大学推进治理体系与治理能力现代化建设2020年行动计划》。完善管理体系与组织机构，推进校学术委员会和校务委员会换届。举办全校中层干部综合治理能力提升专题研讨班。制定制度体系建设三年工作计划，基本形成学校制度体系总体框架，组织开展依法治校标准(示范)学院建设。制定《同济大学加强和改进机关工作作风实施细则》，开展机关满意度评价和作风建设专项调研。制作《作风建设警示案例》，召开"推进作风建设部门联席会议"。对12个学院党委开展常规巡察，对机关党委以及32个职能部门开展"作风建设"专项巡察。

全年社会媒体正面报道学校12万余条次。《李同保院士专访——以国家建设为己任》获评教育部"2020年教师风采短视频"优胜作品。创作校园文化艺术精品，启动话剧《铸诗成剑》，上演大师剧《国之英豪》等。编撰《榜样——同济大学劳动模范风采录》。创新开展校友服务工作，推出"同济校友终身学习平台"。2020年云龙如期实现脱贫摘帽，人民网专题报道《写在滇西大地上的脱贫攻坚"高校样本"》并被全网转发。

全面实现首轮"双一流"建设目标，向中国特色世界一流大学迈进。35个学科上榜2020年软科世界一流学科排名，19个学科上榜2020年QS世界大学学科排名，18个学科上榜2020年US News世界大学学科排名。在QS和US News等主流排行榜排名稳步提升。

设置学科交叉专项基金，组建交叉学科委员会，构建"人员流动不调动、成果归属原单位、附加绩效再奖励"的评价体系，鼓励建设多学科交叉融合的创新团队。充分发挥人工智能的交叉与赋能优势，解决重大前沿科学难题，如智能城市规划实现理论突破和技术创新，应用于北京城市副中心等城市的总体城市设计和城市体检。

开展金融、汉语国际教育等九个专业学位类别的专业学位水平评估工作。增列智能科学与技术一级交叉学科博士点、应用心理专业硕士学位点，调整心理学一级学科学术型硕士点。

将沪西校区整体用于发展医学学科，计划于2021年9月完成整体搬迁。附属口腔医院属地化管理体制调整列入《教育部、上海市人民政府深化上海市教育综合改革2020年重点工作》，已获教育部批准，正在与上海市对接推进。上海市皮肤病医院成为同济大学附属医院。

新生院建设成效明显，2019级学生第一学期平均绩点超过同期2018级学生，"五育"培养方案取得90分以上的学生超80%。2020年毕业生总体就业率97.5%。构建同济特色"金专""金课"培养体系，23个专业入选国家级一流本科专业建设点，54门课程获批首批国家级一流本科课程。录取博士生1918名。2020年博士研究生发表影响因子3.0以上SCI论文人均1.2篇。

完善大类招生、大类培养和大类管理联动及"2+1+X"的同济特色本研贯通人才培养新体系。学校成为首批基础学科招生改革试点高校，2020年度共招收"强基计划"学生119人，持续推动基础学科拔尖人才培养，在新生院设立以基础研究为主的第九个学堂——国豪学堂，积极申报教育部基础学科拔尖基地和同济大学自主智能未来技术学院。构筑学科、专业和课程三大责任岗位制度，上线本研一体化教学管理信息系统。树立“全面生源质量观”，推进人才培养工作向基础教育延伸。

全面提升“三全育人”综合改革试点工作，打造课程思政在线“金课”。2020级本科新生提交入党申请书比例超过66%。纵深建设驻楼导师工作站，精准帮扶5295名助学成才服务对象，面向海内外开通心理援助热线。创新校园体育参与路径与组织模式，学生体能测试优秀率为90.6%。开展民族团结教育，“民族风采嘉年华”特色活动被中央和民宗媒体平台报道6次。

学校连续两年入选上海市大学生文创实践基地。在2020年知行杯、全国三下乡等赛事中斩获20余项国家级、省部级奖项，被央视、《人民日报》《光明日报》等媒体报道。设立“垃圾分类”和“节约粮食”劳动实践岗位，引导学生参加劳动实践。通过参加高水平赛事开拓双创实践平台，学生在2020iGEM国际基因工程机器大赛中斩获两道金牌，在第十二届“挑战杯”中国大学生创业计划竞赛中获一金三银两铜，在“互联网＋”红旅赛道首次获得全国银奖。建设“共生型创新创业教育生态系统”，获批“国家级创新创业示范基地”。

完成“三全育人、本研贯通人才培养质量保证体系2.0”项目研究工作，并在全国高校质量保障机构联盟大会上作经验介绍。

2020年获批国家自然科学基金581项，比2019年增长12.4%；获批国家重点研发计划项目20项，较2019年增长25%；学校获国家科学技术奖5项，主持获教育部科学技术奖6项、上海市科学技术奖31项。以第一单位发表*Nature*、*Science*等顶级期刊及其子刊论文15篇。

召开科研工作大会，讨论《关于全面提升科技创新质量的若干意见》，系统修、制订科研政策，表彰科研先进工作者。

获批2个基金委基础科学研究中心，实现零的突破。获批建设“磁浮技术铁路行业重点实验室”等多个省部级重点实验室和工程中心。上海自主智能无人系统科学中心科研基地开工建设；人工智能上海市级科技重大专项获批，专用人才计划实现“零”的突破。培育深海科学研究中心、长三角可持续发展研究院。学校国际期刊*Underground Space*被SCI－E数据库收录。

为嫦娥五号月球着陆避障、时速600千米高速磁浮列车提供重要科技支撑。在新冠mRNA疫苗研发、干细胞辅助治疗、智能识别系统等方面为科技抗“疫”作出积极贡献。统筹发展与安全工作，专项立项额首破2亿元，专用重大重点项目获批四项。实施专利成果转化53件，较2019年增长35%。学校入选教育部第二批高校科技成果转化和技术转移基地、首批国家知识产权示范高校。2020年杨浦环同济知识经济圈总产值近500亿元。

获得10项国家社科基金后期资助暨优秀博士论文出版项目，创历史新高。获批国家社科基金项目32项，获批教育部社科基金项目12项、上海市哲社项目17项。决策咨询报告获得国家领导人批示数量增长167%，同济大学城市发展与管理研究基地成为上海市重点智库。

专任教师博士学历比例达81.3%，海外博士占比25.7%。高层次人才总量409人次，占比14.7%。5人获批2019年度教育部“长江学者奖励计划”，8人进入2020年度公示名单；获批杰青4项、卓青1项、优青9项；1人入选国家百千万人才工程；万人领军2人，万人社哲1人，万人名师2人，共10人入选第五批国家“万人计划”。在站博士后人数达到713名，其中外籍博士后36名。

制定《同济大学关于加强和改进新时代教师思想引领工作实施意见》，启动新一轮师德师风全员培训。大力弘扬师德风尚，姚启明获评全国劳动模范，吕西林荣获上海市“四有”好教师，杨正宏荣获上海市抗击新冠肺炎疫情先进个人，童小华荣获“上海市先进工作者”，张桁嘉获评2020年全国“辅导员年度人物”。

突出立德树人成效和学术贡献，初步形成具有同济特色的长聘制教职评聘体系和现有体系双通道晋升制度。截至2020年底，长聘教授队伍规模达197人。

召开外事工作会议，深化“八有”内涵，进一步拓展国际合作的全球布局，教学科研、师生结构国际化水平大幅提升。设立“同济大学－中国银行全球菁英奖学金”，重点资助欧洲及“一带一路”沿线国家优秀国际学生来校深造。巩固对德合作优势特色，加强与美日等科技强国的合作，夯实与37个国际战略伙伴高校的全方位深度合作。加强外事工作管理服务队伍建设，优化国际合作平台，深化中德学院转型，推进中意学院改革。主动对接“一带一路”主场外交，新签、续签校际协议32份、院际协议31份，港澳台工作高质量推进，2020年录取国际学生1684人。

上海国际知识产权学院聘任世界知识产权组织前总干事弗朗西斯·高锐博士为名誉院长。“节能与环保汽车创新引智基地”入选111计划2.0项目，外专项目执行率超过85%。

2020年在建基建项目10项，完成基建总投资28817万元。嘉定校区工程教育及科创中心竣工，嘉定校区学生活动中心完成主体结构封顶，完成二期灯光改造工程，完成沪西校区整体改造一期工程。高标准自主建设校园网络基础设施，计划总投入约1.8亿元，至2020年年底已累计投入8000万元，师生网络办公环境进一步优化。经过2019年、2020年两期建设，共建成智慧教室173间，初步形成“三楼一中心＋”的智慧教学物理空间格局，总投资1.28亿元。集成推进“平安校园综合管理系统”平台建设，逐步实现保安人员及大型车辆在校园巡逻、通行的轨迹实时跟踪。

综合服务大厅跨校区大厅业务进一步延伸，年内业务办理总量108633人次。实质新组建同济嘉定基础教育集团，附属嘉定幼儿园顺利开办。继续增加教职工体检项目和提高教职工住院医疗保障。

重要事件与活动

【6项成果被授予国家科学技术奖】 1月10日，2019年度国家科学技术奖励大会在北京人民大会堂隆重举行，我校6项成果被授予国家科学技术奖。其中，国家技术发明奖二等奖1项、国家科学技术进步奖二等奖4项、国际科学技术合作奖1项。

【医学与生命科学科研成果相继在国际顶级学术期刊发表】 戈宝学教授研究团队，联合上海科技大学免疫化学研究所饶子和院士研究团队又有新发现：结核菌中有一种分泌出的蛋白非常“聪明”，它能利用人体的蛋白分子攻击其自身的免疫功能，从而产生毒力，导致结核病的发生。1月16日，国际顶尖学术期刊《自然》在线发表了这一重要医学研究成果。

1月17日，高亚威教授联合美国芝加哥大学教授何川、中科院北京基因组研究所研究员韩大力合作完成的研究成果“*N6－methyladenosine of chromosome－associated regulatory RNA regulates chromatin state and transcription*”(《染色体相关RNA上的m6A修饰参与染色质状态与转录活性的调控》)，在线发表于国际顶尖学术期刊《科学》。该研究首次揭示了RNA的m6A修饰调控染色质状态和转录活性的重要机制，刷新了对m6A功能的认识。

【海洋学院教授合作研究完成的科研成果在线发表于《自然》】 3月12日，国际顶级学术期刊《自然》在线发表了我校海洋与地球科学学院副教授李江涛与美国伍兹霍尔海洋研究所合作完成的最新研究成果“*Recycling and metabolic flexibility dictate life in the lower oceanic crust*”(《有机质的循环利用和新陈代谢的灵活性决定着下洋壳中的生命》)。该研究揭示了海洋下洋壳岩石中存在的深部生命圈及其生存策略。

【同济大学位列世界大学影响力排名全球榜单第13位、亚洲榜单首位】 4月22日，泰晤士高等教育发布第二届世界大学影响力排名，展现了全球大学为实现联合国17项可持续发展目标而采取的行动。同济大学位列全球榜单第13位、亚洲榜单首位。十余年来，同济大学带头推动全球高校不断迈向‘深绿’，形成并推广做法、经验和成果，为生态文明建设、实现绿色发展贡献同济力量。

【嘉定区人民政府和同济大学合作共建“同济大学嘉定基础教育集团”】 4月26日，嘉定区人民政府和同济大学合作办学签约仪式在嘉定区综合办公大楼举行。同济大学常务副校长伍江，嘉定区副区长王浩代表双方签订合作办学协议，并为同济大学附属嘉定幼儿园揭牌。

7月6日，同济大学党委与嘉定区委中心组联组学习会在同济大学嘉定校区举行，区校双方围绕“贯彻市委全会精神，深化校地合作，做优城市核心功能，建设人民城市”主题，展开深入学习研讨。同时，区校双方签约共同建设“嘉定同济大学科技园”，合作共建“同济大学嘉定基础教育集团”。

【同济大学3位学者荣获全国创新争先奖状】 5月30日是第四个“全国科技工作者日”第二届全国创新争先奖表彰颁奖大会在京举办。建筑与城市规划学院吴志强院士、电子与信息工程学院蒋昌俊教授、附属东方医院王韬教授等3名学者荣获全国创新争先奖状。

【时速600公里高速磁浮试验样车线上成功试跑】 6月21日，由中车四方股份公司承担、同济大学参与研制的时速600公里高速磁浮试验样车在同济大学嘉定校区磁浮试验线上成功试跑。这标志着我国高速磁浮研发取得重要新突破。同济大学磁浮交通工程技术研究中心与国内相关单位紧密合作，坚持二十年自主创新，为高速磁浮系统研发及工程化研究奠定基础。

【同济大学与贵州省人民政府签署战略合作协议】 8月24日，同济大学与贵州省人民政府在贵阳签署战略合作协议。双方将共建同济大学贵州乡村振兴研究中心、同济大学贵州山地建筑设计和城镇化促进中心、同济大学科技成果贵州转化中心、同济大学贵州实习实践基地“三中心一基地”，在战略决策咨询、科技攻关和成果转化、交通运输和生态环境保护治理、人才培养等方面开展合作。

【上海自主智能无人系统科学中心首届学术委员会会议举行】 8月28日，依托同济大学建设的上海自主智能无人系统科学中心专家咨询会暨学术委员会会议举行。中心首届学术委员会由国内外人工智能领域的27名著名专家组成，其中中国科学院、中国工程院院士和外国院士26名。当天还举行了科学中心建设项目线上开工仪式。

【同济大学技术转移中心成功入选“2020年全球百佳技术转移案例”】 在9月8日举行的2020中国国际服务贸易交易会中国国际技术贸易论坛上，同济大学技术转移中心成功入选“2020年全球百佳技术转移案例”。

【同济大学“双一流”建设周期总结专家评议会举行】 9月18日，同济大学“双一流”建设周期总结专家评议会举行。与会专家认为，同济大学“双一流”建设指导思想和建设目标明确，发展布局合理，组织实施有力，建设成效显著，标志性成果突出，高质量地完成了建设任务，全面实现了建设目标。

【郭重庆荣获第七届管理科学奖特殊贡献崇敬奖】 9月27

日，2020中国管理科学大会暨第七届管理科学奖颁奖典礼在北京举行。会上，同济大学教授、中国工程院院士、国家自然科学基金委员会管理科学部原主任郭重庆荣获第七届管理科学奖特殊贡献崇敬奖。

【同济大学与上海市城市运行管理中心举行合作协议签约仪式和联合成果发布会】 9月27日，同济大学与上海市城市运行管理中心举行合作协议签约仪式，并联合发布7项人工智能研究成果，涉及自主智能无人系统全域精细感知技术、高实时一屏集控数字孪生管理系统、城市运行重大风险防范与应急管理体系框架等，为防疫、应急、设施运维等城市运行领域再添助力。

【朱伟林教授被石油技术展览会授予特别贡献奖】 10月，OTC(石油技术展览会，Offshore Technology Conference)官方网站正式对外宣布，同济大学朱伟林教授被授予特别贡献奖，是中国科学家首次获得这一殊荣，该奖项系全球石油工业界最为重要的奖项之一。

【高校“城乡规划扶贫联盟”成立暨2020年工作研讨会在同济大学召开】 10月20日，高校“城乡规划扶贫联盟”成立暨2020年工作研讨会在我校召开。由同济大学牵头组建的高校“城乡规划扶贫联盟”，是依托高校城乡规划学科相关人才、资源优势，推动贫困地区脱贫攻坚与乡村振兴工作的组团式扶贫协作组织，是在教育部指导下首批8个高校“扶贫联盟”之一。同日，“云腾龙跃，山乡巨变——同济大学定点扶贫工作巡礼(2012—2020)”展览在衷和楼开幕。

【同济大学和中国银行共同设立“同济大学—中国银行全球菁英奖学金”】 为进一步加强银校实质性合作，同济大学和中国银行共同冠名的“同济大学—中国银行全球菁英奖学金”揭牌仪式11月在上海中国银行大厦举行。该奖学金重点鼓励和资助来自欧洲及“一带一路”沿线国家的优秀国际学生来同济大学学习深造，加强与国际上一流大学和学术机构的实质性合作交流，共同培养具有全球视野和创新精神的国际菁英人才。

【同济大学入选第二批教育融媒体建设试点单位】 在11月12日至13日举行的2020年教育融媒体建设试点工作推进会上，同济大学入选第二批教育融媒体建设试点单位入选名单。

【同济大学获评“全国文明校园”】 11月20日，全国精神文明建设表彰大会在北京举行。同济大学获评“全国文明校园”；附属第十人民医院、附属第一妇婴保健院、附属杨浦医院和附属普陀人民医院(筹)被评为“全国文明单位”；附属东方医院副院长雷撼家庭被评为“全国文明家庭”。

【同济大学航天测绘遥感与深空探测研究团队为嫦娥五号探测器实现月面软着陆贡献力量】 12月1日23时11分左右，嫦娥五号探测器的着陆器、上升器组合体成功实现在月面预定区域软着陆，我校航天测绘遥感与深空探测研究团队自主研究的技术方法，为嫦娥五号激光三维成像系统在极短成像时间条件下实现量测级探测精度提供了重要支撑，以高可信度探测出威胁安全软着陆的月石月坑障碍。

【同济大学与四川省人民政府签署全面深化战略合作协议】

12月1日，同济大学与四川省人民政府签署全面深化战略合作协议，双方将持续深化在战略决策咨询、重大产学研平台建设、重大科技项目协同攻关、教育和干部人才交流等领域的合作，共同助推四川高质量发展和同济大学中国特色世界一流大学建设。同日，《寻根铸魂 同舟济世——纪念同济大学迁校李庄八十周年专题展(1940—2020)》在四平路校区衷和楼揭幕。

(虞兰)

组织机构概述

2020年学校组织机构变化情况：

1月，成立同济大学基础教育合作办学管理委员会，下设办公室，为正处级机构。

2月，工程实践中心挂靠本科生院，由机械与能源工程学院托管。

3月，成立同济大学纪委监督检查室、案件管理室；成立同济大学创新设计竞争力研究中心(筹)，该机构挂靠设计创意学院。

6月，发展规划部下设综合业务中心、事业规划中心、政策研究中心、统计数据中心、办学评估中心。

8月，高等研究院划归科研管理部；研究生院在职教育管理处下设工程类专业学位研究生教育管理中心，撤销同济大学工程硕士管理中心；海洋与地球科学学院下设教务办公室；基础教育合作办学管理委员会办公室下设综合联络科、合作办学科；上海自主智能无人系统科学中心建设领导小组办公室下设综合管理服务中心、科研管理中心、财务管理中心；成立上海市城市更新及其空间优化技术重点实验室；成立上海市化学品分析、风险评估与控制重点实验室；成立中华优秀传统文化传承基地工作领导小组，领导小组下设办公室，设在党委宣传部。

9月，成立上海区块链应用服务工程技术研究中心(筹)，该机构挂靠电子与信息工程学院；成立建筑钢结构教育部工程研究中心。

11月，对外联络与发展办公室与校长办公室合署办公，校友会、基金会、董事会秘书处挂靠校长办公室；本科生院下设思政教育中心与教材建设管理办公室更名为教材建设管理办公室，本科生院下设中小学合作办学工作委员会办公室更名为高中教育合作中心；同济大学外国语学院中华思想文化翻译与传播研究中心更名为同济大学外国语学院中华外译与国际传播研究基地;恢复资产与实验室管理处原撤销机构沪西校区管理办公室。

2020 年党的机构变化情况:

2 月,撤销同济大学上海国际知识产权学院党总支;成立中共同济大学上海国际知识产权学院党委、纪委、分党校。

6 月,撤销同济大学出版社党总支;成立同济大学出版社有限公司党委、纪委。

撤销同济大学机械与能源工程学院教工党总支、研究生党总支、本科生党总支;成立同济大学机械与能源工程学院学生党委

12 月,撤销同济大学经济与管理学院教工党总支、学生党总支;成立同济大学经济与管理学院学生党委。

(莫晨莹、黄琼)

学校党、政领导及管理机构干部名录

（截止日期:2020 年 12 月 31 日）

中共同济大学委员会

书　　记　方守恩

常务副书记　冯身洪(12 月起)

副 书 记　陈　杰　徐建平(12 月止)　吴广明　方　平　冯身洪(12 月止)　彭震伟(12 月起)

常　　委　方守恩　陈　杰　伍　江(12 月止)　冯身洪　蒋昌俊(12 月止)　吴志强(12 月止)　徐建平(12 月止)　吕培明　吴广明　方　平　雷星晖　彭震伟(12 月起)　童小华(12 月起)　黄翔峰　朱大章

委　　员　(按姓氏笔画为序)

方　平　方守恩　石振明　冯身洪　吕培明　朱大章　伍　江　刘　润　江　波　许树长　孙立军　李　岩　杨正宏　吴广明　吴志强　陆居怡　陈　强　陈　杰　贺鹏飞　倪　颖　徐建平　黄一如　黄　雨　黄翔峰　彭震伟　蒋昌俊　童小华　雷星晖

同济大学行政领导班子

校　　长　陈　杰

常务副校长　伍　江(12 月止)　吕培明(12 月起)

副 校 长　蒋昌俊(12 月止)　吴志强(12 月止)　吕培明(12 月止)　顾祥林　雷星晖　陈义汉　童小华(12 月起)　黄翔峰(12 月起)　娄永琪(12 月起)

校长助理　凌　玮(3 月止)　童小华　刘　润　彭震伟(9 月起)

中共同济大学纪律检查委员会

书　记　方　平

副书记　吴利瑞　端木怡雯　徐莹琳(5 月起)

委　员　(按姓氏笔画为序)

王　峻　方　平　安　娜　吴利瑞　陈　翌　金福安　徐莹琳　谢晓娟　端木怡雯

党委办公室

主　任　陆居怡(6 月止)　孔德懿(6 月起)

副主任　陈　燕　杨劲松

纪委办公室、监察处

纪委办公室主任　徐莹琳

纪委办公室副主任　钱　昕

监察处处长　吴利瑞

监察处副处长　郭定夫

纪委监督检查室主任　郭定夫(5 月起)

纪委案件管理室主任　王呈梅(5 月起)

党委巡察办公室

主　任　吴利瑞(兼)

副主任　倪　斌

审计处

处　长　谢晓娟

副处长　汤卫红　周　琳

组织部

部　长　黄翔峰

副部长　王　峻　陆美红　杨秋华(6 月起)

党校

校　　长　方守恩(兼)

常务副校长　黄翔峰(兼)

宣传部(处)

部(处)长　朱大章

副部(处)长　运　迪　朱云杰(5 月止)　黄艾娇　顾旭峰　李睿(5 月起)

精神文明办

主　任　朱大章(兼)(1 月起)

副主任

新闻中心

主　　任　朱大章(兼)

常务副主任

统战部

部　　长　岳继光(5 月止)　冯身洪(兼)(5 月起)

常务副部长　安娜(6 月起)

副 部 长　江　静

保卫部(处)

部(处)长　杨正宏

副部(处)长　胡少卿　刘灿阳　陈永强　林　梅

安全生产办公室(挂靠保卫处)

主　任　杨正宏

武装部

部　长　杨正宏

副部长　徐汉明

工会

主　　席　吴广明(兼)

常务副主席　宋建华

副　主　席　赵晓燕　陈一希(7月止)　陈琍敏(11月起)

团委

书　记　陈　城

副书记　唐志宇　高玉磊(6月止)　刘　扬　葛　畅　崔欣玉(兼职)　陈晨(兼职)　郑彧豪(12月起)

妇委

主　　任　马锦明

常务副主任　肖　辉

副　主　任　陈　凤

机关党委

书　　记　冯身洪

常务副书记　安　娜(6月止)　熊岚(6月起)

副　书　记　郭　骧(12月止)　黄雨(兼)　徐婷婷(12月起)

校长办公室

主　任　倪　颖(9月止)　刘润(兼)(11月起)

副主任　陆英楠　朱茂然　史成宇　郑晓蕾(12月起)　梁春江(12月起)

对外联络与发展办公室(11月起与校办合署办公)

主　任　张　轮(12月止)　刘　润(兼)(12月起)

副主任　郑晓蕾(12月止)　梁春江(12月止)　陆英楠(兼)(12月起)

发展规划部

部　长　蔡三发(3月起)

副部长　王　雁　陈守明

学科建设办公室

主　任　孙立军

副主任　冯世进

本科生院

院　长　黄一如

副院长　郑秋军　吴志军　张宇钟　单　烨(兼)　陈宇光　戴代红

招生办公室(挂靠本科生院)

主　任　陈宇光

副主任　郑晓蕾(兼)　郑秋军(兼)

学生工作部(学生处)、研究生工作部

部(处)长　刘　润(11月止)

学生工作部副部(处)长　徐　迅(主持工作)　王小莉　陈　城(11月起)　谭　武　崔　莹(兼)

研究生工作部副部长　徐纪平

学生就业指导中心

主　任　方雅静

研究生院

院　长　黄宏伟

副院长　关佶红　李　兰　章小清　赵鸿铎

培养处

处　长　章小清(兼)

副处长　廖振良(9月止)　梁　哲(3月止)　林思劼(9月起)

研究生招生处

处　长　赵鸿铎

在职教育管理处

处　长　关佶红(兼)

管理处

处　长　刘　润(兼)(11月免)

综合处

处　长　李　兰(兼)

学位评定委员会办公室

主　任　黄宏伟(兼)

副主任　李　兰　张宇钟

教学质量管理办公室

主　任　李亚东

副主任　朱伟文　张　勤

科研管理部

部　长　童小华(兼)

副部长　熊　岚(7月止)　刘　春(10月止)　李晓军　何　斌　杨　华　王占山(兼)　徐荣华(7月起)　马　彬(10月起)

国家海底科学观测系统项目办公室

办公室主任　叶为民

办公室副主任　杨群慧　李耀文

工程与产业研究院

院　长　张亚雷

先进技术研究院

院　长　王占山

副院长　马　彬　高玉魁

文科办公室

主　任　陈　强(5月止)　刘淑妍(5月起)

副主任　曲　辰　马林海

人事处

处　长　黄　雨

副处长　王　金　许　维(9月止)　王志伟　程鑫彬(9月起)

人才工作领导小组办公室

主　任　黄　雨

副主任　许　维(兼)(9月止)　程鑫彬(兼)(9月起)

人才中心

主　任　王　飞(11月止)　彭贤杰(11月起)

博士后管理办公室

主　任　王志伟(兼)

党委教师工作部

部　长　黄　雨

副部长　运　迪(兼)　周宏武　王志伟

财务处

处　长　朱志良

副处长　林　嫣　韩　振　王　静　瞿惠良

国资委办公室

主　任　林　嫣

外事办公室

主　　任　于雪梅

常务副主任　陈　翌

副　主　任　严爱华　梁毅军　刘　春(10月起)

港澳台事务办公室

主　任　陈宇光(10月止)　刘　春(10月起)

留学生办公室

主　任　禹　昱

基建处

处　　长　石振明

副 处 长　王旭峰　董伟明　丛　林

总工程师　李　翔

资产与实验室管理处

处　长　高　欣

副处长　周　晔　曹同成(兼)　黄国珍　任晓崧
　　　　谈兴卓

资产与安全管理办公室

主　任　曹同成

能源管理中心(挂靠资产与实验室管理处)

主　任　薛　萌

采购与招标管理办公室

主　任　许秀锋

副主任　袁　卫

离退休干部党工委、离退休工作办公室

书 记、主 任　徐讴平

副书记、副主任　周上玖　倪佩琼

基础教育合作办学管理委员会办公室

主　任

副主任　朱云杰(主持工作)(1月起)　邵学文(10月起)

上海自主智能无人系统科学中心建设领导小组办公室

主　任　何斌(1月起)

副主任　程茜(9月起)

档案馆

馆　长　林　强

副馆长　章华明　周　玮

校史馆

馆　长　章华明(兼)

图书馆

党委书记　慎金花

党委副书记　吴　坚　危　红(11月止)
　　　　　　何青芳(11月起)

纪委书记　吴　坚(兼)

馆　　长　陈　欣

副 馆 长　何青芳(11月止)　徐忠明　王从军
　　　　　郭　骧(11月起)

信息化办公室

主　任　许维胜

副主任　方　园　王红罡　刘　波

网络管理中心

主　任　许维胜(兼)

副主任　方　园(兼)　王红罡(兼)　刘　波(兼)

教育技术与计算中心

主　任　许维胜(兼)

副主任　方　园(兼)　王红罡(兼)　刘　波(兼)

嘉定校区

党工委书记　冯身洪

党工委副书记　覃文忠

管委会主任　徐建平(兼)

管委会副主任　冯身洪(兼)

管委会办公室主任　王晓国

管委会办公室副主任　倪　净　邵学文(10月止)
　　　　　　　　　　陈　平

沪西校区

管 委 会 主 任　姜富明(兼)

管理委员会办公室主任　吴健民(12月止)
　　　　　　　　　　　胡少卿(兼)(12月起)

沪北校区

管理办公室主任　吴健民(12月止)
　　　　　　　　胡 少卿(12月起)

德国学术中心

主　任　董　琦

新农村发展研究院

院　　长　方守恩

常务副院长　张亚雷

现代农业科学与工程研究院

顾问院长　周　箴(兼)

院　　长　张亚雷

建筑与城市规划学院

党委书记　彭震伟

党委副书记　刘　颂　王晓庆(11月止)　李振宇
　　　　　　王桢栋(11月起)

纪委书记　刘　颂(兼)

院　　长　李振宇(11月止)　李翔宁(11月起)

副 院 长　张尚武　李翔宁(11月止)　孙彤宇(11

月止） 王 兰（11月起） 耿慧志（11月起） 袁 烽（11月起）

土木工程学院

党委书记 端木怡雯

党委副书记 徐培芳 陈 隽 严长征 赵宪忠

纪委书记 徐培芳（兼）

院长 赵宪忠

副院长 李建中 蒋欢军 张伟平 谢雄耀

测绘与地理信息学院

党委书记 楼立志

党委副书记 张珂瑜 李博峰

纪委书记 张珂瑜（兼）

院长 李博峰

副院长 谢 欢 冯永玖

环境科学与工程学院

党委书记 柳剑雄

党委副书记 钱 昕（6月止） 黄清辉

纪委书记 黄清辉（兼）

院长 戴晓虎

副院长 邓慧萍 李风亭（兼） 徐 斌 陆志波

联合国环境规划署——同济大学环境与可持续发展学院

院长 伍 江

常务副院长 李风亭

材料科学与工程学院

党委书记 王中平

党委副书记 袁 华 王凌凌

纪委书记 袁 华（兼）

院长 吴广明（兼）（9月止） 许 维（11月起）

副院长 邱 军 姚 武（11月止） 翟继卫（11月止） 许 维（主持工作）（9月起，11月止） 蒋正武（11月起） 黄 佳（11月起）

交通运输工程学院

党委书记 吴 兵

党委副书记 邹晓磊 刘胜乾 凌建明

纪委书记 邹晓磊（兼）

院长 凌建明

副院长 杜豫川 马万经 黄灿彬 肖军华

机械与能源工程学院

党委书记 于 航（6月止） 宋木生（6月起）

党委副书记 周奇才（6月止） 宋木生（6月止） 于 颖（6月起） 高玉磊（6月起）

纪委书记 周奇才（兼）（6月止） 于颖（兼）（6月起）

顾问院长 郭重庆

院长 卞永明

副院长 闾耀保 李峥嵘 高乃平 汤奇荣

汽车学院

党委书记 曹 静

党委副书记 邓 俊 李 红 张立军

纪委书记 邓 俊（兼）

院长 张立军

副院长 魏学哲（12月止） 钟再敏（12月止） 谭丕强（12月止） 赵治国（12月起） 熊 璐（12月起） 吴旭东（12月起）

铁道与城市轨道交通研究院

院长 陈小鸿

副院长 陆正刚 左建勇

轨交院与磁浮中心党委

党委书记 储志刚

党委副书记 聂 菁 周建梅

纪委书记 周建梅（兼）

电子与信息工程学院

党委书记 王 峻（9月起）

党委副书记 向 阳 董变林（6月止） 余有灵 张南华（6月起）

纪委书记 向 阳（兼）

院长 陈启军（10月止） 陈 红（聘任）（10月起）

副院长 金立军（10月止） 吴 俊（9月止） 尹学锋 吴江枫（10月止） 丁志军（10月起） 周俊鹤（10月起） 张 皓（10月起）

软件学院

党委书记 宋庆国

党委副书记 陈 荣

纪委书记 陈 荣（兼）

名誉院长 周兴铭

院长 赵生捷

副院长 穆 斌 江建慧

理学部

主任 王世绩（外聘）

副主任 顾 牡 赵国华 李少华

数学科学学院

党委书记 孔德懿（7月止） 李静茹（7月起）

党委副书记 李静茹（7月止） 赵 盈 杨亦挺（10月起）

纪委书记 李静茹（兼）（7月止） 杨亦挺（10月起）

院长 许学军（聘任）

副院长 潘生亮（11月止） 梁汉营（11月止） 李忠华（11月起） 吴 昊（11月起）

物理科学与工程学院

党委书记 张 众

党委副书记 程 茜(9月止) 羊亚平 谢双媛 陈杰(9月起)
纪委书记 程 茜(兼)(9月止)
陈 杰(兼)(9月起)
院 长 羊亚平
副院长 穆宝忠 张建卫

化学科学与工程学院党委

党委书记 杨晓杰
党委副书记 王启刚 母朝静
纪委书记 王启刚(兼)
院 长 张 弛
副院长 范丽岩 刘明贤

海洋与地球科学学院

党委书记 耿建华
党委副书记 陈琍敏(11月止) 薛 梅 翦知湣 孙烨忱(11月起)
纪委书记 薛 梅(兼)
院 长 翦知湣
副院长 于 鹏 李江涛 拓守廷

航空航天与力学学院

党委书记 石 成
党委副书记 王晶晶 李 岩 袁国青
纪委书记 袁国青(兼)
院 长 李 岩
副院长 郑百林 于 涛

医学与生命科学部

主 任 陈义汉
副主任 孙方霖(兼) 王佐林(兼)

医学与生命科学党工委

党工委书记 姜成华

医院管理处

处 长 姜成华
副处长 徐 磊

医学院

党委书记 张 军
党委副书记 曾 盈 陈 琳
纪委书记 陈 琳
院 长 郑加麟(聘任)
副院长 杨文卓 王 平 成 昱

生命科学与技术学院

党委书记 康九红
党委副书记 杜昌升 相 波
纪委书记 杜昌升(兼)
院 长 高绍荣
副院长 张 敬 张 超(11月止) 王红兵 岳 锐(11月起)

口腔医院(口腔医学院)

党委书记 华咏梅
党委副书记 孙 瑶 张 磊 王佐林
纪委书记 孙 瑶(兼)
院 长 王佐林
副院长 张 旗 康非吾 孙 竞

经济与管理学院

党委书记 施 骞(11月起)
党委副书记 陈 松(11月止) 施 骞(主持工作)(11月止) 董变林(5月起) 李 垣(11月起) 阮青松(11月起)
纪委书记 陈 松(兼) 阮青松(兼)(11月起)
顾问院长 郭重庆
院 长 李 垣(聘任)
副院长 阮青松 施 骞(11月止) 程名望 谢 恩

外国语学院

党委书记 谭晓赟(7月起)
党委副书记 魏铀原(7月止) 吴 赟 徐伟铖 谭晓赟(主持工作)(7月止) 黄立鹤(7月起)
纪委书记 魏铀原(兼)(7月止)
黄立鹤(兼)(7月起)
院 长 吴 赟
副院长 宋 缨 董 琇 陈 琳

国际文化交流学院

院 长 刘淑妍(6月止) 孙宜学(6月起)
副院长 孙宜学(6月止) 宗 骞 陈毅立

出国培训学院

院 长 王丽明(9月止) 于雪梅(9月起)
副院长 赵 娟

人文学院

党委书记 李建昌
党委副书记 刘 涛 刘日明
纪委书记 刘 涛(兼)
院 长 刘日明
副院长 朱崇志 赵千帆 黄 松

马克思主义学院

党委书记 冯身洪(兼)(6月止) 陆居怡(6月起)
党委副书记 殷娣娣 徐 蓉
纪委书记 殷娣娣(兼)
院 长 徐 蓉(聘任)
副院长 王 鹏 王 平 周爱华(4月起)

法学院

党委书记 吴为民
党委副书记 杨秋华(7月止) 蒋惠岭(7月起) 刘志坚(7月起)

纪委书记　杨秋华(兼)(7月止)　刘志坚(7月止)
院　　长　蒋惠岭(聘任)(7月起)
副 院 长　徐　钢　黄丽勤

知识产权学院

院　长　朱雪忠(3月止)

上海国际知识产权学院

党总支书记　宋晓亭(6月止)
党总支副书记　姜　南(6月止)
党委书记　宋晓亭
党委副书记　林　旻(6月起)
纪委书记　林　旻(兼)(6月起)
院　　长　单晓光
副 院 长　于馨淼　姜　南(3月起)

政治与国际关系学院

党委书记　徐　红
党委副书记　宋　波　门洪华
纪委书记　宋　波(兼)
院　　长　门洪华
副 院 长　郑春荣　钟振明

体育教学部

党委书记　季忠荣
党委副书记　叶　宇　游松辉　卢天凤
纪委书记　叶宇(兼)
主　　任　卢天凤
副 主 任　赵佳敏　李瑞杰　陈颐清

国际足球学院

院　长　游松辉
副院长　沈寅豪(6月起)

设计创意学院

党委书记　范圣玺
党委副书记　王晓庆(11月起)
纪委书记　王晓庆(兼)
院　　长　娄永琪
副 院 长　孙效华　徐　江

艺术与传媒学院

党委书记　张艳丽
党委副书记　张　娣　李　睿(5月止)
　　　　周　彬(5月起)
纪委书记　张　娣(兼)
院　　长　李麟学(10月起)
副 院 长　王冬冬(11月止)　王建民　李麟学(主持工作)(10月止)　徐　翔(11月起)

中德学院

党委书记　吴志红
党委副书记　杜　斐
纪委书记　杜　斐(兼)
院　　长　钟志华(兼)
副院长(中方)　吴志红

中德工程学院与职业技术学院党委

党委书记　王继平
党委副书记　彭贤杰　谭晓赟(9月止)
　　　　郭　婧(9月起)
纪委书记　彭贤杰(兼)

中德工程学院

院　　长　吴志强(兼)
执行院长　冯　晓
副 院 长　SabinePorsche　王奕俊(兼)
　　　　谢　楠(5月起)

职业技术教育学院

顾问院长　姜大源
院　　长　冯　晓
副 院 长　王奕俊　谢　楠(兼)(5月起)

中法工程和管理学院

院　长　江　波(兼)

中意学院

院　长　雷星晖
副院长　刘　东(兼)

创新创业学院

院　　长　钟志华(兼)
常务副院长　周　斌(6月起)
副 院 长　伍　江(兼)(6月止)
　　　　徐建平(兼)(6月止)
副 院 长　周　斌(6月止)　殷俊锋(6月起)
　　　　严　骊(6月起)
办公室副主任　殷俊峰(6月止)　严　骊(6月止)

网络学院与继续教育学院

党委书记　倪　颖(9月起)
党委副书记　张俊生　金福安
纪委书记　张俊生(兼)
院　　长　金福安
副 院 长　考书健

新生院

党委书记　刘　润(兼)(11月止)
　　　　黄一如(12月起)
党委副书记　黄一如(兼)(12月止)　崔　莹
　　　　徐　迅(12月起)
纪委书记　崔　莹(兼)
院　　长　黄一如(兼)
副 院 长　单　烨

女子学院

名誉院长　陈香梅　陈铁迪
副院长　肖　辉　卞　文(兼)

后勤集团

党委书记　陈　红(6月起)

党委副书记 胡伟斌 陈 红(主持工作)(6月止)
陶建兰 叶 阳

纪委书记 胡伟斌(兼)

总经理 叶 阳

副总经理 成 斌 富琴军 张依群

同济创新创业控股有限公司党委

书 记 陈 翌(10月止) 童学锋(10月起)

副书记 高国武(兼)(12月止) 高 军
肖小凌(12月起)

纪委书记 高 军(兼)

同济创新创业控股有限公司

董事长 陈 翌(6月止) 高国武(6月起)

总经理 高国武(9月止) 肖小凌(9月起)

副总经理 戴大勇

建筑设计研究院(集团)有限公司

党委书记 汤朔宁

党委副书记 江立敏 贾 坚

纪委书记 江立敏(兼)

总 裁 王 健

同济科技实业股份有限公司

党委书记 童学锋

党委副书记 杨卫东

纪委书记 杨卫东(兼)

董事长 王明忠

出版社

党总支书记(6月止) 段存广

党总支副书记(6月止) 杨宁霞

党委副书记 危 红(11月起)

纪委书记 危 红(兼)(11月起)

社 长 华春荣

磁浮交通工程技术研究中心

主 任 陈小鸿

副主任 林国斌 黄靖宇

附属同济医院

党委书记 许树长

党委副书记 高 源(12月止) 花 艳 吴登龙
程黎明

纪委书记 花 艳(兼)

院 长 程黎明

副院长 王培军(12月止) 梁爱斌 靳令经
赵海鹏 高 源(12月起)

附属同济医院分院

党总支书记 毕婉蓉

院 长 邢海林

院系及直属研究机构情况概述

电子与信息工程学院

截至2020年年底，学院在编教职工296人。其中，正高职称87人，副高职称93人，中级职称87人；博士生导师122人，硕士生导师201人。学院有博士后流动站2个，一级学科博士点3个，一级学科硕士点4个，本科专业9个。新增能源动力工程博士点。

2020年，学院有在读博士研究生544名，全日制硕士研究生1046名（含专业学位557名），在职工程硕士517名，本科生1622名。年内招收博士研究生163名，全日制硕士研究生351名（含专业学位189名），在职工程硕士研究生154名，本科生467人（主修专业计划数）；毕业博士研究生51名，全日制硕士研究生573名，在职工程硕士研究生25名，本科生458名。

疫情期间，学院师生党员捐款828人次，累计17.4万元。学院教授王瀚漓带领学生利用开源工具开发了一款校内视频压缩工具"同济MIC视频转码器"，帮助教师压缩教学视频，建立"同济MIC视频转码器技术支持"微信群，为教师提供技术支持。学院成立"线上教学指导志愿者"团队，37名教职工作为志愿者开展ZOOM和CANVAS平台线上教学培训，保障"停课不停学"。

学院党委举办"不忘初心、牢记使命"主题教育总结大会，巩固深化主题教育成果，学院党委副书记（主持工作）向阳作总结报告，第八巡回指导组成员李红发表讲话。召开电子与信息工程学院党委巡察工作动员会，校党委副书记、纪委书记、党委巡察工作领导小组副组长方平，第三巡察组组长石成，第三巡察组其他同志，学校党委巡察工作办公室有关同志，学院党政领导班子成员，学院全体教职工、退休支部书记和学生代表出席会议。

12月29日，中国共产党同济大学电子与信息工程学院第六次党员代表大会召开，会议选举产生了新一届党委委员（以姓氏笔画为序）：丁志军、王丽、王峻、王瀚漓、朱琴跃、苏永清、张南华、张砚秋、陆凤兰、周俊鹤、徐志宇以及纪委委员（以姓氏笔画为序）：王瀚漓、刘永焕、孙小非。

学科建设 计算机科学与技术、控制科学与工程、信息与通信工程、电气工程四个一级学科参加教育部第五轮学科评估，以立德树人成效为标准，围绕人才培养质量、师资队伍与资源、科学研究水平和社会服务与学科声誉四个一级指标体系，认真检视五年来学科建设成果。

编制"十四五"学科建设规划，面向国家发展战略和产业核心需求，依托上海自主智能无人系统科学中心，重点建设"2＋X"学科布局，注重学科交叉，着力打造"智能＋"特色领域，并以此为平台，辐射学校其他优势学科，制定学科优化架构，与"科学中心"进行紧密对接融合。

多方面全力支持上海自主智能无人系统科学中心发展，包括：协助成功申报上海市科技重大专项"人工智能前沿基础理论与关键技术"；支持"智能科学与技术"IV高峰学科建设与绩效评价；协助论证教育部"自主智能无人系统前沿科学中心"；协助成功申报"智能科学与技术"一级交叉学科；协助开展"人工智能"专项博士生招生与培养；协助论证国家重大科技基础设施专项等。

建设研发基地和平台，参与中国信息通信研究院－同济大学战略合作，同济－百度联合研究中心、上海区块链应用服务工程技术研究中心、同济大学－闻泰空间信息联合实验室及同济大学－上海电气泰雷兹智慧轨道交通联合工程技术研究中心的建设。

建设人才培养基地，"计算机科学"入选教育部基础学科拔尖学生培养计划2.0基地，成立教育部同济－华为"智能基座"产教融合协同育人基地。

教学工作 蒋昌俊的"同济大学'一体两翼双引擎'计算机大类创新人才培养体系研究"、陈启军的"以机器人创新平台建设为抓手的'本研协同，教研融合'式人才培养实践"、杨志强的"以提升信息素养强化计算思维培养应用能力为目标，建设新一代信息技术课程生态链"获上海高校本科重点教改项目立项。尹学锋的"围绕'人工智能'的研究生国际化人才培养制度改革与创新"获批2020年上海市一流研究生教育引领计划。丁志军入选2019年度高校计算机专业优秀教师奖励计划。

6门课程被认定为首批国家级一流本科课程（含原2017年、2018年国家精品在线开放课程和国家虚拟仿真实验教学项目），包括：苗夺谦的"人工智能原理"（一流线下课程），杨志强的"大学计算机基础"［2017年本科国家精品在线开放课程（线上一流课程）］，龚沛曾的"Visual Basic. NET程序设计"，顾榕的"电工学"，龚沛曾、杨志强的"Visual Basic6.0程序设计"，李湘梅的"多媒体技术与应用"［2018年本科国家精品在线开放课程（线上一流课程）］。

杨志强、龚沛曾主编的《大学计算机（第七版）》、龚沛曾主编的《VB. NET程序设计（第3版）》、康劲松主编的《电力电子技术》、刘敏主编的《智能制造理念、系统与建模方法》获"同济大学优秀教材奖"。

"本研协同、创新引领'十五年磨一剑'——同济大学机器人创新平台建设与运行实践""同济大学'一体两翼双引擎'计算机大类创新人才培养体系"获2019年度同济大学教学成果奖特等奖，"以工程能力、创新思维、科研素养为导向，构建全过程育人的大信息学科实验教学平台""电子与通信工程全日制专业学位研究生工程创新能力与工程领导力的培养与实践""基于学科交叉、多维协同、面向国际的一流人工智能研究生创新人才培养体系建设与实践”“‘四新’背景下大学计算机通识基础课程教学改革与实践”“面向素质教育中学大学一体化计算机‘一芯一统’实践能力贯通教学改革”获同济大学教学成果二等奖。

张冬冬的“我的中国‘芯’——计算机硬件课程思政示范专业课程链建设”获批同济大学课程思政教育教学改革项目立项。

万国春的“数字电子技术”(线上线下混合式课程)、王超的“高频电子线路”、王中杰的“自动控制原理(A)”、秦国锋的“计算机系统结构及实验”(线下课程)获批校级重点课程项目立项。金立军的“电磁场与电磁波”、王中杰的“自动控制基础”、石繁槐的“机器学习”校级优质在线开放课程视频拍摄计划课程立项。马小峰的“区块链导”获批校级精品类通识课程建设立项。

学院获评同济大学2019—2020学年本科教学基本状态考核优秀单位;获2019—2020学年“同济大学研究生教育先进单位”称号。

李莉负责的“中国——英国‘人工智能与工业4.0’研究生国际学术论坛”、康劲松的“交通电气化与智能化”中英研究生论坛、尹学锋的“中国—西班牙‘第四届——第五代移动通信(5G)’研究生国际学术论坛”、张皓负责的“中国—新加坡‘自主智能无人系统’研究生国际学术论坛获批校级研究生国际论坛。

“电子信息领域博士生培养质量与生源特点的相关性研究”“电信学院研究生层次国际学生招生工作改革研究”获批同济大学管理类教改项目。

出版研究生教材3本:《永磁同步电动机变频调速系统及其控制(电子书)》《数据驱动的半导体制造系统调度》《5G通信导论》。3篇博士论文获同济大学优秀博士学位论文,22篇硕士论文获同济大学优秀硕士学位论文。

康劲松获“同济大学育才教育奖励金”一等奖,郭爱煌、叶晨、岳继光获二等奖;余有灵、何良华获隧道奖励金;吴继伟、陈康力、董芳英获上海三菱电梯奖励金;高燕获联合电子奖教金。沈坚、张文豪获首届同济大学教师教学创新大赛二等奖;陈宇飞获同济大学青年教师讲课竞赛二等奖,陈欢磊获优胜奖。

学院举行优秀教师奖励金评选,1人获特等奖,3人获一等奖,13人获二等奖。

“电气实验—04电感、电容串联谐振电路研究”入选同济大学“第十三期精品实验项目”立项建设名单;“基于物联网的智能温室环境控制虚拟仿真实验”“虚实结合的桌面六轴机器人实验教学平台”“面向本科生的‘脑科学探索’在线开放实验建设”“基于随身口袋实验室的信号与系统实验教学体系改革探索”“基于NI ELVIS III的自动控制原理实验平台”入选“同济大学第十五期实验教学改革专项基金项目”立项名单。

7名研究生获得“国家建设高水平大学公派研究生项目”资助,前往美国宾州州立大学、澳大利亚阿德莱德大学等学校学习。

4月,本科生杨龙雨在教授王瀚漓的指导下,以第一作者身份在多媒体计算领域顶级期刊 *IEEE Transactions on Multimedia* 上发表了题为 *CaptionNet: A Tailor-made Recurrent Neural Network for Generating Image Descriptions* 的论文。5月,在助理教授齐鹏指导下,本科生李欣然、王乃佳分别以第一作者身份向国际会议IEEE/ASME AIM 2020投稿的论文 *CriminisiAlgorithm Applied to a GelSight Fingertip Sensor for Multi-modality Perception* 及 *A Soft Pneumatic Crawling Robot with Unbalanced Inflation* 被接收。

7月15—17日,学院举办第九届全国优秀大学生暑期学校活动,来自同济大学、浙江大学、厦门大学、天津大学、武汉大学、吉林大学等高校的306名本科生参加。9月,在研究生推免工作中,68名优秀学员被录取为硕士,17名被录取为博士。

11月5日,河南大学人工智能学院执行院长路杨、副院长胡振涛一行来到学院,围绕人工智能专业的本科和研究生的课程设置、建设及人工智能实验建设情况开展调研,学院副院长周俊鹤主持会议。8日,清华大学自动化系教师一行在实验中心主任任艳频的带领下来院调研实验教学工作,副院长周俊鹤主持会议。

11月7—8日,在第四届中国计算机实践教育学术会议暨第十三届全国高等学校计算机实践教学论坛中,以教师秦国锋为第一作者的实践教学论文《“强芯筑统”思想贯穿计算机专业人才培养实践》获优秀教学论文一等奖,实验教学案例《基于Artix—7 FPGA硬件平台构建计算机系统原型》获优秀实践教学案例二等奖。

12月7日,同济大学—华为技术有限公司“智能基座”产教融合协同育人基地合作协议签约仪式在校举行。华为技术有限公司副总裁、华为云计算技术有限公司董事长郑叶来,同济大学副校长雷星晖、本科生院等单位负责人和教师代表出席。本科生院院长黄一如和华为上海研究所所长董庆阳代表双方签署协议。学院副院长尹学锋主持仪式。

科研工作 全年学院科研项目立项203项,立项金额达2.51亿元;到款金额1.47亿元。新增4篇ESI高被引论文;授权专利133项,包括发明专利129项,实用新型4项。

学院教师集中期申请国家自然科学基金项目获批26项,其中重点项目1项、面上项目14项、青年项目10项、专项项目1项。非集中期获批2项,含1项国家自然科学基金委员会重大项目课题。

学院教师获批科技部科技创新2030——“新一代人工智能”重大专项项目主持2项,科技部重大专项项目主持1项(依托企业申报),主持国家重点研发计划子课题7项、科技创新2030重大项目子课题3项。

蒋昌俊负责的项目“网络大数据计算分析与安全可信关键技术及应

用”获2019年度上海市技术发明一等奖，项目“离散并发系统的建模与分析”获2019年度中国自动化学会自然科学奖一等奖，项目“互联网交易风险智能诊治的关键技术及应用”获第九届吴文俊人工智能技术发明奖一等奖。

蒋昌俊获第二届全国创新争先奖，何斌获2019年度上海市青年科技杰出贡献奖，张皓获中国自动化学会青年科学家奖，李莉牵头获中国自动化学会团队奖。

李文根获批上海市浦江人才计划(A类)，邱雷获批上海市浦江人才计划(D类)，齐鹏获批上海市科技启明星(C类)。

1月8日，中国中车系列化中国标准地铁列车研制及试验项目开放协同创新战略合作签字仪式在北京国家会议中心举行，企业数字化技术教育部工程中心教授张浩团队参会。协议签署后，各个团队在学校的总体协调下开展技术攻关和应用示范研究，促进与中车集团和中车同济研究院的产学研合作。

9月22日，教授刘儿兀团队发明的“自主可控的‘通导一体’定位导航引擎”在第二十二届中国国际工业博览会中获高校展区优秀展品奖。

11月7日，由中国自动化学会主办，同济大学、上海自主智能无人系统科学中心承办的2020中国自动化大会在上海国际会议中心开幕，来自国内自动化领域的近三千名科技工作者参会。教育部原副部长、同济大学原校长吴启迪作了“自动化的回顾、思考及愿景”主题报告，同济大学特聘教授、学院院长陈虹作了“汽车控制的理论、技术与实践”主题报告。

12月22日，教授康琦团队的成果获同济大学2020年度“十大最具转化潜力科技成果”。25日，在2020年同济大学科研工作大会上，学院获同济大学“十三五”科研工作先进集体，教授陈启军、何斌、蒋昌俊、金立军、赵生捷获同济大学“科研工作先进个人”。

师资队伍建设 2020年，学院积极组织申报各类人才计划，引进国家级、省部级高层次人才4人。引进同济特聘(讲座)教授2人、同济大学顾问/兼职教授3人；依托同济大学青年百人B岗计划引进8人。通过全球招聘引进优秀青年教师9人，包括1名预聘副教授、8名预聘助理教授。通过专职科研队伍招聘，聘任3名专职科研人员。在高级专业技术职务评聘中，3人晋升正高级专业技术职务、3人晋升副高级专业技术职务。

9月，教授苗夺谦当选中国人工智能学会会士。

12月13日，教师叶晨在第七届上海教师书法和板书大赛中获书法(青年组)三等奖。

12月18日，在同济大学第六届女教师论坛暨卓越女性颁奖典礼中，退休女教师俞丽华荣获“同济大学卓越女性荣誉奖”。

学生工作 2020年，42名预备党员按期转正；55名发展对象发展为中共预备党员；学院分党校培训90名入党积极分子、71名发展对象。

17名本科生获国家奖学金，44名获国家励志奖学金，2名获上海市奖学金，1名获张梁任奖学金，12名获新奥新能源奖学金，4名获华特奖学金，2名获郭谢碧蓉奖学金，1名获光华奖学金，1名获博世奖学金，2名获华为奖学金，2名获电源英才奖学金，6名获太原奖学金，14名获民族班奖学金，302名获同济大学优秀学生奖学金，52名获同济大学社会活动奖学金。

17名硕士生获研究生国家奖学金，1名获光华奖学金，3名获华特奖学金，6名获华为奖学金，19名获同济大学社会活动奖学金，6名获新奥新能源奖学金，2名获电源英才奖学金，1名获博世奖学金，4名获太原奖学金，1名获兆佳业知识产权奖学金，19名获校级研究生优秀学生奖学金，1名获雄韬氢雄奖学金。

7名博士生获研究生国家奖学金，1名获光华奖学金，1名获华特奖学金，1名获华为奖学金，7名获同济大学社会活动奖学金，6名获同济大学优秀博士生奖学金，1名获太原奖学金，1名获博士研究生新生国家奖学金，1名获雄韬氢雄奖学金。

2—3月，学生党总支开展“求是讲坛之线上学习交流E站”系列活动，以学生党支部为服务载体，基于当前疫情形势下学生成长发展的实际需求，围绕引领朋辈自我教育与成长的目标导向，鼓励学生党员在抗疫时期“亮身份、亮承诺、亮标准”，发挥自身所长为身边同学提供帮助，践行党员的使命与担当。3月17日，学生党总支联合分团委开展以“骥语·青听——时代召唤与青年担当”为主题的忘年问道线上专题活动，学院关工委常务副主任王力生受邀为学生讲授特殊时期青年的责任和担当。

5月10日，由学院承办的第十七届“科大讯飞杯”同济大学程序设计大赛在牛客网上举行。该竞赛旨在普及计算机程序设计，提高大学生计算机程序设计水平和运用计算机分析问题、解决问题的能力，为同济大学参加第45届ACM国际大学生程序设计大赛亚洲区比赛做准备。

6月9日，学院举办以“无迷彩 不青春”线上退伍大学生分享会暨征兵动员会，来自4个学院的8名优秀退伍大学生分享了军旅生涯和参军故事，号召有志青年以实际行动支持和服务改革强军战略。

7月1日，学院2020届毕业典礼在嘉定校区济人楼举行。9月10日，“乘风逐梦·破浪而来”2020级研究生新生开学典礼在济人楼举行。

8月21—23日，在第四届全国大学生集成电路创新创业大赛总决赛中，学院本科生队伍获得全国二等奖1项。

8月24—26日，在第十五届全国大学生智能汽车竞赛创意组总决赛、华东赛区预决赛中，学院队伍获创意组总决赛全国一等奖1项、三等奖1项。另外，学院队伍还获华东赛区二等奖1项、三等奖2项。

8月28日，在第十四届“西门子杯”中国智能制造挑战赛总决赛中，学生阮正、邓立原分获“数控数字化双胞胎—虚拟调试(线上)”和“工业自动化(线上)”一等奖。

8月29—30日,在2020全国大学生物联网设计竞赛全国总决赛(华为杯)中,教师余有灵、周伟指导,学生王涵、蒲俊丞、郭思岑团队的“家居全能安防助手——小济同学”,教师宋春林指导,学生何煌兵、龚睿诚、孙一洋、石卓凡团队的“基于云互联的火灾现场人员疏导方案”获全国一等奖,教师陈耀指导,学生刘啸天、黄成隆、蒋桐、党荣浩团队的“基于云端交互的语音智能衣柜”获全国二等奖。王涵团队同时入围总决赛6强,获得Zigbee特别创新奖。

9月9日,学院2020级研究生新生入学教育讲座在济人楼101报告厅举行,讲座分为入党启蒙教育与安全教育。15日,2020级研究生新生校史校情讲座在智信馆举行,校史专题资深讲师、医学院学工办主任林秋琴受邀主讲,350余名新生参会。

10月17日,由学院主办的同济大学启迪奖学金捐赠仪式暨颁奖典礼举行。教育部原副部长、同济老校长、济勤学堂院长吴启迪出席并为获奖学生颁发证书。

10月18日,在上海市大学生电子设计竞赛(TI杯)中,同济大学参赛队获得一等奖2队,二等奖3队,三等奖5队,另有5队获得成功参赛奖。

11月12—15日,在2020年RoboCup机器人世界杯中国公开赛中,教授陈启军、刘成菊指导的同济大学TJArk队在足球机器人标准平台组以绝对优势再次夺魁,完成了八连冠的创举;在家庭服务机器人标准平台组中以压倒性的高分卫冕夺冠。

11月19—22日,在中国机器人大赛(China Robot Competition)中,由教师张志明、朱劲和余有灵指导,全国大学生智能汽车竞赛实验室成员组成的四支队伍,分别参加“武术擂台赛—视觉挑战A组”“武术擂台赛—体感仿人格斗”“助老服务机器人—助老环境与安全服务”“助老服务机器人—助老生活服务”等项目,共获3项一等奖(含1项亚军)和1项优胜奖;教师刘润田、徐志宇指导的1支队伍,参加“医疗机器人—骨科手术机器人”项目,获1项亚军。

12月3—6日,在2020世界机器人大赛中,学院教师张志明、余有灵和朱劲指导,学生郑秋实、林智生、范思文、刘雍熙组成的同济梦之1队,由黄毓潇、张成翼、石雨辰、何敬组成的同济梦之2队参加机器人应用大赛AI探索赛项(高校组),获总决赛一等奖(季军)1项、二等奖(第四名)1项,另外获得物品寻找赛季军1项、赛事设计奖1项。

12月13日,在第45届国际大学生程序设计竞赛(International Collegiate Programming Contest)亚洲区上海站中,教师叶晨、朱宏明共同指导,学生赵屹雄、姜梓恒、王宇其组成的“机械化就输不了”队获金牌,彭瀚、孙弘毅、夏文勇组队获铜牌,王又禾、何雨浓、杨泽华组队获铜牌,李博宇、张馨月、田宇组队获荣誉奖。

12月,在第三届中国高校智能机器人创意大赛中,教师张志明、朱劲、余有灵指导,本科生杨卓沅、冯翊、石雨辰和贾浩东组成的“代码全队”获“体感仿人格斗”主题一等奖,郭思彤、陈星熠、朱子辰和刘政钦组成的“搏击俱乐部队”获该主题二等奖;杨帅、罗翊杰、袁新航和苏畅组成的“TACO队”获“仿人视觉对抗”主题二等奖;黄钰、张建威和黄紫琦组队获“创意类机器人”主题三等奖;刘昊、韩立君、赵文瑞和张米组成的“智信夺宝队”获“迷宫夺宝”专项赛三等奖。同月,在全国大学生嵌入式芯片与系统设计竞赛暨全国大学生智能互联创新大赛中,教师张志明、余有灵指导,本科生组成的参赛队获得全国三等奖1项,东部赛区一等奖1项、二等奖2项、三等奖5项。

国际交流 学院与意大利博洛尼亚大学签署关于电子信息专业的硕士双学位项目的补充协议,与美国伊利诺伊大学芝加哥分校签署关于本科生3+1项目的交流协议。

学院获批10项科技部高端外专项目,来自美国、法国、德国、英国、加拿大、新加坡、瑞典的10名专家线上开展工作。学院接收双学位学生1名、短期交流生5名,招收学历学位国际学生新生26名。

依托中德中心,学院持续加强同德国的交流及合作。在师资建设方面,学院与德国斯蒂尔(STIHL)集团合作,培育骨干教师;邀请杜伊斯堡—埃森大学(University of Duisburg—Essen)教授汉斯(Hans)开展远程授课,邀请杜伊斯堡—埃森大学教授斯蒂文·丁(Steven Ding)作报告。在科学研究方面,承担中德政府间重大国际合作专项及国际合作项目,与电气与电子工程师协会(IEEE)组织国际智能网联汽车合作联盟(IAMTS)、与德国南德意志集团(TUV)开展智能驾驶方面的合作。在人才培养方面,同德国慕尼黑工业大学开展硕士双学位项目,并合作指导硕士学位论文。在实践服务方面,与德国斯蒂尔(STIHL)集团合作,举办斯蒂尔开放日(STIHL Day);与菲尼克斯合作,开展plcnext实验室建设。

11月23日,曾任同济大学校长、教育部副部长,现任联合国教科文组织国际工程教育中心主任、中国工程教育专业认证协会理事长吴启迪应邀在首期“智·信”讲堂作报告,报告主题是“关于自动化的回顾、思考及愿景”,讲堂由学院院长陈虹主持。

(孙小非)

建筑与城市规划学院

学院在编教职工共261名，专任教师223名中包括教授及研究员78名（含中科院院士郑时龄、常青，工程院院士吴志强）、副教授、副研究员98名及高级工程师和副研究馆员5名。另有专职科研人员14名、博士后51名。

在校二年级及以上本科生1119人（一年级新生统一划入新生院），包括：建筑学专业（含室内设计方向、城市设计方向）517人（含留学生53人），建筑学专业（国际班）46人，历史建筑保护工程专业78人，城乡规划专业278人（含留学生3人），风景园林专业158人（含留学生4人），建筑类复合型创新人才实验班42人。

在校研究生1956人，包括全日制博士生418人，非全日制博士24人，全日制硕士生1051人，在职硕士生270人，短期国际交流生21人。其中在读全日制港澳台学生21人，全日制留学生28人，长期国际交流学生（双学位）69人。

2020年，学院分党校培训入党积极分子和发展对象共211人，其中入党积极分子97人，含教职工5人，本科生39人，研究生53人；发展对象114人，含教职工11人，本科生75人，研究生28人。本年度共发展党员70人，其中本科生党员53人，研究生党员17人；转正51人；并有袁烽、程遥2位提交入党申请书。

学院形成校、院、系、支部、学科团队多层次的学习方式，中层干部认真遵守廉洁自律的有关规定，履行党风廉政建设责任制。2020年，学院党委精准有序，坚决做好疫情常态化防控工作；有序开展党史学习教育；持续推进中央巡视整改工作，积极组织、协调、配合中央巡视相关工作。

学院党委通过新时代高校党建示范创建和质量创优的100个“全国党建工作标杆院系”终期验收和考核；教工八支部荣获上海市党支部建设示范点，并通过“全国党建工作样板支部”中期考核，支部书记王敏参加全国高校党支部书记“双带头人”高级研修班；“坚持党建引领创新高校院系基层治理研究”获评2020年度上海市教育卫生党委系统党建研究课题优秀成果一等奖。学院官网新增“党建专栏”，加强宣传展示，在党建工作领域获得多个奖励：建筑与城市规划学院微信公众号入选高校思政类公众号重点建设试点名单（首批）（全国200个）；同济大学2019—2020学年资助育人工作先进集体；同济大学优秀学生思想政治教育工作者：方勤。

学院发挥优秀共产党员的先锋模范作用，注重弘扬师德师风先进典型，形成教师人人尽展其才、先进模范不断涌现的良好局面。2020年度，刘悦来家庭荣获全国五好家庭；吴志强、王兰、王新哲获华夏建设科学技术奖二等奖；杨贵庆获同济大学追求卓越奖；姚栋获同济大学2018－2019年度文明创建好人好事；刘悦来、陈晨、李彦伯、陈静获2020年同济大学社会实践优秀指导教师；伍江、周俭荣获同济大学科研工作先进个人；邵甬获2019—2020年度同济大学三八红旗手；党委书记刘颂荣获同济大学第十届教代会优秀教职工代表。

学院获多项集体荣誉：同济大学“十三五”科研工作先进集体、2019—2020年度安全生产先进集体、2020年同济大学部门工会考核优秀等，学院学生工作办公室获评“上海市巾帼文明岗”荣誉称号。

1月6日，学院举行博士后和行政团队年度述职考核。

1月8日，学院举行全院教师年度述职考核。

1月13日，“全国党建工作标杆院系”建设推进会（第1次）。

2月13日，学院务虚会。

2月24日，组织学院中层干部参加深入学习贯彻党的十九届四中全会精神培训班。

2月28日，组织疫情防控专项捐款。

3月17日，学院举行“不忘初心牢记使命”主题教育总结大会。

4月21日，举行全体教职工党员大会暨党委中心组（扩大）学习会，深入学习党的十九届四中全会精神。

4月24日，组织参加同济大学2020年全面从严治党大会。

4月29日，“全国党建工作标杆院系”建设推进会（第2次）。

5月19日，学院召开第四届教代会第一次会议（线上会议）；伍江教授团队荣获“上海市科学技术奖励大会科技进步奖”一等奖。

5月30日，吴志强院士荣获全国创新争先奖。

6月9日，组织学院科级干部管理能力提升培训。

6月16日，学院召开全院党员大会，不忘初心、牢记使命，深入学习“四史”。

6月19日，组织全院教职工党员大会：不忘初心－学习党史和新中国史，张劲教授四史教育专题报告。

7月1日，组织参加“七一”表彰大会。

7月，组织中层干部、支部书记、组织员参加同济大学中层干部综合治理培训班。

7月21日，组织全院师生党员大会：学院党委书记抗疫专题党课。

9月至12月，组织开展学院“四史”学习教育。

9月14日，组织2020年秋季入党积极分子、发展对象党校。

10月9日，卢济威教授当选俄罗斯艺术科学院荣誉院士。

10月13日，组织全院教职工党员大会，学习习近平新时代国家安全战略。

10月28日，上海继光职业技术学院建筑系建工系来学院党建调研交流。

11月10日，学院党委书记彭震伟做四史专题党课—新中国史与同济实践。

11月23日，学习习近平系列讲话精神（浦东开发30年、进博会开幕式讲话、顶尖科学家论坛等）。

11月30日，新一届行政班子完成换届。

12月29日，学院召开第六次党员代表大会，完成党委领导班子换届。

12月29日，组织全院师生党员大会，学习贯彻党的十九届五中全会精神专题报告会。

学科建设　首轮“双一流”建设进入收官年度，建设顺利。2020年度继续开展一流交叉创新团队的建设工作，与机械学院、物理学院的交叉合作逐步深入，其中9个一流团队的人员架构已完整并正式运作。高峰计划第二期顺利推进，获批成立的11个高峰团队中，10个高峰团队的人员架构已完整并正式运作。博士后与专职科研队伍人员增加明显。在2020年QS“建筑与建成环境”全球排名中继续保持第18位。

1月3日，举办人工智能赋能城市与社区研讨会。

3月9日，吴承照团队获英国皇家杰出规划奖。

3月18日，获批新增专业“城市设计”于2020年开始面向全国招收全日制本科生。

5月20—25日，举行2020年校庆学术报告会城市规划系专场、景观学系专场。

5月27日，侯丽撰写的“*Building for Oil: Daqing and the Formation of the Chinese Socialist State*”荣获最佳规划史创新著作一等奖。

5月30日，举办2020年上海高校青年学者论坛“建筑学、城乡规划学、风景园林学分论坛”。

8月15日，由郑时龄院士撰写的新版《上海近代建筑风格》图书分享会亮相2020上海书展。

8月27日，举行潘云鹤院士返校指导学院学科发展座谈会。

9月8日，举行“延续二百多年的建筑世家—样式雷建筑图档同济大学特展”开幕式。

9月14日，举行“巧手神韵—刘秀兰雕塑艺术作品回顾展”开幕式。

9月19日，完成教育部建筑学、城乡规划学、风景园林学“双一流”建设周期总结和动态监测指标填报。

9月26日，邵甬当选为国际古迹遗址理事会乡土建筑科学委员会(ICOMOS CIAV)副主席。

10月10日，卢济威教授当选俄罗斯艺术科学院荣誉院士。

10月31日，举行第17届中国城市规划学科发展论坛暨2020年“金经昌中国城市规划优秀论文奖”颁奖。

11月1日，金云峰参加2020全球城市·长三角公园城市发展主题论坛。

11月3—4日，举行“灵栖胜境四十年——习习山庄与葛如亮现代乡土建筑遗产学术研讨会”。

11月10日，学院篮球队获得同济大学教职工篮球赛亚军。

11月14日，举办CAUP“转变与挑战”第五届校友论坛。

11月21—23日，学院师生参加中国风景园林学会2020年会，获科学技术奖科技进步奖二等奖1项、规划设计奖一等奖1项、三等奖2项。

11月25日，参加学校第五轮学科评估工作交流会。

11月27日，学院羽毛球队获得同济大学教职工羽毛球赛冠军。

12月5日，召开“意匠：建筑教育思想论坛”学术讨论会。

12月22日，参加学校第五轮学科评估填报专家评审会。

12月22日，举行“人民的城市 规划师的追求——规划教育奠基人金经昌先生诞辰110周年纪念图片展”开幕式。

12月29日，参加学校专业学位评估校内专家评审会。

12月29日，城乡规划学博士后流动站获同济大学优秀博士后科研流动站。

教学工作　修订本科生研究生2021级培养方案、课程大纲、课程简介，完善专业教学管理系统建设，全面推广运行线上评图。

2020年共录取建筑规划景观设计大类类内学生2348名，其中建筑学116人，城乡规划58人，风景园林40人，历史建筑保护工程20人。转专业学生共录取55人：转入建筑学（含室内设计方向、城市设计方向）31人，历史建筑保护工程4人，城乡规划12人，风景园林8人。

当年招收全日制硕士研究生306人，其中建筑学185人，城乡规划学（含城市规划，下同）86人，风景园林学35人。当年毕业291人（建筑学181人，城乡规划学82人，风景园林学28人）。当年授予硕士学位341人。当年招收双学位国际学生28人，短期交流国际学生6人，当年授予硕士学位30人。

2020年共招收博士研究生79人，其中建筑学32人，城乡规划学18人，风景园林学6人，资源与环境23人。当年毕业63人，授予博士学位65人。

组织编写2019—2020学年研究生教学评估自评报告及本科教学质量保证工作年度报告，开展学风督查，研究生开题报告质量检查监督工作，制定多项招生管理规定及教学质量管理暂行办法。

1月，《能量与热力学建筑前沿》（李麟学）、《城市基础设施规划与建设（第二版）》（戴慎志）、*Case Study and Criticism of Urban Design*（杨春侠）、《工业化住宅设计原理》（周静敏）、《城市规划政治学》（杨帆）获2020年研究生教材出版立项。

1月，孙彤宇主持的《面向国家战略（科技创新、乡村振兴、生态文明），提升创新和实践能力的研究生培养模式创新》获批2020年上海一流研究生教育引领计划。

4月，彭震伟主持的“思政元素与建筑类专业教学内容融合课程（群）‘金课’建设与研究”获中国高等教育学会教学研究分会“中国高校‘金课’建设推进平台计划”课题立项。

4月，耿慧志的“响应国家战略、培养家国情怀的城乡规划专业思政建设”、李瑞冬的“风景园林专业思政课程链”、于一凡的“城乡规划原理A”、胡炜的“中国传统绘画中的思政教育建设”、阴佳的“艺术类通识课程思政建设——传承与创造：砖木雕的‘技’与‘艺’”获2020年同济大学课程思政教育教学改革项目立项。

5月，王一的“建筑学学科前沿动态”和韩锋的“遗产保护与发展”获得2020年研究生课程思政建设立项。

5月，李翔宁的“阅读当代中国建筑”获同济大学2020年度长青通识课程立项建设；郇春生的“艺术摄影”获同济大学2020年度精品通识课程立项建设。

5月，学院获2019年同济大学教学成果奖26项，其中特等奖3项，一等奖6项。

6月，叶宇获2020年同济大学青年教师讲课竞赛一等奖。

7月，王珂、徐甘、张建龙申报的“关联 协同的在线教学模式——同济大学‘建筑概论’课的探索与实践”获教指委分委在线教学优秀成果。

9月，徐甘、王志军获2020年同济大学育才奖二等奖。

9月，华霞红、林怡、扈龑喆、臧伟入选2020年同济大学“第七期名课优师”名单。

9月，谢振宇的“专题建筑设计”课程和汤宇卿的“虚拟住区性能模拟交通实验——城市道路与交通(上)”课程获“2020年度上海高校市级重点课程”立项建设。

9月，常青团队主持的《乡村振兴为导向的我国风土建筑遗产实录、保护与再生教学体系构建》项目、吴志强团队主持的“智能规划人才的师生全交互培养模式创新”、郑时龄团队主持的“全球与本土结合，历史理论与设计协同的建筑学本研一体特色课程系列建设”获得“2020年上海高校本科重点教改项目”立项建设。

10月，常青团队的“基于虚拟现实技术的传统木构认知与建造”获得首批国家虚拟仿真实验教学一流课程，郑时龄、章明团队的“建筑评论”、张尚武团队的“乡村规划设计”、吴志强团队的“可持续智能城镇化”获得首批国家线下一流课程。

10月，耿慧志的“城乡规划管理与法规”、张德顺的“园林植物景观学原理与方法”、张尚武的“可持续智能城镇化”、金云峰的“中外风景园林史”入选同济大学第一批优质在线开放课程建设项目名单。

11月，郑时龄的“城市转型发展背景下全球与本土相结合的建筑与城市空间理论课程体系建设”、李振宇的“面向国际、强化研究能力和学科前沿的博士人才培养模式”获得2021年同济大学教育改革与研究培育项目。

12月，在2020年同济大学优秀教材奖评审中，《城市总体规划》(彭震伟)、《建筑概论(第三版)》(沈福煦、王珂)教材获一等奖、《城市园林绿地规划设计原理》(李铮生、金云峰)、《城乡管理规划与法规》(耿慧志)、《建筑学专业英语》(王一)、《城市基础设施规划与建设》(戴慎志)、《节能建筑设计与技术》(宋德萱)教材获二等奖、《建筑钢笔画技法》(孙彤宇)、《风景园林工程设计》(李瑞冬)、《景观生态规划设计案例评析》(王云才)教材获三等奖。

12月，林怡负责的《城市色彩》课程被评为同济大学第三期“立德树人”示范课程。

科研工作 2020年申报自然科学基金139项，获批27项，其中面上项目17项，青年科学基金项目9项，国际(地区)合作与交流项目1项；新增国家社科基金重点项目1项；新增教育部人文社会科学研究项目1项；获得科技部“十三五”重点研发计划新增课题1项；获得上海市科技进步奖一等奖1项、二等奖1项。

1月3日，周俭荣获“全国工程勘察设计大师”称号。

4月1日，“Journal of Urban Management”期刊(城市管理国际期刊)被Elsevier(爱思唯尔)列为重点推荐期刊。

5月19日，伍江等主持的《超大城市高密度既有城区有机更新关键技术及其应用》获“上海市科学技术奖励大会科技进步奖”一等奖。

5月22日，举行博士后和专职科研人员校庆论坛。

5月27日，建成环境技术中心“智慧城市 人居健康”交叉论坛(第二期)成功举办。

5月30日，吴志强荣获全国创新争先奖状。

6月11日，DigitalFUTURES数字未来工作营”被评选为“2020ACADIA Innovative Academic Program Award of Excellence (2020ACADIA创新学术大奖)”。

6月24日，英文学术期刊《建成遗产(英文)》(*Built Heritage*)被DOAJ收录。

6月27日至7月3日，DigitalFUTURES2020开幕，同时举办第二届CDRF会议开幕式。

9月11日，生态化城市设计国际合作联合实验室2020学术委员会召开。

9月30日，涂慧君团队作品—山西芮城文化体育公园项目荣获2020年度上海市优秀工程勘察设计一等奖。

10月25日，“为了儿童健康环境设计”论坛圆满举办。

11月24日，英文学术期刊《建成遗产(英文)》(*Built Heritage*)被Scopus收录。

11月30日，同济大学-上海市测绘院共建“数字孪生城市研究中心”签约仪式顺利举行。

12月14日，城市设计系列教材首本《城市设计实践教程》出版。

12月30日，章明团队设计的“绿之丘——杨浦滨江原烟草公司机修仓库改造项目”获亚洲建筑师协会建筑奖荣誉提名奖(Honorable Mention，E综合类建筑)。

师资队伍建设 组织申报各类人才计划；李翔宁获“长江学者特聘教授”称号；刁弥获“上海千人”称号；校内高层次人才转聘长聘教授岗位3名，现有体系教授转聘长聘教授岗位3名，推荐续聘3名兼职教授。

2020年学院共引进副教授2名，助理教授7名，辅导员2名，派遣人员正式转编1名。2020年共有5名教职工在校内外借调与挂职锻炼，其中校内借调锻炼1名（同时在上海市挂职），上海市挂职4名，援疆副教授1名。

学生工作 开展“学四史、迎百年：党建助推乡村振兴”系列活动，积极开展“对标争先”建设项目，上半年共有7个项目获得立项，其中重点项目2项，优秀项目2项；下半年共有13个项目获得立项，其中品牌项目3项，重点项目3项，优秀项目4项。“不忘初心，牢记使命”——追寻红色记忆，传承革命精神获同济大学学生党支部“对标争先”建设十佳项目；研究生第七党支部书记张艺帅获2020年度同济大学先锋党员称号；唐育虹获学生党支部“对标争先”建设优秀指导教师称号。

2020年度暑期社会实践学院共申报项目19项，参与人数100余人，其中：“设计助农，乡村共振”项目获2020年度“知行杯”上海市大学生社会实践大赛一等奖1项，“社区花园三等奖1项；获同济大学大学生暑期社会实践优秀团队6项。学院获得2020大学生暑期社会实践活动最佳组织奖。组建由校友、青年教师和博士生组成的青年讲师团，通过青年讲堂向社会各界传播乡村振兴的同济经验。

2020年共立项大学生创新创业训练项目41项，其中国家级创新训练项目7项、上海市级创新训练项目7项、校级创新训练项目27项。学院学生团队成果《掌上智村—乡村产业振兴一体化智慧服务系统》获得“互联网+”大学生创新创业大赛银奖。积极组织参与2020年度同济大学心理健康教育主题宣传月活动，获得校优秀组织奖，结合疫情开展的“叙抗疫故事述生活真情”获得同济大学心理文化月优秀项目奖。

举办20多场宣讲会，加强对选调生、中西部企业、国际组织的宣介。加强学生职业发展规划和交流，共同推进校企合作。

1月，开展“凝聚青春正能量，众志成城抗疫情”特别主题团日活动。

3月9日，召开“共战疫情，CAUP海外学子线上交流”会议。

4月7日，召开第三十一届研究生会第二次全体（扩大）会议。

4月12日，举行职业生涯大讲堂、考研保研座谈会活动。

5月，开展“我的战‘疫’心情”CAUP心理健康教育主题宣传月活动。

6月，开展“云毕业济”系列2020届CAUP毕业生活动。

7月，举行CAUP2020届毕业典礼。

9月8日，举行CAUP2020级研究生开学典礼及“立德树人”主题教育活动。

9月，开展CAUP2020级研究生“新生教育周”活动。

9月15日，举行CAUP2019级本科生欢迎会。

9月25日，召开第三十二届研究生会第一次大会。

10月27日，召开第十七次代表大会以及第三十四次学生代表大会。

10月，开展2020CAUP“明成杯”师生足球赛及校园养生跑活动。

11月18日，举办“校企学就业共同体”2021届CAUP设计类专场招聘会。

11月21日，举行靠谱陶艺教学与体验活动。

12月初，CAUP服务学习团队参加“适老化改造科普服务交流会”，并举办研究生第十三支部和教工第一支部的主题党日活动。

12月7日，举办2020CAUP“明成杯”师生乒乓球赛。

12月15日，举办CAUP第二届“靠谱青年”颁奖典礼暨2020“靠谱好声音”歌手比赛。

12月11日，举行2020CAUP线上线下双学位项目经验交流分享会。

12月21日，举办2020CAUP“明成杯”师生拔河赛。

12月28日，举行“主题知识竞赛”等学习“四史”系列党日活动。

对外交流 2020年，学院主办、承办各类线上国际研讨会、学术会议、联合设计、夏令营、竞赛活动等10次。举办国际学术报告11场。续签双学位项目协议2个，新签其他MOU、学生交流协议4个。

2020年在册含春秋两季双学位交流学生共66人，非学位交流学生共23人，分别来自15个国家和地区；学生派出方面，2020年夏季双学位联合培养学习顺利回国的学生共50人。2020秋季学期继续派出49名学生参加双学位项目。

教师方面，学院教师担任国际学术组织、机构委员、评委及知名大学客座教授达106人次，担任主席、理事职务的达37人次，担任外籍院士的达7人次。

1月2日，“亚洲对话：城乡规划与发展研究”学术沙龙在线上举行。

1月7日，泰国清迈大学建筑学院院长查连浓·斯里苏望（Charnnarong Srisuwan）教授一行来访。

2月24日，组织留学生线上迎新活动。

4月1日，王兰、黄建中、李新虎联名发起“健康城市研究国际网络”的倡议。

4月3日，春季学期境内留学生专场会议在线上举行，针对学生关心的疫情防控相关要求在线进行了答疑。

5—12月，2020年度亚建协建筑奖评审工作由同济大学评奖工作组组织完成。

6月27日，同济大学国际建造节回顾研讨会在线上举行。

9月11日，组织2020年秋季校际交流国际学生新生线上迎新活动。

9月26日，邵甬参加2020年国际

古迹遗址理事会乡土建筑科学委员会线上年会。

10月22—23日、29—30日，第十八届交通历史与发展国际会议（T2M）线上举办。

10月23—24日，“历史性城镇景观方法：城市遗产保护与城市发展的融合——亚洲规划经验”的在线研讨会举行。

10月26日，“一意孤行—2019同济大学海外艺术实践（意大利）汇报画展”在学院C楼展厅拉开序幕。

11月2—30日，在同济大学博物馆举办了欧洲遗产保护奖——我们的欧洲奖西班牙案例展，同时举办了线上遗产保护主题系列讲座。

11月3—20日，邵甬出席2020年亚太地区遗产实践者联盟年会（HeritAP）。

11月17日，2021学年双学位项目宣讲会在学院钟庭报告厅顺利举行。共18个双学位项目参加了本次现场宣讲。

11月20—21日，“帕拉第奥的理论与实践：时代与影响”2020建筑历史与理论研讨工作坊在线举行。

12月1日，学院组织召开2020秋季学期双学位学生在线答疑会议。

12月5日，线上主办第三届亚洲建筑师协会国际城市论坛，伍江担任会议主席。

12月5日，学院留学生专场线上招生说明会成功举行。

12月9日，彭震伟、赵民参加第五届中澳全球城市区域研究会议（The Symposium on Global City－Region Studies Organized by The Australia－China Research Network）。

12月14日，“后疫情时代的健康城市”学术研讨会在线上举行。

12月19日，2021学年双学位项目面试选拔会举行，共44位2020级研一学生参加。

（李薇）

土木工程学院

同济大学土木工程学院内设建筑工程系、地下建筑与工程系、桥梁工程系、结构防灾减灾工程系和水利工程系5个系，以及土木工程防灾国家重点实验室、国家土建结构预制装配化工程技术研究中心和同济大学房屋质量检测站。

3月17日，学院举行“不忘初心牢记使命”主题教育总结大会，学校第五巡回指导组组长杨正宏、学院党政班子成员、两委委员、中层干部、教工及学生党支部书记参加会议，学院党委书记端木怡雯代表学院作“不忘初心、牢记使命”主题教育总结报告。

5月12日，“同济大学追求卓越奖励基金”获奖名单公示，学院校友杨剑华获“追求卓越校友奖”，马腾获“追求卓越学生奖”提名奖。

5月30—31日，由上海市教育人才交流服务中心、上海市高校人才工作联盟和同济大学共同主办，学院承办的上海高校国际青年学者论坛土木工程专场暨同济大学第五届国际青年学者论坛于同济大学顺利召开。

6月15日，由学院叶为民教授牵头的国家重点研发计划“重大自然灾害监测预警与防范”重点专项项目“膨胀土滑坡与工程边坡新型防治技术与工程示范研究”项目启动会暨实施方案论证会以视频会议形式召开，共有40余人参加本次会议。

6月28日，学院第四届教职工代表大会第五次会议以视频会议形式举行。学院教代会正式代表、特邀代表、列席代表80余人参加会议。

7月8日，同济大学2020年度“师德师风优秀教师”评选结果公示，学院赵程、石振明荣获“师德师风优秀教师”，严长征荣获“师德师风优秀教师”（疫情防控专项）提名奖。

9月15—17日，创新与新兴产业发展国际会议在沪举办。本次会议包含大会和8个专题会，其中现代交通工程技术与产业专题会由中国工程院土木、水利与建筑工程学部联合机械与运载工程学部、工程管理学部和同济大学共同承办，学院院长赵宪忠教授任大会秘书长。

9月，2019年度土木工程学院“院长奖”揭晓。吕西林、张冬梅、鲁正、愈海涛、庄晓莹、张其林、钱建固、李国强、朱合华、丁文其、闫治国获得学科建设贡献奖；李奇、赵斌、丁晓玲、王娅、周桂平、李照海、姚丽芳、楼国彪获得管理服务奖；高程展获得未来之星奖。

9月，2020年度学院“师德师风优秀教师”评选揭晓，叶观宝、孙飞飞、陈艾荣、李杰、李培振、李遇春、赵程、钱江、淡丹辉、黄宏伟获评。

9月9日，上海市“四有”好教师（教书育人楷模）推选活动名单揭晓，中国工程院院士、学院教授吕西林获上海市“四有”好教师（教书育人楷模）荣誉称号。

9月25日，由学院朱合华教授主持的国家重点研发计划“物联网与智慧城市关键技术及示范”重点专项项目“城市地下基础设施运行综合监控关键技术与示范”2019—2020年度汇报会议在上海顺利召开。

10月27日，福建省委常委、组织部长杨贤金率团来学院结构防灾减灾工程系慰问吕西林院士，并访问试验室。同济大学党委书记方守恩、校长陈杰，学院党委书记端木怡雯、院长赵宪忠，系主任周颖、副主任赵斌等陪同。

11月22—24日，由同济大学主办和中国土木工程学会混凝土及预应力混凝土分会（国际结构混凝土协会中国组）合办的国际结构混凝土协会（fib）2020年（线上）国际学术大会成功举行。国际结构混凝土协会（fib）主席Tor Ole Olsen先生为本年度国际结构混凝土协会（fib）“终身荣誉会员”奖获得者学院吕西林院士线上颁奖。吕西林院士是首位获得国际结构混凝土协会（fib）年度重要奖项的中国学者。

12月6日，由土木信息技术教育部工程研究中心（同济大学）组织的“岩体隧道远程诊断分析示范——开挖面信息自动识别与数字化动态支护设计方法”专家咨询会在同济大学岩土与地下工程数字化实验室顺利召开。

12月19日，同济大学与广联达科技股份有限公司签署合作协议，共建“同济大学－广联达智能建造联合研究中心”，并同步设立教育发展基金。副校长顾祥林、广联达董事长刁志中，以及土木工程学院、工程与产业研究院、教育发展基金会负责人等出席仪式。

学科建设 学院统筹学科资源、做好“十四五”规划，制定人才培养、科学研究、社会服务、国际交流、文化传承、师资队伍等六大建设任务，以及学院治理体系改革、评价激励体系改革、软实力提升计划等三大改革任务，保持学科活力。人才培养方面，智能建造专业在国内形成引领性地位；科学研究方面，韧性城市、性能演化、地下空间、智能建造四大新兴研究方向取得原创成果，在军民融合先进技术方面取得突破性进展，纳入中央军委科技委、装备发展部、军事科学院等项目序列。土木工程学科的软科排名连续四年保持世界第一，美国US News排名世界第一，在国内外的学科影响力和话语权进一步提升。

教学工作 学院教学管理系统日趋完善、高效，教学管理团队认真负责，2018－2019学年本科、研究生基本教学状态考核分列第一、第二。学院教师积极投入教学改革与人才培养，获批新工科研究与实践项目1项、教育部产学合作协同育人项目6项、上海市重点教改项目2项、上海市重点课程5门、上海市高校课程思政教学改革示范专业1个；土木工程和地质工程专业入选国家一流本科专业建设点，入选国家级一流本科课程9门。获2020同济大学优秀教材一等奖4部、二等奖1项、三等奖5项；推荐申报首届全国教材建设先进集体和优秀教材5部。获第七届全国水利类专业青年教师讲课竞赛一等奖1名、学校首届教学创新大赛一等奖1名、学校第六期名课优师6位、第三期“立德树人”示范课程2门。

科研工作 学院完成了嘉定校区防火实验室规划、建设方案，协助设计院完成了土建设计，并已开工建设。2020年获批2项国家重点研发计划重点专项项目，5项国家重点研发计划课题，重点基金2项，国际合作项目3项。

师资队伍建设 学院获批国家级人才计划的数量为历年之最，包括1名教师获批国家自然科学基金杰出青年项目、1名教师获批国家自然科学基金优秀青年项目、3名教师入选国家级人才计划、1名教师入选“长江学者奖励计划”青年长江、1名教师获批中央军委科技委“卓青”计划项目，实现零的突破。全职引进的Mang教授获中华人民共和国国际科学技术合作奖。目前，学院的国家级人才累计达63人次，奠定了学科发展的人才基础。

学生工作 学院以问题需求为导向，精准滴灌提升日常管理。在“抗疫战争”中，学院精确、精心、精准、精巧的服务学生，既确保抗疫与日常工作平稳有序的进行，又确保学生们线上线下的学习生活依然精彩。认定家庭经济困难学生355人，发放各类奖助金达近600万元，受奖助达2590人次。6个班级获评优良学风班（标兵）。加强心理健康普及性教育，梳理重点学生并建档立册13人。主动拜访企业16次，毕业生整体就业率为99％。微信公众平台累计发布推送246篇，累计阅读量近20万次。

学院以关键节点为契机，溶盐于水带动思政教育。变新生教育为新人教育，将2019级刚刚转入学院的本科生纳入教育体系；线上开展毕业季系列活动，加强对毕业生教育引导。开展爱国荣军和感恩慈善教育，年度出兵5人，献血273份。

学院以严选优培为原则，分层分级加强队伍建设。新聘辅导员2人，1名辅导员奋斗在云南云龙永安村第一书记的岗位上，并在挂职期间获“大理州优秀驻村工作队员”称号。新申请校级思政课题、教改项目2项，在研2项，结题3项；以第一作者发表论文3篇。

学院学生分别获评“全国优秀共青团员”“上海市优秀共青团员”“上海市优秀志愿者”称号；上海市2021届毕业生的001号协议再次落户学院；3个导学团队获评校“卓越导学团队”及标兵；辅导员以第一作者发表论文3篇，分别获评校网络育人、征兵先进个人，获评市2020年高校学生就业创业工作优秀工作者。学院先后获评网络育人、就业创业、征兵、资助工作中先进集体，获评心理健康主题教育月优秀组织奖；学院学生工作、团工作获评年度优秀；学院团委获评“上海市五四红旗团委”。

学院以三全育人为核心，革新育人体系。全面将“三全育人”项目《导师育人能力提升工程》落实落地，初步形成“五抓、五促”的工作举措，推动“五大计划”完成。拓展导师工作阵地，新聘班主任29名。专业教师占比86％；依托西南八楼和彰武校区8号楼开展“驻楼导师工作站”活动17次，推进专业教师进社会实践项目，重点推进导师指导“无止桥”团队为云龙县永安村设计人行便桥项目。持续开展“我最喜爱的老师”的评选，增设“导师金句”评选活动。3个导学团队获评校“卓越导学团队”（标兵）。

对外交流 2020年录取国际本科生10人，博士生26人，硕士40人，实际报到66人，8人保留入学资格，新入学的国际学位生人数比2019年增加25％。组织硕士双学位班学生的招生和录取工作，并与国外合作院校之间进行沟通与协调。继续推进与国外知名大学的交流合作，新签署了与西班牙马德里理工大学（UPM）的硕士双学位项目协议和与法国高等公共工程学校的学生交流协议，另外续签了与意大利特兰托大学的硕士双学位协议和与日本佐贺大学的合作交流协议。主办了上海高校国际青年学者论坛土木工程专场暨同济大学第五届国际青年学者论坛土木工程分论坛、国际结构混凝土协会（fib）2020年国际学术大会、第三届桥梁结构防震减灾与工程创新国际会议3个国际学术会议。对土木工程防灾减灾创新引智基地进行日常的管理，对基地自2014年成立以来的成果进行了整理和总结，完成了验收准备工作，基地的外国专家Luc Taerwe教授获上海市国际科技合作奖。组织申报科技部高端外国专家引进计划项目，获批11个项目。组织了土木工程高峰学科国际博士后项目的招聘工作，录取了6名国际博士后。与学校中西学院、中法学院、中意学院、中德学院等平台学院的工作对接和落实。组织开展了学院中英文官方网站的改版建设，完成了学院专业教师中英文个人主页的设计。

专项工作 试点学院工作：根据人尽其才、分类考核原则，结合学校薪酬体系改革，学院利用疫情空档期着力进行师资队伍改革，先后完成了试点教职岗位、非试点教职岗位、行政/教辅岗位的分类发展与分类考核，基本完成了试点学院1.0版改革，并开始启动试点学院2.0版改革的建设任务。

安全稳定：维护校园安全稳定，每月开展学院安全大检查，防微杜渐抓好安全稳定工作。学院全年未发生重大安全事故，连续四年安全工作考核优秀。

（陆伟峰）

测绘与地理信息学院

2020年测绘与地理信息学院全面完成了年度工作计划，在疫情防控落实有力的同时，各项工作有序开展。完成了学科“十四五”规划制定工作、学科“双一流”评估、教育部第五轮学科评估。获批校教改项目3项、自然基金10项（获批率高达46.7%）、获省部级奖励3项，获批建设上海市重点实验室，筹建北斗分析中心同济分中心。人才引进取得新突破。加强文化建设，完成了学院形象片制作，并得到多个平台的推广；策划完成了学院宣传片前期制作。积极对接学校外事部门，谋划“高等学校学科创新引智计划”（“111计划”）等相关工作，获批国家外专局高端专家引智项目1项。

三全育人 学院围绕立德树人根本任务，积极宣传“三全育人”内涵，从第一课堂主渠道入手，与第二课堂、社会实践、党团活动和文化建设有机联动，使思政教育贯穿学生学习生活各个方面。作为同济大学首批“三全育人”综合改革试点学院，聚焦课程思政，从院士领衔的《地球空间信息概论》课程率先试点，实现课程思政的全覆盖。课程教学主动对接国家发展战略，发扬同济大学家国天下的情怀，从文化建设的高度对学生进行教育，从学科发展成就加强“四个自信”，在与国际先进比对中加强使命教育。学院对所有课程大纲进行立德树人内涵和课程思政元素挖掘，形成课程思政的教学方法，通过教学研讨完善教学设计，以教师的思想自觉确保行动自觉。积极发挥学科科研优势，落实科研育人功能。从科研选题、课题研究和成果应用等层面贯穿思想政治和价值引领，构建学术诚信体系和科研创新平台，培养科学精神和创新意识，并与测绘专业实践环节共同支撑团队精神和合作意识。同时开展社会调查和志愿服务，使广大学生在了解社会的同时不断加强社会服务意识，主动承担青年一代建设祖国的历史使命。

党政领导和知名青年学者主动走进社区，通过驻楼导师工作站，既结合专业知识讲情怀，又结合自身经历谈实干。同时开展各类主题师生午餐沙龙，就学生们关心的主题邀请相关老师一起谈心、沟通，缓解学生压力，提供就业指导，让思政工作融入学生生活的各个方面。在“三全育人”理念的引领下，通过课程思政改革等特色举措，统筹设计和规划了教学、科研、实践、管理和服务等各项工作，修订了包含立德树人内涵和课程思政元素的教学大纲，开设了一批“立德树人”示范课程和课程思政教育改革课程，并被中央电视台、上海教育电视台和同济大学新闻报道。

4月29日，学院团委主办的“南极上的中国红”特别主题团日活动暨第七期“同济测绘卓越青年沙龙”于线上平台顺利举办。学院党委书记楼立志、党委副书记张珂瑜、中国第36次南极考察队固定翼队队员乔刚、中国第36次南极考察队内陆队队员郝彤和学院290余名团员参与此次活动。

10月27日，学院西北五楼驻楼导师工作站首期沙龙顺利开讲，同济大学科研管理部副部长、学院教授刘春担任主讲人。

10月29日，学院开展第一期师生午餐沙龙，同济大学科管部副部长、学院教授刘春进行题为“研究生的科研思维养成”的演讲。

11月9日，学院开展西北五楼驻楼导师工作站第二期沙龙，学院副教授乔刚担任主讲人，为同学们带来题为“中国南极科考与测绘遥感”的精彩分享。

11月25日，学院开展第二期师生午餐沙龙，学院教授、博士生导师王群明进行题为“论文那些事儿”的分享，向同学们传授论文选题和论文写作的具体方法和经验。

11月27日，学院开展驻楼导师工作站第三期沙龙，同济大学党委常委、副校长蒋昌俊，学院党委书记楼立志、院长李博峰、党委副书记张珂瑜，同济大学信息化办公室副主任王红罡及支部党员代表共同出席。活动由楼立志主持，由李博峰担任主讲人。蒋校长进行开场致辞，鼓励和希望同学们能够志存高远、心怀祖国，脚踏实地、勇挑重担，为国家建设贡献同济力量。李博峰则以“测绘发展前景”为题，从测绘学科的变革、机遇、前景等多方面，向在场的同学们介绍无处不在的测绘学科。

12月8日，学院开展西北五楼驻楼导师工作站第四期沙龙，学院副教授叶勤为同学们分享“摄影测量与计算机视觉”的来龙去脉。12月23日，学院开展西北五楼驻楼导师工作站第五期沙龙。学院教授林怡为大家带来以“漫谈卓越与平凡”为主题的分享。

12月30日，学院开展第三期师生午餐沙龙。同济大学学生就业指导中心信息咨询部徐翠婷老师针对同学们面试技巧、就业方向、职业选择等问题，带来“大学生职涯规划与就业定位”的主题分享。

学科建设 围绕对地精密遥感观测、卫星大地测量数据处理和空间数据质量控制方向开展学术研究并有所突破。学科在航天测绘遥感与深空探测、卫星导航定位与位置服务、全球变化与重大灾害监测三个优势特色方向形成了国际先进的测绘地理信息领域的科学研究中心。2020年，成功申报国家自然科学基金10项，获批率创新高，达46.7%，高于学校平均水平，获省部级科技奖励4项，筹建省部级实验室；加强组织（参与）申报国家重大项目和军工项目，持续突出同济测绘特色的研究成果在航天测绘、北斗、高分、重力卫星和深空探测等国家重大工程中的落地应用。筹划和布局学科引智基地的建设。完成学科“十四五”规划制定工作，学科“双一流”建设评估工作和教育部第五轮学科评估工作。积极做好海内外人才引进和培养、公开招聘、专业技术职务晋升等工作，举办了第五届国际青年学者论坛，人才引进取得新突破。学院教师绩效信息管理信息系统进一步调整和升级。

教学工作 学院落实国家对新型冠状病毒感染的肺炎疫情防控工作部署，以做好疫情防控工作为前提，合理安排实习实践教学资源，确保教学秩序和保障教学质量，按照学校的“创新方式方法、不变标准质量”总要求，因地制宜，多途径、多形式开展教学，充分利用网络资源，通过线上教学、模拟仿真课件学习、仪器操作视频学习等形式完成了本学期的实践教学内容。克服疫情影响，顺利开展本研教学工作，本科教学工作为同济大学“进步显著”的四个学院之一。在疫情防控基础上，分批次组织暑期测量实习，有效解决测量实习学生多、时间集中、实习仪器和场地紧缺等矛盾，确保全校土木工程、交通工程、测绘工程、环境工程、给水排水工程等专业1328名学生测量实习安全、有序地进行，学院60多名教师和研究生参与线上线下测量实习的指导工作。

梳理学院教学管理和研究生招生文件，形成相对健全的文件和规章制度，包括《教务和教材委员会章程》《研究生论文盲审、查重、答辩制度》《本科生教学质量考核、目标达成度》《毕业生跟踪调查制度》等；教学成果显著，获上海市本科教改重点项目1项、同济大学研究生教改培育项目1项，同济大学教学成果特等奖1项、全国高校GIS优秀教学成果奖1项；规划测绘工程专业系列教材，本科重点教材《误差理论与测量平差》第3版顺利出版；建设1个专业课程链、2门专业课程的课程思政教学改革项目，以及1门立德树人示范课程；测量学基层教学组织开展的“测量学B”线上教学与实践，入选同济大学优秀线上教学案例；申请了2021年工程教育认证；梳理实验室管理流程、整理教学实验室管理文件，建设了市级虚拟仿真实验项目，淘汰了老旧水准仪，改善了实验教学设备和仪器，设计和建设了部分紧跟时代的测量学实验项目。申报学校教改课程建设项目3项。

科研工作 学科承担大量科研项目，包括国家杰出青年科学基金、国家自然科学基金项目、“攀登”计划项目等，参与嫦娥三号、资源三号测绘卫星、北斗、嫦娥四号等重大工程。国家重大研发计划和国家自然科学基金取得新突破。2020年学科在研国家重点研发计划项目3项（李荣兴、童小华、刘春），在研国家自然科学基金重点项目3项（童小华、李荣兴、沈云中）、国家自然科学基金优秀青年基金项目1项（谢欢）。2020年学科新增国家自然科学基金项目10项，资助率再创新高，达46.7%。年度科研项目合同经费达2186.58万元，其中纵向项目合同经费达1941.18万元，占88%以上。年度到账总经费3641.1万元，其中纵向到款3537.1万元，占97%以上。获纵向项目31项，横向项目6项，专利申请18项，授权10项。以主要作者发表论文124篇，其中SCI论文70篇，EI论文35篇，CSCD核心期刊论文12篇。2020年，学科获得省部级奖项6项，其中特等奖1项、一等奖4项、二等奖1项。刘春获上海市科学技术进步一等奖；测绘与地理信息学院科研团队获中国卫星导航定位科技进步一等奖；沈云中获测绘科技进步特等奖；许正文和姚连璧获测绘科技进步一等奖；童小华获测绘科技进步一等奖；柳思聪获湖南省科学技术进步奖。

师资队伍建设 学院结合学科发展短长期规划，做好师资队伍结构顶层设计。根据学科发展需要并结合学校人事制度改革，制定三个二级学科方向的长聘教授、长聘副教授、预聘副教授和预聘助理教授的岗位数量及岗位职责。确定专任教师规模60人目标，年龄结构45岁以上、35—45岁与35岁以下结构比例3∶4∶3，学科三大特色方向分别20人。2020年继续加强高层次人才引进力度，举办了第五届国际青年学者论坛，年度引进教师8人，其中国家“四青”人才3人次（张磊、黄炜、陈秋杰）、上海QR 1人（安璐）、上海市XSC人才项目1人（杨哲）、长聘体系预聘副教授1人（叶真）、助理教授2人（葛海波、梁鸿俞）。加强校内人才培育，入选“万人计划”国家级人才1人（刘春），上海市优秀

(青年)学术带头人2人,曙光计划1人。学科师资中的国家级人才占比超过20%。推荐3人申报青年拔尖人才(刘世杰、李浩军、李珂男)、3人申报上海QR(李珂男、易永红、叶真)、3人申报国家青年CJ(古富强、冯永玖、李珂男)、1人申报助理教授(乔晶)。年度内晋升副教授1人、1名博士后入选上海市"超博"计划。

学生工作 学院学工团队在校党委学、研工部和院党委的坚强领导下,在疫情防控阻击战中迅速反应、师生同心,党团联动、共克时艰,实现疫情常态化管理与思政教育同向同行。学院上下齐心协力圆满完成思政教育、组织建设、第二课堂、奖惩助贷、就业指导等各项工作。

学院结合疫情防控、"四史"学习等要求,申报并完成5个高质量对标争先项目,包括重点项目1项、优秀项目3项。开展第十四届测量杯系列活动,倡导鼓励学生参加志愿服务,21名志愿者参与垃圾分类活动,3名志愿者参与第三届进博会。鼓励学生参加创新创业比赛,获第六届中国国际"互联网+"上海赛区铜奖2项、优胜奖1项,校内赛金奖4项;获第十二届"挑战杯"中国大学生创业计划竞赛上海市赛银奖1项、铜奖1项,校内赛金奖2项、铜奖2项。先后邀请七名老师进驻西北五楼,共开展五期驻楼导师工作站活动,有效推动了育人力量和育人资源的有机融合;开展同济测绘卓越青年主题沙龙活动,包括"南极上的中国红""初心薪火相传·使命勇担在肩"等主题,校党委副书记徐建平、团委书记陈城出席;开展师生午餐沙龙和心理专题讲座,邀请刘春教授、王群明教授、姚玉红副教授为研究生答疑解惑。依托院学生会举办朋辈导师系列帮扶、学业发展经验分享论坛、"绘科普"公众号专栏等活动。五名学生入选学校朋辈导师人才库,申报"同舟一助飞"帮扶项目1项。截至2020年底,学生就业率达97.1%,研究生就业率100%,本科生就业率94.23%。研究生多人进入高校、行业重点单位和世界500强企业;本科生继续深造率高达44.23%。两名曾在中央机关单位实习的研究生党员放弃大城市的高薪岗位,扎根西部就业(任浩然和喻月),4名选调生奔赴基层,12名学生前往西部就业。

对外交流 学院根据学校相关部署,积极响应留办、港澳台办规定和倡导,加强留学生、境外生招生及管理,2020年招收留学生1名;加强内地和港澳台学术交流,学院英文网站正式上线。积极邀请国内外专家学者来访(线上+线下)并举办高端学术论坛活动累计30人次(其中境外学者14人次)。赴境外或参加线上交流研究生10人次,其中6人次作线上口头报告,4人次赴法国、瑞士、荷兰等国家进行短期交流或参加博士生联合培养项目。100人次在国际主要学术组织及期刊担任理事、主席、秘书长、副主编、编委等职务。通过科技部2020年"高端外国专家引进计划"引进澳大利亚科廷理工大学教授突尼辛(Teunissen)开展科研合作,与英国兰卡斯特大学教授彼得·阿特金森(Peter Atkinson)、德国斯图加特大学蔡剑青博士、加拿大国家水文中心研究员杨大庆员、欧盟联合研究中心研究员维托里奥·巴拉勒(Vittorio Barale)等多次开展线上研讨和交流。获批1项国家自然科学基金国际合作与交流项目。

(楼立志)

机械与能源工程学院

学院设机械工程系、能源工程系、中德机械工程中心,另有工程实践中心由学院托管。机械工程系包括机械设计与理论研究所、机械电子工程研究所、现代制造技术研究所、工业工程研究所、专业基础教学部和机械实验中心,能源工程系包括燃气工程研究所、暖通空调研究所、热能与环境工程研究所、制冷与低温工程研究所和能源实验中心。学院设行政机构:办公室、教务科、学生工作办公室、图书分馆。另有工程机械研究院、建设部同济大学环卫机械研究所、建设部同济大学中法煤气研究中心、上海建设机器人工程技术研究中心、重大工程施工技术与装备教育部工程研究中心、国家土建结构预制装配化工程技术研究中心(与土木学院共建)、国家级机械工程实验示范中心、中国工程机械学会、《中国工程机械学报》编辑部及机械工程博士后流动站。

学科建设 学科进一步凝练主线。机械工程以智能化技术为主、能源工程以绿色技术为主,突出对德合作。

5月,开展动力工程及工程热物理一级学科博士点中期检查。

6月,完成学院"十四五"发展规划。

8月,完成动力工程及工程热物理一级学科中期考核。

9月,完成"双一流"学科建设动态监测数据收集与汇总。

11—12月,落实与汽车、材料、航力、中德工程学院共同的2020年一流学科交叉平台建设,本年度"双一流"学科建设总经费154万元。

12月,组织机械工程学科和动力工程及工程热物理一级学科教育部第五轮学科评估。完成能源和机械学科第五轮评估。完成学科近五年学位论文自查工作。完成学院三类责任岗位实施方案。

专业建设情况:

5月,召开智能制造工程专业5本核心教材院内审稿会。

5月,成立机械工程系OBE工作小组,更新培养方案调查及走访工作时间安排。

7月,智能制造工程专业"CPS与物联网实践"课程实验规划。

9月，智能制造工程专业教材《智能制造工艺》及课程内容定稿。

9月，召开机械工程系（包括中德机械工程中心）大会，宣讲教学团队改革及考核等事宜，并印发《机械类课程群教学团队负责制方案（试行）》等文件。

12月，成立工程教育认证推进工作小组，启动工程教育认证工作。

12月，教育部机械类专业教学指导委员会开展智能制造工程专业培养方案调研工作。

教学工作 学院有在校博士生204名（其中双学位博士生1名），学历教育硕士生265名（其中双学位留学生2名），工程硕士547名（不含短期交流生）（其中非全日制学生347名、全日制专业学位196名，双学位专业学位6名）。本科生929名；2020年招收博士生45名（其中直博生9名），硕士生239名（其中学历教育硕士97名，全日制专业学位工程硕士102名，双学位留学生5名，非全日制专业学位生34名，短期交流留学生1名），2020级本科生归入新生院大类招生，在校本科生971人。2020年毕业的博士生27名，硕士生209名（其中学历教育硕士95名、全日制专业学位生73名、非全日制专业学位生36名、双学位（留学生）专业学位生5名），本科生257名。博士后流动站1个，一级学科博士点2个，二级学科博士点2个，硕士点7个，本科专业5个。

专业建设：完成5个专业2020年微专业培养方案、本科5个专业和一个实验区2020年培养方案、5个微专业招生简章的修订工作，完成“双一流”专业数据填报，完成储能科学与工程、智能建造机器人两个新专业、荣誉计划和荣誉课程、2021－2022学年微辅专业的申报工作，完成专业国家数据填报。

课程建设：完成2020年同济大学课程思政教育教学改革项目申报，两个项目入选；完成2020年同济大学校级精品类通识选修课程建设申报工作，入选1项；完成2020年度同济大学优质在线开放课程视频拍摄计划立项申报工作，入选2项；完成2020年度同济大学重点课程建设项目申报工作；完成2020年度上海高校市级重点课程立项申报、2020年上海市一流本科课程申报工作。

教材建设：完成2020年度同济大学本科教材出版资助基金申报，郭瑞琴《工业工程实验教程》入选；完成2020年同济大学优秀教材奖评选工作；完成首届全国教材建设奖相关申报工作；2020年出版研究生教材2本。

教改工作：申报课程思政教改项目和研究生教改项目各1项；完成线上精品课程和公共平台课程申报工作各1项；完成2020年上海高校本科重点教改项目申报工作；1项国家级新工科研究与实践项目结题优秀、1项中国学位与研究生教育学会2017年重点课题结题；2020年共发表教改论文8篇，发表于《教育现代化》《高教学刊》等期刊。

质量管理：完成本科院校两级线上教学调研与督查专项工作；完成2019—2020学年第二学期院级领导、院级督导听课工作；完成两学期本科期中教学检查教师评学和学生评教工作。

获奖情况：孙波获同济大学青年教师讲课竞赛一等奖，获上海高校青年教师教学竞赛优秀奖。完成同济大学社会捐赠教育奖励金评选，陈哲获时高乐奖，孙远韬、冯昱恒获中国路桥奖。

培养工作：完成2020级机械类全日制和非全日制3个研究生培养方案修订工作。完成博士论文开题报告24人次，完成硕士论文开题报告203人次。举办1场校级高等讲堂。

招生工作：2020年度，合计招收全日制硕士199人、非全日制硕士54人，全日制博士41人、非全日制博士10人。

科研工作 2020年学院科研项目总计立项141项，项目合同经费为5473.0万元，其中纵向项目43项，经费为2150.9万元，横向项目98项，经费为3322.1万元。2020年到款情况包括：纵向到款2221.7万元，横向到款2694.5万元，合计4916.2万元。

学院组织教师获批的重点项目包括：国家自然科学基金：共申请63项，其中10项获批，包括面上项目8项（陆亮、孙远韬、林建平、张春路、朱绍伟、高乃平、高军、于航），青年科学基金项目2项（刘启远、刘畅辉），总金额515万元；科技部国家重点研发计划：获二级课题2项（吴俐俊、陆亮）；工业和信息化部立项项目：获二级课题3项（陈明）；国际机构、企业合作项目：获2项（李振海、苏醒）；国家KGJ项目：获1项（李晶）；国家级专用项目：获2项（汤奇荣）；上海市科委立项项目：共9项，其中国际合作1项（陈德珍），基础性研究自然基金计划3项（安巍、朱传敏、符长虹），浦江人才（A类）1项（段春艳），浦江人才（D类）1项（刘畅辉），二级课题4项（余建波、朱彤、高乃平、孙远韬）。

论文、专著情况：2019年发表期刊论文，SCI1区59篇、SCI2区20篇、SCI其他区22篇、EI66篇；出版专著、教材类7本。

专利情况：申请发明161项，实用新型22项，软件登记13项；授权发明79项，实用新型24项。

科研获奖情况：汤奇荣获上海市科学技术进步奖二等奖（排名第1，同济大学第1完成单位），学院其他参与教师张剑（3），郭瑞琴（7）；闻耀保获上海市科学技术发明奖二等奖（排名第1，同济大学第1完成单位），学院其他参与教师李晶（2）；赵兰萍获上海市科学技术进步奖一等奖（排名第9，同济第1完成单位）；高军获上海市科学技术进步奖二等奖（排名第2，同济大学第1完成单位），学院其他参与教师潘毅群（4）；于航获上海市科学技术进步奖二等奖（排名第2，同济大学第3完成单位）；高军获上海市科学技术进步奖二等奖（排名第6，同济第1完成单位）；孙远韬获上海市科学技术进步奖二等奖（排名第3，同济第2完成单位）；李晶获上海市科学技术进步奖二等奖(排名第9,同济第4完成单位);于航获华夏建设科学技术奖二等奖(排名第1,同济第1完成单位),学院其他参与教师潘毅群(4);高军获华夏建设科学技术奖二等奖(排名第6,同济第1完成单位);米智楠获中国机械工业科学技术进步奖二等奖(排名第3,同济第2完成单位)。

师资队伍建设 学院有教职工175名,其中院士1名,高层次人才2名,特聘教授2名,上海市浦江人才6名,教授47名、副教授47名、讲师15名、助理教授10名,校聘人才派遣5名,院聘人才派遣4名。另有工程实践中心教职工28人,博士后35人。2020年度退休教师7名,新进教师4名。2020年申报高层次人才计划5名、其他各类人才计划10名。同时,基于第五届国际青年学者论坛广纳青年人才。

2020年度新晋高级专业技术人员3名,新聘预聘助理教授2名。

学生工作 2020年,学院累计发放助学金183.9375万元,受助学生1781人次。学生获得上海市优秀毕业生25人,同济大学优秀毕业生23人,国家奖学金33人,上海市奖学金2人,国家励志奖学金30人,校级奖学金(奖助金)364人次,优秀学生标兵2人,优秀学生58人,优秀学生干部11人 。共开展18场ME论坛,10场驻楼导师工作站"ME宿说"系列活动。本年度学院共申报学校学生党支部对标争先项目18项,其中本科生支部3项,研究生支部16项。2020届毕业生整体就业率95.31%,其中博士生就业率达到100%,硕士生就业率99.4%,本科生就业率92.09%。其中2人赴西藏工作,10人为选调生,11人获2020年同济大学"扬帆奖"。

1月起,学院公众号推出"共战疫情"专栏,共计82篇推送。

2月,举办学院"凝聚青春正能量,众志成城抗议请"系列特别主题团日活动。

4月14日,承办同济大学反间谍法线上知识竞赛。

5月4日,举办"传五四精神,做时代青年"五四运动101周年系列线上活动。

6月30日,学院"机源未央 济忆远长 "2020届学生毕业典礼举行。

7—8月,学院组织红色之旅、大国重器、中西部支教等4支暑期社会实践团队开展活动。

11月19日,学院"把握先机,能创未来"2021届毕业生专场招聘会举行。

12月12日,举办2020年"源启青春 械逅济忆"开物盛典暨迎新生迎新年晚会。

12月,学院被评为2019—2020学年"同济大学资助育人工作先进集体"。

大创工作:

3月19日,学院获评2017－2019年同济大学本科生"学科竞赛培养成效优秀单位"。

4月17日,学院组织2020年创新创业项目立项答辩,共申报国创项目5项、上创项目5项、SITP项目23项。

5月22日,学院9个项目成功立项为2020年同济大学大学生学科竞赛立项项目。

8月25日,全国大学生机器人大赛RoboMaster2020机甲大师赛,学院Super Power机器人战队获一等奖。

8月30日,2020年第十三届全国大学生节能减排社会实践与科技竞赛,学院获一等奖1项、二等奖4项、三等奖1项。

9月26日,2020年第九届上海市大学生机械工程创新大赛,学院获一等奖1项、二等奖3项。

10月24日,2020年第十届全国大学生机械产品数字化设计大赛,学院获二等奖1项。

10月25－26日,学院承办第五届中国大学生起重机创意大赛,学院获一等奖1项、二等奖2项、三等奖1项。

10月31日,第十届"上图杯"先进成图技术与创新设计大赛,获团体一等奖6项、团体二等奖11项、个人一等奖11人、个人二等奖4人、优秀指导教师奖6人。

11月3－6日,2020中国大学生机械工程创新创意大赛——第三届智能制造大赛,共获得二等奖1项、三等奖2项。

11月15日,学院承办2020年"德西福格杯"上海市创意机器人挑战赛,获二等奖1项、三等奖3项、优胜奖3项。

12月10－13日,学院学生获中华人民共和国第一届职业技能大赛"工业4.0"项目银牌。

对外交流 2020年,学院共接收外国留学生11名,其中硕士生8名、本科生3名,均为双学位或学历学位生。2020年度获学位的国际学生共7名,其中博士生1名、硕士生5名、本科生1名。学院共3位学生申报2020年CSC国家公派研究生联合培养项目,其中2名获批联合培养博士生项目,外方合作单位分别为美国科罗拉多大学及英国卡迪夫大学,派出资格保留至2021年12月31日。学生外事活动方面,申报对外交流活动共4项,因疫情待后续批复。

学院获批2项科技部(国家外国专家局)"高端外国专家引进计划"。受邀外专分别为德国卡尔斯鲁厄理工学院尤尔根·弗莱舍(Jürgen Fleischer)、克里斯多弗·艾尔曼(Christopher Ehrmann)以及澳洲国立大学萨满K.哈格姆格(Saman K. Halgamuge)。2020年学院申报32项学校重点外专引智项目,因疫情暂缓审批及执行。

贯彻落实留学生班主任制度,目前学院留学生班主任由外事秘书喻菲老师兼任。2020年1月底疫情发生以来,学院配合留学生办公室、学生处等多部门做好留学生疫情防控工作。

1月起,协同校级、院级各部门,落实各项国际学生疫情防控工作。

2月27日,参加同济大学国际学生网络开学动员会。

3月10日,启动学院第八批赴德国斯图加特大学攻读双学位(硕士)选拔流程。

3月19日,参加同济大学国际学

生线上视频会议，学习疫情防控形势及各类疫情期间的政策。

4月9日，参加同济大学国际学生秋季招生线上说明会，汤奇荣就学院专业设置、优势学科、招生政策等做介绍与答疑。

5月1日，着手境内国际学生分批返校工作。

5月6日，召开2020国家公派项目院内线上评审会。

6月18日，申报2020年度中日青少年科技交流计划，拟与北九州市立大学就环境未来城市和低碳城市研究开展交流活动。

7月8日，召开2020年80+80平台线上会议，涉及双学位协议等事宜。

8月17日，完成与美国伊利诺伊大学芝加哥分校3+1本科交流协议的续签。

9月16日，启动2021年春季学期丹麦理工大学换生项目，接收丹麦理工大学交换生1名。

9月27日，提名本科生1名参加芬兰阿尔托大学交流生项目，于2021年春季开始线上学习。

10月15日，校外事办公室来学院调研。外事办常务副主任陈翌、专家科周晴，学院宋木生、卞永明、汤奇荣、刘海江、闵峻英、喻菲等参加会议。

10月28日，启动2021年国家公派研究生项目工作。

11月19日，启动2021冬季学期赴奥地利格拉茨工业大学攻读双学位选拔流程。

11月25日，汤奇荣参加学校国际合作联合实验室筹建会议，参与实验室建设方案筹划与撰写。

11月27日，完成2020年研究生在线国际学术会议奖励基金院内推选工作，学院3名申请人均获研究生院资助。

12月，着手与都灵理工本科双学位协议的起草审核工作。

12月8日，协助伊利诺伊大学芝加哥分校，召开同济大学－伊利诺伊大学芝加哥分校工学专业3+1交流项目线上宣讲会。

12月15日，启动学院第八批赴德国KIT攻读双学位（硕士）选拔流程。

12月21日，伊利诺伊大学芝加哥分校刘德荣来访，机械学院、汽车学院、电信学院、轨交学院参加会谈。

党建工作 组织召开学院第二次党员代表大会，选举产生学院新一届党委和纪委，新一届党委委员为于颖（女）、李峥嵘（女）、汤奇荣、宋木生、高乃平、高玉磊、阊耀保，纪委委员为于颖（女）、吕丰（女）、朱彤；在随后举行的党委、纪委全委会上，宋木生当选为学院党委书记，于颖（女）、高玉磊当选为学院党委副书记，于颖（女）当选为学院纪委书记（兼）。截至2020年12月，学院共有党员472名，包括学生党员290名，在职教职工党员数113名，退休教职工党员69名。

本年度共发展党员45人，确定入党积极分子88人，其中教师5人；确定发展对象48人；组织学院2020年春秋两期入党积分分子和发展对象集中理论培训和参观龙华烈士陵园实践活动，共计136人；已完成预备党员转正8人。

调整基层党组织设置，撤销学院教工总支委员会、研究生总支委员会、本科生总支委员会，成立学生党委，高玉磊兼任学生党委书记，钱偲、吕丰（女）担任学生党委副书记；撤销教工第一支部委员会、第二支部委员会、第三支部委员会、第四支部委员会、第五支部委员会、第六支部委员会、第七支部委员会，成立机械工程系教工党支部、能源工程系教工党支部、中德机械工程中心教工党支部；工程实践中心党支部转入学院党委；研究生17个党支部增设了纪检委员；10个教工党支部和19个学生党支部完成换届改选。

1月23日，成立学院新冠疫情防控应急工作小组，部署学院疫情防控工作。

2月28日—3月20日，组织疫情防控党员自愿捐款工作，学院共计370名党员参加校内组织捐款，捐款金额为48047元；29名党员参加其他途径捐款，捐款总额为32983元。

3月24日，召开学院“不忘初心、牢记使命”主题教育线上总结大会。

3月，完成学校工程实践中心党员组织关系转入学院党委工作。

3—5月，组织开展2020春入党积极分子和发展对象线上培训工作。

4月，组织开展“厚植育人情怀，涵养高尚师德”师德师风全员网络培训工作。

5月19日，召开中共同济大学机械与能源工程学院第二次代表大会，完成新一届党委和纪委选举工作。

6月，制定学院“四史”学习教育工作方案，部署开展“四史”学习教育。

6月29日，教工第三党支部联合其他高校党支部共同开展“迎党的生日、讲战役故事、悟初心使命”主题党日活动。

7月7日，邀请全国人大代表张雄为全体教职工作全国“两会”精神学习辅导报告。

9月9—10日，结合新生入学教育周和校院历史开展入党启蒙教育工作。

9月22日，联合人文学院党委等邀请原中共中央党史和文献研究院院务委员冯俊为全体教职工和学生党员作《学好“四史”的理论指引——深入学习习近平总书记关于党的历史的系列重要论述》的线上讲座。

9月25日，开展从严治党和党风廉政建设专题学习。

9月29日，于颖在全院教职工大会上开展廉政专题教育。

9月30日，在全院大会上开展严格规范使用科研经费及相关纪律的警示教育。

10月，组织开展2020秋入党积极分子和发展对象理论培训工作。

10月20日，召开全体教职工大会，选举于颖（女）、宋木生、张氢、张新艳（女）、李峥嵘（女）、高乃平、魏嘉轩（女）和程宏8人为学院参加同济大学第十一次教职工代表大会及第二十次工会会员代表大会代表。

11月24日，宋木生为学院全体教职工上“慎终如始防疫情，砥砺奋进促发展”的抗疫专题党课，为全体教职工党员上“坚定信念 奋力前行”的“四史”专题党课。

12月22日，副校长吕培明为学院全体教职工和全体学生党支部委员宣讲党的十九届五中全会精神。

实验室工作 建设与发展：本年度完成2020年教育部修购计划的执行工作，其中完成实验室建设与提升专项经费385.93万元，空调改造与更新专项经费720.84万元，配合保卫处完成开物馆门禁系统升级改造项目。完成中德机械工程中心二期建设工作。完成二楼机房研究生工作室的改造工作。完成“面向工业4.0的远程互动教学与培训系统”“双一流”建设专项经费164万元的实施。完成学校2020年资产清查工作。5月7日，提交机械国家级实验教学示范中心(同济大学)2019年度考核报告。9月5日，教育部专家组一行来学校开展2020年度教育部工程研究中心现场考察，学校重大工程施工技术与装备教育部工程研究中心经过初评、现场考察和综合评议，于11月顺利通过教育部评估，成绩为良好。

实验教学：同济大学精品实验项目第12期结题1项，第13期立项1项；实验教学改革项目第14期结题4项，第15期立项3项。获同济大学教学成果奖一等奖、三等奖各一项。同济大学优秀教材奖二等奖共两项。

安全管理：9月10日，保卫处韩飞为学院师生做针对实验室安全、消防安全的讲座。组织新生入学安全培训和实验室安全考试。11月16日，保卫处彭亮为学院师生进行秋冬季消防安全培训和演习。12月，获2019—2020年度同济大学安全生产先进集体。

工会工作 学院工会会员共201人。完成同济大学新一届教代会及工会代表大会机械与能源工程学院代表的选举和产生。组织完成中德机械工程中心、基础教学部、机械实验中心工会组长的选举，组织完成能源实验室工会组长的改选。

3月以来，为应对新冠疫情防控挑战，组织学院教工参加上海市教育工会“战疫情，迎春归”知识答题活动。组织学院郝一舒、鞠丽娟等参加同济大学健步走协会主办的健行抗疫线上徒步友谊赛。组织学院教职工报名参加教职工羽毛球提高班。组织学院宋木生、高玉磊、张氢等10余名老师参加机械与能源工程学院“燃烧肌能，强国有我”运动会。举办“情浓端午亲子手工制作香囊”活动，举办“长兴岛采橘”活动。

完成2020年教职工蛋糕券和电影票发放，组织发放校工会抗疫爱心包，组织购买学院工会福利三次；组织发放校工会会员端午、中秋福利。完成同济大学教职工子女入学登记。完成六必访关爱生病职工工作。完成2019年度妇女津贴发放工作，完成2020年1—12月妇女津贴申请工作。组织2020年同济大学青年女教师成才及关爱慰问金申请工作，组织2019—2020年上海市及教育系统和同济大学三八红旗手(集体)的候选人评选推荐工作。完善“妇女之家”和“上海工会爱心妈咪小屋”使用规章制度。

(喻菲)

经济与管理学院

学院在岗全职教师199人(其中正高62人、副高75人)、博士后38人、专职科研9人、行政教辅人员156人(其中在编44人)。经济与管理学科下设4个一级学科硕士点、3个一级学科博士点、8个本科专业及两个试验区专业。学院下设MBA\EMBA、MEM、MPA项目中心以及一个高管教育中心(EE)，增设“同济大学经济与管理学院数字化城镇建设管理研究院”。

2020年英国金融时报管理学硕士项目排名中，学院位列全球第31、亚洲第2；中德美三方的供应链与物流专业硕士项目首次参评2020年QS全球供应链管理硕士排名，跻身全球50强(全球第41名)；最新的Eduniversal全球最佳硕士排名中，房地产和供应链与物流项目分别位列全球第3和第16，两个项目均位列亚洲第1；2020年全球QS排名，同济—曼海姆EMBA位列全球第9位。

教学工作 全院在校本科生1275人(含普通本科生1187人、学历学位留学生67人、双学位留学生21人)，本科全年开课382门次(含本科留学生国际班英文课程32门次)。2020年入学新生223名(含25名学历学位留学生)，本科毕业生326名。在校博士生417人(其中外国留学生26人)，在校学术型硕士研究生740人(其中外国留学生76人)。2020年，授予博士学位60人(其中外国留学生1人)，授予学术型硕士学位249人(其中外国留学生21人)。博士生发表高水平学术论文(中文B+/英文B以上)35篇。研究生(硕、博)开课163门次(含硕士留学生国际班英文课程、博士留学生英文班课程以及中德项目德语课程49门次)。2020年，荣获2019—2020学年“同济大学本科教学基本状态考核优秀单位”称号、2019—2020学年“同济大学研究生教育先进单位”称号，2019—2020学年“同济大学第二学期线上教学工作优秀集体”称号。

国家级层面，物流管理、会计学和国际经济与贸易3个本科专业入选2020年度国家级一流本科专业建设点。2门课程认定为首批国家级一流本科课程，包括“工程项目管理”(负责人：丁士昭)和《货币金融学》(负责人：阮青松、郭英)。上海市层面，3门课程认定为上海市高等学校一流本科课程，包括“解读中国经济发展的密码——习近平经济思想研读”(负责人：石建勋)、“营销管理”(负责人：熊国钺)、“运营管理”(负责人：邱灿华)；2门课程被立项上海市高校市级重点课程建设，包括“解读中国经济发展的密码”（负责人：石建勋）和“虚拟设计与施工”（负责人：王广斌）；2本教材被上海市推荐参评首届全国教材建设奖，即《工程项目管理》（主编：丁士昭）和《企业管理概论》（主编：尤建新）。校级层面，11个教学团队荣获同济大学教学成果奖，11名教师荣获2020年同济大学优秀教材奖，22门课程荣获同济大学各类优质或重点课程立项，2个案例荣获同济大学2019—2020学年第二学期线上教学工作优秀案例，1名教师荣获同济大学名课优师称号，9名教师荣获同济大学2020届优秀毕业设计（论文）指导教师，2名教师荣获2020年度同济大学研究生教育教学改革与创新先进个人称号，1名教师荣获2020年度同济大学人才培养模式创新工作先进个人，1名教师荣获2020年度同济大学公共基础课程教学工作先进教师称号，2名教师荣获2015—2019年同济大学优秀实习指导教师称号，1名教师荣获同济大学实习工作优秀教务员称号，6名教师荣获同济大学本科生学科竞赛优秀指导教师称号，1名教师荣获2020年首届“同济大学教师教学创新大赛”三等奖，1名教师在校级青年教师讲课竞赛中获三等奖，9名学生荣获2020年同济大学优秀本科学位论文，67名学生荣获2020年同济大学优秀硕士学位论文，6名学生荣获2020年同济大学优秀博士学位论文。

科研工作　出台《打造标志性成果建设团队的实施办法》《同济大学经济与管理学院学生高质量科研成果奖励办法（试行）》《经济与管理学院高水平科研能力提升计划专项经费使用办法》。

学术科研方面，全院师生发表CSSCI论文158篇（以学院为第一署名单位发表111篇），以第一署名单位发表学院中文B+等级及以上高质量国内期刊论文32篇（A类1篇、B+类31篇）；发表SCI/SSCI论文352篇（以学院为第一或通讯署名单位发表246篇），以第一或通讯署名单位发表学院英文B等级及以上高质量国际期刊论文71篇（A+类4篇，A类6篇，B类61篇）；发表UTD论文6篇（含非一作或通讯）。2020年出版专著15部，其中本硕博中心资助出版优秀学生论文专著9本，学院专著出版经费资助出版3本；出版教材10部，其中再版的国家级规划教材1部。2020年，新立项科研项目189项，合同金额共计9707.8万元，其中纵向、横向项目立项数分别为75项和114项，立项合同总金额分别为4009.8万元和5697.9万元。获批主持国家自然科学基金18项（另有重点国际合作项目二级课题主持1项和外单位转入本校1项），国家社会科学基金5项，教育部人文社会科学研究项目3项，另获科技部科技创新专项2项。国家级重点重大项目和人才类项目再获突破，获批国家自然基金创新研究群体1项，国家自然基金优秀青年科学基金1项，国家社科基金重大项目1项。2020年度，获批第八届高等学校科学研究优秀成果奖（人文社会科学）5项，其中一等奖2项，二等奖3项（含参与1项），为同济大学在人文社科领域国家最高奖项上首次实现一等奖零的突破；获批上海市自然科学奖二等奖1项，山东省社会科学优秀成果奖二等奖1项（参与）。郭重庆院士荣获中国管理科学学会颁发的第七届管理科学奖特殊贡献崇敬奖；王晓蕾入选国家自然基金优秀青年科学基金项目；苏涛永入选上海市“曙光计划”项目；金颖妍入选上海市“青年科技英才扬帆计划”项目；李楠、肖超入选上海市浦江人才计划。李垣进入斯坦福大学全球顶尖学者排名（工商管理学科）前2%名单；刘虎沉入围科睿唯安2020年“高被引科学家”名单；李垣、Kenneth Kim、刘虎沉入选爱思唯尔中国高被引学者名单。

社会服务方面，2020年新签订合同经费300万元以上横向课题5项。为上海浦东国际机场四期扩建、长沙机场改扩建、呼和浩特新机场项目工程建设等项目提供总进度计划编制及跟踪控制等服务，为上海浦东机场提供对标与管理模式咨询服务；为贵州省“十四五”军民融合发展等提供专项规划研究。国家重大战略需求方面，先后承担“2020后减贫战略思路、政策框架与方法体系研究”“创新方法在创新型城市的推广应用和示范”“城市可持续发展指数研究与应用”等国家部委和地方项目。2020年，3篇专报获党和国家领导人批示，2篇专报获中央办公厅录用，15篇专报获上海市市委办公厅录用或省部级机构录用。

学院获评同济大学“十三五”科研工作先进单位，张小宁领衔的“综合运输系统运营管理”团队获评科研工作先进团队，陈强、程名望、韩传峰、解学梅、石建勋、钟宁桦教授获评科研工作先进个人，学科与科研办公室马杰获评科研管理工作先进个人。

师资队伍　引进海外著名高校及国内顶尖高校人才17人，100%具有博士学位（其中15人为海外博士），6人具有UTD24期刊论文发表记录；新增2名国家级人才，总数达到12人。修订《同济大学经济与管理学院博士后研究人员管理办法》《同济大学经济与管理学院专职科研人员管理办法》，出台《同济大学经济与管理学院长聘体系岗位管理办法》。1名院内教师晋升为正高级专业技术职务，1名院内教师晋升为副高级专业技术职务（教学型），1名获批国家自然科学基金优秀青年项目、2名获批市科委“浦江人才计划”。

学生工作　学生党委第一时间成立疫情防控工作小组，上报各类健康数据，确保“一个都不落”“一个都不掉队”，全年两个学期共完成10余批次学生安全返校工作。23个学生党支部精心组织实施，开展“铭记抗疫英雄，寄托清明哀思”全国哀悼日线上组织生活，创作三行诗缅怀英雄、开展“爱国教育凝心聚力、同心抗疫众志成城”的系列组织生活会。推进学习教育常态化，先后组织党员、积极分子和入党申请人观看陈杰校长爱国主义教育大课，邀请马克思主义学院教授万立明、毛慧彬，李占才主讲四史学习及关于青年理想与信仰的辅导报告，邀请副校长吴志强、领导班子成员李垣、施骞为学生讲授专题党课。

2020 年，3 个本科支部、20 个研究生支部累计发展 57 名党员，转正 46 名党员。完成研究生 10 个党支部换届及增补选工作；2020 年，立项对标争先项目共 20 项，其中重点 3 项、优秀 5 项、一般 2 项、品牌 2 项。本科生第二党支部“不忘初心同观红色基地”荣获 2019—2020 学年同济大学学生党支部“对标争先”建设十佳项目，王丽娜荣获 2019—2020 学年同济大学学生党支部“对标争先”建设优秀指导教师。

在团员青年中开展“风华正茂，济梦山河”之“五四青年说”暨纪念五四运动 101 周年主题团日活动，结合战“疫”主题、“学四史”等主题，指导各团支部开展主题团日团课共计 150 余次，覆盖 1000 余人次；举办“以青春之名，与祖国同行”第二届“青春告白祖国报告会”，砥砺青年勇担时代重任，练就过硬本领，在祖国大地上书写青春新篇章。组织学生参加“青年大学习”“国旗下奋进一学生爱国主义教育及仪式感教育”升国旗仪式等主题实践活动，参与学生累计 1500 余人次。举办“经世韶华憧济梦，同期未来欣向荣”同济大学经济与管理学院 2021 年迎双新晚会等特色文艺活动。

2020 年，国创、上创和 SITP 的报名项目数分别为 7 个、7 个、29 个，顺利结题率分别为 85.7%、100%、79.3%，较去年通过率增加 5%。同时，举办 19、20 年项目的中期、结题答辩等，落实创新创业项目申报、审核等工作。此外，承办创新创业类竞赛，激励学生参与；举办第二届“厉兵秣马”创业创意训练赛；筹办第三届全国高校房地产创新创业邀请赛及多场讲座。打通本硕博纵向体系，通过向研究生征集课题，带动本科生参与项目研究。“城市 360”项目获第十二届“挑战杯”大学生创业计划竞赛上海市赛银奖、第六届互联网+大学生创新创业大赛校赛铜奖、校暑期优秀实践项目等奖项。

全年，获评 73 名优秀学生、2 名优秀学生标兵、15 名优秀学生干部、5 个五四红旗团支部、1 个五四红旗团支部标兵。2019—2020 学年，共 485 人次本科生获 25 项奖学金，合计 169.85 万元，包括国家奖学金 17 人、上海市奖学金 3 人、国家励志奖学金 38 人、优秀学生奖学金(含校外冠名)349 人、民族专项奖助学金 16 人、社会活动奖学金 49 人、沈荣芳奖学金 7 人、丁士昭奖学金 3 人、宝供物流奖学金 2 人、何伯森奖学金 1 人；共 107 名研究生获 19 项奖学金，合计 105.7 万元，包括硕士国家奖学金 14 人，博士国家奖学金 4 人，新生博士国奖 1 人，优秀学生奖学金 81 人、沈荣芳奖学金 4 人、丁士昭教育基金奖学金 3 人。困难生共受助 126.4 万元(助学金 1231025 元、临时困难补助 32986 元)，平均受助 4284 元。

国际交流 2020 年，利用智慧教室、在线交流等新模式克服疫情影响，推进国际交流合作纵深发展。

开启“云外事”，新建国际合作项目。与巴黎九大、西班牙 EADA 商学院、德国慕尼黑商学院、日本名古屋商业大学等 7 所高校新签订硕士双学位合作项目，与瑞士洛桑高等商学院和荷兰马斯特里赫特大学分别建立了博士和硕士非学位交流合作项目，与法国 ESCP 欧洲商学院和法国格勒诺布尔管理学院的普通硕士双学位合作项目拓展到了 MBA 领域。

开展“线上宣讲”活动，吸引来华国际学历学位生达 117 人，位居全校第一；建立全球管理硕士国际项目，通过线上宣讲会、参与线上国际教育展，最终录取 22 名国际新生(3 名延期入学)，生源来自 16 个国家，约 75%来自欧美及其他发达国家，遍及五大洲。

开展“国际月”活动，促进学生线上留学。推出以出国交流为主题的“11 国际月”系列活动。2020 年，学院共计 33 名本科生和硕士生参加了线上出国交流，近 10 名博士生赴海外继续深造。

疫情下的教师“走出去”“请进来”。学院 3 个国际合作团队 8 位中外专家参加了外专局高端外国专家项目，开展远程线上国际科研合作，并在相关国际期刊上发表文章。协同柏森商学院为教师们设立了为期三周的线上特别培训班，特别开设“和谐领导力”“未来领导者”“领导者面临的新挑战”“大流行病期间和后疫情时期”“如何运用创业思维与行动成为更优秀的模范教师”“病毒危机之后的大学世界”等与实际结合的课程，总学时 24 小时，分别于 6、8、11 月各举办一期，每期 2 位老师参加。

专业学位和高管教育 2020 年，专业学位各类人才培养项目实现招生人数和收入增长。

QS 全球联合项目排名中同济大学曼海姆 EMBA 项目位列第九。经济学人(The Economist)全球 EMBA 排名中同济大学曼海姆 EMBA 项目位列 30，较 2019 年上升 28 位。

同济 MBA 获首届“说书一刻”挑战赛全国总决赛冠军和十全十美奖，获第十二届“尖峰时刻”全国商业模拟大赛一等奖 1 项、三等奖 3 项。

同济 MPACC 获第十二届“创新创业”全国管理决策模拟大赛全国总决赛三等奖。

同济 MF 跻身上海金融科技产业联盟首批高校副理事长单位，与上海证券交易所、海通证券共同签署合作备忘录。14 级学员王宏为荣获新浪“金麒麟最佳分析师”。

周向红获批“中国专业学位案例中心”2020 年主题案例申报之“新冠肺炎疫情防控”专项、韩传锋获批“脱贫攻坚”专项；同济 MPA 获第四届中国研究生公共管理案例大赛百强(优胜奖)，MPA 学员论文在第五届上海 MPA 论坛中获一等奖 1 名，二等奖 1 名，三等奖 2 名，优胜奖 1 名；MPA 中心举办“疫情防控与城市治理”专题系列讲座。

陈亮、付饶、钱永政 3 名学员分别获得工程管理创新大赛(上海地区)一、二、三等奖；同济大学工程管理专业申请GAC认证报告通过并通过现场认证。

2020年，专业学位各项目克服疫情困难完成各项招生教学工作。

以线上线下融合方式完成招生宣讲220余场次，组织21级入学提前批面试及20级入学复试19批次，5000余名考生参加；从校友中招募“星济同路人”志愿者，陪伴新生，组织专业学位新生线上拓展、线上聆听校领导开学第一课、线上授课问卷调查。通过zoom和腾讯会议系统，安排线上线下融合教学540门次；组织在线答辩18批次，929人顺利完成答辩；组织各类论坛、讲座、分享80余场，组织MBA“危中求机，同心聚力”系列高端论坛、EMBA“E堂大课”、MPA“五月”系列讲座等；MF/MBA引入上交所、银保监局、黄金交易所实践讲座。在不出国门的情况下，组织云游学9场次，覆盖学生及校友6920人次。

EE(高管教育)中心全年开设定制化内训课22项(其中13项企业班、9项政府班)，以及2020同济大学宁波房地产高级管理研修班、同济大学BIM经理高级研修班(第一期)、同济大学企业房地产和设施管理高级研修班(2020)、城市风险管理课程研修班(第四期)、全过程工程咨询实物及企业转型升级发展高级研修班第十期、同济大学地产转型与高质量发展高级研修班(第一期)、同济大学工程管理暨英国皇家特许建造学会(CIOB)会员资格认证培训第九期班等13项公开课，总培训学员约1500人。

(周淑慧)

材料科学与工程学院

2020年4月13日至5月8日，学院接受学校党委巡察。针对第三巡察组反馈的4大项40个问题51条整改任务，制定了78条整改措施，截至2020年年底已阶段性完成任务76条，整改任务完成了97.4%。

5月，学院举办“同绘蓝图，寄托未来”第五届国际青年学者论坛材料学科分论坛。因国际疫情严峻，本次论坛以视频方式开展，学校党委副书记吴广明参加论坛并致辞。论坛邀请了来自麻省理工、斯坦福大学、马里兰大学、瑞士洛桑联邦理工学院、荷兰爱因霍芬理工大学、德国柏林工业大学等知名科研院所的共计37位青年学者进行交流。

9月，学院主办的《建筑材料学报》入选建筑科学领域高质量科技期刊分级目录(2020年)，具备国际一流期刊水平。

11月，由中国材料研究学会、上海市显微学学会、上海交通大学共同主办，学院承办的2020年“极深研几·见微知著”第六届全国大学生微结构摄影大赛决赛暨学术论坛开幕式在同济大学嘉定校区济人楼312报告厅拉开帷幕。全国大学生微结构摄影大赛理事会会长、上海市显微学学会副理事长、中国科学院上海硅酸盐研究所研究员曾毅、上海大学可持续能源研究院院长张久俊、上海市显微学学会副理事长、华东师范大学倪兵，上海交通大学金属基复合材料国家重点实验室刘庆雷、上海交通大学窦红静、徐亦斌、复旦大学谢颂海等专家及同济大学副校长雷星晖出席会议。全国50余所高校师生代表参会，线上线下共计500余人出席了开幕式，共飨微观结构学术盛宴。

师资队伍建设 截至2020年年底，材料科学与工程学院在编职工138人。其中，正高职教师55人，副高职教师31人，专职教师97人。2020年院内晋升正教授1名(周春才)，面向海内外引进预聘教授3名，补充思政队伍专职辅导员1名(石俊强)，退休6名(许乾慰、管小军、茅波、张永娟、吴明庆、尤富强)。

裴艳中入选科技部领军人才计划，李文获优秀青年基金资助，罗巍入选青年拔尖计划，祖国庆获得上海市千人计划，姚武作为国家重点研发计划首席，吴凯入选上海市青年科技启明星计划。于明亮和张馨月获博士后创新人才支持计划资助，丁元琪、郑璞睿、于明亮、张馨月获得上海市超级博士后。

教学工作 截至2020年年底，学院在校本科生340人，硕士生360人，博士生204人。当年由新生院转入本科生127人，硕士生115人，博士生53人；毕业本科生100人，硕士生108人，博士生28人；为本科生开课共152门，教授、副教授担任主讲的占99.3%。学院设国家级精品课1门、校精品课6门，上海市重点建设课程7门，上海市“双一流”重点课程一门。为研究生开课共67门。完成材料科学与工程专业国家一流本科专业的申报工作，获批学校教学成果奖一等奖1项、二等奖1项、三等奖2项。

2020年发表教学改革论文8篇，出版《水泥基材料结构与性能》《残余应力》2本本科教材。2020年学院获批学校各类教改项目13项，其中研究生教改项目7项，本科生教改项目6项。郭晓潞《材料检测技术》获上海市一流本科课程称号，邱军《材料导论Ⅱ》获上海市重点建设课程称号。

6月，学院主要负责的《跨学院学科交叉人才培养体系构建——以材料—汽车—新能源交叉专业建设为例》获同济大学教学成果奖一等奖。

8月，学院出版的《水泥基材料结构与性能》入选2020普通高等院校土木工程专业“十三五”规划教材。

科研工作 学院全年立项98项，合同经费约5942.07万元，到款研究经费4303.48万元。完成科研项目108项，包括国家自然科学基金项目8项，其他省部级科技项目6项。全年授权股价发明专利79项。

2020年，学院在学术论文方面继续保持稳步增长，发表SCI和EI论文450篇，高水平论文(IF>10)共43篇。ESI全球排名继续保持国内前列，ESI

学科排已进入1.1‰。

7月，姚武教授主持国家重点研发计划“建筑垃圾升级利用技术及产品与应用示范”项目。

11月，陆伟教授主持国家重点研发计划国际合作项目“高性能无稀土MnBi纳米晶永磁合金材料的研发”。

此外，学院翟继卫、姚武两位教授申报获批重要专用科研项目。

学生工作 2020年，本科生毕业生整体就业率96.9%，博士研究生和硕士研究生就业率均为100%。其中，本科生保研率37%，考研率17%，出国深造率11%，学院共计有37名本科生推荐免试直升研究生，17名本科生通过全国统考直升研究生，其中43名本科生选择本校深造，11名学生选择至清华大学、复旦大学、上海交通大学、浙江大学等兄弟高校或科研院所开展学习与科研。全年发展学生党员36名，较2019年增幅约71.4%。

学院依据《材料科学与工程学院2020年立德树人专项行动实施方案》，以日常思政教育为抓手，以各个重要节点为契机，以国家安全、传统文化、入党启蒙、校史校情、科学精神、实验室安全、心理健康和生涯规划等主题教育为依托，邀请学院党政领导和专业教师为材料学子开展主题教育10余次，构建多维度、立体化的思政育人格局。学院以每周二下午思政教育学习为依托，聚焦思政教育的多途径、多模式实施，组织开展了“凝聚青春正能量，众志成城抗疫情”主题活动、“与国旗合影、为祖国手写祝福”的献礼活动、垃圾分类和节约粮食等教育活动，令使命与民族前进同频，使理想与祖国发展共振，谱写青春之担当。

学院依托“对标争先”建设项目和特色组织生活，结合四史学习，广泛整合主题党课、典型人物、创新载体等优质资源，以微党课拍摄、主题音乐创作、脚步丈量、定向越野等学习途径，强化思想武装，善用红色素材，彰显担当使命，深化爱国主义教育。学院学生创作 的“爱国荣校勇担当”系列微党课、“使命、担当与自信——战‘疫’情”微党课《最美逆行者》《良政良治》，精华微视频《风云际会，开天辟地》《伟大变革，走向复兴》，“不忘初心、感悟‘四史’”主题音乐作品《风华望岳》，“追忆‘航天’初心，砥砺时代使命”微党课《艰苦创业》和《大国崛起》依托新媒体，拓宽受众范围，教育宣传效果凸显。

学院不断深化创新人才培养体系，依托创新基地平台，结合导师制、创新项目、各类学科竞赛，实现了创新能力培养在材料学子中的100%全覆盖。2020年，学院共协助举办各类校级创新创业竞赛5场，组织参加各类各级比赛10余次。全年培育孵化创新项目41项，当年成功结题39项。共有147名学生在各级学科竞赛中获得57项奖励，其中国家及以上获奖项目14项，获得省部级以上31项，校级12项。其中，在第六届全国大学生微结构摄影大赛摘得二等奖1项、三等奖3项和最佳组织奖，在第七届上海市大学生新材料创新创意大赛斩获一等奖2项、二等奖3项和三等奖2项，在第六届“互联网+”大学生创新创业大赛同济校内赛中获得一金二银四铜。

7月，2017级春季博士研究生张馨月荣膺国际热电学会Goldsmid Award。

11月，2019级硕士研究生韩好所在团队夺得中国国际“互联网+”大学生创新创业大赛全国铜奖

12月，“上海台界杯”全国第五届土木工程材料作品设计大赛成功举办。

学院高度重视学生资助育人服务工作，2020年共有226人次获得16类本科奖学金，占本科生总人数的69%，共有44人次荣获13类研究生奖学金，涵盖研究生比例的12%。本年度内共有4名本科及研究生办理校园地贷款，76人办理生源地贷款。发放各类助学金68万余元，受助学生达1200余人次。

社会服务 学院立足学科特色，长期与南京江宁区人民政府、德国拜耳集团、上海宝钢集团等地方政府及国内知名企业科研开展稳定的社会服务合作交流以“科研项目合作、人才培养、成果产业化”为三大核心任务为国家不断输送科技支撑与工程领域创新人才。

此外，学院师生胸怀报国志向，积极投身志愿服务。2020年疫情期间，学院不完全统计有近20余名师生通过不同形式参与抗疫志愿服务。学院杜建忠教授第一时间带领科研团队开展研究，开发出了抗雾、抗菌、抗病毒涂层，保持防护用具的清洁，切实保障医疗工作者们的健康；孙振平教授积极为火神山医院和蔡甸医院等抗疫医院建设工作提供技术支援。

文化传承 2020年，学院结合全国精神文明校园申报工作，积极开展相关宣传工作，完成了同心南楼学院文化走廊建设工作。以“博雅”“创新”为两条主线，展示教职工艺术作品及学院近年来重要科研成就，传播优秀文化、启迪创新思路，在博大精深的中华文化中汲取滋养，丰富涵养，以文化人、以文育人，弘扬“薪火相承、开拓交叉、引领创新”材料文化内涵，彰显学科文化魅力，提升学院师生时代使命感。

对外交流 2020年受新冠疫情影响，实际出国（境）人数为2人。另有8名研究生获得国家留学基金委联合培养资格，5名学生获赴德国达姆施塔特工业大学进行硕士双学位学习机会，1名本科学生获得英国拉夫堡双学位项目录取，1位博士生获得瑞典查尔姆斯博士双学位项目录取。2020年学院新增国际双学位项目两项：6月，与瑞典查尔姆斯理工大学签订博士双学位合作项目；12月，与英国贝尔法斯特女王大学签订博士双学位合作项目。

学院对外影响力日益增强，吸引了法国、西班牙等国的短期交流生，新增韩国本科学历留学生1名、硕士学历留学生2位、博士学历留学生1位，目前共有5名学历学位教育留学研究生。

先进集体与个人

9月，杨正宏荣获上海市抗击新冠

肺炎疫情先进个人和荣获优秀共产党员称号。

6月，陆伟教授、严彪老师的科研成果“高性能铁基纳米晶软磁材料与器件的关键技术开发与应用”获得2020年度上海市科技进步奖一等奖。

6月，在第七届上海市大学生新材料创新创意大赛中，严文远、郑昆昆团队及郭伟强、戴吉、骆红春、焦贞敏团队荣获一等奖2项；凌费聪冲、杨凤仪、范滋民、崔岱同、孙熙杰团队；王正峰、吴大鹏团队，许张婷、祁郁捷团队荣获二等奖3项；邱淑文、郑书怀团队及国健欣、倪竟男、马丽霞团队荣获三等奖2项。

7月，2017级春季博士研究生张馨月荣膺国际热电学会Goldsmid Award。

9月，邱军《材料导论Ⅱ》获上海市重点建设课程称号。

11月，2019级硕士研究生韩好所在团队夺得中国国际“互联网+”大学生创新创业大赛全国铜奖。

11月，学院在第六届全国大学生微结构摄影大赛荣获最佳组织奖，张怡妮荣获艺术创新组二等奖，王丹阳、林伟康、季泓宇团队及黄子傲荣获艺术创新组三等奖2项，王梦茹获技术创新组三等奖。

2021年1月，郭晓潞“材料检测技术”获2020年度上海市一流本科课程称号。

（王新页）

环境科学与工程学院

学院在岗教职工176人，博士生导师78人，硕士生导师131人，兼职博导19人。全院在册学生1731人，其中本科生507人，全日制硕士生679人（留学生73名）。非全日制专业学位硕士115人。博士生430人（留学生19名）。当年招收工科试验班（土木与环境类）679名本科生，220名硕士生（留学生18名），139名博士生（留学生5名）。毕业生414人，其中本科生162人，硕士生201人，博士生51人。授予学士学位157人，硕士学位213人（学术型硕士120人，工程型硕士93人），博士学位54人。

学院共有中共党员681人，下设有1个党总支，29个党支部（其中学生党支部21个，在职教工支部7个，退休支部1个）。柳剑雄完成的“构建高校全员、全过程、全方位育人的思想政治工作体系研究”获得2020年度上海市教卫党委系统党建研究会高校专委会党建研究课题优秀成果三等奖；林思劼获2020年“上海市青年五四奖章”；尹海龙获得上海市优秀技术带头人称号；环境管理所党支部教工党支部书记工作室入选同济大学“双带头人”工作室。

教学工作　本科教学方面，获评2019—2020学年同济大学学院（系）本科教学基本状态考核优秀单位第三名；获评2017－2019年同济大学本科生学科竞赛组织优秀单位，2015－2019年同济大学实习工作优秀组织单位，学院荣获2019—2020学年第二学期同济大学线上教学优秀集体；学院11个项目获得2019年同济大学教学成果奖（特等奖1项、一等奖3项，二等奖2项、三等奖5项），其中邓慧萍、李咏梅、周琪、赵文涛和隋铭皓完成的“基于OBE理论的环境类工程专业教学质量评价指标体系”获特等奖。

“水污染控制工程”“固体废物处理与资源化”和“农田土壤重金属污染生态修复虚拟仿真综合实验”被认定为首批国家级一流本科课程；“环境生物学”入选2020年度上海高校市级重点课程立项；“水资源管理”课程入选第四批上海高校外国留学生英语授课示范性课程。完成上海市教委项目“环境科学与工程类专业课程思政教学指南”的编制工作；环境工程专业进行工程教育认证持续改进情况报备；向明中学苗圃基地荣获学校苗圃计划“人才培养奖”。

持续推进课程/教材建设任务，包括“环境工程概论”双语课程可视化教材建设；数字化新形态“环境监测”教材建设；“固体废物处理与资源化课程实验”教材建设；“固体废物处理与资源化原理与技术”研究生在线版教材；环境工程实验在线开放课程建设。

研究生教学方面，教师的教学评价优良率保持在100%，全校研究生教学状态评估中获得第一名。研究生作为第一及第二作者共发表了学术论文250篇；博士研究生共发表学术论文79篇，其中SCI论文75篇。研究生在环境领域专业期刊 *Environmental Science & Technology* 和 *Water Research* 共发表论文13篇，其中博士研究生11篇、硕士研究生2篇。本学年共授予博士学位51人，发表SCI论文137篇。获批2019年同济大学研究生教育研究与改革重点建设项目2项，获同济大学校级研究生教育相关教学成果奖5项，其中一等奖3项、二等奖1项、三等奖1项，何品晶教授荣获2019年度宝钢优秀教师奖。

举办“全国研究生环境论坛”和“全国环境友好科技竞赛”等多种形式提升研究生学术交流能力，展示学校研究生的学术风采。8月，学院与清华大学、西安建筑科技大学联合组织第十五届全国环境友好科技竞赛，参与人数为历届以来最多。11月，学院举办第十五届全国研究生环境论坛，吸引了来自清华大学、浙江大学、上海交通大学、中国科学院大学、中国科学技术大学等41所高校的环境领域研究生参加。学院研究生在多项国家级、省部级竞赛中取得优异成绩，包括中国研究生数学建模竞赛、全国大学生英语竞赛、全国大学生节能减排社会实践与科技竞赛、上海市汇创青春科技大赛、中国国际“互联网+”大学生创业创新大赛等。2014级博士生武博然获上海市科技进步二等奖。学院2篇博士学位论文获评2020年中国环境科学学会优秀博士学位论文。全国共优选出11篇优秀博士学位论文，学院获奖2篇。2019级博士研究生焦贺铭荣获中华人民共和国第一届职业技能大赛“水处理技术”项目金牌。

学科建设 环境科学与工程学科在全国第四轮学科评估结果为A＋，入选“一流学科”建设榜单、同时入选上海市环境与生态高峰学科建设计划；2020年QS学科排名保持世界51～100位，软科世界一流学科排名中位居全球第37位，学科ESI在全球1‰。

一流学科建设方面，推进科研团队建设：2020年学科新增国家杰青1位、国家万人计划青年拔尖人才1位。继续推进15支一流学科创新团队实质化运行；聚焦长江流域大保护战略，成立了以“长江流域生态系统健康监测、评价与修复”为重点任务的国际创新团队，推进长江流域环境保护研究。

高峰学科建设方面，上海高校国际青年学者论坛（环境与生态专场）在线上平台举办并进行直播。共有来自国内外高校、科研院所60多名青年学者应邀前来参加论坛交流。共有约1200人次通过线上平台参与会议，直播平台吸引了11300人次参与，单场直播最高人数达4000人。召开高峰学科工作会议2次，就联合举办青年学者论坛、下阶段高峰学科建设规划以及第二阶段考核评估工作等进行讨论，完成创新团队第三聘期考核、先导基金项目结题、课程建设项目结题。

疫情期间，停课不停学，邀请企业界、学术界等校内外导师开设了系列线上讲座8讲，大型仪器分析讲座7讲，并纳入高峰七所高校研究生培养环节中。携手全国高校、企业等40家单位，联合设计打造“校—企—协”云端实习课程15讲，融入专业课程思政，总结出疫情形势下的新教学模式，服务全国20多所高校1800多名学生，累计在线观看人数超过10万人次。

科研工作 完成第五轮学科评估工作；完成“十四五”发展规划编制工作；完成可持续城市水系统国际联合研究中心评估工作；完成长江水环境教育部重点实验室评估工作，专家组现场评估结论为良好。配合科技部基础研究司做好重组国家重点实验室体系工作，摸清国家重点实验室建设发展现状，报送国家重点实验室基本情况。完成第64届世界技能大赛中国集训基地申报工作，完成111创新引智基地评估报告编制并顺利提交。

组织开展国家自然科学基金项目申报工作，共申报数量113项，初筛率连续三年为0%。最终获批30项，其中：杰青1项、专项项目2项、面上项目13项、青年基金项目14项。

全院到账科研经费约3.2亿元，其中纵向经费2.8亿元、横向经费0.4亿元，人均科研经费约180万元/年。重大项目（重大水专项＋重点研发计划等）总体承担经费在国内高校和科研机构中处于第一梯队。2020新获批国家重点研发计划项目5项。获批上海市一等奖3项（含国际合作1项）；教育部一等奖1项、二等奖1项；第十届中国技术市场协会金桥奖1项；环境保护科学技术一等奖1项；环境技术进步一等奖1项等。学院获评同济大学“十三五”科研工作先进集体，4位老师获批“十三五”科研先进个人。

师资队伍建设 现有专业职务教师系列人员146人。正高79人，副高45人。教授68人，副教授34人，预聘副教授1人。柔性引进中国工程院院士2人。引进长聘教授1人，教授1人，预聘副教授1人，预聘助理教授1人。晋升教授3人，副教授1人，教授级高级工程师1人，高级工程师1人。离职教授1人，因病去世1人，退休3人。1人入选同济大学长聘教授“青年百人计划”A岗，1人入选上海领军人才，1人入选上海市技术带头人，1人入选上海市扬帆计划，2人入选上海市科技青年启明星人才计划，1人入选霍英东教育基金会高等院校青年教师奖，1人入选“万人计划”青年拔尖人才，1人获杰出青年基金。

强化专职科研队伍建设，4月下旬组织举行专职科研队伍中期考核，专职科研人员中获批国自然青年基金4项、面上项目1项。积极开展专职科研队伍的疫情防控管理。

强化博士后队伍建设，新入站博士后23人，其中环境流动站统招13人、企业联合培养4人，土木流动站（市政专业）统招6人。2020年7月30—31日举行了在站博士后的线上年度考核工作。环境流动站在2020年度全国博士后流动站评估中获评“优秀流动站”（全校共2个），且在2020年同济大学科研工作大会中获评“同济大学优秀博士后流动站”。在站博士后2020年共获批：国家自然青年基金8项；全国“博新计划”1人；上海市“超级博士后”4人；第67和68批中国博后面上基金一等自助1项、二等自助7项；国际交流引进1项；杨浦区博后创新实践基地项目4项；上海市博后科技服务团活动1项；同济“优秀出站博士后”1人。

学生工作 学生工作考核位居全校第一，被评为“同济大学学生工作考核优秀”单位；获同济大学年度学生就业工作先进集体；获全国大中专学生志愿者暑期“三下乡”社会实践活动优秀单位、同济大学优良状态团组织；获同济大学2020年度心理健康教育主题宣传月优秀组织奖；《“一期一会，且行且珍惜”主题图文创作》项目获同济大学学生党支部“对标争先”建设十佳优秀项目。冯天磊获2020年上海高校毕业生就业工作优秀工作者。

华煜获第16届首尔国际发明展银奖；刘超获全国水处理与回用会议优秀研究生专场优秀会议论文奖；唐利贞获第七届“水消毒与消毒副产物控制学术研讨会”优秀报告三等奖；丁仁获第十二届“挑战杯”大学生创业计划竞赛上海市银奖；尹文俊获第六届中国国际“互联网＋”大学生创新创业大赛上海赛区铜奖，刘勇锋获第十三届全国大学生节能减排社会实践与科技竞赛三等奖；尹晓庆获“知行杯”上海市大学生社会实践项目大赛二等奖；魏斌联获第四届“深水杯”全国大学生给排水科技创新大赛二等奖；丁晨筱获全国大学数学竞赛二等奖；何怡霄获第五届“汇创青春”上海大学生文化创意作品展二等奖；廖懿获第十五届全国环境友好科技竞赛理念类二等奖；尹晓庆获中国大学生计算机设计大赛三等奖；尹晓庆获2020高教社杯全国大学生数学建模竞赛二等奖；王静莹获第四届全国泵与泵站知识竞赛三等奖；吴畅获2020（第二届）城市水环境与水生态科普创意大赛新媒体组一等奖。

科技创新与人才培养，学院开展两次线上、两次线下“环境招聘会”（双选会），每场邀请逾30家单位，共提供近千个各类型、各地区的就业岗位。开展线上＋线下及“环境学院职业能力提升计划”，在疫情期间保障2020届毕业生就业，助力2021届毕业生择业。2020届毕业生录取选调生人数突破25人，近七成学生前往重点地区、重点行业和领域就业；支持学生前往国际组织，选派彭玲敏、李潇前往联合国环境署等组织实习。学院与创新创业学院、土木工程学院面向新生院“同舟学堂”，共同开展“同思双创”优秀创新项目沙龙展示活动。12月，开展同济大学首届水处理竞赛。

牵头成立同济大学生态文明志愿服务队；制作同济大学垃圾分类主题教育PPT，面向全校师生发放；编写垃圾分类宿舍公约，深入学生社区开展垃圾分类承诺签名活动；制作同济大学垃圾分类指南、垃圾分类攻略、设计“济小桶”周边形象；志愿服务队作为上海市青少年生态文明志愿服务总队主席团单位，负责上海市相关志愿服务活动的总体推进，并接受上海市教委“青未来”栏目专题采访，分享同济大学在爱粮节粮、垃圾分类方面的经验。学院生态文明志愿服务队、“青山绿水守护者”项目、邓博苑同学分别获同济大学优秀志愿服务组织、优秀项目、优秀个人。搭建双创平台，聚焦前沿服务社会发展，刘勇峰荣获同济大学本科生“学术之星”，华煜、丁顺克荣获研究生“学术先锋”；学生团队致力于解决乡村环境治理难题，研发“全循环一零排放一资源化一智能化的生态公厕”，获“挑战杯”上海市大学生创业计划竞赛银奖；学生团队基于对全国范围农村改厕的实地调研，研发“新型源分离农村改厕产品和智慧管护平台”，获中国国际“互联网＋”大学生创新创业大赛上海赛区铜奖。学院指导开展“把论文写在祖国大地上”暑期社会实践，37支团队、200余名青年学子，在35名专业教师的指导下，奔赴20余个省市，结合疫情防控常态化要求，积极开展社会实践活动。学院实践团队获上海教育、上海学联、青春上海、上海崇明、崇明报、同济大学新闻网、青春同济等多次媒体报道，获社会广泛关注。“美丽乡村”团队赴江苏省界牌镇，聚焦水生态领域痛点问题，为当地发展贡献专业智慧，打造具有水乡特点、地方特色的美丽乡村示范样板，获“知行杯”上海市大学生社会实践二等奖。学院周雪飞教授获上海市大学生社会实践优秀指导老师，王艺获上海市大学生社会实践先进个人。

组织校友积极参加学院举办的多项活动，增进了校友企业之间的感情，并对行业趋势、专项技术、产业链合作等方面进行了深入交流。管理维护学院校友会公众号、环保校友联络群等线上平台。在校友分会秘书处和学院的共同努力下，建立健全校友的定期联络机制；在疫情期间，不断发挥校友资源优势，在捐赠、联络及疫情防控方面做出重要贡献。

对外交流合作 学院积极开展各项对外交流合作的工作。国际联合培养学位项目，如“同济一加州大学伯克利分校3＋1＋1”6人、“同济一伊利诺伊大学香槟分校3＋2”1人，学生采取线上听课的形式参加。原定的“中日韩环境与可持续发展博士生暑期学校”“同济大学佛罗伦萨海外校区2021暑期营”等国际暑期学校被迫暂停。

学院主办“上海高校国际青年学者论坛环境与生态专场”线上国际会议，组织国际知名专家定期为学生开设学科前沿讲座，邀请到了联合国环境署亚太办公室副主任 Isabell Louis、可持续发展高等研究院科学主任 Ortwin Renn、前联合国环境署预警司副司长 Marion Cheatle、前澳大利亚格里菲斯大学环境学院院长 Lex Brown 教授、联合国防治沙漠化公约亚太区域原协调员杨有林、世卫组织前高级官员宋允孚等国际组织专家开设专题讲座。

开设本科生和硕士研究生的全英文课程合计20门，为招收国际留学生和交换生提供了基础。招收12名国际留学生，来自亚洲、欧洲、非洲、北美洲4大洲15个国家。其中，国家普通奖学金硕士项目11人，国家普通奖学金博士项目2人，中国地方奖学金4人，硕士自费生1人，校际交流进修生1人，同济大学校长博士奖学金3人。积极与各个国际组织探索实习生选拔派出机制，通过学院推荐和自荐、学院组织笔试面试等方式选拔并输送了6名实习生，分别赴联合国环境署（曼谷）、联合国亚洲及太平洋经济社会委员会（曼谷）、国际移民组织（东帝汶）、德国国际合作组织（格林纳达）、联合国开发计划署（土耳其一远程）、联合国环境署（曼谷一远程）、联合国环境署（内罗毕一远程）进行为期3～6个月的实习。

与联合国等国际组织合作出版了《包容性绿色经济》《全球环境展望》亚太区青年版等教材，与联合国环境规划署青年与教育联盟（YEA!）发布了《绿色微行动手册——40个点亮绿色校园的微行动》。

1月9日，美国得克萨斯大学奥斯汀分校的查理·詹姆斯·威尔士（Charles James Werth）教授给环境学院师生作报告；1月13日，美国国家工程院院士、普林斯顿大学教授迈克尔．西利亚（Michael A. Celia）为学院师生作题为“低碳未来的全球碳管理选项”的报告；5月31日，美国国家工程院院士、澳大利亚新南威尔士大学教授 David Waite 参加线上举办的“上海高校国际青年学者论坛环境与生态专场”，作题为“催化臭氧化的展望——动力学模型方面的思考”的报告；6月1日，美国国家工程院院士、中国工程院外籍院士、加州理工大学教授迈克尔.霍夫曼(Michael R. Hoffmann)参加线上举办的"上海高校国际青年学者论坛环境与生态专场",作题为"基于水凝胶微珠平台的水生微生物病原体的单细胞表型分析和定量数字分子检测"的报告;6 月 22 日,中国高校极地联合研究中心与智利麦哲伦大学签署合作备忘录,双方拟在极地科学联合研究、共建研究平台、人才培养、学生交流等方面进行全方位合作。中方拟在中山大学及同济大学设立中智极地合作联合秘书处,由中山大学极地研究中新主任程晓教授(极地海洋与气候变化团队首席科学家)和同济大学陆志波教授担任中方联系人;智方拟在麦哲伦大学设立秘书处,由 Dr. Juan Carlos Aravena 教授担任智方联系人;11 月 12 日,由同济大学与上海市气象局共建的"中国气象局上海城市气候变化应对重点开放实验室"学术年会和学术委员会第四次会议在上海顺利召开。会议通过线上线下结合的形式召开,探讨实验室当下工作动态,共商未来发展。会议介绍了《上海市气候变化评估报告》,汇报了其阶段性成果,并对该报告的编写工作进行评议。报告自 2020 年 8 月开始编制,分析了上海城市气候变化事实,预估未来气候潜在的变化趋势,并进一步对重点领域开展影响和风险分析,详细评估了气候变化对上海各行业发展的影响,具有较强的实践意义;11 月 25 号,中非青年应对气候变化与生物多样性保护圆桌对话在北京环境国际公约履约大楼成果召开。生态环境部国际合作司肖学智副司长、生态环境部应对气候变化司陈志华处长、联合国环境署驻华代表处首席代表涂瑞和先生、生态环境部对外合作与交流中心党委书记、副主任周国梅出席活动并致辞。会上,生态环境部对外合作与交流中心与同济大学签署合作协议,旨在加强双方在生态环境领域的国际合作,包括推动绿色"一带一路"建设、促进区域生态环境治理、建立健全区域环境合作网络、开展区域可持续环境规划联合研究、提升生态环境保护能力建设、以及加强中非环境政策与技术合作;12 月,陈杰代表同济大学与联合国环境规划署签署了 5 年合作备忘录,建立联合国环境规划署—同济大学合作伙伴关系,促进联合国环境署与同济大学之间的合作,进一步推进双方在科学评估以及促进以科学为基础的创新解决方案方面的共同目标,以应对环境挑战。

社会服务 2020 年,学院以服务国家重大需求和社会经济发展为出发,以支撑学科发展、推进产学研深度融合为目标,发挥学科技术成果和人才优势,即使在严峻的疫情条件下,也创新组织了多项有影响力的产业活动、科技对接和科普教育活动,与多家知名企业签约合作协议,进一步开拓了学院科技成果的应用与转化渠道。

重点推进长三角高质量一体化发展产业服务。支撑同济大学筹建长三角可持续发展研究院相关工作,开展了多次现场踏勘、场地选址、各方对接、方案讨论等前期工作。作为副理事长单位共同组建"长三角生态环保产业链联盟",搭建产学研合作交流平台,为长三角地区生态环境共保联治提供科学支撑,提升长三角生态环保产业整体竞争力。

推进现有学科产业化平台发展与整合。通过先进环保技术成果的推广和工程应用,上海城市污染控制国家工程中心有限公司、上海同济科蓝环保设备工程有限公司、同济嘉兴环保研究院、环境影响评价室等学院产业化平台为政府和企业开展环境咨询和治理技术工程服务,在疫情条件下保持产值超过 5000 万元。按照教育部和同济大学有关校办企业改革的文件精神,稳步推进学院现有产业平台梳理工作,进一步优化了产学研发展道路和方向。

强化校地、校企合作,深入推进产学研发展。推进学院与地方政府、大型企业、环保重点企业签约开展实质性合作,并取得回报支撑学科发展。对接长江大保护、长三角一体化发展战略,先后与中国煤炭地质总局、武汉市青山区政府、上海市水务局、嘉定城发集团等大型企业和政府机构开展对接活动,与上海万朗水务科技集团、上海清远管业、江苏博泰环保等行业知名企业开展深度合作,签订产学研合作协议。成立"同济大学节水研究中心","环境遥感技术研发中心"等产学研平台。

推进社会服务能力提升,扩大学院影响力。推进学院服务于上海市当地及全国各地区环保事业,积极科技支撑地方重大环保、民生工程建设,开展高端培训与科普工作等,有效提升学科的社会影响力。组织同济大学水环境综合整治高级研修(二期)班,吸引了 40 余名全国各大环保企业负责人参加研究计划,创新教学方式方法,取得显著的经济和社会效益;继续开展"走出去"的服务理念,组织专家团队先后赴长江三峡集团、内蒙古河灌总局等多个政府部门及企业以现场调研和现场研讨的方式开展技术服务对接;继续开展生态科普教育活动,打造青少年生态教育平台,举办长三角生态文明青年创新高峰论坛,开展党建+生态+睦邻社区创新治理、社区垃圾分类等社区公益活动、青少年 E-STEAM 环境教育、"绿色学校"共建等学校公益活动、生态可持续研习空间打造、生态主题科学参访等公众公益活动,开发《环境教育操作手册》,共举办线下科普活动 20 余场。

促进学院科技成果转化和应用。针对突发疫情,学院教授徐祖信、戴晓虎等专家团队完成了多项技术装备、成果专报并在抗疫一线成功应用,相关技术和装置遴选进入 2020 年中国国际工业博览会,得到多家媒体的关注和报导。学院"高浓度复合粉末载体生物流化床技术"等三项绿色科技成果入选同济大学"2020 年度十大最具转化潜力科技成果"。"一体式自养脱氮系统的快速启动方法""一种厌氧氨氧化菌快速富集培养装置"等多项创新成果实现了技术转让和应用。学院对近五年的发明专利及应用情况进行详细梳理，拟进一步加强授权发明专利的转化和应用。

启动长三角可持续发展研究院的筹建工作，向长三角一体化发展示范区执委会进行初步方案汇报，校领导方守恩、陈杰等向青浦区介绍筹建研究院的初步方案，初步确定长三角可持续发展研究院选址。

徐祖信、戴晓虎、尹大强等专家团队牵头或参与完成的臭氧消毒装备、“新冠疫情危中之机”“饮用水厂病毒去除与控制运行管理建议”等成果在湖北抗疫一线成功应用。

（张祺苒）

法学院

截至2020年底，学院在校学生总数902人，其中，本科生197人，研究生705人(其中，全日制学生252人)。有教职工50人，其中专职教师40人(教授12人，副教授18人，讲师6人，助理教授4人)，管理人员10人。博士生导师8人。具有博士学位的教师34人，占全部专业教师的85%。

党建工作 2020年发展党员33人，82人参加党校学习。

3月24日，学院党委召开主题教育总结大会。学院党委书记吴为民作总结报告，学校主题教育第七巡回指导组徐迅讲话，副院长徐钢主持会议。

6月2日，举行学院党委中心组暨全院师生政治理论学习报告会，邀请全国人大代表、同济大学张雄教授传达学习全国“两会”精神。吴为民主持报告会。

6月6日，学院党委副书记杨秋华为学院2020届全体毕业生党员讲授题为“初心如磐，使命在肩”的主题党课。本次党课围绕“中国共产党的初心使命、疫情背景下的党员典型、毕业生党员应当怎样做”三个部分展开。

10月23日下午，学院本科生党支部全体党员、发展对象与入党积极分子在支部书记刘博老师的带领下，前往共建单位铁岭路90弄居民小区，开展“迎进博清洁家园”志愿服务活动。

10月29日，学院在衷和楼1305举行学校党委巡察法学院党委工作启动会。学校党委副书记、纪委书记、巡察工作领导小组副组长方平，第二巡察组组长陆居怡，副组长李睿、邓秋军等巡察组全体同志、法学院班子成员出席会议。方平、陆居怡在会上讲话，吴为民代表学院党委表态发言，院长蒋惠岭主持会议。学院党委委员、纪委委员党支部书记、部门负责人、学科带头人、学术委员会委员、教代会代表、工会委员、教职工和学生代表、退休人员代表参会。启动大会后，吴为民代表学院向巡察组报告学院党委工作。

11月24日，学院在衷和楼1305举行全体教师政治理论学习会议，重点围绕“习近平法治思想”开展集体学习研讨。吴为民主持学习会，蒋惠岭作题为“习近平法治思想学习辅导”的报告。学院党政班子成员、党委委员、纪委委员和全体教职工参加会议。

12月2日，学院研究生第二党支部举行“忆校史，讲宪法”主题党日活动。

12月15日，学院举办线上“四史”学习竞赛，本次活动在线上进行，共计20余位法学院学子参赛。

12月26日，学院研究生第一支部牵头、第二支部及2020级部分研究生同学参与，组织召开以“支教扶贫 展现青春风采”为主题的经验分享会。本次活动由研究生第一支部书记江昱主持，邀请第21届云龙分团以及20届元谋分团的成员作为分享嘉宾参加活动。

科研与学科建设工作 学院老师获得国家自然科学项目1项，厅局级项目2项。出版各类著作和教材7本，在各类学术期刊发表学术论文66篇，其中SSCI期刊论文3篇，CSSCI期刊14篇，在各类报纸上发表文章39篇。

7月2日上午，吕培明副校长带队来学院开展学科建设与发展工作调研。文科办主任刘淑妍、人事处副处长王志伟、文科办副主任马林海、文科办主任助理解学芳、文科办副主管黄蓉随同调研。学院党委书记吴为民、特聘教授蒋惠岭、党委副书记杨秋华、副院长徐钢、副院长黄丽勤、学术委员会主席高旭军、综合办公室主任娄亚丹等参加调研座谈会。

9月2—4日，学院举办全体教职员工培训暨学院发展工作研讨会。吴为民主持会议。蒋惠岭作“关于学院未来发展战略及‘十四五’规划编制说明”的主旨报告。吴为民、徐钢、黄丽勤、刘志坚分别就“人事人才、科学研究与社会服务”“立德树人与人才培养”“三全育人与纪检监察”等传达校领导在学校中层干部综合治理能力提升专题研讨班会议上的讲话精神。通过线上方式面向全院师生举行了两场“四史”专题报告。学院邀请古田会议纪念馆原馆长、福建省文物局局长傅柒生、于都长征出发地纪念馆馆长谢芸华分别作了“古田会议永放光芒”“弘扬四铁精神，走好新的长征”的专题报告。全院教师围绕“十四五”规划草案展开讨论，广泛听取意见。

9月25日晚，中国社科院法学研究所研究员、刑法研究室主任、中国犯罪学学会副会长刘仁文教授受邀做客同济，为法学院师生带来了题为“慈父严母：刑法的面孔”的讲座。讲座由蒋惠岭教授主持，黄丽勤副院长、刑法学教研室主任金泽刚教授等教师代表出席并参与讲座的点评和讨论。

11月14日，由同济大学法学院、中国法学会网络与信息法学研究会上海基地、上海市人工智能学会联合主办的同济大学第二届“人工智能与法律”学术研讨会顺利召开。此次研讨会以线上形式举行，主题是“人工智能发展的科技伦理与法律问题”。

11月15日，学院与商务印书馆共

同主办的第二届法哲学与政治哲学论坛暨第五届自然法青年论坛顺利召开，学院法哲学研究中心协办。

11月16日，同济大学法学本科专业评估成功举办。此次专业评估专家组由上海交通大学讲席教授、上海交通大学原党委副书记、上海交通大学学术委员会委员郑成良教授担任组长，评估专家包括：华东政法大学原校长、全国外国法制史学会会长何勤华教授，国家工业和信息化部人工智能特聘专家、上海交通大学凯原法学院原副院长杨力教授。在此次评估工作中，评估专家组通过座谈、查阅、考察、交流等诸多环节，对同济大学法学本科专业进行了全面而深入细致的评估。

11月18日晚，中国政法大学副教授、中国法学会婚姻家庭法学研究会副秘书长、知名家事法专家陈汉受邀做客同济，为法学院师生带来题为“家事法的守成与创新”的讲座。讲座由学院助理教授陈洁蕾主持，华东政法大学副教授姚明斌作为与谈人出席并参与了讲座的讨论。

11月20日，学院举办青年工作坊民法典与人工智能第三期，本次主题为“民法鉴定式案例研习方法的展开”。

11月23日晚，西北政法大学副校长王健教授受邀做客同济高等讲堂，在线为全校师生作题为“中国近代的西法东渐”的学术讲座。讲座由蒋惠岭教授主持，有500名师生在线聆听了报告。

11月30日，学院举办青年工作坊第四期“民法典与人工智能”讲座。

12月4日是我国第七个“国家宪法日”，11月30日至12月6日为我国第三个“宪法宣传周”。学院邀请了最高人民法院审判委员会原副部级专职委员、二级大法官胡云腾做客同济高等讲堂，为全校师生带来了一场题为“通过公正审判防止冤假错案”的精彩讲座。讲座由蒋惠岭主持，全校近600名师生在线聆听了报告。

12月11日，上海财经大学法学院李宇副教授做客同济大学法学院“民法典与人工智能”系列青年工作坊的第五期活动，为同学们带来主题为“合同自由之限制：反思与检讨”的讲座。学院刘颖老师担任本次报告主持人。

12月10日晚，讲座“劳动关系中的个人信息保护：以德国为例”于同济大学衷和楼1302教室和zoom会议室线上线下同步展开，主讲人为德国不来梅大学法学院教授沃尔夫冈·多伊普勒(Wolfgang Daeubler)，评议人为武汉大学法学院教授喻术红、上海财经大学法学院研究员吴文芳、中国政法大学民商经济法学院讲师于汇，本次讲座由学院副教授王倩主持并翻译，线上线下共有近百名师生听众参加了讲座。

11—12月间，学院举办第二至第四期私法案例研读会，由学院助理教授刘颖主持。

教学工作(含学科竞赛) 招收2020级本科生54人按大类编入新生院学习，毕业59人。招收全日制硕士研究生67人，其中：法学硕士42人、法律硕士25人；招收非全日制硕士146人。2020年全日制硕士研究生毕业人数73人；其中，法学硕士44人，法律硕士29人；毕业非全日制人数100人。

3月25日，学院组织参加国际刑事法院模拟法庭(英文赛)，同济大学代表队荣获一等奖。

6月21日，由上海市法学会、上海大学主办的第十四届“金法槌杯”模拟法庭大赛近期落下帷幕。在本科生场中，同济大学法学院代表队斩获最佳审判组和最佳判决书两项大奖。

4月到5月，学院线上开展了为期一个月的“同济大学法学学科竞赛集训营”。

7月11日，2020年国际刑事法院模拟法庭(中文赛)组委会公布本届比赛成绩，学院组织参赛的同济大学代表队荣获二等奖。

7月14日，在第六届中国国际“互联网+”大学生创新创业大赛暨第十二届“挑战杯”中国大学生创业计划赛中，学院2016级本科生李佳滢担任负责人的项目“理格孚思：中国首家专注高校创新创业的法律服务平台”获得“银奖”，2019级本科生杨晓钱担任负责人的项目“关于上海防治外来生物入侵法律对策建议——基于国家生物安全的高度”获得“铜奖”。

11月15—20日，由中国国际经济贸易仲裁委员会主办的第十八届“贸仲杯”国际商事仲裁模拟仲裁庭辩论赛中，同济大学代表队荣获二等奖。

11月7日，学校辩论队参与由北京师范大学举办的“本地生活杯”辩论赛，同济大学三辩李佳洋获最佳辩手。

12月4—6日，由红十字国际委员会(ICRC)和西南政法大学联合主办的第十四届中国大陆地区红十字国际人道模拟法庭竞赛中，学院代表队获二等奖。

12月29日，学院组队参加复旦大学线上承办的第八届“法援杯”案例分析大赛，本次比赛队伍由刘春彦老师担任执导教师。

社会合作 9月16日下午，上海市第二中级人民法院郭伟清院长和领导班子全体成员来学院开展交流合作，吴为民、蒋惠岭、黄丽勤、刘志坚以及教师代表高旭军教授、金泽刚教授、陈颐教授等参加此次交流座谈。

10月23日晚，学院与光大律师事务所举行合作签约仪式，共同建设“卓越法治人才协同培养基地”。上海市光大律师事务所创始合伙人祝小东、合伙人徐军、吴海等代表，吴为民、蒋惠岭、徐钢以及部分师生代表出席签约暨揭牌仪式。上海市虹口区司法局党委书记、局长王浩到会表示祝贺。签约仪式由徐钢主持。

10月23日，上海市光大律师事务所向上海同济大学教育基金会法学院发展基金捐赠仪式在学校举行。上海市光大律师事务所创始合伙人祝小东，合伙人徐军、吴海等律所代表，学校对外联络与发展办公室主任、教育发展基金会秘书长张轮，副秘书长方凡，学院吴为民、徐钢、刘志坚及教师代表等出席。徐钢主持签约仪式。

11月26日，学院与北京炜衡（上海）律师事务所举行合作共建交流会。蒋惠岭、徐钢、教授袁秀挺、副教授苏苗罕、顾俊杰、助理教授陈洁蕾及炜衡（上海）律师事务所主任郭俊，高级合伙人、党支部书记顾靖，高级合伙人、执委会主任赵文梅，高级合伙人李琦，高级合伙人、执委邓学敏，高级合伙人、执委章晓科，合伙人雷天声出席此次交流会。

国际交流 受2020年全球新冠肺炎疫情影响，学院教师出访工作暂停。学院共接收留学生9人，其中硕士生8人，本科生1人。派出双学位学生5人。

9月30日下午，意大利经济发展部原副部长米凯莱·杰拉奇教授到访学院。学院蒋惠岭教授、中意学院办公室主任陈康力教授、中意可持续发展中心主任张凤光教授、学院部分教师和外事办公室相关人员参加会谈。

12月1日下午，由学院主办的"中德法治发展与法律教育"研讨会在中法中心C501召开，副校长吴志强院士出席并致辞。德国洪堡大学Matthias Ruffert院长、Reinhard Singer教授，康斯坦茨大学Hans Christian Roehl院长、Astrid Stadler和Jochen Gloeckner教授，DAAD前秘书长Christian Bode博士，海德堡大学Mueller Graff教授，波恩大学Gregor Tuesing教授，慕尼黑大学Ruediger Veil教授，弗莱堡大学卜元石教授、上海市高级人民法院干部培训处处长顾莺，校外事办公室常务副主任陈翌教授、法学院院长蒋惠岭教授，法学院国际法教研室主任高旭军教授，法学院以及中德学部近百名师生通过线上线下参加了此次研讨会。

12月18日，由法学院、中意学院共同组建，由意大利比萨大学作为合作伙伴的"中意司法研究中心"揭牌仪式暨中意司法报告会在学校举行。副校长顾祥林、意大利原经济发展部副部长杰拉奇（Michele Geraci）为中心揭牌。

学生工作 6月5日晚，由学院研究生会、铁道与城市轨道交通研究院研究生会联合主办的2020年春季学期轨交院·法学院"同文共轨"研究生博思论坛——研究生心理健康，在Zoom云视频会议平台上顺利举行。学院党委副书记杨秋华、轨交院与磁浮中心党委副书记聂菁、新生院济勤学堂副院长张南华、学院学工办副主任王戈、轨交院团委书记徐剑以及来自同济大学、复旦大学、华东师范大学、华东政法大学四校近90名研究生共同参与本次论坛。

7月1日下午3点，学院2020届毕业典礼在衷和楼四楼报告厅举行。中国工程院院士、校党委常委、副校长吴志强教授，学院吴为民、蒋惠岭、杨秋华、徐钢、黄丽勤及教师代表、校友等出席典礼，共同见证229名2020届法学院毕业生学成毕业。

8月17日，中华全国青年联合会第十三届委员会全体会议、中华全国学生联合会第二十七次代表大会在京开幕。学院2019级法学硕士研究生李芸舟同学经同济大学研究生会推选作为正式代表在上海分会场参会。

9月8日上午，吴为民、蒋惠岭、徐钢、黄丽勤、刘志坚、慰问学院2019级军训学生，并带去了慰问品。

9月8日上午，学院2020年学生开学典礼在逸夫楼一楼报告厅举行。吴为民、蒋惠岭、徐钢、黄丽勤、刘志坚出席开学典礼，校党委组织部副部长杨秋华作为法学院2020级研究生新生班主任出席开学典礼，学院教师代表、院办、教务、学工、团委等工作部门教师，2019级本科生和2020级研究生新生近150人参加典礼。典礼活动由吴为民主持。

9月8日下午，同济大学2020年教师节庆祝大会在一·二九礼堂举行，校领导方守恩、陈杰、伍江、蒋昌俊、徐建平、吕培明、吴广明、顾祥林、方平、冯身洪、雷星晖、陈义汉，2020年获得上海市和同济大学重要荣誉称号的教师代表以及30年教龄教师、退休教师、新进教师、一线教师、职能部门和院系主要负责人、学生代表近300人参加大会。学院青年教师刘颖作为新进教师代表在会上发言。

9月9日上午，学院邀请校党委组织部副部长杨秋华，面向2020级研究生新生上了一堂主题为"信仰启航"的入党启蒙教育课。

9月10日，学院邀请图书馆范梦婷、学生就业指导中心朱华珍、心理健康咨询中心戴赟等老师就图书馆资源使用、研究生职业生涯规划教育、研究生压力排遣等主题为新生做讲座。

9月11日，学院邀请保卫处吴韵宇、韩飞两位老师针对防偷、防盗、防网络诈骗及消防安全等校园安全内容对新生开展相对系统的安全教育，提升学生的防范意识。

9月18日、10月16日，学院分别面向2019级和2017级本科生举办"院长午餐会"。

9月29日下午，蒋惠岭为全院学生开讲"开学第一课"，由吴为民主持。学院全体学生参与听课。

10月16日下午，学院2021届毕业生就业动员会在教学南楼313举行。校就业指导中心信息部主任朱华珍、学院党委副书记、纪委书记刘志坚，学工办副主任王戈及2021届毕业生出席会议。学院团委书记刘博主持会议。会议以线上线下结合的方式进行。

10月28日，学院负责的四平路校区西南二楼驻楼导师工作站举行新学期的导师分享活动，本次活动的主讲人是张伟君教授，分享的主题是"学术规范与著作权法"；11月5日，四平路校区西南二楼驻楼导师工作站举行新学期的导师分享活动，本次活动的主讲人是蒋晓伟教授，分享的主题是"生活、学习与法律"；11月19日，西南二楼驻楼导师工作站举行导师分享活动，本次活动的主讲人是法学院副教授沃田，分享的主题是"走进民间借贷适用新规"。

11月10日，学院于衷和楼召开第四次学生代表大会、第四次研究生会代表大会，刘志坚副书记、学工办副主任王戈老师、团委书记刘博出席本次会议。

11月26日，由法学院、马克思主义学院举办的驻楼导师工作站活动在四平路校区西南二楼顺利举行。校党委副书记、纪委书记方平，学院党委书记吴为民，马克思主义学院院长徐蓉，学研工部副部长徐纪平，先进技术研究院副院长高玉魁出席。活动由吴为民主持。

11月30日，学院在学校图书馆国旗台前举行师生升旗仪式，全体师生共同参加，由2019级本科生张一诺主持。

12月4日，学院于四平路校区南大道、彰武路校区门口、各相关学生社区、铁岭路90弄社区、杨浦区紫荆广场开展主题普法活动，迎接宪法宣传日。

12月15日下午，同济大学交通运输工程学院肖军华副院长应邀在学院衷和楼1302室开展以“如何设计和推进课程思政”为主题的讲座。本次讲座由黄丽勤副院长主持，法学院专任教师出席会议。

12月17日，学院教师胡洁人副教授任四平校区西南二楼驻楼导师，本次活动的主题是“两性关系中的个人权利保护”

11月16日晚，北京市中伦（上海）律师事务所合伙人贾明军律师与律师团队成员张心仪律师受邀做客同济大学，为法学院师生带来主题为《漫谈红圈所求职应具备的基本素质与技巧》的讲座，本场讲座是同济大学法学院“第四届法律精英训练营系列讲座”的第一场，讲座由学院徐文海老师主持。

11月21日晚，学院第四届法律精英训练营系列讲座第二场——“红圈律所的同济法律人”在衷和楼1305室举行，本场讲座邀请到现就职于“红圈律所”的法学院4位院友李明乐、江山、赵雯佳和韦贺龄回母校与法学院在校生就在“红圈律所”工作的感悟、体验、求职技巧等进行交流。讲座由徐文海主持。

11月26日下午，圣戈班亚太区总法律顾问、合规官冯晓炬、亚太区人力资源总监张翔受邀做客同济大学，为法学院师生带来一场主题为“‘墙里’与‘墙外’——漫话律界那点事”的精彩分享。本场讲座是学院“第四届法律精英训练营系列讲座”的“压轴大戏”，讲座由徐文海主持。

工会工作 9月29日，经学院党委提名并委托，学院工会委员召开会议，选举产生了法学院工会新一任主席，并就工会工作进行了分工。学院工会委员为：主席袁秀挺、组织委员刘春彦、女工委员李丽华、生活委员任爱平、文体委员王江。

（娄亚丹）

马克思主义学院

截至2020年12月底，学院全日制本科生37人，硕士研究生160人，博士研究生157人；学院在岗教职工总数69人，其中专技类教师岗58人、专技类思政岗1人、管理岗7人、博士后3人。专技类教师岗位中，具有正高级专业技术职务17人，具有副高级专业技术职务21人；博士生导师16人，硕士生导师31人。

学院印发《同济大学马克思主义学院党委会议议事规则（试行）》《同济大学马克思主义学院党政联席会议议事规则（试行）》《同济大学马克思主义学院每周二下午集中学习实施办法》《同济大学马克思主义学院教职工大会实施细则（试行）》《同济大学马克思主义学院教学管理规定》《同济大学马克思主义学院班主任工作管理及考核办法》《同济大学马克思主义学院教职工大会提案工作实施细则（试行）》《同济大学马克思主义学院研究生奖学金评审实施细则》《同济大学马克思主义学院教学科研激励方案》9个文件。发布简报9期。

1月，学院办公场所由综合楼搬迁至马克思主义学院大楼，拥有独立办公大楼，每位老师均有独立的教学科研空间。

4月14日，校党委书记方守恩到院指导学院巡查整改专题民主生活会。

4月20日，周爱华任马克思主义学院副院长（试用期一年）。

4月22日，上海市教卫工作党委副书记、市教委副主任李昕率市教卫工作党委宣传处、市教委德育处负责同志到院调研。

5月28日，上海市委常委、宣传部长周慧琳率市委宣传部副部长、市新闻出版局局长徐炯，上海市教卫工作党委副书记、市教委副主任李昕等负责同志到院调研。上海市委宣传部与同济大学签约共建马克思主义学院，部校共建同济大学马克思主义学院揭牌。

6月15日，陆居怡任马克思主义学院党委委员、书记、分党校校长（兼）。

12月9日，校党委副书记、纪委书记方平带队到院督查了解学院贯彻落实习近平总书记在学校思政课教师座谈会上重要讲话精神情况。

师资队伍建设 学院新进教工9人，其中教授1人、副教授2人、助理教授4人、管理岗2人，1人从讲师晋升为副教授，退休1人，离职3人，博士后科研流动站出站1人。校内转岗的20名教师经过培训开始讲授“形势与政策”课程。陈大文教授获国家“万人计划”教学名师。徐蓉教授入选上海市学习贯彻党的十九届五中全会精神宣讲团成员。学院组织60余名思政课教师进行寒暑假社会实践研修。

教学工作 学院招收本科生25人、接收转专业本科生1人、硕士研究生38人、博士研究生9人、授予硕士学位37人、博士学位6人。面对严峻的疫情防控形势，学院成立马克思主义学院在线教学工作领导小组，贯彻落实教育部、上海市教委和同济大学关于2020年春季学期疫情防控期间开展在线教学工作的相关通知精神，贯彻落实“停课不停教，停课不停学”的要求，制定《同济大学马克思主义学院2020年春季学期在线教学工作方案》，确保2020年春季学期教学工作平稳有序开展。各教研室结合疫情防控和思政课教学，从各门课程特点出发，设计了“同济思政课战疫第一课”，同4000多名学生共话战“疫”。

学院创新建设思政课课程群、创新开设思政课选择性必修课和选修课，在全国高校率先全覆盖开设“习近平新时代中国特色社会主义思想概论”必修课，并在教学内容、教学方法上形成同济特色，形成“1＋4＋1＋N”的思政课建设新格局。启动建设“中国特色社会主义理论与实践研究”研究生公共平台课程，升级建设自2017年以来开设的“中国道路”选择性必修课，新开“人民城市导论”课，发挥学校优势学科特色，邀请校领导、院士和著名专家，结合各学科专业，阐释中国特色社会主义道路在各个领域的建设与发展。

4月17日，校党委书记方守恩、校长陈杰主持召开同济大学思想政治理论课建设领导小组会议。

8月19日，学院通过线上和线下并举的方式举办“思想道德修养与法律基础”课专题教学研讨会，来自全国20多个省市自治区的270多名高校教师参加会议。

9月11日，徐蓉教授申报的“推进‘三个创优’·开创新时代高校思想政治理论课建设新境界”获上海高校本科重点教改项目立项。

9月15日，校党委书记方守恩在“中国道路”课堂讲述中国交通事业的发展。

9月29日，校党委书记方守恩到学院调研，与学院部分教师交流学习习近平总书记关于思政课建设重要讲话的体会，参加《习近平新时代中国特色社会主义思想概论》课程集体备课与研讨。

10月20日，校长陈杰在“中国道路”课堂讲述人工智能发展。

11月8日，学院承办2020年上海高校“思想道德修养与法律基础”课教学比赛(复赛)，来自全市17所本科高校的19名选手参加比赛。

11月30日，教育部发布了《关于公布首批国家级一流本科课程认定结果的通知》，学院李占才教授课程团队申报的“公共关系与人际交往能力”被认定为“线上一流课程”，徐蓉教授课程团队申报的“思想道德修养与法律基础”被认定为“线下一流课程。

12月8日，副校长雷星晖参加学院“思想道德修养与法律基础教研室”秋季学期第十二次集体备课。

12月，王少、刘顺、张超老师在“上海高校思政课教学大比武”荣获一等奖，李丽忠老师荣获二等奖。

科研工作 学院教师公开发表学术论文88篇，其中CSSCI来源核心期刊论文33篇；出版学术专著5部、编著3部、译著2部；撰写研究报告1篇。

学院教师获得各级各类科研项目21项，其中国家社科基金一般项目2项、后期资助项目1项、委托项目1项；教育部人文社会科学研究一般项目2项；上海市哲学社会科学委托项目1项、青年项目1项；全国重点马克思主义学院建设项目1项；部校共建马克思主义学院项目1项；上海市马克思主义理论学科发展支持计划“中青年拔尖人才”计划项目2项；“阳光计划”项目1项。获得各级各类科研奖项8项，其中教育部高校科学研究优秀成果奖1项、上海市决策咨询研究成果奖1项。

学院教师提交的调研或决策咨询报告，被中央及上海市委相关部门采纳10篇、获中央及上海市省部级领导批示3篇；学院教师参与起草或修订1份上海市相关政策文件。举办学术会议9次。

4月14日，学院举办第一期青年教师学术沙龙，主题为“21世纪世界马克思主义的发展现状与前景”。

5月16日，学院举办“全球疫情下人类命运共同体构建”专场学术报告会。

8月24日，学院承办上海高校学习《习近平谈治国理政》第三卷交流会暨“新时代中国共产党与国家治理现代化”学术研讨会。

10月10日，学院举办“习近平总书记关于思政课的重要论述”研讨会。

10月30日，学院举办“习近平人民城市观及实践”研讨会。

11月7日，学院举办“近代中国行业发展与社会变迁”研讨会。

11月14日，学院举办“加强‘四史’学习传承红色基因”线上研讨会。

11月21日，学院举办“高校思想政治理论课改革与创新·价值认同与形象塑造”学术研讨会。

11月22日，学院举办“高校思想政治理论课改革与创新·生态环境与现代治理”学术研讨会。

对外交流 学院与昆明医科大学马克思主义学院签署帮扶共建协议，与南通大学马克思主义学院签署合作共建协议，与对外经济贸易大学、上海杉达学院、上海济光职业技术学院签署了协同发展结对共建协议，从学科建设、教育教学、学术科研、人才培养和社会实践五个方面与对方学院开展合作与交流。与上海市进才教育集团签署思想政治理论教育共建协议。学院党委与中共山东临沂市驻沪流动党员委员会签署“《沂蒙精神展》现场教学基地合作备忘录”。

学院宣讲共计172场次，覆盖人数16000余人，包括四平路街道、广中路街道、国网上海电力公司、上海市消防救援总队、北京师范大学、内蒙古师范大学、南京邮电大学以及同济大学机关党委、出版社、新生院等校内外宣讲单位，受众对象涵盖学生党员、入党积极分子、教师群体、党政干部、企事业单位主要负责人、社区群众等。

学生工作 疫情期间，学院探索“云模式”开展学生工作。“同济马院动态”公众号共推出19篇战“疫”防“疫”相关推文，给予同学们“云关怀”

与“云指导”。组织“21天自习室大作战”线上主题团日活动，远程陪伴同学的居家学习和生活。打造“小马研学”品牌活动，通过多种形式夯实学生理论基础，主要包括开展“四史”学习系列活动、聚焦十九届五中全会、开展主题学习活动。自制“互联网＋访谈类栏目”《菁马说》等，营造全方位育人环境。依托经典研读指导中心，举办“大家经典”读书会品牌活动。成立社会实践指导中心，以“身边的思政课”活动为载体开展主题实践活动；开发学院2020年“学思践悟”研究生创新计划科研项目和“博学笃行”宣讲课程开发计划项目。学院获大学生暑期社会实践立项7项；6人参与2020年“同行计划”暑期挂职锻炼，其中2人被授予“先进个人”称号。开展第一届“体育嘉年华”活动，促进学生体育健康。打造“心屿”工作室、推出微信专栏《小马碎碎念》、协助打造“驻楼导师工作站”，推动美育纵深发展。紧扣“绿色生活、垃圾分类”主题进行系列绿色生活观念与劳动教育活动，注重劳动育人。

9月，姜彦杨获得2019年博士研究生新生国家奖学金。

11月，张琪作为主要成员参与的“掌上智村”项目获得第六届“互联网＋”大学生创新创业大赛全国银奖。

12月，戴韶华、王薇获得2019年上海市马克思主义理论学科研究生人才培养登峰。

12月，刘子君在第三届上海市高校学生理论宣讲微课程比赛决赛中荣获二等奖。

（龙艳秋）

政治与国际关系学院

学院现有政治学与行政学（含国际政治方向）、社会学2个本科专业，拥有政治学一级学科硕士授权点（下设国际关系、国际政治、外交学、政治学理论、中外政治制度等5个二级学科硕士点）和政治学一级学科博士授权点（下设政治学理论、比较政治、国际关系、国际战略4个方向）。截至2020年12月，学院教职员工总数52人，其中全职教学科研人员44人，行政人员8人。学院现有教授16人（其中特聘教授2人），副教授19人，助理教授2人，讲师7人。在44位教学科研人员中，41人拥有博士学位。

3月27日，学院在新冠疫情防控期间召开“不忘初心、牢记使命”主题教育总结大会，总结学院开展学习教育、调查研究、检视问题、整改落实四个方面的工作，牢牢把握“守初心、担使命、找差距、抓落实”的总要求和“理论学习有收获、思想政治受洗礼、干事创业敢担当、为民服务解难题、清正廉洁作表率”的目标任务。

在新冠疫情的背景下，学院把工作重点放在进一步巩固主题教育成果上，不断加强整改，完善学院各项制度，建立党建工作、意识形态工作和党风廉政建设工作的长效机制，根据中央、教育部和学校疫情防控的总体部署，扎扎实实做好疫情期间的线上、线下及线上线下融合教学工作及科研、国际化、学科建设等各项工作，为打赢疫情防控总体战、阻击战做出不懈努力。

学科建设 2020年，学院政治学学学一级博士点平稳实现第二年招生，学院研究生管理团队强化制度建设和质量监督，确保在新冠疫情影响下招生流程规范有序。5月，同济大学政治学学科第二批博士生如期招生，9名博士生于9月顺利入学。学院积极推动部署政治学博士后科研流动站建设工作，并在2020年底录取首批1名博士后科研人员进站工作。

5月，政治学一级学科新增博士学位授权点迎来中期评估，学院全面展现博士点建设的举措与成效，深入剖析存在的问题，明确提出目标与改进计划。11月份，学院先后组织了政治学与行政学、社会学两个本科专业的校内评估，并为下一步申请“双万”计划奠定坚实基础。

作为领衔学院，主导承担了同济大学一流学科建设“欧洲研究”的终期评估工作，并于8月召开了评估会议。

教学工作 2019年起，学校继续实施本科生大类招生制度，学院政治学与行政学（含国际政治方向）和社会学两个本科专业学生继续纳入到新生院济世学堂的社会科学实验班。2019级本科生按照计划在2020年春季学期顺利进行了主修专业确认。2020年，学院招收国内研究生新生70人，包括全日制中国籍学生53人，博士生11人，全日制留学生硕士研究生15人，双硕士学位国际学生8人。学院全日制毕业生72人，其中本科生29人（包括社会学专业11人、政治学与行政学专业18人），研究生43人。2020年秋，学院本科推荐免试研究生工作完成，院内录取3名硕士生，向校外推荐6名。

学院教学管理制度进一步完善，制定了《本科生导师制实施办法》《教学督导制度实施办法》等制度文件。学院“三全育人”国际视野提升工程完成项目建设，围绕立德树人根本任务，以全面提升本科生、研究生国际视野为目标，学院着力构建内容完善、标准健全、运行科学、保障有力、成效显著的全方位国际化人才培养体系，形成全员全过程全方位育人格局。

在2020年前所未有的新冠疫情压力下，培训全院师生熟悉线上授课方法，实践60多门本科生课程和20多门研究生课程的在线授课，以教学团队、督导团队和助教团队为基础，确保线上教学质量，并推动10余门本科生和研究生线上精品课程的建设。

2020年，“国际事务与国际关系”微辅修专业培养方案获批立项，学院本硕博一体化人才培养体系进一步得到完善。

2020年度，学院首次单独负责对青海省的本科招生工作。通过周密部署招生各项事宜，工作组迅速同青海省教育管理部门和青海省部分重点中学建立联系，积极开展招生拜访活动，在疫情期间开展线上宣讲，并在高考之后部署绵密的招生咨询工作，实现了2020年度学校在青海招生“理科保十、文科进九”的预定目标。

按照学校疫情防控的要求以及研究生院的工作部署，学院秉持一贯的高标准、严要求，完成2020届研究生学位论文线上答辩工作。政治学学科委员会、研究生管理团队制定了完备的线上答辩方案与流程，与学科带头人、导师一道推进答辩工作的有序开展。

学院对近5年授予博士硕士学位的论文进行全面细致的排查。研究生管理团队制定了详细的工作方案，学科委员会主任组织全体导师召开排查专题会议，提高认识，深入动员。对开题、中期考核、评阅、答辩和学位评定等过程的规范性进行了全面的复核，对每篇学位论文进行查重，形成明确的排查结论。并经导师、学科带头人、学科委员会主任、学位评定分委员会主席签字确认。排查工作加大提升了学位论文管理的规范性和良好学风的形成。

科研工作 学院进一步加强顶层设计，聚焦治理、战略和思想史的指导方向，实行有组织科研和自由探索的“科研两手抓”，科研成果结构实现从数量到高质量的跨越式转型。

2020年，学院获得第八届高等学校科学研究优秀成果奖(人文社会科学)著作类二等奖和三等奖各1项；新增教育部哲学社会科学重大攻关项目1项、国家社科基金青年项目1项、国家社会科学基金后期资助项目1项、上海市人民政府决策咨询研究专项课题1项，其他部委委托课题和横向课题30余项。2020年，学院教师发表论文60余篇，其中SSCI、CSSCI期刊论文40余篇，出版著作16部，其中专著8部(含英文专著3部)，译著1部。在2021年年初同济大学科研管理部、文科办公室组织的同济大学“十三五”科研工作先进评选中，学院门洪华、李滨和仇华飞三位教授荣获同济大学“十三五”科研工作先进个人称号。

学院组织开展“全球抗疫与治理”线上学术报告会等系列学术研讨活动，与对外经济贸易大学国际关系学院、华中师范大学政治与国际关系学院、暨南大学国际关系学院、兰州大学政治与国际关系学院联合主办“新冠疫情与国际关系”系列研讨会，并承办首场论坛“国际环境演变与国家战略走向”(5月30日)。学院继续开展与重要合作伙伴的高端论坛，与中国社会科学网、《世界经济与政治》编辑部、《政治学研究》编辑部、《当代亚太》编辑部联合主办主题为“疫情之下的中国发展与大国关系”的第三届中国青年战略论坛(10月27日)，产生了广泛而深远的学界影响。学院广邀海内外名家来同济大学讲学，以线上线下形式举办12期同济大学社会科学前沿讲座，加强了与各界的合作联系，为学院进一步发展拓展了广阔的战略空间。继续举办“治理与战略”青年工作坊，为校内外青年学者的交流提供持久性的平台；举办第三次“对话主编”学术交流会，为学院师生的学术成长与发表提供助力。

学生工作 2020年，学院以党建为引领，加强学生思想政治教育。学院加强学生党支部制度与机制建设，进一步夯实党建工作基础。学院推进学生党支部特色项目建设，各学生党支部均申请并立项学校“对标争先”项目。积极开展入党启蒙教育，引导学生积极向党组织靠拢，超过70%的2020级新生递交了入党申请书。注重学生理想信念教育，各党支部、团支部认真开展四史学习、战疫精神学习、十九届五中全会精神等学习教育活动，组织开展“志愿同行模范先锋”志愿服务以及党员进社区等主题实践活动，引导学生在实践中践行社会主义核心价值观。

学院贯彻三全育人工作要求，深化辅导员、班主任、导师及专业教师协同育人机制，坚持以党建带团建，加强团学组织建设，打造素质过硬的党团骨干队伍。学院加强实践育人，优化创新实践指导团队，组织开展创新实践教育活动，积极开拓校外资源，组织开展创新实践项目。学院强化文化育人，弘扬中华优秀文化，开展书道中国“传扬五四精神，凝聚青春力量”“济世·安民·论道”读书系列活动，开展重走红色调研之路、“一带一路”主题调研活动，举办“青年责任与梦想”主题论坛、“同结中国心，共筑青春梦”爱国主义教育报告会，引导学生在学习及社会实践活动中学党史、知国情，传承红色精神。

学院坚持精准服务育人，优化服务和保障，助推学生成长成才。学院定期排摸学生思想动态，把握学生需求，完善工作制度，优化工作流程，提升服务水平。学院着力开展“学业援助”“职业发展指导”“身心素养发展”“少数民族学生帮扶”等专项工作。加强对学业困难学生、少数民族学生、经济困难学生等学生群体的帮助。通过举办线上、线下就业指导，举办就业交流会等形式，加强对学生职业发展指导。学院积极落实学校疫情防控工作部署，做好学生管理教育工作，确保防控要求落实到位。鼓励学生开展积极向上的线上活动。充分利用新媒体平台，展示各党支部和各团支部开展的抗疫主题活动，讲述国政优秀志愿者和院友的志愿服务工作与抗疫事迹。

对外交流 2020年，受新冠肺炎疫情在全球蔓延的影响，学院国际化工作遇到挑战。在此背景下，学院利用在线以及线下线上相结合的方式，继续开展丰富多彩的国际交流活动。

近年来，学院在国际学生招生等关键指标上位居全校专业学院前列。2020年，有3名国际学生获得硕士学位；意大利都灵大学、佛罗伦萨大学首批10名双硕士学生按期毕业。2020年，学院新招收国际学生11名，分别来自俄罗斯、法国、乌兹别克斯坦、阿根廷、日本、蒙古、泰国等国家，其中，博士生1名、硕士生4名、本科生6名;另招收8名意大利都灵大学双硕士学生,并派出7名学院学生参与学院与意大利都灵大学的双硕士交流项目。学院另有1名毕业生获国家留学基金委资助,赴英国埃克斯特大学攻读博士学位。作为同济大学“三全育人”综合试点首批试点学院,2020年,学院学生国际视野提升工程顺利推进。

2020年,学院继续与韩国、日本等国际伙伴开展高端学术交流,与韩国东西大学中国研究中心联合主办第五届上海—釜山合作论坛(12月4日);与韩国国际交流财团(KF)联合举办“疫情之后的中日韩合作”国际学术研讨会(6月6日)、“疫情之后的中韩合作”国际学术研讨会(7月5日);与日本佳能全球战略研究所合作举办第二届中日经济战略对话“中日两国走向新时代的协调展望”(11月25日)。

(钟振明)

人文学院

学院下设四个系,分别为哲学系、中国语言文学系、艺术与文化产业系、心理学系,涵盖哲学、中文、艺术、教育学四个门类和哲学、中文、艺术学、心理学四个一级学科。现有本科专业3个(哲学、汉语言文学、文化产业管理),一级学科博士点1个(哲学),一级学科硕士点4个(哲学、中国语言文学、艺术学理论、心理学(拟调整为专业硕士学位点),参与共建专业学位硕士点1个(MFA艺术硕士),此外还设立了历史学研究所。学院现有教职工94人(含行政人员10人),84名教师中,教授27人(其中教育部长江学者特聘教授1人,校特聘教授5人,宝隆讲席教授2人);副教授34人(其中1名预聘副教授),讲师10人,助理教授13人,教师中90%以上具有博士学位。

学科建设 本年度由学院与外国语学院、国际文化交流学院共同推进的“双一流”学科建设项目“国家创新发展与欧洲研究:欧洲思想文化与中欧文明交流互鉴”子项目进入收官之年,资助出版各类著作15部。其中较有代表性有孙周兴教授的专著《人类世的哲学》(商务印书馆),译著《尼采四书》(上海人民出版社)。哲学系的曾亦教授获第四届全球华人“国学成果奖”、谷继明副教授获全球华人“国学新秀奖”。今年也是本科专业和研究学位点的评估年,学院在11月、12月分别完成了文化产业管理专业评估会、中文与哲学的本科教学评估和教育部第五轮学科评估。

科研活动 2020年受疫情影响,国内外学术交流一度几近中断,但学院教师很快以线上交流的形式重新组织各类学术工作坊、读书会、论坛等活动,并随着疫情的好转,线下交流也渐趋频繁。主办或联合主办了学术活动12场(其中国际学术论坛2场)。

5月8日,解学芳教授举办线上讲座:“后疫情时代的文化创意产业发展趋势”探讨后疫情时代,基于大数据、5G、人工智能、区块链等新技术的加持,我国文化创意产业的全新发展趋势。

9月22日,学院宝隆讲席教授冯俊为学院师生进行线上授课,结合习近平总书记系列重要讲话精神,系统讲述了学习“四史”的重大现实意义,全面分析了中国共产党的伟大历史贡献,对如何进一步学好“四史”提出科学方法。

10月3日—11月28日,心理学系居飞副教授组织举办“精神分析与人文”系列之四“临床与思想”中欧学术研讨会,共邀请来自法国和中国各地的精神分析学家与各个流派的心理学家以及哲学、文学、美学、艺术理论等领域的学者进行了一系列的线上论坛。该活动汇集了国内外心理学相关领域的许多重要人物,并以跨领域对话的方式,开启了精神分析与人文学科关系的新话题,每个周末四讲,延续一个半月,是2020年国内精神分析和跨学科学术活动的一大亮点,在学界引起巨大反响,B站观看人数最高超过2万人。在系列讲座的最后,心理学系也对后续招生计划进行了预热。

10月16—18日,中文系的刘强教授组织“魏晋风度与江南文化暨第三届‘世说学’”学术研讨会,来自复旦大学、同济大学、华东师范大学、上海师范大学、南开大学等30多家单位的60余位专家学者出席本次研讨会,共提交了50余篇论文。本次会议是学院今年线下举行的最大规模会议。

10月24—25日,学院艺术与文化产业系与南方科技大学合作举办“整合与超越:艺术学理论研究的新视域”高峰论坛。

11月1日,艺术与文化产业系解学芳教授策划组织了zoom线上会议“智能+”时代文化创意与管理创新高峰论坛暨第二届国际创意管理专委会年会,邀请了来自联合国教科文组织文化管理委员会、加拿大蒙特利尔高等商学院、英国利兹大学、英国伦敦政治经济学院、清华大学、复旦大学、上海交通大学等国际组织和国内外著名高校的19位文化创意管理领域知名专家发表主旨演讲,60余位学者参与探讨“智能+”时代文化创意产业发展战略与转型路径问题。本届大会在网络上形成了很大的反响,吸引了2300余位观众在ZOOM和b站直播平台参会。

11月9—26日,学院欧洲思想文化研究院举办两年一度的“尼采论坛”,线上、线下并行开展。孙周兴教授(11月9日“抒情与戏谑——关于尼采诗歌”)、余明锋博士(11月17日“《查拉图斯特拉如是说》的音乐结构”和来自德国弗莱堡大学的君特·费加尔教授(11月26日“哲学的真理:关于尼采的几点思考”)对尼采的诗歌、美学和哲学方面的重要著作分别进行了深刻和新颖的解读，共同展现出学院在尼采研究上的活力。

11月20—22日，欧洲思想文化研究院现象学研究中心高松副教授主持“作为开端的显现：第一届现象学研究生论坛”，邀请浙江大学人文学院副院长、青年长江学者王俊教授领衔带队的浙江大学现象学与心性哲学研究中心的青年教师与研究生一行，与学院现象学领域的青年教师和研究生进行了为期三天的学术交流。这是同济大学与浙江大学的哲学同行在现象学领域第一次以青年学子和青年教师为主体进行的思想交流，鼓励教学相长，在现场交锋中检验学习成果。双方一致认为活动效果良好，并有意将之延续为一项长期活动。

11月23日，商务印书馆上海分馆组织“何谓哲学的转向？——《人类世的哲学》出版座谈会”，邀请了国内哲学界、艺术界的著名专家对孙周兴教授《人类世的哲学》进行了讨论。

教学工作 学院全年开设90多门次面向全校的人文社科类公共选修课；全年开设跨学院研究生选修课程的门数、单门课程的选修人数都位列全校前列；申报获批开设上海市教委重点课程1门、核心通识课程1门、承担引进精品通识选修课程5门。3月完成研究生复试录取、毕业生论文答辩工作；4—6月完成2020年高考自主招生、综合素质评价招生材料审核工作和面试工作；6月完成同济大学辽宁省招生宣传工作；6月组织完成2018级本科生教学实习的工作，达到了本科生100%由学院组织开展集中实习的工作要求，并在暑期中圆满完成了任务。10月初完成校内外本科推荐保研两次面试工作。10月份完成国家一流本科专业申报工作。11月底12月初完成人文学院三个本科专业校内评估工作。

学生工作 成功申报“三全育人”试点学院，紧抓立德树人根本任务，把培育和践行社会主义核心价值贯彻教育教学全过程，以学风建设为基础，以学生工作队伍建设为保障，以爱国主义教育为载体，坚持德智体美劳全面发展为目标，加强思政教育与专业教育融合，打造每月一次的学院党性教育活动，树立榜样和典型，挖掘蕴含思政育人的元素。

响应学校要求，开展“学四史，担使命”主题教育活动，举办学生党建教育活动，通过征文比赛、学术研讨等形式，涵盖全院学生党支部、团支部，并将优秀作品集结成册。

组织“研究生创新论坛”2场，“博士生学术与思想论坛”1场，“对标争先”支部建设活动4次，并在建设项目立项中获得一个优秀项目、一个品牌项目。

继续推动“满天星济划”社会实践活动，通过实践活动提升学院学生的社会认知度。一方面“关爱、扶助、保护失依儿童”健康成长；另一方面推进学生党员认识基本国情，促进自我发展，自我提升，坚定地做社会主义建设者和接班人。

持续强化“每月一书”等特色活动，同学们共叙历史，游历文化。定期开展“人文讲堂”，多渠道继承与弘扬中华优秀传统文化。在疫情期间举办“用脚步丈量祖国山河”的人文“云”徒步，同学们通过诗歌、散文、摄影、视频制作等多种方式，生动记录了祖国的大好河山和人文底蕴，充盈着同济学子对家乡和祖国的热爱。

5—10月，与同济大学团委联合主办以“诗传爱国情，词系天下心”为主旨的诗词大会，通过重温经典诗词，让学生领会中华诗词文化精髓，继承和发扬中华优秀传统文化，激起学生的文化自信，鼓励学生弘扬祖国优秀传统文化，做新时代的建设者、奋斗者、追梦人。决赛中，通过传统文化展演的方式在比赛中穿插了沙画、书法、古琴、诗歌、原创诗词朗诵等节目，丰富比赛的同时，更给了同学们认识中国传统文化的一次盛筵。

对外交流与服务 5月29日，学院理事会采用线上线下结合的方式，召开2020年年会，与会各位理事讨论通过了相关的年度报告和预决算，并对学院新一轮的发展建言献策，雷星晖副校长出席。

7月16日，校领导、学院理事、学院领导班子成员、各系负责人采用线上线下结合的方式，召开人文学院理事会“学院十四五规划”专题会议，唐春山理事长主持会议，各位理事对于接下来人文学院的“十四五规划”的编制工作提出了要求。伍江常务副校长出席会议。

9月10日，学院举行新进教师和荣休教师的颁礼典礼，学院领导、师生100多人出席活动。

11月17日，根据学校2020年“安全生产月”活动部署，落实“安全专项整治三年行动”计划，增强师生消防安全意识以及防范诈骗能力，人文学院在云通楼3楼报告厅举行了安全教育培训活动，并在校消防科的指导下开展了使用消防器材的演练。在刘日明院长、李建昌书记等院领导的带动下，近百位教职员工和在校学生参与本次培训，活动取得了预期的成效。

11月20日，学院行政人员与部分支部党员，参观“淞沪抗战纪念馆”“四行仓库”，开展爱国主义主题教育活动。

11月，在校党委的领导、同济大学设计集团有限公司的资助下，人文学院改建了学院会议室，新建了“党员之家”，为党员活动提供了常态支撑。

（朱崇志、赵千帆）

外国语学院

2020 年，外国语学院新进教职工 7 人，新进博士后 3 人，6 人退休，2 人离职，1 人去世。3 名教师晋升副高。长期聘用外国专家 17 名。截至年底，学院在编教职工 195 人，其中正高 24 人，副高 62 人；具有博士学位教师 90 人。

现有外国语言文学博士后科研流动站 1 个，外国语言文学一级学科博士点 1 个，外国语言文学一级学科硕士点 1 个。二级学科硕士点 4 个：德语语言文学、英语语言文学、日语语言文学、外国语言学及应用语言学；翻译硕士专业学位（MTI）学位点 2 个：英语笔译与德语笔译。

本年度学院召开党委会 18 次、党政联席会议 17 次、党委中心组学习 4 次。召开全院教职工大会 7 次，开展师生防诈骗培训讲座 1 次，消防安全知识讲座 1 次。

外国语学院被评为同济大学 2019—2020 年安全生产先进集体，学院获"歌唱祖国"师生合唱比赛三等奖；学院团委蝉联同济大学共青团工作优良状态组织。

同济外语人、中德人文交流获同济大学十佳新媒体平台；"爱心助残"志愿服务项目获文明创建优秀项目。

吴赟教授入选教育部"长江学者奖励计划"青年学者。

黄立鹤获 2020 年同济大学青年五四奖章。

张克芸、陈靖获 2020 年同济大学"社会捐赠奖励金"隧道教育奖励金；张颖、英语系姚岚获 2020 年同济大学"社会捐赠奖励金"宏达奖励金。

胡琪获 2020 年同济大学育才教育奖励金优秀教师一等奖，公共英语教学部王婷、德语系陈宇获 2020 年同济大学育才教育奖励金优秀教师二等奖。

王蓓蕾、陈宇获"我心中的好导师"提名奖。

钱杨获"同济大学师德师风优秀教师提名奖"。

李宇玲获同济大学 2020 年度"名课优师"。

李小蜜获同济大学优秀学生思想政治工作者，陈宇获青年女教师成才资助金，陈忱获 2020 年人才培养模式创新工作先进个人。

刘佳煊获第九届上海高校辅导员素质能力大赛一等奖，获上海市高校基层团干部技能比武大赛特等奖。

郭海燕、李芳、刘安、沈东晖、蒋晓芹、马薇、庞文薇、董菁、周伟成、周峰、毛薇、胡瑞云、张颖、李小蜜、王毅、庞一琳和王晓明等 17 人获年度考核优秀。

4 月 28 日，学院召开第四届第五次教职工代表大会、工会会员代表大会。

5 月 30 日下午，同济大学校友会外国语学院分会 2020 年度理事会议召开，来自各行业的院友理事围绕院友工作、学院发展和人才培养等问题展开讨论。

10 月 28 日，召开外国语学院工会第五届会员代表大会，选举产生新一届工会委员会。

党建工作 全年发展党员 16 人，其中本科生 5 人，研究生 10 人，教工 1 人。25 人参加发展对象培训班，36 人参加积极分子培训班。

加强党建与专业融合，推进"全国党建工作样板支部"本科生党支部的建设。

德语系教工党支部获"同济大学先进基层党组织"，张德禄、李伟伟获"同济大学优秀共产党员"，周伟成获"同济大学优秀党务工作者"。

2020 年，学院党委推进理论学习常态化制度化，扎实开展"四史"教育。

3 月 24 日，召开"不忘初心 牢记使命"主题教育总结大会。

6 月 17 日，组织党委理论学习中心组（扩大）专题学习，邀请同济大学法学院严桂珍教授作题为《学习两会精神——〈民法典〉的解读》的辅导报告。

7 月 2 日，组织全体教职工学习两会精神，邀请全国人大代表、同济大学材料学院张雄教授作专题报告。

7 月 10 日，组织参观"启航——中国共产党早期在上海史迹展"主题展览。

7 月 14 日，组织党委理论学习中心组（扩大）专题学习，邀请吴建广教授作题为"人类命运共同体互文〈共产党宣言〉"的辅导报告。

7 月 21 日，组织参观考察陈云纪念馆、莲湖乡村振兴示范村。

9 月 29 日，组织参观上海四行仓库抗战纪念馆。

10 月 15 日，组织参观学习"作风建设警示案例展"。

10 月 23 日，组织党理论委中心组专题学习，邀请上海市委党校研究生部副主任罗鹏部老师作题为"激荡四十二年：使命、责任、担当——上海改革开放史"的辅导报告。

加强组织建设，完成学院党委和党支部换届工作，积极创先争优，做好党员发展工作。

7 月 1 日，外国语学院获"同济大学党员之家"授牌。

7 月 7 日，召开同济大学外国语学院党委第四次党员代表大会，选举产生中共同济大学外国语学院委员会新一届两委委员。

10 月，完成公英部教工党支部、英语系教工党支部、国交院教工党支部和研究生第一党支部的换届选举工作。

落实三大主体责任，接受学校党委巡察，全面落实从严治党。

5 月 14 日，外国语学院党委召开宣传工作会。

10 月 29 日，召开同济大学党委巡察外国语学院党委工作动员会，启动巡察工作。

外国语学院团委获 2019 年度同

济大学共青团工作优良状态组织奖。"同济外语人"公众号获评"同济大学2019年度十佳新媒体平台",团委书记刘佳煊获评"同济大学2019年度优秀新媒体工作者"。入选校"对标争先"重点项目2项、校学生党支部"对标争先"建设十佳项目1项、十佳优秀组织生活案例1项。

学科建设 2020年,学院以第五轮学科评估和制定"十四五"规划为契机,总结过去,展望未来,以评促建。

2020年,张德禄所著《多模态话语分析理论与外语教学》获2020年第八届教育部高等学校科学研究优秀成果奖(人文社会科学)一等奖。郑春荣主编的《德国发展报告》(德国蓝皮书)获中国社会科学院第十一届"优秀皮书奖"一等奖。

学院获评同济大学"十三五"科研工作先进单位,"德国研究智库"团队获评同济大学"十三五"科研工作先进团队。吴赟、张德禄获评同济大学"十三五"科研工作先进个人。

2020年,学院获批省部级以上科研项目10项。其中国家社科基金项目4项,教育部人文社科项目1项,上海市哲学社会科学项目2项,其他省部级项目3项。获批国家语委、教育部以及国际跨国企业等重要横向项目11项。本年度学院科研立项总经费共计213万元。

学院教师公开发表学术论文共计93篇,其中CSSCI论文49篇,SSCI论文11篇,A&HCI检索论文10篇,EI检索论文3篇,出版学术著作12部,其中专著5部,译著1部,合著1部,编著5部。向中共中央办公厅、中共上海市委办公厅、上海市教卫党委、教育部国际司《国别和区域研究专报》总计上报70篇决策咨询报告。

学院新设马克思恩格斯德文原著教学与研究中心和同济大学外国语学院人工智能语言研究院。同济大学外国语学院中华思想文化翻译与传播研究中心更名为同济大学中华外译与国际传播研究基地。外国语学院言语—语言加工研究中心与世界500强企业平安集团旗下的平安科技IT研究院签订校企横向合作协议。外国语学院老龄语言与看护研究中心与四平路街道办事处签署框架协议,双方围绕健康教育、筛查评估、干预训练与科学研究等方面开展合作。

2020年,举办及承办学术会议7场,举办"同济外文讲坛"8场。

8月15日,由上海外国语大学《外国语》编辑部主办,外国语学院承办的"当下翻译研究的热点问题与理论探索——第四届《外国语》翻译研究高层论坛"在线举行,对我国当下翻译研究的热点与理论研究走向进行研讨。

9月30日,学院在中法中心C501举办吴赟教授担任首席专家的国家社科基金重大项目"中国特色对外话语体系在英语世界的译介与传播研究(1949—2019)"开题论证会。

10月30日,学院举办外语学科青年教师线上科研工作坊,邀请6名国内外应用语言学领域的专家学者,在线与青年学者研讨课题申报和实验设计。

11月9日,外国语学院老龄语言与看护研究中心、外国语学院和北京外国语大学人工智能与人类语言重点实验室共同主办第二届全国老年语言学讲习班暨学术论坛(线上),全国近300位相关专家、学者参加了论坛。

11月15日,学院主办的"首届全球语言治理论坛"召开,会议邀请全国20余所高校近40位专家学者参会,研讨聚焦后疫情时代"全球语言治理的问题、视角与路径"。

11月21日,由教育部高校英语专业教学指导分委员会主办、外国语学院承办的"第十七届全国理工院校英语专业教学研讨会暨第二届院长/系主任论坛"在线举行。研讨会主题为"数字人文与英语专业改革创新"和"英语学科的核心素养",会议在腾讯会议和哔哩哔哩平台同步直播。

11月28日,由教育部正式批准,教育部高等学校教学指导委员会日语分委员会、中国日语教学研究会上海分会主办,外国语学院承办的2020日语教育与日本学研究国际研讨会在线举行,近1600人参会。会议在腾讯会议和哔哩哔哩平台同步直播。

教学工作 2020年,2019级首批大类培养学生专业分流中,共接收学生128人。其中德语系26人,日语系44人,英语系58人。毕结业107人,在校本科生319人,转入18人,转出7人(含新生转出)。德强班140人,法强班40人,留学生7人,交流生6人。20位本科生获硕士研究生推免资格,招收学术型硕士研究生38人,招收翻译专业硕士学位(MTI)研究生36人。在校硕士研究生154人(其中翻译硕士73人,学术型硕士81人),授予硕士学位99人;招收博士生21人,在校博士研究生102人,授予博士学位12人。

英语专业入选国家级一流本科专业建设点。

语言水平考试通过情况:

2020年高等学校德语专业基础阶段(TEM4)统测,同济大学2017级德语专业学生通过率为100%,优秀率和优良率均为94%。

2020年高等学校德语专业八级(TEM8)统测因疫情延期。

2020年高等学校英语专业基础阶段(TEM4和TEM8)统测因疫情延期。

2020年高等学校日语专业基础阶段(TEM4)统测,同济大学2018级日语专业学生通过率为100%,优良率为66.7%,优秀率为33.3%。

2020年高等学校日语专业八级(TEM8)统测,同济大学2017级日语专业学生通过率为83.3%,优良率为44.4%,优秀率为22.2%。

公共英语教学部教师宋缨、陈靖、朱锡明、蒋琴芳、钱杨的《立德树人、做精"一精"——构建对接学科大类的大学英语教学体系》获同济大学"教学成果奖"一等奖,宋缨、李兴文、朱锡明的《培养全球视野,提升学科话语权——研究生公共英语金课体系建设》获同济大学"教学成果奖"三等奖。

董琇获同济大学"教学创新大赛"

一等奖。王婷获2020年同济大学青年教师讲课竞赛二等奖。

教材建设方面，学院教师主编的教材获2020年度同济大学“优秀教材奖”二等奖2部、三等奖3部。曲辰主编的《大学法语阅读》和赵劲主编的《经济德语》获2020年同济大学优秀教材奖二等奖，吴侃主编的《高级日语1—4册》、戴劲主编的《高级英语视听综合教程(上、下册)》和汤春艳主编的《新编科技德语教程》获2020年同济大学优秀教材奖三等奖。

课程建设方面：董琇《翻译理论与技巧》获上海市重点课程。董琇的“中西翻译史”获批同济大学研究生课程思政建设项目，董琇的“翻译理论与技巧”、吴建广的“德国文学选读”、李梅的“英语技术写作”获同济大学重点课程；陈忱的“德语视听说(1)”、邓白桦的“德语国家国情”和时晓阳的“日语阅读与写作”获同济大学优质在线开放课程视频拍摄计划项目；李兴文的“国际交流英语视听说II”获同济大学研究生公共平台课程建设项目，朱宇方的“当代中国”获同济大学研究生线上精品课程建设项目。

课程思政教学改革方面，董琇的“翻译理论与技巧”课程思政建设、黄崇岭的“现代德语”课程思政教改建设、吴建广的“文学与哲学:《共产党宣言》”获批2020年度同济大学课程思政教改项目。

外国语学院评获同济大学学科竞赛优秀组织单位。德语系教师庞文薇、日语系教师胡琪、英语系教师胡瑞云、公共英语教学部教师蔡翔凤、陈靖、钱杨、宋缨、朱迈青，获评同济大学本科生“学科竞赛优秀指导教师”。

林茜茜、张颖、陈慧、庞文薇、黄立鹤、王艳芳和周峰获评同济大学“本科生优秀导师”；黄立鹤、张照旭、李莎莎获评同济大学“本科优秀毕业论文指导教师奖”；董琇、陈宇、张克芸、王蓓蕾和王婷获评“同济大学优秀硕士学位论文指导教师”。

学生工作　2020年，本科生获得校内外各类奖学金共148人次，奖金约49.6万元，助学金共183人次，奖金约27.15万元；研究生获得校内外各类奖金共18人次，奖金约19.3万元。

学院获评学生工作年度考核优秀学院。

2020年外国语学院团委获2019年度同济大学共青团工作优良状态组织奖。

外国语学院评出院级“五·四”优秀团支部1个，优秀学生骨干5人，优秀青年—抗“疫”特别贡献奖7人，优秀青年10人。

郭婧、张颖和王艳芳获评2020年同济大学优秀班主任；姚岚、钱春春和陈亚萍获评2020年院级优秀班主任。

1月底，学院2017级外国语言学及应用语言学研究生曾怡创作了抗疫歌曲《相信》，用歌声表达同济外语学子对全国人民的祝福。

4月9日，2015级德语语言文学博士生郑彧通过ZOOM在线视频形式进行外国语言文学学科学位点首场线上答辩，为外国语学院后续线上答辩提供参考。

5月15日，学院首位符合疫情后返校条件的毕业生返校。

6月5日，学院2020届毕业生就业工作推进会于线上举行，会议就学院2020届毕业生就业形势、就业进展、存在的困难及如何应对等问题展开讨论。

7月1日，学院2020届毕业典礼在同文楼大厅内举行。

7月3日，学院2017级本科生召开了首次线上暑期实习动员会。

7月8日，外国语学院志愿服务队被评为2018－2019年度上海市志愿服务先进集体。

9月11日，学院举行2020—2021学年外国语学院新生开学典礼，同济大学副校长吕培明、外国语学院党委书记谭晓赟、院长吴赟及导师代表、辅导员、青年教师代表同2020级研究生、2019级本科生共同参加了开学典礼。

10月13日，学院举办2021届毕业生就业动员会。

10月20日，学院在汇文楼218室开展“心理育人”导师专题培训。

11月2日，学院在同文楼举行第三届进博会志愿者出征仪式。地铁服务志愿者、场馆服务志愿者共34名同学参加了出征仪式。

11月26日，同济大学副校长吕培明教授参加2019级英语2班“理想与信念”的主题班会。

12月4日，外国语学院“手拉手”爱心助残志愿服务项目获同济大学2020年度优秀志愿服务项目，外国语学院志愿服务队获同济大学2020年度优秀志愿服务组织。

12月5日，“手拉手”爱心助残志愿服务项目获“青年影响社会”第二届“奉献杯”上海青年志愿服务项目大赛金奖、第五届中国青年志愿服务项目大赛银奖。

12月17日，同济大学第十九届“英语之星”风采大赛在外国语学院汇文楼五楼报告厅举行。

12月29日，学院在在同文楼314室召开2020—2021学年第一学期期末班主任工作会议，心理健康教育与咨询中心专职咨询师章秀明做主题分享，学院辅导员与班主任参加会议。

2020年度举办研究生博思论坛4场和“驻楼导师工作站”活动10场，共邀请校领导、学院知名教授、学者等11位导师入驻学生社区，开展社区讲堂、学术沙龙、师生对话、成长问诊等活动，覆盖近180名学生。

学生个人获得各类奖项如下：

1月18－19日，同济大学2017级英语系本科生熊佳妮和2018级英语系本科生金琦同学获2020外研社英语辩论冬令营·南京暨第二届南京国际辩论赛荣获二等奖。

5月12日，2018级日语语言文学研究生文东在第七届“同济大学追求卓越奖励基金”学生奖评选中获同济大学2020年“追求卓越学生奖”(研究生)。该奖项是同济大学设立的学生最高奖项。

6月29日，2016级英语系本科生

董玉婕、刘卓娅、德语系本科生李加佳、田雪纯和日语系本科生刘心懿获评2020年度上海市普通高等学校优秀毕业生(本科生),2016级英语系本科生方若梅、巫晓莉、日语系本科生彭浩然、周亭希和德语系本科生朱佳玮获评2020年度同济大学优秀毕业生(本科生)。

7月18日,2019级翻译硕士专业学位硕士研究生陈亚琦获腾讯TranSmart"第三届机器翻译与译后编辑大赛"三等奖,2017级英语系本科生晏聆玮、徐沫、郭梦妮同学获优胜奖。

8月8日,在首届"外教社杯"多语悦读大赛中,2017级德语系本科生魏杰生、王心怡和2018级德语系本科生祁馨仪分获二等奖、三等奖、优胜奖,2017级德语系本科生芮祎菲、冯小雨和2018级德语系本科生梁逸枫、陈榕、王星妍获入围奖。

11月1日,2020级日语语言文学研究生徐宏彪在"走近王阳明——首届全国大学生王阳明知行合一传习论坛"上发表论文"中江藤树对'致良知'论的接纳与改造"并获研究生组优秀论文三等奖,论文被收入《王阳明知行合一传习论坛论文集》。

11月8日,2017级日语系本科生王少琪获第十五届中华全国日语演讲比赛华东赛区特等奖。

11月24日,2018级日语系本科生郭子涵获第三届"人民中国杯"国际日语翻译大赛本科生组笔译(日译汉)二等奖;2018级日语系本科生潘亦琨、吴晶蕾获三等奖。

11月24日,同济大学2020年"同舟领航 追求卓越"优秀大学生报告会在四平路校区大礼堂举行。2016级英语系本科生潘娇讲述自己在役期间毅然写下《请战书》,请命奔赴江西抗洪一线的经历。

11月28日,2019级日语语言文学博士生许静华获第12届日语教育与日本学研究国际研讨会研究生论坛优秀论文奖。

11月29日,2019级英语系本科生金晓帆、鞠尧、谢秋雨组成的参赛队获第五届"外教社杯"上海市高校学生跨文化能力大赛一等奖。

12月,2019级德语笔译研究生秦波、张旭分别在2020中华笔译大赛总决赛上获德汉翻译单元亚军、二等奖。

对外交流 2020年,教师境外派驻1人。举办海外学者学术报告7场次。

获3个人才培养国际合作项目并签署完成。

2名学生获国家留学基金委联合培养博士生项目资助赴国外学习,49名学生出国交流学习,国际学生13人(不含港澳台),港澳台学生0人。

1月6日,华南理工大学外国语学院研究生公共外语教学部主任薛荷仙一行4人做客公英部,调研公共英语教学改革,双方围绕公共英语培养方案、课程体系及课程设置、课程团队的教学和科研组织、本科公英教学与研究生公英教学的衔接、在线共享资源课程建设等问题进行了深入的探讨和交流。

12月18日,湘潭大学一行至外国语学院就学科建设、人才培养、课程体系建设做调研。

(王毅)

理学部

2020年,理学部下设5个学院:海洋与地球科学学院、航空航天与力学学院、数学科学学院、物理科学与工程学院和化学科学与工程学院。理学部教职工中在职院士2人,长江学者特聘教授7人,青年长江1人,杰出青年科学基金获得者21人,优秀青年科学基金获得者9人,"万人计划"教学名师1人,"万人计划"科技创新领军人才3人,"万人计划"青年拔尖人才4人,国家教委跨世纪优秀人才计划6人,国家百千万人才工程4人,国家自然科学基金委创新群体2个,科技部重点领域创新团队1个,国家级教学团队2个,教育部创新团队1个,教育部长江学者创新团队1个。

理学部共设有本科专业11个:数学与应用数学、统计学、应用物理学、光电信息科学与工程、应用化学、化学工程与工艺、工程力学、飞行器制造工程、地质学、地球物理学、海洋资源开发技术。有数学、物理学、化学、力学、海洋科学、地球物理学一级学科博士点和博士后流动站各1个,数学、物理学、化学、海洋科学、地球物理学、地质资源与地质工程、力学、航空宇航科学与技术等一级学科硕士点8个,教育技术学二级学科硕士点1个。

3月,组织召开理科发展研讨会,各学院对标标杆学校相关学科的建设情况,从做什么、为什么做、怎么做以及预期成效的角度提出了一些建设思路,理学部凝练汇总后整理形成了《同济大学理科提升行动计划建设性方案》草稿。

5月,组织召开校领导及各学院党政班子参加的理学部理科发展研讨会,具体议题包括交流理学部各学院"十四五发展规划"和研讨"理科提升行动计划"。

8月,组织相关学院收集数据、整理材料,督促完成数学、物理、化学、力学各学科的建设周期总结。在此基础上理学部完成了"微结构模型、功能与应用交叉学科领域"的建设周期总结。

9月,参与顾祥林副校长召集的"理科提升行动计划"研讨会,在建设目标、政策支持、理科公共测试平台和数学计算中心建设等方面形成了更具操作性的建议。

10月,召开由理学部有关学院教学副院长参加的教学工作会,探讨人才培养和申报中国高等教育学会理科教育专业委员会教研课题。

12月,与新生院"同和学堂""国豪学堂"、理学部各学院、生命科学与技术学院召开联席工作会议,交流一年多来学堂工作情况，从问题出发探讨学堂与专业学院联动培养机制，推进大类招生、大类培养改革。

12月，组织召开专业技术职称评聘第二分委员会评审会议，顺利完成2020年度职称评聘和续聘工作。

学科建设 理学部拥有海洋地质和工程力学2个国家重点学科；基础数学和凝聚态物理2个国家重点（培育）学科；固体力学和地质工程2个上海市重点学科；有国家工科物理基础课程教学基地和国家工科数学基础课程教学基地2个国家级教学基地。有国家重点实验室1个：海洋地质国家重点实验室。有国家级实验教学示范中心2个：国家级力学实验中心、国家级力学虚拟仿真实验教学中心。有省部级重点实验室3个：先进微结构材料教育部重点实验室（国防类）、上海市特殊人工微结构材料与技术重点实验室、上海市化学品分析、风险评估与控制重点实验室。上海市工程技术研究中心1个：上海宝石及材料工艺工程技术研究中心。上海市级实验教学示范中心立项建设单位1个：工科化学实验教学中心。国内第一个"海底观测研究实验基地"重大科研平台。

协同数学、物理、化学、航力学院，开展"微结构模型、功能与应用交叉学科领域"一流学科建设周期总结工作，完成周期总结报告。

学位评审 "理学学科学位评定分委员会"挂靠理学部，管辖专业范围：数学、物理学、化学、教育技术学（理学）。

以理科学位分委员会为抓手，深化数、理、化等学科研究生培养机制改革，进一步把好培养质量关。制订和实施《关于疫情期间2020上半年答辩和学位工作落实方案》，通过增加学位评审次数等，保障了疫情期间研究生毕业论文答辩和学位申请工作的顺利进行。本年度审定通过获硕、博学位的学生分别为126名和69名，推荐校优秀硕、博论文分别为6名和7名，审核认定具有2021年硕、博研究生招生资格导师分别为167名和140名。

基础科学高等研究院工作 依托基础高等研究院特殊的管理政策和灵活的用人机制，协助各学院做好专职研究人员队伍建设，进一步推动理学部各学院开展"青年百人计划"等青年后备专职科研队伍的建设，今年基础科学高研院共引进"青年百人计划"7人，海洋高研院共引进"青年百人计划"4人。目前基础高等研究院共有专职研究人员26人，其中领航计划特聘研究员5人、青年百人计划13人、特聘研究员2人、研究员1人、副研究员1人、工程师2人、实验员2人。

（周海英）

海洋与地球科学学院

海洋与地球科学学院由海洋地质系与地球物理系组成，设有海洋科学、地球物理学和海洋技术三个本科专业，海洋科学与地球物理学两个一级学科博士点，海洋科学和地球物理学两个博士后流动站。拥有海洋地质国家重点实验室、同济大学海洋科学技术研究中心、同济大学海洋资源研究中心、同济大学宝石学教育中心等科研平台。国际大洋发现计划中国办公室和国家自然科学基金委"南海深海过程演变"重大研究计划办公室挂靠在学院。

教学工作 一级学科博士点2个、硕士点2个，博士后流动站2个。2020年，本科招生进入新生院，以理科试验班大类进行招生；招收硕士研究生55名，博士研究生36名；2020年毕业本科生49人，硕士生54人，博士生27人。2020年，学院在册外国留学生35人，其中博士研究生21人，硕士研究生14人。继续加强招生宣传工作，线上举办第九届"全国优秀大学生暑期学校"，招收来自全国近20所高校的相关专业大学生共计45人，组织学员进行线上学术讲座及面试等活动。

实行院、系两级的教学管理模式，本科教学和研究生教学状态良好，保障了疫情期间教学状态平稳有序。

修订2021级海洋科学、地球物理学、资源与环境专业硕士、博士研究生培养方案；修订2020级海洋科学、地球物理学、海洋技术三个本科专业及海洋科学拔尖人才培养试验基地培养方案；自2020年起，海洋科学专业开始招生，原地质学专业不再招生。

2020年，海洋科学专业进入国家级一流本科专业建设点；获批国家级一流本科课程1门、上海市一流本科课程2门，上海高校市级重点课程2门，同济大学重点课程5门，同济大学第一批优质在线开放课程3门；立项建设2020年同济大学优质在线开放课程视频拍摄计划3项；立项建设同济大学课程思政教育教学改革项目1项；获同济大学优秀教材一等奖1项、三等奖1项；获同济大学第三期"立德树人"示范课程1人次，同济大学育才教育奖励金二等奖2人次，同济大学青年教师讲课竞赛优胜奖1人次；获同济大学优秀博士学位论文4篇、优秀硕士学位论文2篇。

科研工作 学院在研科研项目286项，累计合同经费2.51亿元，本年度到款科研经费6727万元，其中纵向项目164项，合同经费2.11亿元，包括科技部国家重点研发计划3项，一级课题12个，二级课题9个，国家重大专项二级课题6个；国家自然科学基金85项，其中重点项目9项，杰青2项，面上51项，青年20项，外青项目1个，部主任基金专项项目2个。科研新立项110项，包括科技部重点研发计划一级课题1个，国家重大专项二级课题1个；国家自然科学基金项目32项，其中重点5个，杰青1个，面上15个，青年基金8个，外青项目1个，部主任基金专项项目2个。

邵磊负责的"南海深水盆地大型

储集体识别理论技术与油气重大发现"项目，获2020年度上海市科技进步奖一等奖，钟锴、乔培军、朱伟林、于鹏、崔宇驰(学生)、程玖兵、李前裕、曹立成(学生)均为完成人。黄维获2020年度上海市科学技术普及奖二等奖，温廷宇同为完成人。同济大学获2020年上海科普教育创新奖科普贡献奖(组织)一等奖，完成人为黄维、温廷宇。由中国大洋发现计划办公室主编的《同舟共济南海梦－中国大洋钻探科学家手记》获2020年上海市优秀科普图书。

发表科研论文174篇，其中SCI检索论文132篇，含一区SCI论文15篇，其中李江涛在*Nature*杂志发表"*Recycling and metabolic flexibility dictate life in the lower oceanic crust*"期刊论文，翦知湣在*PNAS*杂志发表"*Half－precessional cycle of thermocline temperature in the western equatorial Pacific and its bihemispheric dynamics*"期刊论文，黄恩清在*Science Advances*发表"*Dole effect as a measurement of the low－latitude hydrological cycle over the past 800 ka*"期刊论文，党皓文在*Science Advances*发表"*Pacific warm pool subsurface heat sequestration modulated Walker circulation and ENSO activity during the Holocene*"期刊论文。合作发表论文64篇。

汪品先编著《深海浅说》。

吕枫获两项发明专利授权，一项实用新型专利，两项软件著作权；王本锋获三项发明专利授权；刘玉柱获两项发明专利授权，两项软件著作权；程玖兵获一项发明专利授权，一项软件著作权；耿建华、赵峦啸、赵崇进分别获一项发明专利授权；吴正伟获两项实用新型专利授权；杨群慧获一项软件著作权。

海洋地质国家重点实验室资助开放课题15项、自主课题8项，总资助经费248万元。

5月1－2日，同济大学与中科院深海科学工程研究所在君禧酒店召开合作讨论会，探讨深海科学技术合作，并计划联合广州海洋地质调查局签署共建深海科学与技术联盟框架合作协议。

9月8－10日，国际大洋钻探数据和DDE Scholar专题工作研讨会在上海举办，由海洋地质国家重点实验室、苏州深时数字地球研究中心主办，上海交通大学协办。会议邀请DDE首席科学家团队、五大体系负责人、相关工作组成员以及对IODP数据应用感兴趣的专家学者等来自15家单位80余人参会。

10月12日，国家自然科学基金重大研究计划"南海深海过程演变"结束自评估会议在学校召开，会议邀请30余位地球科学领域专家参加。汪品先担任专家指导组组长，总经费1.9亿元，历时8年的国家自然科学基金重大研究计划"南海深海过程演变"项目在2020年正式结题。

2020年12月26－27日，学院/实验室2020年度学术年会召开，学院教师、博士后、海底观测大科学工程办公室及环境科学与工程学院相关研究人员共计160余人参会。刘志飞汇报了南海深部计划研究成果及下一步推动南海国际合作研究的进展，南海深部计划在基金委重大研究计划结束评估会议上获评优秀。翦知湣汇报了2020年启动的第五轮学科评估与学科发展的情况并介绍了学院"十四五"规划，提出培养高层次人才队伍、构筑海洋研究高峰，引领海洋国际合作，建设一流国际海洋研究中心的中长期发展思路。

师资队伍建设 截至12月31日，学院教职工138人，其中正高级职称43人、副高级职称37人。海洋高等研究院25人，博士后30人。

中国科学院院士1人，973项目首席科学家3人，国家重点研发计划项目首席科学家3人，长江学者特聘教授3人，国家杰出青年基金获得者6人，青年千人2人，国家百千万人才工程国家级人才1人，教育部"跨世纪优秀人才培养计划/新世纪优秀人才培养计划"入选者7人，上海"青年科技启明星计划"入选者6人，上海"曙光计划"入选者3人，上海市教学名师1人，上海领军人才2人。

刘忠方获"国家自然科学基金杰出青年科学基金"，马知途入选国家青年千人计划、李江涛入选教育部"长江学者奖励计划"青年学者，陈怀震入选"上海市青年科技英才扬帆计划"，冯波入选上海市浦江人才计划(A类)，胡贯宇入选"博士后创新人才支持计划"，林宝治入选上海市"超级博士后"激励计划。

朱伟林获OTC亚洲特别贡献奖，于有强获"傅承义青年科技奖"，赵峦啸获"第十一届刘光鼎地球物理青年科学技术奖"。

学生工作 学院响应习近平总书记在全国政治思想大会上的号召，把立德树人作为中心环节，在校党委、学生处的正确领导下，在各兄弟学院的鼎力支持和学院各位老师的共同努力下，以坚持把思想政治工作贯穿教育教学全过程，实现全程育人、全方位育人为目标，积极开展各项工作，以期为开创我国高等教育事业发展新局面做贡献。

2月，学院团委组织各团支部开展"凝聚青春正能量，众志成城抗疫情"主题团日活动，并开展"海洋学子书写祝愿祈福中华""青年与海——青春在疫情中闪耀""海洋人居家攻略"等系列活动，同时组织学生集体线上收看战"疫"云团课。

4月，开展学术嘉年华"线上专业节"，组织学生开展国家安全线上学习，学院学生会举办世界地球日线上科普活动。学院2019级博士团支部开展致敬抗疫一线活动。

5月，学院团委组织各团支部开展纪念五四运动101周年线上主题团日活动。开展"劳动最光荣——我的劳动show"劳动节主题教育活动、"学习'四史'，重温校史"主题团日活动、"帆动海洋"海洋嘉年华线上活动、"帆动海洋——咕嘟咕嘟"配音比赛等系列活动，组织创作"笔写疫情——这场疫情下的'时代印记'"微视频。学院研究生会组织学生为同济113周年校庆送上祝福。

6月，学院学生会举办了"测一测，你的三生三世""海蓝之谜""片片济海"等主题海洋嘉年华活动，线上科普海洋知识。

7月，成功召开海洋与地球科学学院第十六次研究生代表大会及毕业生就业线上分享交流会。

9月，学院团委组织各团支部开展"弘扬抗议精神，凝聚奋进力量"主题团日活动。在新学期之初组织开展为期一周的2020年迎新活动、慰问军训师生、2020新兵入伍欢送座谈会及研究生会破冰活动等。

10月，学院学生会开展庆祝中华人民共和国成立71周年主题摄影作品征集活动、"蛟龙杯"3V3篮球赛及"奔跑，向祖国报到"跑步打卡活动。同月，组织学生前往海洋技术相关企业进行社会实践，组织开展就业动员大会，邀请就业指导中心方雅静老师为应届生作"后疫情时期的高校毕业生就业工作"讲座。

11月，学院学生会成功召开第十九次学生代表大会，同时开展海洋知识竞赛、"风帆扬起，等你即刻起航"圆桌论坛及"潜心共学四史，青春献礼祖国"学四史主题团日活动。同月，学院耿建华教授驻楼导师工作站海洋大讲坛第一期在西南八楼成功举行，杨守业教授主讲的海洋沙龙系列第二讲"海洋强国，追求自我"在西南八楼阅览室成功举行。

12月，学院研二党支部对标争先活动，以重走长征路为主题的素质拓展活动进行了党史的学习。学院杨群慧教授和高航教授主讲的海洋沙龙系列讲座第三讲"遨游海洋，海上见闻"在西南八阅览室成功举行。学院研究生第一党支部组织开展"守初心四史为镜，践使命海洋强国"主题知识竞赛暨积极分子学习。学院研究生会开展"2020，你最珍贵的朋友圈"朋友圈征集活动。

对外交流 2020年度，学院通过线上和线下结合的方式联系和邀请海外优秀学者，开展国际合作，进一步推动学院学科发展、科学研究以及人才队伍的建设。学院先后引进了美国德州农工大学汤继周加入同济地球物理团队，美国雪城大学博士、罗格斯大学博士后周晓理加入同济古海洋团队，同时，通过国际合作科研项目、开设国际青年学者论坛等形式，招募了一批优秀国际青年学者加盟。

1月，由IODP美国"决心号"科学执行机构(IODP－JRSO)负责的378航次(南太平洋古近纪气候)顺利执行，学院袁伟副研究员参加了本次航次，参与在南太平洋获取晚古新世至早渐新世的沉积记录以及新生代南太平洋古气候、生物地球化学循环变化等研究。同月成功举办了"2020年上海古地磁学讲习班"，邀请日本东京综合开发株式会社古地磁学实验室主任郑重博士等，就古地磁学国际前沿和热点作专题报告，进一步推动了中国古地磁学科的发展和人才培养。

3月，国际顶级学术期刊 *Nature* 在线发表了我院李江涛副教授与美国伍兹霍尔海洋研究所合作完成的最新研究成果"*Recycling and metabolic flexibility dictate life in the lower oceanic crust*"(有机质的循环利用和新陈代谢的灵活性决定下洋壳中的生命)。国际著名科学杂志PNAS在线发表了翦知湣教授与美国加州大学Santa Babara分校David Lea等合作者的研究成果："*Half－precessional cycle of thermocline temperature in the western equatorial Pacific and its bi－hemispheric dynamics*"，首次揭示轨道尺度厄尔尼诺变化的来源，挑战了气候演变理论的传统认识。

8月，美国"决心号"平台管理委员会(JRFB)2020年度会议在线上召开，来自IODP各资助机构的代表、科学家代表、"决心号"科学执行机构和各成员国办公室代表等40余人参加，学院拓守廷博士参加了会议。

9月，IODP论坛2020年度会议在线上召开，周怀阳教授、田军教授和拓守廷博士等作为中国代表参加了会议。会议审议国际大洋钻探2050科学框架，针对2023年后国际大洋钻探科学计划的制定提出诸多意见和建议，为制定国际科学计划贡献了中国智慧。

10月，*Science Advances* 在线发表党皓文副研究员、翦知湣教授与合作者德国不来梅大学Mahyar Mohtadi博士、美国Rutgers大学Yair Rosenthal教授、法国国家科学研究中心气候与环境实验室Franck Bassinot研究员、德国基尔大学Wolfgang Kuhnt教授等的研究论文："*Pacific warm pool subsurface heat sequestration modulated Walker circulation and ENSO activity during the Holocene*"。

11月，以"海洋自生碳酸盐与古环境指标"为主题的蓝海论坛(线上)成功举办。应杨守业教授邀请，英国利兹大学赵明宇博士、美国佛罗里达州立大学陈新明博士分别作了题为"碳酸盐成岩与古海洋指标""碳酸盐238U/235U重建古海洋氧化还原环境变化"的学术报告。同月，学院组织召开国际会议Workshop on Carbon Cycling in the South China Sea：New Aspects and Opportunities，汪品先院士、翦知湣教授、刘志飞教授，以及来自马来西亚、印度尼西亚、泰国、越南、日本、以及中国30余位专家学者参加，对"气候演变低纬驱动"假说做进一步的理论提升。

12月，第13届"南海河流沉积物国际学术讨论会"(13th International Workshop on the Fluvial Sediment Supply to the South China Sea)采用线上会议方式召开。来自菲律宾、越南、泰国、马来西亚、印度尼西亚、新加坡、柬埔寨、以及中国等南海周边共8个国家40余位专家学者和研究生参加会议。该会议由同济大学和联合国教科文组织(UNESCO)政府间海洋委员会西太分委会(IOC/WESTPAC)共同组织，刘志飞教授主持，对于推动南海地区的国际合作产生了积极影响。

2020年度，在中国政府海洋奖学金的资助下，通过线上申请与考核的方式，6名来自泰国、孟加拉国、马来西亚等国的留学生被录取来同济大学攻读硕士和博士学位。学院目前在读留学生人数36人，其中20人攻读博士学位，16人攻读硕士学位，全部留学生都获得国家留学基金委全额奖学金资助。

科普工作 深海探索馆和深海科学馆于2—8月闭馆。1—11月总计共接待4232人次参观；其中团体预约53团次，2742人次。举办科普活动21场，线上活动13场，在线参与人数84万人次（根据网络平台浏览量统计）；线下活动8场，其中室内科普活动参与人数422人，开放区域科普展览参与人数由于无法统计暂不计入。今年所获荣誉7项，科普作品及出版物8个。

1月11日，深海科学馆、深海探索馆双馆联动，开展了一场"深海考古"互动课。活动面向社会报名，市民参与踊跃。此次活动除了参观讲解和环幕电影固定环节，还邀请到实验室肖文申老师做了主题为"极地海洋科考"的科普讲座。科普基地自主开发的"为地球编页码"互动实验探究课也首次与大众亮相，志愿者通过精心设计的实验教具，在分析实验中向大家展示了海洋学家探究古生物底层学的奥秘，以及大洋钻探技术在当中的应用。

1月18日，与国际大洋发现计划中国办公室于上海自然博物馆第155期绿螺讲堂举办IODP 378航次直播连线活动，活动特邀同济大学海洋地质国家重点实验室肖文申担任嘉宾，通过视频电话与378航次上的中国科学家同济大学袁伟副研究员、中科院南海海洋研究所张强副研究员以及上海自然博物馆特派科普专员余一鸣在"决心号"科学钻探船上对话，开启了2020开年第一场"南太平洋古近纪气候"的科普连线。

2月，同济大学深海科学科普基地在上海市科学技术委员会组织专家评审开展的"2019年度上海市科普基地资质检查和运行绩效综合评价"工作中，以全市第三名的好成绩获评基础性科普基地类优秀。

3月1日，汪品先院士《科学、文化与海洋》通识讲座视频在"知到"APP上线，共49课时公开免费收看。

4月，由中国大洋发现计划办公室编著、上海科技教育出版社出版的《同舟共济南海梦——中国大洋钻探科学家手记》一书，成功入围2020年上海市优秀科普图书。

4月9日，深海探索馆"云场馆"小程序正式在微信公众平台上线，9—22日期间在公众号举办了"我和深海馆的故事"推广福利活动，读者们通过留言参与，获赠杨浦科普行护照、科学徽章等深海馆文创周边奖品，在朋友圈掀起一场热度不小的点赞潮。

4月22日，联合新华网"科普中国—科技前沿大师谈"于第51个世界地球日，聚焦"气候变化"主题，在科普中国、新华网客户端、今日头条多个媒体平台举办了一场网络科普直播讲座，邀请王汝建老师结合海洋地质国家重点实验室和国际大洋发现计划的研究，为公众解读极地的那些变化。

6月12日，为同济小学刚刚复课不久的同学们，开展了一堂"为地球编页码—海洋微体古生物浅识"科学实验分析课。活动分为五场，包括"初识海洋微生物""电镜观察原理"和"海上采样分析"三个部分的讲解，讲座后，开展动手动脑实验环节，由专业老师带着学生，分组体验大洋钻探科考船上微体古生物学家工作的场景，运用所学知识，通过微体古生物取样、分类、作图、定年、对比等一些列实验过程，推演得到岩芯样品的年龄。

8月21日，为科学营的参营同学们安排了"走进深海"系列活动。本次活动包括同济大学"深海探索馆""深海科学馆"线上参观讲解、科普讲座和互动问答环节。此次活动还邀请"蛟龙号"载人深潜器首位下潜科学家周怀阳教授结合自己出海下潜、科研经历为大家讲述深海前沿科学进展。

8月24日，依托杨浦区科技节在线板块直播平台，上线了《深海守望者——大师谈》和《揭开大海的神秘面纱——海洋观测》两部科普微视频，微视频中来自实验室的汪品先院士和周怀阳教授，把我国海洋地质科学家们如何将海洋事业日益向"海洋深处"挺近的努力向大家娓娓道来。

8月23—29日，在上海中心艺术长廊连续一周展出了"K/T界线沉积岩芯"等科学大洋钻探珍贵展品。通过扫描现场二维码，参观的市民从对展品的好奇到对展品科学背后故事的了解，体验并揭秘了一份地球历史档案。

9月23日，举办了在线科普直播"南海千米之下的'暗夜丛林'— 青年科学家分享会"活动。邀请了其中四位年轻的"深海勇士"为现场的同学和网站观看直播的公众，带来了精彩的深潜科考新奇见闻。

9月25日，"院士科普进商圈"之《深海奇遇》科普互动展在五角场的太平洋森活天地NOYA(North of Yangpu)青年文化地下空间拉开帷幕，展览为期3个月。展览采用多种数字展示手段，展现了我国深海事业发展成就，以及汪品先院士领衔的同济海洋科研团队部分深海科考成果。10月24日，学院副研究员党皓文在展览现场观众作了题为"载人深潜器探索多彩的海底世界"微讲座，分享了他6次南海深潜科考经历，带大家一探深潜器内部的模样。

10月1日，同济海洋与地球科学学院教授、著名海洋地质学家、中科院院士汪品先的新著《深海浅说》，由上海科技教育出版社出版发行，为读者解开关于深海的这一系列疑问。10月11日，《中国经济大讲堂》节目邀请汪品先院士，在CCTV—2央视财经频道和电视前的观众一起探讨《我们为什么要挺进深海?》。

11月，汪品先院士、深海馆黄维馆长，同济海洋联合入驻抖音，用更接地气的短视频平台传播深海文化。

11月15—16日，借着"奋斗者"号万米深潜的深海热点事件，央广新闻频道邀请翦知湣教授做客《深海实验室》央视新闻全海深特别报道。汪品先院士受邀参加上海院士风采馆“院士 TALK”，讲述我国的海洋发展。

11 月 19 日，联合上海自然博物馆，邀请同济海洋与地球科学学院、中科院南海所参与深潜航次青年科学家，在 Bilibili、斗鱼、虎牙、沃视频等多平台在线直播，分享“载人深潜那些事”。

12 月，同济大学深海科学科普基地申报的“探索深蓝，认知深海—深海文化宣传与实践”项目获得 2020 年上海科普教育创新奖—科普贡献奖(组织)一等奖荣誉。

(潘柏夷)

航空航天与力学学院

截至 2020 年底，航空航天与力学学院在编及在职教职工 99 人。其中，正高 33 人，副高 29 人，中级 22 人；博士生导师 35 人，硕士生导师 45 人；具有博士学位的教师 71 人。学院有博士后流动站 1 个、一级学科博士点 1 个、一级学科硕士点 2 个、本科专业 2 个。

学科建设 组织力学、航空宇航科学与技术 2 个学科参评教育部第五次学科评估。

制订学院“十四五”规划。对照学校“十四五”规划，在队伍建设、人才培养、科学研究等各方面对学院工作作了部署。

9 月 25 日，承办“商用航空发动机适航技术论坛”。论坛由中国航空学会适航分会、中国航空发动机集团适航工程中心主办，中国航发商发－同济大学适航技术联合创新中心承办，来自中国民航华东地区管理局、中国民航上海航空器适航审定中心、中国民用航空航油航化适航审定中心、上海市经信委，以及相关企业、高校、研究机构等 38 家单位的近 200 位领导、专家参加了论坛。

签订《中国商用飞机有限责任公司－同济大学战略合作补充协议》，在共建“民机复合材料联合研发中心”和“商用飞机数字孪生关键技术基础实验室”、共建“研究生联合培养基地”、联合举办民机专业知识培训、参与“大飞机创新谷”科研课题研究等方面达成了一致。

教学工作 2 月新冠疫情爆发后，学院主动应急响应、积极谋划线上教学工作，第一时间成立线上教学领导小组、工作小组，明确教学团队负责人要组织教师做好在线教学平台选取和线上教学准备。学期初，通过摸排课程信息、组织线上教学培训，协助教师使用线上教学平台智慧树、中国大学 MOOC 等在线开放课程，使用 zoom 教学，聘用研究生技术助教、研究生助教协助在线教学等措施，积极抗疫情，保证了线上教学的有序进行。学期末，组织师生参加双机位培训，做好考试预案，确保考试平稳顺利。2020 年上半年线上教学取得良好效果。

11 月 30 日，教育部发布了《关于公布首批国家级一流本科课程认定结果的通知》，沈海军“航空概论”入选“线下一流课程”，成为学院历史上第一个国家级“金课”。

“基于数字孪生方法的振动模态分析虚拟仿真实验”获批 2020 年度上海高等学校一流本科虚拟仿真实验教学课程建设；“流体力学 C”“基础力学实验”获批 2020 年度上海市重点建设课程。

“材料力学”“基础力学实验”“工程力学Ⅱ”“复合材料结构 CAE”获批同济大学优质在线开放建设课程；“流体力学 C”“微小飞行器制造与试验”等课程列入 2020 年度同济大学重点课程建设；通识课程“航空概论”列入同济大学 2020 年度精品类通识选修课程建设项目。

在 2020 年度宝钢教育奖评审工作中，沈海军喜获“宝钢优秀教师奖”荣誉。

在 2019 年同济大学教学成果奖评选中，学院获得一等奖 1 项、二等奖 1 项、三等奖 4 项。张舒老师被评为同济大学第七期名课优师。

学院共开设 54 门研究生课程，教学正常有序。研究生招生工作中，共组织了 5 次线上、线下复试工作，包括：2020 年统考硕士研究生复试、推荐免试研究生招生复试、硕博连读复试和二次审核制博士复试。研究生报名参加复试的人数规模呈现增长趋势。2020 年研究生毕业人数 44 人，获学位人数 49 人。

学院共组织 4 次线上校内外竞赛活动。其中第 16 届国际大学生工程力学竞赛亚洲赛由王华宁、方明霞、郑红浩三位老师带队指导，经过个人赛和团队赛的激烈角逐，同济大学取得了团体赛特等奖(排名第 4)、团队赛特等奖 2 项(第 1 名和并列第 4 名)、个人赛特等奖 3 人等丰硕的成绩，成功获得参加 2020 年 4 月在白俄罗斯举行的总决赛资格。在国际赛中，学院学生获得了大赛第 4 名(一等奖)，学校选派的机械工程专业学生获一等奖(第 12 名)，程屹歆(土木)、喻恒(力学)同学获二等奖，李茱迪(力学)、张源真(力学)同学获三等奖。

11 月 15 日，由同济大学承办的第四届上海市大学生力学竞赛，共有 11 个高校的 537 位学生参赛，在上海市力学学会指导下，由学院教师组成的力学竞赛工作组在组织报名、考场安排、监考、阅卷等环节上，逐条部署，严格执行、认真工作，并顺利举办。此外，学院还组织学生参加“上纬杯”第六届全国大学生复合材料设计与制作大赛。

2019 级本科生在新生院一年学习后，通过跨类选专业、主修专业确认方式，共有 89 名学生进入学院，其中工程力学 19 人、飞行器制造工程 49 人、大飞机班 21 人。2019 年 7 月第一批共毕业学生87人,其中获得保研资格41人。39名硕士研究生、22名博士研究生毕业;40名学生取得硕士学位,22名学生取得博士学位。

5月27日,第六届毕业设计(论文)学术报告会线上举行。本次正式启用“犁天”学术报告会名称,尝试扩大规模和影响力。学术报告会评选推荐优秀毕业设计参加“教育部高等学校力学专业教学指导委员会”举办的“力学类专业优秀本科毕业设计(论文)在线展示交流活动”,2016级工程力学专业欧阳梦寒(指导教师:陈硕、李启良)、2016级工程力学实验班薛婧璇(指导教师:徐鉴)获得了A类优秀论文。在学校的本科毕业设计(论文)评比中,陈硕指导的学生(欧阳梦寒)、李岩指导的学生(杨哲)获同济大学2020届优秀毕业设计(论文)奖。

7月,举办优秀大学生暑期学校活动,从136名报名学生中筛选出101名学员。经过选拔最终选出55名优秀学员,同时确定拟录取了5名直博生。

8月8日,学院教师在“首届长三角高校教师自制力学教学仪器设备创新大赛”中获得二等奖1项(沈海军老师)、三等奖2项(郑红浩、刘五祥等老师)。

12月28日下午,学院召开2020年度本科教学工作会议,总结2017—2020四年来本科生人才培养取得的实际成效,从教学团队建设、课程建设、教材建设等方面综合分析本科教学状态具体指标,分析专业建设目标与存在问题,并对后续工作提出设想;会上还安排金课建设经验分享,退休教师、青年教师发言等内容。

科研工作 学院科研经费大幅提升,牵头主持重点研发项目实现突破,科研成果持续增加。在国家自然科学基金获批数上保持稳定,省部级科研获奖进一步增加。

学院科研经费和发表论文数较去年均有大幅度提升。2020年学院科研经费到款3677.5万元,其中纵向科研经费1639.6万元,军工到款599.3万元,四技项目经费1771.9万元。全院到款总经费比2019年提高1171.3万元,增幅达到46.7%,2017—2020连续四年创新高且具有质的突破,国家重大项目比例显著提升。李岩主持国家重点研发项目“芳纶蜂窝纸在我国大型客机上的应用研究”,填补学院空白。发表各类期刊论文235篇,其中SCI检索论文156篇,为历年新高。

国家自然科学基金获批数稳定。在竞争激烈的2020年国家自然科学基金申请中,学院获批10项,包括面上项目5项,青年5项,连续三年获批数超过10项。2020年11月,学院召开2020年自然科学基金申报动员会,邀请学校国家杰出青年科学基金获得者周颖教授作基金申请辅导报告。

获评中国力学学会自然科学奖。黄争鸣教授申报的“连续纤维增强复合材料的细观力学弹塑性本构理论”获得中国力学学会自然科学奖二等奖,学院的国内外学术影响力得到提升。

师资队伍建设 2020年,组织申报海外高层次人才计划、上海海外人才计划、“东方学者”等国家和地方各类人才计划,1人入选海外高层次人才计划,4人入选上海海外人才计划,1人入选“东方学者”。利用学校全球招聘,根据引进标准从国内外引进特聘研究员2人、青年教师3人。

李倩、张振入选同济大学青年百人计划,李岩、黄争鸣、徐鉴受聘同济大学特聘教授A岗。

11月,沈海军获2020年度宝钢优秀教师奖。

学生工作 2020年本科生奖学金评定中,3人荣获国家奖学金,8人荣获国家励志奖学金,1人荣获上海市奖学金,2人荣获太原奖学金,1人获NITOR国际奖学金,3人荣获郭谢碧蓉奖学金,1人获光华奖学金,5人荣获冠龙奖学金,1人获得倪天增奖学金,1人荣获麦斯特奖学金,50人荣获优秀学生奖学金,9人荣获社会活动奖学金,2人获民族班专项奖助学金。

在2020年研究生奖学金评定中,2人荣获博士研究生国家奖学金,1人荣获博士研究生新生国家奖学金,2人荣获硕士研究生国家奖学金,3人荣获优秀硕士奖学金,2人荣获优秀博士奖学金,2人荣获优秀博士新生奖学金,1人荣获麦斯特奖学金,2人荣获光华奖学金,1人获倪天增奖学金,5人荣获社会活动奖学金。

在2020年各类评奖评优中,本科生中,1人获评同济大学优秀学生标兵,9人获评同济大学优秀学生,2人获评同济大学优秀学生干部;1个团支部获评同济大学五四红旗团支部;2人获评“航力之星”。研究生中,1人获评同济大学优秀学生标兵,9人获评同济大学优秀学生,2人获评同济大学优秀学生干部,1人获评同济大学优秀学生干部标兵;1个团支部获评同济大学五四红旗团支部;1人获评“航力之星”。

2020年,学院有17名党员按期转正,28名积极分子被确定为发展对象;发展党员27人;学院分党校培训28名发展对象,其中5名发展对象获评“党校优秀学员”称号。

学生获批各类创新项目数量创历史新高。其中国家级大学生创新创业训练实验项目2项,上海市大学生创新活动计划项目2项,同济大学大学生创新实践计划(SITP)9项。

2—3月,学院组织各支部积极开展系列抗疫防疫工作,以抗疫防疫科普学习、“停课不停学”、心理防疫、“线上逛专业”、“给力”战疫知识梳理与学习、“防止电信诈骗”等为主题开展多场活动。

3月9日,组织全院学生共同观看全国大学生同上一堂疫情防控思政大课。

4月14日,开展2019—2020年第二学期入党启蒙教育。

4月16日,举行学习习近平总书记总体国家安全观主题教育。

4月30日,开展以“回望历史,展望未来,让青春在党和人民最需要的地方绽放绚丽之花”为主题的纪念五四运动101周年线上主题团日。

5月12日,开展实验室/工作室管

理规定学习宣传工作。

5月19日，组织“博思论坛”系列活动——学术先锋经验分享会。

5月19日，启动2020—2021年度“心心向党”入党申请人员学习教育活动。

5月19日，组织“四史”学习辅导报告。

5月22日，开展心理委员展示暨优秀心理委员评选活动。

5月22日，举办“线上科研效率提升探索”博思论坛闭幕式。

5月24日，举办第九届未来飞行器设计大赛暨上海“宇航杯”未来飞行器设计大赛选拔赛。

5月24日，开展“犁天”学术报告会。

5月26日，组织庆祝同济大学建校113周年航空航天与力学学院报告——中国商用飞机发展及复合材料应用。

6月2日，开展心理委员培训暨工作交流会。

6月4日，开展“心心向党”入党申请人线上主题教育活动。邀请同济大学关工委副主任陈立丰教授作“航空报国、追求第一——新中国的航空事业”的主题讲座。

6月1日—7月1日，开展毕业季活动，包括“瀚海灯塔，师恩无限”“我最喜爱老师”评选活动、“学长学姐话春秋”主题交流会、你的未来有我的声音——“我为航力建一言”、2020届学生毕业典礼暨学位授予仪式。

9月16日，开启国家安全宣传周——网络安全教育。

10月2日，学院通过线上腾讯会议平台，邀请同济大学时代声音传播社宣讲员王嘉铭为师生带来“众志成城战疫路、同舟共济爱国心——从抗疫视角解读中国人的爱国主义”主题教育。

10月15日，学院分党校2020年秋季学期发展对象培训班开班动员会在彰武路校区东大楼3楼会议室顺利举行。

10月16日，在东大楼200召开第十二次研究生代表大会。

10月13日，上海飞机制造有限公司(上飞公司)与航空航天与力学学院以校招为契机，在经纬楼三楼报告厅举办了“蓝天梦工厂”宣讲活动。

10月20日，在东大楼200召开第十七次学生代表大会。

10月27日，学院与电子与信息工程学院、马克思主义学院共同举办的“疫情后，让你的心理素质同步升级”心理健康专题讲座在南校区顺利举行。

11—12月，学院在学四楼建设“驻楼导师工作站”，通过每周一次的社区讲堂、成长问诊、学术沙龙、师生对话等，知名教授、知名学者深入学生的空间和平台，就专业知识、未来方向选择、职业选择、日常生活等方面助力学生成才，以正向的人生态度、丰富的人生阅历、严谨的治学精神引导学生健康成长、树立远大理想。

11月3日，由学院分团委和中国商飞上飞院试验验证中心团总支联合开展的“共学四史秉初心，同担使命守信念”主题团日活动在东大楼四楼中厅顺利举行。

11月7日，上海力学委员会科普委员会主任沈海军，携同济大学航模协会前会长汪成同学和志愿者严晴晴同学，为同济大学教职工摄影协会举办了一场妙趣横生的科普四旋翼无人机摄影培训。

11月4日，学院在东大楼组织了2020年度心理健康教育表彰会暨心理委员培训，对在心理健康教育中表现突出的学生进行表彰，并邀请了同济大学心理健康教育与咨询中心的王乐实老师开展“常见心理问题的识别与应对”培训。

11月10日，学院羽毛球赛在羽毛球馆举行。

11月4日，秋季学期学生骨干培训在东大楼举行，邀请了同济大学研究生会主席团成员申云璞就“学生活动的策划、组织”开展专题培训。

11月26日，学院与物理科学工程学院主办的驻楼导师工作站活动在学三、学四楼顺利开展。同济大学校长陈杰走进学生社区，结合自身研究方向及人生阅历，与同学们共话青年学子的使命与担当。

12月4日，组织航力“翱翔杯”篮球赛，共四支队伍参加，经过激烈角逐，“种子队”荣获冠军、Raptors队喜获亚军，航梦队获得季军。

12月4日，原中国航空工业集团公司科技部长、中国航空学会秘书长张聚恩研究员为包括新生院和航力学院等在内近200名师生作“航空强国的前景与使命”的精彩报告。

12月8日，在经纬楼举办“学习‘四史’守初心，继往开来担使命”航力学院第二届微党课比赛。

12月12日，由学院与复旦大学航空航天系联合组织的“知新励学，交融创新”同济－复旦联合博士生论坛在同济大学成功举办。

12月11日，学院和新生院联合主办的名为“古埃及木鸟滑翔机设计制作”的新生教学拓展课在彰武路校区东大楼顺利开展。

12月15日，组织新生专业导论课拓展活动。

12月22日，学院在129礼堂举办“忆建党百年风云、颂‘四史’再续华章”合唱比赛暨颁奖典礼。比赛共13支队伍参加，评出一等奖队伍1支、二等奖队伍2支、三等奖队伍4支，优胜奖队伍6支。

对外交流 2020年，受疫情影响，线下国际合作受到影响，但学院仍以多种形式开展国际合作。

2020年“高端外国专家引进计划”完成2项，与法国、中国香港等专家远程合作，产出高水平文章7篇，专利1项，另有线上学术报告1次。

2020年度共有7人次学生参加国际学术会议，并作线上分会场报告。

2020年度拟派出3名CSC联培博士与1名直接攻博博士，受疫情影响暂未成行。

2020年11月，与瑞典林雪平大学双学位协议续签。

（王晶晶）

数学科学学院

学院在校学生共577人，其中，本科生389人，硕士生101人，博士生87人。招收新生111人，其中2020级数学拔尖班60人，硕士生招生31人，博士生招生20人。当年毕业生共137人，其中本科生99人，硕士生26人，博士生12人。

学科建设 2020年数学科学学院获得国家自然基金优秀青年基金1项，面上项目5项、青年基金项目1项。

学院教师及研究生在2020年共发表被SCI、EI检索论文188余篇，其中在学院确定的二区期刊上发表21篇；学院承办学术会议超过30场次，学术报告近200场次。

教学工作

本科生教学 树立科学的教育理念，注重健全“三全育人机制”，着力打造高质量的人才培养体系，加强教学质量控制，规范教学管理制度，践行2020级培养方案，细化大类培养方案与专业培养方案之间的细节，解除学生从大类转到专业后的多方面顾虑。69位老师完成在线授课91门，服务学生9109余人。完成三大公共课“高等数学”“线性代数B”“概率论与数理统计”在线考试，最多的一场考试有79个云端考场，涉及158位监考教师，3173名学生。

周朝晖教授团队的“高等数学”课程，张莉副教授、靳全勤教授的“线性代数”课程获评首批国家级线上线下混合式一流本科课程；荣获2019—2020学年第二学期线上教学工作优秀单位、优秀案例；取得同济大学教学成果一等奖1项，二等奖2项，三等奖1项；同济大学重点课程2门；同济大学课程思政教育教学改革项目3项；同济大学通识类精品课程1项；同济大学“立德树人”示范课程1项；同济大学教材一等奖1项，二等奖1项，三等奖1项。同济大学育才奖特等奖1人，二等奖1人；名课优师3人。

组织学生参加学科竞赛、参加创新创业活动，积极申报国家级、上海市、校级的创新项目。

数学强基、数学拔尖、数学荣誉课程是造就数学家、注重交叉课程的培养模式探索，分设独立的培养方案，小班化、导师制、学分制。2020级“强基班”有62名学生，前两年由国豪学堂管理，三年级开始由数学科学学院管理；“拔尖班”的62名学生一年级在新生院管理，二年级开始由数学科学学院管理；“荣誉课程”的104位学生一年级由新生院管理，二年级开始分流至各学院。

第十二届全国大学生数学竞赛上海赛区竞赛，荣获非数学组：一等奖27人，二等奖36人，三等奖55人，数学组A：一等奖4人，二等奖3人，三等奖21人；中国高校SAS大赛获得一等奖3队，二等奖3队，三等奖1队。

2020年美国大学生数学建模竞赛一等奖6队，二等奖24队，三等奖39队；全国大学生数学建模竞赛特等奖1队，一等奖4队，二等奖8队；上海赛区大学生数学建模竞赛一等奖18队，二等37队，三等奖44队。

研究生教学 2020年获批应用统计专业硕士学位点，开展专硕招生部署、培养方案论证以及制定工作，组织招生宣讲8场；2020年顺利完成了线上招生和答辩改革；成功举办了研究生招生夏令营和研究生推免工作；博士生张君会获2020年度同济大学学术先锋，“人工智能背景下的科学计算课程与研究生教学改革与实践”获同济大学教学成果二等奖；获同济大学优秀博士学位论文2篇，同济大学优秀硕士学位论文1篇，计算数学团队获同济大学首届卓越研究生导学团队；发放各类奖学金共计57万元。

师资队伍建设 2020年组织了2次国际青年学者论坛，先后超20名青年学者到访，为2020年人才队伍建设和项目申报奠定了基础。

全年共申报各类人才项目共计12人次，其中5人次申报上海市海外高层次人才计划青年项目，1人次申报优秀青年基金项目，3人次申报长江学者青年项目，1人次申报青年拔尖人才项目。

成功申请基金委优秀青年基金项目1人，青年拔尖人才计划项目1人，国家级海外高层次青年人才2人，上海市海外高层次人才计划青年项目5人。目前学院编制内及长期内聘任的高层次人才17人，高层次人才队伍建设成绩显著；引进助理教授3人，引进特聘研究员2人，人才队伍机构更加合理。

学生工作 2020年，数学科学学院以习近平新时代中国特色社会主义思想为指导，深入学习贯彻落实党的十九届五中全会精神，紧密围绕爱国主义教育、战“疫”行动、“四史”学习、脱贫攻坚等主题开展思想政治教育工作，做好疫情防控常态化下学生安全稳定工作。

学院辅导员团队学院鼓励辅导员依托工作场景深化工作研究，协调工作实践与工作研究之间的良性互动，深化成果转化。团队主持省部级思政类课题项目1项（上海学校德育实践课题），校级课题/项目2项，主持教改课题子项目3项，协调工作实践与工作研究之间的良性互动，实现成果互转。同时还尤为注重班主任队伍培养，每月举办班主任工作例会、工作沙龙，全年累计开展“心理育人工作坊”“学业困难学生专项调研”“研究生班级建设专题研讨”“就业动态解读”等多主题的工作交流和工作培训6场，开展优秀班主任工作论坛，分享班级工作经验，树立班主任专业化工作形象，每年评选校级优秀班主任2名，院级优秀班主任3名。

学院荣获2019—2020学年同济大学资助育人工作先进集体，彭婧荣获先进个人。学院“数学外卖”多层次全方位助学计划项目与“一人一策”学业困难学生帮扶计划均荣获同济大学2019—2020学年“同舟一助飞”学业发展与指导示范项目。赵盈获得上海高校辅导员论坛征文一等奖，彭婧获评第十二届“挑战杯”上海市大学生创业计划竞赛优秀指导教师。

学院积极开展“铸魂、强基、立规”三大工程建设，构建以党建引领为鲜明旗帜的思想政治工作体系。年度累计发展党员26人，完成积极分子培训覆盖618人次，开展各类入党启蒙教育活动6场。在党建工作中，逐步探索建立了“项目式历练”的育人模式，以“党员助学帮扶”“党员一对一结对”“创先争优党员在行动”“党建带着团建走”“垃圾分类党员先锋岗”等多项建设任务。本年度学院五个学生党支部开展“对标争先”创建计划全覆盖，获校级品牌支持2项、重点支持1项、优秀2项、一般2项，校级支持经费共计2.2万元，较上年增长29.4%。学院本科生支部项目获评学生党支部“对标争先”建设十佳项目、本科生党支部获评同济大学先锋党支部、研究生支部书记薛元圆获评同济大学先锋党员称号；预备党员张一骄在全校七一主题党日活动上发表演讲，同时“党员TALK”作为学院持续深耕的党建工作品牌，全年度开展了两季，“用互联网思维打造“党员TALK”校园文化品牌”获评同济大学2018－2019年度文化建设优秀项目。全年开展主题团日活动115场，参与人数549人。在今年的征兵工作中，学院3名同学光荣入伍；54名同学积极参与无偿献血，圆满完成专项指标任务。

学院紧抓同济大学三全育人综改试点收官节点，圆满完成“网络思政阵地构筑工程”建设任务，进一步升级党员TALK、“数学外卖”及助学服务基地建设等工作品牌，拓展专业助学工作云端版图，新辟“一题撬动数学”朋辈云端助学短视频累计100个、吸纳1.4万粉丝量，积极谋划课程思政改革，选拔教学骨干新建“优师微课”项目，与同济大学强国号、同济大学B站号联手共创推出，云端学业指导版图成熟构建，线上线下年均受益面达20000人次。

探索协同育人的创新模式，亲密对接同和、国豪两大学堂，开展专业学院一新生院协同育人专项助学导学计划，发起“万物皆数”数学导学月系列活动，传播数学文化，增进专业认同；继续举办面向新生开展专业导育的“数拔未来—数学人午餐会”，成立数学文化宣讲团面向中小学开展数学科普志愿服务，53名志愿者培训过关并累计开展20场科普活动，覆盖1030人次；探索专业培养与创新创造能力培养的结合点。

学院立足学生成长发展的第一需求，全力构建德智体美劳均衡发展的支持系统。各级各类助学金覆盖72名助学成才服务对象，动态掌握助学对象经济、学业、心理等多维状况，以精准认定实现精准帮扶；本年度发放各类奖学金38.7万元，惠及120名学生；助学金46.8万元，惠及92名学生。

主动应对疫情和经济下行压力，在学院层面早谋划、早行动；针对毕业生进行充分调研并开展分类指导，深入了解学生成长需求，点对点发送实习岗位及求职信息。组建“职业发展协会”学生社团组织，培训“朋辈学生生涯导师团队”，开展低年级生涯教育。依托驻楼导师工作站和主题班会，加年级学生生涯教育；通过社团公众号定时发布实习就业岗位信息，制作《在联合国发出中国声音》微信推文，营造良好就业氛围。面向2021届毕业年级分类型、分步骤举办就业动员会共4场，全覆盖举行考研学生谈心谈话调研会4场，帮助学生提前做好规划；开展简历面试工作坊、生涯起航工作坊4次，进行一对一简历指导40人次，进行咨询7次。企业举办“未来大数据人才训练营”1期，组织“校友大咖说”2期、疫情开展云端数院企业行2次，全面赋能学生成长。创新工作机制，协同班主任、研究生导师、年级辅导员、本科生毕业论文导师、教工党员等育人力量，提升就业工作实效。召开就业专项研讨班主任工作会，组建班主任、导师、辅导员在内的就业工作群，针对个别就业困难学生调动校院两级工作平台及就业资源开展组团帮扶，今年学业严重困难学生从25人降到5人，总体学业发展状态平稳有序。截至11月，2020届毕业生就业率100%。

学院学生工作取得一定育人成效，许学军教授带领的“计算数学”导学团队获评同济大学首届“卓越”研究生导学团队标兵；研究生张君会荣获2020年研究生学术先锋；研究生潘恩德和肖连传获得2020年“扬帆奖”一等奖，胡西春和邹宏春获得二等奖。学院获评同济大学2018－2019年度文明标兵单位。

图书资料 2020年学院续1个电子期刊、4个电子书数据库，同时新征订3种期刊、新增电子图书22册、纸质书4册。

对外交流 受疫情影响，2021年学院教师无出境记录，本科生4人次出境交流，研究生9人次出境交流。

（廖洒丽）

物理科学与工程学院

截至2020年12月，学院在编教职工117人，高研院编制2人，双轨制派遣人员1人。其中正高56人，副高36人；博士生导师62人，硕士生导师15人；具有博士学位90人，硕士学位12人。拥有全职国际师资1人（欧洲科学院院士、国家外专计划获得者），教育部特聘教授3人，杰出青年基金获得者6人，优秀青年基金获得者1

人，国家级教学名师1人，中组部青年人才计划8人，以及教育部、上海市等省部级人才60多人次。此外，还拥有国家基金委创新群体、专用类国家创新团队、普通物理学国家级教学团队和教育部创新团队各1个；建有先进微结构材料教育部重点实验室、上海市特殊人工微结构材料与技术重点实验室和中欧声子学联合实验室。设有博士后流动站1个，一级学科博士点1个，二级学科博士点4个，二级学科硕士点5个，本科专业2个。当年招生197人，其中本科生77人，硕士研究生58人，博士研究生55人，国内博士后研究人员7人。在校生中有博士研究生208人，硕士研究生157人，本科生262人。当年毕业生中有博士研究生35人，硕士研究生44人，本科生78人，出站博士后研究人员3人。

教学工作 应用物理学获批教育部强基计划专业，物理学入选教育部基础学科拔尖学生培养计划2.0基地。

课程负责人顾牡、吴天刚的普通物理被教育部评选为首批国家级线下一流本科课程；课程负责人谢双媛的电动力学被教育部评选为首批国家级线上一流本科课程。课程负责人顾牡、倪忠强、吴天刚等的原2017年国家精品在线开放课程大学物理（系列）课程被教育部认定为首批国家级线上一流本科课程；课程负责人王祖源、宋志怀的原2018年国家精品在线开放课程普通物理被教育部认定为首批国家级线上一流本科课程。

发表近32篇本科教学改革与研究论文，27篇研究生教育与教学研究的论文。改编出版第三版“十二五”普通高等教育本科国家级规划教材《大学物理学（上、下册）》（高等教育出版社）。第一主编毛骏健的大学物理学获同济大学优秀教材奖一等奖，马宁生的光学实验获同济大学优秀教材奖三等奖。刘海兰、顾牡的普通物理B入选上海高校市级重点课程建设立项名单，羊亚平的虚拟仿真实验教学课程测量放射性物质辐射强度的居里虚拟仿真实验被上海市教委认定为上海高等学校一流本科课程。任中洲的奇妙的现代物理遴选为同济大学通识教育教学创新课程；宋志怀、刘海兰的大学物理先导课和马宁生的光学实验入选同济大学第一批优质在线开放课程建设项目；方恺的“测量放射性物质辐射强度的居里实验”，刘海兰、顾牡的普通物理B和陈宇光的热力学与统计物理入选同济大学重点课程建设项目立项名单。谢双媛的本科课程电动力学入选同济大学第三期“立德树人”示范课程，并和刘海兰的本科课程普通物理A下同时被评为同济大学第七期“名课优师”。杜艾获同济大学青年教师讲课竞赛一等奖和上海市青年教师讲课竞赛优秀奖。

同济大学第十五期实验教学改革专项基金项目立项建设4项；同济大学第十四期实验教学改革专项基金通过验收项目2项；同济大学第十三期精品实验项目立项建设1项；同济大学课程思政教育教学改革立项建设项目2项。

2019—2020学年本科教学基本状态考核优秀，其中基本分排名列第6名，总分排名第7名。2019—2020学年同济大学研究生教育教学状态考核评分69.45，位列第13位。

学科建设 面向国际学术前沿和国家重大需求，聚焦波与材料微结构领域，形成“对波调控的材料微结构理论”“人工晶体材料与微结构器件”“微结构器件应用及系统”三个特色研究方向。

2月19日，物理学国际顶级学术期刊物理评论快报（*Physical Review Letters*）在线发表羊亚平团队在超辐射量子相变最新研究成果“*Squeezed Light Induced Symmetry Breaking Superradiant Phase Transition*”（doi.org/10.1103/PhysRevLett.124.073602）。该工作通过引入量子驱动，提出利用压缩光实现量子相变以及超快光开关的新方案。

3月6日，应用物理国际知名期刊物理评论应用（*Physical Review Applied*）在线发表徐象繁课题组和周俊课题组在铁电聚合物中的声子重整化效应最新成果“*Phonon Renormalization Induced by Electric Field in Ferroelectric Poly*”（*Vinylidene Fluoride Trifluoroethylene*）*Nanofibers*（doi.org/10.1103/PhysRevApplied.13.034019）。该工作不仅诠释了声子重整化对P(VDF－TrFE)纳米纤维热输运的影响，同时也为未来铁电高分子热控相关领域的应用提供了可靠的理论依据与实验基础。

3月25日，物理学国际顶级综合期刊物理报道（Physics Reports）在线发表陈杰课题组与华侨大学、新加坡高性能计算研究所在低维纳米材料热传导领域的最新研究进展“*Size－dependent phononic thermal transport in low－dimensional nanomaterials*”（doi.org/10.1016/j.physrep.2020.03.001）。该工作系统总结了低维纳米材料声子热传输的尺度效应，指出了低维纳米材料热输运研究领域的主要挑战，提供了一些解决当前问题的可行方案，为未来该领域的研究指明了方向。

4月10日，应用物理国际知名期刊物理评论应用（*Physical Review Applied*）在线发表李勇课题组在建筑声学通风隔声窗领域的最新研究成果“*Broadband Acoustic Ventilation Barriers*”（doi.org/10.1103/PhysRevApplied.13.044028）。该工作实现了具备高效通风的宽带隔声亚波长结构，有望解决城市绿色建筑的环境噪声难题，为我国声学功能材料开发相关的国防、交通、环境等诸多领域的基础研究和自主知识产权的应用研究提供理论和技术支持。

5月6日，物理学国际顶级学术期刊物理评论快报（*Physical Review Letters*）在线发表任捷课题组在人工智能交叉物理学方面的最新研究成果“*Unsupervised manifold clustering of topological phononics*”（doi.org/10.1103/PhysRevLett.124.185501）。该工作结合人工智能前沿，首次发展了

拓扑声子学的无监督物态分类，为数据驱动的拓扑物态分析奠定基础，并激发理解拓扑相的新见解。

5月30日，以视频方式召开同济大学第五届国际青年学者论坛物理分论坛。5位海外优秀青年学者作了精彩报告，分享最新研究成果，并围绕物理学科前沿研究热点与学院20多位青年教师和博士后展开互动交流。

6月28日，材料领域国际高水平期刊《先进材料》(*Advanced Materials*)在线发表丘学鹏课题组在自旋电子学领域的最新研究成果"*Bulk Spin Torque-Driven Perpendicular Magnetization Switching in L10 FePt Single Layer*"(doi.org/10.1002/adma.202002607)。该工作突破自旋轨道矩的界面制约，解决当前异质结器件根本瓶颈问题。

7月31日，光学领域国际顶级期刊《光学设计》(*Optica*)在线发表王占山、程鑫彬团队在衍射光学元件实现轻薄计算成像的最新研究成果"*Learned rotationally symmetric diffractive achromat for full-spectrum computational imaging*"(doi.org/10.1364/Optica.394413)。该工作利用微纳光学器件结合深度学习的计算成像技术，实现新型轻薄成像系统，有望将轻量化便携式计算摄影引入全新时代。

8月19日，国际知名综合期刊《科学进展》(*Science Advances*)在线发表钟锦强团队联合南方科技大学、香港中文大学教授夏克青团队在湍流体系旋涡结构的运动演化规律的突破性研究成果"*Vortices as Brownian Particles in Turbulent Flows*"(doi.org/10.1126/sciadv.aaz1110)。该工作开拓了旋转湍流对流领域的研究新体系。

9月15—19日，程茜团队发明的多模态光声分子成像和肿瘤诊断系统亮相第22届中国国际工业博览会高校展台。该系统采用超声、光声和光声谱三种生物识别技术，可对患者体内病灶展开实时跟踪与动态评估，无创且高效。

9月18日，国际高水平期刊《自然·通讯》(*Nature Communications*)在线发表任捷课题组在自旋传输调控研究上最新成果"*Realization of Acoustic Spin Transport in Metasurface Waveguides*"(doi.org/10.1038/s41467-020-18599-y)。该工作利用设计的人工表面波导，首次实现了声自旋的的输运。为弹性波中的自旋机制提供新的观点，也为声自旋相关的波控制提供了新的思路。

10月5日，物理学国际顶级期刊《物理评论快报》(*Physical Review Letters*)在线发表陈鸿团队和任捷课题组在光学近场调控研究上最新成果"*Designing All-Electric Subwavelength Metasources for Near-Field Photonic Routings*"(doi.org/10.1103/PhysRevLett.125.157401)。该工作基于对称性原理设计超构光源并实现近场光子路由，为未来集成光学器件的研制提供了新思路。

12月29日，物理学流动站被学校授予优秀博士后科研流动站。

科研工作 全年科研经费到款1.0426亿元，其中纵向经费8651万元，横向经费1775万元。到款经费中有国家重点研发计划15项(其中：牵头项目2项，一级课题5项，二级课题8项)，国家自然科学基金43项(其中：杰出青年基金1项，优秀青年基金1项，重点项目3项，重大项目课题1项，面上项目26项，联合基金1项，青年科学基金8项，重大国际合作1项，国际合作1项)，省部级项目56项。横向课题100项。新增国家科技重大专项项目3项(项目牵头单位)、专用类创新团队1项、重点专项项目2项；申请国家自然科学基金66项，获批23项，总金额2374万元，资助率34.85%。其中重点项目3项、重点国际合作2项、国家优秀青年科学基金1项、面上项目10项、青年基金6项、联合基金1项。获批项目数、资助经费创历史最佳成绩。

以同济大学为第一单位发表论文125篇，其中高水平论文17篇，本学科得到广泛正面评价的研究论文15篇。出版《现代物理基础丛书驻极体》(第二版，科学出版社)。申请国家发明专利52项，授予国家发明专利31项。3项成果入围同济大学2020年度"十大最具转化潜力科技成果"名单，并获优胜奖。

学院精密光学工程技术研究团队获同济大学"十三五"科研工作先进集体(团队)称号，程鑫彬、程茜获科研工作先进个人称号。

师资队伍建设 新增专用类(国家级)创新团队1个，新增教育部特聘教授1人、优秀青年基金获得者1人、中组部青年人才计划2人。引进中组部青年人才计划2人，其中1人入选上海科技青年35人引领计划。聘请同济大学讲座教授(兼职)1人，聘请同济大学青年百人计划B岗2人。校内高层次人才长聘岗位聘任15人，其中特聘A岗7人，青百A岗8人；校内正高同级转聘长聘教授1人；校内晋升教授3人，副教授1人，高级实验师1人。增列博士生导师2人。此外，聘请了包括院士在内的8位高层次人才为兼职博导。

博士后进站6人，其中1人获上海市超级博士后激励计划。

学生工作 以"三全育人"综合改革试点建设为契机，全面实施本科生、硕士生和博士生导师制，构筑学科特色全员育人培养体系，并以课程思政和第二课堂为载体，多措并举探索构建新时代人才培养模式。

先后开展"不忘初心 牢记使命"主题教育，回顾党史、新中国史、改革开放史、社会主义发展史学习教育，"传承红色基因，寻访红色足迹"主题活动，"我与祖国共奋进—国旗下的演讲"特别主题团日、"垃圾分类"主题劳动教育实践，研究生和本科生导师"心理育人"专题培训、驻楼导师等；组织参观"红色起航"纪念馆、四行仓库抗战纪念馆等；举办"格物致理求实创新志存高远不负韶华"研究生博思论坛。

发展本科生入党积极分子58人、

研究生入党积极分子34人。本科生就业率93.84%,硕士研究生和博士研究生就业率100%。

获上海市普通高等学校优秀毕业研究生5人、校级优秀毕业研究生5人。获上海市普通高等学校本科优秀毕业生4人、校级优秀本科毕业生4人。获校级优秀毕业设计(论文)2人;获同济大学"扬帆奖"一等奖3人。

博士研究生国家奖学金获奖5人,硕士研究生国家奖学金获奖3人。本科生国家奖学金获奖3人,本科生国家励志奖学金获奖9人,本科生上海市奖学金获奖1人。

在2020年全国大学生物理实验竞赛(创新)决赛中,本科生傅驰原、梁伊雯、袁新航的参赛作品"相差超声声镊"获一等奖;谢今晓、刘隽喆、武亦文的参赛作品"黏性流体中运动球体动力学效应的实验研究",咸若晖、王佳鑫、单淑玥的参赛作品"无线电能传输"和朱国瑞的参赛作品"基于Arduino的多反射干涉测量系统"获二等奖;应为、杨见晓的参赛作品"X光实验"获三等奖。在第四届"iTeach"全国大学生数字化教育应用创新大赛中,本科生李渔迎参赛作品"'夫琅禾费衍射'课件"、王琦为队长的参赛作品"'易同学'文献深度阅读协作APP"获得课件类及工具系统类一等奖。在美国物理学会和美国天文学会主办的2020年国际大学生物理竞赛中,本科生朱国瑞、谢梦祥、肖遥、赵莹杉获金奖2项,王淳、洪旗等23名同学获银奖8项,许昊、毛清源、李浩昱等24名同学获铜奖8项。

获国家级大学生创新创业训练计划5项、上海市创新创业训练计划5项,获同济大学第十五期大学生创新实践训练计划(SITP15)立项21项。

对外交流 继续开展中法卓越工程师项目(本科+硕士层次)、法国巴黎高等理工化工大学校研究生合作培养计划和法国巴黎高等物理化学大学校(ESPCI)双学位项目(同济大学硕士与法国工程师文凭)。

依托同济大学基础科学高等研究院平台,柔性引进了3名国家级人才计划获得者和2名海外知名学者为同济讲座教授。聘请了包括院士在内的8位高层次人才为兼职博导。

(陆卫昌)

化学科学与工程学院

2020年是实施"十三五"规划的收官之年,同济化学已基本完成了率性发展的学科建设1.0版本,在师资队伍、科学研究、科教平台及人才培养方面取得了标志性的建设成果。通过不断总结剖析,谋划讨论,学院确立了以工科化学为特色,面向国际科技前沿、国家战略需求以及区域经济发展需求的学科建设方针,后续将升级为科学发展的2.0版本,由数量导向转为质量导向,为"十四五"良好开局打下坚实基础。

党建工作 截至12月,中共同济大学化学科学与工程学院党委共有党员279人,其中正式党员263人,预备党员16人;2020年新发展预备党员16人,转正党员30人。

2020年度,学院党委统筹安排教职工和党员理论学习,集中学习21次,党委班子成员开展党课教育5场,指导基层党团支部、班级开展主题教育活动十余场。制定了《同济大学化学科学与工程学院关于落实师德建设长效机制实施细则》,加强教职工思想政治和师德师风教育与考核,对出国(境)师生行前教育与回访。针对不同议题组织师生座谈会征集意见和建议,及时反馈落实情况。加强帮扶慰问,"七一"、春节、疫情等慰问师生29人次,发放慰问金5.8万元。

全年学院青年大学习覆盖率成绩始终名列前茅,共计八次被评为"学习标兵学院"。各党支部积极参加"对标争先"建设项目,本年度有2个项目获得学校优秀项目立项,7个项目获得一般项目立项,全部项目均已按期结题。

在广泛征求教师、学术委员会以及教务委员会意见与建议基础上,加强学院制度建设,出台《中共化学科学与工程学院委员会会议事规则》《化学科学与工程学院党政联席会议事规则》《化学科学与工程学院"三重一大"决策制度的实施办法》,按照教育部党组有关文件精神完成《化学科学与工程学院党委会议议事规则》和《化学科学与工程学院党政联席会议议事规则》修订。完善研究生招生管理办法、职称聘任办法等。形成制度汇编,在学院办公室设置学院管理规章制度查询点。

进一步落实《同济大学二级党组织党建工作质量标准》,巡察期间巡察组发现和反馈以及党建工作检查相关问题,做到即知即改。聘请乔建新老师为特邀组织员,指导党建工作,本年度开展了1次基层党务能力培训以及1次党建材料督查。

师资队伍 截至12月底,学院共有教职工107名,新进人员2名。正高职称教师42名,副高职称教师31名。

为支持配合学校"双一流"建设工作,加大优秀青年人才的引进力度,学院利用科学网、C&EN等国内外知名网站进行线上宣传,于5月30日举办了第五届"同绘蓝图济托未来"国际青年学者论坛—化学分论坛,采用ZOOM视频会议形式,聚集了来自美国、英国、加拿大、瑞士等全球不同地区的12位青年才俊。

在人才计划申报方面,学院根据年龄分布,为中青年教师发展量身定制培养方案,组织学科专家明确申报领域,辅导撰写申报书,模拟现场答辩,提供点对点定向支持与帮扶。11月7日,学院组织召开了"同济化学学科中青年教授学术发展目标定位研讨会",根据骨干教师的年龄和科研绩效特点，为其学术发展规划给予指导。

2020年度共计13人次依托同济化学申报了国家和上海市的各类人才计划，并有2人入选上海市高层次人才引进计划，1人入选上海市“东方学者”高校特聘教授—跟踪计划。

2020年新引进“青年百人计划”入选者4人，其中2人已全职到岗工作。该批次新进教师多从事有机合成化学的研究，他们的加盟为“合成与绿色化学”特色研究方向注入了新生力量，有助于化学学科的均衡发展。

学科建设 学院充分挖掘了现有师资的潜力，在 *Nature Catal.*，*Nature Commun.*，*J. Am. Chem. Soc.*，*Angew. Chem. Int. Ed.*，*Adv. Mater.* 等综合/化学/材料领域顶级期刊发表10余篇具有重要影响力的成果。通过广泛动员教师和博士后申报国家自然科学基金和各类科研项目，2020年获批国家自然科学基金面上项目6项、青年科学基金项目3项。

截至2020年12月，同济化学学科QS排名跻身前234名，ESI排名跃升至全球前1.69‰，是同济大学入选ESI全球学科排名前2‰的6个学科之一。

教学工作 贯彻全国研究生教育大会精神，落实立德树人根本任务，大力推进“三全育人”综合改革，把安全意识、科学精神、学术规范、学术伦理、职业道德、诚信教育作为必修环节纳入培养方案，建立了适应时代要求的《化学博士生拔尖创新人才培养体系建设》，并入选2020年上海一流研究生教育引领计划项目。

学院入选了“强基计划”和“拔尖2.0”的建设行列，并积极参与申报了“双万计划”。应用化学专业获批立项建设“上海高校课程思政教育教学改革试点”示范专业，于6月组织召开了“课程思政领航学院与‘三全育人’工作研讨会”。学院入选“上海高校课程思政整体改革领航高校”领航学院，“化学类核心与精品课程团队”入选领航团队，无机化学等17门化学专业核心课程获评领航课程，为基础学科课程思政建设打下了扎实的基础。

2020年度，有2位教师获评“名课优师”称号，1门课程入选“立德树人示范课程”，1门课程申报了上海市一流课程，指导的本科生分获上海市化学实验竞赛一、二、三等奖，在“挑战杯”全国大学生创业竞赛、“中国创翼”、2020“SCIP＋”等赛事中屡获佳绩。

学生工作 为确保育人工作精准有效，8月学院专职辅导员投入到了暑期学生联络中，为新生入学答疑解惑，帮助经济困难的新生顺利入学，并通过“云家访”等方式，了解学生基本情况。

为激活专业教育在立德树人中的育人力量，学院以“课题组思政＋社区思政”理念融入“驻楼导师工作站”建设，邀请骨干教授进驻社区，通过社区讲堂、学术沙龙、师生对话、成长问诊等方式拉近师生距离，育人力量站在学生日常生活第一线。2020年秋季学期8期活动，参与学生近200人次。

在心理健康教育方面，做到重点学生一人一策（册），对学业困难学生的引导和帮扶有了较好的工作机制，多位学生从曾经的困难学生成为优秀学生，并积极帮助其他同学。全年学业辅导活动10余次，近200人次受益，组建了一支有23位“学霸”组成的学业辅导队伍，项目获评“同舟一助飞”学业发展与指导“示范项目”。

学院开展“化学化工知名企事业单位参访系列活动”，让师生走向社会，近距离了解化学专业的实际应用，亲身体会生活中的化学，先后到访了上海海关工业品中心、赛默飞世尔、上海同纳、小卫（上海）生物科技等企事业单位，参与师生近200人次。

其他工作 学院自4月成立“十四五”规划工作小组，多角度、多轮次听取了教师代表及学科委员会关于“十四五”规划的意见和建议，经反复研讨、修订，制定了《同济大学化学科学与工程学院“十四五”规划纲要》，于10月向全院教职工汇报。

学院高度重视疫情防控工作，严格按照教育部、上海市和学校的统一要求，做好了学生放假返校、恢复实验室开放、每日健康情况报备、人员出差/到访报备等工作，通过落实常态化防控举措，巩固了疫情防控成果。期间，学院出台了《疫情防控期间实验室安全工作方案》，对需要恢复工作的实验室进行严格审核，并对实验室、办公室等公共场所实行人员限流，通过一些防控措施保障了疫情期间教学科研工作的正常有序开展。学院向多位海外知名同行专家捐赠了防疫物资。学院修订《实验室安全管理办法》，在完善制度的基础上，进一步加大学院安全工作小组的检查力度，构建了自查—巡查—重点检查的多层次安检机制。此外，学院还多次举办实验室安全讲座与消防灭火模拟演练，提升了全院师生的安全意识。

2020年度学院完成了项目总金额1698万元的教育部改基专项“化学馆实验公共平台新风系统改造工程”，新系统能迅速排出各种异味物质，为师生制造一个舒适、安全的实验环境。本次改造工程采取个性定制、整体施工的建设方案，在满足不同研究方向实验特点的基础上，帮助各课题组合理规划实验/办公空间、升级老旧设备、规范危化品存储，进一步提高了学院师生开展科研教学实验的安全系数。

（庄璐）

医学院

医学院教职工总数为301人，其中在编教职工191人，包括临床一系在编职工15人。柔性引进教授9名；高研院9人；双轨制人员15名；各类派遣人员66名(含校聘派遣6人，院聘派遣23人，项目聘37人)；专职科研人员11名。

学院在册本科生814名。本年度临床医学全英文授课专业(MBBS)入学9人；2019级148人进入临床医学专业(拔尖卓越培养)，含4名留学生，29人进入康复治疗学专业、20人进入护理学专业，共计197人。毕业175人。

学院在读研究生2325名，其中博士研究生1018名，硕士研究生1307名。本年度录取研究生819人，其中博士研究生341人，硕士研究生478人；授予学位373人，其中博士学位122人，硕士学位251人。在读单独备案制护理硕士202人。本年度录取50人，毕业44人。

学位型博士在校生471人，本年度录取89人，实际入学88人，授予学位40人。

护理夜大在读学生1870人。本年度入学632人，毕业590人。

1月初，教育部发布了2019年度国家级和省级一流本科专业建设点名单，临床医学专业入选国家级一流本科专业建设点。

1月16日，戈宝学团队联合上海科技大学免疫化学研究所饶子和院士研究团队的研究成果《结核菌蛋白利用宿主泛素化系统抑制免疫》在国际学术期刊《自然》在线发表。

新冠肺炎疫情爆发后，同济大学各附属医院及医学院各附属社区卫生服务中心先后派出165名医务人员驰援武汉。不计其数的学院校友守护在上海和全国各地抗疫一线，用行动彰显同舟共济精神。研究人员把论文写在抗击疫情的第一线，把研究成果应用到疫情防控中。学生运用专业技能行走在抗疫一线，做着基层防疫宣传、疫情防控排查、后勤保障等工作。

学院在学校应对新冠肺炎疫情工作领导小组的领导下迅速响应，成立“医学院防控疫情应急工作小组”，制定《医学院防疫工作办法》。党政领导班子为疫情防控责任主体，实行24小时待命制度。

为确保新冠肺炎疫情防控期间本科教学工作的秩序和质量，学院第一时间组建由院长牵头的“线上教学领导小组”，全面统筹部署线上教学工作。2月初开始线上教学筹备工作，3月2日正式开始线上授课。

9月，2020级研究生在沪西校区报到入学。

10月23日，学院召开医学人才培养专题研讨会，副校长雷星晖、陈义汉，本科生院院长黄一如，研究生院副院长章小清，各附属医院教学负责人参会。

本科教学工作　2月初，开始线上教学筹备工作，组建线上教学领导小组，下发《关于做好医学院2019—2020学年第2学期延期开学期间本科教学工作安排的通知》，针对线上教育特点在原教学大纲基础上进行再设计，组建课程微信群，配备线上教学督导，开展线上教学平台培训，制定线上教学应急预案及质量保障措施，确保新冠疫情防控时期本科教学工作的秩序和质量。春季学期采用线上和线下两种授课方式，临床、康复、护理、灾难医学第二学士学位专业各年级线下授课，MBBS专业学生线上授课，基础课程多采用腾讯平台，临床课程采用智慧树或超星线上平台。学院被评为线上工作优秀集体。

学院成立实践教学督导专家组，启动实践教学督查工作，20位督导深入门诊、病房、实训室等教学现场，通过查阅教学档案、参加教学查房、病例讨论和出科考核、观摩临床技能培训、召开师生座谈会等形式，对教师教学效果、学生学习状况和教学过程管理做出客观评价，形成督查报告。

学院创新基地建设已初具规模，围绕卓越医师教育培养计划，已形成“大学生创新活动”“早期科研实践”“本科导师制”等三大体系，被授予“2020年同济大学优秀大学生创新基地”。

学院组织2018年中华医学会教改课题结题工作，11项课题均顺利结题；申报25项2020年中华医学会医学教育研究课题。2篇论文获2019年度医学教育和医学教育管理百篇优秀论文。

2门课程获2019上海高校课程思政教育教学改革试点课程，分别为吴先正“急诊医学”、王光花“妇产科学”；5门课程获2020同济大学课程思政教育教学改革试点课程，分别为牛文鑫“健康与力学”、徐金富“清澈呼吸——《呼吸病学》”、沈利“课程思政在临床医学专业‘传染性疾病’相关课程链的探索与实践”、匡兴亚“新冠疫情下预防医学思政课程链建设”等。

学院获2019年同济大学教学成果特等奖1项、一等奖5项、二等奖6项、三等奖9项。“运动骨关节病学”“分子遗传学”“流行病学”课程获2020年度上海市一流本科课程、同济大学推荐课程。本年度共计11名教师参加教材编写工作。

学院申请临床医学(灾难医学方向)专业第二学士学位，本年度开始招生；申请康复治疗专业更名为康复物理治疗学。

学院实验教学工作人员通过多种途径解决线上教学与实操必要性之间的矛盾。制作操作视频，供学生在线预习、复习；改革随堂测验内容，侧重对实验操作流程，操作重点、难点的考查；革新教学方法，通过案例导入、小组演示、小组讨论等方法，帮助学生明确、细化实验教学目的，充实线上实验课堂。

7月15—19日，学院考试与实训中心承担上海市医师资格实践技能操作考试相关工作，共计762名来自上海市各家医院的规培住院医师和研究生参加考试。12月，学院2020年医学生临床综合技能竞赛举行。中心启动学院智慧管理系统建设，基本确定了系统建设的构架和方案，该系统针对医学院和附属医院、教学医院的二级管理模式开发，通过信息化管理手段，实现学院对多家附属医院和教学医院的同质化管理。

研究生教学工作 受新冠肺炎疫情影响，硕士、博士研究生招生均采用线上复试形式。特殊时期，学院及时构建博士研究生招生材料评审系统，考生上传电子版材料，替代往年邮寄纸质版材料。

本年度共完成硕士培养方案修订8份，博士培养方案修订6份。修订2020级博士硕士研究生学位授予标准。疫情时期，采用线上线下相结合的多元授课方式保障教学进度，共开设六门线上精品课程。以健康、心理、灾难等问题开设三门公共平台课。首次举行博士集中中期考核，以线上线下相结合的方式组织完成，共有355名博士生(含学位博110人)参加集中中期考核。

学院建立并落实附属医院教学院长预答辩负责制度，预答辩结果须由所在附属医院教学院长审核同意；建立学院硕士学位论文盲审系统，组建高水平专家库，专家涵盖国内知名高校。

学院负责组织9场校级高等讲堂，其中4场为线上线下相结合形式。邀请了廖万清院士、饶子和院士、康乐院士、高福院士等9位专家前来校级高等讲堂授课，其中，9月24日，邀请上海抗新冠肺炎临床救治专家组组长、复旦大学上海医学院内科学系主任、复旦大学附属华山医院感染科主任张文宏教授的讲座，引发热烈反响。组织14场院级线上高等讲堂，平均听课容量为150人次。

科研工作 本年度获得各级各类科研项目(包括纵向项目、横向项目)和人才计划共326项，同比2019年增长15.2%。其中，科技部重点研发计划首席科学家项目2项、青年科学家项目1项；国家自然科学基金项目243项，包括基础科学中心项目1项、重点项目4项、重点国际合作项目1项、国家杰出青年科学基金项目1项、国家优秀青年科学基金项目4项、外国青年学者基金1项、中德科学基金1项、联合会议基金1项、面上项目122项、青年项目107项，基础科学中心项目实现零的突破。

以学院为第一作者单位或通讯作者单位发表SCI收录论文1094篇，同比2019年增长19.2%。其中，高影响因子论文数量显著提升，7篇论文的影响因子大于等于20分，74篇论文的影响因子大于等于10分，同比2019年增长近54.1%。

学院新增干细胞与重大疾病学科创新引智基地、上海市人工心脏与心衰医学工程技术研究中心、上海肺移植工程技术研究中心、上海人体肠道菌群功能开发工程技术研究中心、上海中药外用制剂创新工程技术研究中心和上海市干细胞转化医学工程技术研究中心。

附属东方医院王韬获第二届全国创新争先奖；附属上海市肺科医院徐金富获上海市青年科技杰出贡献奖。学院肿瘤研究所所长、附属上海市肺科医院肿瘤科主任周彩存主持完成的“肺癌精准诊疗关键技术研究与推广应用”项目获国家科学技术进步奖二等奖，附属第十人民医院张海军团队研究成果“血管通路数字诊疗关键技术体系建立及其临床应用”获国家科技进步二等奖；贾鑫明团队研究成果“C型凝集素受体介导机体抗真菌感染的免疫新机制”获教育部自然科学一等奖；秦环龙团队研究成果“肠道菌群疾病分类模型创建及菌群移植治疗的临床应用”获上海市科技进步一等奖。

学院在抗击疫情中贡献同济医学的智慧和力量，主要成果包括：1.出版多部图文并茂，通俗易懂的科普作品，安抚群众心理，例如，赵旭东、刘中民主编的《抗疫·安心——大疫心理自助救援全民读本》，刘中民、王韬主编的《疫情来临时新型冠状病毒肺炎居家防护指南》及《新型冠状病毒感染的肺炎学生防护读本》。2.改良呼吸机冷凝水储水罐，研发可进食无创面罩，有效减少了护理工作量，降低了医护感染的机率，获2020年上海市卫生健康系统知识产权宣传周系列活动“优秀防疫科技成果”。其中，改良呼吸机冷凝水储水罐还获得上海市卫生健康委员会“上海市新冠肺炎疫情防控—优秀护理项目”。3.主动开展疫情科研攻关。周大鹏课题组针对新冠病毒糖蛋白开展了研究，成果在国际核心期刊*Glycobiology*上发表；同时通过改造病毒糖蛋白发明了假病毒的生产制造技术，申报了国家发明专利(专利申请号2020112794483)，为接种疫苗后评价中和抗体提供了支撑保障。薛志刚课题组利用脐带来源间充质干细胞治疗对新冠肺炎开展了多项临床研究，为后续治疗药物及疫苗研发提供了条件。左为团队利用高通量单细胞测序分析技术，为提供抗疫的通用型肺干细胞治疗技术做出了贡献，该项目有望进入临床试验阶段。

师资队伍建设 学院人才梯队不断壮大。本年度入选国家、省部市级的各类人才共计70余人次。其中，刘中民、徐金富获批国家教育部长江学者特岗教授；徐美东入选国家百千万人才工程；雷撼获批国务院特殊津贴；章小清获批国家自然科学基金委杰出青年项目；成昱、刘文强、张坤、王译萱获批国家自然科学基金委优秀青年人才项目；许可入选国家高层次青年人才计划；谈扉、施裕丰、张明、方寅入选上海市高层次人才计划；徐美东、何志颖、吴文娟、靳令经、陈昶、史玉玲、张兵波(青年项目)入选上海市科委优秀学术技术带头人；徐美东、吕中伟、孙静入选上海市领军人才计划；刘杰等6人入选上海市科委青年科技启明星；郭利淑等31人入选上海市科委扬帆计划;刘海鹏入选上海市曙光计划;金佳丽等3人入选上海市晨光计划。

吕立夏获同济大学育才奖一等奖,余震、牛文鑫获同济大学育才奖二等奖;秦颖获同济大学第七届名课优师;杨长青获倪天增奖。彭静、钱洁、张鑫分别获同济大学青年教师讲课竞赛一、二、三等奖,彭静参加第四届上海市青年教师讲课竞赛并获优胜奖;吕立夏、韩洪秀、李冬、刘光辉、牛耘丽在第二届人卫慕课在线课程与教学资源比赛中获得课程设计、图片、课件等类目的一、二、三等奖若干。

学生工作 疫情爆发后,辅导员和班主任关注学生的居家安全反馈和返校科研问题,以学生每日健康打卡为抓手,落实精细化管理,通过邮件、微信等网络方式与学生沟通和线上指导,及时跟进解决学生提出的问题和需求。

学院积极开展疫情下的思政工作,发挥新媒体优势,以学院公众号为主要网络育人阵地,从思想引领、通知公告、抗议动态、党建活动、科普教育等各方面推送文章200余篇,总浏览量达12万余人次。郑加麟院长代表全体导师书写致学生的一封信,鼓励学生发扬同舟共济精神,配合防疫工作,选择责任担当。推出"云助研"系列活动,创作《为武汉加油,为祖国加油》的短视频,推送系列阅读量达上万人次。学生中涌现出多名志愿服务典型,杨昌瑞获上海市"青春力量·责任担当"优秀典型案例二等奖。

学院做好就业服务工作,对于就业困难学生做好一对一的职业咨询,在疫情造成学生毕业、求职双重困难的情况下,2020届毕业生就业率达到98%以上。

为平稳搬迁沪西校区,辅导员在暑期里坚守一线,关注学生动态,调研学生学习、生活、科研等各方面现实需求,与相关职能部门积极沟通协调。开学后持续跟进学生需求,编纂印制《沪西校区生活指南》,积极开展主题教育活动、心理健康教育、文体活动,同时借助"驻楼导师工作站"平台,将育人力量和资源有机融入学生生活第一线,为学生的学习、生活保驾护航。

学院积极提升学生党支部建设质量。基于附属医院医护人员支援武汉及上海市公卫中心的背景,学生党支部依托"对标争先"项目,录制"同心抗疫,一路前行"微党课。开拓线上组织学习新形式,打造"党员请听好"四史教育电台。结合党建带团建、全面从严治团的要求,提升活动品质和效果。学院联合附属医院特邀2020年同济青年五四奖章获得者、同济大学援鄂医护青年代表,推出"奋斗的我,最美的国"同济大学纪念五四运动101周年线上主题团课;开展"科技助力战疫、先锋医路前行""四史在校园—同济医科服务大局西迁武汉"等系列团课;开展"'医'起学四史""我与祖国共奋进""青年看两会"等主题团日活动。

学院把握"四史"教育的政治性、针对性和时代性,引导学生树立正确的历史观,增强使命意识。学院组织动员学生开展"游上海,学四史,守初心,展未来——同医青年学'四史'"系列活动。结合中秋、国庆双节,开展"恰逢盛世、家国同梦"主题教育路线,赴红色源头,共庆祖国71华诞。动员学生以班级为单位提交"寻访线路地图",择优选取整合出五条以区块为主线、覆盖面丰富、历史文化积淀厚重、理论学习与趣味游览相结合的特色寻访路线。

本年度,学生多人次在各级各类科创竞赛中斩获好成绩,获第十二届"挑战杯"中国大学生创业计划竞赛国家级金奖1项、银奖1项,第六届"互联网+"大学生创新创业大赛市级三等奖1项,第十八届"明日科技之星"市级一等奖1项、二等奖1项、三等奖2项、创意奖3项,第六届全国大学生基础医学创新论坛国家级二等奖1项、优胜奖3项,同济大学2020年本科生"学术之星"称号2人,同济大学2020年研究生"学术先锋"称号2人,同济大学"追求卓越"奖1人、提名奖1人。

唯爱天使义工队获"同济大学2020年度优秀志愿服务组织";"同心抗疫、医路前行"项目获"同济大学2020年度优秀志愿服务项目";1人获"同济大学2020年度优秀志愿者";学院团委获"同济大学2020大学生暑期社会实践最佳组织奖",优秀实践项目5项,优秀个人6人,优秀指导教师5人。

对外交流 3月,学院捐助康奈尔医学院一批防疫物资。5月,应驻新西兰大使馆邀请,携手搭建"留新学子线上援助平台"。学院组织专家开展系列线上专题讲座,讲述同心抗疫的中国故事,发布新冠肺炎的医疗防护及心理健康资讯,为海外学子健康保驾护航。组织附属医院专家参加中国—东盟高校医学联盟抗疫经验分享,与各国同行一起交流传递防控经验。

疫情常态化形式下,采用线上线下开展国际合作交流的新模式,共计组织线上线下会议37次,主题涉及中德教育合作、与内布拉斯加大学医学中心康复治疗学硕士项目合作、全球疫情下的教育革新、与谢菲尔德医学院进行博士联培、与南安普敦大学开展精神心理合作、与麦吉尔大学的全科师资培训、美国毕业后教育委员会(ACGME)住院项目认证等。鼓励专家开展线上学术讲座,营造国际交流氛围,包括附属皮肤病医院与德国慕尼黑大学光学研究所的线上论坛、与内布拉斯加大学医学中心的中美全科论坛等。

学院筹备中德医学院建设,完成学院及附属医院德系背景师资信息收集、教师问卷调研、学生问卷调研、相关专家访谈、德方课程方案翻译、中德医学院建设方案的拟稿等。

本年度MBBS招生比往年提前3个月,积极拓展中介合作,多次组织线上招生宣讲,广泛发动往届毕业生及国际交流学院师生资源。新生录取后,由于疫情无法入境,建立新生微信群持续发布信息,并开展线上教学。

医管处工作 贯彻落实卫健委的部署安排,加强附属医院在医疗管理、卫生监管、卫生应急等方面的能力建设，推动医疗服务高质量发展。推进医院学科建设和人才队伍建设工作，协助附属医院申报学校及卫健委各类人才推优项目。协助附属医院做好疫情防控期间的援摩、援滇、援藏、援疆工作，加大帮扶力度。落实信访工作，及时化解医患矛盾，做好新冠疫情防控期间、全国两会期间、第三届进博会期间纠纷化解工作，办结率100%。

按照卫健委的统一部署，自2020年1月起，各附属医院先后共派出165人支援武汉。附属同济医院、附属第十人民医院、附属上海市肺科医院共派出32人支援上海市公共卫生中心和传染病医院。会同医学院共同完成附属医院驰援武汉一线医护人员信息统计、物资补充等工作。在医疗物资最匮乏时期，联系上海市卫健委职能部门，帮助附属口腔医院补充紧缺的防护物资，保证医院开展日常工作。协助大学妇委在三八妇女节之际，为武汉前线女医务工作者发放慰问品。协助教育基金会完成口罩及防护服的捐赠发放工作。

在疫情防控的特殊时期，全年负责沪西校区规培医师、各附属医院和其他医口入住人员管理、宿舍管理工作，指导医院有序安排人员回沪，做好沪西数据每日汇总、健康登记、进校审核工作。

全年配合医学院搬迁沪西校区工作，在楼宇修缮、教室硬件设施搬迁采购、信息基础设施配备、实验室建造等任务中负责牵头落实，并参与协调新生入学等一系列工作。

截至12月，住院医师在培1142人，专科医师在培394人，共在培1536人。加强对附属医院住院医师和专科医师规范化培训基地的巡查和督导，提高教学管理和带教水平，确保培训对象在培训期间完成各项培训目标和要求。

附属同济医院和附属口腔医院全年开展26个专科、196个病种的临床路径管理。

1月10日，与医学院教学办公室协同召开“上海市浦东新区精神卫生中心创建同济大学附属医院专家评审会”。

1月16日，上海市教育委员会、上海市卫生健康委员会正式批复同意将上海市皮肤病医院列为同济大学非直属附属医院。

1月19日，参加市卫健委疫情防控工作会。

3月28日，参加援摩洛哥塞达特医疗队新冠肺炎疫情防控工作视频会议，关心慰问援摩医疗队。

3月，按市卫健委安全生产领导小组办公室安排，牵头组成检查组，开展市级医疗卫生单位安全生产督查。

4月7日，参加上海市公共卫生建设会议。

5月，同济系统32名优秀青年医学人才入选2019年上海市“医苑新星”青年医学人才培养资助计划。

6月5日，同济大学推进医口建设工作小组会议召开。

8月25日，在沪西校区召开医学院搬迁工作现场推进会。

10月28日，与医学院教学办公室协同召开“上海市第四人民医院创建同济大学附属医院专家评审会”。

10月29日，与医学院教学办公室协同召开“上海市普陀区人民医院创建同济大学附属医院专家评审会”。

11月23日，召开同济大学推进医口建设工作小组会议，部署口腔医院管理体制改革工作。

12月，起草修订了《同济大学附属医院筹建与管理办法(试行)》。

(曹丹仪)

生命科学与技术学院

学院下设分子与细胞生物学系、生物医药与技术系、生物信息学系、蛋白质研究所和党政办公室。1月3日，学院教代会代表提案工作专题培训会举行，校工会副主席赵晓燕、学院教代会代表出席会议，会议由学院工会主席杜昌升教授主持。3月8日“魅力女性——‘疫’致坚强”—生命科学与技术学院线上健身交流活动举行。3月27日，学院新学期首次全院教职工大会在Zoom视频会议线上召开。6月24日，校党委书记方守恩，学院党委书记康九红，校长助理、机关教工第三十党支部书记童小华，共同开讲由教育部思政司组织全国高校录制的高校党组织战“疫”示范系列微党课。9月22日，学院2020—2021学年秋季学期全院教职工大会举行。10月20日，学院召开党员代表大会，共有160名师生党员代表参加会议，党委副书记相波主持会议。12月24日，学院行政换届干部任免会议举行。黄翔峰部长主持会议并宣读了关于学院行政换届干部职务任免的决定：高绍荣任生命科学与技术学院院长，张敬、王红兵、岳锐任生命科学与技术学院副院长。

学科建设 截至2020年底，设有生物学一级学科博士点、生物学一级学科硕士点、生物工程领域专业学位硕士点和生物学、生物医学工程博士后流动站。生物学一级学科的研究方向设置为：干细胞与表观遗传；遗传、发育与疾病；蛋白质科学；生物材料、生物资源与药物；生物信息学。

3月22日，学院在线上举行了“十四五”规划汇报视频会议。同济大学副校长陈义汉、医学与生命科学部党工委书记姜成华，以及学院党政班子共同出席。会议由高绍荣院长主持。

9月26—29日，学院承办的第九届全国生物信息学与系统生物学学术大会成功举办。

教学工作 本年度学院招收新生204人，其中本科生66人(含拔尖班22人，强基班15人)，硕士研究生60人，博士研究生78人。

7月1日，《廿念不忘，生名远扬》生命科学与技术学院2020届毕业典礼举行。

7月10日至7月12日，学院2020年优秀大学生暑期学校举行。

9月6日，学院研究生新生迎新工作举行。

9月8日，学院2020级研究生开学典礼举行。

11月15日，学院本科生在第二届上海市大学生生命科学竞赛暨第四届全国大学生生命科学竞赛中获省赛三等奖3项。

11月15日，移动课堂之崇明东滩湿地活动举行，2019级本科生和绿巨人协会部分同学参加。

11月22日，学院本科生团队在国际遗传工程机器设计大赛(iGEM)上获金奖2项。

科学研究 2020年度科研项目立项情况，纵向项目：国家重点研发项目5项，国家自然科学基金44项，上海市及省部级项目7项。2020年全院申请并获得资助的科研经费为8121.28万元。2020年全院发表论文共100篇，被三大索引收录90篇，其中发表影响因子10分及10分以上的SCI论文21篇。

3月，高绍荣教授指导的博士后王晨飞同志，获得"同济大学2019年优秀出站博士后研究人员"一等奖，康九红教授指导的博士后郭旭东同志，获得"同济大学2019年优秀出站博士后研究人员"二等奖。

5月31日，由同济大学生命科学与技术学院、教育部"细胞干性与命运编辑"前沿科学中心、"国家干细胞转化资源库"以及上海市信号转导与疾病研究重点实验室共同承办的2020年同济大学国际青年学者论坛——生命医学分论坛，暨上海高校国际青年学者在线论坛——同济大学"干细胞与转化"分论坛举行。

6月10日，"生命科学学术先锋"论坛在ZOOM会议平台举行。学院教师和硕博研究生参加了此次论坛。

11月4—6日，学院承办的中国细胞生物学学会染色质生物学分会第五次学术研讨会举行。

12月25日，学校召开科研工作大会。生命科学与技术学院获得多项表彰，其中学院荣获同济大学"十三五"科研工作先进集体(单位)称号；"胚胎发育与体细胞重编程"团队荣获同济大学"十三五"科研工作先进集体(团队)称号；高亚威、高华、毛志勇老师荣获同济大学"十三五"科研工作先进个人称号。

师资队伍建设 截至2020年底，学院教职工共129人，其中院士2名(其中柔性引进1名)，973项目/重大科学研究计划/重点研发计划首席科学家12名，长江学者奖励计划教授5名(含青年学者3名)，杰青获得者5名，国家海外高层次人才(含青年人才)获得者14名，优秀青年基金获得者8名。正高级57人，副高级28人，博士生导师77人(含兼职博导)，硕士生导师89人，兼职教授8人，拥有博士学位人员103人，占全院教职工总人数的83.72%。

11月，康九红教授荣获2020年度宝钢优秀教师奖。

12月12日，高绍荣教授团队荣获同济大学首届"卓越"研究生导学团队称号。

尹晓磊教授、何志颖教授获"国家重点研发计划首席科学家"称号。高亚威教授获"国家重点研发计划(青年)首席科学家"称号。

刘文强教授、王译萱教授、张云芳教授获"国家基金优青"称号。

何志颖教授获"上海市优秀学科带头人"称号。

陈玉平研究员、徐艳萍研究员获"上海市浦江人才计划"。

刘琦教授，杨鹏教授获"上海市曙光计划"。

郭旭东研究员、刘晓雨研究员获"上海市科技青年启明星计划"

学生工作 学院现有本科生249人，硕士生170人(全日制)，博士生247人(全日制)。本年度学院本科毕业生75人，硕士毕业生49人，博士毕业生41人。

新发展学生党员21人，其中本科生9人，研究生12人。

10月，生命不息，学习不止——研究生、本科生支部"学习强国"知识竞赛举行。

10月30日，同济大学附属同济医院分院临床心理科的赵若瑶医师在衷和楼1805举行学生心理健康专题辅导讲座。学院党委副书记相波、副院长王红兵，部分新任导师、班主任、教务员及辅导员老师参加。

11月3日，学院第二届趣味运动会举行。

11月3日，与祖国同行、以科教济世——校长助理童小华教授参加西南七驻楼导师工作站活动，新生院党委副书记、学工部副部长(兼)崔莹，生命科学与技术学院党委副书记相波共同参加。

11月16—18日，学院2021届毕业生专场招聘会举行。

11月22日，学院第十二届"全式金杯"羽毛球赛举行。

12月29日，学院2020年学生思政研讨会举行。校党委学研工部副部长徐迅，学院党委书记康九红，副院长张敬、岳锐出席，学院学工、教务以及老师和学生代表参加了此次研讨会。学院副书记相波主持会议。

对外交流 国际交流与合作是学院重点发展方向之一，在巩固学科建设的基础上，学院大力拓展国际化道路，与多所海外知名院校建立合作关系，在师资交流、科研合作、学生互换等领域开展广泛的国际交流。

1月8日，浙江大学医学院胡海岚教授(国家杰出青年基金获得者)在同济大学作学术报告。

2月5日，上海市免疫学研究所李斌研究员(国家杰出青年基金获得者)在同济大学作学术报告。

9月15日，中国科学技术大学单革研究员(国家杰出青年基金获得者)在同济大学作学术报告。

9月29日，中国科学院分子细胞科学卓越研究中心(生化细胞所)胡荣贵研究员(国家杰出青年基金获得者)在同济大学作学术报告。

10 月 13 日,复旦大学脑科学研究院禹永春研究员(国家杰出青年基金获得者)在同济大学作学术报告。

10 月 27 日,中国科学院生物物理研究所陈畅研究员(国家杰出青年基金获得者)在同济大学作学术报告。

11 月 10 日,清华大学生命科学学院陈柱成教授(国家杰出青年基金获得者)在同济大学作学术报告。

12 月 8 日,中国科学院－马普学会计算生物学伙伴研究所杨力研究员(国家杰出青年基金获得者)在同济大学作学术报告。

12 月 22 日,上海交通大学医学院郑俊克研究员(国家杰出青年基金获得者)在同济大学作学术报告。

(冷晔)

交通运输工程学院

学院在编教职工共 173 人,其中专任教师 128 人,教授及相当技术职称者 61 人,副教授及相当技术职称者 43 人,讲师及相当技术职称者 24 人。学院共有博士研究生导师 127 人(含轨道交通研究院 9 人、磁浮中心博士生导师 5 人),其中外聘兼职博士研究生导师 9 人;硕士研究生导师 168 人。

学院在读学生总数 2199 人。在校本科生 881 人,在校研究生 1318 人(含留学生 49 人,工程硕士研究生 189 人),其中全日制硕士研究生 639 人、全日制博士研究生 435 人、在职博士研究生 55 人,交通运输工程博士后流动站在站博士后 32 人。

学院招收本科生 249 人,硕士研究生 187 人,博士研究生 114 人。

学院工作以"立德树人"为根本,学科建设为核心,秉承着"思行合一,交融成艺"的理念,全力推进学院综合改革试点工作并取得系列成果。

学科建设 交通运输工程学科以建设中国特色世界一流学科为目标,以全国教育大会精神为指引,深化交通运输工程学院综合改革,完善机制体制建设和服务保障,加快推进一流学科和高峰学科建设。

进一步优化学院行政组织架构和部门岗位设置;加强"教学中心"和"思政中心"对人才培养的全方位服务与保障;完善"交通科学与技术研究院"对有组织科学研究、专职科研队伍和博士后的服务与管理。

根据一流学科建设规划,在交通基础设施、先进载运工具应用、复杂交通系统智能服务与精准治理、交通系统全时主动安全与风险管控、交通系统全生命周期全息感知与交互 5 个学科领域方向上布局 20 个一流学科团队,有组织地开展基础理论、前沿热点和应用关键技术方面的研究工作。以目标为导向,个性化落实 PI 团队职责要求,加快推进"交通运输工程"世界一流学科和上海市高峰学科建设,全面完成一流学科的年度建设任务和高峰学科的阶段目标;一流学科年度建设经费执行率 100%。

学院加强学科基地建设与管理,主动筹划、积极申报并成功获批建设全国铁路科普教育基地。

8 月 4 日下午,道路与交通工程教育部重点实验室(同济大学)开放课题汇报会以视频会议的形式举行。会议审议了 2018 年度开放课题结题报告、2019 年度开放课题中期报告,并对 2020 年度开放课题进行了评审。会议专家组成员为重点实验室副主任王雪松教授和孙大权教授、运输管理工程系主任滕靖教授、交通工程系段征宇副教授。

11 月 7 日,上海市轨道交通结构耐久与系统安全重点实验室在上海申通地铁集团有限公司组织召开了 2020 年度学术委员会会议。

12 月 18 日,道路与交通工程教育部重点实验室 2020 年度学术委员会全体会议在同济大学嘉定校区通达馆以及线上同步召开。

教学工作 以立德树人、培养德智体美劳全面发展的社会主义建设者和接班人为根本,全面实施 2020 级本科培养方案和本科生导师制,完成修订并实施研究生 2020 年培养方案;不断完善"三全"育人模式和"新工科"培养体系;设置三类责任岗位教授,开展学科专业动态调整;准备开展第二轮交通运输工程一级学科学位点的评估、交通工程专业认证中期检查和交通运输专业认证年度报备。

积极参加校内外的课程思政教改与课题研究、培训,召开上海市课程思政"领航课程"教学大纲修订研讨会,成立"高校交通运输类专业课程思政研究联盟"。

积极推进教学成果奖的申报工作,2020 年,获批建设全国铁路科普教育基地。吴兵教授负责的《交通管理与控制》入选首批国家级一流本科课程的线下一流课程,杨轸老师负责的《道路虚拟施工教学实验》入选虚拟仿真实验教学一流课程。

2020 年学院学生共完成创新项目立项 51 项,其中 SITP30 项、上创 11 项、国创 10 项。在"云丰杯"第四届全国绿色供应链与逆向物流设计大赛总决赛中,获得 1 项最佳金像奖,2 项三等奖。学院 18 级规划班的刘佳琦、胡雨辰、王思澄荣获 2020 年"高教社杯"全国大学生数学建模竞赛(CUMCM)全国一等奖,以及本科组高教社杯奖。在第六届中国国际"互联网+"大学生创新创业大赛中,学院 2015 级博士王一喆带领的团队、2017 级博士曾孟源带领的团队荣获全国铜奖。在第二十四届全国发明展览会上,获得 2020 年中国发明创业创新奖金奖(一等奖),并得到上海市"雄鹰计划"的创业资助。在 2020 年上海新能源汽车大数据竞赛上,由学院谢驰教授指导的研究生团队获得冠军。在第十二届"挑战杯"中国大学生创业计划竞赛中,获得全国银奖、全国铜奖各 1 项。

11 月,由学院杨东援教授、段征宇副教授所著,同济大学出版社出版的

《透过大数据把脉城市交通》获得“城市交通问题”金奖，也是今年“城市交通问题”金奖的唯一获奖作品。

12月5—6日，2020全国高校新能源汽车大数据创新创业大赛（NCBDC）在广东佛山市南海区成功举办，学院杨晓光教授和谢驰教授指导的两个学生团队分获大赛创新组、创业组最高奖，两位教授同时获得大赛优秀指导教师奖。

12月9日，许玉德教授荣获“茅以升科学技术奖——铁道科学技术奖”。

12月16日，交通运输部办公厅公布了2020年度交通运输行业科技创新人才推进计划名单，学院赵鸿铎教授领衔的“智能铺面创新团队”获批了重点领域创新团队。

12月30日，举办同济大学“中行杯”系列双创竞赛颁奖典礼，同济大学大学生实验交通科技创新基地荣获2020年同济大学优秀创新基地称号。

科研工作 2020年，新签科研项目347项，合同经费3.76亿元，较去年增长48%。积极动员并组织国家科技计划项目和重要科技奖项的申报，获批国家自然科学基金14项、主持国家重点研发计划6项；到款科研经费1.70亿元，创历史新高。获省部级科学技术奖一等奖6项。发表ESI高被引论文8篇。

成功获批“上海市轨道交通结构耐久与系统安全重点实验室”，有效推进民航重点实验室的建设工作，创建智库型“中国交通研究院”。布局一批国家重点专项的申报工作，并在港珠澳大桥等重大工程的国家重点研发计划中发挥主导作用。有组织地推动科技成果转移转化，与太原市、中电建路桥、浙江交投集团等签订战略合作协议，扩大学科的行业影响力。

2020年，学校入选交通运输新型智库联盟第一批理事单位，成立Whales Translab交通创新实验室，启动国家重点研发计划中国和瑞典政府间国际科技创新合作《智能网联汽车道路测试安全风险评估与防控技术》项目，

5月18日，学院杜豫川老师主持完成、同济大学为第一完成单位的《路面多维高频检测装备和智能养护技术及应用》荣获2019年度上海市科技进步一等奖，学院何积丰院士主持完成的《面向重大工业装备核心控制软件的安全可信保障技术及应用》荣获2019年度上海市科技进步特等奖。

5月21日，由中铁五局承建、学院承担科研任务的云南省滇中引水龙泉倒虹吸盾构接收井基坑开挖顺利完成，开挖深度达77.3米，是目前国内开挖深度最深的基坑。

7月30日，由同济大学与太原市人民政府主办，太原同创谷和太原市轨道交通发展有限公司共同承办的“同济大学创新创业日太原站——轨道交通科技专场”在太原同创谷路演中心成功举办。

9月15—19日，在上海国家会展中心召开的第22届中国国际工业博览会中，学院杜豫川教授团队研发的《路面多维度性能的高频检测装备与智能养护分析技术》亮相科技创新展区，荣获本届工博会“CIIF创新引领奖”（共10项）。

9月24日，同济大学主办的 *International Journal of Transportation Science and Technology*（IJTST，交通科学与技术）在SJR期刊排名（Scimago Journal & Country Rank）中位已列于Q1区，期刊H－index13。

12月4日，社会实践团队拜访深圳城市交通规划设计研究中心，与深交研公司就校企合作、人才培养、党建工作等话题进行座谈交流。

师资队伍建设 结合试点学院改革和上海市高峰学科建设，着力建设适合一流学科发展的师资队伍。按照人民教师“四个相统一”、“四有好教师”和“四个引路人”的要求，设计了一流师资队伍建设方案，启动了“新工科人才培养教学团队支持计划”“青年英才培养计划”和“讲席教授计划”。对青年英才进行跟踪对接、精准指导，2020年，2020年，学院全职引进“青年千人”1名（严宇），新获批“青年千人”建议人选2人（严宇、刘皓冰拟2020、2021年入职）、“上海千人”3人（龚红仁、严宇、王鹏玲）、“上海蓄水池”6人（傅挺、袁泉、钱鑫、张献英、郭赟韬、林之源）、交通部“交通运输青年科技英才”1人（钱劲松）、上海市浦江人才计划1人（陆森嘉）、上海市青年科技英才扬帆计划3人（傅挺、袁泉、成诚）、上海市青年科技启明星计划1人（许项东）、中华人民共和国交通运输部重点领域创新团队1个（赵鸿铎团队）、享受国务院政府特殊津贴专家1名（吴兵）、教育部全国高校辅导员年度人物、上海高校辅导员年度人物（张桁嘉）、上海市交通学会优秀志愿者（施卫国）。获批国家级一流本科课程（吴兵、院长）、第二批国家新工科研究与实践项目（杨晓光）、上海高校本科重点教改项目（方守恩、吴兵）、上海市重点课程（黄世泽、滕靖、赵鸿铎、孙剑、杜豫川）；同济大学“名课优师”（钱劲松、滕靖、江志彬、朱晔）、卓越大学联盟高校教师教学创新大赛（马万经、张兰芳）等。

学院陈雨人、肖军华、叶玉玲、暨育雄、朱唐亮、胡元杰6位老师被评为学院“师德师风优秀教师”，陈小鸿老师获学校“师德师风优秀个人”提名奖，学院辅导员张桁嘉荣获“2019上海高校辅导员年度人物”，学院兼职教授姚启明“全国劳动模范”称号，学院黄世泽副教授建设的《电子技术基础》课程被智慧树网评为“双一流高校专业课程TOP100”，吴兵教授负责的《交通管理与控制》入选首批国家级一流本科课程的线下一流课程，杨轸老师负责的《道路虚拟施工教学实验》入选虚拟仿真实验教学一流课程，在9月17日举行的2020年上海高校课程思政教育教学改革工作推进会上，学院编制的《交通运输类课程思政教学指南》正式发布，这是国内首次围绕专业门类研制开发的两套课程思政教学指南之一。同时，为进一步提升教师教书育人水平，学院成立交通学科思想政治教育研究中心，通过师资培训，进一步推广、应用课程思政研究成果。

学生工作 强化全方位育人，建设协同育人机制。以“同路人”品牌为引领，强化课内外课堂联动与质量提升，举办17期学术论坛、1期博思论坛、3期百科讲坛和6期校友讲堂。完成大学生创新项目立项48项，相关本科生作品共获科技竞赛奖项103项，学院2019级博士生马明杰获评“2019上海大学生年度人物”。2020届毕业生有3名学生入选中央选调生，8名同学获得同济大学“扬帆奖”。1名学生获得学而思奖励金，2020届总体就业率达到96.36%。

开设竞教结合的“交通科技创新竞赛”课程，通过“智能交通的实践与创新创业前沿”“轨迹数据挖掘初探”等专题课程实现课程全覆盖；举办第十九届“同路人”交通科技大赛，精心指导学生参加“全国大学生交通科技大赛”“全国大学生物流设计大赛”“互联网+”大学生创新创业大赛、“挑战杯”大学生课外学术科技作品竞赛等各类竞赛，梳理总结指导学生参与交通科技创新竞赛经验，出版规划管理、基础设施、信息控制和综合交叉方向的《同路人大学生交通科技创新作品集》四册丛书，为大学生交通科技创新工作提供参考。

2020年在线上举行了两次开放参观活动。7月份为上海市青少年科学创新实践工作站－同济大学交通运输工程实践工作站开学典礼，进行了“为了道路与交通发展”“为了轨道交通发展”等科普课程，并举行了云参观实验室的活动。9月为上海市公路学会2020年科技活动周科普活动，开展多场科普讲座，云端展示科研设备，使众多民众在参与中开拓科学眼界、在体验中学习科学知识、在互动中感受科技魅力。

党建、思政与文化建设 学院党委着重加强党建、思政与文化建设，扎实推进“两学一做”常态化制度化，建立健全周二教职工学习制度。创新、拓展组织生活形式，通过组织教工党支部与企业党支部共建、与嘉定区交发集团党委开展联组联学，拓展党建平台。举办以“新时代同路人，强交通思行济”为主题的“四史”学习主题党日活动及“不忘初心、牢记使命”主题教育总结大会，邀请上海第一批援鄂医疗队队长郑军华教授向全体党员重温援鄂医疗队在战疫一线坚守初心、不畏艰险、勇挑重担、治病救人的先进事迹；举行“疫情防控”联合微党课，党委书记、总支书记及支部书记与全体党员共话使命担当；承办“中国精神大讲堂”，上海市中共党史学会副会长徐光寿教授为全体党员讲授中国共产党建党精神。

健全周二教职工学习制度，1月7日，全院教职工集中学习《关于加强和改进新时代师德师风建设的意见》；4月14日，集中学习了《同济大学关于加强和改进新时代教师思想引领工作实施意见》；5月12日，学院举行“三全育人”与课程思政建设研讨及师德师风警示教育；6月2日，采招办许秀锋主任为全院教职工解读采购管理制度及采购程序，监察处副处长郭定夫做案例警示教育；11月3日，科管部副部长刘春为我院教职工做报告“同济大学科技项目管理与服务——优化科研管理提升科研绩效”；11月17日，学校保卫处刘灿阳副处长为全院师生做消防安全讲座；12月22日，全国劳模姚启明来学院分享先进事迹等。

加强基层党支部建设，抓实“三会一课”，落实“双带头人”要求，夯实党建基础。推进支部书记参与部门重要事务决策和师德师风考核，发挥基层党组织的政治主体作用，促进基层部门事业发展和人才队伍建设。2020年度按计划发展党员58人、转正党员37人，有2名专任教师提交了入党申请书。

7月14日，举办《引领交通学科，镌刻时代印记——同济大学杨佩昆教授学术生涯》新书发布会，11月14日，由交通运输工程学院编著的《筚路蓝缕》一书首发，为同济大学交通学科先师纪念文集的第一辑。

推进工会和群众工作，2020年着重在动员教职工开展疫情防控、工会及教代会等的组织宣传工作。1名获学校师德师风优秀教师提名奖，2名获“同济大学阖家起飞模范家庭”称号；2名获“上海市优秀青年成才资助金”；2名获“同济大学青年女教师成才资助金”，1名获“同济大学妇女工作先进个人”称号。

开展教工文化活动，丰富教职工精神文化生活。在4月11—12日举办的第35届上海市青少年科技创新大赛中，获“青少年科技创新成果”板块奖项7项，含一等奖2项、二等奖3项、三等奖2项；"青少年科技创意"板块三等奖1项；专项奖获奖2项；4月21日，邀请同济大学附属第十人民医院脊柱外科贺石生主任做“颈腰椎疾病的防治及日常保健”讲座；9月29日举办2020年新进教职工培训会；10月27日，学院邀请心理健康教育与咨询中心的姚玉红副教授做“关爱学生，理解自己——如何加强教职工群体的心理健康”的专题讲座。12月9日，学院工会主席邹晓磊为学院教职工做了题为“交通运输的精神特质与同济交通的文化传统”的讲座。

对外交流 深化国际交流与合作，提升学院和学科的影响力。截至2020年底，学院与美国加州大学伯克利分校、普渡大学、荷兰代尔夫特理工大学、德国柏林工业大学、法国桥路大学、新加坡国立大学、南非金山大学等全球12个国家或地区的20余所著名高校签署了合作协议和学生交换协议，联合开展科学研究与人才培养。并与荷兰交通部、美国能源基金会、意大利环境国土海洋部等国(境)外政府部门和学术机构合作开展了30余项科学研究项目。2020年共聘任4名国际兼职教授，开设国际课程30门，2020年受疫情影响，国际交流活动多以线上参会的形式开展，共27名国(境)外教授参与学院学术交流和科研合作，教师出国参加国际会议、交流互访、进修考察及在线活动50人次，学生出国(境)参加短期访学、学术会议、比赛、暑期学校等国际交流活动157人次。

学院始终秉持着国际理念，支持鼓励学院师生积极参与各类国际交流活动。在本年度行业领域最为权威性的第 99 届 TRB 年会中，学院共计 20 余位教师、100 余名学生参加，并在各个分会场进行了论文宣讲或海报展示，本次会议被收录的论文数量达 110 余篇，论文数量和影响力方面处于国际一流水平。会议期间，学院组织召开了全球高层次人才恳谈会、国际期刊 IJTST 主编会及全体编委会会议和海外校友座谈会，并与纽约大学（NYU）坦登工学院签署了院际合作谅解备忘录，双方将在学生交流和科研合作等方面展开广泛而深入的交流。学院积极申报各类暑期学校活动，2020 年共申请并获批 5 项，分别赴台湾、日本、新加坡、意大利、德国交流学习，由于疫情原因延期举行。此外，学院申请的 2021 年对台项目“综合的交通，持续的发展”第一届海峡两岸五校综合交通可持续发展学术研讨会获教育部批准。学院积极实施国家创新引智计划，深入落实学校专家引智计划，2020 年申请教育部“高端外专”支持，共有 5 个项目获批，其中包含外籍专家 14 人，并获得外专局经费支持共计 48 万元人民币。

组织召开同济大学校友会交通运输工程学院分会第二届校友代表大会，推选出理事会成员 150 人。召开第二届理事会第一次会议，进行新一任选举并表决校友会规范化管理等主要内容。

1 月 12－16 日，学院组织参加了在美国华盛顿特区举行的第 99 届国际交通运输委员会（Transportation Research Board，TRB）年会。为推进“双一流”建设，提升国际影响力，招聘海外人才，增加校友凝聚力，年会期间学院举办了海外人才恳谈会、校友座谈会等一系列活动。与纽约大学（NYU）坦登工学院签署院际合作谅解备忘录，双方就学生交流和科研合作等方面展开深入交流。

5 月 30 日，举办第五届同济大学国际青年学者论坛交通运输工程分论坛，本次论坛采取线上交流的方式，吸引来自美国、加拿大、澳大利亚、英国、瑞士、荷兰、瑞典、日本、新加坡等多个国家和地区的 31 名优秀青年学者参加。

7 月 14 日，举行《引领交通学科，镌刻时代印记——同济大学杨佩昆教授学术生涯》新书发布会暨交通工程人才培养研讨会。会议采用线上线下结合的方式，来自清华大学、东南大学、长安大学、天津大学、北京工业大学、同济大学等高校以及科研院所、规划研究机构、政府机构的多位专家学者参会。

9 月 24 日，同济大学主办的 *International Journal of Transportation Science and Technology*（IJTST，交通科学与技术）在 SJR 期刊排名（Scimago Journal & Country Rank）中位已列于 Q1 区，期刊 H－index13。

12 月 21 日，国家重点研发计划中国和瑞典政府间国际科技创新合作“智能网联汽车道路测试安全风险评估与防控技术”项目启动会于同济大学嘉定校区安楼召开。

（陈佳维）

艺术与传媒学院

艺术与传媒学院现开设广播电视学、广告学、广播电视编导、动画、影视表演、音乐表演本科专业，发展聚焦“全媒体”与“大艺术”，拥有新闻传播学、设计学一级学科硕士点、艺术设计专业学位（MFA）硕士点、新闻与传播学专业硕士点和设计学新媒体艺术与理论博士研究方向。学院下设传播系、音乐与表演系。

截至 2020 年底，全院共有教职员工 89 名，其中教授 14 名、副教授 19 名、讲师/助理教授 37 名，管理人员 19 名（含院聘）。传播系教研设施集中在嘉定校区惟新馆，音乐与表演系教学场地和设施分布在四平路校区。

师资队伍　引进预聘副教授 2 名，音乐与表演专业中级师资 2 名，1 名教师赴英国剑桥大学访学交流。

教育教学　规章制度方面，根据学院发展需要，对教学制度进行了梳理更新和重新编制，出台《艺术与传媒学院博士研究生招生工作办法》等。

课程建设方面，2020 年度学院获市级课程立项 2 项，分别为由芳负责的《数字皮影动画虚拟仿真实验》获上海高等学校一流本科课程立项；秦川负责的《星期音乐会》（线上线下混合式课程）获上海高校市级重点课程立项。2020 年度学院获各类校级课程立项 9 项，分别为李麟学负责的“城市建筑媒介与跨学科传播”获精品类通识选修课程立项；秦川负责的“星期音乐会”、王冬冬负责的“电视节目策划与制作”“纪实节目创作”、由芳负责的“交互设计”、徐翔“传播学研究方法”等 5 项获 2020 年度同济大学优质在线开放课程建设项目立项；由芳负责的“交互设计”（线上课程）、秦川负责的《星期音乐会》（线上线下混合式课程）、王冬冬负责的“电视节目写作”（线下课程）获 2020 年度同济大学重点课程建设项目立项。

课程思政方面，2020 年度获研究生课程思政建设项目立项 2 项，分别为的王冬冬的“全媒体设计工作坊”、柳珊的“媒介文化研究”。陈佳的“用音战‘疫’音乐表演管弦专业课程思政内容建设”（“器乐独奏 1－8”）获同济大学课程思政教育教学改革项目立项。

教学成果奖方面，2020 年度获校级教学成果奖 7 项，分别为：王冬冬负责的“多学科融合的地点营造本研一体化培养实践”获校级一等奖；李麟学、王冬冬、柳珊、赵文梁、梁英、方红峰、周晓蕊、卞清、任玲玲、陈功的“媒介融合背景下影视传媒创作人才培养的'学习型'平台建设与实践"获校级二等奖；由芳、王建民的"〈交互设计〉系列教材、物理教具及网络课程开发"、方红峰的"基于学科竞赛的多媒介创新实践人才培养模式"、魏亮、钱正"戏剧艺术中'诗画身体'训练方法的构建研究"、饶丹云的"戏剧影视台词艺术课程教学内容改革与方法创新"、王冬冬、李巍、钱正、梁英、海力洪、赵文梁、秦川、董逸的《艺术创作人才培养的"四维"立德树人专业教学实践探索》获校级三等奖。

教师获奖方面，钟琳获2020年同济大学青年教师讲课竞赛二等奖；于智毅、张诗雨获2020年第二届上海教师影视配音大赛二等奖；于智毅、隋歆获2020年同济大学社会捐赠教育宏达奖励金；李巍、王冬冬获2020年同济大学育才教育奖；张诗雨获2020年嘉园一凯晟奖励基金(同舟奖)。

学生获奖方面，学院各专业在教学实践过程中，积极与业界发展对接、与学科竞赛对接，在实践课和创新基地方面提升育人质量。2020年度，学院教师指导学生获得省部级及以上学科竞赛奖109项。

科学研究 论文与项目方面，获得国家社科基金立项4项，在四大期刊《新闻与传播研究》《国际新闻界》《新闻大学》《现代传播》上发表高水平论文7篇，获得省部级奖项2项，王冬冬、王颖吉获得宝钢基金优秀教师奖，获奖"互联网＋大学生创新创业大赛"国家级奖项3项，获奖大学生广告艺术大赛一等奖5项。

"疫情下的新闻传播应对与走向"学术论坛 5月30日，依托"部校共建暨院媒合作项目"，由同济大学主办，同济大学艺术与传媒学院承办，澎湃新闻、《新闻晨报》《探索与争鸣》杂志、SMG都市频道、同济大学附属东方医院灾难医学研究所联合协办的"疫情下的新闻传播应对与走向"学术论坛在艺术与传媒学院惟新馆成功举办。同济大学艺术与传媒学院李麟学副院长主持论坛，澎湃新闻总编助理高剑平、复旦大学新闻学院孙玮教授、《新闻晨报》周到全媒体中心秦川总经理、同济大学人文学院张生教授、《探索与争鸣》叶祝弟主编、SMG都市频道徐雯婷副主编、同济大学附属东方医院高彩萍护士长、同济大学艺术与传媒学院张艳丽书记、同济大学艺术与传媒学院王冬冬副院长、同济大学艺术与传媒学院王建民副院长、同济大学艺术与传媒学院徐翔教授参会并围绕"疫情下的新闻传播应对与走向"相关议题进行跨学科深入探讨。

"中国学派"动画艺术本体研究研讨会 6月18日，由国家社会科学基金重大项目"新时代中国动画学派的重建与民族文化传播研究"课题组、中国电影评论学会动漫游戏专业委员会、中国电影文学学会剧作理论委员会主办，广州美术学院视觉艺术设计学院、西华大学美术与设计学院、四川省网络视听协会动漫专委会协办，由《民族艺术研究》杂志、《当代动画》杂志、《同济大学学报》(社科版)提供学术支持，同济大学艺术与传媒学院、电影研究所承办的"'中国学派'动画艺术本体研究研讨会"成功举行。国家社科基金重大项目首席专家盘剑教授、日中动漫游戏产业联合会理事长関口贡(日本)、中国电影评论学会会长丁亚平教授、上海影视戏剧研究会副会长聂欣如教授、国际新媒体产教研融合研究院副院长王东教授、同济大学艺术与传媒学院副院长王冬冬教授、上海美术电影制片厂一级导演姚光华、西华大学美术与设计学院院长屈立丰教授等来自全国40多所高校、科研单位和制作公司的110多位专家学者在线上共聚一堂，围绕"中国学派"动画艺术本体研究的内容、知识体系、叙事、视听语言、表演等问题展开学术探讨。

未来城市线上论坛 7月3日，由同济大学艺术与传媒学院、城乡传播与发展战略研究团队、城乡传播研究中心主办，由澎湃新闻提供媒体支持的"未来城市：新空间 × 新媒介"学术论坛成功举行。主讲人清华大学建筑学院研究员、博士生导师、北京城市实验室创建人与执行主任龙瀛作以"WeSpace·未来城市空间"为题的研究报告。复旦大学新闻学院孙玮教授、趣城工作室创始人张宇星研究员、澎湃新闻市政厅栏目王昀主编、同济大学艺术与传媒学院副院长(主持工作)李麟学教授、副院长王建民教授等多位传播学、城市规划、建筑、交互设计等嘉宾，就"未来城市空间"话题进行了深入、精彩的讨论。本次线上论坛采用腾讯会议与B站同步直播方式，直播时长共3小时，累计参会人数达5667人，反响热烈。

人文纪录片与人类学影像跨界论坛 10月30日—11月1日，"对视与交融：人文纪录片与人类学影像跨界融合"2020海上纪录片论坛暨学术展映在同济大学举办。文化旅游部民族民间文艺发展中心研究员李松、马秋晨先生，广州美术学院人类学教授邓启耀、中央民族大学影视人类学研究中心主任朱靖江、华东师范大学教师张晖博士、新疆师范大学教授刘湘晨、美国西北大学影视系John Paul Sniadecki(史杰鹏)教授、清华大学新闻传播学院梁君健老师、北京电影学院张献民教授、同济大学人文学院陆兴华教授、中国传媒大学教师姜娟、中国美术学院教师杜海滨、同济大学艺术与传媒学院教师贾恺，日本NHK纪录片制作者杨昭先生、上海电影节纪录片单元策展人徐铮、纪录片导演丛峰、毛晨雨、鬼叔、余孟庭等逾20位对纪录片有深入研究的中外优秀学者，和对人类学有广泛涉猎的一线纪录片导演参与了发言、研讨。

城市传播论坛 12月12日，"存量更新背景下的城市传播"——2020第二届"城市传播"高端论坛在上海杨浦滨江"绿之丘"举行。来自清华大学、复旦大学、华中科技大学、同济大学、中国传媒大学等国内外知名高校及清华同衡规划设计研究院、凤凰互娱等机构的专家学者、业界人士共聚一堂，共同围绕"人民城市"战略与形象、媒介与公共空间链接等主题进行了深度研讨。

智能传播时代的文化与走向 12月12日，由同济大学艺术与传媒学院、中国社会科学院大学文学院、《探索与争鸣》杂志和《中国图书评论》杂志联合主办的“算法社会：智能传播时代的文化与走向”学术论坛在同济大学举办。来自北京师范大学、中国社会科学院大学、南开大学、浙江大学、上海交通大学、西安交通大学、上海师范大学、陕西师范大学、重庆大学、辽宁大学、烟台大学、榆林学院、中国社会科学院、同济大学和《探索与争鸣》杂志等机构的30余位专家学者围绕智能传播时代下的算法社会、新媒介技术与文化生产、推荐算法、智能传播语境中的用户和算法社会的文化与走向等主题展开研讨。

实验实践 实验环境建设方面，将惟新馆B23室改建为兼具智慧教室、网络课程直播与录制、形体表演教学、党建活动、师生活动等功能为一体的“惟新讲堂”，配备艺术专业所特需的演播灯光、直播录播系统、导播间、落地LED显示屏等专业设备，服务于嘉定校区网课、党课的直播与录制及工会特色活动。2020年4月，通过“产、学、研”合作，在上汽集团的赞助下，获赠一台原车比例的汽车模型用于汽车投影、汽车交互、三维打印等教学研究使用。2020启动并落实惟新馆的文化设计，针对惟新馆空间导览、墙面文字内容与形式、作品展示内容与数量、布告张贴软木板、公共空间地毯等等一系列空间文化视觉形象改造，并于年底前完成了环境改造，师生均给予好评。

实验教学方面，研发完成“城市风险突发事件新闻全景报道虚拟仿真实验”项目，2020年获批国家级一流本科课程(虚拟仿真项目，教高函〔2020〕8号)，王建民、廖莎莎、朱永宁、邵敏之等获得同济大学十五期实验教学改革专项基金立项，由芳获得同济大学第十三期精品实验立项。

设备购置与管理方面，2020年度，学院落实采购并入账设备361约129.45万元。购置设备主要包括公共机房工作站、“惟新讲堂”摄录设备、三教琴房监控摄像头、三教教师课桌家具等，经费性质包括学院教学经费、部校共建经费、学校“双一流”建设经费、教务处专项经费、科研项目经费。维修设备17项，合计费用7.49万元。报废设备114件，处置总价146.19万元。

规章制度方面，修订了《同济大学艺术与传媒学院对外场地租赁收费办法》；确立并开始执行台风灾害天气轮值制度，明确惟新馆资产安全。

信息化建设方面，2020年升级借还系统增加了微信小程序版、让师生可以在微信中就进行设备预约与借还。同时完成开发惟新馆与第三教学楼实验室借还系统，让师生可以使用信息化的手段实现场地预约与使用，全院琴房、公共教室、教研室、专业实验室线上预约共计78703次，规范了管理流程，提升了管理效率。

合作交流 外专引智项目申报方面，学院25位“院内申请人”，申报2020年度学校重点外专引智项目。相关外专60位，“来华工作事宜”包含研究报告、工作坊、授课、国际会议/论坛、展览/博览会、大师班、讲座、音乐会、项目洽谈与合作等。

合作院校协议签订方面，2020年与加拿大西安大略大学签订联合培养研究生项目协议；与位于意大利米兰市的Via Carlo Darwin的NUOVA ACCADEMIA SRL签订合作备忘录，通过发展学术项目，建立长期互利合作关系；与台湾世新大学、香港浸会大学、台湾崑山科技大学续签合作协议。

录取留学生方面，学院录取24名留学生。其中22名是学历学位生，2名是普通进修生。

学生出访及国际学生来访方面，2020年外派交换生21名，包括赴中国台湾世新大学9名，赴中国香港浸会大学3名，赴法国南特高商3名，赴美国芝加哥哥伦比亚大学5名，赴加拿大Mitacs大学1名。接收交换生23名，包括世新大学20名，台湾昆山科技大学2名，台湾中正大学1名。学生通过双学位项目、学分互换交流项目、夏令营、国际参赛等多种形式参与国际交流。

教师出访方面，学院2名教师出国(境)进行学术交流和访问。

研究生参加国际会议方面，3名研究生以线下或线上方式参加国际学术会议。

国际奖学金评选项目方面，学院6名学生申请获得“华特迪士尼奖学金”。该奖学金项目由华特迪士尼(中国)有限公司与中国教育国际交流协会共同设立。

外国教育机构来访方面，意大利文化教育领馆一行参访学院。

学生工作 4月至12月共举办7期惟新讲坛。讲坛邀请学界知名专家、业界精英和优秀校友开展讲座，以真情经历和前沿思索立体展现传媒学界和业界的丰富多维。

4月28日，特邀上海广播电视台“武汉抗疫纪实”项目临时党支部，直播连线纪录片《中国战“疫”》和《人间世·抗疫特辑》制作团队带来武汉抗疫第一线的战疫实录和纪录片拍摄手记。

4月20日，学院学生原创歌曲《声援抗疫 奏响强音》，以音乐传递抗疫正能量。

5月21日，学院学生获奖公益广告作品在上海陕西南路地铁站展出，同时“微公益 育新人”6月26日，学院毕业生荣获同济大学2020年度“扬帆奖”一等奖1项、二等奖1项和三等奖2项。

7月1日，学院“济艺·启航”2020届毕业典礼举行，为160余名毕业生送上毕业祝福。

7月15日和7月22日，学院党委副书记周彬和学院专职辅导员许嘉城、贾童谣受邀参加江西省鹰潭市12355电台直播课堂“奋斗吧！青春”节目录制。

9月8日，学院举办2020年开学典礼，欢迎60名硕士生新生和168名转入的2020级本科生的到来。

9月，学院学生荣获第四节“全国大学生网络文化节”和“全国高校网络教育优秀作品推选展示活动”公益广告类二等奖1项、三等奖1项和网文类三等奖1项。

10月23日，浙江大学求是特聘教授吴飞“后真相时代的新闻生产”报告会。

11月27日，加拿大伦敦西方大学艺术史副教授、视觉艺术系主任约翰·哈奇(John Hatch)“简论现代艺术中的一些荒诞而又批判的时刻”分享会。

12月1日，《新闻记者》期刊主编、同济大学兼职教授刘鹏“数字与人文：新媒体时代新闻业的趋向”报告会和上海音乐学院副研究员孙剑“音乐表演的研究基础兼及近期热点问题的思考”报告会。

12月11日，学院举办“初心工作室”系列活动之“当我们同在‘艺’起”留校辅导员沙龙会。

12月14日，著名芭蕾舞表演艺术家、美国旧金山芭蕾舞团首席舞者谭元元“‘谭’话芭蕾”分享会。

12月22日，学院举办“济燃心火，艺同传承”第十五届学院奖暨迎新晚会，17项作品(或个人)凭借突出表现斩获本届学院奖金、银、铜奖。

12月，学院新媒体与社会发展研究团队荣获首届“同济大学‘卓越’研究生导学团队”。

12月25日，经济日报上海记者站记者李治国“新闻报道的几点思考”分享会。

党群工作 3月24日，学院党委举行“不忘初心，牢记使命”主题教育总结大会暨教职工政治理论学习大会，深入学习习近平总书记在“不忘初心，牢记使命”主题教育总结大会上的重要讲话精神，总结学院主题教育开展情况和工作成效，建立“不忘初心，牢记使命”长效机制，围绕巩固和深化主题教育成果，部署2020年度学院党委重点工作。

4月28日，第二十五期惟新讲坛——“人间世·武汉情”武汉抗疫纪实讲座在Zoom平台“云”开讲。此次论坛暨“五四”特别策划特邀上海广播电视台“武汉抗疫纪实”项目临时党支部，直播连线纪录片《中国战“疫”》和《人间世——抗疫特辑》制作团队，带来第一线的战疫实录和纪录片拍摄手记。

5月22日，学院与同济大学出版社合作共建签约并进行党委中心组联组学习。

6月19日，学院与济光职业技术学院艺术设计系、学前教育系开展“大手牵小手”“四史”教育联组学习活动。

7月16日，学院党委副书记周彬为全体学生党员作了“学习四史、不忘初心”的主题教育专题线上党课。

11月1日，学院舞台剧《铸剑成诗》片段登陆百年高校“四史”学习联合讲坛。

11月3日晚，上海市教委校园大师剧创编巡演项目——《国之英豪》震撼献演。

11月19日，学院“惟新工坊”传统文化月系列活动以花道活动作为开场，嘉定校区各个学院和职能单位的老师代表相约惟新工坊，在花艺师强老师的讲授中，知晓花道的历史、学习花艺的理论，并在其团队的指导下进行花艺创作的实践。

11月21、22日晚，原创舞台剧《同舟共济》再度上演同济百余年发展史。舞台剧《同舟共济》作为思想引领性强、青年接受度高的艺术形式，自首演以来，已经成为在同济校园内弘扬社会主义文化，开展立德树人教育，提升校园思想情怀的闪亮名片。

11月26日，学院举办惟新工坊传统文化活动之茶道活动。闻讯赶来的师生们跟着国家级茶艺技师彭雅婷老师学习茶艺。彭老师从知识讲解和示范教学两个方面，带领老师领略了茶文化的博大精深。

12月8日，由嘉定校区党工委、马克思主义学院、嘉定校区管委会主办，艺术与传媒学院党委、经济与管理学院党委承办的同济大学“中国精神”大讲堂于四平路校区中法中心开讲，特邀中国延安干部学院延安精神研究中心主任冯建玫教授主讲，主题为“弘扬延安精神，牢记初心使命”。

12月11日，学院举办惟新工坊传统文化活动之传统首饰制作体验活动，帮助嘉定校区师生加深对传统文化的认识和了解，体验中国传统文化的魅力。

12月，嘉定校区图书馆二楼举办了生命艺术课程艺术展，本次展览是生命课程的学生作品展，旨在以展览的形式展现该课程的有趣之处。课程作品中，同学们通过运用绘画、动画、游戏与交互设计等不同艺术表达方法对动植物、生态宏观及生命信息等生命科学主题进行全新的艺术表达。

2020年度国情教育系列讲座

2020年度国情教育系列讲座课程设置“浦东开发的思想里程——浦东开发的‘软成果’”“改革开放是中国的第二次革命”“国际视野下的中国自信”“当前国际形势与中美关系”“漫谈改革开放以来的中共党史研究”“在人民城市重要理念指导下，推进新时代城市建设和治理现代化”等聚焦“四史”学习教育要求，紧扣国内外形势变化特征，邀请党政机关领导干部、资深专家学者授课，引导未来的新闻工作者了解国情、胸有大局、拓展视野、坚定信念。

(李向科)

软件学院

2020年，软件学院在疫情防控期间通过线上、线下多种形式，及时为师生推送各项防控工作部署和防控措施要求，落实师生健康信息报告制度，构建党、政、工、团、学、教“六位一体”疫情防控工作格局。

学院工作围绕学科建设和人才培养两个核心任务展开。学科建设方面，面向国家在人工智能、区块链、智能制造、大数据分析、移动互联、网络空间安全、5G通信等领域的重大战略需求，深化与同济大学优势学科（如建筑与城市规划、海洋、汽车、交通、创意设计等）的交叉合作，巩固和拓展本学科发展空间。同时瞄准国家级科研项目，服务国家及地方经济社会发展，推进软件工程学科建设。人才培养方面，面向国家和产业发展需求，积极探索新工科理念下的教学模式，培养基础理论扎实深厚的复合型、多层次的卓越工程师人才。

学院出台《软件学院国际交流合作项目管理办法》《同济大学软件学院学术讲坛申请和管理流程》，以及本研教学和学生评优相关的一系列规章制度，修订《同济大学软件学院教职工政治理论学习制度》，为学院的有序发展筑牢制度基础。

学科建设 软件工程学科专业委员会由周兴铭、赵生捷、刘琴、张晨曦、江建慧、贾金原、穆斌组成，周兴铭任主任，赵生捷、刘琴任副主任。

在2019—2020中国大学及学科专业评估报告（金苹果排行榜）中，同济大学软件工程专业获评5☆＋，位列同济大学7个5☆＋专业之一。

学院设有“软件工程”一级学科工学博士点和工学硕士点、电子与信息领域工程博士（软件工程）点、软件工程领域工程硕士点，以及软件工程本科专业。根据国家和产业发展需求，设有软件工程理论与方法、软件与人工智能、大数据系统与软件、软件与网络通信和软件与数字媒体技术5个研究方向。

截至2020年底，全日制在校本科生667人，大类招生的2019级主修专业确认分流进入软件工程专业学生192人。全日制研究生在校生为182名，其中博士52名，硕士130名。当年毕业研究生49人，其中硕士41人，博士8人。当年招收研究生71名，其中硕士49名，博士22名。硕士招生人数比去年增加7人，博士招生人数相比去年增加5人。硕士统考生生源质量较去年有提高，第一志愿上线人数充足，不再接收校内调剂生。在职工程硕士在册176人。当年招收在职工程硕士11人，获得学位证135人。

学院开展软件工程专业国家级一流本科专业建设，结合“新工科”专业建设和学科交叉融合发展趋势，优化调整软件工程应用领域知识单元；修订2020级软件工程专业培养方案和软件工程微专业培养方案；完成提交2021年软件工程专业工程教育专业认证申请；联合百度、万达信息、浙大网新3家企业申报教育部特色化示范性软件学院。

7月举办的暑期学校收到全国473名大学生的报名申请，经初审111人获得入营资格。经过选拔，50名大学生获得暑期学校优秀学员称号。

师资队伍建设 学院有在编教职员工53人，“双轨制”员工1人，其中正高级职称15人（教授14人、研究员1人）、副高级职称17人（副教授15人、高级工程师2人），具有博士学位专职教师33人。包括中国科学院院士2人（周兴铭、陈祖煜），国家高层次人才、国际欧亚科学院院士1人（赵生捷），国家杰出青年科学基金获得者1人（张晨曦），外专高层次人才1人（冈萨罗・阿奇（Gonzalo Arce）），教育部青年长江学者1人（张林），上海市高层次人才1人（张荣庆），上海市浦江人才计划2人（张林、梁爽），上海市扬帆计划称号3人（李江峰、范鸿飞、朱亚萍）。

引进优策科技有限公司创始人CEO刘震博士、浙江大学人工智能研究所、德清研究院院长朱强博士任同济大学兼职教授。

新增预聘助理教授3人朱亚萍、邓浩、韩丰夏。闫鹏、林伊凡调入软件学院。于天维离职。

5月底，通过线上方式举办第五届同济大学国际青年学者论坛软件学院分论坛，来自美国、中国香港的3名青年学者报名参加并作学术报告。

教学工作 2020年，学院教学工作总体平稳有序。受疫情影响，2020年春季学期全面实行线上教学，学院成立“线上教学领导小组”，制定学院在线教学实施方案，开展1－6周在线学习普查和调研，确保在线教学和人才培养质量。秋季学期因留学生不能入境，采用线上和线下混合教学。3月举办“软件改变我们的世界”云讲座，向居家在线学习的2019级学生提供“线上逛专业”，为主修专业确认做好宣传和咨询工作。2019级跨类主修专业确认工作有141名学生报名申请转入学院，报名人数较2018级增加27％，经过面试考察录取29人。2020届毕业生毕业率和学位授予率为97.69％，比2019届提高0.74％。

在同济大学2019—2020学年学院本科教学基本状态考核中，软件学院总分进步显著，被评为本科教学基本状态考核优秀单位。

赵生捷教授“软件工程专业基础和数字媒体课程群体系建设研究”获上海高校本科重点教改项目立项。赵生捷教授“以人工智能为驱动的高层次交叉复合型人才培养模式探索”获上海一流研究生教育引领计划立项。学院有6个项目获教育部高等教育司产学合作协同育人项目立项。

高珍“主机系统管理课程思政建设”获“同济大学课程思政教育教学改革”立项；范鸿飞“Java EE”、黄杰“软件项目与过程管理”、朱宏明“数据仓库技术”获同济大学重点课程建设项目立项；黄杰“软件工程经济学”和高珍“主机系统管理”获同济大学优质在线开放课程视频拍摄计划建设项目立项。

“深化教学改革与创新，建设一流的软件工程专业基础与数字媒体课程群”（赵生捷、张晨曦等）获同济大学教学成果特等奖，“‘三全育人’模式下的软件工程创新人才培养模式建设和实施”（朱宏明、江建慧等）获同济大学教学成果三等奖。

杜庆峰教授编著的《软件测试技术》获同济大学本科教材出版基金资

助，于 2021 年初正式出版。

罗烨副教授获评同济大学第七期“名课优师”；高珍副教授获评同济大学育才教育奖励金二等奖。

学院开设校级高等讲堂 2 次，全校研究生超过 1000 人次选听。另开设院级高等讲堂 13 次。

研究生教育改革与研究项目结题 2 项，其中学院规划项目 1 项，教育管理类项目 1 项。

科研工作 2020 年，软件学院科学研究总体呈现数量向质量转换的良好态势。获得国家重点研发计划项目 1 项、课题 3 项；国家自然科学基金面上项目 3 项；上海市重点攻关课题 1 项和上海市自然科学基金等项目 4 项。纵向项目到账 714.6 万元，横向项目到账 211.2 万元。学院教师以第一作者或通讯作者身份发表论文共计 99 篇，其中期刊论文 54 篇，会议论文 45 篇。ESI 高影响因子论文 1 篇，中科院一区论文 10 篇，二区学术期刊论文 10 篇。其中 CCF－A 级别论文 6 篇，CCF－B 级别论文 14 篇，SCI 检索论文 13 篇。共获得国家发明专利授权 7 项。

赵生捷教授、张林教授主持申报的“面向应急抢险与事故处理的数据高效传输与智能分析关键技术及应用”获上海市科技进步一等奖，实现学院省部级科研获奖零的突破。

赵生捷教授当选为中国发明协会会士，并获同济大学“‘十三五’科研工作先进个人”称号。

学院牵头立项国家重点研发计划“物联网与智慧城市关键技术及示范”重点专项项目 1 项：“韧性城市智能规划与仿真关键技术及应用”，这是软件学院十三五期间牵头立项的第三个国家重点研发计划项目。“面向多域资源共享的智慧城市可信安全物联网架构”“城市韧性的在线跨尺度虚实融合模拟/预测/推演技术”“复杂地球系统过程与现象的时空相关性研究”获批国家重点研发计划课题。

学院出版专著实现零的突破。赵生捷教授与张林教授的译著《智能电网与大数据分析——随机矩阵理论方法》由中国工信出版社出版。张荣庆副教授作为第二作者的专著《5G 车联网技术及应用》由科学出版社出版。

获批国家自然科学基金项目面上项目 3 项，分别是：袁时金教授“多模态数据驱动的海气耦合台风概率预报模型”、贾金原教授“面向 WebCIM 在线可视化的 BIM 大数据细粒度化方法”和梁爽副教授“面向三维模型草图检索的异构数据匹配关键技术研究”。

在上海市自然科学基金方面，梁爽副教授“基于无监督物体检测及关系建模的动作识别技术研究”获原创探索项目立项，张林教授“面向室内泊车环境的多源传感器建图理论与关键技术”获港澳台科技合作项目立项，这两个项目均为本年度同济大学唯一申报并获批。袁时金教授“针对 CNOP 的高效智能算法开发与应用”获上海市社会发展重点科技攻关项目立项，以上 3 项均是学院首次获批同类型项目。此外，李江峰副教授“基于多模态数据融合的细粒度视频情感搜索模型研究”和张荣庆副教授的“无人机辅助的车联网数据传输和信息安全研究”获上海市自然科学基金面上项目立项。

刘琴教授参与编撰国家标准 *Testing of AI－based systems*。

学生工作 学院全面落实“立德树人”根本任务，努力做好“三全育人”综合改革试点建设工作，围绕学生德智体美劳全面发展积极开展各项学生工作。2 个班级获得五四红旗团支部荣誉称号。

学院应届毕业生整体就业率为 97%，硕博就业率 100%。学院开展职业生涯规划与创新创业教育活动 30 余次，引导毕业生赴重点领域就业创业。

软件学院学生获得各类奖学金 187 人次。其中，本科生国家奖学金 7 人、上海市政府奖学金 1 人、国家励志奖学 16 人、同济大学优秀学生奖学金 149 人；博士新生国家奖学金 1 人、研究生国家奖学金 2 人、博士国家奖学金 1 人、优秀博士奖学金 1 人、优秀硕士奖学金 2 人，优秀博士新生奖学金 2 人。另有社会活动奖学金 24 人，校外冠名奖学金 24 人。

10 人获 2020 年度上海市普通高等学校优秀毕业生称号（研究生 2 人，本科生 8 人），10 人获 2020 年度同济大学优秀毕业生称号（研究生 2 人，本科生 8 人）。

学院开展特色主题活动共计 20 余场，通过升旗仪式、知识竞赛、素质拓展等形式多样的活动，弘扬抗疫精神，加强爱国主义教育，通过主题团课等形式落实“四史”学习，加强思想引领。在志愿服务方面，引导学生积极投身于进博会、红十字会等各项组织与活动。2020 年度学院共组织 12 支社会实践队伍前往祖国各地开展社会调研，获评校级重点项目和优秀项目各 1 项。

10 月，举办“深入学习四史，坚守初心使命”四史知识竞赛。

11 月，举办“廿廿不忘，新光启航”迎新晚会。

12 月底，举办共青团同济大学软件学院第五次代表大会和第十九次学生代表大会。

学院学生合计 92 人次在各类竞赛中获奖，其中省部级以上（含）获奖 59 人次。

3 月，在 2020 美国大学生数学建模竞赛中，获得国家级一等奖 2 项、二等奖 1 项，省部级二等奖 8 项。

9 月，在 2020 移动应用创新赛中，获得国家级三等奖 1 项、省部级二等奖 1 项、省部级三等奖 2 项。

10 月，在国际大学生程序设计竞赛中，获得国家级一等奖 3 项、二等奖和三等奖各 1 项。在中国大学生程序设计竞赛中，获得国家级一等奖 3 项、二等奖 1 项。

10 月，在第五届“汇创青春”上海大学生文化创意作品展示活动中，获得获一等奖 1 项，二等奖 4 项、三等奖 1 项。省市级二等奖 4 项、省市级三等奖 1 项。

11 月，在第十八届上海市百万青

少年争创"明日科技之星"评选暨"上汽教育杯"竞赛活动中,获得特等奖和三等奖各1项。

在第十二届挑战杯校内赛中,获得银奖2项,铜奖1项;在第六届"互联网+"校内赛中,获得金奖2项,银奖3项、铜奖5项。

合作交流 2020年软件学院国际交流各项工作稳步推进。学院具有研究生学历全英文专业1个,研究生学历层次可开设全英文课程8门,本科生学历层次可开设全英文课程9门。仍在有效期内的双学位合作项目7个,合作方分别为美国凯特琳(Kettering)大学、法国欧洲理工学院(EPITECH)、西班牙马德里理工学院、瑞典舍夫德(Skövde)大学、意大利帕维亚(Pavia)大学、中华大学咨讯学院和芬兰阿尔托(Aalto)大学。

学院在籍国际学生17名,交换生6名;其中本科生14人,研究生9人;20年新招收国际学生8名,其中本科生5名,研究生2名,博士生1名。出国境交流短期访学7人次,研究生有16人次参与境外高水平国际会议并做口头汇报。有2名硕士研究生国际学生取得工学硕士学位。新签订2项国际合作协议:与法国EPITECH学院签订非学位交流合作项目;与新加坡国立大学签订双学位合作项目。

企业合作方面,学院持续深化与国内信息技术行业领军企业的科研和产业合作,推进校企联合人才培养工作,包括校企联合课程建设、校企联合毕业设计(论文)指导、实习基地建设等。稳步推进软件工程专业人才培养的渐进式过程实践平台建设,包括学院与IBM、eBay和SAP共建的3个国家级工程实践教育中心的建设。

6月,赵生捷教授以"新基建与信息技术"为主题,在国家发改委中国信息协会与中国资本市场五十人论坛联合与百度、新浪财经、今日头条等平台举办的大型抗疫公益线上直播演讲,百度财经、万得Wind、中国知网三大线上平台同步直播,近百万人次点击观看。

8月,与重庆大学自动化学院、中智科学技术评价研究中心、国际欧亚科学院中国科学中心共建"数字中国(横琴)研究中心",国际欧亚科学院赵生捷院士受聘研究中心主任,担任大横琴科技智库专家、博士后导师。

学术交流活动通过线上举办3次,其中包括图灵讲坛1次。

(张晶)

汽车学院

截至2020年底,学院共有在编教职工123人。其中正高级专业技术职务40人,副高级专业技术职务37人,中级专业技术职务29人,其他15人,校聘派遣人员4人。学院现有教育部节能环保汽车创新团队1个,中国工程院院士2人,国家高层次人才计划专家6人,国家海外高层次人才计划青年项目专家2人,973计划和863计划首席科学家3人,长江学者2人。

学科建设 面向"双一流"建设,汽车学院牵头联合机械与能源工程学院、材料科学与工程学院、航空航天与力学学院、中德学院、中德工程学院共同持续建设绿色智能制造新兴交叉学科领域;参与由交通运输工程学院牵头的交通运输工程、由设计与创意学院牵头的设计学两个一流学科建设,以平台学院形式成为学校"双一流"建设的主力学院之一。

科研工作 2020年,学院共计完成科研项目立项173项,其中纵向项目60项,国家级项目21项,省部级项目6项。合同立项总金额总计4.01亿元,其中纵向项目立项金额0.6亿元,横向合作项目立项金额3.41亿元;科研项目到款总计1.13亿元,其中科研纵向项目到款金额0.63亿元,横向合作项目到款金额0.5亿元。

学院共获得省部级(行业)科研获奖5项,承担科技部国家重点研发计划重点专项项目(含课题、二级课题)4项,项目1项、二级课题3项;成功申请国家自然科学基金项目16项,包括联合基金(重点)1项、9项面上项目、6项青年项目。

学院共授权专利67项,其中发明专利53项。学院共发表检索论文345篇,其中SCI检索论文179篇,EI检索论文126篇。学院共出版著作6部,专著4部,编著1部,译著1部。

教学工作 截至2020年底,汽车学院在读本科生820人(一年级新生在新生院)、硕士生550人,博士生319人,非全日制工程硕士447人。完成2020级"车辆工程与工业设计跨学科联合培养汽车造型专业人才模式"创新实验区的招生和迎新工作,共计15名本科生。完成2020级研究生的迎新工作,共计有197名全日制硕士生、59名非全日制硕士生、79名博士生入学。完成2019级学生类内和类外分流工作,共计182名本科生进入车辆工程(汽车)专业。共计220名本科生、192名硕士(含全日制与非全日制硕士)、24名博士完成毕业。

汽车学院作为牵头学院,完成三所重点中学(华东师大附中、上海中学、吴淞中学)的苗圃学员选拔和培养等工作。2020年10月至12月,陆续完成三所中学苗圃计划课题的开题和结题相关工作。

学院成立三个教研室,开展人才培养、课程建设和教材建设等一系列教学相关工作。在本科生教学方面,专业积极申报一流本科专业建设,积极开展一流本科课程和一流本科教材建设工作。2020年,学院组织车辆工程专业申报一流本科建设。1本教材获得首届全国教材建设奖推荐;1本教材获得同济大学优秀教材三等奖;1本本科教材申请同济大学本科教材基金,已通过初审;新出版1本教材;1门课程成功申报同济大学优质在线课程拍摄计划;5门课程成功立项同济大学重点课程线下课程建设;3门课程成功进入上海市一流课程申报拟推荐名单;1门课程成功进入同济大学第一批优质在线开放课程建设名单。2020年持续开展工程教育认证相关工作,根据2018级培养方案优化课程对毕业指标点的支撑体系,以及根据认证协会最新要求,收集和整理2019—2020学年所有持续改进和教学相关材料电子化。完成2020级车辆工程专业、车辆工程(创新实验区)本科生培养方案的修订工作。顺利完成了2019年同济大学课程思政教育教学改革项目“车辆工程课程思政示范专业课程链”,实现了承上启下、层层递进的课程思政教学改革。完成了2019年“上海高校课程思政教育教学改革试点”重点示范课程《汽车与可持续发展》的结题。“汽车文化”立项“2020年同济大学课程思政教育教学改革项目”。本科教学基本状态考核全校排名第十,较前年进步五名。

在研究生教学方面,成立研究生招生工作领导小组。通过研究生推免、暑期夏令营、研究生统考自主招生等政策优化生源质量,继续开展研究生导师招生名额分配体系改革。进一步修订汽车学院导师招收硕士研究生名额分配方法。首次按照“机械”“能源动力”“交通运输”三个类别招收了专业学位博士、硕士,于2020年9月顺利入学。探索基于国家高水平科研项目、重大科技创新平台和重大工程项目的研究生培养模式,顺利组织科研经费博士招生。探索博士生培养质量的全过程管理,针对博士延期探索建立预警机制。研究生教学基本状态考核全校排名第七,较前年进步四名。

2020年学院共有3名同学被授予同济大学优秀博士论文称号,11名同学被授予同济大学优秀硕士论文称号。1名教师获得同济大学育才教育奖励金特等奖,1名老师获得2020年同济大学育才教育奖励金二等奖;1名老师获得同济大学第七期名课优师称号。获得2015－2019年实习工作优秀组织单位称号,2个实践基地获得优秀校外实习基地称号,1名老师获得优秀实习指导老师称号,1名老师获得实习工作优秀教务员称号。

学生工作 2020年,学院学生工作取得了一定成效:研究生第十八党支部获评2020年同济大学“先锋党支部”,学生党支部“对标争先”建设项目获得校级示范项目;2019级研究生中德班获评同济大学班长论坛优秀班级建设案例(十佳);2018级本科生5班获评同济大学优良学风标兵班;截至12月1日,2020届毕业生就业率98.25%,4人获同济大学“扬帆奖”二等奖,5人获三等奖,获评“上海市高校学生职业(生涯)发展教育”校外实践基地;荣获“资助育人工作先进集体”,获评2019—2020学年“同舟－助飞”学业帮扶项目示范项目;荣获心理活动月最佳组织奖、最佳项目奖。荣获优秀院级学生会(全校6个)、优秀学生会主席(全校6个)、优秀志愿服务项目;荣获第六届中国国际互联网＋大学生创新创业大赛国家级金奖1项,上海赛区银奖1项。2018级硕士生倪润宇荣获“追求卓越”学生奖、2015级博士生马原荣获“学术先锋”称号、2016级本科生陈淮博荣获“学术之星”称号。

开展“同车行”品牌学习活动,全年共举行“同车行”理论学习课堂12期、“同车行”学术大师讲堂10期、“同车行”党委特邀报告6期。扎实推进“四史”学习教育,开展“四个一”系列活动:共读一本“四史”图书,为每个支部配发《中国共产党的九十年》《中国改革开放40年实录》等“四史”学习教育图书,支部轮流选取一本书举行读书会;寻访一个“四史”基地,学生行走“四史”学习教育城市实践路线,寻访中共一大会址、国歌纪念馆、上海历史博物馆、龙华烈士陵园等“四史”学习教育基地,乘坐“四史”巴士重走浦东开发开放之路;聆听一次“四史”分享,每周二下午开展“四史”学习教育理论学习,让学生走上讲台讲“四史”;讲好一堂“四史”党课,邀请中国井冈山干部学院学院原副院长、井冈山大学原校长张泰城教授,上海市社会主义学院社会治理创新研究中心主任陈荣武,教育部特聘专家、南京海军指挥学院军事战略学教授张晓林讲授“四史”专题党课。组织开展“学四史,传薪火,担使命”——同济大学“四史”学习教育知识竞赛,线上线下共吸引全校500余名学生参与;拍摄制作“党旗下的青春:热望未来的东方朝阳”“车轮不止——汽车工业发展背后的新中国建设之路”等微党课,设计制作“学习四史守初心,担当大国汽车梦”学习画册,多措并举增强学习教育的针对性、有效性,让“四史”学习入脑入心。团学工作方面,学院团委荣获2019年度同济大学共青团工作优良状态组织。共举办并参与各类文体活动20余场。社会实践方面,2019年申请暑期社会实践项目6个,专业类社会调研项目达60%,其中优秀指导老师1人。“汽车青年说”官方公众号年度推文90余篇,内容涵盖汽车热点新闻、汽车知识科普等。汽车文化宣讲团在2019年开设48次汽车文化宣讲课程、5次宣讲讲座。

学生科技创新方面,学院以大学生汽车科技创新实践基地为平台,五大车队成功参加中国大学生方程式汽车大赛等4项学科竞赛,其中电车队荣获中国大学生电动方程式大赛总冠军、翼驰车队荣获中国大学生方程式汽车大赛季军、志远车队荣获壳牌汽车环保马拉松亚军。同时注重科创成果转化,车队学生共发表4篇学术论文,申请专利3项、软件著作权1项。举办挑战杯动员会、挑战杯院内专家评审会,目前共有9组项目通过校内第一轮评审。引导学生直接企业研究项目3项,让学生直面行业发展的焦点和痛点,锻炼学生创新实践能力。

就业方面,举办第六届“同济大学汽车行业综合招聘会”,参与行业内企业达70家以上,涵盖全国各地主流汽车整车、零部件及相关企业。截至12月1日,2020届毕业生就业率98.25%,其中博士100%,硕士100%,本科96.82%。同时,学院积极开展教育引导工作鼓励学生去基层建功、到一线立业，2020届毕业生中共有5名学生赴政府机关工作，其中1名成功被中央选调生录取，进入工信部工作。

学生资助方面，建章立制，修订《同济大学汽车学院奖学金评定细则》，围绕"基础学业""科技创新""社会实践与服务"建立导向明确、科学有效的奖学金评审工作制度体系。夯实基础，充分利用资助育人平台，落实学校奖、助、贷、勤等各项资助工作，累计共发放20项奖学金、8项助学金、2类疫情防控专项补助，覆盖984人次；配合开展助学贷款办理、还款工作，覆盖35人次；组织开展4类勤工助学岗位管理，覆盖26人次。利用资源，巩固上汽大众家庭经济困难党员资助通道，发放院级临时困难补助16人次、校级临时困难补助1人次，2019—2020学年账户使用率达99.8%。

参军入伍方面，2020年参军入伍1人。

对外交流　学院与中德学院、机械学院和轨道交通学院共同搭建德国工科院校人才培养平台并运行以下双学位项目：同济大学－德国布伦瑞克工业大学双学位，同济大学－德国达姆施塔特工业大学双学位，同济大学－德国卡尔斯鲁尔工业大学双学位，同济大学－德国斯图加特大学双学位，同济大学－德国波鸿鲁尔大学双学位，同济大学－德国德累斯顿工业大学双学位项目。除德国之外学院还与法国、奥地利开展双学位联合培养：同济大学－法国巴黎高科双学位，同济大学－法国不列塔尼国立先进技术大学校双学位，同济大学－法国国立桥路大学双学位，同济大学－奥地利格拉技术大学的双学位项目。

学院与汽车行业的整车和零部件企业继续保持高水平合作交流，开展了包括德国大众集团、德国保时捷集团、奥地利AVL集团等的交流互动，让学生接触了解到国际著名汽车及零配件企业品牌、新产品和新技术。

（段鹏岳）

女子学院

概况　学院有工作人员5名，其中正高级职称1人、中级职称1人，期中办公室主任及教务员分别于2019年2月和2018年11月退休，续聘退休教师1人，院聘1人，兼职1人，女子学院高层次女性专业人才培养特色班新招学员65人，结业31人，现有在册的女性特色班三届学员共有211人。

9月，女子学院在新生院八大学堂招收65名优秀大一女生组成第十三届女性特色班。10月27日，第十三届女性特色班开班典礼在衷和楼举行，学校妇女工作委员会主任、学院院务委员会主任马锦明、学院副院长肖辉及学院近80名师生参加了典礼并为新生颁发学员证。截至10月，面向全校21个学院共招收十三届女性特色班928名学员，2020年学院继续试点增加全新的"国乐艺术特色班"，增加艺术类、演奏类相关课程及教学、体验、实践课堂，重在培养科学与艺术并举的女性专业人才，形成一精多专(1＋N)的艺术特长。

11月22日，"追求卓越 砥砺同航"同济女子学院成立二十周年报告会在四平路校区举行。教育部原副部长、同济大学原校长、同济女子学院顾问委员会主任、院务委员会名誉主任吴启迪，上海市妇联主席、同济女子学院顾问委员会副主任徐枫，校党委副书记吴广明，上海市慈善基金会名誉副理事长、香港晨兴控股集团董事长杨文瑛，校妇委主任、同济女子学院院务委员会主任马锦明，校对外联络与发展办公室、教育发展基金会、机关党委、本科生院、校妇委、女子学院有关负责人，女子学院特色课教师、校友及在校学生150余人参加会议。部分女子学院校友和学校师生在线参加了会议。上海市第十一届人大常委会主任、上海市慈善基金会名誉理事长、同济女子学院名誉院长陈铁迪发来贺信，向同济女子学院成立二十周年表示热烈祝贺。会议举行了同济女子学院第十届高层次女性专业人才培养特色班结业典礼，徐枫和吴广明为结业生代表颁发结业证书。毕业生代表苏海煜作交流发言。学院向长期支持学院发展的日本成就公司、香港晨兴电子科技有限公司、上海达驰信息产业有限公司等企业表示诚挚感谢。吴广明为与会企业代表杨文瑛颁发捐赠证书及纪念品。吴广明和杨文瑛为获得晨兴奖学金的学生代表颁发荣誉证书。

教学工作　2020年女子学院女性特色班结业学生31人。

第十三届"高层次女性专业人才培养特色班"65人。

自2002年以来，学院已开设42门面向全校学生的女性特色系列通识教育课程。2020年继续试点招收"国学国乐"班。

学院除开设适合女大学学生成长和成才需要的女性特色课，还通过各种讲座对女性特色班的学生进行多项素质提升项目培训。2020年女子学院举办"素养提升"系列活动。

3月6、8、10、12、14日，因疫情期间，学生在家居家隔离不能外出锻炼，学院组织特色班学生参加校妇委组织的线上教学——八段锦，同学们带着家人一起参与线上锻炼，增强体质。通过这种新式，让同学们在紧张的疫情期间放松紧张的情绪，同时加强学生与家长的互动。

4月8日，学院组织特色班学生收看由上海市妇女联合会和上海市总工会女职工委员会、上海市体育学院共同发起的《照进女性内心的15面镜子》线上讲座，内容包括：建立科学系统的心理认知；在这个不确定的世界找到最大的确定性；爱与鼓励：从社会心理学角度来说，为什么鼓励自己多爱他人;停不下来的囤货、洗手、如何重建自己对周围环境的信心和安全感;有哪些可以改善自我情绪的好技巧、方法等15个方面内容来帮助学生在防疫期间积极恢复情绪、安心学习。

10月24日,学院在德文图书馆报告厅举办"中医秋冬养生与减肥"讲座。本次讲座邀请上海市第十人民医院中医老师张昱为女大学生介绍中医减肥与秋冬养生的有关知识。

11月24日,学院在衷和楼举办婚姻家庭与两性关系——如何让自己的人生更加幸福讲座。本次讲座邀请到同济大学法学院胡洁人副教授主讲。

12月18日,以"卓越女性成才之路"为主题的同济大学第六届女教师论坛暨卓越女性颁奖典礼在线上线下同步举行。学院组织学生通过线上线下的方式参加本次会议。2020年度,女子学院继续做好高年级特色班学生的创业培训工作。5月,因疫情原因本次培训通过线上培训的方式对2017级女性特色班的13名学生进行"女性创业培训",所有学生全部合格并获得由上海市大学生科技创业基金同济分基金颁发的创业培训合格证书。11—12月,女子学院委托上海开放大学为2018级女性特色班25名学生通过腾讯会议线上方式进行"创业培训"并获得由上海开放大学颁发的培训合格证书。

学生工作 学院有30人获学院晨兴奖学金,包括晨兴学习奖、优秀班干部奖、优秀团队奖以及晨兴社会活动奖等,8人在女性就业创业培训中获得优异成绩而获得女子学院所设立的河合奖学金。

3月12日,学院在线动员大家植树造林,改善环境,保护环境。视频可见女院公众号:节目特辑—种下希望的树。

5—6月,学院通过线上活动举办请君为我倾耳听活动。通过"一展歌喉""以歌传情"的方式表达青春奋斗,对生活的热爱,对抗疫一线的工作者、劳动者和耕耘者的祝福。

5月20日,由学校妇女工作委员会、学校校友会、同济大学附属同济医院工会女职工委员会、艺术与传媒学院、女子学院共同组织诗朗诵《归来》通过线上视频的方式表达对建校113周年祝福。《归来》由同济大学人文学院沈鸣鸣老师原创,同济大学附属同济医院医护人员:顾春雅、赵颖蕾、同济女子学院学生:梁伊雯、刘芯蕊、彭嘉祁、杨彩共同朗诵。

12月4日,学院在中法中心A201报告厅举办迎新活动。

对外交流 2020年学院领导与社会各界广泛联系,加强对外交流并取得成效。

11月,因疫情管控,2020年度女子学院"河合奖学金"签约通过线上沟通,日本成就公司与同济基金办签约"河合奖学金",继续资助女子学院对女大学生的培养。

4月28日,由妇女工作委员会、女子学院、女教授联谊会共同组织的——"解惑专业选择的困扰"活动以线上的方式举行。此次线上活动由女教授联谊会17个学院的20余位女教授、30多名女子学院19级女大学生参加。

11月23日,校妇委、校就业指导中心、女子学院组织女大学生参加由上海市妇女联合会、上海市教育委员会、上海市女企业家协会、上海市教育系统妇工委组织的女大学进企业活动"飞翔吧海鸥女孩——2020对话明天的自己"。本次参观企业为苹果公司上海总部,通过"创业新主角,不做旁观者""包容性与多元化""科技领域中的女性"等与同学们面对面进行分享交流。

(谢辉)

国际文化交流学院

2020年度,学院学生达757人,其中本科学历生为161人,预科生363人,硕士学历生(中国)89人,硕士学历生(国际)25人,汉补生21人,长期语言进修生98人,学生来自超过105个国家。

学院继续打造"留学同济"中文与中华文化国际传播品牌,为学校"双一流学科人才培养国际化"和"校园多彩文化建设"做好重要支撑。结合相关学科优势与特色,做好"十四五"规划,在培养国际学生"知华、友华、爱同济"、中外学生融合与跨文化教育、中华优秀传统文化传承与海外传播,以及"一带一路"国际人才招生和培养上进行有效的探索和实践。

教学工作

汉语国际教育系 受到疫情影响,2020年教学工作主要以线上教学形式展开。2月2日起,根据学校两院指示,制定汉硕、本科、进修2019—2020线上教学管理各级各类预案、方案。2月11日起,配合学院疫情防控小组、线上教学小组、开学前准备小组,准备各项开学前工作。于2月20日完成17级中国研究生、18级外国研究生线上毕业流程方案。2月24日,完成汉教系2019—2020学年第2学期工作计划。3月完成、提交并下发2020级春季学期汉硕答辩安排,完成2017级中、2018级外汉硕预答辩方案。4月落实国际汉硕生"孔院本土教师"报名,完成20级汉硕复试安排统筹表。5月完成汉教系"十四五"规划方案,20年度国家汉硕生面试及成绩汇总。6月参加同济大学本研一体化培养工作启动会,同济大学本科专业责任岗座谈会,完成汉硕2020级国际学生定导工作。7月与俄罗斯国立经济大学(莫斯科)举行第一次见面会(学院简介),并初步拟定与俄罗斯国立经济大学合作硕士双学位的课程设置,参加同济大学贯彻习近平总书记对研究生教育工作重要指示精神专题座谈会。9月与俄罗斯国立经济大学

(莫斯科)举行第二次会议(课程设置与学分认定事项,研院老师参会),落实长三角"一带一路"大讲堂,组织并推动汉硕参加第三届微课大赛。10月完成2019—2020学年本科生教材专项排查,参加研究生院年度招生命题会议与"一带一路"语言文化传播校企联盟年会。11月推动教育类研究生和公费师范生免试认定中小学教师资格改革实施院内方案,完成汉硕微课大赛各项扫尾工作,与俄罗斯国立经济大学(莫斯科)举行第三次会议(敲定双方各自承担的课程与学分认定)。12月设置工程博士平台课程("一带一路"框架下文化交流与合作),召开本科教师会议(2020年度评优,2021届本科生毕业论文工作流程通知,本科生导师面谈录入系统指导),拟定与俄罗斯国立经济大学(莫斯科)硕士双学位合作协议,并启动同济大学国际中文教育名家学术月活动。

预科 疫情发生前,由于预科教学任务紧迫,同济预科部师生寒假处于半放假状态,即大部分学生完成各科教师指定的寒假作业,教师通过微信等方式负责答疑和批改,另外有约40名后进生安排集中补习三周,每周20课时。疫情发生后,学生寒假作业和教师答疑、批改工作继续,但后进生集中补课被迫停止。在寒假线下补习课程停止的情况下,在预科分管院领导带领下,预科教研室2月5日拟定线上教学应急方案,带领课程组长拟定线上教学应急计划,借助微信群和智慧树平台的知到App,于2月10日开始实施应急教学任务。

3月2日,学校要求各学院利用线上平台正式开始教学工作,预科教研室参照本科、研究生等教育任务的做法,按照预科分管院领导的要求,设计了预科线上开学后的教学方案。一是增加通用汉语模块课程课时,二是补充数学课程师资,三是依托学校提供的线上教育平台,将预科教学工作进一步引向深入。3月16日,预科教学安排再次进行调整,专业汉语实行小班化教学,同时增加物理化学课程。

2020—2021学年秋季学期,预科生报到比原计划晚了两周,预科部于9月28日正式开学。在上半年预科网课积累经验的基础上,新学期网上的课程设置已经基本与上一学年线下的课程设置相同。期中考试后,预科课程设置再次更新,周课时达到32课时,已完全达到线下课程的强度。

2020年7月预科教研室调整为预科系,12月预科系增补一位副主任。

2020年秋季共招收自费预科生14名。加强了预科项目宣传力度,并且加强了与委培单位的沟通,定期发送双语学习报告。新增预科招生合作伙伴10家,国内伙伴:CUCAS、China—admission、SICAS、鲜果教育、HSK Online;国外伙伴:佐科教育、studywiz、chinese. kz. 、凯默中文学校、金帆留学。

11—12月,共参加四次基金委组织的预科工作相关会议:基金委在上海财经大学召开的预科调研会,预科系提交了线上教学报告;基金委在厦门召开的预科教师培训会议,预科系三位教师参会,预科系主任会议发言,参会老师会后向预科系全体教师详细报告了会议上获得的教学相关信息;基金委委托北语教育政策与评价院召开的线上预科结业考试命题会,预科系共组织11名老师参会,并根据北语要求,安排及更换命题员工;基金委在无锡召开的2020年预科教育工作会议,预科系陪同分管院长参会,会后向预科系全体教师传达了会议精神和要求。

公共课程 公汉部开设面向全校的汉语、中国概况类课程。2020年春季学期开设本科课程6门,研究生课程16门。本学期学习汉语、中国概况的国际学生大部分在海外,返校困难。因此,公汉部开学前就已做好全学期线上课程的准备。

2020年秋季学期,由于疫情原因,大部分国际学生未能返校,除中外学生融合课程根据选课中国学生情况而定外,其它课程全部采用线上教学,使用学校提供的ZOOM、CANVAS平台。其中英文授课中国概论采用直播与线上课程资源相结合的方式进行,其它线上课程采用腾讯课堂平台,开设本科课程6门,研究生课程19门。

HSK(汉语水平考试) 考点密切关注汉考国际关于疫情期间颁布的有关HSK、HSKK的公告和信息,第一时间发布。通过已经建立的助管微信群、HSK工作群、HSK公共邮箱、学院公众号(由刘怡菲转发)及汉语考试服务网给学院各班级、学校相关学院如医学院、土木工程学院、经济与管理学院等外国留学生教学部门,给长期合作的10个上海高校、国际中学发送HSK延考、HSK成绩报告单延迟寄送以及补办考试的通知并答疑,完成疫情期间的咨询工作。

2020年上半年,汉考国际推迟了3月、4月、5月的HSK考试,之后又停办了上半年的HSK考试。由于同济考点于2020年1月开放了网上报名系统,至4月底有60余名考生登录报名,并有24名考生缴费成功。后期考点陆续处理考生缓考申请退款申请,并于下半年完成4—5月的返款工作。

科研工作 学院教师先后获得教育部2020年度中外人文交流专项研究课题1项、教育部语合中心2020国际中文教育重点项目1项、2020年度上海市社会科学基金一般项目1项、2020年度同济大学重点课程建设项目1项、2020年度汉考国际重点科研项目1项、2020年度同济大学文科青年项目1项、2020年度国家语委中青班项目1项、四技项目3项。

学院教师出版专著4部、译著2部、发表学术论文共计20篇。

学院孙宜学教授团队的《中华文化国际传播系列丛书》荣获2020年度同济大学优秀教材奖一等奖。孙宜学和刘怡菲老师参与的"'携手同行、重点突破'——主动服务'一带一路'的创新人才培养模式"项目获得同济大学教学成果二等奖。

同济大学获批"上海市语言文字推广基地",孙宜学院长代表同济大学与会并接受了上海市语委办的授牌。

师资队伍　学院共有教师44名。其中,在编教职工35人,教授3人,副教授10人,助理教授2人,讲师14人;学院具有博士学位的教师20名,具有硕士学位的教师23名。

学生工作　2020年学院学生工作紧密围绕学校国际化发展战略和学院中心工作,以习近平新时代中国特色社会主义思想为指导,全面贯彻落实党的十九大和十九届二中、三中、四中全会精神。受新冠肺炎疫情影响,大部分国际学生无法返校,使学院的学生工作面临着前所未有的考验。在校学(研)工部和留学生办公室的具体指导下,以培养"知华、友华、爱校"的国际学生为己任,充分把握新形势、瞄准新问题、运用新技术、推进新举措,积极探索构建"云思政"工作新格局。助力国际文化交流学院以汉语教学为根本,广泛传播中华优秀文化的作用和效能的充分发挥。主要围绕以下四部分展开工作:强化国际学生思政教育体系建设;强化学生日常管理,促进学风良好发展;共谋国际学生育人可持续发展;优秀国际学生不断涌现一展风采。

通过撰写《国际学生感知中国大课堂》《国际学生与中国的故事》两书,回顾近年来学院在国际学生思政教育方面的成效。为抢占筑牢网络阵地,构建国际学生思政网络平台。

学院针对国际学生打造了"熊猫叨叨 panda talk"网络思政平台。通过短视频的形式,以思政教育为主线,制作有吸引力、接地气、针对性强的教育内容;探索新时代国际学生成长特点和话语体系,加强国际学生的中国理解教育,牢牢抓住校园第二课堂阵地,在提升国际学生教育水平的同时,努力推动中华文化更好地"走出去"。

在中国人民抗日战争暨世界反法西斯战争胜利75周年之际,学院师生共同参观了四行仓库抗战纪念馆。中秋节来临之际,开展"手塑饼同月,心祈世团圆——中外师生同庆中秋,共迎国庆"活动。通过微信公众号开设"云"太极课程,鼓励学生"宅"家之时,学习太极拳强身健体,提升国际学生对中华传统文化的兴趣,深入了解中华文化的精髓——和谐之道。开展"战疫情""我和中国的故事"主题征文活动,进一步提升国际学生的汉语应用能力,培养"知华、友华、爱华"的国际学生。组织学生参加中国政府奖学金预科生"感知中国"短视频展示活动;举办多元文化·和谐共生丨五洲风情展示等系列迎新年活动。

雷若华等人获得中国政府奖学金预科生"感知中国"短视频大赛炉火纯青奖1项,初露锋芒奖2项,优秀参与奖1项。理沙获得第三届"人民日报杯"日语国际翻译大赛研究生组汉译日二等奖。马杜获得同济大学"全球抗疫"国际学生网络绘画比赛三等奖。

对外交流　全年学院执行来华短期交流团组3批,学员共计499名。

2020年,受全球新冠疫情影响,学院共承接了2个短期项目:澳洲夏校学术学分课程和韩国庆熙大学中文系学生汉语研修冬令营(自费)。12月,承办教育部语言与合作交流中心2021年"汉语桥"线上团组交流项目,计划面向4所合作孔院与合作大学招生120名,2021年2月17日—3月1日为他们提供汉语和中国文化类讲座课程。

2020年短期来华团组培训团

序号	培训班全称	培训班起始时间	培训班结束时间	人数
1	澳洲跨境教育国际课程项目(自费)	20191230	20200116	343
2	韩国庆熙大学大学生汉语研习冬令营(自费)	20200103	20200120	36
3	"生存汉语"与感知中国 ——2021年同济大学"汉语桥"线上汉语研习营(公费)	20210217	20210301	120
总数				499

孔子学院　本年度,同济大学作为"上海国际中文教育工作联盟"轮值秘书处单位,"上海国际中文教育工作联盟"秘书处设于同济大学孔子学院办公室。

去年共接收孔子学院奖学金新生34名,其中汉语国际教育硕士4名,一学年汉语进修11名,一学期汉语进修19名。老生4人,其中本科学历学位生1人,硕士学历学位生3人。受疫情影响,全年派出汉语教师1名,选拔面试校内外汉语教师5名,计划于2021年分别派往日本樱美林大学孔子学院、意大利佛罗伦达大学孔子学院,并为2名汉语教师办理延期申请手续。截至12月20日,各孔子学院已统计出的开设汉语课程以及举办文化活动情况如下:

日本樱美林大学孔子学院:线上/线下汉语课班级90个,学员总数2528人;线上/线下文化活动10场,参与人数1700人。

韩国庆熙大学孔子学院:汉语课班级63个,学员总数1093人;文化活动23场,参与人数约3600人。

德国汉诺威莱布尼茨孔子学院:汉语课班级27个,学员总数236人;文化活动25场,参与人数2665人。

意大利佛罗伦萨大学孔子学院:汉语课班级50个,学员总数600人;

文化活动20场,参与人数2000人。

2020年,全球孔子学院受到疫情影响,汉语课程与文化活动部分转为线上开展,同时疫情也影响了中方院长、公派教师和汉语教师志愿者的派出。为满足海外孔子学院教学需求,特组织学院教师、汉语国际教育专业硕士学生在华远程为孔子学院开设在线课程。并组织开展了针对海外孔子学院中外汉语教师、志愿者的线上授课培训。

6月始,全球孔子学院将进入转隶过渡期,预计一年左右时间完成转隶工作。在新的架构下,中方院校在孔院发展中的重要性、主导性都将更为显著。在这一背景下,孔子学院工作重点有如下几个方面:

稳步推进,按期完成转隶工作。经过与外方合作者、教育部语合中心的多番沟通与讨论,同济大学海外四所孔子学院先后进入到补充协议的签订流程,完成转隶工作。

海外教师、志愿者防疫工作。在海外疫情爆发初期,为海外教师、志愿者等邮寄了防疫物资。同时,建立了同济大学外派孔子学院教师、志愿者日报制度,随时了解海外疫情防控进展,以及外交部相关政策,随时了解外派教师、志愿者动态与生活与工作中的困难。建立了"医疗支持微信群",由同济医院、同济大学附属肺科医院专家,在微信群中为外派教师、志愿者提供医疗支持。

6月,学校向教育部中外语言交流合作中心申报了国际中文教育专职教师储备单位,经过严格审核、考察,日前,学校已被正式确立为"国际中文教育专职教师储备单位"。

在人事处、外事办公室、孔子学院办公室等部门合作下,初步拟定《同济大学国际中文教育专职储备教师管理办法》,计划明年开始专职教师的招聘与派出。

党建工作 2020年,学院高度重视全体教师的思想政治业务学习,组织各类主题教育学习和实践活动,详细讲述和领会新形势下来华留学工作的新情况与新特征。本年度学院狠抓"立德树人"和"三全育人"工作,让教职员工能够更好地培养"知华、友华、爱校"的国际学生,更好地发展国际学生的"中国能力",从而实现学院以汉语教学为根本,广泛传播中华优秀文化的作用和效能。

党建工作方面,吸收刘怡菲同志成为中共预备党员,实现了学院多年来"零"的突破。发展王靖为入党积极分子。

学院按照上级组织的要求,并结合学院实际情况,定时开展形式多样、内容丰富的政治学习和业务培训。本年度的政治学习和业务培训主要分为三块内容:学习习近平总书记重要讲话、"四史"学习、观影和参观博物馆等特别活动。

为深入学习贯彻党的十九大精神和习近平新时代中国特色社会主义思想,进一步推动全面从严治党向纵深发展,按照学校党委和外国语学院党委关于意识形态工作、基层党建工作、党风廉政建设和党内监督工作三大主体责任"同部署、同推进、同考核"的总体部署安排,学院支部认真落实各项工作。

(刘怡菲)

口腔医学院

口腔医学院全院教职工343人,新增医教师16人。全年全日制学生351人,其中本科生186人,硕士生109人,博士研究生56人。当年新录取新生108人,其中博士生14人,硕士生37人,本科生57人;毕业学生77人,其中博士生7人,硕士生35人,本科生35人。

学院根据同济大学相关要求,认真开展"十四五"规划编制工作,通过召开学科发展规划会,向学科带头人和青年医教师征集在学科未来发展方向、发展特色,人才梯队培养,和医教研各项工作等方面的建设性意见和建议,并在同济大学关于各学院"十四五"发展规划编制的校长办公会上就学院规划进行汇报。

2020年,学院完成了妍学楼建设并举办了正式启用仪式,以此为契机,在优化教学环境、更新硬件设施的基础上,进一步健全教学管理组织架构,完善教学质量管理体系,形成具有同济口腔特色的口腔医学生培养模式,为优秀口腔医学人才的培养贡献力量。

疫情防控 2020年,学院上下深入学习贯彻习近平总书记关于防控新冠肺炎疫情的系列重要讲话精神,全面落实中央、教育部和上海市各级要求。强化组织领导统一部署,持续健全完善工作机制,把握全局,整体统筹推进。建立疫情防控常态化工作机制,坚持一手抓好疫情防控,一手抓好其他各项工作,严格按照国家、上海市和同济大学相关要求,部署学院防控工作;根据工作实际情况,研究制定各项工作预案,全面保障师生职工健康,在防疫保障条件下,全力做好学院发展各项工作,努力把疫情对各项工作的影响降到最低。

师资队伍建设 学院医教师110人,其中正高职称20人,副高级20人,中级职称29人,队伍中博士学位人员占56.9%,硕士学位人员占33.9%。

学院进一步建立健全人事管理体系,结合分门诊部和口腔临床医学分中心建设,建立各机构间人员流动的长效机制,充分调动职工工作积极性,切实推动个人能力和综合素质的提升。深化与同济大学和上级主管部门的联系沟通,制定符合学科实际情况的人事招聘和晋升制度,为优秀人员的引进和培养提供制度保障,使更多优秀的口腔医学人才加入学院建设中。

教学工作 根据学校疫情防控相

关工作部署，学院积极推进线上教学工作，通过比较线上授课平台，广泛调研，分层培训，确保疫情防控期间本、研教学“安全、有序、保质、保量”地开展。在疫情严峻考验下，认真做好毕业生就业指导和文明离校工作，动员全院资源，积极为学生提供就业信息，保证毕业生顺利就业，2020 届共毕业本科生 35 名，硕士研究生 35 名，博士研究生 7 名，本科毕业生就业率 97.14%、研究生就业率 100%。

面向“双一流”建设，坚持以培养一流口腔医学人才为目标，开展教学改革与创新，“口腔颌面外科学”荣获首批国家级一流本科课程——线下一流课程，口腔颌面外科教研室获同济大学线上教学工作优秀案例，获校级教改课题 3 项，发表教改论文 4 篇。

学院强化师资队伍建设，促进教师综合素质和教学能力提高，1 人荣获第四届上海高校青年教师教学竞赛三等奖；1 人荣获同济大学优秀博士学位论文指导教师，2 人获优秀硕士学位论文指导教师；2 人获同济大学本科生学科竞赛优秀指导老师；3 人获同济大学大学大学生暑期实践活动优秀指导教师。

学院以立德树人为根本，以理想信念教育为核心，以社会主义核心价值观为引领，积极开展校园文化活动，提高学生综合素质，培养学生创新能力，1 名学生获同济大学优秀博士学位论文，2 名获优秀硕士学位论文。同时，学院开展的“抗疫间我的心情故事”主题线上活动获 2020 年度校心理健康教育“优秀项目奖”，“居家抗疫不苦恼”获校心理健康教育微视频评选优秀奖。

科研工作 学院获得国家自然科学基金面上项目 2 项，国家自然科学基金国际（地区）合作组织间项目 1 项，青年项目 5 项；上海市科委优秀学术带头人计划 1 项，上海市科委扬帆计划人才 1 项，上海市科委浦江人才计划 1 项，上海市自然科学基金项目 1 项；上海市科委“医学创新”2 项；上海市科委实验动物研究项目 2 项；上海市科委科普项目 2 项；上海市科委对于国家重大项目配套 2 项；中国博士后基金 1 项；上海市申康发展中心临床研究项目 3 项；上海市卫生健康委员会面上项目 3 项，青年项目 4 项；上海市卫生健康委员“医苑新星”人才计划 1 项，同济大学中央高校基本科研业务费专项——人才项目 1 项，中华口腔医学会科研项目 1 项；共计获得资助 34 项。发表被 SCI 收录论文 47 篇。

联合上海市第十人民医院心脏中心、复旦大学附属中山医院及上海市第一人民医院口腔科，开展对牙周病和心血管疾病的相关性研究，获批第二轮《促进市级医院临床技能与临床创新能力三年行动计划》临床研究关键支撑项目。

作为上海市医师协会口腔科医师分会会长单位，组织编写了上海市医师定期考核唯一指定用书的编写，1 人担任主编，2 人担任副主编，1 人担任主编秘书，12 人担任编委。

学生工作 鼓励大学生自主创新、个性发展。2020 年，本科学生获得国家级大学生创新项目 3 项、上海市大学生创新项目 4 项、同济大学大学生创新项目以及 SITP 项目 9 项。1 名学生获中华口腔医学会 2020 年会“新星秀”壁报交流“新锐之星”称号，1 名获“优秀壁报”奖；1 名学生在中华口腔医学会口腔遗传病与罕见病专业委员会第二次学术年会科普作品评选活动中荣获“铜星”。

2020 年度本科生中 34 人获校奖学金、6 人获校社会活动奖、9 人获民族班奖、国家奖 2 人、上海市政府奖 1 人、国家励志奖 11 人、校外奖 8 人、国家助学金 106 人（一等 26、二等 80）、校级助学金 70 人（一等 23、二等 47）、成才助学金 57 人（一等 18、二等 39）。获优良学风班 1 个、先进集体 1 个、优秀学生 7 人、优秀学生标兵 1 人、优秀学生干部 1 人。

研究生中 3 人获国家级优秀研究生奖学金（含新生），4 人获校级优秀研究生奖学金（含新生），3 人获校级社会活动奖，2 人获光华奖学金，1 人获市级优秀毕业生，1 人获校级优秀毕业生，助学成才服务对象 6 名。获优秀学生 5 人、优秀学生标兵 1 人、优秀学生干部 1 人。

党建工作 学院落实党委和领导班子联系党外优秀人才相关工作，加强对院优秀中青年人才及在校学生的政治引领和吸纳。2020 年度本单位共发展党员 10 人，其中本科生 7 名、研究生 3 名；转正党员 9 人。

学院党委深入学习领会党的十九届五中全会精神，特邀请同济大学经济与管理学院管理科学与工程系教授、博士生导师，上海市宣讲团成员陈强做“新形势下上海 科技创新发展”的形势教育专题讲座，他从世界格局、经济发展状况到科技创新，为师生全面分析解读国家“十三五”完成情况，并前瞻性展望国家“十四五”规划发展前景。

2020 年，院党委通过“三会一课”和主题党日活动等形式，开展多形式的教育学习活动根据同济大学整理的“四史”学习教育的相关资料及重点学习书目，认真开展理论学习，将“四史”学习的内容融入其中。同时，提出要严格按照要求精心组织学习教育，推进“线上”学习，督促党员同志定期观看“四史”学习材料及新闻联播，参与线上微党课，加强学习教育宣传，并利用网络平台，将学校针对性的“四史”学习相关内容及时与党员同志分享学习。

学院党委结合浦东开发开放 30 周年，组织教工党员和部分退休党员、学生党员到上海中心大厦参观学习，让党员同志深刻认识到在中国共产党的领导下中国特色社会主义的发展历程，更深切体会到改革开放所带来的翻天覆地的变化。

（倪娜）

职业技术教育学院

学院共有教职员工 35 人，其中行政人员 16 人，教师 19 人。教师中博导、教授 2 人，硕导、副教授 13 人，博士、讲师 4 人（含新进预聘助理教授 1 人）。

教学工作 学院在校研究生 281 人（全日制硕士生 104 人，非全日制硕士生 177 人），其中新招“教育学”全日制硕士研究生 27 人（包括高等教育学、成人教育学、职业技术教育学，高等教育管理方向），全日制专业型硕士研究生 14 人（包括职业技术教育、科学与技术教育、现代教育技术方向），非全日制专业型硕士研究生 51 人（教育管理方向）。

全日制毕业硕士生 20 人，非全日制毕业硕士生 33 人（定向就业）。3 名学术型研究生赴德国帕特博恩大学开展为期半年的交流。3 名毕业研究生获得学院预备博士生资格，并于 2020 年秋分赴比利时布鲁塞尔自由大学、德国奥斯纳布吕克大学、以及荷兰莱顿大学开始博士研究生学习。

科研工作 学院师生公开发表科研论文 24 篇，出版专著或教材 3 部。其中，王奕俊、师慧丽分获民盟上海市高教论坛优秀论文一等奖和二等奖。科研经费到款 488 万元，申报课题 27 项。其中，国家级课题 3 项（谢莉花：资历框架视域下的职业能力标准体系构建研究，国家社科基金后期资助一般项目；李俊：职业教育产教融合型城市建设的机制与策略研究，全国教育科学规划一般项目；赵晋：网络嵌入视角下教师参与教育创新扩散的影响机理与推进策略研究，国家社会科学基金项目一般项目）。

学生工作 学院评审研究生奖学金 9 人次，评选各类荣誉称号 6 人次，个人 5 人次，集体 1 人次，发展研究生党员 15 人。

学院毕业研究生就业率 95.12%。7 月 1 日，在中德大楼二楼报告厅举行了 2020 届教育学硕士研究生毕业典礼，9 月 12 日，在在四平路校区逸夫楼，举行了 2020 级研究生新生开学典礼。

社会服务 学院举办国际“双元制”职业教育在线培训项目，中德专家共同参与培训 2641 人次。上海市中等职业学校教师信息化技术应用能力提升项目市级培训项目参训教师 63 人。工业机器人应用与维护专业国家级职教创新团队培训项目培训 140 人。上海市中等职业学校新进教师规范化第六期培训，培训新进教师 153 名。

学术与社会兼职 9 月起，学院职业教育经济与管理研究所所长李俊副教授参与普陀区“双优储备计划”项目，在上海市普陀区曹杨职业技术学校挂职副校长，主管教学科研及教学督导方面的工作，参与学校日常管理。

11 月 28 日，第二届上海教育专业学位指导委员会举行换届会议，学院教育学科委员会主任张建荣教授和学院副院长王奕俊副教授担任新一届上海教育专业学位指导委员会委员。

12 月 4 日，教育部下文成立全国师德师风建设专家委员会，学院党委书记王继平被聘任为专家委员会委员。

（李正雯）

设计创意学院

截至 2020 年 12 月 31 日，学院教职员工共计 155 人。在读本科生 425 人（含学位学历留学生 26 人，港澳台学生 6 人）；在读硕士研究生 316 人（含学位学历留学生 2 人，港澳台学生 6 人；双学位交流生 30 人；非学位交流生 4 人，港澳台交流生 3 人）；非全日制硕士研究生 124 人；在读博士生 76 人。

6 月，举办学院 2017 级硕士研究生毕业设计展，59 名同学参展，涵盖工业设计、环境设计、媒体与传达设计、产品服务体系设计、设计战略与管理、交互设计、人工智能与数据设计、设计历史与理论、创新设计与创业 9 个专业方向。

3—8 月，上海市经信委协同同济大学等单位开展世界设计之都大会（WDCC）筹备工作，并将会议秘书处设在学院，学院作为承办单位负责开展大会筹备工作。

11 月，学院承办由市经信委协同同济大学等单位共同主办的上海“设计之都”十周年主题活动。开幕式宣布成立“国际设计学院联盟”，发布“前沿设计创新奖”，“2017 年上海市设计学 IV 类高峰学科建设计划正式启动”与“同济设计创意学院连续三年 QS 排名亚洲第一”入选上海设计之都“十年十事”，超 9 万人观看活动视频直播，超 5 万人观看图片直播，媒体合计发稿 500 余篇，阅读量超过 1200 万人次。举办上海“设计之都”十周年主题活动之同济设计周系列活动，包括学术会议、讲座、展览、论坛、工作坊等近 10 场活动，吸引多个国家和地区的知名学者、国际非营利性组织负责人、艺术家和设计师，以及设计教育思想者、教育家和实践者、高等院校师生、设计业界同行和社会公众等参与线上线下活动。

除设计周外，学院共举办线上线下各类讲座、展览和研讨会等约 70 场；深度参与第三届中国国际进口博览会·上海综合形象展区的展陈设计；与华大基因、上海易托邦联合设计研发“气膜版火眼实验室”，应用于新冠病毒核酸检测，助力病例排查工作。

2020年“气膜版火眼实验室”获第八届深圳国际工业设计大展暨 The Great One 大赛“产品设计至尊奖”、2020 当代好设计奖“金奖”、2020(中国)好设计奖“金奖”、2020 深圳设计周暨环球设计大奖——全球抗疫产品设计奖“优秀奖”、2020 IAI 全球设计奖建筑奖——IAI 建筑概念“最佳设计大奖”。

截至12月,学院图书馆共有馆藏专业外文图书约4000册,中文图书约1500册。按照学院专业和学科发展的需求迫切度,有计划地扩充馆藏资源,均衡藏书结构。2020年新增外文图书约100册、新增中文图书约100册;增订和续订中外文期刊150种,其中中文期刊65种、外文期刊85种,中外文期刊馆藏约9500余册。

2020年QS(Quacquarelli Symonds,英国教育及留学机构)公布的世界大学学科排名中,学院位列“艺术与设计学科”第13位。

学科建设 2020年,学院在整理“十三五”建设成效和学科发展现状基础上,起草学院“十四五”规划总体纲要,形成《同济大学设计创意学院“十四五”规划文本》(征求意见稿)。在学院“十四五”规划的基本框架下,形成9个研究生 Program 和3个本科专业的学科“十四五”规划。

根据《统筹推进世界一流大学和一流学科建设总体方案》《统筹推进世界一流大学和一流学科建设实施办法(暂行)》《关于高等学校加快“双一流”建设的指导意见》等有关文件精神,学科开展2016—2020年“双一流”建设周期总结工作,分别于3月和9月两度开展“双一流”建设监测指标体系填报,并对照评查一流学科建设总体方案的符合度、达成度和表现度,深入分析能否促进和引领学校和学科的可持续发展、是否有助于实现中远期建设目标。

学科根据教育部学位与研究生教育发展中心和学校的有关指导意见,遵照以“立德树人成效”为根本标准,以“质量、成效、特色、贡献”为价值导向,定量与定性评价相结合的基本思路,完成第五轮学科评估的各项工作。

根据学科布局和总体规划,持续通过第五届国际青年学者论坛、第十一届高校设计研究博士论坛以及人才恳谈会等有效举措,为青年学者提供学术交流平台,储备、引进和培育高层次人才。5月,通过同济云视频会议(Zoom)举办第五届国际青年学者论坛,吸引了来自中国香港、荷兰、英国、韩国等国家和地区共计9名海内外青年学者。其中,2名青年学者依托学科入选上海“千人计划”。此外,1名教师入选上海国际人才蓄水池工程,1名教师入选上海高校高校特聘教授(东方学者)跟踪计划。

科研工作 2020年,学院在职教师在国内外期刊及学术会议中共发表论文71篇,其中国内期刊论文24篇、国外期刊论文20篇、国际会议论文25篇、主流报纸研究性评论文章2篇;出版学术论著5部,其中专著2本、编著3本;授权专利11项,其中发明专利2项、实用新型专利1项、外观专利8项;科研项目立项共72项,其中纵向课题立项21项、横向课题立项51项。总计科研合同经费2270.7万元,学科科研获奖8项。

2020年度立项的纵向课题中,含6项国家级项目,分别是:学院教授曹楠的“针对复杂事件序列数据的可视分析研究”获批国家自然科学基金国际(地区)合作与交流项目;教授曹楠的“信息可视化自动生成技术的研究”和助理教授郭炜炜的“面向SAR图像目标识别的深度学习可解释性研究”获批国家自然科学基金面上项目;副教授魏弗兰(Francesca Valsecchi)的“The contribute of Citizens Science to support Urban Nature and ecological literacy in Chinese cities, and its impact on ecological urbanization in China”获批国家自然科学基金外国青年学者研究基金项目;助理教授陈晴的“面向在线学习自我调节的可视分析方法研究”获批国家自然科学基金青年项目;助理教授郭炜炜的“基于深度学习的高密度序列卫星图像大尺度时空分析”获批科技部中欧遥感科技合作“龙计划”五期项目。

此外,2020年学院获批立项6项省部级项目,分别是:助理教授王琦的“基于织物运动捕捉的康复智慧衣设计关键技术研究”入选上海市青年科技英才扬帆计划;博士后刘畅的“人工智能背景下共创驱动的文化创意产业发展研究”入选上海市浦江人才计划(C类);预聘副教授石洋的“面向数据设计的智能创意辅助方法研究”获批上海市自然科学基金面上项目;张磊的“中小学设计思维的美育功能及实践路径研究”获批上海市教育科研项目;助理教授王琦的“基于可穿戴织物变色技术的传统文化创新性发展研究”获批上海市艺术科学规划课题;助理教授张帅的“基于CDIO工程教育模式的工业设计人才培育国际经验与中国策略研究”获批教育部高校国别和区域研究年度课题。

2020年学院教师获得学科科研相关奖项8项,包括2020年上海市“白玉兰纪念奖”1项、“2020好设计奖”金奖1项、“2020当代好设计奖”(CGD)金奖1项、2020北京设计博览会月桂奖—青年力量年度奖1项、第八届深圳国际工业设计大展 The Great One 产品至尊奖1项,上海设计之都十周年珠宝行业教育特殊贡献奖1项、SAP Labs China Bamboo Award to External Contributor 1项、入选清华大学 AI 2000 人工智能全球最具影响力学者榜单1项。

教学工作 设计创意学院9月入学本科生归由新生院统一管理;硕士研究生(全日制)设计学18人,工业设计工程32人(含学历学位国际学生3人,港澳台学生3人),博士研究生20人,非学位交流生12人;硕士研究生(非全日制)工业设计工程23人,艺术设计3人。

上海国际设计创新学院9月入学硕士研究生(全日制)设计学6人,机械18人,艺术设计15人。3月份入学硕士研究生(全日制双学位国际学生)机械3人,艺术设计4人。

设计创意学院共有88名本科生(工业设计、视觉传达设计、环境设计、产品设计)取得学士学位,其中工学52名、艺术学36名;设计学、工业设计工程、艺术设计专业共有52名学生取得硕士学位,其中艺术学硕士29名(双学位国际学生5名),工程硕士21名(非全日制学生5名);2名学生取得设计学博士学位。

上海国际设计创新学院共有40名研究生取得硕士学位,其中艺术学硕士9名,工程硕士17名(含双学位国际学生1名),艺术硕士14名。

课程立项方面:学院副教授柳喆俊负责的《镜头语言虚拟实验》获得国家级一流本科课程虚拟仿真课程类。副教授刘震元负责的“产品设计与创新”、副教授任丽莎负责的“设计历史”立项为2020年同济大学重点课程。副教授宋善威负责的“非遗走进现代生活”立项为2020年同济大学课程思政教育教学改革项目。

教师讲课竞赛方面:学院教师梁靖获得同济大学青年教师讲课竞赛二等奖、上海市高校艺术与设计类青年教师讲课竞赛二等奖。

教学成果奖方面:学院获得2020年同济大学教学成果奖一等奖2项:“三区联动”的“三全育人”设计创新人才培养模式探索与实践(娄永琪、徐江、杨皓、孙效华、倪旻卿);服务国家创新战略的设计战略与管理研究生培养模式的探索与实践(娄永琪、范斐、蔡三发、徐江、马钧)。二等奖1项:面向整合式创新设计知识与能力的产品设计人才培养模式的创新与实践(刘震元、莫娇、刘力丹、刘胧、任丽莎、谭靖漪、郁新安、樊中)。三等奖1项:“产品设计”与“土木工程”教学联动及创新型人才培养模式改革探索(任丽莎、阮欣、娄永琪、马如进、李华)。

教材方面:学院教授徐江的《设计科学知识图谱》获得同济大学优秀教材奖二等奖;副教授俞鹰的《中华文化体验与设计》获得同济大学优秀教材奖三等奖。

师资队伍 截至12月31日,学院共有155位教职员工,专技类岗教职工90名,行政类岗教职工46名,博士后3名,兼职教师16名。

专技类岗教师包含讲席教授1名、教授22名、副教授31名、助理教授7名、讲师10名、助教1名、特聘研究员2名、研究员1名、副研究员3名、助理研究员4名、双聘教授3名、思政岗教师3名(含1名校聘)、教辅人员2名(含1名借调)。其中副高/副研究员及以上占比70%,外籍教师占专技类岗教师比例32%。

2020年学院人才工作取得重大突破,新增上海市海外高层次人才1名,上海市政府“白玉兰纪念奖”1名,上海市浦江人才计划1名,上海高校特聘教授(东方学者)跟踪计划1名,上海市青年科技英才扬帆计划1名,苏州姑苏人才计划1名,昆山双创人才1名,月桂奖—青年力量年度奖得主1名;在校级高层次人才项目方面,学院内有3位教授获聘学校长聘特聘教授,学校外1位获聘长聘特聘教授。

行政类岗教职工有46名,其中管理岗人员43名(编制8名、院聘25名、项目聘任10名),工勤人员1名(借调),退休返聘人员2名。

学院教职工中荣获荣誉博士学位教职工1名,博士学位教师58名(占专技类岗教师比例64%),硕士学位教职工66名,学士学位教职工25名。

学生工作 学院入党启蒙教育首次走进第一课堂,在专业课堂上讲授党的历史,结合专题讲座、优秀党员分享交流等形式实现全方位的启蒙教育。同时,学院成功举办首届党建七一表彰大会,表彰优秀共产党员、优秀支部书记、先进党支部及抗疫先锋,表彰先进,树立榜样,同时在学院大型志愿服务活动中设立党员先锋岗,充分发挥党员示范引领作用,营造良好争优创先氛围。围绕中国传统文化,结合专业特长开拓创新建设项目,推进学生党支部建设。

2020年度,学生党支部6个项目参与并完成了“对标争先”项目建设,5个项目被评为重点和优秀项目,本科生党支部文化艺术作品“节日节气年表”被评为建设示范项目。2019级国创研究生团支部被评为同济大学五四红旗团支部标兵,2018级环境设计本科生团支部、2019级国创研究生团支部被评为学院五四红旗团支部。

暑期社会实践方面,学院共有7个团队的41名学生在确保疫情防控安全的情况下,聚焦社区治理、传统文化、乡村振兴等领域开展实践,其中“无野毒”菜市场、“崇明八姑娘”“半勺行动”等项目广受社会关注,各类报道累积阅读量4万次,1支团队荣获“知行杯”上海市大学生社会实践大赛三等奖。科技创新项目方面,组织完成上创立项答辩2组,国创立项答辩2组,SITP14立项答辩8组。

精神文化建设方面,加强文化育人探索,品牌活动开启“云”模式,持续保障同学们的精神文化需求。“回音筒×云师说”关心同学们心理状态,为同学们排忧解惑;居家养成计划之“绘声绘设”线上配音大赛、云端樱花集市、云创智坊之建桥 Can Bridge 等活动,远程陪伴和服务同学,丰富同学们的居家生活。举办线上线下“设计徒步”“设计之外”“师说”“D—talk”“D—tech”等品牌交流沙龙活动总计19场,搭建朋辈、师生、校企交流平台,传递专业知识,拓宽学生视野。开展配音大赛、新年派对、趣味运动会等文体活动活跃学院氛围,促进学生的身心健康发展。

同时鼓励学生结合专业开展志愿服务、贡献社会,组织学生积极参与进博会、设计之都十周年等活动,为校内外各类活动提供志愿服务200余人次。通过志愿服务推广创意创新理念,提升学生社会责任感。

2019—2020学年,研究生共27人获国家级、校级(含校外捐赠)奖学金9项,本科生共20人获校优秀学生奖以外的国家级、市级、校级(含校外捐赠)奖学金7项。2020届学院毕业生就业率100%,就业总人数166人。学院举办2020届毕业生专场招聘会,共吸引对接20家优秀的设计类就业单位参加，同时举办人才交流座谈会，促进校企联动，为毕业生提供更多就业机会。持续开展设计之外企业参访，邀请著名企业进学院宣讲，帮助学生了解行业发展状况与需求，助力学生择业就业。

对外交流与合作 学院继续推进“高校国际化示范学院推进计划”，外籍专家共34名(其中兼职教师10名)。学院外籍教师Jarmo Suominen教授荣获2020年上海市“白玉兰纪念奖”。

年内共有36名学生通过线上参加网课或赴境外等形式参加了国际交流，根据培养层次统计，其中硕士27人次，本科生9人次；根据出国(境)目的统计，其中参加双学位联合培养项目21人次，参加非学位交流学习15人次。2020年共接收10名双学位国际学生，4名非学位交流国际学生。

学院与法国圣艾蒂安国立高等美术学院、奥地利维也纳应用艺术大学建立了硕士双学位联合培养项目；与苏黎世艺术大学续签了合作协议；举办了四次国际会议、论坛、工作坊。

学院分别与英国布鲁奈尔大学、德国Use Lab GmbH Campus合作开展了“通过协同设计和营造公共创客空间培养创意公民研究”“中国医院造影剂注射泵应用人因研究”项目。

针对疫情带来的特殊挑战，2020年学院与美国新学院大学、美国艺术中心设计学院共同开展了“海外学期项目”，接收了来自美国合作院校的近40名学生，该批学生以交换生的身份在同济大学学习生活。

校企校地合作 2020年，学院与上海市、深圳市、台州市、南安市等开展各类校地合作。承办由上海市经信委协同同济大学等单位共同主办的上海“设计之都”十周年主题活动。深度参与第三届中国国际进口博览会·上海综合形象展区的展陈设计。深入推动与上海市杨浦区四平街道战略合作，继续推进City Science Lab @ Shanghai城市科学实验室、当代首饰与新文化中心、NICE－2035未来生活原型街2.0版等项目建设。与台州市黄岩区人民政府合作共建“同济大学设计创意学院台州·黄岩设计创新中心”。

与欧特克、华为、阿里巴巴、波音、上汽、宝马、阿斯顿·马丁、世联行、OPPO、飞利浦、海尔、霍尼韦尔、星巴克、TIMS等企业展开战略合作、联合课题研究、项目咨询、共建联合实验室等形式多样的校企合作。

学院收到深圳世联行地产顾问股份有限公司企业捐赠共计18.75万元。

(李真)

体育教学部

2020年，体育教学部紧紧围绕《关于全面加强和改进新时代学校体育工作的意见》文件精神，贯彻落实习近平总书记关于教育、体育的重要论述和全国教育大会精神，进一步加强和改进学校体育工作。体育教学部作为同济大学“三全育人”综合改革试点学院，通过“教会”“勤练”“常赛”的培养模式，充分挖掘体育教育元素，提升学生综合健康素质。在体育各项工作的开展过程中，充分培养学生的爱国主义、集体主义、社会主义精神和奋发向上、顽强拼搏的意志品质，充分展现体育课程思政的魅力，完成以体育德、以体育智、以体育美、以体育劳和以赛育人的育人目标，实现体育的“三全育人”。

教学工作 2020上半年度，体育教学部约承担9240名学生的体育课教学任务，其中2019级学生4377名，2018级学生2664名，2017级学生1728名，2016级以上年级学生232名，民族预科班学生48名，选修课学生96名，理论课学生54名，重新学习课学生40名。周工作总量为754学时/周。

2020下半年度，体育教学部约承担9134名学生的体育课教学任务，其中必修课2020级学生4347名，2019级学生2372名，2018级学生1341名，2016级以上年级学生218名，民族预科班学生48名，选修课学生205名，理论课学生72名，重新学习课学生163名。周工作总量为746学时/周。

10月17－18日，在四平路校区和嘉定校区同时开展2019—2020学年学生体质测试补测工作(因疫情学生未能返校原因，计划内上半年进行的工作改动至下半年完成)。

10月26日—11月29日、12月5日、12月6日，在四平路校区和嘉定校区同时开展2020—2021学年学生体质测试工作。参加体测的学生总人数为13817人，其中：男生8461人，女生5356人；一年级、二年级、三年级、四五年级参加体测达标率分别为97.35%、93.98%、90.70%、84.54%。本次体测学生整体达标率为91.98%，其中：男生达标率为81.87%，女生达标率为96.59%，女生达标率明显高于男生。

科研工作 2020年体育教学部共发表论文31篇。其中，SCI索引论文5篇，B类核心论文2篇，教学类核心1篇，普通期刊论文23篇，出版教材2部。

2020年体育教学部获立项各类课题10项，其中，国家自然科学基金面上项目1项、上海市教育科学研究项目2项、上海市体育局科技项目2项，上海市体育局社会科学研究项目2项、同济大学文科重点培育项目1项、同济大学文科青年工作坊2项，总计研究经费93万元。顺利结题国家自然科学基金项目1项、上海市体育局科技项目5项，上海市学校体育科研课题2项，上海市体育局社科项目2项。

学科建设与研究生培养 完成2020级研究生培养方案修订与录入工

作;完成2021年招生专业目录修订工作;完成2020年体育教学部暑期学校活动并完成2021年研究生推荐免试入学复试及网上录取工作;完成2020年研究生招生复试各项工作,包括复试学生资料审查、复试工作开展和招生总结工作;完成2019—2020学年研究生教学状态评估的数据统计、报告撰写工作;完成2020—2021学年研究生教材审核工作及课程排课工作。

2020年,体育教学部2017级11名研究生同学通过了硕士学位论文答辩;2019级12名研究生同学进行了硕士学位论文开题并完成了中期考核工作;2020级16名研究生顺利完成迎新、培养计划制定与选课工作。

2020年10月,体育教学部研究生组队参加第二届全国大学体育产业创新创业大赛(总决赛)获研究生创意设计组银奖。

对外交流 2020年,受疫情影响,体育教学部继续定期与日本、澳大利亚、西班牙、英国等国家和地区以网络方式开展各项活动和交流。

9月,杜哲、赵艳同学在线参加2020年横滨体育大会(奥林匹克科学大会)并作宣读。

场馆建设 2020年,场馆建设重点在疫情防控、信息化建设、开放保障等方面对各体育场馆日常开放加强管理。

在体育教学部党政和疫情应急工作小组的统一指挥下,积极开展疫情防控工作。3月起,安排行政办公室教师及场地管理员到岗值班,对所有体育场馆实施封闭式管理,严控人员进出;4月积极筹措疫情防控物资;5月根据上级及学校有关疫情防控精神,制订《新型冠状病毒肺炎疫情期间同济大学体育场馆开放预案》,做好场馆全面消毒等开放准备工作;6月8日起,面向校内师生开放部分体育场地;9月14日校内所有体育场馆全面恢复开放。截止到12月底,校内各体育场馆均实现了每天12小时以上的免费开放,连续开放时数累计已达20000小时以上,为学校各项体育工作的开展提供了坚实保障。

积极推进"校园健康工程"。据不完全统计,每周面向全校教工开放各类场馆40余小时,参与锻炼的教工达500余人次;完成同济大学教工乒乓球比赛、羽毛球比赛、篮球比赛等赛事的筹备及保障工作,参赛教工2000余人次。

克服疫情影响,主动协调信息办、财务处等校内相关部门,积极落实和完善信息化工作,其中体育场馆网上预约系统于2020年6月开发完成,6月24日开始上线测试,9月14日起面向校内师生开放。目前已上线5个室内外场馆,累计预订数据8000余条。

根据学校的总体布局以及体育教学部总体规划,2020年对校内的各类体育场馆设施进行了全面梳理,依据各校区特点和教学、活动需要,制订了"十四五"期间的同济大学体育场馆建设、维护规划及信息化建设目标、实施方案。4月完成沪西校区室内体育场地修缮,7月完成沪北校区篮球场修缮;9月起上述场地面向师生进行开放,全年校内新增体育场地6995平方米。

(何琛珏)

国际足球学院

2020年学院严格执行疫情防控各项管理制度,通过领导值班负责制等形式,确保学院各项工作有序、稳定地开展。行政管理上逐步健全各级行政管理组织架构,修订、完善《国际足球学院管理条例》,严格管理各项规章制度;制定学院行政管理岗位设置方案,明确管理岗位及职责;制定学院"十四五"发展规划,为学院各项工作长效、可持续发展奠定坚实基础。

学院还承担了同济大学福建省本科生招生宣传工作,11月成立招生小组后,每周前往福建省重点高中及有关部门进行招生宣传。

学科建设 按照学校"双一流"发展理念,结合自身优势,扎实推进学科建设。通过加强与中国足协、上海足协等行业协会交流与协作,打造同济特色足球学科体系;加强线上线下精品课程及微专业等建设,丰富学科建设成果;完善实验室建设规划,启动部分科研仪器设备采购工作,为高水平科研成果产出奠定基础;推进申报体育学专业硕士点建设,逐步完善学院人才培养体系和学科建设体系。

5月12日,学校通过了同济大学与上海上港集团足球俱乐部有限公司共建女子足球队的合作协议,双方计划构建同济——上港融合足球精英人才建设平台,形成教、学、训、研一体化足球精英人才集聚地。

5月22日,中国足球协会主席陈戌源访问同济大学,中国足协就足球专业人才培养、师资和学科建设等领域进行了广泛的探讨。

8月,购买了"竞技状态综合诊断系统"等专业设备,为学院开展高水平科学研究提供了重要保障。

11月27—29日,学院教师代表参加了2020年中国康复医学会体育保健康复专业委员会综合年会暨学术交流大会。

12月17日,同济大学国际足球学院副院长沈寅豪、党支部书记詹炜受邀出席了全国高校足球学院建设与发展高层论坛。

12月,学院成立"齐云"智库编译小组,打造了权威足球情报智库《齐云期刊》,内容涵盖技术装备、战术战略、人事调动、制度改革、足球赛事等各个方面。

教学工作 认真贯彻落实"立德树人""三全育人"人才培养理念,积极推进公共体育课程、运动专业课程、通识课程、足球活动和赛事等四个维度课程建设,构建国际足球学院鲜明特征的精品课程体系。

学院全年共承担足球公共课程45门，平均90学时/周，1311名学生参与选课。

3月，对标兄弟院校，完成国际足球学院运动训练专业学生教学大纲，培养计划和教案。

3月，受新冠疫情疫情影响，组织教师学习、培训网络及线上教学模式，积极研讨网络授课方法，保障学院各类教学安全、有序进行，学院全部课程按时上线。师生通过智慧树班级群、微信群等多种模式进行了新学期的互动交流。

3月，学院共组织申报8门校级通识选修课程，《足球竞赛规则与裁判法》《足球赏析》微专业课程在智慧树平台正式上线。

4月4日，游松辉院长代表学院进行了“院长在线”运动训练本科专业招生宣传直播。

5月，沈寅豪代表学院就本科生招生工作进行了“专业解密”直播介绍。

10月，组织进行了线上研究生推免考试和审核。共有9人通过面试并获得推免资格。其中学术型硕士7人，专业型硕士2人。

12月，制定学院研究生学科责任岗、本科生专业责任岗、本研课程责任岗三类责任岗位实施方案，并确认相应负责人。

12月20日，根据教育部办公厅、校本科生院工作部署，学院发布了2021年高水平运动队招生简章，确定特殊类型招生方案；完成2021年同济大学“特殊类型”（体育）招生筹备工作。

12月15日，学院主办了研究生高等讲堂，本次讲堂专家为中国国家女子足球队前队长浦玮，主题为“美国女子足球职业联赛运动员选材方式、训练体系与市场化的借鉴意义”的讲座。

科研工作 构建稳定、高效科研团队，加强实验室、研究中心等的建设，实施目标管理，确保科研工作高质量运行。“同济大学足球智库”建设卓有成效，在疫情期间为国家和地方政府提供了多项决策咨询建议，为疫情下公共卫生安全治理出谋划策；优化了课题申报审批及管理流程、破除“唯论文论”的不良导向，规范“SCI”论文指标的正确使用，改进了科研成果奖励办法。

2020年学院教师杨钦、沈寅豪、汪继兵公开发表SCI索引论文3篇，王泽军公开发表同济B类核心期刊1篇，其他教师发表国际会议论文2篇、一般刊物7篇、编译教材5部；梁同福国家级课题立项1项，其他老师获校级课题立项8项、结项1项，厅局级课题立项2项、结项1项；游松辉获得学校教学成果奖1项；汪继兵获校级研究生在线精品课程立项1项；梁同福决策咨询报告获上级部门批示和采纳共计18篇。

师资队伍建设 按照学院发展战略，凝聚学科发展方向，引入或招聘具有国际化视野的足球领域精英，提升和优化师资人才队伍结构，为学院学科长期稳定发展奠定坚实基础。

截至12月31日，国际足球学院有教职工30人，其中教师20人，教授3人，副教授4人；其中亚足联职业教练员2人，中国足协C级教练员3人，中国足协D级教练员4人，国家级裁判员3人，国际级裁判员5人；博士以上学历9人。

2020年共招聘科研助理3人，申报上海市海外人才引进1人，招聘行政管理人员(外事)1人。

学生工作 截止2020年年底，学院共有本科生31人，研究生57人。学生党支部先后组织了“学习习近平总书记对疫情防控的重要指示”“学习十九届五中全会精神”“学习习近平总书记在第二届进博会开幕式上的讲话”等多项学习活动，加强了学生思想文化建设，培养学生爱国主义、集体主义家国情怀和乐于奉献、勇于担当的优良品质；在此基础上，丰富校园体育和足球活动，发挥足球运动独特的育人功能。

1月11—13日，学院开展了“苗圃计划”足球节活动。

3—7月，教练员负责落实和监督各代表队居家在线专项训练。

7—8月，学院开始运动队暑期集训，男、女足返校备战各项赛事。

7月12—14日，举行了“2020年足球学科理论与前沿技术”暨同济大学国际足球学院优秀学生暑期夏令营活动。

7月15—16日，学院特殊类型招生—高水平运动队男子足球项目专业测试于四平路校区举行，最终成功录取了8名高水平足球运动员进入经济管理学院的市场营销专业攻读本科学位。

8月28日—9月10日，学院31位运动训练专业学生、9位经济管理学院高水平足球队学生参加了军训。

9月6日，20级24名研究生开学报到完成。

9月15日，学院在南校区体育馆举行了迎新大会。

9月23日，学院工作小组设立秘书处、新媒体中心、学术部、文体部、实践部五个部门，同时优化足球记者团。

对外交流 受新冠疫情影响，学院国际合作及对外交流取消或暂缓，留学生招生、学术交流、高层次论坛、足球队竞赛交流等部分工作通过线上、中国代表人来校交流等方式进行。

9月8—22日，6名教师和3名研究生参加了线上奥林匹克科学大会（又名“横滨体育大会”）。

1名教师和1名研究生投稿参加了线上第67届美国运动医学会年会，论文在会议上作墙报展示。

11月，学院与德国巴特洪内夫国际应用技术大学签署了合作协议，双方就本科双学位3+1项目、本硕联合培养4+1.5项目进行了协商。

11月16日，西班牙西乙B俱乐部Hospilitat授权的华秀体育公司代表人来访学院，双方就教练员培训、国际学生培养等问题进行了交流。

社会服务 借助中国大学生体育协会足球分会主席单位、上海市校园足球联盟理事长执行单位，中德校园足球联盟理事长执行单位等校园足球建设平台，承担社会责任，积极推动我国校园青少年足球运动的发展。

7月8日，同济足球俱乐部举办首届“同济足球文化衫”设计大赛，最终有16件作品获得本次比赛的一等奖、二等奖、三等奖和入围奖。

7—9月，中国足球超级联赛第一阶段在大连、苏州两座城市举办，学院吴金贵教授作为青岛黄海队主教练参与赛事；学院教师张铖、沈寅豪作为裁判员分别在两个赛区担任执法工作。

7月19—30日，同济足球俱乐部与复旦大学第二附属学校就合作内容展开多次交流，最终确定同济足球俱乐部承担复旦大学第二附属学校小学部（新江湾校区）U9足球队训练课、小学部（新江湾校区）U11足球队训练课，初中部（新江湾校区）足球拓展课。

8—9月，举办上海市校园足球联盟“足下云动”——线上足球普及活动，通过网络视频授课的模式将足球教学与新媒体相结合，实现在家也能学足球，在家也能练身体。本次活动已覆盖全市16个区，共计1318名学生报名参加。

9月，学院与上海久事体育装备有限公司关于FIFA11足球课程合作的启动仪式在上海大学附属小学举办。FIFA11足球课程是国际足球学院和久事体育装备联合申报的上海市体育决策咨询研究课题的重要内容，上海大学附属小学是这次课程推广活动的试点学校。

9—12月，首届足球宝贝招募，来自全校14各院系的近40名学生选手报名参加了选拔，最终成功招募了23名足球宝贝。

12月5—24日，由上海市足球协会主办、学院承办的上海未来精英裁判员培训班、女子裁判发展班、男子一级裁判员培训班在同济大学顺利开班，上海市足协主席柳海光等人出席了开幕式，在疫情防控管理下，共计148人参加了培训，其中有8名学院学生成功入围。

12月6日，学院承办了2020年同济东华元老足球友谊赛暨第二届同济大学校友会足球分会邀请赛，上海市足协主席柳海光、学校党委副书记吴广明等领导出席了开幕式。

12月25日，由上海足协主办，同济大学国际足球学院协办的上海足协球探培训班（第一期）顺利开班，有来自全国六省（市）共52名学员参加了培训。

体育活动 受新冠肺炎疫情影响，上半年校内外学生体育赛事、活动推迟或取消，下半年在疫情防控常态下，逐步开始举办、参与部分赛事活动。

8月，上海市足球协会超级联赛上海同济足球俱乐部队获得第五名及精神文明奖；同济大学足球队获得上海市足球协会甲级联赛获得第四名。

9—12月，上海市大学生足球联盟联赛，同济大学四支代表队均高奏凯歌，共同斩获三冠一亚，其中，男子超级组冠军、男子阳光组冠军、女子阳光组冠军、女子超级组亚军，彰显了“百年同济，百年足球”的历史底蕴和精神风范。

12月24日，全国青少年校园足球联赛大学组超级冠军联赛总决赛云南泸西进行，校高水平运动队获得第10名。

2020同济大学足球联赛，来自同济大学各院系的23支球足球代表队、300多名运动员参加了比赛。经过55场激烈角逐，最终土木工程学院勇夺冠军，国际足球学院荣获得亚军，机械与能源工程学院荣获季军。

（傅婧妍）

上海防灾救灾研究所

研究所招收博士研究生1名，硕士研究生5名，毕业硕士生4名。目前在读研究生共计15人。新立项科研项目15项。

科研工作 研究所全年新立项科研项目16项，其中国家自然科学基金项目1项，上海市科学与技术委员会项目1项，其他项目14项。

研究所承担的国家自然科学基金项目“内置磁体式滑移隔震支座及其在基础隔震中的应用研究”顺利结题，国家自然科学基金项目“钢筋混凝土柱失效模式的随机演化竞争与概率能力模型研究”“基于磁流变阻尼器多尺度调控的结构半主动随机最优控制”“城市地下管网漏损发声机理及结构风险诊断方法研究”“复杂条件下城市市政管网致灾机理及易损性感知方法”等项目进展顺利。

承担并完成一批国家、上海市建委和有关委办局下达的研究项目：李杰所长牵头负责的国家重点研发计划项目“城市市政管网运行安全保障技术研究”进展顺利，科技部“十三五”重点研发课题“多灾种及其耦合作用下复杂建筑和典型基础设施破坏机理”进展顺利。

承担多项与城市公共安全与应急管理相关的科学研究和决策咨询项目：“基于三维激光扫描的火场重建与VR交互实训系统的示范应用”“城市运行安全重大风险排查与分析研究”“基于粉尘爆炸模拟装置的消防员灭火行动安全技术研究与应用项目”，这些项目为城市灾害应急管理和城市经济社会的持续协调发展、上海城市安全与防灾的科技战略提供了依据和保障。

对外交流 1月3—4日，所长李杰教授负责的国家重点研发计划“城市市政管网运行安全保障技术研究”（2016YFC0802400）组织召开2019年年度项目进展与结题预备会议，项目咨询专家组、项目负责人、课题负责人、任务负责人和研究骨干等70余人参加会议。项目牵头单位同济大学介绍了项目研究进展及组织工作，并讨论筹备2020年项目及课题验收工作安排，各课题负责人汇报了2019年年度进展与2020年课题验收筹备工作计划，王复明院士等项目咨询专家对课题成果进行质询与建议。项目组听取了专家意见与建议，制定了项目与课题绩效评价工作计划，2020 年将重点补短板，抓进度，进一步加强课题融合、凝练标志性成果、突出示范效果，服务国家重大需求。

7 月 13 日凌晨，四川北路东江湾路口区域发生 DN1200 供水管道爆管事件，在水务局牵头下，上海防灾救灾研究所联合供水管理处、供水调度监测中心、城投水务集团、虹口区住建委、路政、燃气等单位对供水管道进行爆管抢修和应急处置，开展爆管事件原因分析、事件后评估及监控系统安装等工作，为有效地减少并降低供水管网漏水和爆管、避免地面塌陷等突发事件提供科学解决方案和可靠的技术手段。同时，结合城市道路地面塌陷问题治理，协助赴全市各职能部门和重要单位开展专题调研与问题分析，组织起草市政协提案回复，编制城市道路地面塌陷治理技术专项方案，为下一步开展全面精细化提供专业指导与技术支撑。

2020 年 11 月，在同济大学牵头组织下，上海防灾救灾研究所牵头申请“超大城市灾害事故综合风险智能防控应急管理部重点实验室”。针对我国超大城市面临的各种自然灾害和运维事故安全背景，以防灾减灾、事故安全与应急管理基本理论研究为基础，致力于解决我国超大城市灾害事故综合风险防控的关键科学和技术问题，形成具有国际先进水平的超大城市综合风险智能防控的完整基础理论和系列关键技术体系。

（翟永梅）

铁道与城市轨道交通研究院

【概况】 铁道与城市轨道交通研究院（以下简称“轨交院”）下设机车车辆研究所、电力牵引控制研究所、制动控制研究所、轮轨系统研究所及《城市轨道交通研究》杂志社；拥有我国高校唯一轨道交通综合试验平台，设立上海轨道交通工程技术研究中心、上海工业软件工程中心（轨道交通制动领域）、上海现代有轨电车研究中心等公共服务平台；拥有中车株洲电力机车有限公司、中车青岛四方机车车辆股份有限公司等 2 个国家级工程实践教育中心；设有中国城市轨道交通技术创新战略联盟秘书处，服务于教学、科研和社会重大工程。

2020 年，自新冠病毒疫情防控阻击战全面打响以来，轨交院与磁浮中心严格执行学校的统一领导和有关部署，第一时间成立疫情防控小组，全面统筹轨交院与磁浮中心疫情防控工作，为了将疫情防控工作落实落细，组建教师工作组、学生工作组和线上教学工作组，形成网格化的工作模式。

6 月 28 日，十三届全国政协副主席、致公党中央主席、科学技术部部长、中国科学技术协会主席万钢来到同济大学嘉定校区，就高速磁浮交通技术发展进行调研。上海市委副书记、代市长龚正，全国政协教科卫体委员会分党组副书记、驻会副主任丛兵，上海市政府秘书长陈靖，上海市科协党组书记、副主席马兴发随同调研。同济大学党委书记方守恩、校长陈杰，原党委书记周家伦、原常务副校长陈小龙，副校长吴志强、顾祥林，中国中车副总裁王军、中车科技质量与信息化中心主任于跃斌、四方股份总经理马利军等参加了调研活动。

7 月 9 日，轨交院与磁浮中心党委在嘉定校区 F307 举行中国共产党成立 99 周年纪念大会暨 2020 年度党建优秀表彰大会、开展“学四史 守初心，勇担当 战疫情”主题党日。本次表彰大会采用线上线下相结合的形式开展，轨交院与磁浮中心党委委员、党支部书记及支委 20 余人线下参加会议，其他 70 余人党员师生通过 ZOOM 平台参会。

9 月 22 日，全国铁路科普日主场活动暨“铁道大讲堂”开讲仪式在中国铁道博物馆举行，同济大学铁道与磁浮科普实践教育基地被授予“全国铁路科普教育基地”，成为全国铁路行业首批科普教育基地之一。

10 月 30 日，为深入贯彻党的十九大精神，落实“三全育人”的教育理念，加强“体”育，培养全面发展的新时代青年，将德育教育融入运动与实践中，轨交院举办了第二届“同道杯”师生运动会。

11 月 30 日，轨交院与磁浮中心“全国铁路科普教育基地”揭牌仪式暨首场讲座在嘉定校区同心楼 124 顺利举行。同济大学宣传部部长朱大章、轨交院与磁浮中心党委书记储志刚、轨交院院长兼磁浮中心主任陈小鸿、轨交院与磁浮中心兼职教授万建军出席揭牌仪式，活动由轨交院与磁浮中心党委副书记聂菁主持。

12 月 23 日，同济大学—创买基金签约仪式举行。创买工业科技（上海）有限公司 CEO 张海军、副总经理吴保东、轨交院院长陈小鸿、磁浮中心副主任林国斌菁等参加了此次签约仪式。

教学工作 2020 届轨交院毕业设计学生共有 25 名，其中获得省部级以上课题数 5 个，毕业设计优秀率为 24%。60 名（其中有 2 名跨类面试）2019 级学生通过新生院的主修专业确认来到轨交院。

储文韬与其他学生组队参加 2020 年美国大学生数学建模竞赛获得二等奖。

赵阔、李丰荥、王子玮组队参加 2020 年第十届 MathorCup 高校数学建模挑战赛获得一等奖。

王文斌老师获得 2017－2019 年同济大学本科生学科竞赛优秀指导老师。

田春、朱剑月老师获得 2019 年度同济大学本科生优秀导师。

牛刚老师《轨道交通装备健康管理》英文课程建设获得 2019 年同济大

学教学成果三等奖。

牛刚老师《轨道交通装备健康管理》获得2020年同济大学优秀教材三等奖。

宫岛老师“机械振动”获得线上课程优秀案例。

应之丁老师获得2015－2019年度同济大学优秀实习指导教师。

应之丁老师“车辆动态制动试验仿真系统研究”获得中国铁道学会车辆委员会高速列车制动学术交流会论文三等奖。

王文斌老师的“轨道车辆设计”，罗雁云、李莉等老师的“轨道交通概论”获得2020年度同济大学重点课程建设项目立项。

张继彤获得2020年同济大学招生先进个人荣誉。

科研工作 2020年科研立项纵向8项(2788000元)，横向49项(258414800元)，合计2862.94万元。纵向到款5767396元，横向到款23335549元，合计2910.29万元；获批1项面上项目；获批上海市2020年度“科技创新行动计划”自然科学基金项目1项；获批上海市2020年度“科技创新行动计划”科学仪器领域1项。授权发明专利15项；发表论文58篇，其中轨交院教师以第一或者通讯作者发表的文章SCI收录10篇、EI收录18篇。张济民、周和超老师获得2019年度江苏省科学技术奖二等奖；罗雁云获得2019年度江西省科学技术进步奖二等奖；张济民、周和超获得中国城市轨道交通协会的城市轨道交通科技进步奖二等奖。周劲松出版《轨道车辆振动与控制》，张济民出版《列车设计与系统集成》，程祖国出版《城市轨道交通车辆系统修维修策略》《轨道交通列车环境友好学初探》，罗敏出版《轨道交通可靠性理论与工程实践》。

(吴尚)

新农村发展研究院

新农村发展研究院(以下简称“新农院”)挂靠单位有1个国家级平台和3个省部级平台，国家级平台为“同济大学国家设施农业工程技术研究中心”；省部级平台为“教育部设施农业网上合作研究中心”“上海设施农业工程技术研究中心”“上海农业工程学会”。同时，同济大学现代农业科学与工程研究院、同济大学生态园、同济嘉定现代农业科技园依托新农院管理。

平台建设 新农院作为同济大学生态园日常监管单位，负责管理园区内涉及生物质能源、建筑节能、现代农业工程、环境工程等学科资源协同共建的交叉学科平台的科研实验、教学示范和科技转化应用。疫情防控新形势下，新农院积极制定系列管理机制。一是制定了校内外人员、车辆、大型物品进出园审批流程；二是制定《生态园管理工作细则(试行)》《生态园入驻平台管理机制》等文件；三是设立生态园专项物业服务费账户，确保园区安全有序生产得到长效支撑发展。

4月26日，新农院在生态园接待顾祥林副校长安全生产检查及对园区的全面考察，并组织召开调研座谈会，探讨新农院、生态园、设施农业工程中心未来发展规划。

6月10日，生态园组织废弃物能源热转化研究中心实验室安全升级评估验收工作。由学校资产处、保卫处、嘉定管委办等职能部门组成的评估验收小组认为生态园实验室的产能及安全系数大幅升级，可以开展实验研究。

新农院协助上海市崇明区生态农业科创中心组织成立了上海市崇明区生态农业科创中心理事会，同济大学担任首届理事长单位，依托新农院立项《崇明区生态农业科创中心理事会运行费》，牵头运行管理理事会工作，为打造“上海建设全球影响力科技创新中心”的农业科创主承载区。

新农院在同济大学与贵州省人民政府签署了合作协议的背景下，与贵州省农业科学院联合组建了“同济大学贵州乡村振兴研究中心”，并派人蹲守国家级深度贫困县——贵州省晴隆县，谋划产业规划，取得茯苓种植产业的全面成功，支持了当地的脱贫攻坚工作。

学科建设 张亚雷担任科技部“十三五”重点专项“绿色宜居村镇技术创新”总体专家组副组长，担任科技部“2021－2035年国家中长期科技发展规划战略研究”农业农村专题乡村宜居与乡村振兴分领域专家组组长，组织开展乡村宜居与乡村振兴子专题研究与调研，起草乡村宜居与乡村振兴子专题战略研究报告。担任科技部第六次国家技术预测农业农村领域乡村人居环境子领域专家组组长，组织开展乡村人居环境子领域技术预测工作，为新一轮国家中长期科技发展规划和“十四五”规划的研究编制提供支撑。

朱洪光担任农业部可再生能源清洁利用重点实验室、农业部生物质能源装备重点实验室、农业部生物质能源学科群的学术委员会委员，协助农业部推进可再生清洁能源和生物质能源相关工作。

12月13日，新农院联合中国农业大学等44家高校，科研机构和企业发起成立国家农业科技发展战略智库联盟，形成了《国家农业科技发展战略智库联盟章程》。同济大学为智库联盟常务理事单位，张亚雷被推荐为智库联盟理事(首批)，沈峥被推荐为智库联盟特约研究员(首批)。

科技研究 新农院承担及参与的教学科研成果获奖6项；组织校内学院申报国家重点研发计划项目、课题与子课题并获批8项；组织申报教育部新农科研究与改革实践项目并获批2项。

张亚雷作为第二完成人、沈峥作为第十完成人参与的疫情防控成果“应急水处理与安全保障关键技术及应用”荣获2020年度上海市科技进步一等奖。

张亚雷作为第二完成人，沈峥作为第七完成人参与的“典型药物和个人护理品（PPCPs）全过程环境污染控制关键技术及应用”荣获2019年度上海市技术发明奖一等奖。

张亚雷作为第一完成人的成果“高盐难降解工业废水减量化和资源化关键技术及应用”荣获2020年度中国环境保护产业协会环境技术进步一等奖。

张亚雷作为第二完成人参与的“新时代‘生态文明’建设背景下环境概论本科通识教育创新实践”荣获校教学成果三等奖。

沈峥作为第一完成人的项目“智能化恒压供水系统”荣获第四届中国创新挑战赛（上海）暨第二届长三角国际创新挑战赛青吴嘉示范区专场赛胜挑战者奖。

祝华军作为第一完成人的论文“农机合作社社会化服务模式比较研究”获中国农业机械学会优秀论文二等奖。

吴军辉牵头申报并获批国家重点研发计划“农资农产品在线交易服务平台研发与示范”课题。

石惠娴申报并获批国家重点研发计划“产业园区废弃物梯次利用模式构建研究”子课题。

张亚雷和陈杰申报并获批教育部新农科研究与改革实践项目“新兴涉农专业－智慧农业建设探索与实践”。

沈峥申报并获批教育部新农科研究与改革实践项目“多学科交叉融合的农业工程人才培养模式机制创新与实践”。

朱洪光作为科技部重点研发计划“免水冲农村户厕粪尿收储及资源化利用技术与示范”课题负责人，主持开展的安徽省阜南县农业废弃物沼气与生物天然气开发项目，2020年被安徽省推选为典型案例上报农业农村部。

新农院联合材料科学与工程学院、环境科学与工程学院以及上海同杰良生物材料有限公司和上海环境卫生工程设计院有限公司成功申报了上海市科学技术委员会科研计划项目“生物可降解塑料替代材料关键核心技术研发及示范应用”。

新农院联合上海市崇明区农业技术推广中心、上海市崇明区农业机械管理站开展农业科创项目“崇明生态岛‘两无化’水稻降解地膜降解机制研究”。

成果推广 国家重点研发计划“乡村厕所关键技术研发与应用”项目组在新冠肺炎疫情防控形势下，研发的应急移动厕所是一项重要创新，700余台应用于武汉方舱医院、高铁站台、高速道口等疫情防控一线。

8月11日，朱洪光负责在阜南县建设的“有机废弃物消化生产生物天然气基地”接受农业农村部副部长张桃林视察，被授高度肯定。示范成果作为国家“十四五”乡村人居环境政策制定的样本向全国进行推介。

11月5—10日，新农院协同以色列槟宜公司参展第三届中国国际进口博览会。展会布展了装配式垂直城市农场系统和高性能控制制水等装备。同时，新农院与以色列槟宜公司达成以上海设施农业工程技术研究中心为研发基地，将全套系统在中国国产化的合作。

11月14日，朱洪光受安徽省省长李国英接待，其负责的“免水冲农村户厕粪尿收储及资源化利用技术与示范”项目被授予高度评价，科研成果在全省进行推广。

11月16—18日，新农院积极参加了实验室行业灯塔展会——慕尼黑上海分析生化展。设施农业与智能环境团队研制的新型AI植物方舱在大会上展出，受到了许多参展商和展会参观者的关注。此外，一些研究单位对AI植物方舱的智能控制、LED补光和各类传感器的应用表达了合作开发的意向。

12月9日，新农院与宝山区农机站联合组织召开了设施蔬菜大棚智慧化生产培训和现场交流会，得到市、区两级农业主管部门的充分肯定。基于云服务的蔬菜智慧化生产关键技术已在崇明正禾农业发展有限公司、宝山区杨行三家村蔬果生产合作社、宝山区金篮子农业生产合作社示范应用了30多个塑料大棚。

石惠娴团队发明专利成果“太阳能—地源热泵耦合式沼气池供暖系统及其运行控制方法”在崇明和安徽等地得到应用和转化，服务了百余座沼气工程，还应用于国家设施农业工程技术研究中心植物工厂的节能运行实践工程。

新农院给贵州晴隆县推荐了上海投资商在当地开展产业投资，引进了先进的中草药种植技术，促进了科技成果转化，并与湖北省中医药研究院共建“国药（茯苓）生态种植示范及产业扶贫项目基地”。

杨学军团队深入对接国家扶贫县永新县花汀村，并组建团队开展了系列乡村振兴概念规划设计，针对花汀村的特色，将其设计为乡村振兴示范村。

沈峥协助浙江省洞头区开展数字经济与海岛乡村产业发展有机结合示范建设，承担了“洞头区鹿西岛渔旅产业发展示范建设实施方案”和“洞头区渔业产业数字化发展示范建设实施方案和可行性研究报告”项目，使洞头区鹿西乡荣获2020年省级乡村振兴产业发展示范县。

师资队伍建设 截至2020年底，新农院共有教职工28人，其中在编人员13人（正高4人、副高6人、中级2人、行政人员1人）。另有学校双轨制聘用人员1人；项目聘用研究及管理人员14人（含人才派遣12人，退休返聘2人）。

人才培训 沈峥在科学技术部中国农村技术开发中心担任项目流动专员，主要协助承担中国－拉美地区农业科技合作促进平台建设和推进中拉农业科技合作有关工作，其申请的项目“‘一带一路’国家农业和农村科技创新合作国际培训班”于2020年3月获批立项。

12月9日，新农院、上海设施农业工程技术研究中心联合宝山区农机站召开了设施蔬菜大棚智慧化生产培训和现场交流会。会议在宝山区罗店镇上海宝山金蓝子新洁蔬果专业合作社的生产现场开展了现场演示和应用方法指导培训，来自宝山区各个蔬菜生产标准园、种子种苗场、蔬菜龙头企业的负责人和技术人员60余人参加了培训交流。

教学工作 2020年，全院共开设本科生选修课5门：自然生态与景观美学，电脑图像创制技艺，花卉文化学，生态农业与食品安全，食品营养、烹饪与安全。共开设研究生课程8门：农业工程及研究方法，实验设计与数据分析，设施农业，生物质能源工程，农业工程学科进展及趋势，农业生态学，农业工程测量与控制，农业环境工程。2017级12名全日制硕士研究生的毕业论文并顺利通过答辩，1名非全日制专业学位硕士研究生论文并顺利通过答辩；指导44名（2018级18名，2019级13名，2020级13名）全日制硕士研究生和9名（2018级1名，2019级5名，2020级3名）非全日制专业学位硕士研究生的研究工作。

学生工作 现代农业科学与工程研究院学生团支部被评为同济大学2020年度“五四红旗团支部”。2020年度，现代农业科学与工程研究院学生获得荣誉情况：华为杯数学建模竞赛二等奖张轩、张茅月、刘畅，三等奖张浩平、尹栋、纪璇；MuthorCup数学建模挑战赛二等奖张轩；硕士研究生国家奖学金武云鹏；同济大学优秀硕士生奖学金张中华、刘畅、杨顾坤、戚晓蕾；社会活动奖学金刘艺璇；同济大学优秀学生干部标兵戚晓蕾；上海市优秀毕业生谢艺璇、廖质琪；同济大学优秀毕业生杨静。

合作交流 8月25日，新农院举办“2020年全国科技活动周”网络学术讲座，邀请司慧萍作题为“设施园艺工程（温室大棚）”的学术报告。司慧萍介绍了世界设施园艺发展历史与现状，以及荷兰、日本等国家温室园艺的特点，着重讲述了目前国外设施农业的发展趋势，并分析了我国与先进国家的差距，对设施园艺（温室大棚）的前景进行了展望。

9月22日，新农院组织校内相关学院及专家与贵州省农业科学院召开乡村振兴工作交流座谈会。会上，双方分别介绍了各自单位的基本情况以及开展乡村振兴的优势学科与成果经验，就今后开展乡村振兴工作进行了深入交谈，并提出了初步合作规划。

11月4日，吴军辉、陈杰一行前往浙江省宁波大成优赫机械制造有限公司，洽谈交流先进智能植物方舱的研究、开发和商品化开拓的相关事宜。

11月17—19日，杨学军参加第五届能源工程与环境保护国际学术会议EEEP2020（The fifth International Conference on Energy Engineering and Environmental Protection）。

12月16日，新农院组织的上海市乡村振兴研究中心交流研讨会在生态园召开。会议特别邀请了上海市乡村振兴研究中心杜小强主任，他介绍了上海市乡村振兴研究中心正在推进的工作及其团队成员，并提出了与新农院相关研究团队的初步合作意向。

（秦同娣、张红兵）

创新创业学院

2020年，学院共有行政管理人员7人，专职教师1人。学院工作的重点深化以国家大众创业万众创新示范基地、环同济高校知识经济圈、高技术成果转化和创新创业人才培养为核心的“共生型实践创新教育生态系统”建设，基于“创新驱动、思创融合、专创结合、赛教联合和产学研协同”的创新创业教育体系建设，完善“三全育人”和实践育人格局，形成新时代高等教育创新人才培养的新范式。

学科建设 以环同济知识经济圈为基础，结合政府、产业、社会等资源，建设培养拔尖创新人才的“共生型创新创业教育生态系统”，形成依托第一课堂的多种人才培养模式。强调思创融合，以“互联网＋大学生创新创业大赛”“青年红色筑梦之旅活动”为载体，打造“德智体美劳”五育大平台。实施“学时”“学分”“微专业”体系，建设专创结合的通识、专业和实践课程，将项目、竞赛、实践与课程结合。构建“学业、创业、服务”三位一体的导师制度，创新授课方式，加强评估评价、师资发展、思创专创等教学科研。面向以人工智能和大数据为主的智能经济和数字经济对创新人才的要求，深化创新创业教育理念、内容、模式与方法变革，依托同济大学作为教育部创新创业教育指导委员会主任单位的优势平台，实施创新创业教育“供给侧结构性改革”，推进双创教育升级版的打造，形成创新创业教育新经验。

6月4日，首届创新创业微专业招生。面向同济2018、2019级平均绩点达到3.0的本科生，课程安排学习时间为1年，允许学生最长2年内修完所有课程。

10月30日，教育部高等学校创新创业教育指导委员会主办、学院承办的“创新创业教育供给侧改革：新范式·新理念·新模式·新内容”主题线上系列会议启动，推动建设创新创业教育新高地。

11月7日，2020年度中国高校创新创业学院联盟年会暨中国高校创新创业学院发展论坛采取线上线下混合方式举办，同济大学任新一届中国高校创新创业学院联盟主席单位。

11月8日，由创新创业学院主办、中国创造学会协办的主题为“创造性思维与创新方法”的创新创业讲座在同济大学四平路校区衷和楼410成功举办。

12月9日，同济大学国家大学科技园获批国务院第三批大众创业万众创新示范基地（创业就业方向）。

科研工作 2020年发表创新创业教育教学论文10篇，出版创新创业译著1本，主持中国工程院院地合作科研项目1项和教育部新工科建设项目1项。参与教育部新农科项目1项、上海市教委和同济大学教学改革项目2项。发起召开线上线下创新创业教育相关会议6场，线上线下参与者数十万人，促进了创新创业教育升级发展和供给侧改革。

教学工作 学院通过“创新创业＋”人才培养模式实验区，招收本科学生26人。努力打造依次递进、有机衔接、科学合理的创新创业教育专门课程群，以“学时”“学分（课程）”“学程（微专业）”“学历（辅修专业）”体系实现创新创业知识的培养贯通，使创新创业知识进通识课程、进专业课程、进实践课程。建设新课12门，共开设创新创业通识选修课程85门次，选课人数5186人，目前已完成35门创新创业通识课程建设和113门含创新创业内容的专业课程认定。“创业修炼”课程获批教育部首批社会实践类一流金课，“创新方法与创业基础”获得上海市重点建设混合式课程，学院获得线上教学优秀集体，“创新方法与创业基础”课程获得优秀案例。

9月13日，同济大学2020级“创新创业＋”人才培养模式创新实验区开学典礼成功举办，学院院长钟志华院士出席致辞并向同学们赠书。

5月30日，“创业修炼”通识课程暨同济大学第24期创业培训基础班于5月30至31日在ZOOM平台圆满举办，近500名学生和创业校友参加了本次线上课程。

7月13日，学院发布《同济大学创新创业教育联络图》，进一步完善学校创新创业教育生态和服务体系。

学生工作 学院根据创新创业人才培养目标，对参与创新创业模式培养的学生，组建高质量创新创业指导团队，全程实行学业导师、创业导师、服务导师三位一体的导师制，导师由学院工作小组负责遴选、过程监管及定期考核，并制定本科生导师工作条例及实施细则。

4月21日，2020年同济大学创新创业项目申报大数据发布，共完成900多项SITP、上创和国创项目立项，888名学生（全校保研总数的70%）参与过国创、上创和校创项目，参与项目团队共获得国家级奖项28项、省部级奖项14项，发表国际论文11篇、国家级论文13篇，发表专利32个，成果转化7个。

6月13日，由创新创业学院主办、各学院创新俱乐部承办的第五届同济大学大学生创新创业论坛顺利举行。受疫情影响，本次论坛以线上直播的形式展开，共评出一等奖13项、二等奖20项、三等奖20项。

6月27日，第三届全国大学生创新体验竞赛总决赛在东南大学举行。受疫情影响，本次比赛采用线上展示和评审答辩。本次共有全国60所高校的687件作品参与，来自同济大学新生院、创新创业实验区、汽车学院、口腔医学院、经济与管理学院的学生团队共获得7个一等奖和3个二等奖。

7月3日，第二十五届上海高校学生创造发明“科技创业杯”奖传来喜讯，同济大学参赛团队共斩获发明创新一等奖1项、二等奖2项、三等奖4项。“创新修炼”课程优秀学员吴睿昌获发明创新二等奖，创新创业学院“＋1”模式学生羊山获获发明创新三等奖。

7月10日，由上海市教卫工作党委、市教委主办，学院承办的第五届“汇创青春”上海大学生文化创意作品展示活动”环境设计类”终审在线上拉开帷幕，同济大学副校长雷星晖，市教委高教处副处长、学位办主任束金龙等出席。共有387件作品报名展示，第一次采用线上的方式进行展示，在同济大学信息办的支持下开辟了虚拟服务器空间，部署了支持电脑端和移动端的线上“虚拟展厅”。通过网络和信息化手段为大学生的优秀环境设计作品提供了数字化保存，形成上海大学生优秀环境设计作品库。

9月20日，学院组织2018－2020级“创新创业＋”人才培养模式实验区同学在嘉定浏岛开展新时代爱国主义劳动教育主题实践活动。

11月8日，学院主办、同心学堂2020级“创新创业＋”实验区承办的“创造说·创新创业经典阅读演讲挑战赛”在逸夫楼一楼报告厅成功举办。

11月9日，同济大学汽车学院2014级硕士研究生舒强同时入选福布斯中国2020年度30岁以下精英榜（工业、制造、能源和环保领域）和2020胡润Under30s创业领袖榜。

11月10日，由人力资源和社会保障部等六部委共同举办的第四届“中国创翼”创业创新大赛决赛在江西景德镇成功举办。同济大学2019级在读博士研究生王群龙（创新创业学院创业导师）项目团队获全国创新组优秀奖。

11月13日，由创新创业学院和新生院共同主办，“同思双创”学堂专场优秀创新项目沙龙展示系列活动正式启动，为大一新生进行创新项目申报打基础。

11月17日，第六届中国国际“互联网＋”大学生创新创业大赛全国总决赛在华南理工大学举行。同济大学最终获得全国总决赛金奖1项，银奖1项，铜奖3项。在本次大赛高教主赛道中，舒强团队以师生共创组排名第1的成绩进入三强争夺赛，获得全国第6名，并获得“最具商业价值奖”（全国仅1支团队获得）；在青年红色筑梦之旅赛道中，徐浩文团队代表同济大学首次进入全国总决赛，并最终获得银奖。

12月2日，“创新赋能 创享未来”——2020上海杨浦五角场创新创业大赛决赛暨闭幕式在杨浦区举行，学院2018级双创实验区郭跃同学项目获得“创业新芽”奖。新华社上海分社社长姜微，杨浦区区委副书记邓小冬，中铁二十四局集团有限公司党委书记、董事长朱赤，复旦大学党委副书记金海燕，同济大学副校长雷星晖等出席闭幕式。

12月30日，2020同济大学“互联网＋”大学生创新创业大赛暨“中行杯”系列双创竞赛颁奖典礼在中法中心C201成功举办。中国银行上海市分行副行长项晞，中国银行上海市分行行政事业机构部总经理支佐，中国银行杨浦支行党委书记、行长姜志祥，同济大学副校长雷星晖，财务处副处长、国资办主任林嫣，同济创新创业控股有限公司董事长高国武等出席颁奖典礼。本次共颁发第六届中国国际“互联网＋”大学生创新创业大赛、2020同济大学创新创业优秀指导教师、第十三届全国大学生创新创业年会、2020同济大学优秀大学生创新基地、2020中美青年创客大赛、第四届全国大学生创新方法应用大赛、第五届“汇创青春”上海大学生文化创意作品展示活动、第四届全国大学生创新体验竞赛校内赛等7个大赛和活动的奖项，其中共评出第六届“互联网＋”大赛校内赛优秀组织奖10个、优秀大学生创新基地8个以及创新创业优秀指导教师8名。

对外交流 秉承“优势互补，互惠互利，创建一流，共同发展”的指导原则，学院依托同济大学对德为主的传统合作基础，继续加强对法、意、芬兰、西班牙等欧洲国家的创新创业相关的交流和合作，拓展师生创新创业的国际视野和合作交流水平。

11月18日，协助组织由同济中德学部主办的题为“Live Uncertainty for Start－ups”的中德创业系列讲座。

（李龙翔）

德国研究中心/德国学术中心

同济大学德国研究中心（以下简称“中心”），同时作为教育部国别和区域研究基地之一，在2020年积极探索体制机制创新，服务国家发展和外交战略，开展前瞻性、储备性应用对策研究，在决策咨询与社会服务、实体建设、人才培养、国际合作方面产出成果丰富。

科研工作与学术活动 2020年，中心专兼职研究员向中共中央办公厅、中共上海市委办公厅、上海市教卫党委、教育部机制办、财政部、中宣部总计上报70余篇决策咨询报告，多篇获省部级以上采纳或领导批示。

中心专兼职研究人员2020年在《人民日报》《中国社会科学报》《环球时报》《解放日报》《文汇报》和澎湃新闻网站等各类媒体发表署名文章71篇，另接受各类纸媒和网络媒体的多次采访。科研方面，除了推进在研的各类国家级、省部级哲学社会科学课题以外，中心还承担了教育部国别和区域研究指向性课题、外交部“指南针”计划项目和上海高校智库内涵建设计划项目。中心研究人员完成2020年同济大学德国研究智库专项课题11项，研究内容涵盖德国与欧洲政治、外交、社会、经济、法律及中德关系、中欧关系等领域。

中心继续密切关注德国政治、外交、经济、社会、文化、教育及中德关系等领域的发展动态，开展基础研究和应用对策研究，已形成《德国快讯》《德国研究》杂志及《德国发展报告》（德国蓝皮书）等系列出版物。2020年出版《德国研究》杂志（季刊）4期；《德国快讯》（半月刊）24期。

中心举办各类学术研讨会、报告会20多场，中心专兼职研究人员参与的国际和国内学术研讨会达50人次以上。

4月12日，中心与校中德人文交流研究中心联合主办“疫情背景下的中德与中欧关系”线上学术研讨会。会议主要围绕欧盟及其成员国（包括德国）疫情防控与经济促进措施，中德、中欧抗疫合作的机遇与挑战，疫情对中美欧三边互动及国际秩序的影响等议题展开。中国前驻德国大使、同济大学名誉教授、中心特别顾问史明德，副校长吴志强，中国社科院欧洲所副所长田德文，中国国际问题研究院欧洲所所长崔洪建以及来自国内20余所高校和研究机构的70余名专家、学者参会。

5月23日，“同济大学同大讲堂基金”签约仪式在上海众鑫城建发展有限公司会议室举行。中国驻德国前大使、同济大学名誉教授、中心特别顾问史明德，上海外国语大学党委书记姜锋，校中德人文交流研究中心主任董琦，校董事会董事、上海众鑫城建发展有限公司代表胡金华，中心主任郑春荣出席签约仪式。“同济大学同大讲堂基金”捐赠总金额为50万元人民币，分5年拨付，主要用于支持中心主办的“同大讲堂”活动。

6月5日，中心与校中德人文交流研究中心、上海外国语大学德语系及中德人文交流研究中心联合举办“（后）疫情时代的中欧/中德关系”线上讲座。姜锋、董琦分别致欢迎辞。活动特邀中德对话论坛德方主席、原德国联邦教研部部长、上海外国语大学客座教授、同济大学名誉博士安奈特·沙万（Annette Schavan）作题为“尊重事实”的主题报告。史明德应邀与会。近百名上外和同济师生参与此次活动。

7月22日，中心联合上海欧洲学会举办“转型中的欧盟及其对中欧关系的影响”研讨会。会议围绕“欧盟结构转型的特征及挑战”和“中欧关系动态及推动中欧合作发展的路径”这两个主要议题展开学术研讨。来自同济大学、复旦大学、上海外国语大学、上海欧洲学会、上海国际问题研究院等高校和科研机构的20余位专家、学者莅临参会。

9月19日，由中心组织编写的《德国发展报告（2020）》（德国蓝皮书）发布会暨“‘后疫情时代’的德国、欧洲及中德、中欧关系”学术研讨会举行。中国前驻德国大使、同济大学名誉教授、中心特别顾问史明德，副校长蒋昌俊，社会科学文献出版社社长谢寿光，中国社会科学院欧洲研究所副所长、中国欧洲学会秘书长陈新，董琦等出席发布会。来自北京外国语大学、上海外国语大学、复旦大学、同济大学、中国社科院、上海欧洲学会等高校和科研机构的70余名专家学者与会。发布会由中心与校中德人文交流研究中心主办,《德国研究》编辑部、上海市欧美同学会留德语国家分会协办,并通过在线会议平台进行了直播。当天下午的研讨会上,专家学者围绕当前中德及中欧关系、德国内政外交变化等热点问题进行了深入探讨交流。发布会与研讨会吸引了10余家媒体的跟进和报道,引发社会各方持续关注。

9月25日,由中心与校中德人文交流研究中心、上海市欧美同学会留德语国家分会、德国阿登纳基金会上海代表处、德国波恩大学全球研究中心联合主办,《德国研究》杂志编辑部协办的第八届中德论坛"数字化时代的中德关系"国际会议在线举行。来自同济大学、北京外国语大学、对外经济贸易大学、德国波恩大学、德国汉堡赫尔穆特—施密特大学、比利时威尔弗里德·马尔腾森欧洲研究中心等高校科研机构的30余名专家学者参会。会议分为"数字化时代的德国""数字化时代的中国""数字化时代的中德双边合作"和"中德合作与全球治理"四个单元。与会专家学者为推动中德关系向前发展积极建言献策。

10月24日,中心和校政治与国际关系学院联合主办的"当前中东欧地区研究的问题与挑战"学术研讨会举行。来自中国社科院、中国国际问题研究院、上海社会科学院、华东师范大学、上海外国语大学、上海市俄罗斯东欧中亚学会等高校、研究机构的20余名专家学者参会。

11月7日,中心与校中德人文交流研究中心、中国德国友好协会、上海欧洲学会联合主办"打造中欧绿色与数字合作伙伴关系:路径与前景"学术研讨会。中国原驻德国大使、同济大学名誉教授、中心特别顾问史明德、常务副校长伍江、上海欧洲学会会长徐明棋代表主办方致开幕辞。来自商务部、外交部、财政部、生态环境部等国家部委和中国社会科学院、中国国际问题研究院、中国现代国际关系研究院、上海国际问题研究院、上海社会科学院、同济大学、复旦大学、华东师范大学、上海外国语大学等高校、科研单位的60余位专家学者和部分企业代表参会。会议设置了"中欧关系的中长期发展前景""中欧绿色合作伙伴关系:机遇与挑战"和"中欧数字合作伙伴关系:机遇与挑战"三个主题单元。

11月11日,中心与上海市外国投资促进中心、安永联合举办"后疫情时代,助力德国企业投资上海线上研讨会"。德国贸易与投资局、德国汉堡联络局、英中贸易协会、波兰投资促进局、施耐德、不凡帝、伊顿国际、普洛斯、Ortiz Leon建筑咨询公司、OCO国际咨询、上海产业合作促进中心、上海市化工区等众多中外重要机构和企业派代表出席本次研讨会,会后反响亦积极踊跃。中心研究员、同济大学特聘教授芮悟峰受邀参会,并做"中德经贸合作的现状与趋势"主题报告。

12月5—13日,由同济大学中德校园主办、中心参与协办的同济大学"第八届德国周"系列活动成功举办。本届"德国周"涵盖了音乐会、读书分享会、学术报告、留学讲座、机构参观、电影放映和问答游戏等15场系列活动。

12月26日,中心与上海欧洲学会德国专业委员会联合举办"德国形势年终盘点会:疫情下的德国与中德关系"。徐明棋代表主办方致开幕辞。来自同济大学、复旦大学、上海外国语大学等高校、科研单位的20余位专家学者参会,围绕疫情背景下的中德关系、德国抗疫政策、跨大西洋关系等话题进行了深入研讨、交流。

2020年,中心共举办2期研究员沙龙(线上)活动。5月21日,邀请了中心战略顾问、德国波恩大学全球研究中心主任辜学武教授作"世界大变局之下的中欧关系:机遇与挑战"主题报告。10月30日,特邀德国达姆施塔特工业大学政治学研究所国际关系教研组主任马库斯·莱德勒(Markus Lederer)教授作"欧洲绿色新政的机遇与挑战(European Green Deal: Opportunities and Challenges)"主题报告。

2020年,中心与校政治与国际关系学院欧洲研究中心联合主办同济大学历史与国际关系论坛,共举办6场学术报告会:11月18日由华中师范大学历史文化学院邢来顺教授作题为"欧洲国际格局变化与德国边地史研究的转向"的报告;11月26日由兰州大学政治与国际关系学院曾向红教授作题为"区域研究中的中层概念创新——以中亚研究为例"的报告;12月2日由中国人民大学国际关系学院尹继武教授作题为"战略中心与国际冲突:中美危机历史的案例考察"的报告;12月9日由清华大学历史系曹寅副教授作题为"最后的驼峰:拉合尔初级飞行训练学校,国共内战,与英印殖民地的终结"的报告;12月16日由中国社会科学院江时学研究员作题为"中国特色大国外交中的拉丁美洲"的报告;12月23日由中央党史和文献研究院闫健副研究员作题为"非洲的分离主义运动:类型、特征与演变趋势"的报告。

课程建设 中心开设有完整的以德国研究为主攻方向的硕士与博士研究生专业课程;2020年,中心为全校开设涉德通识课程,如德国概况、德国电影、德国制造等;还为德语国家留学生提供中国通识课。

2020年,作为中心学科支撑之一的外国语言文学学科设有国别与区域研究学科方向。学校在法学一级学科下自设以德国研究、欧洲研究为主攻方向的国际知识产权跨学科专业。

教学工作 中心依托的德国问题研究所2020年招收2名德国研究方向博士研究生、5名德国研究方向硕士研究生,德国问题研究所2020年共有7名博士、9名硕士研究生在读德国研究方向。

队伍建设 中心采取虚实结合的构架,以校德国问题研究所研究人员为实体和核心,加上校内其余专兼职研究人员,共计70余人。此外,中心聘有两名德籍全职研究人员,其中1

名为德国前外交官。2020年增聘助理教授、博士后研究人员各1名。

中心实行理事会领导下的主任负责制。理事会聘请德国波恩大学全球研究中心主任辜学武教授担任中心战略顾问，聘请中德友好协会会长、前驻德国大使史明德担任中心特别顾问。

中心通过发布课题、针对时政要点及时向专兼职研究人员约稿等形式进一步充实中心的学术队伍。

人才培养 中心专兼职研究人员来自多个对德研究与合作院系，形成多层次、多学科并进、以涉德课程和科研项目为纽带的人才培养格局，覆盖本科生、硕士研究生和博士研究生和后备科研人员的培养。中心还开设面向校内德语国家留学生以德语授课的中国通识课程。

信息化建设 中心运营有中、德双语版本的"同济大学德国研究在线"网站（http://german－studies－online.tongji.edu.cn），设有"同济大学德国研究中心""德国蓝皮书"微博和微信公众号，并于2020年新建"今日头条"官方账号，与网站相配套，及时发布中心有关德国和欧洲研究方面的成果，微信公众号的信息每周定期更新。

德国学术中心网站（http://daz.tongji.edu.cn）发布德语业余培训班招生简章、公告及通知。同时运营德国学术中心微信公众号（tongjidaz），发布中心德语培训相关信息和在校内外举行的与德国及德语学习相关的活动，以及介绍德国文化和风土人情，信息多样，每周定期更新。

2020年，中心进一步拓展中欧关系数据库，完善数据库平台基本架构搭建，目前内容涵盖中国与欧盟、中国与欧盟次区域、中国与欧盟主要成员国（德法英意西）、中国与欧盟其他国家、网站与学术期刊等5大模块，完成第一期75个重要网站数据源的爬取程序测试及调整，同时保证同济大学中德关系一中德人文交流数据库和中欧关系数据库相关数据的日常筛选更新。

对外交流 中心每年与德国、欧洲其他国家和美国高校科研机构（如德国波恩大学全球研究中心、德国达姆施塔特工业大学政治学研究所、德国卡尔斯鲁厄理工大学未来技术研究所、美国霍普金斯大学当代德国问题研究所）以及智库（德国全球与区域研究所GIGA、德国科学与政治基金会SWP、德国对外关系协会DGAP、德国对外文化关系研究所ifa）等开展交流活动，如人员往来、相互参加学术会议和联合举办会议等。2020年受新冠肺炎疫情影响，交流活动通过线上形式开展。

咨询服务 中心常年为上海欧洲学会提供关于德国内政外交、中德关系、中欧关系的咨询服务。中心研究人员受邀承担国家发展改革委、上海市决咨委、市政府有关长三角与北德合作等的专家咨询，承接上海市人民政府决策咨询委员会、上海市"中华文化走出去"专项扶持资金项目、中国外文局中国对外话语体系建设研究机制项目、浦东区委等政府部门决策咨询课题多项。

非学历教育 德国学术中心组织并管理校内所有的德语业余培训。培训班一年开设五期（春季、春季二期、夏季、夏季二期和秋季），分别在晚间和双休日开课，设有初级一，初级二、中级一、中级二。德语业余培训班在2020年共开设14个班，参加培训共365人次，参加考试262人次，考试合格率为71%。

获奖情况（2020） 《德国发展报告（2019）》荣获第十一届"优秀皮书奖"一等奖。中心研究员朱苗苗撰写、收录于《德国发展报告（2019）》中的研究报告《德国绿色技术产业：现状与趋势》荣获第十一届"优秀皮书报告奖"二等奖。

（黄晓）

中德人文交流研究中心

同济大学中德人文交流研究中心（以下简称"中心"）为教育部国别区域研究备案中心，围绕中德关系、中德人文交流等领域及时为教育部、相关部委和地方政府提供专报。2020年，中心围绕第五轮中德政府磋商、德国新政府对华政策、新时代中德人文交流等议题向有关单位提供专报，承担3项教育部中外人文交流研究委托课题，分别为"中外人文交流智库建设的工作重心与政策建议""教育领域人文交流机制创新案例研究及发展建议——中国中小学校'德国能力'现状"和"中外人文交流中的中国文化新时代内涵对外传播策略研究"。

中心长期关注中德两国在教育、文化、青年、体育、媒体等领域的交流与合作，积极利用信息时代各类媒体平台，包括微信公众号"中德人文交流"、微博号"中德人文交流"以及中德双语网站"中德人文交流网"，搭建中德人文交流对话的重要信息平台。2020年，中心继续负责运营同济大学官方网站德文版。

科研工作与学术活动 中心围绕中德两国在中德人文交流各领域的交流与合作，积极开展多种类型的研究，为相关部委提供决策咨询服务，争取各类委托课题，撰写和报送研究报告。2020年，中心专兼职研究人员在各大报刊和网站媒体上发表署名文章36篇，撰写、递交决策咨询报告3篇，积极在媒体平台、资政平台发出智库的声音。中心和校德国研究中心共同在澎湃新闻开设"同观·德国"专栏，2020年中心研究员在此专栏上发表14篇文章。中心原副主任胡春春、特聘教授Thomas Zimmer（司马涛）、以及德方合作伙伴奥斯纳布吕克应用科技大学中国大学中心主任Hendrik Lackner共同主持编写"中德人文交流辑刊"第一辑《德国的"中国能力"与中国的"德国能力"》德文版 *China－Kompetenz in Deutschland und Deutschland－Kompetenz in China*,

Multi－ und transdisziplinäre Perspektiven und Praxis，由德国 Springer 出版社出版。本书是该课题的首次出版，不仅体现了学术界的思考和实践经验，而且在文化认同上也符合当前的时代潮流。2020 年，中心将 2018 年组织举办的首届“中德人文交流”摄影大赛入围的 30 件作品及相关文章集结成书《镜头下的中德人文交流》，在同济大学出版社出版。此书体现了极为丰富的人文交流领域，涵盖了“中德人文交流对话机制”的各个领域，记录了中德人文交流的一个个感人瞬间，也充分展现了中德人文交流的悠久历史和丰硕成果。

活动 8 月 16 日，中心组织编写的《镜头下的中德人文交流》一书亮相上海书展。并且，中心联合同济大学出版社在书展举行了围绕“中德文化的碰撞与交融”的主题对谈。

8 月 16 日，《同舟共济——同济大学中德人文交流影像录》在上海书展发布。中心自 2018 年起开始筹拍中德人文交流系列影像，共汇集六部主题短片，利用多元化的呈现形式，通过人物访谈、课堂教学及参观实践记录、活动纪实等素材，从学生交流、校园活动、示范项目、特色课程等多个方面，生动展示了同济大学对德交流的丰硕成果。

9 月 19 日，中心与上海市足球协会战略合作签约仪式暨 2020 中德校园足球联盟上海示范基地工作推进会举行。中德友好协会会长、原中国驻德大使史明德，上海市体育局副巡视员杨培刚出席大会并致辞。中德人文交流研究中心主任董琦与上海市足球协会主席柳海光签署战略合作协议，双方将在中德人文交流机制框架下共同推进足球普及教育、精英梯队建设、师资培训、校园足球联赛、足球产业人才培养，进一步推进中德校园足球联盟建设发展。

9－11 月，中心协办“同济与德国的百年故事”系列活动在同济大学、同济大学浙江学院顺利开展。活动包含“中德合作 共塑未来——同济大学与德国的合作交流”展览和题为“早期同济大学历史与德国的渊源”“一键解锁同济对德机构，做一名乘风破浪的大学生”“德国历史漫谈”“德国学者在同济”等讲座，以云展览、在线讲座和互动沙龙等多种形式，向广大同济师生介绍同济大学与德国之间深厚的文化交流渊源，讲述同济人在百年合作交流中的故事，凸显“同心同德同舟楫济人济事济天下”的同济精神内涵。

10 月 10－22 日，由中心与中德音乐研究中心、德国特罗辛根国立音乐学院联合主办第六届同济大学德国音乐周。本届音乐周活动采用线下线上相结合的方式，为同济师生带来了专业水准的音乐体验。特邀嘉宾、德国特罗辛根国立音乐学院校方代表、钢琴演奏家万捷旎以音乐为轴线，与观众分享了疫情下音乐人在不同国度的生活感受。本次音乐分享会通过线上平台现场直播，在线观看人数超百万。由于受到新冠肺炎疫情的影响，德国特罗辛根国立音乐学院的音乐家们特别录制了精彩的音乐会视频，于 10 月 22 日以线上音乐会的方式，校官网德文版“Tongji Video 栏目”上线。

10 月 16－25 日，中心联合校友会、中德学部举办第六届“同济大学中德人文交流周”在为期一周多的时间里，广大师生和校友通过音乐分享会、文化讲座、图片展、花园啤酒夜等多种形式体验了人文交流的盛宴，回顾了同济与德国的百年渊源。

11 月 7 日，中心主办“第五届中德青少年音乐交流季”庆典音乐会。校长助理彭震伟教授、德国青少年音乐比赛主席 Ulrich Rademacher 教授、中国青少年音乐比赛上海赛区主席孙中炜致辞。本次音乐会采取线上线下相结合的方式，在线实时直播互动人数破百万。

12 月 11 日，为进一步推进古典音乐文化在同济校园的全面普及，促进中德文化的深入交融，中心携手同济大学钢琴协会，以“致敬贝多芬”为主题举办钢琴专场音乐会。由校钢琴协会师生与“同二代”小琴童一起呈现贝多芬家喻户晓的经典钢琴作品。

此外，中心不定期组织学术沙龙，安排中心研究人员相互交流学术成果，尤其促进跨学科研究。2020 年，中心与校德国研究中心共同举办 2 期研究员沙龙（线上）活动。5 月 21 日，邀请了中心战略顾问、德国波恩大学全球研究中心主任辜学武教授作“世界大变局之下的中欧关系：机遇与挑战”主题报告。10 月 30 日，特邀德国达姆施塔特工业大学政治学研究所国际关系教研组主任马库斯·莱德勒（Markus Lederer）教授作“欧洲绿色新政的机遇与挑战（European Green Deal：Opportunities and Challenges）”主题报告。

课程建设 2020－2021 年，中心研究人员基于“中国能力”研究生课程整合内容，与德国汉诺威莱布尼茨孔子学院合作，在汉诺威大学开设系列讲座课“China：Gesellschaft，Wirtschaft und Kultur”（中国：社会、经济与文化）。该系列将做客以德语为教学语言，以历史梳理、当下剖析和未来展望为经纬，全面介绍中国政治、经济、社会和文化概况。这也是中心为促进中外友好交流、培养知华友华亲华的外国友人所做的努力。

队伍建设 中心实行小机构大网络的运行机制，设主任 1 名、副主任 3 名，日常运营依托德国研究中心现有行政团队完成。中心研究人员网络由骨干人员、校内外专兼职人员、人文高等研究院聘任人员、外籍客座研究员组成。2020 年，中心进一步夯实研究人员队伍建设，至今已汇聚校内外、国内外专兼职研究员近 80 名。

信息化建设 2020 年，中心进一步拓展“同济大学中德关系——中德人文交流数据库”平台的建设。该数据库，完善数据库平台基本架构搭建，目前内容涵盖中国与欧盟、中国与欧盟次区域、中国与欧盟主要成员国（德法英意西）、中国与欧盟其他国家、网站与学术期刊等 5 大模块，完成第一期 75 个重要网站数据源的爬取程序测试及调整，同时保证同济大学中德关系—中德人文交流数据库和中欧关系数据库相关数据的日常筛选更新。

2020年,中心继续运营"中德人文交流"两微一端新媒体平台,长期跟踪、梳理中德两国在教育、文化、青年、体育、媒体等领域交流与合作的相关信息,及时传播中德人文交流好声音、讲述中德人文交流好故事,搭建中德人文交流对话的重要信息平台。至今公众号推文超过2000余篇,原创文章400余篇,打造出了一批有思想深度、有时代热度、有人文温度、有引领力度的原创精品专栏。2020年,中心继续负责同济大学官网德文版的维护和运营。

对外交流 8月13日,中心主任董琦受邀参加由中国科协、山东省政府主办,青岛市政府承办的中德科技合作论坛。

9月22日,中心主任董琦受邀参加中国驻汉堡总领馆在线国庆招待会、中国与北德地区高校合作论坛。

11月11—12日,中心原副主任胡春春受邀参加中国宋庆龄基金会承办的第五届中德青少年文化教育研讨会并主持会议。

11月21日,中心原副主任胡春春出席中国青少年音乐比赛·蜂鸟音乐奖(CYMC)深港澳(深圳)赛区、广东省级(广州)赛区启动典礼并致辞。

(陈惠兰)

磁浮交通工程技术研究中心

科研工作 "十三五"国家重点研发计划先进轨道交通重点专项之磁浮交通系统关键技术课题三项分课题(高速磁浮交通系统关键技术仿真验证与优化设计研究、高速磁浮交通系统运行环境与影响因素分析及系统服役性能与环境可靠性关键技术、复杂环境下列车—轨道—隧道多元耦合与控制)国拨经费共计2760万元,全部到位。"十三五"国家重点研发计划先进轨道交通重点专项中速磁浮交通系统集成总体技术方案研究课题的"中速磁浮车辆总体方案等研究"任务,国拨经费共计858万元,全部到位。项目进入收官阶段。

上海市知识服务平台磁浮与轨道交通协同创新中心自2013年起至2020年底,累计到款1500余万元。完善了协同创新中心制度体系,梳理了历史科研项目和经费执行情况;中低速磁浮道岔控制器、磁浮与轨道交通隧道基础设施高精度监测装备等重要研发项目,完成工程化样机研制,进入现场测试阶段;完成磁浮智能驾驶与智能调度研究重点任务的调整立项和论证工作,进入全面研究阶段;服务和参与国家与行业战略,受中国城市轨道交通协会委托,完成"十四五"轨道交通行业发展战略与总体发展思路研究。

新立项横向项目24项,总金额2600余万元,纵向项目5项,总金额160余万,横向到款2900余万元,纵向到款1100余万元。

1至11月,利用嘉定校区1.5公里磁浮工程试验线,时速600公里的高速磁浮样车完成功能性集成测试和试验,包括牵引车牵引下的拖车试验、全线拖车运行、各种速度状态下的牵引试验等。6月21日,高速磁浮列车样车试跑成功引起国内外广泛关注,标志着我国高速磁浮研发取得突破性进展。中心参与了高速磁浮交通技术系统方案研究和关键设备集成试验并发挥突出作用。

3月,集中申报国家自然科学基金面上项目、青年科学基金项目9项,面上项目《磁浮列车电磁铁两点悬浮系统耦合扰动机理研究》获批。

7月,制定《同济大学磁浮交通工程技术研究中心专利管理实施细则》和《磁浮交通工程技术研究中心仪器设备管理办法》并发布实施。

9月,同济大学铁道与磁浮科普实践教育基地被认定为"全国铁路科普教育基地"

10月,按照《磁浮与轨交高水平科研能力提升专项奖励绩效实施办法》,对中心申报及获批国家自然基金、省部级纵向项目立项、高水平科研论文发表、专利授权、获奖等科研成果予以奖励。

11月,同济大学与中车青岛四方机车车辆股份有限公司、上海磁浮交通发展有限公司和中车株洲电力机车研究所有限公司联合申报国家铁路局"磁浮技术铁路行业重点实验室",12月15日获批。

12月9日,"同济大学—蒂森克虏伯联合实验室"揭牌。同济大学和德国蒂森克虏伯公司于2013年10月签订了建立"同济大学—蒂森克虏伯联合实验室"的意向书。2015年9月,双方又签订了建立"同济大学—蒂森克虏伯联合实验室"的备忘录,确定了基于蒂森克虏伯公司经验和部分设备,在同济大学建立磁浮交通关键技术实验平台,包括磁浮试验台(Maglev Test Bench, MTS)。至2020年,MTS试验台完成系统调试,配备全新的液压激振系统、地面供电电源、悬浮控制器和悬浮传感器,具备开展常导磁浮车轨磁力耦合模拟试验的条件,投入试验运行。12月9日,在嘉定校区举行了联合实验室揭牌仪式。

2020年毕业硕士研究生6名,2020年底在读博士研究生7名,硕士研究生22名。

获奖情况 11月5日,中心研究生团队喜获"中国软件杯"大学生软件设计大赛一等奖,中心获"最佳学校组织奖"。

12月29日,"EMS型磁浮列车悬浮系统关键技术及应用"获批2020年上海市技术发明二等奖(同济大学为第一完成单位)。

资产管理和购置 2020年中心设备申购共106台,合计32.19万元,包括20万元以上设备1台,合计23.76

万元;设备验收 150 台,合计 235.20 元,包括 20 万元以上设备 3 台,合计 131.2 万元;完成材料申购共 70 项,合计 37.39 万元;完成材料验收 70 项,合计 37.39 万元;完成服务申购 88 项,合计 1043 万元。2020 年完成服务验收 60 项,合计 624.78 万元;申请报废处置设备 74 台(件),总价 2429.43 万元;完成报废设备回收处置的设备 31 台(件),总价 1635.46 万元。

对外交流 6 月 21 日,全国政协副主席、科协主席万钢来到同济大学嘉定校区,就高速磁浮交通技术发展进行调研。

9 月 15 日、16 日、26 日,中国工程院副院长何华武院士、中国工程院卢春房院士、杜彦良院士、谭树森院士、中国工程院院士、原铁道部常务副部长孙永福先后访问中心,参观了 1.5 公里高速磁浮试验线,详细了解时速 600 公里高速磁浮样车的技术性能及试验情况。

参加"2020 Applied superconductivity conference(ASC2020)"、10 月"2020 年第 46 届 IEEE 工业电子学会年会(IECON2020)"、10 月"2020 International Conference on Sensing, Measurement & Data Analytics in the era of Artificial Intelligence (ICSMD)"、11 月"2020 年国际电力电子及运动控制会议(IPEMC2020)"等国际会议;参加 9 月"第 4 届电气化交通前沿技术论坛"、10 月国内举办的"第六届中国智能技术与大数据会议"等学术交流。

12 月,邀请德籍客座教授郑清华博士至中心访问,进行"悬浮系统建模与优化分析"学术交流。

(代晓云)

教　　育

学科建设

以习近平新时代中国特色社会主义思想为指导，紧密结合国家及区域中长期规划的重大需求，服务国家和长三角、上海市发展战略，紧盯国际科教发展前沿，遵循大学发展规律，围绕同济大学第十一次党代会确立的奋斗目标和发展蓝图，学科办积极推进同济大学学科发展“十四五”规划工作，编制和完善《同济大学“十四五”学科建设发展规划》。

根据《同济大学章程》《同济大学“十三五”及中长期规划纲要》和学校第十一次党代会制定的建设目标，确定工科保持领先、优势工科引领带动，理科形成新优势、厚重理科融合推动，医学学科加快复兴、特色医学协同驱动，人文社科形成特色、精品文科共享联动，工理医文交叉形成新亮点、前沿交叉创新互动的学科建设指导思想。通过“五动协同”的指导思想，实现学科跨越式发展，加强与国际前沿的对接，进一步发挥中国特色。

坚持以世界一流学科建设为龙头，首轮建设的9个一流学科和4个一流交叉学科领域均取得显著成效。土木工程、建筑学、城乡规划学、风景园林学、设计学、交通运输工程等学科已经进入世界一流学科前列；环境科学与工程、测绘科学与技术、海洋科学等学科已经进入世界一流学科行列并不断向前列冲刺；智能科学与技术、新能源、微结构、干细胞等交叉学科领域向世界前沿迈进。

2020年，35个学科上榜软科世界一流学科排名，其中土木工程连续4年全球第1、交通运输工程全球第5、环境科学与工程全球第37；19个学科上榜QS世界大学学科排名，艺术与设计学科由全球第14名升至13名，建筑与建成环境连续三年保持全球第18名；18个学科上榜US News世界大学学科排名，其中土木工程全球第2、机械工程全球第24位。

组织各一流学科开展建设周期总结工作，并结合评审专家意见，全面梳理各学科建设情况，通过与建设方案的对标分析，找出不足和差距，针对问题提出改进措施，学科办对各学科完善的总结材料汇总整理和审核后上报教育部。

学校积极响应和全面开展教育部学位与研究生教育发展中心第五轮学科评估工作，学科建设办公室按照学校的战略方针，全程有序组织、积极协调、全力提供各项服务保障支持工作，确保评估工作稳步推进和圆满完成。

2020年，按照高峰学科建设方案，学科办全力协助相关学科的建设工作，协调高峰学科建设领导小组各成员单位共同指导、协助并配合学科全力做好高峰学科建设各项工作，帮助各高峰学科做好标志性成果的挖掘和凝练，并敦促高峰学科经费科学、合理的执行，高效完成方案中的各项建设任务的推进和执行，为高峰学科第一阶段的验收和绩效评价做好充分准备。

按照国教督办函〔2020〕61号文和学位中心〔2020〕47号文，学科办积极组织、有序开展学校金融、汉语国际教育、翻译、建筑学、城市规划、风景园林、护理、工程管理和艺术等9个专业学位类别《2020年同济大学专业学位水平评估工作》。

（汪慧英）

招生工作

【概况】 学校2020年本科招生计划4450人，实际录取考生4306人，完成招生计划的96.8%；第二学士学位招生计划40人，实际录取4人；另外录取不占教育部计划的港澳台考生51人，共录取本科新生4361人。其中理科考生2938占68.2%，文科考生274人，占6.4%；综合改革考生888人，占20.6%；艺术类考生140人，占3.3%；体育类考生66人，占1.5%。农村考生847人，占19.7%。往届考生193人，占4.5%。男生2624人，占60.9%；女生1682人，占39.1%。少数民族考生478人，占11.1%。上海考生506人，占11.8%。

2020年理科（综合改革省份物理组）录取分数线高出当地第一批普通本科控制分数线100分以上的省份有28个，与去年持平；高出当地第一批普通本科控制分数线150分以上的省份有16个，比去年增加1个。

强基计划批次录取入选资格考生54人，其中录取分数线上考生18人、录取分数线下20分以内考生22人、录取分数线下30分以内考生7人、录取分数线下50分以内考生5人、录取分数线下更低分值考生2人。经教育部同意，校内二次选拔65名强基计划入围学生，最终共计119名。

高校专项计划（筑梦计划）录取入选资格考生274人，招生省区共计28个，其中录取分数线上考生6人、录取分数线下20分以内考生164人、录取分数线下30分以内考生37人、录取分数线下50分以内考生43人、录取分数线下更低分值考生24人。

国家专项计划共计录取考生333人（含南疆单列计划3人），招生省区共计21个，其中录取分数线上考生51人、录取分数线下20分以内考生225人、录取分数线下30分以内考生39人、录取分数线下50分以内考生14人、录取分数线下更低分值考生4人。

2020年学校组织的各类考试有：保送生文化测试和面试、高水平艺术团专业测试、高水平运动队专项测试、强基计划专业综合面试和学科特长测试、台湾免试生综合面试、上海市综合评价录取校测、插班生招生考试、第二学士学位初试和复试等。考务工作组织严密、规范，所有考试均使用身份证识别仪进行考生身份验证、考场放置信号屏蔽设备、全程录像录音。所有工作人员签订工作责任书，命题教师签订保密协议。

苗圃2.0与试点中学共建实验室项目，已建设完成7个实验室。受疫情影响，2020年苗圃夏令营以线上形式举行，18个学院、近120名教师参与本次夏令营的策划和实施，试点中学362名学生代表及32名带队老师参加。

（杨涵琪）

本科教育

【概况】 围绕学校“双一流”及一流本科人才培养目标，推进人才培养模式创新，以专业建设和课程建设为两大抓手，构筑“金专”“金课”，持续提升人才培养质量，通过专业内涵升级改造和新专业建设并举，优势工科引领带动、厚重理科融合推动、特色医科协同驱动、精品文科共享联动、前沿交叉创新互动，全面优化学科专业布局。

构建本研一体化培养模式，建立“2＋1＋X”的本－研衔接人才培养模式，打造科教结合、竞教结合、平台实践育人体系。持续夯实本研一体化管理体制。构筑学科专业责任岗位、专业责任岗位和课程责任岗位三大责任岗位制度，制定实施意见并正式发布落实，压实人才培养责任，夯实本研一体的教学基层组织建设。初步建成本研一体化保障体系。本研一体化教学管理信息系统目前整体上线率和整体开发进度为98.23％，项目将于12月30日上线剩余模块并完成所有模块的开发工作。

逐步打造“线上线下＋交叉自主”的“微专业＋辅修专业/辅修学位”进阶式人才培养模式。探索实践特色开环办学模式，进一步夯实主修专业/学位＋微专业（12至18学分）＋辅修专业（30学分）/辅修学位（40学分）的进阶式培养模式。2020学年各专业共开放43个微专业/辅修供学生选课，包括人工智能、法学、工业设计等36个微专业，金融学、德语等7个辅修专业/辅修学位，以及85门微专业在线开放课程，其中土木工程微专业等在中国大学MOOC上线，得到高度评价。

打造具有鲜明同济特色的“金专”“金课”体系，全面优化学科专业布局，学校23个专业入选国家级一流本科专业建设点，居上海高校首位。54门课程获批首批国家级一流本科课程，国家级一流本科课程数量在全国高校列第11位。获批教育部第二批新工科研究与实践项目8项，数量在全国高校列第13位；获批上海市重点教改项目16项，获批率达100％。学校国家级一流本科课程包括27门线上一流课程、17门线下一流课程、2门线上线下混合式一流课程、7门虚拟仿真实验教学一流课程和1门社会实践一流课程。此外，共有29门课程获批2020年上海高校市级重点课程。

进一步完善通识教育。2020年度立项建设校级精品类通识选修课程30门，已累计建设精品类通识课程123门、交叉课程88门。与国内一流在线通识课程平台合作，引进24门高质量在线通识课程，开展混合式教学，推动教学模式改革。对15大类公共基础课教学团队及相关学院开展师资情况调研研讨，撰写《同济大学公共基础课程师资情况调研报告》，提出可行性措施、改进方案。凝练同济大学通识教育理论和实践的最新研究成果，编辑出版同济大学通识教育教学改革研究论文集《同济通识教育探索－第一辑》。

厚植拔尖人才培养土壤，持续推进构建多维度多层次拔尖创新人才培养体系。完成教育部“强基计划”培养方案制定，打造2＋1＋X特色培养模式。完成8个人才培养模式创新实验区以及3个基础学科拔尖班升级改造，招生308人。实施4个“荣誉计划”，开设26门荣誉课程，招生选拔335人。持续推动基础学科拔尖基地建设。

统筹布局，持续深入推进课程思政教育教学改革。2020年春季学期开展课程思政教育教学改革校级项目立项工作，申报项目85项，经组织专家评审，立项49项，覆盖74门课程，新增3个示范专业。利用学校智慧教室、“课栈”等现代化教学空间，进行课程思政在线“金课”打造，创新课程思政教学，增强学校课程思政辐射力。开展了“学科教学育人与课程思政”网络培训工作，组织全校近200名教师参加培训，提升课程思政教学能力。遴选《城乡规划管理与法规》等15门领航学院学科优势课程，利用学校智慧教室、“课栈”等现代化教学空间，进行课程思政在线“金课”打造。

把好教材政治方向关，扎实做好教材建设与管理。开展了2020年同济大学优秀教材奖评选工作，并从校级优秀教材奖获奖教材中择优推荐参评国家级优秀教材奖。

积极应对疫情，协力共克时艰，确保本科教学平稳有序。在学校疫情防控领导小组的指挥下，2020年春季学期本科生1839门课程中91％的课程转为线上教学，包括体育课和部分实验实践课程。线上课程充分利用学校已建在线课程、教育部推荐平台的共享课程，通过“同济zoom＋canvas平台”直播等模式授课，确保疫情防控期间教学进度和教学质量，实现“停课不停教、停课不停学”。采用双机位模式开展线上考试，顺利完成重考、缓考及期末考试。利用疫情带来的契机，转危为机，推动教师转变教学理念、教学方式，学生转变学习观念、学习习惯，大幅提升信息技术手段在教学中的实际应用，推动优质线上课程建设。

系统推进语言文字建设，获批“上

海市语言文字推广基地”。

推进工程实践中心机制体制改革，成立工程实践中心体制改革专项工作组。整合优化全校资源，建立多校区、分层次、协同共享机制，并形成工程实践教育资源统筹管理、设备空间共享机制。

推进国际化人才培养体系建设，构建多层次英语授课体系，加强国际化教学环境建设，学校以全英语专业建设为目标，开展英语课程体系框架设计，制定并实施全过程管理的规章与机理措施。学校55门英语授课示范性课程入选《上海高校外国留学生英语授课示范性课程建设发展报告》。截至本学年，学校共获批教育部示范性双语教学课程3门，教育部来华留学英语授课品牌课程7门，上海高校外国留学生英语授课示范性课程55门，上海高校示范性全英语教学课程27门。举办2019意大利、德国暑期营教学成果展。同济大学2019意大利、德国暑期营教学成果展在瑞安楼一楼大厅展出，各学院结合自身学科特色和当地教学资源，开展海外教学。

发挥教学成果奖在教学建设、教学改革及人才培养工作中的引领示范作用。2020年获批教育部第二批新工科研究与实践项目8项，数量在全国高校列第13位；获批上海市重点教改项目16项，获批率达100%。校级成果奖共收到来自37个学院、部门申报的238项成果，比上一届申报项目数增加45%，代表了目前学校教育教学工作的较高水平。开展课程思政教育教学改革校级项目立项工作，申报项目85项，经组织专家评审，立项49项，覆盖74门课程，新增3个示范专业。

（徐沁、孙冬梅）

【完成2020年度国家及省部级一流课程推荐工作】 组织开展2020年度国家及省部级一流课程推荐工作。54门课程获批首批国家级一流本科课程，国家级一流本科课程数量在全国高校列第11位。学校国家级一流本科课程包括27门线上一流课程、17门线下一流课程、2门线上线下混合式一流课程、7门虚拟仿真实验教学一流课程和1门社会实践一流课程。此外，2020年度共有29门课程获批上海市一流本科课程（含线上课程、线下课程、线上线下混合式课程、社会实践课程），29门课程获批上海高校市级重点课程29门课程。

（徐沁、孙冬梅）

【获批4个基础学科拔尖人才培养基地，培养基础学科拔尖人才】 基于前期生命、物理、海洋基础学科拔尖班的实践探索和教学改革经验，多次组织专家征询意见，形成了《同济大学基础学科拔尖学生培养计划2.0总体工作方案》，申报计算机科学、数学、海洋科学、生命科学、物理学、化学6个基础学科拔尖学生培养基地，最终获批数学、物理学、生命科学、计算机科学4个基础学科拔尖学生培养计划2.0基地。

（徐沁、孙冬梅）

【本科生学科竞赛成果斐然】 2020年全球疫情的情况下学校学子仍在多个赛事中取得耀眼成绩。RoboCup机器人世界杯中国公开赛中，同济大学TJArk队在足球机器人标准平台组以绝对优势再次夺魁完成了八连冠的创举，在家庭服务机器人标准平台组中高分夺冠。汽车学院DIAN Racing车队在中国方程式汽车大赛中首次荣获冠军。2iGEM国际基因工程机器大赛中，学校两支队伍从全球256支队伍中脱颖而出，双双斩获金牌。学校获全国大学生数学建模竞赛一等奖4项，其中交通运输工程学院2018级本科生刘佳琦、胡雨辰、王思澄组成的团队捧获大赛本科组唯一最高奖——本科组“高教社杯”。

（徐沁、孙冬梅）

研究生教育

【概况】 2020年，学习宣传贯彻和落实习近平总书记关于研究生教育工作的重要指示、李克强总理的批示和全国研究生教育会议精神，召开学校研究生教育会议，落实《关于加快新时代研究生教育改革发展的意见》等系列文件要求，坚持“立德树人”，优化学科布局、促进学科交叉，压实人才培养相关岗位职责，建立三类责任岗位制度；面对疫情，精心组织，完成研究生招生网络远程复试、线上教学、过渡期线上线下混合教学和论文答辩等工作。

制度建设　制定《同济大学研究生教育合同管理实施细则》《同济大学工程类专业学位研究生校外指导教师聘任及管理细则》《同济大学非全日制专业学位优秀研究生评审细则》，修订《同济大学对博士硕士学位论文抽检结果的处理办法》《同济大学研究生指导教师职责与工作规范》《同济大学研究生学籍管理规定》。

（赵璞）

学位授权学科　自主审核新增“基础医学”一级学科博士点，体育和应用统计等2个专业学位硕士点，撤销体育学和水利工程等2个一级学科硕士点，完成基础医学学科委员会、体育专业学位教指委、应用统计专业学位教指委组建。现有博士学位授权一级学科点33个、硕士学位授权一级学科点45个，博士学位授权专业学位类别9个，硕士学位授权专业学位类别26个。

（谢永生、贯利苹）

指导教师　17个学位评定分委员会共认定招生博士生导师1714名，含：在职学术博士生导师1462名，专业博士生导师1298名（仅专业型55名），高等研究院学术博士生导师58名，兼职学术博士生导师139名。招生硕士生导师2785名，其中：在职学术硕士生导师2232名，专业硕士生导师1813名（仅专业型483名），高等研究院学术硕士生导师70名。

（谢永生、贯利苹）

培养方案　完成2020级研究生培养方案中、英文版的排版印刷工作，其中学术型博士培养方案44份，专业学位博士培养方案3份，直接攻博培养方案35份，工程博士培养方案7份；学术学位硕士培养方案64份，全日制专业学位硕士培养方案27份。研究生培养方案强调培养思想品德端正，具有同济文化内核，引领未来发展的社会栋梁和专业精英。

（王芳）

课程　2020年，共开设研究生课程2543门，其中硕士课程1979门，博士课程564门；公共课程61门，专业课程2482门；研究生课程原则上均由具有副高及以上职称的教师主讲。

校级高等讲堂：2020年春季开放慕课97讲，秋季开设校级高等讲堂72讲，其中线上59讲，线上线下融合13讲，参加人次45882。

（王芳）

学位论文选题　2020年研究生学位论文选题工作：学术学位硕士研究生应参加2157人，实际参加开题2143人；全日制专业学位研究生应参加1719人，实际参加选题1677人；博士研究生应参加人数为1660人，实际参加开题1550人。未及时参加选题主要原因为健康原因、因公出国、休学、参加专业实践等。

中期(综合)考核　2020年研究生中期(综合)考核工作：学术学位硕士研究生应参加2266人，实际参加考核2338人；全日制专业学位研究生应参加1666人，实际参加考核1734人；博士研究生应参加人数为1344人，实际参加考核1137人。硕士研究生实际考核人数多于应考核人数原因是部分学生提前考核。未及时参加考核主要原因为健康原因、因公出国、休学等。

（王芳）

实践教育　与江苏省产业技术研究院签署《人才联合培养及研发创新合作协议》，探索科教融合、产教融合培养新模式。组织7个学院、22人次专家参加合作对接会，并在其中4场进行了专题报告。在第十七届中国研究生数学建模竞赛中，我校共403支队伍成功参赛，其中3支队伍获一等奖，105支队伍获二等奖，97支队伍获三等奖，获奖队伍数在全国继续位列前茅。

（王玮）

国际交流　国家建设高水平大学公派研究生项目录取239人，其中录取联合培养博士研究生192人，攻读博士学位47人。艺术类人才特别培养项目录取联合培养硕士研究生5人、攻读硕士学位1人。国际区域问题研究及外语高层次人才培养项目录取联合培养硕士研究生11人，攻读博士学位1人。博士生导师短期出国交流项目录取14人。其他各类项目共录取17人，包括：日本政府（文部科学省）博士生奖学金录取攻读博士1人，美国普林斯顿大学合作奖学金录取攻读博士1人，剑桥奖学金录取攻读硕士1人，与巴黎高科发展基金会合作奖学金录取硕士生联合培养5人，国际组织实习项目录取2人，荷兰互换奖学金录取攻读硕士1人，中法蔡元培项目录取2人，中德（CSC－DAAD）博士后奖学金项目录取2人。

增设优秀研究生在线参加国际学术会议基金，资助27名在读全日制研究生以在线方式在国际学术会议上进行口头报告及交流。

新建立及续签16个硕士研究生双学位项目协议，7个博士生个人联合培养双学位协议，4个博士生框架协议。

全学年接受联合培养双学位硕士留学研究生133名，152名短期课程进修留学研究生来学校学习，因疫情影响，均采用线上授课方式。

学校在校全日制研究生参与境外访学交流人次为206人次，其中硕士生115人次、博士生91人次；研究生在线参与国际学术会议约100人次。

（袁媛）

隐名评审　博士、硕士研究生学位论文通过教育部学位与研究生教育发展中心学位论文网上送审平台隐名评审，完成2384篇次网上送审工作。

（贾青青、袁怡洁）

教改研究　37本研究生教材获研究生教材建设项目资助；立项68个2020年研究生教育教改项目；开展2019年176项研究生教育改革与创新项目中期检查工作；完成2018年立项的328项研究生教育改革与创新项目结题验收工作，共评选出15项结题优秀。

获批2020年上海一流研究生教育引领计划项目，在10个学院立项实施；落实获批的2020年上海市研究生1项暑期学校和1项学术论坛工作。

开展2018－2019学年研究生教学状态评估工作，31个研究生培养单位参加评估。经评审，授予建筑与城市规划学院、土木工程学院、环境科学与工程学院、电子与信息工程学院、经济与管理学院、交通运输工程学院等6个单位“2018－2019学年同济大学研究生教学工作先进单位”称号。授予生命科学与技术学院、体育教学部、艺术与传媒学院等3个单位“2018－2019学年同济大学研究生教学工作突出进步单位”称号。

（贾青青、袁怡洁）

毕业结业　博士研究生毕业890人，结业64人，共954人；硕士研究生毕业5904人，结业52人，共5956人；国际学生博士毕业7人，结业0人，共7人；国际学生硕士毕业168人，结业16人，共184人。

（李航）

学籍异动　休学77人；复学48人；硕博连读转硕士、直接攻博转硕士3人；退学处理59人，其他原因退学75人，开除学籍1人；放弃入学资格45人，取消入学资格35人；恢复学籍3人，保留入学资格3人。

（李航）

研究生奖助　学业奖学金发放14538人，发放金额11174.6万元，其中国家拨款5631.52万元，学校统筹5543.08万元。291人和178人分别因学籍异动和课程不及格被取消学业奖学金。

春季学期发放助学金14051人，秋季学期发放15074人，发放金额总计17195.48万元。其中学制内研究生助学金总计发放16586.96万元;超学制博士生助学金总计发放608.52万元。

助学金中导师配套经费共计收取6148万元。人文学院、政治与国际关系学院、法学院、马克思主义学院、外国语学院、数学科学学院、职业技术教育学院、上海国际知识产权学院等8所学院共评审出78名博士研究生导师和229名硕士研究生导师获得扶持基金资格,发放金额约为200万元。

设置助管岗位约为1350个,助教岗位约为1100个左右,另春季学期增设500余个"线上技术助教"岗位,酬金为800元/月;秋季学期增设200个"线上技术助教"岗位,酬金为400元/月。助管助教酬金共发放1592.8万元,导师助研酬金共计发放16270.4万元。

评审新生优秀博士奖学金获得者共139名,发放金额69.5万元。

(李航)

信息化建设　研究生教务相关业务在建设完成的新本研一体化教学管理系统(一期)中完全实现。建设研究生学位论文查重系统。对接"中国知网"TMLC学术不端文献检测系统,提供硕士博士学位论文重复率检测服务。新建同心云"人证合一"功能模块轻应用。将人脸、身份证、录取通知书等实现线上比对验证,疫情高风险地区无法现场报到的新生可实现"云报到"。疫情期间线上教学、考试和招生复试等技术支撑。实现教学系统与线上课程管理(canvas)系统数据对接,保障春季学期约1200门线上课程的zoom平台直播和秋季学期约400门线上课程的腾讯会议平台直播。

优化升级自助打印服务。新增3台自助服务机,搭配3套火车票优待证充值模块。校共有7台自助服务机:四平路校区瑞安楼一楼大厅3台、嘉定校区学生事务中心3台、沪西校区1台。自助服务软件版本升级至3.0.3版。

同济大学研究生院微信公众号,关注数58,518人,发送图文消息43篇,阅读量10万人次;同济研招微信公众号,关注数49,075人,发送图文消息111篇,单条最高阅读量2万余人次。

研究生院网站访问量为173万余人次,研究生招生网访问量为1738万余人次。

(李庆)

单独备案收费制专业学位硕士研究生概况。在校总人数9060名。其中学位生2368名,包括:工程硕士(含软件工程)1580名,风景园林硕士120名,法律硕士37名,公共管理硕士455名,工商管理硕士1名,翻译硕士1名,教育硕士1名,高级管理人员工商管理硕士173名。学历学位生6692名,包括:工商管理硕士2739名,法律硕士507名,金融硕士130名,会计硕士323名,公共管理硕士881名,工程管理硕士734名,汉语国际教育硕士76名,护理硕士195名,教育硕士163名,艺术硕士133名,工程硕士524名,风景园林硕士5名,电子信息硕士89名,机械硕士113名,材料与化工硕士6名,资源与环境硕士13名,能源动力硕士19名,土木水利硕士35名,交通运输硕士7名。

(吴鹏凯)

【召开研究生教育会议】　12月12日,学校召开研究生教育会议,教育部、上海市教委相关领导出席会议并作了讲话,校领导、校学位评定委员会委员,各学科评定分委员会主席,学科专业委员会主任,各职能部门负责人、直属单位负责人,各学院党政负责人等出席会议。会议明确将以全国研究生教育会议精神落实为契机,以本次会议为新的起点,进一步在全校范围内宣传与贯彻全国研究生教育会议精神,持续推进学校研究生教育的改革与创新举措,持续提高研究生教育质量,加快培养国家急需的高层次人才。

(吴鹏凯)

【压实人才培养相关岗位职责,建立三类责任岗位制度】　12月1日校长办公会议通过《同济大学学科责任岗位、专业责任岗位、课程责任岗位实施意见》,明确三类责任岗位职责、遴选条件,实行岗位聘期管理,每届聘期一般为4年,并实行任期负责制,进行绩效考核与动态管理。

【国务院学位委员会第八届学科评议组换届】　学校共有15位专家入选,分布在14个学科评议组,新增入选3个学科,分别为:管理科学与工程、设计学、控制科学与工程,位列全国第17名。

(谢永生、贯利苹)

【评选校优秀博士硕士学位论文】　根据《同济大学优秀博士硕士学位论文评选和奖励办法》评选出93篇校优秀博士学位论文(含认定全国一级学会"中国环境科学学会"优博2篇、"中国卫星导航定位协会"优博1篇、国际学术组织"海外华人交通协会"优博2篇);252篇校优秀硕士学位论文。对每位优秀博士硕士及导师颁发荣誉证书;对每位优秀博士作者颁发人民币1万元奖励。

(谢永生、贯利苹)

【开展线上视频答辩,增加2次学位授予审核备案】　疫情防控期间,根据学校防疫工作总体安排,制定并发布研究生学位论文答辩和学位授予审核工作方案,开展线上视频答辩,增加学位授予审核次数。海洋与地球科学学院于2月29日组织了首例2名博士生视频答辩。

截至12月31日,线上视频答辩占答辩总人数的比例为博士生87%、硕士生92%。除每季度末外,增加4月30日和7月31日两次学位授予审核备案,共有6次学位备案工作。

(谢永生、贯利苹)

【完善学位标准及成果要求】　针对教育部破除唯SCI、唯论文等文件精神,查找各学科专业博士硕士学位标准中唯SCI情况并进行分析,发布《学位标准修订工作指导意见》,启动修订工作:①制定的学位标准应符合国情、本学科专业研究生教育科学规律和客观现实、我校双一流建设办学定位;学习借鉴世界一流大学学科专业学位标准。②逐步实现多元化的学位标准，理工医学科专业应遴选一批我国主办的高水平期刊作为标准之一。③体现学位论文在学位标准中的主体地位，尝试建立学位论文国际高水平专家评审制度减少发表学术成果要求等。修订后各学科专业的博士学位标准不存在唯 SCI 情况。

（谢永生、贯利苹）

【成立同济大学工程类专业学位研究生教育管理中心】 8 月，学校发文成立“同济大学工程类专业学位研究生教育管理中心”，旨在统筹学校工程类专业学位研究生管理工作。

（吴鹏凯）

招生与就业

【研究生招生概况】 博士招生学科专业数 83 个，包括电子信息、机械、材料与化工、资源与环境、能源动力、土木水利、交通运输七个招收工程类博士专业学位研究生和微电子科学与工程、城市交通、知识产权三个交叉学科，报名人数 4908 人，其中应届硕士毕业生 1995 人。共录取 1784 人（学术学位 1333 人，专业学位 451 人），按入学方式：普通招考 1148 人（其中免初试 1148 人，非全日制工程博士 98 人），硕博连读 268 人，直接攻博 368 人；按录取类别：非定向就业学生 1636 人，定向就业学生 148 人（含：定向培养少数民族高层次骨干人才计划博士生 5 人，定向培养对口支援高校 5 人，部省共建 5 人，援疆师资 1 人）。2020 年，举行春秋两次博士招生，招收 145 名科研经费博士，85 名智能科学技术专项博士。

硕士招生专业数 131 个，报名人数 21160 人。共录取 5705 人（全日制学术学位 2063 人，全日制专业学位 1701 人，非全日制学术学位 47 人，非全日制专业学位 1894 人），按入学方式为：推免生 1674 人，统考生 2570 人，单考生 47 人，管理类联考 1248 人，法律硕士联考 166 人；含少高计划 38 人（含喀什医学班 5 人），住院医师 184 人。

77 人报名参加港澳台研究生入学考试，经复试，共录取 38 人。2020 年在同济大学设立面向港澳台地区招收研究生上海报考点，报名人数为 640 名。

另外，招收学位型博士 134 名。

（黄建业）

【研究生招生首次采用网络远程复试方式】 在疫情防控特殊时期，按照教育部和上海市对研究生招生工作的部署要求，学校强化组织领导，落实政策要求，健全保障措施，稳步开展研究生网络远程复试工作，共有 7000 多人次参加复试。

（黄建业）

教学质量管理

【概况】 2020 年，教学质量管理办公室围绕学校“双一流”建设、“三全育人”综合改革试点和人才培养改革的要求，以不断提高教育教学质量和“完善同济特色质量保证体系 2.0”为主线，有序推进教学督导、专项评价和数据监测的各项工作，持续促进高校质量文化建设。

完成 2020 年本科、研究生课堂（线上）教学质量督查工作。2019—2020 学年第二学期本科线上教学督导听课共 1486 人次，听课覆盖率为 19.31%（听课 680 门，总开课 3521 门），优良率为 98.99%；完成指定听课 234 门次，优良率为 99.27%。研究生线上教学听课共 267 人次，覆盖率为 21.6%，优良率为 99.25%。2020—2021 学年第一学期本科课堂教学督导听课共 1163 人次，听课覆盖率 20.93%（听课 888 门，总开课 4242 门），优良率为 98.88%；完成指定听课 263 门次，优良率为 95.29%。研究生课堂教学督导听课共 133 人次，听课覆盖率 6.37%，优良率为 100%。

开展本科生毕业设计（论文）和研究生学位论文开题工作检查。针对校内评估的 4 个学院的 9 个专业，完成 2020 届本科毕业设计（论文）过程检查（含任务书、开题报告、自查表）、答辩情况检查和毕业设计（论文）校外送审等工作。共检查 271 份任务书，各个专业校外送审论文 6 篇，共送审 108 篇。

发挥优秀教师、课程示范引领作用。修正《同济大学“名课优师”推选评审办法》，完成第七届“名课优师”评选及表彰工作，36 位“名课优师”（其中本科课程 33 位、研究生课程 3 位）获得表彰。完成第二期“立德树人”示范课程评选工作，评选出《民法总论》等 12 门本科“立德树人”示范课程和《区域规划前沿动态》1 门研究生“立德树人”示范课程。

推进相关专业的国家工程专业认证及持续改进工作。2020 年中国工程教育专业认证协会受理了软件工程等 6 个专业。土木工程专业、测绘工程专业提交再次认证申请。按照国家《工程教育认证状态保持与持续改进工作指南（试行）》的新要求，教学质量管理办公室印发《关于转发〈工程教育认证状态保持与持续改进工作指南（试行）〉的通知》（同济质管内〔2020〕4 号）。在信息办的支持下，依托 CANVAS 平台，开通了专业认证状态保持与持续改进报备材料存储功能。

完成校内第二轮本科专业评估。按照“专业分类评价、分期分批推进”的原则，2020 年组织开展了最后一批人文类 4 个学院的 9 个专业校内本科专业评估工作，促进专业建设和“以评促建”工作。编制发布《同舟共济 追求卓越——同济大学 2019—2020 学年本科教学质量报告》、《同济大学2019—2020学年度本科教学质量保证工作年度报告》等,配合研究生院完成《2019—2020学年学位与研究生教育质量报告》。

开辟线上教学督导工作,推进质保体系信息化建设。协同本科生院、信息化办公室开发完成校级领导、职能部门领导线上巡课、线上督导听课功能,实行线上教学巡查和专项督导评价工作,建立线上督导工作群及时跟踪教学动态,确保线上线下教学同质。基本完成"教学质量常态监测平台"信息化项目,发挥数据监测和预警功能,支持学生成长评价。配合信息化办公室,开展智慧教室建设,探索构建教学督导智慧评价和教学观摩评估中心。

完成本科教学基本状态数据采集与分析工作。按照国务院教育督导委员会办公室的新要求,完成2020年高等教育质量监测国家数据平台数据填报工作,发布《同济大学2018－2019学年本科教学基本状态数据分析报告》,监测和分析学校教学状态数据,为教学投入、学科规划、师资建设、资源配置等方面提供信息支持。

推进人才培养模式改革和一流课程建设。发布《同济大学一流本科课程教学评价方案》,推动教师全员参与课程理念创新、内容创新和模式创新。联合本科生院、研究生院、学生工作部、对外联络与发展办公室等开展2019年"全链条"人才培养质量调查与分析,形成《2019年"全链条"人才培养质量调查与评价报告》。持续探索"六位一体"教学评价和"三大责任岗位"教学评价方案。完成"三全育人、本研贯通人才培养质量保障体系2.0"项目研究工作,《大学人才培养质量保证体系研究》一书由高等教育出版社出版。

(王伊质)

【实现线上教学督导评价】 9月,教学质量管理办公室基于已有的本科和研究生教学质量保障体系,创新线上教学督导评价的方式方法,制定《同济大学线上(混合式)课程教学质量要求与评价方案》,协同信息化办公室,在学校线上教学平台上增加"课程教学监控"模块,设置"线上巡课""线上问卷调查"等督查形式,实现了线上督导听课渠道和线上教学督导评价,增强教学环节质量保障。同时,开展线上教学调研与督查专项工作,形成《创新教学督导评价,确保线上线下同质》优秀案例。

(王伊质)

【完成"三全育人、本研贯通人才培养质量保证体系2.0"项目研究】 10月,"同济大学人才培养质量保证体系2.0项目"取得理论研究成果,并交高等教育出版社正式出版。为全面升级构建同济大学人才培养质量保证体系,质保体系2.0结合学校"三全育人"综合改革试点,以及"本研贯通"人才培养模式改革的要求,涉及影响本科教育、研究生教育(含硕士研究生和博士研究生)质量的关键因素和关键环节,涵盖"教育质量目标和管理职责""教育资源建设与管理""人才培养过程管理""监控分析和改进""质量文化"等五个方面,以切实保证和提高本科教育和研究生教育质量和水平,并在全国高校中发挥示范引领作用。

(王伊质)

【CIQA组织开展成立一周年系列活动】 值全国高校质量保障机构联盟(CIQA)成立一周年之际,CIQA聚焦疫情防控背景下的线上教学及质量保障,分别于6月20日、27日和7月11日组织开展以线上教学的督导、评价和监测为专题的三场线上研讨会,并于7月25日举办主题论坛活动,邀请专家作主题报告,并围绕"线上教学推动教学创新""从质量控制走向质量文化""三全育人与课程思政建设"等分论坛专题进行深入研讨。

(王伊质)

思想政治教育

【概况】 2020年,党委学生工作部、研究生工作部以习近平新时代中国特色社会主义思想为指导,深入学习贯彻落实党的十九大和十九届二中、三中、四中、五中全会精神,在校党委的领导下,坚持以立德树人为根本任务,从统筹"两个百年""两个大局""两个大计"的政治高度,贡献教育强国建设和高质量教育体系建设,紧扣构建新时代思想政治工作体系这一主题主线,以"三全育人"综合改革试点和党建示范高校建设——"两个核心要务"为牵引,坚决打赢校园疫情防控攻坚战,统筹疫情防控、安全稳定、日常工作"三大重点",以坚持立德树人形成新境界、坚持不断提升思想政治工作质量实现新示范、坚持推进思政工作有机融入学校教育教学各方面各环节规划新路径、坚持守正创新推动思想政治工作供给侧改革汇聚新动能——"四个坚持"为举措。学校学生疫情防控工作组织有力、安排有序,思想政治工作在迎变局、观全局中不断育新机、开新局。

有序推进学生防疫返校工作。全过程管理和监测学生返校,顺利迎接3.9万余人次安全返校复学。安排1832名学生入住迎宾馆,组织47批次、1932人次学生开展核酸和抗体检测。讲好战疫"思政大课",举行校领导与学生视频交流会。组织线上开学防疫第一课,打造"同心战疫"系列慕课等,累计吸引全国各地约200万人次在线听课。《同济大学发挥"人工智能"学科优势 有力保障返校复学工作》工作简报被教育部专题报道。《同心战"疫","疫"后比心》工作案例荣获全国易班2020迎新优秀工作案例。交通运输与工程学院博士生马明杰"让青春在家乡战'疫',一线绽放绚丽之花"的抗疫事迹获得《新闻联播》报道,并荣获上海市大学生年度人物、中国大学生年度人物提名奖。

扎实推进"三全育人"综合改革试点全面提升。"三全育人"综合改革试点工作聚焦“全面提升”，召开阶段性工作交流会议，校领导在全国“三全育人”综合改革试点高校工作推进会、上海高校宣传德育工作会议上介绍同济经验和品牌示范成效；举办“三全育人”主题创新论坛，完成首批试点学院和试点项目答辩评审；启动第二批学院综合改革试点工作，6个单位获批“三全育人”综合改革第二批试点学院，3个单位获批“三全育人”综合改革第二批试点项目；聚焦“三全育人”出版一系列标志性研究成果，如《塑体铸魂—时代新人成长之路》（人民出版社）、《同济大学“三全育人”综合改革试点工作案例选编》（同济大学出版社）、《土木芳华—上海建筑故事》（上海教育出版社）等专著。

纵深推进一站式社区协同育人。形成校领导、职能部门、知名教授、知名学者进驻学生社区的长效化机制，将育人力量和育人资源压实到学生日常学习生活的第一线。全面推行驻楼导师工作站建设，实现22个本科生社区全覆盖，2020年共选派驻楼导师262人，其中，校领导18人，学院领导班子成员54人。驻楼导师中，具有高级职称者207人。《同济大学创新提升学生社区育人功能》工作简报被教育部专题报道。

加强队伍建设，落实思想政治工作体系要求。14名辅导员入选“思政工作队伍攻读非全日制学术型博士学位专项计划”。张桁嘉获评“全国高校辅导员年度人物”，刘佳煊获得上海市辅导员职业技能大赛一等奖，彭婧获评“上海高校辅导员年度人物”提名奖和上海市辅导员职业技能大赛三等奖，4位学生就业工作者获得“上海高校毕业生就业工作优秀工作者”，心理健康教育与咨询中心获评“上海学校心理抗疫先进集体”。获批上海市课题8项，上海教育科学研究哲社一般项目4项，上海市阳光计划1项，出版思想政治教育专著3部。建立思政工作创新发展研究中心，设立7大研究专题，组建7个辅导员专项研究团队，投入20.2万元支持41个思政基金课题。

全方位满足学业发展需求。打造“校－院－社区”三级阵地，组建“专业导师－成长导师－发展导师－朋辈导师”四支队伍，形成“学业困难预警－学业能力提升－能力拓展助跑－优良学风助推”四大工程，累计举办学业帮扶活动477场，覆盖学生24000余人次，邀请114名专业教师和358名学长学姐参与学业辅导。“同济学协”B站网络课程学习包总浏览量超过25400人次，本科生不及格学分超15学分者同比下降18.14%。

不断夯实新时代学生党建。打造学生党建慕课平台，包含“学‘四史’守初心 担使命”等3大课程板块，上线65节精品课程。完善入党教育在线培训平台，开放入党启蒙教育12学时和入党积极分子40学时在线培训。发挥学生支部书记联合会的引领作用，开展学生党支部书记培训和论坛。分赴全国8地寻访同济烈士事迹，组织4800余名学生参与“网上重走长征路”线上答题，推进“四史”学习教育入耳入脑入心。

研究生思政建机制、树典范、厚基础。建立研究生思政工作领导体制与工作机制，印发《同济大学关于进一步提升研究生思想政治教育质量的意见》《同济大学研究生班主任工作职责若干规定》《同济大学研究生辅导员工作职责若干规定》。开展首届“卓越”研究生导学团队评选活动，共产生10支“卓越”研究生导学团队标兵、10支“卓越”研究生导学团队。全覆盖组织研究生导师开展“学生心理健康教育”专题培训，编写《同济大学研究生心理健康工作导师协助手册》，强化导师育人功能多方位发挥。开展“博思论坛”项目建设，孵化支持67个项目开展。

不断丰富主题教育载体平台。下发《学生主题教育活动指导意见》《学生班级建设活动指导意见》。开展“小我融入大我，青春献给祖国”主题报告会及“同舟领航 追求卓越”优秀大学生报告会，共计14万余人次观看。设置班级活动专项经费65万元，支持本科生、研究生班级开展“五育”建设；注重班风、学风引导，评选出“优良学风班”38个、“优良学风标兵班”10个；举办“五育并举，知行合一”新生班长论坛，覆盖2020级新生班长300余人，编纂《同济大学第七届班长论坛优秀案例集》。

培养并输送优秀学子服务国家战略。进一步纵深推进毕业生“就业引导工程”，做细、做实学生就业引导“青松计划”，主动对接、服务国家战略需求，引导、鼓励毕业生赴“重点地区、重大工程、重大项目、重要领域”就业，在2020年同济大学“扬帆奖”评选和表彰工作中，共有153名赴重点领域就业创业毕业生获奖。在2020届毕业生中，2人自愿选择赴西藏自治区的基层服务；200人被录取为各省（自治区、直辖市）选调生，报名和录取人数均呈逐年增长趋势；学校持续开展大学生赴国际组织实习任职工作，7人获得赴国际组织实习的录用通知。

着力实现疫情期间保证充分就业基础上的高质量就业。举办各类线上线下生涯教育活动33场，覆盖学生超4000人次；开设3门通识教育选修课，共10个班级，超过500人次学生选修；一对一职业咨询服务学生181人次，累计服务时长179小时；开展“手牵手”常项就业助力计划和“抗击疫情专项就业援助计划”，排摸各学院重点学生454人，立项帮扶就业困难学生41人，开展不同主题就业帮扶活动共10场；面向2020届毕业生共举办543场线上线下校园招聘宣讲会，参会单位898家，服务学生超过12000人次；举办“春季招聘月”“实习招聘会暨夏季综合招聘会”“秋季综合招聘会”“学院专场招聘会”“学科大类专场招聘会”等大型空中双选会6场，参会单位超过800家。截至2020年12月21日，2020届毕业生毕业去向落实率达97.49%。

精心做好精准资助育人工作。全年共计发放各类奖助学金、困难补贴等2.1亿余元，覆盖84344人次。提高资助育人工作实效，共完成5295名助学成才服务对象的精准认定和帮扶；2020年助学金和专项困难补助资助总额2403.78万元，较上一年度增幅4.13%；勤工助学岗位覆盖2594人次，较上一年度增幅14.8%。完成3374名本科助学成才服务对象评审工作，共计发放国家助学金832.2万元。发放2020级本科新生临时困难补助462人，共计72.9万元。发放校级临时困难补助11人，共计2.8万元。进一步制定和修正相关学生管理制度，配合校办完成"依法治校示范校"申报工作。举办"擎济工程"助力学生成长成才，共开展身心健康、高雅艺术鉴赏、国际交流指导、企业参访等各类活动10余场，服务学生近3000人次。织密安全网络，全力保障校园安全与突发事件应急响应。高度重视大学生安全教育工作，注重强化责任，开展定期不定期相结合的安全教育与宣传。开展主题知识竞赛、征文演讲等活动，充分运用微信公众号、视频号等新媒体平台开展宣传教育，重点推动开展"新生第一课"、本科新生安全教育课程全覆盖、校级突发事件重点学生档案建设等工作。

构建全方位心理服务网络。学校于1月29日率先推出上海市教育系统面向全国的心理援助平台，参加"教育部—华中师范大学心理援助热线平台"的心理援助服务工作。共为1171名来访学生提供6188次咨询服务。邀请专家开展专业督导工作40余场；重新审核并选拔兼职咨询师31人，并制定管理条例加强队伍管理；组织召开心理辅导员工作会议和专题培训4场，动员全员参加教育部"心理危机预防干预"网络培训；在新生班级遴选心理委员146人并开展专题培训；开展心理健康教育主题文化月活动；对研究生导师工作队伍开展"既做学术训导人，更做人生领路人"心理教育讲座10余讲；针对全校新生开展心理健康普测与教育讲座20余场；针对学生家长编写《家长寄语：孩子进了大学，我们父母还能做什么?》；组织开展线下发展性心理团体10个；完成"生命的省思"课程建设；出版《深夜树洞——大学生与心理咨询师的书信对话》一书；完成学校心理咨询管理信息系统的开发和调试。

将实践育人与劳动教育相结合。完成《"三全育人"综合改革试点背景下同济大学实践育人体系和工作模式》研究报告。连续两年入选上海市大学生文创实践基地，实践育人模式研究项目获同济大学教学成果奖一等奖。与同济创新创业控股有限公司签订《实践育人平台共建协议》，落实学生实习实践岗位289个。联合资产处、后勤集团，在各校区23个垃圾分类收集点和21个食堂餐具回收点，设立"垃圾分类"和"节约粮食"劳动实践岗位。

做好新形势下网络思政队伍和内容建设。获得上海大学生网络文化节和上海高校网络教育优秀作品推选展示活动"优秀组织奖"。开展网络舆情监控、思想动态调研、网络信息报送、网络素养教育等工作。持续开展网络辅导员培养培训，推荐陈城、赵盈、张桁嘉等12名辅导员入选"同济大学网络育人名师培育计划"；培育辅导员刘博、徐剑为市级核心网评员，曹卢、万一豪、李博等6人为教委级网评员。开展"同济大学生"微信公众号建设，公众号粉丝数达到48324，较去年底增长7.72%。

做深做实少数民族学生育人服务工作。一是线上线下开展思政第一课、新生入党启蒙教育、爱国主义教育、疫情安全教育等活动，丰富少数民族学生主题教育。二是开展万里大家访工作，组织"同贺新春 济暖心房"寒假家访和"济情沪疆 同心防疫"暑期家访，实地走访与线上联络相结合，与78名新疆、西藏籍少数民族学生家庭深入交流，了解学生家庭需求和实际困难。三是在两校区举行民族风采嘉年华系列活动。四是将解决思想问题与解决实际问题相结合，开展"学业、生活、就业、心理"四维精准帮扶。

加强跨校区师生互动，不断丰富嘉定校区学生工作品牌和载体。开展主题调研3场，座谈会10场，沙龙5场，撰写"2020年嘉定校区学生工作专题调研报告"。继续深入运行"以块统筹、条线延伸"的嘉定校区学生工作机制，开展跨校区学生活动，扎实推进"嘉园"主题文化活动体系，打造铸魂领航工程、先锋引领工程、研习赋能工程、浸润文化工程，擦亮校区特色品牌，构筑载体平台，组织各类二课堂活动20余场，参与人次超过5000人次。推进嘉定校区"一站式"学生社区协同育人中心建设，加强校区辅导员队伍和学生骨干队伍培训，开展辅导员主题沙龙6次，案例分析讨论3次，团建活动1次。

（徐瀚阳）

【举办学生思政工作创新论坛】 1月14日，举办同济大学2020年学生思政工作创新论坛，论坛主题"创思政工作新局面，谱'三全育人'新篇章"。会上，"同济大学思政工作创新发展研究中心"宣布成立。旨在打造集思政理论研究、决策咨询、思政课程建设、辅导员队伍研修等功能于一体的综合型"思政研究中心"。

（徐瀚阳）

【上线同济大学学生每日健康上报平台】 1月28日，学校上线同济大学学生每日健康上报平台，开放《新型冠状病毒疫情防控个人基础情况调查表》和《新冠病毒疫情防控个人日报》问卷，完成疫情防控期间同济大学全校学生动态信息"日报送"工作。构建"三类一六纵一六横"的数据统计模型，建立108个数据分类管控通道，积极采用大数据手段，实现数据点对点收集，做到36000余名全日制学生全覆盖，每24小时上报一次，确保全过程把控疫情状态下学生的动态轨迹。

（徐瀚阳）

【开通面向全国的抗疫心理援助热线和公众号在线树洞回复功能】 1月29日，推出面向全国的心理援助平台，并被中国心理学会心理咨询注册系统(CPS)评为"专业可靠的中国心理热线"。学校获评"上海学校心理防疫抗疫先进集体"。

（徐瀚阳）

【通过网络视频连线身在湖北的师生】 2月7日，党委书记方守恩、校长陈杰等校领导通过网络视频连线，向身在湖北的同济师生表示慰问。

（徐瀚阳）

【新冠肺炎防控第一课空中开讲】 3月3日，方守恩、附属东方医院院长刘中民、附属精神卫生中心（筹）院长赵旭东分别围绕“同济人要带着责任与担当砥砺前行”“从新冠肺炎防控到灾难医学体系建设”“在灾难中学习和成长——疫情期间的心理调适”三个主题为全体同济学子在线授课，近80万人次在线听课。

（徐瀚阳）

【爱国主义教育大课举行】 3月31日下午，陈杰以“青春逢盛世，奋斗正当时——做爱国主义精神的坚定弘扬者和践行者”为题，为全校学生直播讲授爱国主义教育大课，共计52万余人次进入直播间观看学习。

（徐瀚阳）

【举行学生返校模拟演练】 4月26日，学校在四平路校区举行学生返校模拟演练。方守恩、陈杰等校领导检查了学生返校专用通道、学生社区、食堂、实验室等返校各环节中疫情防控措施的具体落实情况，指导返校工作方案进行进一步完善。

（徐瀚阳）

【开展以“战‘疫’中成长——我的‘云端’心情故事”为主题的年度心理健康宣传月活动】 5月，开展年度心理健康宣传月活动。学校选送作品《再迟到的春天终将到来》获上海学校心理健康教育活动月优秀“云端”心理故事一等奖。

（徐瀚阳）

【《深夜树洞——大学生与心理咨询师的书信对话》出版】 6月，《深夜树洞——大学生与心理咨询师的书信对话》出版发行。

（徐瀚阳）

【校领导参加“形势与政策”课程教学】 6月2日，围绕“立德树人”专题设计“大学生理想信念教育”“社会主义核心价值观教育”两个课程内容，校领导伍江、吴志强、徐建平、吕培明、吴广明、顾祥林、方平、冯身洪、雷星晖、陈义汉与马克思主义学院教师、辅导员一起，为2019级和2018级学生授“形势与政策”课。

（徐瀚阳）

【“云端”开讲毕业思政大课】 6月16日，方守恩“云端”开讲毕业思政大课，以《绽放青春正能量，凝聚报国大担当》为题，勉励即将启航的同济毕业学子。共有12.4万人次通过学校官方B站、抖音、快手、微博等多个直播平台听课。

（徐瀚阳）

【举办同济大学就业实习空中双选会暨2020届毕业生夏季招聘会】 6月18—20日，举办“同济大学就业实习空中双选会暨2020届毕业生夏季招聘会”。

（徐瀚阳）

【新任辅导员岗前集中培训开展】 7月10至14日，开展新任辅导员岗前集中培训和入职仪式，徐建平出席仪式并致辞。

（徐瀚阳）

【第一批“三全育人”综合改革试点工作进入验收程序】 7月15日，召开“三全育人”综合改革试点工作验收推进会，徐建平及党办、校办、组织部、宣传部、人事处、本科生院、学（研）工部、团委、后勤集团、新生院等部门相关负责人参会。

（徐瀚阳）

【开发上线“同济学生服务站”学生事务综合管理系统】 8月22日，开发上线“同济学生服务站”学生事务综合管理系统，系统集学生端微信小程序、教师端后台管理平台和一系列智能硬件终端于一体，能实现对学生单日风险和30日综合风险的智能研判，确保疫情防控常态化下对学生风险点的智能管控。

（徐瀚阳）

【2020年新生第一课举行】 9月8日、9日，2020年新生第一课在同济大学官方B站直播平台举行，徐建平、副校长雷星晖及上海国际知识产权学院、党委学（研）工部、校团委、校医院相关老师和校区民警为新生们“云端”开讲。主讲嘉宾分别从思想政治教育、校史校情、学术道德与学术诚信、疫情防控、大学新生心理适应、纪律与规矩意识、大学生社团与团学活动、新生入学防诈骗专题等多方面为2020级新生带来“入学第一课”，共计6.8万人次收看了线上直播并参与互动。

（徐瀚阳）

【“同济嘉定大学生”公众号投入运营】 10月，“同济嘉定大学生”公众号开通。

（徐瀚阳）

【举行第十一届民族风采嘉年华闭幕式】 11月12日，“我和我的祖国 献礼建党百年”同济大学第十一届民族风采嘉年华闭幕式在嘉定校区举行，上海市民族和宗教事务局干部卢大海、新疆驻上海市教育协调工作组副组长王文虹及我校统战部、学（研）工部、嘉定校区管委办等相关职能部门负责人和沪上兄弟院校代表来到活动现场，与各族师生共庆民族风采嘉年华。

（徐瀚阳）

【“擎济工程”开班仪式暨“以体之强健，济国之盛年”健康促进工程启动仪式举行】 11月22日，同济大学2020年“擎济工程”开班仪式暨“以体之强健，济国之盛年”健康促进工程启动仪式在嘉定校区体育馆举行，徐建平出席开班仪式。“擎济工程”项目涵盖十二大能力提升专项计划。

（徐瀚阳）

【“同舟领航追求卓越”优秀大学生报告会举行】 11月24日，同济大学2020年“同舟领航追求卓越”优秀大学生报告会在四平路校区大礼堂举行，徐建平、校长助理彭震伟出席。

（徐瀚阳）

【获评上海高校心理健康教育与咨询示范中心建设项目】 12月，学校获评新一轮上海高校心理健康教育与咨询示范中心建设项目（2021—2025）。

（徐瀚阳）

**【嘉定校区学生成长中心改造工程完

成】 12月,嘉定校区"学生成长中心"改造完成,打造成学业辅导、就业招聘、心理辅导等多功能为一体的学生活动空间。

(徐瀚阳)

学位授予

【概况】 学校授予博士学位905名,其中:学术学位819名,专业学位86名。专业学位中,临床医学79名,工程6名,口腔医学1名。

(谢永生、贾利苹)

授予硕士学位5249名,其中:学术学位1923名,专业学位3326名。专业学位中:工程1575名,法律154名,汉语国际教育57名,建筑学194名,城市规划8名,风景园林24名,临床医学166名,口腔医学6名,护理52名,金融50名,会计67名,工商管理650名,高级管理人员工商管理42名,公共管理123名,工程管理62名,教育32名,艺术64名。

(谢永生、李霞)

就业工作

【概况】 学校坚持社会主义办学方向,落实立德树人根本任务,从确保2020年就业工作大局稳定出发,以服务国家发展需求为导向,以"双一流"建设为引领,以服务地方经济建设为主线,持续向社会输送具有"通识基础、专业素质、创新思维、实践能力、全球视野和社会责任"的社会栋梁与专业精英。

同济大学2020届各学历层次毕业生共计9384人,其中,博士毕业生687人,硕士毕业生4859人,本科毕业生3838人;全日制毕业生7843人,非全日制1541人。截至2020年12月21日,2020届毕业生毕业去向落实率达97.49%。学校进一步纵深推进毕业生"就业引导工程",做细、做实学生就业引导"青松计划",主动对接、服务国家战略需求,引导、鼓励毕业生赴"重点地区、重大工程、重大项目、重要领域"就业,在2020年同济大学"扬帆奖"评选和表彰工作中,共有153名赴重点领域就业创业毕业生获奖。在2020届毕业生中,2人自愿选择赴西藏自治区的基层服务;200人被录取为各省(自治区、直辖市)选调生,报名和录取人数均呈逐年增长趋势;学校持续开展大学生赴国际组织实习任职工作,7人获得赴国际组织实习任职的录用通知。

校园招聘方面,面向2020届毕业生共举办543场线上线下校园招聘宣讲会,参会单位898家,服务学生超过12000人次;举办"春季招聘月""实习招聘会暨夏季综合招聘会""秋季综合招聘会""学院专场招聘会""学科大类专场招聘会"等大型空中双选会6场,参会单位超过800家。截至2020年8月31日,同济大学学生就业信息网上面向2020届毕业生发布的全职招聘岗位14934个,总需求28.7万个。

生涯教育方面,学校将生涯教育与价值引领教育相结合,进一步完善分类分层的职业生涯教育体系,并打通生涯教育的线上渠道,实现所有生涯教育形式线上化。通过"优秀毕业生展示""生涯访谈录""新生生涯规划手册""新生生涯规划视频"等生涯教育资料电子化,实现多层次、多维度的全覆盖宣传;开展"行・择・济"生涯教育周活动及"简历门诊""求职技能提升训练营""职业生涯提升训练营""青松计划"体验营、"扬帆成长营""名企高管话生涯""群面模拟训练营"等各类线上线下生涯教育活动33场,覆盖学生超4000人次;开设3门通识教育选修课,共10个班级,超过500人次学生选修;一对一职业咨询服务学生181人次,累计服务时长179小时;开展"手牵手"常项就业助力计划和"抗击疫情专项就业援助计划",排摸各学院重点学生454人,立项帮扶就业困难学生41人,开展不同主题就业帮扶活动共10场;通过举办培训和督导活动等形式的各类校级师资培训2场,服务就业工作教师队伍超过50人次,促进队伍培养精细化;依托就业信息化建设基础,完成自主分析与撰写就业系列报告5册,字数累计近40万字。

(马阳平)

【全面启动疫情防控常态化形势下就业工作方案】 2月初,学校快速制定并启动疫情防控期间学生就业工作预案,发布《关于学生就业指导中心线下业务暂停办理的通知》《同济大学学生就业指导中心致用人单位的一封信》《同济学生就业相关重要通知(学生版)》《关于做好疫情防控期间2020届毕业生就业工作的通知(学院版)》等工作通知,完成2020届毕业生就业进展情况调研,并及时上报2020届湖北籍毕业生就业情况;陆续上线通识教育课、在线职业测评、线上职业咨询、生涯音频课、线上直播课、简历辅导等系列品牌活动,为学生提供一对一简历辅导及职业咨询。

(马阳平)

【召开疫情防控形势下同济大学学生就业工作推进会】 3月12日,学校在校内云视频会议平台举行疫情防控形势下同济大学学生就业工作推进会,并在四平路校区学业指导与发展中心设主会场。校党委副书记徐建平、上海市教育委员会学生处副处长吴能武出席会议,校长助理、校党委学研工部部长刘润主持会议。学校本科生院、研究生院、武装部、团委、保卫处、学生就业指导中心等相关部门负责人，以及各学院学生就业工作分管领导和负责人参会。

（马阳平）

【同济大学被选定为高校毕业生就业状况布点监测高校】 4月1日，同济大学被选定为全国100所高校毕业生就业状况布点监测高校之一。学生就业指导中心在校内云视频会议平台召开同济大学毕业生就业状况布点监测工作专题会，部分学院学生就业工作负责人及就业专职辅导员等近60名老师参会，校党委副书记徐建平出席并讲话。

（马阳平）

【推进教育部24365校园招聘服务平台】 4月19日，学校通过网站、公众号、微信群等落实教育部24365校园招聘服务平台的宣传工作，设立教育部24365就业公益直播课同济分会场；“同济就业”微信公众平台开设教育部24365招聘信息专区。

（马阳平）

【同济大学与长江大学签订毕业生就业创业工作“一帮一行动”合作协议】 4月23日，同济大学与长江大学通过视频会议形式，举行两校毕业生就业创业工作“一帮一”行动合作签约仪式。同济大学党委副书记徐建平，校长助理、党委学研工部部长刘润，长江大学党委常委、副校长周思柱，学生工作部部长、就业中心主任徐波，以及同济大学本科生院、创新创业学院、上海同济创新创业控股有限公司、学生就业指导中心负责人，长江大学教务处负责人和两校就业部门人员参会。

（马阳平）

【出台《同济大学“扬帆奖”评选办法》】 5月14日，学生就业指导中心出台校级文件《同济大学“扬帆奖”评选办法》（同济学〔2020〕8号）。

（马阳平）

【举办首届“基层就业毕业生”论坛周】 5月25—30日，学校以在线方式成功举办同济大学2020年“家国正年华，扬帆奋斗时——基层就业毕业生”论坛周。中共四川省委组织部公务员二处处长杨瑛，中共福建省委人才办主任、组织部人才工作处处长陈兆勋，同济大学党委副书记徐建平，校长助理、党委学研工部部长刘润，校组织部、对外联络与发展办公室、学生就业指导中心等部门负责人，各地基层就业校友、2020届毕业生、在校生共同参加开幕式。论坛周分别面向基层就业校友、2020届拟录用选调生/公务员毕业生和2021届“扬帆成长营”营员，邀请校内外专家名师，开展专题讲座、技能培训、政策解读及经验分享沙龙等十余场活动，累计近2000人次参与。

（马阳平）

【召开同济大学2020届毕业生就业工作“冲刺行动”部署会议】 5月28日，同济大学2020届毕业生就业工作“冲刺行动”部署会议在四平路校区逸夫楼一楼报告厅举行。会议通过线下主会场和线上视频连线的形式同步举行。校党委副书记徐建平，校长助理、党委学研工部部长刘润出席会议。学校相关职能部门负责人、各学院学生就业工作分管领导到场参会。各学院就业工作负责老师，毕业班班主任、毕业年级辅导员、毕业研究生导师等近500人通过视频连线方式参加会议。

（马阳平）

【举办同济大学2020届毕业典礼】 7月1日，以“使命为帆，破浪远航”为主题的同济大学2020届毕业典礼在四平路校区一·二九运动场隆重举行，现场参加典礼的有3300余名毕业生，同时6500余名毕业生在“云端”参加典礼。校领导方守恩、陈杰、伍江、蒋昌俊、吴志强、徐建平、吕培明、吴广明、顾祥林、方平、冯身洪、雷星晖、陈义汉等出席毕业典礼，依次为现场出席典礼的毕业生发放毕业生纪念卷轴并为他们拨穗。线上参加毕业典礼的毕业生，由家中长辈代为拨穗。

（马阳平）

【校领导线上慰问江西等地选调生】 8月9—12日，校党委副书记徐建平通过线上视频会议形式慰问江西省、湖南省、云南省、广西壮族自治区等地在基层工作的选调生，线上会见云南省、广西壮族自治区组织部相关领导以及选调生培养职能部门负责人，并与各地历届选调生代表开展座谈交流。

（马阳平）

【教育部教师工作司来同济大学调研】 8月17日，教育部教师工作司司长任友群一行来同济大学调研毕业生就业创业工作，上海市教委副主任倪闽景参加调研活动。

（马阳平）

【召开同济大学2021届毕业生就业工作启动会】 9月27日，同济大学召开2021届毕业生就业工作启动会。校党委副书记徐建平，上海市学生事务中心党总支书记、主任傅欣出席会议，校院两级就业工作人员，毕业班班主任、辅导员在线上线下会场参会。

（马阳平）

【沪上高校首份2021届毕业生就业协议书签约】 10月12日，同济大学土木工程学院2021届硕士毕业生李翀，中南建筑设计院股份有限公司党委组织部、人力资源部副部长曾诚在中南建筑设计院股份有限公司签署编号为0000001号的2021届《上海高校毕业生、毕业研究生就业协议书》。中南建筑设计院股份有限公司党委副书记、总经理杨剑华，科研管理部副部长（主持工作）郑瑾，同济大学学生就业指导中心主任方雅静，土木工程学院党委副书记严长征等出席签约仪式。

（马阳平）

【校领导赴四川看望慰问在川工作选调生】 10月14日，校党委副书记徐建平一行赴四川看望慰问在川工作选调生，并召开在川选调生代表交流座谈会。四川省委党建办副主任程文茂主持会议，四川省委组织部干部队伍建设规划办主任李富慧、公务员二处副处长干伟，以及校党委学研工部和四川校友会相关负责人等出席座谈会。

（马阳平）

【校领导赴西藏自治区慰问学校在基层工作的选调生】 10月15—16日，校党委副书记徐建平赴西藏自治区拉萨、日喀则等地看望慰问学校在基层工作的毕业生，并召开同济大学历届西藏专招生座谈交流会。徐建平分别与西藏自治区党委常委、组织部部长陈永奇，组织部副部长周韬，组织部人才工作处处长倪云鸽，日喀则市委常委、宣传部部长戎新龙，市委组织部副部长、老干局局长米玛，市委组织部副部长、市委编办主任曾义等会面交流。学研工部有关负责人参加。

（马阳平）

【举办2021届毕业生校园系列综合招聘会】 2020年10月16—27日，学校在四平路校区和嘉定校区面向2021届毕业生举办系列大型综合招聘会，共计599家用人单位进驻现场招聘，除涵盖土建、机械、交通、汽车、教育、金融、生物、医疗等行业外，还有部分单位来自互联网、大数据、人工智能等新兴行业。

（马阳平）

【举办"福建人才周"系列活动】 10月27日下午，福建省2021届规划建设类引进生政策宣讲会在四平路校区经纬楼三楼演讲厅举办，校党委常委、组织部部长黄翔峰到会致辞。会后，超过百名2021届毕业生与福建省住建系统18家企事业单位进行了咨询与交流。

（马阳平）

【举办第二届联合国机构宣讲咨询活动】 10月25—31日，受国家留学基金管理委员会委托，同济大学研究生院和学生就业指导中心组织在校学生参加第二届联合国机构宣讲咨询活动，本次活动分为宣讲咨询公开课和技能培训集体观看课两个部分，超过30名有志于赴国际组织实习任职、外国语水平优秀的本、硕、博学生报名参与。

（马阳平）

【举办"校园苏州日"活动】 11月3日，苏州市来校举办"校园苏州日"，开展苏州创新创业环境推介会、毕业生专场招聘会、技联高校产学研合作对接会和"青筑梦"苏作文化巡展等系列活动。同济大学党委副书记徐建平会见了出席活动的苏州市副市长陆春云一行，双方在毕业生就业、产学研合作、社会实践等方面开展了深入交流。会后进行了毕业生专场招聘会，共提供2533个优质岗位。

（马阳平）

【江西省来校举行2021年定向同济大学选调应届优秀毕业生宣讲会】 11月1日上午，江西省委组织部副部长、省人大常委会选任联工委主任徐忠，江西省委组织部二级巡视员李敏芳带队到校宣讲2021年江西省选调生政策。校党委副书记徐建平与江西省委组织部一行进行了会见，就近年来选调生招录工作、人才培养等方面交换了意见。

（马阳平）

【参加2021届全国普通高校毕业生就业创业工作网络视频会议】 12月1日，教育部、人力资源社会保障部在京召开2021届全国普通高校毕业生就业创业工作网络视频会议，深入学习贯彻党的十九届五中全会精神，部署做好2021届高校毕业生就业工作。教育部副部长翁铁慧、人力资源社会保障部副部长李忠出席会议并讲话。同济大学在四平路校区逸夫楼设立分会场，校党委副书记徐建平、副校长雷星晖、校长助理彭震伟、学校相关职能部处负责人、学生就业指导中心以及学院主要负责同志、就业负责人和全体毕业班辅导员到场参加，并认真听取会议要求。会议前，上海市教委召开2020年秋季上海高校毕业生就业工作推进会，上海市教委学生处处长丁良通报了2020届高校毕业生就业创业工作的整体情况和工作举措。

（马阳平）

【校领导参加"2021届全国普通高校毕业生就业创业促进行动"对接大会启动仪式及系列活动】 12月2日，"2021届全国普通高校毕业生就业创业促进行动"对接大会启动仪式及系列活动在湖北武汉举行。校党委副书记徐建平出席相关活动，并在全国高校与湖北高校毕业生就业创业"一帮一"行动工作座谈会上作交流发言。活动期间，徐建平赴长江大学武汉校区进行实地考察交流，与长江大学党委副书记王建平就深入推进两校下一阶段就业帮扶工作交换了意见。

（马阳平）

【同济大学与中建八局签订人才输送工作合作协议】 12月15日，中国建筑第八工程局有限公司与同济大学"人才输送工作合作协议签约暨职涯规划研习营开营仪式"在四平路校区举行。中建八局党委副书记、工会主席于金伟，中建八局助理总经理、工程研究院院长张晓勇，中建八局人力资源部总经理、干部人事部部长惠乐怡，中建八局科技部总经理叶现楼，校党委副书记徐建平，校党委学研工部副部长（主持工作）徐迅，土木工程学院党委副书记严长征等出席签约仪式，中建八局人力资源部、科技部、工程管理部，校学生就业指导中心等相关人员，以及首期"中建八局职涯规划研习营"导师、营员参加签约仪式。

（马阳平）

【山西省太原市来校召开人才引进座谈会】 12月16日，山西省太原市宣介工作组在同济大学召开座谈会。太原市委常委、组织部部长赵忠保，同济大学党委副书记徐建平出席座谈会。太原市委组织部、市人社局、团市委、市人才办、校党委学研工部等相关部门参加及同济大学应届毕业生代表50余人参与座谈。

（马阳平）

【山西省委组织部部长曲孝丽来校调研】 12月18日，山西省委常委、组织部部长曲孝丽一行来同济大学调研，进一步推进省校合作。校党委书记方守恩、党委副书记徐建平会见了曲孝丽一行，双方进行了座谈交流。12月19日上午，山西省人才引进暨选调生政策宣介会在同济大学建筑设计研究院（集团）有限公司报告厅举行，曲孝丽作了题为"逐梦新时代　共建新山西"的主旨演讲。

（马阳平）

留学生教育

【概况】 2020年，学校国际学生总数3449人(其中本科生1116人，硕士研究生955人，博士研究生231人，预科生298人，汉语言生206人，普通进修生640人，高级进修生3人)。国际学生生源国分布面广。2020年度国际学生来自162个国家和地区。

(刘淑琳)

【留学生招生】 受新冠疫情影响，2020年国际学生招生面临巨大挑战。为最大限度降低新冠疫情对国际学生招生工作的影响，留学生办公室积极应对，采取一系列有效措施将生源损失降到最低。

拓展宣传渠道，扩大宣传。3月至12月，留学生办公室联合各专业学院组织召开二十余场在线宣讲会，借助教育部中外语言合作交流中心、来华留学服务中心、马来西亚华校董事会联合会总会、亚洲建筑师协会等平台在线开展学校国际学生招生系列宣讲；进一步拓展与东南亚国家院校合作，吸引优质生源；开展“同济大学国际学生全球宣传大使”活动，根据各国各地区防疫要求，合理转化活动模式，线上线下宣讲有效结合；拍摄同济大学国际学生“云游校园”视频(VLOG)，通过视频“云游”同济校园，让有意向申请同济的国际学生对同济校园有更直观、深入的了解，旨在吸引更多优秀国际学生。

简化申请流程，全面实行无纸化申请。受新冠疫情影响，各大国际物流公司停止向中国境内派送信件，留学生办公室迅速调整各类招生项目申请流程，并在最短时间内完成申请系统的改造升级，全面实现无纸化申请。

开拓招生渠道，试行同济大学国际本科生高中校长直推项目。留学生办公室主动与复旦大学附属中学国际部、上海市进才中学国际部、上海市甘泉外国语中学国际部、上海外国语大学附属外国语学校国际部、上海中学国际部、天津英华国际学校、南宁华侨实验高中国际部和马来西亚兴华中学八所优质国际高中或高中国际部建立合作关系，试行校长直推制，提前锁定优秀生源。

增设国际学生奖学金，突出奖学金项目的示范作用。11月，为响应和落实国家新时代扩大改革开放政策，共同推进“一带一路”倡议，同济大学和中国银行共同冠名设立“同济大学—中国银行全球菁英奖学金”，项目瞄准欧洲优质生源，辐射“一带一路”沿线国家，招收高质量、高层次国际学生。该项奖学金的设立从学校扩大国际学生规模、提高国际学生质量要求出发，服务学校的国际化发展战略，为我国进一步扩大对外开放，吸引、培养和储备优秀人才。

(刘淑琳)

【留学生管理】 2020年春季学期在新冠疫情特殊情况下，留学生办公室积极参与学校国际学生教学安排协调工作。在学校网上授课教学总体安排中，留学生办公室对接教学主管部门协调安排国际学生具体授课形式。2020年秋季，因国内学生已全部返校，针对大部分国际学生在境外无法返回、上课时间存在时差等现实情况，留学生办公室协调设置网络授课录播、直播等具体教学安排，获得较好反响。

2020年国际学生各项工作总体形势良好，未发生重大安全、舆情舆论事件。逐步建立健全在校国际学生相关管理制度，主动构建校内多部门沟通与协同联动工作机制；修订国际学生相关办事流程，绘制办事流程图，明晰办公室引导标志，以期不断推进国际学生管理水平。

(刘淑琳)

【留学生活动】 2月，为解决国际学生口罩物资问题，境外国际学生主动发起口罩采购活动。学生通过联系当地口罩销售点，反复确认采购内容，印度尼西亚籍同济校友卢金(PRANOTO VINCENTIUS MATHEO)主动承担境外口罩邮寄物流费用，国际学生们自发组织了募捐，并在留学生办公室与相关部门沟通协助下完成采购。2020年3月1日，42盒(共2100只)境外采购的口罩抵达同济大学，共有295名校内住宿以及26名校外住宿的国际学生收到了这批捐赠的防疫物资。

4月，留学生办公室线上举办“全球抗疫”国际学生网络绘画比赛，以网络绘画的形式，通过原创作品，表现出各个国家人民命运与共，万众一心，对新冠疫情战而胜之的信心以及对全世界平安健康的美好祝愿。

5月，留学生办公室组织了29国同济学子录制视频，倾情献唱歌曲《We are the world》，在校庆之际表白同济，表达了抗击新冠疫情的信心。

11月，留学生办公室以“同济大学国际学生达人秀”(Tongji's Got Talent)为主题，组织开展了国际学生才艺比赛，旨在邀请身处世界各地的的国际学生与家人、朋友们一同拍摄短视频，积极生动地展示各自的才艺与技能。

12月，留学生办公室举办线上“国际学生颁奖典礼暨新年晚会”，宣读“同济大学校长奖学金”和“同济大学优秀留学生志愿者”获奖名单，并评选出“同济大学国际学生达人秀”优秀作品。约百余名名师生参加了此次晚会，共迎新年。

(刘淑琳)

继续教育学院/网络教育学院

【概况】 2020年继续教育学院在职教职工56人,其中学校编制职工36人,人事派遣员工17人,外聘劳务员工3人。学院设有夜大教育科、医学教育科、函授教育科、继续教育科、自学考试办公室、教务科等教学管理科室以及办公室、财务科、招生办公室、学生工作办公室、信息技术科等行政机构。同济大学现代远程教育研究所、建筑教研室为学院主要教学研究机构,共有专职教师13名。学院有教授1名,副研究员6名,副教授5名;硕士生导师7名;博士学位人员15名。

经2020年9月22日中共同济大学第十一届委员会第52次常委会议讨论决定:倪颖任同济大学网络学院与继续教育学院党委委员、书记、分党校校长(兼)。

继续教育学院成人高等教育各学习形式的本(专)科共设有29个专业。其中函授专科起点本科专业2个,函授高中起点专科专业1个;夜大高中起点本科专业4个,专科起点本科专业19个,高中起点专科专业3个。

2020年12月,学院在校生共6796人。其中:函授生共488人,其中专升本365人,高起专123人;夜大生共6308人,其中高起本90人,专升本6206人,高起专12人。

2021年3月,学院招入新生2365人,其中:函授生156人;其中专升本111人,高起专45人;夜大生2209人,其中专升本2209人。

2020年学院毕业生2148人,其中:函授150人,其中专升本112人,高起专38人;夜大1998人,其中高起本104人、专升本1807人,高起专87人。毕业生中获得学位证书的有227人,其中函授专升本5人;夜大高起本4人、夜大专升本218人。

2020高等教育自学考试设有“土木工程”和“工程管理”2个专升本专业;年度新生总数为388人;课程报考总门次数为3378门;实践课报考总门次数为74门;年度毕业生人数为8人。

2020年招收教育学一级学科成人教育学方向硕士研究生3人,在校生9人,毕业3人。

2020年设有夜大学黄浦、嘉定、静安(原闸北点)3个教学点,设有上海铁路局函授站。

2020年学院非学历培训对外合作方共9家,其中新增上海维顶教育科技有限公司、上海水树信息科技有限公司、上海适聚企业咨询管理有限公司等3家合作单位。

继续教育学院非学历培训主要设有城市建设与管理类、党政干部类、企业管理类、建筑工程类、交通工程类、装备制造类、建筑设计类、景观规划类、语言类等项目,2020年学院举办各级各类项目培训班51个班次,培训人数近5500人次。其中面向西部干部培训等帮扶项目5个班次,军转干培训班3个,学校新进教师培训200人次,高访学者培养70人。

网络教育学院无在校生。

2020年,继续教育学院深入贯彻落实习近平新时代中国特色社会主义思想,完善继续教育学院治理体系和提升治理能力,以发展高质量继续教育为目标,认真贯彻学校对继续教育学院“稳定学历教育,强化高端培训”的工作方针,坚持立德树人,优化提升学历继续教育体系,强大高端培训工作,动员与组织全体教职员工投身同济继续教育的供给侧改革和高质量转型发展。不忘初心,牢记使命,扎实做好各项工作,努力提升整体工作能力与水平。

学院完成两份学历教育年度报告《2019年度同济大学继续教育发展报告》《同济大学网络教育办学情况自查自评报告》。

2020年,学院推动实施学院转型发展战略,改革和完善学院组织结构,在保留原有科室建制的基础上,将原有多科室管理模式调整为学历教育部、高管培训部和后勤服务部三个部门,梳理各部门工作流程,细化岗位描述,制定岗位职责和绩效考核办法,提高工作效率。通过内部人员调整和稳步推进人员招聘,优化人员结构,重视员工培训,提升素质能力,加强高管培训队伍建设。

加强学院制度建设,进一步修订学院党委会会议议事规则、党政联席会议议事规则;加强学院党风廉政建设,明确班子成员分管领域的党风廉政责任;制定《同济大学继续教育学院意识形态阵地管理实施办法》;制定《同济大学继续教育学院对于投身抗疫一线学历继续教育学生的专项学业帮扶与综合奖励办法》《同济大学继续教育学院在线课程管理办法》《同济大学继续教育学院基金管理办法》;修订《同济大学继续教育学院高等学历继续教育任课教师管理规定》。

新冠肺炎疫情发生以来,学院按照学校分级防控、精准施策和“停课不停教、不停学”的要求,坚持一手抓好校园疫情防控,一手抓好线上教学、做好各级各类线下考试工作和面授教学安排。3月助力学校线上教学平台使用培训工作,承担参训工作的组织协调工作,创下连续6场专项培训近3000名教师的记录;3－4月,举办六场“从‘硬核’到智慧——疫情考验下的政府治理能力提升之道”的同舟共济E课堂直播公益培训讲座;4月举办两场“青春为祖国和人民的危难而燃烧——抗疫一线的同继人”在线主题宣讲报告会。在高质量服务师生的同时,进一步探索线上线下混合式教学模式改革,并在学历教育和高端培训中顺利实施。

2020年学历继续教育全部采用在线直播、课件学习和集中面授相结合的混合式教学模式,构建完整的线上教学工作体系同,成立线上教学领导小组和学历继续教育应对疫情教学保障小组，制订线上教学方案、计划、政策、规章、机制。

建设完成《"乡村振兴"十二谈》《BIM技术及应用》《还江于民——浦江两岸公共空间贯通工程》等3门精品课程。

《公共建筑设计原理与类型建筑设计》《当代著名建筑师与优秀建筑作品赏析》两门视频精品课程开展线上教学，共97个视频，1206分钟，两门课程上线以来，选修人数达46340人次。

完成近40门高端培训直播课程录制，60多门学历继续教育在线直播课程录制。

出版适用于成人教育的专业教学教材《图说山地建筑设计》《城市规划设计分析方法》2本，其中《图说山地建筑设计》2020年同济大学优秀教材三等奖。

"实践引领、多措并举—继续教育建筑学专业人才培养质量提升的教学改革与实践"获评2020年同济大学教学成果三等奖。

综合服务平台整体功能开发初步完成。该平台集继续教育学习和教学管理于一体，有教学、学习、管理、测评、资源、质量保障、服务等功能，应用于学历继续教育、高端培训等业务发展，面向所有师生，支持各种终端设备，并与学校统一身份认证、学生收费、学生网上缴费等系统对接，提升了学院信息化水平，推动学院的转型发展。

承担上海市终身教育学分银行高校网点管理员职责，完成了2020级学生开户和相关学分转换工作和2020届成人教育学生的成绩信息存入工作，共存入56611条成绩信息。开展高校与企业非学历培训项目学分认定项目工作，制订同济大学继续教育学院与中国铁路上海局集团有限公司上海职工培训基地非学历培训项目学分认定办法。

制定十四五规划。面临非学历培训发展落后和办学条件不足的困境，学院背靠同济大学契合社会需求的学科优势和深厚的历史积淀，围绕国家战略变化适时调整办学结构和目标。学院"十四五"时期将进一步强化组织领导，加大改革力度，聚焦资源投入，优化政策环境，谋求外部支持，践行立德树人根本任务，服务中央和地方重大战略需求，以供给侧结构性改革推进学历教育和高端培训双轮驱动发展，做大做强高端培训，做优做精学历教育。构建高质量的人才培养体系，进一步提升学校的社会影响力、服务学校的双一流建设。在未来的10—15年，通过着力构建有全球影响力的一流继续教育教学体系。

赵晓芳、胥传孝、张丽娟等被评为2019—2020年度上海市成人高校"优秀教师"。周宇芳、宫新荷、昌虹等被评为2019—2020年度上海市成人高校"优秀管理工作者"。王乔悦等被评为2019—2020年度上海市成人高校"优秀班主任"。郝子娴、邬海波等10名学生被上海市成人教育协会院校教育专业委员会评为"2020年上海市成人高校优秀学员"。其中郝子娴被评为"十佳学习标兵"。

组织开展2019年度优良学风班、优秀学生、优秀学生干部及2020届优秀毕业生评学工作，表彰了2019年度优良学风班10个，优秀学生165名、优秀学生干部54名、2020届优秀毕业生15名。

学院将成人学历教育学生党员编成党小组，发挥学生党员和学生骨干在班级建设和管理中的中坚作用，安排学生党员和班长代表座谈会入校召开座谈会，了解学生对疫情发生以来线上教学与管理的意见。完成了《基于德育大数据的继续教育大学生党建引领思想政治教育的协同融合机制研究》《同济大学基层党组织政治功能发挥研究》两项党建专项研究课题。

（周宇芳）

出国培训学院/留德预备部

【概况】 学院目前拥有14位中国籍德语教师，2位德籍教师，及4位教辅人员。

学院每年培训的学生有国家公派生、学校学士和硕士双学位项目生和来自全中国的社会生，共计约1500人次。

【教学工作】 2020年，学院完成中德学院、中德工程学院的德语培训任务，共培训学生约400人次，德语培训课程从初级、中级、高级到德福备考，同时，学院为学生进行跨文化培训和求职培训，为日后赴德留学打下语言基础和跨文化沟通基础。

学院依旧全力配合国家高等教育对外交流项目的开展，为国家留学基金委"高水平项目"的259名赴德语国家的博士奖学金生进行了行前线上语言培训，学生们均以良好的成绩通过了终期语言考试。

在德语普及推广领域，出国培训学院/留德预备部本着"服务社会"的宗旨，面向全社会开办各级别的语言培训班和德福备考班，并由留德预备部的德意志学术交流中心专家向所有赴德的中国学生开设文化培训模块课程，以总体提升学生在德国高校学习生活的适应能力。2020年共培训社会生约896人次。

在教学上，根据疫情防控要求，学院努力创新，开发网络课程。

【高校合作】 1月14至18日，学院为华东理工大学的近60名赴德交流项目生进行跨文化培训。

【中德合作/留德咨询】 学院与德意志学术交流中心（DAAD）、德福考试院（TestDaF Institut）、留德审核部（APS）及德语区国家的几所高校持续保持合作，并与同济大学外事办公室合作，为同济大学春季及秋季学期赴德语区交流学生举办德国留学注意事项讲座。

自去年 9 月起，德福考试院（g. a. s. t）首席顾问阿拉斯（Ulrike Arras）博士开始在留德预备部工作，她参与学院德福课程的同时，还为学院全体老师进行定期的德福考试培训。同时，阿拉斯博士与德意志学术交流中心驻学院外教专家共同承担学生咨询工作。

【教学研讨】 在学院"德福能力培训中心"（Kompetenzzentrum）的框架内，10 月 22 日，11 月 12 日及 12 月 23 日，阿拉斯博士为学院全体老师进行了德福考试系列培训讲座，分别就"德福考试框架及评价体系"和"2020 德福新机考"等话题及德国高校实际会使用到的语言能力与学院老师展开了互动性的讨论交流，并就未来德福考试的走向做了积极的探讨。

（曹珊）

中德学院

【概况】 中德学院有在编教职工 9 人，其中管理岗 6 人，思政岗 2 人，教辅岗 1 人；外籍长聘专家 4 人；学院另有编制在其他学院的教席教授、助理教授和讲师 38 人；德国模块化教授 34 人。

学院在读 2016－2018 级中国籍硕士研究生 148 人，2017－2020 级双学位硕士国际学生 30 名。受新冠肺炎疫情影响，2020 年度新接收国际交流生 10 名（含 2 名双学位生）。通过相关学院招收 2020 届中德项目学生 97 人。

年度新派出 15 名中国学生赴德国攻读硕士双学位，留学海外的 83% 学生已平安学成归国。

学院有 5 人次喜获省部级以上荣誉，其中 3 人荣获市级优秀毕业生（李倩雯、徐晨、袁子佳），2 人荣获国家奖学金（赵瑞涵、李博阳）。学院 97 名 2020 届毕业生 100% 就业，为川、辽、鲁等地输送选调生等基层工作人员 8 名。

学院继续深化"小核心、大外围、高层次"平台化转型成果，与德方就转型后的发展目标和任务反复协商完善，推动 2 月 26 日学校与德国学术交流中心顺利签署《关于中德学院延续与转型的协议》。学院通过中德联合创新例会等形式与汽车、机械与能源工程、电信与信息工程以及经济与管理四个学院紧密合作，12 月 22 日和汽车学院签署《关于共建中德汽车联合研发中心的合作协议》；与机械学院、电信学院和经济与管理学院就加强合作进行多轮商讨。

学院织密疫情防控网络，第一时间成立疫情防控领导小组和工作专班，大年三十召开线上办公会 4 场，通过微信群、公众号、视频会议等多形式，一天之内全速落实全院 372 名海内外、中外师生健康状况和行程轨迹。2 月 4 日即组织爱心募捐活动，募集资金用于向援鄂医护、学院在德师生和德国友人捐款和寄送防疫口罩，传递学院温暖，展现国际平台学院的责任担当。

因受疫情等因素影响，在学生无法入校学习情况下，学院开设远程教学实验课程 11 门，其中 10 门为德国教授/教师远程教学课程；此外，协助各中德中心开设德国教授远程教学课程 10 门。根据学校安排部署，5 月组织学生有序返校，教学、科研逐步回归正常。

针对德国教师因疫情影响无法来华情形，学院坚决落实"不停教、不停学"部署，及时调整教学安排、开展在线授课平台培训，确保 12 名德国知名教授和 3 名德语外教跨境跨时差云端授课零差错，教学效果良好。

学院与保时捷公司成立"汽车控制与网联自动驾驶"基金教席、与莱茵金属汽车公司成立"新型动力系统"基金教席、与拜耳等公司续签"知识产权保护"基金教席，进一步推进与重点行业龙头企业的产学研共建；同时继续巩固与李斯特、舍弗勒、英飞凌等近 15 家跨国企业的良好合作关系，举办资助企业代表会议，在人才培养和科学研究方面密切与企业的合作。年度受企业直接资助经费近百万欧元。

组织召开同济校友会中德学院分会第一届理事会第三次会议，举办 1 次校友值年返校活动，在中德两地开展聚焦智能制造行业前沿的校友论坛及就业辅导报告活动 5 场。组织校友爱心募捐活动，向在德师生和德国友人捐赠防疫口罩等物资。此外，积极开展国际校友工作，完成近 900 名国际校友的信息采集工作。

学院接受例行学校审计，全面落实经济责任审计整改各项工作，推进学院审计整改工作与学院平台化转型工作协同落实，细化整改措施共 12 条，召开 4 次党委会、5 次党政联席会、1 次全院大会，按期完成全部整改措施，并继续抓好持续跟踪落实；以审计整改为契机，进一步顺理完善学院管理制度 9 项次，推进学院治理体系和治理能力现代化建设，切实促进学院发展。

（杨瑞帆）

【召开中德学院第二十二次咨询委员会会议】 11 月 25 日，线上线下同步召开中德学院咨询委员会第二十二次会议，教育部原副部长吴启迪、副校长吴志强、德国学术交流中心秘书长吕兰特（Dorothea Rüland）、德国驻沪总领馆科教领事孔瑞超（Richard Cuntz），学校外事办、中德学院、中德汽车联合研发中心、中德机械工程中心、中德智能科学与技术研究中心和中德经济与管理研究院的负责人及资助企业、德国合作高校代表等中德嘉宾 50 余人参加会议，共商中德学院未来发展大计。

（杨瑞帆）

中德工程学院

【概况】 2020年,学院共招收机械类(中外合作办学)本科生139人,同时接收来自于德国 高校国际合作联合会(DHIK)成员高校51名校际交流生来学院学习(其中双学位生43人,非学位生8人),12人获得中国国家留学基金委奖学金资助。2017级本科生在学院完成前三学年的学习,84人前往20所德国合作高校进行第四年的课程学习,因新冠疫情影响,另有7名同学推迟至2021年春季学期赴德交流。本年度,共有28人获得德意志学术交流中心(DAAD)奖学金,2人获得巴登符腾堡州奖学金。2020年共有154名学生获得毕业证书,其中123名中国学生、31名德国学生获得双学士学位证书。

教职工总人数53人,学院专业理论和实验教学人员32人(其中1人为德籍,1人为香港籍),其中博导、教授2人,硕导、副教授13人,博士、讲师(含助理教授)4人,工程师、高级工程师13人。此外,学院教务、学工、外事和行政人员16人,科研助理5人。

1月,国内爆发新冠肺炎疫情,学院教职工以及远在海外的学院留德学子,积极响应同济大学留德校友会倡议,组织了定向捐款、募捐等活动。学院留德学子更是直接参与抗疫物资的采购与运输。

5月,学院2017级机械电子工程专业学生张轩铭,荣获2020年"同济大学追求卓越奖励基金"学生奖(本科生),也是学院第一个同济大学追求卓越奖获得者。

6月,学院参与申报同济大学教学成果奖的三个教改项目,其中课题"全过程、全方位、全员国际化工程人才培养体系探索"(冯晓牵头,王奕俊、孙娜、谢楠、马一敏参与)获得同济大学教学成果一等奖;课题"基于'教学、感识、践行'三位一体的绿色建筑通识教育模式"(庄智牵头,叶海、姚佳伟、范蕊、谢莉花参与)获得了教学成果二等奖;课题"能力驱动和导向的系统性课程创新体系和项目教学改革"(范蕊牵头,张永明、李玉明、庄智、胡惠杉参与)获得了同济大学教学成果三等奖。

7月12日,同济大学中德工程学院建智论坛成功在线举办。本次活动由中德工程学院建智专业发起,CINB中德可持续建筑协会承办。论坛以数字化、信息化、绿色化、智能化的发展目标为导向,针对当前城市及建筑空间环境与能源问题,分享人工智能在区域能源及绿色建筑等相关领域的中德前沿技术。

9月,学院建筑电气与智能化专业副教授范蕊的课题"基于不确定性的集成低品位能源总线系统运行机理与多目标优化研究",机械电子工程专业副教授谢春的课题"高精度椭圆柱面一维中子聚焦反射镜制作与表征研究",获国家自然科学基金委员会批准立项。

10月11日,第八届中德工程学院院友会(CAMT)年会,因新冠疫情影响,采用在线会议+网络直播的形式召开。20日年会主会场共有200余人参会,另有约50人通过直播观看了这场精彩的会议。学院院长冯晓总结发言,介绍了学院各专业近年来在人工智能方向的科研进程。德国高校国际合作联合会(DHIK)的雷纳·杜扎克教授(Reiner Dudziak),德国同济校友会会长、德国马格德堡应用科技大学教授丁永健也相继发言。10月24日,11月14日,11月22日,"人工智能分论坛""数字化分论坛""汽车与能源分论坛"也相继线上召开。

11月27日,学院建筑电气与智能化专业副教授庄智牵头的课题项目"绿色建筑风环境气象参数标准化研究",荣获上海市建筑学会科技进步二等奖。

(李正雯)

【同济大学中德工程学院与德国高校国际合作联合会第五期合作协议正式签署】 2020年7月,校长陈杰教授与德国高校国际合作联合会主席、德国萨尔兰工程与经济应用科技大学校长迪特尔·雷哈德教授(Dieter Leonhard)分别代表中德双方签署了《同济大学中德工程学院第五期合作协议》,此次协议将中德双方的合作继续延长二十年。

(李正雯)

【中德工程学院被誉为德国"外交科技政策的灯塔项目"】 9月1日,德国外交部在其官网以"德国—欧洲—亚洲:共塑21世纪"为题,发布了德国联邦政府最新的"印太政策纲领(Policy guidelines for the Indo—Pacific)"。阐述了德国基于多边主义原则与印太地区国家合作的纲领。该纲领的"文化、教育和科技"部分专门提到:德国在印太地区支持建立了同济大学中德学部下属的中德工程学院,中德学院和职业技术教育学院……联邦政府将继续关注和支持上述德国科技外交政策的灯塔项目。作为灯塔项目,中德工程学院排除了2020年新冠疫情带来的巨大干扰,坚持开展对中德两国学生的常态化双学位培养,在非常情况下对持续推进高教国际合作发挥了引领作用。

(李正雯)

中法工程和管理学院

2020年,因新冠疫情影响,特别是对人员出入境的严格限制,现有国际交流项目开展受到较大阻碍。学院尽力帮助师生抗击疫情,利用远程手段开展相关工作;并在国内疫情控制稳定后,开始通过线上线下相结合的模式推进工作。

疫情期间，学院第一时间和所有在法学生及外籍专家取得联系，关心慰问，设法为其排忧解难。法国疫情发生后，学院第一时间关心在法留学的25名同学，通过QQ群、微信和电话，反复提醒学生出门戴口罩、洗手并保持社交距离等，把感染风险降到最低。中法学院学生无一感染，并按教学计划开展学习或实习。

（张波）

7月，学院首次采用在线方式举办中法双文凭项目招生线上宣讲会，期间邀请环境学院在法国国立桥路学校学习的学生赵云璐分享在法学习、生活情况，并着重介绍法国的各项防疫措施，减少学生申请法国留学的疑虑。来自多所专业学院的30余名学生和家长一起参与了宣讲会。学院还在和学生和外籍专家的交流中，介绍中国目前疫情的情况，宣传中国抗疫的成果。

2020年度中法双文凭项目招生5人（分别由巴黎高科一国立桥路学校及巴黎高科—巴黎高等理工化工学校预录取）。

2017年7月留法的中法双文凭项目学生共11人（其中巴黎高科成员学校就读9人），已全部获得双文凭。

2020年派出留法的中法双文凭项目学生总计6人，全部获得奖学金。学生获得奖学金金额总计17.28万欧元（约合人民币133万元），源于中国国家留学基金委奖学金：

中法学院2020年留法学生获奖学金清单

	姓名	性别	学院	奖学金名称	金额(万欧元)
1	李厚金	男	土木工程学院	国家留学基金委奖学金	2.88
2	焦禹欣	女	土木工程学院	国家留学基金委奖学金	2.88
3	聂榕	女	环境科学与工程学院	国家留学基金委奖学金	2.88
4	王瑾	男	环境科学与工程学院	国家留学基金委奖学金	2.88
5	陆续	女	交通运输工程学院	国家留学基金委奖学金	2.88
6	王建凯	男	铁道与城市轨道交通研究院	国家留学基金委奖学金	2.88
合计					17.28

在协议更新方面，2020年签署了同济大学与法语巴黎高科一生命与环境科学学校的双文凭合作协议。此外，同济大学与阿尔比矿业学校的双文凭合作协议已到期，同济大学与法国巴黎高等物理化工学院的双文凭协议需要更新，此两协议均进入讨论程序。

学院继续协助巴黎高科及巴黎高科驻华办公室做好“50名工程师项目”的本校学生推荐工作、中法双边联络沟通工作和该项目针对上海三所高校学生面试的服务工作。2020年，该项目同济大学报名学生2人，但最终未被录取。

（胡明柳）

2020年留学生的接收工作主要在线上进行。因受疫情影响，学校决定暂停春季学期的校际交流活动。五名已经录取的校际交流生中，有两名选择延期至秋季学期交流。4月开始，学院恢复正常工作状态，秋季学期的校际交流招生工作正常进行，共有20名学生提交了交流申请，其中双学位8名，非学历交流12名（含春季学期延期至秋季学期的两名学生。但同样受到疫情影响，三所法国学校决定取消2020年秋季学期的欧盟外校际交流（ENSAM、INSA Lyon、INSA HDF），ESTP的8名交流生及ENPC的一名交流生，因无法申请到签证，有1名学生决定取消交流，其余均选择延期至2021年春季学期交流。此外，2019年入学的4名双学位学生中，有2名因疫情原因，决定退出项目。其余两名学生仍在法国进行线上学习。

2021年的留学生接收工作也在进行中，目前申请2021年春季学期来同济交流的学生包括2020年秋季学期延期至2021年春季学期的7名学生（其中1名双学位学生，6名非学历交流学生），及2名新申请的非学历交流生。

2020—2021年度中法学院协调接收的法国留学生具体情况：

	法国学校	学生人数	接收院系	备注
双学位学生(在读)	ENSAM	4	汽车学院	2人退出项目
双学位学生（申请）	INSA HDF	1	轨交学院	退出项目
	ENSAM	4	汽车学院	退出项目
	ESTP	3	土木学院	2人延期至2021年春季学期进行非学历交流

	法国学校	学生人数	接收院系	备注
非学历学生（申请人数）	ENSTA Bretagne	1	交通学院	取消交流
	INSALyon	6	土木学院	取消交流
	ESTP	5	土木学院（3人）、交通学院（2人）	1人取消交流，4人延期至2021年春季学期
	ENPC	1	土木学院	延期至2021年春季学期

2020年是同济与世界法语大学联盟（AUF）合作筹办的世界法语大学空间（CNEUF）项目的第三年。受疫情影响，项目框架下的许多交流互访活动无法开展，因此，2020年上半年，学院与世界法语大学联盟协商修订了CNEUF项目在2020年的年度活动计划及年度预算。AUF发布了“支持亚太地区成员机构全部或部分开展线上教学”的项目招募通知。学院联合土木学院申请了该项目并于9月获得批复同意立项，AUF为项目提供5000欧元资助。该项目为期一学期，学院将于2021年5月31日前向AUF提交该项目的总结报告和财务报告。

2020年疫情期间，学院完成了《法国建筑在上海》一书的翻译校对工作。该书于2015年开始立项，由中国科学院院士、建筑与城市规划学院教授郑时龄亲自领衔，并将由同济大学出版社出版。

（陈钰）

【第十三届国际可持续发展城市交通系统研讨会】 第十三届国际可持续发展城市交通系统研讨会于10月22、23、29、30日在线举行，并和第十八届交通历史与发展国际论坛（T2M）联合举办。研讨会共分为七大主题：1. 跨界交通：区域差异与合作；2. 全球门户城市与交通；3. 铁路与城市转变（重塑）；4. 超级交通走廊的广域经济效益；5. 新机动性与城市脉搏；6. 街道以人为本：新冠影响与绿色都市交通；7. 后疫情时代的城市机动性。同济大学副校长，工程院院士吴志强教授出席开幕式并致辞。会议共进行演讲报告20余个，参会人次超过200人。

（张波）

【中法创新创业空间】 11月，国内疫情防控相对稳定的背景下，学院与同济创业谷、同济大学创新创业学院共同组织了第二季中法创新创业沙龙（分为线上、线下两次活动）。来自汽车、环境、创新创业领域的七名专家（何品晶、钟再敏、邢国樑、许涛、曾文迪、李臻、李军。其中3人为我校中法合作项目校友）围绕“当前国际形势下的行业发展前景以及当今大学生应当具备的素质”这一主题，与同学们分享了自己的思考和见解。

（陈钰）

中意学院

【概况】 2020年中意学院继续在人才培养、外事与外联、科学研究、文化交流等方面为学校和各学院开展中意间合作交流做出贡献。

在人才培养方面，中意学院在3个中意本科双学位项目基础上，发挥平台作用，服务同济大学中意硕博联合人才培养。中意本科双学位项目招收来自都灵理工大学、博洛尼亚大学的留学生17名。33名中、意学生获得同济大学与都灵理工大学或同济大学与博洛尼亚大学本科学位，完成40名项目在籍中国学生培养。举办“中意迎新班会”、“商务礼仪公开课”等活动，协助开展“法拉利GT商业学院”校园招聘计划等。

在外事与外联方面，国际交往活动频繁，积极引入意大利企业资源，积极构建和拓展对意合作高校网络。2020年共接待境外来宾总计45人次（含线上接待和会议），其中包括意大利驻沪总领馆、中国意大利商会、意大利比萨大学、佛罗伦萨大学、都灵理工大学等代表团组。

在科学研究方面，积极推进意大利研究中心、可持续发展中心、设计创新中心建设，推进和协助校内专业学院与意大利合作伙伴的国际联合科研合作。举办了“中意设计创新论坛”“中意司法论坛”“长三角创新创业与设计教育论坛”等高水平国际学术会议。意大利研究中心参加高校国别和区域研究备案中心评估工作，获评“教育部高校国别和区域研究高水平建设单位（备案中心1类）”；成功申请获批教育部高校国别和区域研究2020年度课题1项；12月，由同济大学法学院、中意学院共同组建，意大利比萨大学作为合作伙伴的分中心中意司法中心揭牌成立。可持续发展中心8月开设“安徽省双师型骨干教师素质提高培训班”，来自安徽省24所高职院校的55名骨干教师和专业带头人参加培训；10月开设“供水新地标与智能高品质创新发展高级管理研修班”，招收来自上海市水务领域的相关企事业单位高级管理、技术人员近60人。

在文化交流方面，举办了“同济大学意大利校园嘉年华活动”“意大利孟菲斯x同济在地设计展”“国际学生辅导员沙龙”等丰富的中意特色文化类活动。

（余宙）

【抗疫物资捐赠意大利合作伙伴及师生】 3月，中意学院向意大利佛罗伦萨大学及孔子学院、博洛尼亚大学、都灵理工大学、米兰理工大学、威尼斯建筑大学等同济大学对意合作伙伴高校，捐赠同济大学校基金会募捐的抗疫口罩17600枚，其中部分物资运往佛罗伦萨大学附属医院，服务当地师生，共同抗击疫情。另一批来自同济大学校友会的口罩物资通过意大利同济校友会，捐赠意大利同济大学留学生和中意校友。同时中意学院与可持续发展中心积极行动筹集抗疫物资，第一时间联系意大利环境部、意大利驻沪总领事馆、意大利红十字会等部门，联合中意宁波生态园筹集并捐赠朝美 KN95 口罩六千枚，驰援意大利用于疫情防控。

（余宙）

【意大利佛罗伦大学孔院召开理事会会议】 3 月 27 日，意大利佛罗伦萨大学孔子学院召开理事会会议。同济大学副校长、孔院中方理事长雷星晖、佛罗伦萨大学副校长、孔院外方理事长乔治娅·乔瓦内蒂（Giorgia Giovannetti）、外方院长潘蒂娜（Valentina Pedone）、中方院长何继红、孔子学院服务中心主席西尔维亚·斯卡拉姆齐（Silvia Scaramuzzi）以及孔院中方理事代表等参加会议。会议回顾了 2019 年主要工作，在媒体推广、中文教学、汉语考试、财务工作等方面取得的进展，展望了 2020 年孔院发展计划和设想，讨论通过了 2020 年度孔院预算和 2019 年度孔院决算。

（余宙）

【第二届“同济大学意大利校园嘉年华活动”成功举办】 10 月 18 日，由同济大学校友会、中意学院、党委学研工部，中国意大利商会联合举办，同济大学团委支持的“第二届同济大学意大利校园嘉年华·伊尔庚中意文化日”活动在校友之家成功举办。同济大学党委书记方守恩，同济大学副校长雷星晖，中国意大利商会副会长康华特（Valtero Canepa），方大设计集团董事、经济与管理学院教授王霞，伊尔庚集团董事长张莉、中意学院副院长徐云霞以及中外师生、中意校友、合作伙伴等出席了活动。活动通过主题讲座、创意集市、音乐表演、美食及服饰体验等形式，吸引了 500 余名中外师生参与，感受中国和意国文化的校园风潮。

（余宙）

【首届“中意设计创新论坛”成功举办】

11 月 27 日，由中意学院、设计创意学院、上海设计之都促进中心承办，中国意大利学者协会（AAIIC）及都灵理工大学协办的同济大学首届“中意设计创意论坛”在同济大学建筑设计研究院成功举办。同济大学设计创意学院院长娄永琪、外事办公室主任陈翌、中意学院副院长徐云霞、意大利驻沪总领事馆代表罗伯特·帕加尼（Roberto Pagani）、中国意大利学者协会（AAIIC）主席安东尼奥·马西亚诺（Antonino Marciano）等，意大利创新企业芬坎蒂尼（Fincantieri）（中国）、玛莎拉蒂（中国）、莱奥纳多股份有限公司代表等，以及中意两国学界来自清华大学艺术博物馆、都灵理工大学、同济大学设计创意学院代表等出席论坛，对话聚焦中意两国的设计创新前沿与实践。

（余宙）

【“意大利孟菲斯 x 同济在地设计展”成功举办】 11 月 27 日至 12 月 25 日，由同济大学主办，契比齐工作室（Cibic Workshop）、孟菲斯实验室（Memphis Srl）承办，中意学院、设计创意学院协办的“意大利孟菲斯 x 同济在地设计展”在同济大学建筑设计研究院、运筹楼开展，来自同济大学、对意合作单位的中外嘉宾及中外师生参观了展览。开幕式上，同济大学党委书记方守恩、意大利驻沪总领事馆总领事陈琪（Michele Cecchi）、意大利驻沪总领事馆代表罗伯托·帕加尼（Roberto Pagani），以及外事办公室、党委学研工部、建筑设计研究院（集团）有限公司、负责人和意大利设计大师、孟菲斯创始成员之一、同济大学设计创意学院教授阿尔多·契比齐（Aldo Cibic）一同为展览揭幕。

（余宙）

【“长三角创新创业与设计教育论坛”成功举办】 11 月 27 日，由中意学院主办，中意学院设计创新中心承办，设计创意学院、教育部高等学校创新创业教育教学指导委员会支持的“长三角创新创业与设计教育论坛”在设计创意学院举行，同济大学副校长雷星晖出席并致辞。来自上海市、浙江省、江苏省、安徽省以及长三角具有专业设计创新特色高校的专家学者和师生参加活动，共同就如何推动设计创新领域内的教育改革联动、一体化发展及提升国际影响力，进行了交流与研讨。

（余宙）

【“中意司法研究中心”揭牌成立】 12 月 18 日，由同济大学法学院、中意学院共同组建，意大利比萨大学作为合作伙伴的“中意司法研究中心”揭牌仪式暨中意司法报告会在运筹楼举行。同济大学副校长顾祥林、意大利原经济发展部副部长杰拉奇（Michele Geraci）为中心揭牌。同济大学法学院院长蒋惠岭、党委书记吴为民、党委副书记刘志坚、副院长徐钢、外事办公室副主任梁毅军、中意学院副院长徐云霞，以及意大利安启建律师事务所、意大利德恩瑞律师事务所等代表参加揭牌仪式。意大利比萨大学副校长米凯拉·帕萨拉卡（Michela Passalacqua）、法学院院长弗朗切斯科·达尔坎托（Francesco Dal Canto）等通过网络参加活动。与会专家就中意两国司法制度的历史源流和最新发展分别作了专题报告。

（余宙）

【可持续发展中心高级研修班总结暨主题研讨会召开】 12 月 10 日，中意学院可持续发展中心“供水新地标与智能高品质创新发展高级管理研修班”总结暨 2021 年高级管理研修班主题研讨会在运筹楼召开。同济大学原副校长金正基、上海市人社局专技处副处长杨阳、上海市水务组织人事处处长张林辉、同济大学环境科学与工程学院党委书记柳建雄、可持续发展中心执行主任张凤光、上海市供水行业协会秘书长沈伟忠等领导专家出席，给予建设性指导和支持。

（余宙）

中芬中心

【概况】 同济大学中芬中心作为著名的"设计驱动"国际化跨学科开放创新平台,继续与同济大学、芬兰阿尔托大学和埃斯波市等世界各地的高校、政府机关、企业合作,深入推进跨学科创新教育,培养复合型创新人才,重点支持设计创意学科的发展,深度结合文化、科技和产业,推动建立全球文化和科学创新创业生态系统。

(程希寒)

【举办 NICE CITY 2020 短视频大赛】 1月24日,首届"NICE CITY 2020: Neighborhood, Innovation, Creativity, Entrepreneurship ——未来社区的'新'愿:邻里创业创意创新短视频大赛"正式启动,由同济大学设计创意学院、深圳华创智成文化旅游发展有限公司作为主办单位,同济大学艺术与传媒学院、东华大学服装与艺术设计学院、华东理工大学艺术设计与传媒学院、上海工程技术大学艺术设计学院、上海应用技术大学艺术与设计学院作为联合主办单位,上海设计周、东伦敦大学作为合作单位,同济大学中芬中心协助举办相关活动。大赛于5月20号落下帷幕,共评出54项获奖作品,来自各专业师生、各行各业人士、海内外同胞、各界大咖大V,聚焦令人印象深刻的一座城的一个街区/园区/社区/城区,通过短视频向大众表达了自己的独特想法。

(程希寒)

【承办上海市青少年创意设计院首届骨干教师培训班】 7月20日至8月7日,上海市青少年创意设计院首届骨干教师培训班顺利举行。培训班由上海市科技艺术教育中心、同济大学艺术中心、同济大学设计创意学院共同主办,同济大学中芬中心承办,腾讯游戏作为支持单位。7月20日上午,培训班开班仪式在中芬中心举行,上海市科技艺术教育中心主任陆晔,上海市科技艺术教育中心副主任田磊,同济大学设计创意学院院长娄永琪、同济天地创意设计有限公司总经理施胤、上海市科技艺术教育中心艺术教育部主任戴勤燕、副主任柏云等领导出席了开班仪式。培训班以"青少年设计教育"为主题,共分两期。课程内容聚焦"设计思维驱动科艺融合"和"设计思维驱动美育创新"两大板块。课程形式包括名师讲座、教学工作坊体验和创新设计项目参访。39名来自全市中小学、青少年活动中心、少年宫的艺术、科技和双创骨干教师参加了培训班。8月20日,首届骨干教师培训班在参访风语筑设计大楼后圆满落幕。

(程希寒)

【举办 MAD WOOD 设计展】 9月4日—10月12日,MAD WOOD 设计展在上海市黄浦区北京东路99号益丰外滩源1层106A举办。展览以同济大学设计创意学院(D&I)师生的创作MAD WOOD展为主题,分为三个篇章:能量木(ENERGY. WOOD),层弯木(PLAY. WOOD)和木板凳(ST. WOOD),并合并展出数字化、参数化辅助设计的时尚饰品。

(程希寒)

【推动上海国际设计创新学院人才培养】 中芬中心持续推动上海国际设计创新学院联合教学人才培养。9月入学硕士研究生(全日制)设计学6人,机械18人,艺术设计15人。3月份入学硕士研究生(全日制双学位国际学生)机械3人,艺术设计4人。上海国际设计创新学院共有40名研究生取得硕士学位,其中艺术学硕士9名,工程硕士17名(含双学位国际学生1名),艺术硕士14名。

(程希寒)

【雅默·索米宁教授获白玉兰奖】 9月16日,同济大学中芬中心副主任雅默·索米宁(Jarmo Suominen)教授获2020年上海市"白玉兰纪念奖"。雅默·索米宁自2012年起担任同济大学客座教授,2015年入选国家外专局高端外国专家。数年间,他与同济大学交流世界水平的教学实践和学术研究成果,为世界一流设计学科建设和人才培养贡献了创新性的思路,并与上海相关产业合作,致力于将合作研究成果应用到上海的城市建设与发展进程中,服务上海科创中心建设。

(程希寒)

【举办上海国际设计创新学院中芬合作课程】 9月16日至11月27日,上海国际设计创新学院中芬合作课程顺利举办。芬兰阿尔托大学与同济大学联合开设"概念设计""系统创新与设计"和"面向可持续的社会技术转型"三门必修课程。课程以线上授课方式展开,其中《面向可持续的社会技术转型》以中芬中心及其周边场地为实践基地,以"为可持续校园的转型实验而设计"为题面向中国与芬兰的未来可持续社会技术系统发展展开讨论。课程最终呈现了有关水资源的可持续使用、自动停车规划等以可持续发展为导向的多项创新教学成果。

(程希寒)

【承办上海市青少年创意设计院"小设计师"培训】 10月17日至12月6日,同济大学中芬中心承办开展PBL系列主题课程。培训活动招募了全市16个区的50位中小学生,课程以国内创意设计领域专家领衔,强化项目驱动式教学,创建真实问题的解决情境。围绕"造物、商店、社区、生活"四个主题,将创意与应用、学习与生活、艺术与科技相融合。学生通过"做中学",推动个性化学习,激发创造力,实现综合能力发展。

(程希寒)

【举行上海市青少年创意设计院挂牌仪式】 11月21日,上海市教育委员会副主任倪闽景、上海市科技艺术教育中心主任陆晔、同济大学设计创意学院院长娄永琪在同济大学中芬中心为上海市青少年创意设计院揭牌。

(程希寒)

中西学院

【概况】 学校对西班牙及西班牙语地区合作高校共计21所。中西学院下设学位及交流项目派出学生共计派出17名；其中与马德里理工大学、加泰罗尼亚理工大学联合开展的"20＋20"学生交流项目，共计派出17名学生；涉及建筑与城市规划、材料工程、交通工程、设计创意等多个专业；现有建筑城规、土木、设计、经济管理、电信、软件专业硕士双学位项目8个，与马德里理工大学签署联合博士/博士双学位合作项目1个。

截至年底，与马德里理工大学（西班牙）、加泰罗尼亚理工大学（西班牙）、智利天主教大学（智利）签署合作协议共3份。

参与加泰罗尼亚理工大学主导申请的Erasmus＋Welcome项目，为学校教工培训及高校管理研究提供平台，项目运行顺利。加入加泰罗尼亚理工大学主导申请的Erasmus＋aTM项目，为学校人才管理提供交流平台，项目运行顺利。

马德里理工大学常驻中西学院校长代表费可迪（Claudio Feijoo）教授获批111创新引智基地项目专家；获批国家外国专家局"引进海外高层次文教专家重点支持计划"项目专家。其协助团委创业谷开设"企业课堂"创新创业课程，共同打造社会与高校教育力量对接交流平台，同时任教经管学院"Entrepreneurship""Entrepreneurship in China"课程，协助团委、学校共同打造社会与高校教育力量对接交流平台。并代表学校编辑并出版示范性教材《Emerging Perspectives on the Mobile Content Evolution》，以同济大学教师身份，发表10余篇署名文章。学院合作密切的西班牙籍专家冈萨雷斯（Placido Gonzalez）教授获上海市"东方学者"称号。

与马德里理工大学的"种子基金"科研合作项目正常运行。完成首批4组（建筑专业、机械工程、软件工程、艺术传媒）科研合作配对与落地。

1月，马德里理工大学校长齐耶尔莫·希斯内罗斯（Guillermo Cisneros）向学校至慰问信，表达共同抗击疫情的决心。陈杰校长回信。

2月，马德里理工大学向学校校友总会、华中科技大学附属同济医学院捐赠医用口罩等抗疫物资共计9大件，其中口罩3480枚，分别寄往上海四平路校区，并由同济大学校友总会转寄华中科技大学同济医学院。

3月，欧洲疫情大爆发期间，分管领导吕培明副校长致信马德里理工大学、加泰罗尼亚理工大学，表达疫情期间的慰问，及表达共同抗击疫情的决心。马德里理工大学校长齐耶尔莫·希斯内罗斯（Guillermo Cisneros）回信。

4月，学院组织向加泰罗尼亚理工大学捐赠医用口罩共计5000枚，

4月至7月间，学院牵头与同济大学西班牙校友会、加泰罗尼亚理工大学中国校友会共同发起捐款活动，向同济大学医疗支援专项基金共同募捐10110元（壹万壹佰壹拾元）。

4月，马德里理工大学、加泰罗尼亚理工大学与学院进行第一次线上工作会议，外事办公室负责人列席会议。

6月，马德里理工大学、加泰罗尼亚理工大学与学院进行线上工作会议，商讨合作协议续签事宜。

7月，卡瓦伦亚洲基金会（Gabarron Foundation Asia）向学院学术总协调人李翔宁教授致信感谢其在项目过程中给予的信任与支持，并表达了对于疫情期间能够继续共同合作的期盼。

10月，学院代表参与国家留学基金委关于欧盟国家合作情况的调研。

11月，学院代表受邀出席于上海塞万提斯图书馆举行的上海塞万提斯图书馆馆长易玛女士（Inmaculada Gonzalez Puy）授勋仪式。

11月，学院代表受邀参加"中国古巴建交60周年"学术研讨会。

11月，学院代表受邀参加中共杨浦区委统战部与上海财经大学党委统战部联合开展区域高校欧美同学会分会"四史"学习教育暨"不忘初心 同圆梦想"主题教育活动。

11月，马德里理工大学、加泰罗尼亚理工大学与学院进行线上年度工作会议，吕培明副校长出席会议并讲话。

11月，西班牙驻沪领馆总领事卡门·丰特斯女士（Carmen Fontes）向学院学术总协调人李翔宁教授致贺信，祝贺其被任命为建筑与城市规划学院院长，并对其长期以来对中西合作的关注和支持表达感谢。

11月，由西班牙籍教授冈萨雷斯（Placido Gonzalez）策展的"欧洲遗产保护奖——我们的欧洲奖西班牙案例展"及遗产保护主题系列讲座在学校举行。

（俞吉恩）

【"欧洲遗产保护奖——我们的欧洲奖西班牙案例展"】 11月2日，由同济大学建筑与城市规划学院、同济大学博物馆和"我们的西班牙 Hispania Nostra协会"联合主办的"欧洲遗产保护奖——我们的欧洲奖西班牙案例展"开幕式在同济大学博物馆举办，这个展览全面展现了近年来西班牙对于本国文化遗产保护的贡献，将许多欧洲优秀的遗产保护理念、技术与案例带到了同济大学。同济大学建筑与城市规划学院教授冈萨雷斯（Placido Gonzalez）主持了开幕式，同济大学建筑与城市规划学院院长李振宇、同济大学博物馆负责人章回波、同济大学建筑与城市规划学院建筑系副系主任张鹏和同济大学建筑与城市规划学院部分师生参加了开幕式，"我们的西班牙（Hispania Nostra）协会"主席阿莱赛里·裴雷达（Araceli Pereda）和秘书长芭芭拉·科尔德罗（Barbara Cordero）等西班牙嘉宾也通过线上形式进行了发言。展览从11月2日持续至11月30日。

（俞吉恩）

中德职业教育项目

联合国环境规划署—同济大学环境与可持续发展学院

【概况】 2020年度，联合国环境规划署—同济大学可持续发展学院紧跟国家发展战略，贯彻落实学校“三全育人”的方针政策，积极实践理念创新、制度创新和科技创新，与国家及地方政府、国际组织及私营部门等开展全方位的合作。学院采取“两手抓”的工作方案，一方面，以开展可持续发展高等教育为抓手，将学院建设成为可持续发展高等教育、科研与南南合作的中心；另一方面，以城市环境研究与技术合作为抓手，促进科技服务于政策制定，提供城市环境与可持续发展解决方案，推动南南合作和三方合作，在教学、科研和对外交流方面稳步推进同济大学国际合作“八个有”内涵方针。

（贯倩）

【教学工作】 同济大学环境管理与可持续发展硕博学位项目包括环境管理与可持续发展和环境工程两个专业，生源遍布亚洲、欧洲、非洲、大洋洲，北美洲与南美洲。自2006年以来，联合国环境规划署——同济大学可持续发展学院始终致力于建立先进的国际化教育模式，为区域和全球，特别是“一带一路”国家在环境与可持续发展领域培养高水平的技术人才，以及政府和企业需要的复合型技术管理人才。

2020年学院招收国际学生22人，中国学生10人，来自亚洲、欧洲、非洲、北美洲4大洲的15个国家。其中，国家普通奖学金硕士项目11人，国家普通奖学金博士项目2人，中国地方奖学金4人，硕士自费生1人，校际交流进修生1人，同济大学校长博士奖学金3人。其中，环境管理与可持续发展国际博士生项目5人，环境管理与可持续发展国际硕士生培养项目11人，环境工程国际硕士生项目6人（校际交流进修生1人）。

学院打造了一批高水平的国际师资队伍，组织了国际知名专家为学生定期开设学科前沿讲座，包括时任联合国副秘书长、联合国环境署执行主任 Klaus Töpfer、联合国开发计划署署长 Achim Steiner。2020年邀请到了联合国环境署亚太办公室副主任 Isabell Louis 女生、可持续发展高等研究院科学主任 Ortwin Renn、前联合国环境署预警司副司长 Marion Cheatle、前澳大利亚格里菲斯大学环境学院院长 Lex Brown 教授、联合国防治沙漠化公约亚太区域原协调员杨有林、世卫组织前高级官员宋允孚等国际组织专家开设专题讲座。

截至2020年9月，学院已累计招收91个国家的545名学生。目前校友活跃在国际组织（如世界银行、联合国开发计划署、亚太经社委员会等）、各国政府部门（如中国生态环境部、土耳其环境与城市规划部、赞比亚劳动与社会保障部、埃及农业部、法国环境部、塞尔维亚农业环境部、乌克兰自然资源部、罗马尼亚环境部、印尼经贸部、津巴布韦农业部、利比里亚能源部、埃塞俄比亚环境部等）、NGO（如世界自然基金会）、学术机构（如中科院、威斯康辛大学、密苏里大学、同济大学等）、企业部门（如普华永道、中国银行、米其林轮胎等）各行各业。

学院从2012年起面向全校研究生正式开设“可持续发展辅修专业”，并从2015年起面向本科生开始“可持续发展”辅修专业、微专业，迄今已有来自26个学院的2000多名学生选修。2020年，200多名本科生和研究报名辅修专业。在疫情防控形势下，为了贯彻“停课不停教，停课不停学”的精神，根据学校研究生院、本科生对的教学工作安排，IESD成立了线上教学领导小组，通过确认每一门课程的线上教学预案，组织任课教师、学生和助教参加了线上教学平台的使用培训，摸排了学生对线上教学是否有客观原因的困难，并对开课课程进行线上试课。学院线上教学领导小组还根据预案组织在各个平台进行巡课和督导，组织培训助教协助解决技术问题，保障线上教学工作的有序开展。

（贯倩）

【科研工作】 以科研推动环境与可持续发展能力建设和技术转移是学院的工作重点之一。学院积极组建科研团队，加强梯队建设，在水资源与水处理、气候变化、低碳经济、生态城市规划、环境法与环境政策、水污染控制与资源化利用技术等领域深入研究，成果颇丰。当年共发表论文163篇，承担国家及上海市重点项目及其他项目共计57个。

（贯倩）

对外交流

【与联合国合作】2020年12月，陈杰校长代表同济大学与联合国环境规划署签署了5年合作备忘录，建立联合国环境规划署—同济大学合作伙伴关系，促进联合国环境署与同济大学之间的合作，进一步推进双方在科学评估以及促进以科学为基础的创新解决方案方面的共同目标，以应对环境挑战。

学院本年度还与联合国等国际组织合作出版了《包容性绿色经济》《全球环境展望》亚太区青年版等教材，与联合国环境规划署青年与教育联盟（YEA!）、发布了《绿色微行动手册——40个点亮绿色校园的微行动》。

（贯倩）

【与中国气象局合作】 11月12日，由同济大学与上海市气象局共建的“中国气象局上海城市气候变化应对重点开放实验室”学术年会和学术委员会第四次会议在上海顺利召开。会议通过线上线下结合的形式召开，探讨实验室当下工作动态，共商未来发展。

会议介绍了《上海市气候变化评估报告》,汇报了其阶段性成果,并对该报告的编写工作进行评议。报告自2020年8月开始编制,分析了上海城市气候变化事实,预估未来气候潜在的变化趋势,并进一步对重点领域开展影响和风险分析,详细评估了气候变化对上海各行业发展的影响,具有较强的实践意义。报告通过对上海气候适应性城市的综合性评估与城市低碳循环发展的展望分析,为上海城市气候变化应对提出切实有效的策略与展望。

目前,实验室已形成9个稳定的重点攻关团队和研究领域,同时形成稳定的中青年人才梯队,将进一步贯彻与落实"全面合作、优势互补,平等协商、互惠互利,多层推进、注重实效,资源共享、共同发展"的原则,努力建设成为国内领先、国际一流的城市应对气候变化重点开放实验室,进一步推进同济大学相关学科的建设,为经济社会可持续发展服务,促进中国气象事业的长远发展。

(贾倩)

【与生态环境部对外合作与交流中心合作】 2020年11月25号,中非青年应对气候变化与生物多样性保护圆桌对话在北京环境国际公约履约大楼成果召开。生态环境部国际合作司肖学智副司长、生态环境部应对气候变化司陈志华处长、联合国环境署驻华代表处首席代表涂瑞和先生、生态环境部对外合作与交流中心党委书记、副主任周国梅出席活动并致辞。会上,生态环境部对外合作与交流中心与同济大学签署合作协议,旨在加强双方在生态环境领域的国际合作,包括推动绿色"一带一路"建设、促进区域生态环境治理、建立健全区域环境合作网络、开展区域可持续环境规划联合研究、提升生态环境保护能力建设、以及加强中非环境政策与技术合作。

(贾倩)

【与北京绿色未来基金会合作】 为促进在中国境内就读的国内外青年学生,立志投身环境和可持续发展事业,培养我国高等院校环境专业在校生的独立思考、调研能力、书本理论与社会当前实际结合的能力,支持青年学生在可持续发展相关学科领域开展发明、创造和有深度的学术问题研究,北京绿色未来环境基金会在每年的投资收益和社会专项捐助中设立学生科研项目"绿苗计划"。2020年度绿苗计划社会实践项目共收到来自31所高校的83份申请。获奖组别共计13组,他们分别来自中国人民大学、中山大学、内蒙古大学、兰州大学、北京大学、同济大学、中国科学院大学、吉林大学、南方科技大学、武汉大学、苏州科技大学、厦门大学12所高校。

在北京绿色未来基金会的大力支持下,国家学生环境与可持续发展大会已经成功举办九届。来自50多个国家的2700多名中外学子在世界环境日齐聚同济,参与到这项国际性的活动中,对环境与可持续发展问题进行深入地讨论和实践会已成为关注可持续发展未来领导人的全球盛会,也是参与国别最多、影响力最大的可持续发展青年峰会之一。2021年的大会将以线上会议的形式邀请全球学生参加。

(贾倩)

【国际组织实习与预备人才培养】 2020年度,学院积极与各个国际组织探索实习生选拔派出机制,通过学院推荐和自荐、学院组织笔试面试等方式选拔并输送了6名实习生,分别赴联合国环境署(曼谷)、联合国亚洲及太平洋经济社会委员会(曼谷)、国际移民组织(东帝汶)、德国国际合作组织(格林纳达)、联合国开发计划署(土耳其一远程)、联合国环境署(曼谷一远程)、联合国环境署(内罗毕一远程)进行为期3—6个月的实习。

学院紧跟国家政策,聚焦前沿、科研联动,探索全球环境新兴问题与可持续发展,服务南南合作。每年召开国际学生环境与可持续发展大会,参与学生达1000余人,共商全球可持续发展的重要议题;近年来累计共输送70多名优秀学生到联合国环境署总部、亚太办公室、非洲办公室、联合国人居署总部等参加培训、会议、实习和工作,其中有三名留任。

(贾倩)

浙江学院

【概况】 2020年,学校有全日制在校生9741名,招生2919人,毕业生2429人,截至12月底,毕业生就业率为88.8%,在浙江省就业的占比达66.37%,主要集中在杭州、嘉兴、宁波三地,分别占到24.54%、14.83%、8.25%;另有超百余名学生选择出国出境或继续深造。学校招生录取新生质量继续提高,成绩在一批(段、本)线及以上有24名,在省外招生的总体新生质量也稳中有升,其中在上海市,学校录取分数为402分,比上海400分的本科批次线高2分。在其他省份的录取分数线基本上都高于批次线,大部分比批次线高20分以上。学校设有土木工程系、建筑系、交通运输工程系、机械与汽车工程系、电子与信息工程系、经济与管理系、珠宝系、会计系、外语系、中德学院、基础教学部、体育教学部、社会科学部13个教学单位。学校新增机械电子工程专业,共有本科专业33个。学校继续加强师资队伍建设,今年新录用教师18名(其中博士10名)。全年共有11人次入选各类高层次人才工程,其中1名入选"市精英引领计划"、1名入围"省千"答辩,海外高层次人才引进取得突破;4名教师入选浙江省高校领军人才,3名教师入选市第三批杰出人才;推荐10多名教师进入各级各类专家库。学校与多家平台合作,继续探索在线教育。

2020年,面对突如其来的新冠疫情,学校教职工全员参与,防控举措高效有力：科学制定疫情防控工作方案，层层压实防控责任；建立起动态信息排摸工作网，同浙云平台上快速上线了每日一报，组建覆盖各部门的动态信息排摸报送队伍，并建立“日常信息日日报，特殊信息时时报”的信息报送机制；积极开展宣传教育，培养师生良好卫生习惯和自我防护能力；认真落实防控要求，迅速启动应急预案，体温测试、消毒工作从未间断，开展各类应急培训、演练；严格控制聚集性活动，有序进行错时用餐、错峰放学；切实做好后勤保障，防抗物资供应充足及时；充分发挥基层党组织战斗堡垒作用和共产党员先锋模范作用。建立应急响应机制，全年出动1419人次，应急处置258起事件。经过努力，全校未发生一例人员感染，师生身体健康与校园平安稳定得到了有力维护和有效保障。

学校全面部署，深入开展文明主题实践活动、“文明细胞”建设专项行动，推进公民思想道德建设和网络文明建设，推进志愿服务工作常态化；落实《大学生文明素质提升行动计划》，实现“六个文明”具体目标；开展“制止餐饮浪费、培养节约习惯”行动，在省教育厅组织的实地检查中获得好评。通过全校师生共同参与、共同努力，学校顺利通过了经开区“省级文明单位创建成果展示”初评和市委宣传部审核，最终获得了浙江省文明单位荣誉称号。

6月9日，学校印发了《加快高水平国际化应用型本科建设行动计划(2020—2022年)》。重点以“新工科”“新文科”升级改造传统专业，整合优质资源，推动已有专业的交叉复合，将学校33个本科专业整合成为以打造可持续发展智慧城乡建设类、人工智能和智能制造为引领的机电类、紧贴经济社会发展需求的经管类三大专业(学科)群等相关举措和目标定位，构建与此相适应的基础知识体系支撑平台，加快形成和强化在省内外同层次同类型专业中的影响力和竞争力，学校多次专题讨论计划的推进和实施，引导教学单位分步骤、按年度落实相关指标，各职能部门全力提供政策保障。经过共同努力，三年行动计划第一年指标落实初见成效，各项工作推进入主流、上层次、重建设、出成果，系(部、院)总体发展水平稳步提升。

学校继续加大人才引育力度，着力构建人才引进四级联动机制。落实好人才政策，共为140多人次办理工资外津贴、住房补贴、租房补贴等各类人才津贴300多万元。严格落实师德师风第一标准，出台师德师风建设负面清单和教职工处分暂行规定，实行师德师风一票否决。强化学习教育，注重实践历练，以培训、竞赛、考核为载体，促进教师全面提升素质。依托教师发展中心，充分发挥浙江省教发联盟、嘉兴教发中心合作共同体的资源优势，以师德师风建设、课程思政、教学技能培养为重点，以教师工作坊、青年博士论坛、科研沙龙等品牌为载体，线上、线下有机结合，全年举办“师德师风建设”“教学、科研能力提升”“一流课程建设”“课程思政”“教学竞赛”“急救知识”“入职必修”等50余场培训；组织教师参加全国高校教师网培中心、超星等平台的网络培训；开展第九届青年教师讲课竞赛、“2020年最佳教师讲坛风采奖”评选、首届微课制作比赛等。

实施“红色盾牌”工程，严格落实“三会一课”制度，严肃党组织政治生活，党委班子成员带头发扬党内民主，勇于开展批评和自我批评，落实领导干部双重组织生活制度，分别参加并指导各党总支民主生活会；落实《关于推进基层党组织标准化建设的实施方案》，经管系国际经济与贸易、金融工程学生联合党支部被评为嘉兴市教育系统标准化规范化示范党支部。实施“红色领雁”工程，加强教师党支部书记“双带头人”队伍建设，目前已有70%的教师党支部书记达到“党建带头人、学术带头人”的基本标准。实施“红色名片”工程，开展党建品牌建设情况专题调研，重点支持电信系电子与计算机学生联合党支部创建“全国党建工作样板支部”，完成党建工作样板间建设工作；机关教工第二党支部的“开拓奋进、服务护航”被评为嘉兴市教育系统首批红色名片·优秀支部党建品牌。实施“红色纽带”工程，各级党组织、全体党员围绕学校“三年行动计划”，找准行动方向、明确行动目标，形成了项目任务书；落实党员干部直接联系服务师生制度，支持和鼓励党员参与志愿服务，深入实施“共产党员先锋工程”，持续开展“网格连心、组团服务”，深化“在职党员进社区”等活动。实施“红色阵地”工程，建设和用好“党员活动室”和“党建展示墙”，深化和创新“互联网＋党建”工作，努力使每个党支部都成为具备红色资源和红色引擎的阵地。

学校以习近平新时代中国特色社会主义思想为指导，通过主题宣传、活动报道、成果展示、舆论引导，努力践行“举旗帜、聚民心、育新人、兴文化、展形象”的使命任务，凝聚发展正能量，提升学校美誉度。全年校内新闻报道1098篇，其中纪实类视频新闻44条、专题类宣传片32部；官微服务号全年推文40期，关注粉丝达25500人，获逾14万阅读量和近2000次的点赞，与公众号链接的腾讯视频总浏览量突破40万次；官微订阅号增粉约万人，全年推文386期，阅读点击量达75.5万次，分享次数达2.4万次。全年校外媒体报道共173次，其中国家级51次、省级63次、市级59次。

学校成立了由校长、书记任组长、党政共同参与的新时代思政课改革创新工作领导小组，负责学校思政课改革创新和课程思政建设工作的总体谋划和推进；开展覆盖全部教学单位的思政工作大调研，制定《关于深化新时代学校思想政治理论课改革创新的实施方案》《关于进一步加强课程思政建设工作的实施方案》，明确“新思想”“社会主义核心价值观”等课程思政建设的主要内容，不断提升教师课程思政建设的意识和能力；建立健全课程思政建设质量评价体系和激励机制，将思政课推进落实情况和考核、职称评定相挂钩；组织开展课程思政专题讲座，举办课程思政示范课建设交流会等，有力地推动了全校课程思政的全覆盖。

组织开展“金课”建设和第八届教改项目结题验收和申报2020年度一流本科专业建设、“金课”建设、第九届教改立项工作；通过国内主流课程平台开展混合教学工作；为进一步推进与规范学校的双语课程的教学，已试行5门双语课程的教学工作；积极推进量大面广课程的“统一出卷”，基本覆盖了单门考试超过300名学生的课程，涉及学生14373人次，占基础课考试总人次的95.15%；《大学英语》课程首次尝试机考，试题直接生成，自动阅卷；2020年共开设公选课55门，有5174人次选择。积极推进教学质量保障体系建设，全年组织督导听课233门次，教学督导组除日常听课外，还参与期中期末巡考、青年教师讲课竞赛评选、教改立项、学生创新课题立项等评审工作；将“督改”纳入教学督导职能，努力构建教学督导的闭环监督体系。组织开展2020年学校“最佳教师讲坛风采”的比赛，完成浙江省教育厅2020年度产教融合两类实践项目（虚拟仿真实验教学项目3项，产学合作协同育人项目1项）的申报工作，做好教育部产教融合协同育人项目的申报工作（2020年度第一批3项）。共新增合作单位9家，截至目前，学校有长期合作关系企业250余家。实验中心继续优化服务，主动配合各系开展实验室建设与实验教学，完成学校21个专业实验教学服务，完成工作量约18万人时数，人均1.6万人学时。

邀请校外创新创业导师团队开设公选课程9门；2020年教育部高教司产学研合作协同育人项目立项2项，承办浙江省教育厅创业导师培育工程项目，为全省30余所高校培养了237名创业导师，为学校培养了46名创业导师，连续第三期承担嘉兴市人力资源和社会保障局创业培训任务，182名学生取得创业培训合格证书；启动“创新创业类‘1＋N’平台”建设。完成互联网＋大学生创新创业大赛的组织推进工作，完成“学创杯”2020全国大学生创业综合模拟大赛、第九届中国创新创业大赛（浙江赛区）暨第七届浙江省“火炬杯”创新创业大赛等7个赛事的组织工作并取得优异成绩；启动《同济大学浙江学院大学生创新创业实训中心》建设，筹建同浙创业者联盟；成立创意创新创业“三创研习社”学生社团。

学校高度重视大学生创新活动，2020年共结项78个，参与学生373人，开题立项88个，参与学生516人，推荐省新苗人才计划项目10项。组织开展创新能力与素质拓展学分认定，认定范围涵盖专业拓展、创新创业、国际交流三大方面，2020届毕业生四年累计共1200名学生获得创新学分，占总毕业生数的49.40%，人均认定2.57学分。继续完善学科竞赛管理机制和分类导向，促进学生高水平竞赛的参与度。全年共参加全国及省内的各类竞赛参赛项目57个，获得各级各类一等奖18项、二等奖48项、三等奖51项。值得一提的是当年省A类（校Ⅰ类）竞赛中第六届大学生证券投资竞赛，第十届大学物理科技创新竞赛实现了一等奖零的突破。此外，学校田径队、健美操队、足球队、男子篮球队、乒乓球队等运动队，也相继在省市比赛中取得了优异的成绩。

学校省部级以上项目取得突破，共有7项，其中国家自然基金课题1项、浙江省自然基金课题1项、浙江省软科学研究计划项目2项，浙江省哲学社会科学规划课题3项。组织申报12个类别共计90余项项纵向科研项目，纵向结题16项；横向项目合同签订42项，结题21项。发表文章165篇，论文质量比上年有所提高（其中SCI检索22篇、EI检索37篇）。授权实用新型专利8个，计算机软件著作权10个。依托嘉兴市重点实验室“土木与环境高性能功能材料实验室”形成了以土木环境为主要方向的科研团队，试验设施和装备逐步完善，已经开展科研和对外服务工作；还建设了文化创意为研究方向的团队、奥同中心团队、现代交通运输科研团队等。与嘉兴市经信局合作成立的“嘉兴市智能制造技术研究院”挂牌。2020年，奥克兰·同济康复医疗设备中心现有两款产品的产业化取得进展，已经具备提交医疗器械认证条件。

2020年学校各类案事件案发数量持续下降，治安环境持续向好发展。推进“智安校园”建设和安全管理信息化建设，全面建成监控系统、人脸识别系统、校门防冲撞系统、车辆道闸系统、访客系统、红外报警系统等多项信息化管理系统，学校被评为嘉兴市“智慧安防市级试点培育单位”；以防范电信诈骗为突破点，开辟各类安全教育渠道，开展各类安全教育活动，努力提升学生安全素养。继续抓好学生安全队伍建设，不断探索创新提升校园安全管理能级。

（盛羽洁）

科学研究与
科技开发

科学研究

【概况】 按照“聚集大团队、构建大平台、承担大任务、催生大成果”的工作思路，面向国际科学前沿、面向国家重大需求、面向经济建设主战场，着力提升科研质量和水平，不断提升科技创新能力。

科技活动总经费40.14亿元，在研项目5947项。其中国家重点研发计划531项，经费68776万元；国家科技重大专项52项，经费5249万元；国家自然基金项目1142项，经费30823万元。

国家重点研发计划保持良好态势。新增国家重点研发计划项目10项。其中依托学校并由学校专家作为项目负责人牵头承担的项目8项，另外2项是学校专家作为项目负责人依托相关企事业单位牵头承担。作为牵头单位获批的分别为：高亚威主持的“小鼠早期胚胎细胞分化与谱系确立的表观调控机制”、尹晓磊主持的“干细胞模拟胚胎发育和器官发生的机制研究及其转化应用”、刘世平主持的“韧性城市智能规划与仿真关键技术及应用”、冯世进主持的“低渗透地层原位增渗协同修复技术与装备”、杨洋主持的“用于肺癌免疫治疗的新型喷雾式纳米药物”、伊圣振主持的“基于列阵式多层膜分光器件的新型偏滤器等离子体诊断技术研究”、李岩主持的“芳纶蜂窝纸在我国大型客机上的应用研究”、张其林主持的“东南产村产镇减排增效技术综合示范”。学校专家作为项目负责人依托相关企事业单位牵头承担的项目分别为：金立军主持的“面向中小企业智能生产线关键技术共享服务平台研发”、何志颖主持的“干细胞治疗产品的规范化与规模化生产及质量评价研究”。此外，获批科技创新2030“新一代人工智能”重大项目3项，分别为蒲戈光主持的“人工智能安全可信理论及验证平台”、陈启军主持的“开放环境下的安全可信的人机共驾系统”、何斌主持的“基于数字孪生的室内服务机器人自主学习与进化关键技术”。

国家自然科学基金获批581项，总经费3.98亿元，均创历史新高，相比2019年，项目增幅12.6%，位居全国高校前列。其中获批创新研究群体1项；杰青4项、全国高校第15；优青9项，全国高校第11。重点项目14项、重点国际合作项目4项，全国高校第7。

谋划、培育深海科学研究中心、长三角可持续发展研究院、重大科技基础设施等平台，完善基地布局。2020年新增上海市航天测绘遥感与空间探测重点实验室、磁浮技术铁路行业重点实验室，上海区块链应用服务、上海人工心脏与心衰医学、上海超声诊疗工程技术研究中心，上海市干细胞临床诊疗工程研究中心等6个省部级基地。上海自主智能无人系统科学中心建设取得突破，科研基地列入上海市2020重大建设项目，已于8月开工，中心承担的上海市市级科技重大专项“人工智能前沿基础理论与关键技术——自主智能无人系统”实施方案获批。

获批中组部万人计划科技创新领军人才2人、上海市优秀学术带头人5人、青年优秀学术带头人4人、曙光人才计划6人、启明星人才计划A类11人、浦江人才计划12人等人才项目。获得国家奖5项，其中主持2项，包括国家自然科学奖1项、国家科技进步奖1项(以正式公布为准)。主持获得教育部科技奖6项，其中一等奖3项。主持获上海市科学技术奖31项，其中一等奖10项，青年科技奖2项，国际合作奖1项，覆盖面自然、发明、进步、科技精英和国际合作五个奖种。出版科技著作42部，编著27部。以同济大学为第一单位或通讯作者单位在CNS、PNAS及其子刊上发表高水平科研论文成果30篇。

申请专利1700件，其中发明1466件，实用新型217件，外观设计17件；授权专利973件，其中发明750件，实用新型215件，外观设计8件。转化专利54件，合同金额3000余万元。2020年同济大学申报并成功获批第二批教育部科技成果转化和技术转移基地、首批国家知识产权示范高校。(杨博欣)

【同济大学与上海申康医院发展中心签约，合作建设同济大学附属口腔医院】 4月14日下午，同济大学与上海申康医院发展中心签署协议，在保持同济大学附属口腔医院现有党组织隶属关系、人事、财务资产、科研教学等方面的管理机制不变的前提下，双方携手在规划发展、医院管理等方面合作建设同济大学附属口腔医院。

(杨博欣)

【附属同济医院获“肝胆胰外科ERAS标准病房”授牌】 9月4日，国际肝胆胰协会中国分会上海ERAS(加速康复外科)标准病房授牌仪式举行，附属同济医院普通外科肝胆胰病区获颁“肝胆胰外科ERAS标准病房”铜牌。全国“肝胆外科ERAS标准病房”评审活动是由国际肝胆胰协会中国分会ERAS专业委员会和湖北陈孝平科技发展基金会联合发起的。

(杨博欣)

【同济大学入选教育部教育融媒体试点】 11月12—13日，2020年教育融媒体建设试点工作推进会在西安交通大学举行。会上公布了第二批教育融媒体建设试点单位入选名单，并为试点单位授牌。同济大学入选。

(杨博欣)

【同济大学医学院呼吸病研究所成立】 11月12日，由同济大学附属上海市肺科医院牵头，集中同济多家附属医院共同成立的同济大学医学院呼吸病研究所揭牌。副校长陈义汉，中华医学会呼吸分会主委、瑞金医院党委书记瞿介明，卫健委科教处处长张勘，同济大学医学院院长郑加麟等出席揭牌仪式并分别致辞。

(杨博欣)

【附属同济医院医疗集团眼科联盟及日间病房揭牌】 12月5日,第二届中德同济眼科新技术论坛暨同济医院医疗集团眼科联盟及日间病房揭牌仪式在附属同济医院举行。校党委副书记吴广明、德国眼科学会主席Claus Cursiefen,以及医学院,附属同济医院,德国科隆大学附属医院,日本横滨市立大学医学院,新加坡国立眼科中心,上海交通大学附属第一、第九、第六人民医院、瑞金医院、仁济医院,温州医科大学附属眼视光医院,吉林大学附属第二医院,昆明医科大学第一附属医院,山东省眼科研究所,北京301医院,北京大学附属第三医院,中山眼科中心,南京医科大学附属南京第一医院,南京中医药大学附属医院,安徽医科大学,以及来自江苏、上海、安徽、内蒙古、云南、山西、浙江、湖北等地27家合作单位的专家代表线上线下参加。

(杨博欣)

【同济大学"中意司法研究中心"揭牌成立】 12月18日,由同济大学法学院、中意学院共同组建,意大利比萨大学作为合作伙伴的"中意司法研究中心"在同济大学揭牌,中意司法报告会同时举行。副校长顾祥林、意大利原经济发展部副部长杰拉奇(Michele Geraci)为中心揭牌。意大利安启建律师事务所上海代表处律师Hermes Pazzaglini、意大利德恩瑞律师事务所上海代表处律师Carlo D'Andrea,同济大学法学院、中意学院、外事办公室相关负责人及师生代表现场参加了揭牌仪式。比萨大学副校长Michela Passalacqua等通过网络视频参加了仪式。

(杨博欣)

【同济东方中德医学院、国家干细胞转化资源库揭牌】 12月26日上午,同济大学附属东方医院建院100周年庆祝大会在上海国际会议中心举行。会上,浦东新区与同济大学共建、附属东方医院承建的同济东方中德医学院和依托同济大学附属东方医院建设的国家干细胞转化资源库揭牌。

(杨博欣)

【"艺术、时尚及算法设计"学术研讨会在同济大学举办】 "艺术、时尚及算法设计"学术研讨会在同济大学举办。中国工程院院士、同济大学校长陈杰,副校长吕培明,党委副书记吴广明,著名歌唱家、国家一级演员谭晶以及同济大学设计创意学院、艺术与传媒学院以及艺术中心的相关负责人及教师、学生代表参加了研讨会。

(杨博欣)

【专家齐聚同济探讨城市应急管理与生物安全体系建设】 4月13日,上海市知名专家诸大建、张维为、卢洪洲、刘中民、赵来军等二十余人齐聚同济大学附属东方医院,探讨"后疫情时代城市应急管理与生物安全体系建设"。

(杨博欣)

【部校共建马克思主义学院工作推进会在同济大学举行】 5月28日下午,上海市委宣传部在同济大学四平路校区举行部校共建马克思主义学院工作推进会,总结部校共建马克思主义学院成效,交流共建经验,研究部署共建下一步工作。会上,上海市委宣传部与同济大学签约共建马克思主义学院,部校共建同济大学马克思主义学院揭牌;市委宣传部分别与复旦大学、华东师范大学签约实施新一轮部校共建马克思主义学院。上海市委常委、宣传部部长周慧琳,市委宣传部副部长、市新闻出版局局长徐炯,上海市教卫工作党委副书记、市教委副主任李昕,复旦大学党委书记焦扬,党委常委、副校长陈志敏,同济大学党委书记方守恩,党委副书记吴广明、冯身洪,华东师范大学党委书记梅兵、党委常务副书记王宏舟,华东政法大学党委书记郭为禄,党委常委、副校长周立志等出席会议。

(杨博欣)

【上海高校国际青年学者论坛启动仪式在上海人工智能岛(同济大学)举行】 5月30日晚,上海高校国际青年学者论坛启动仪式在上海人工智能岛(同济大学)举行,来自近30个国家和地区的200余名国际一流专家学者和1000余名青年学者通过网络平台同步视频参会。教育部副部长田学军、上海市副市长陈群分别发来视频致辞。上海市政府副秘书长虞丽娟,市人才办主任冷伟青,市教卫工作党委书记沈炜、副书记王平,同济大学党委书记方守恩、校长陈杰等领导出席了本次论坛启动仪式现场,与青年学者代表共同启动论坛。

(杨博欣)

【同济大学创新创业日太原站—轨道交通科技专场活动举办】 7月30日,同济大学与太原市人民政府在太原同创谷国际路演中心共同举办"同济大学创新创业日太原站—轨道交通科技专场"活动。同济大学党委副书记徐建平、太原市委副书记李新春,同济大学相关学院、太原市政府相关部门以及太原中铁轨道交通建设运营有限公司、中国铁建电气化局集团有限公司新型建筑工程公司等单位代表出席活动。

(杨博欣)

【同济大学外国语学院承办第四届《外国语》翻译研究高层论坛】 8月15日,以"当下翻译研究的热点问题与理论探索"为主题的第四届《外国语》翻译研究高层论坛线上举行。此次会议在线聚集了国内翻译界知名学者,与会专家围绕对外话语能力提升、译学理论建构、应用翻译研究、翻译教育发展等议题展开精彩研讨,新说频现、锐见迭出。

(杨博欣)

【上海高校学习《习近平谈治国理政》第三卷交流会暨新时代中国共产党与国家治【《中国科学:信息科学》杂志第十一届编委会第三次全体会议在同济大学举行】 9月12日,《中国科学:信息科学》杂志第十一届编委会第三次全体会议在同济大学四平路校区举行。《中国科学:信息科学》编委会全体编委和《中国科学:信息科学》编辑部编辑参会。同济大学党委书记方守恩、校长陈杰出席会议,方守恩致欢迎辞。有关负责人表示,此次会议召开也是积极响应、学习贯彻9月11日习近平总书记在科学家座谈会上的讲话精神。

(杨博欣)

【同济大学共同承办创新与新兴产业发展国际会议“人工智能技术与产业专题会”】 作为第22届中国国际工业博览会的主要活动之一,由中国工程院、上海市人民政府、工业和信息化部牵头,会同国家发展和改革委员会、科学技术部、商务部、中国科学院、中国国际贸易促进委员会、联合国工业发展组织等部门联合举办的创新与新兴产业发展国际会议9月15日至17日在沪举办。本次会议包括大会和8场平行专题会,其中“人工智能技术与产业专题会”由同济大学牵头建设的上海自主智能无人系统科学中心、中国工程院信息与电子工程学部、机械与运载工程学部、工程管理学部共同承办,于9月16日在同济大学举行。专题会以“人工智能技术赋能产业创新”为主题,围绕人工智能前沿和新兴产业发展,就人工智能重大技术创新及新兴产业发展问题进行开放式研讨交流,会议包含主旨报告和圆桌讨论。

(杨博欣)

【同济大学共同承办创新与新兴产业发展国际会议“现代交通工程技术与产业专题会”】 创新与新兴产业发展国际会议9月15至17日在沪举办。本次会议包含大会和8个专题会,其中现代交通工程技术与产业专题会由中国工程院土木、水利与建筑工程学部联合机械与运载工程学部、工程管理学部和同济大学共同承办,并由多所大学、学会、大型企业联合承办,中国工程院院士杜彦良任大会组委会主席,同济大学土木工程学院院长赵宪忠教授任大会秘书长。来自中国、美国、加拿大、英国、德国、日本、法国、丹麦、瑞典、奥地利等10个国家的25名海内外院士、专家齐聚一堂。

(杨博欣)

【同济大学联合主办“城市应急管理与治理体系建设学术论坛”】 9月25日,由同济大学联合清华大学、湖南工商大学共同发起主办的“城市应急管理与治理体系建设学术论坛”在上海国际会议中心召开,四十余位城市治理和灾难应急管理领域的院士、教授参会,交流学术成果,共同研讨城市应急管理体制机制建设。上海市委常委、浦东新区区委书记翁祖亮,上海市政府副秘书长、浦东新区区长杭迎伟,中国工程院工程管理学部主任、中国工程院院士胡文瑞,湖南工商大学校长、中国工程院院士陈晓红,清华大学建筑学院院长、中国工程院院士庄惟敏,同济大学党委书记方守恩、校长陈杰等出席论坛。

(杨博欣)

【商用航空发动机适航技术论坛在学校举行】 9月25日,由中国航空学会适航分会、中国航空发动机集团适航工程中心主办,中国航发商发一同济大学适航技术联合创新中心承办的“商用航空发动机适航技术论坛”在同济大学举行。副校长雷星晖、中国航发商发副总经理曾海军出席论坛并致辞。来自中国民航华东地区管理局、中国民航上海航空器适航审定中心、中国民用航空航油航化适航审定中心、上海市经信委,以及相关企业、高校、研究机构等38家单位的近200位领导、专家参加了论坛。

(杨博欣)

【生命科学与技术学院参与承办第九届全国生物信息学与系统生物学学术大会】 9月26至29日,由中国生物信息学学会(筹)主办,同济大学和复旦大学共同承办的第九届全国生物信息学与系统生物学学术大会举行。副校长顾祥林出席会议开幕式并致辞。来自全国生物信息领域及其相关领域的700余名专家学者、研究人员和企业代表参加会议。

(杨博欣)

【2020年全国知识产权统计工作处级干部培训班在同济大学上海国际知识产权学院举行】 10月16日,全国知识产权统计工作处级干部培训班在同济大学上海国际知识产权学院召开。国家知识产权局战略规划司二级巡视员王晓浒,同济大学副校长雷星晖和同济大学上海国际知识产权学院负责人出席本次活动。本次培训班由国家知识产权局战略规划司主办,同济大学上海国际知识产权学院、同济大学知识产权大数据实验室、国家知识产权培训(上海)基地承办。来自国家知识产权局和全国30个省(自治区、直辖市)知识产权局的43位代表参加培训。

(杨博欣)

【同济大学共同承办第353期东方科技论坛】 10月16日,全国知识产权统计工作处级干部培训班在同济大学上海国际知识产权学院召开。国家知识产权局战略规划司二级巡视员王晓浒,同济大学副校长雷星晖和同济大学上海国际知识产权学院负责人出席本次活动。本次培训班由国家知识产权局战略规划司主办,同济大学上海国际知识产权学院、同济大学知识产权大数据实验室、国家知识产权培训(上海)基地承办。来自国家知识产权局和全国30个省(自治区、直辖市)知识产权局的43位代表参加培训。

(杨博欣)

【第十七届上海知识产权国际论坛分论坛暨2020同济知识产权国际论坛在同济大学召开】 10月21日,第十七届上海知识产权国际论坛分论坛暨2020同济知识产权国际论坛在同济大学召开,上海市知识产权局党组书记、局长芮文彪,同济大学副校长雷星晖出席并致辞。本届分论坛主题为“数字经济加速发展中的知识产权保护”,由上海市知识产权局主办,上海知识产权学院与同济大学中欧创新政策与法律研究中心承办。来自上海市知识产权局、上海市高级人民法院、中国社会科学院、同济大学、复旦大学、上海交通大学、德国慕尼黑大学、日本东京大学、日本一桥大学、北京市集佳律师事务所上海分所等单位的代表参加论坛。

(杨博欣)

【同济大学共同承办2020年浦江创新论坛】　以“科技合作与创新共治”为主题的2020年浦江创新论坛10月22日在上海开幕。国务院总理李克强、主宾国塞尔维亚总理布尔纳比奇分别发表视频致辞。上海市委书记李强,科技部部长王志刚,上海市委副书记、市长龚正,上海市政协主席董云虎,上海市委副书记于绍良出席论坛开幕式。浦江创新论坛主席、中科院院士徐冠华主持开幕式。浦江创新论坛理事会副理事长赵启正,同济大学党委书记方守恩、副校长吴志强,有关高校、科研机构、中央企业负责人及专家学者代表,科技部和上海市有关部门负责人,部分国家驻沪领馆代表,国内外科技界、产业界、金融界代表出席论坛。

（杨博欣）

【同济大学共同承办“环境与健康”院士沙龙】　10月28日,由上海市中国工程院院士咨询与学术活动中心主办,同济大学环境科学与工程学院、上海交通大学医学院、上海市政工程设计研究总院(集团)有限公司、江西省宜春市人民政府共同承办的“环境与健康”院士沙龙在江西省宜春市举行,本次沙龙得到了中国工程院环境与轻纺工程学部、医药卫生学部的大力支持。

（杨博欣）

【由同济大学主办的第17届中国城市规划学科发展论坛在线举行】　10月31日,第17届中国城市规划学科发展论坛暨2020年“金经昌中国城市规划优秀论文奖”颁奖在线举行。本届论坛由金经昌/董鉴泓城市规划教育基金、《城市规划学刊》编辑部、同济大学建筑与城市规划学院、上海同济城市规划设计研究院有限公司主办,中国城市规划学会学术工作委员会参与联合主办。论坛首次采用“网络会议+线上直播”的形式,吸引了千余位专家学者、规划工作者和规划专业师生在线参与。

（杨博欣）

【同济大学承办的2020中国自动化大会】　11月7日,由中国自动化学会主办,同济大学、上海自主智能无人系统科学中心承办的2020中国自动化大会在上海国际会议中心盛大开幕,来自国内自动化领域的近三千名科技工作者参加线下大会。

（杨博欣）

【同济大学联合主办“打造中欧绿色与数字合作伙伴关系:路径与前景”学术研讨会】　11月7日,由中国德国友好协会、上海欧洲学会、同济大学德国研究中心、同济大学中德人文交流研究中心联合主办的“打造中欧绿色与数字合作伙伴关系:路径与前景”学术研讨会在沪召开。中国德国友好协会会长、同济大学名誉教授、中国原驻德国大使史明德,同济大学常务副校长伍江、上海欧洲学会会长徐明棋代表主办方致开幕辞。来自商务部、外交部、财政部、生态环境部等部委和中国社会科学院、中国国际问题研究院、中国现代国际关系研究院、上海国际问题研究院、上海社会科学院、同济大学、复旦大学、华东师范大学、上海外国语大学等高校、科研单位的60余位专家学者和部分企业代表参会。

（杨博欣）

【同济大学联合主办首届全国智能建造学术大会】　由中国土木工程学会、同济大学、中国建筑集团有限公司联合主办,同济大学承办的首届全国智能建造学术大会,12月17日在上海举办,大会以“数字孪生与智能建造”为主题。来自全国各高校、企业智能建造领域的学者专家400余人与会,分享最新科研成果和工程应用,探索智能建造未来发展趋势和发展道路。

（杨博欣）

【同济大学联合主办第四届国际智能地下空间大会】　12月19至20日,由同济大学、法国里尔大学共同主办的第四届国际智能地下空间大会在上海举行。中国科学院院士、同济大学教授孙钧,中国工程院院士、深圳大学土木与交通工程学院院长陈湘生,上海市科协党组书记、副主席马兴发,上海市公路学会理事长戴晓坚,上海市住房和建设管理委员会总工程师刘千伟,同济大学党委副书记、纪委书记方平,上海市普陀区规划和自然资源局局长彭波等出席会议。

（杨博欣）

【同济大学联合主办“双循环”背景下上海创新策源能力提升研讨会】　11月29日,由同济大学、上海市人民政府发展研究中心主办,同济大学上海市产业创新生态系统研究中心承办的“双循环”背景下上海创新策源能力提升研讨会在同济大学举行。副校长吕培明出席会议并致辞。来自中国科学院、上海市人民政府发展研究中心、上海市科委、上海社科院、前滩综研、解放日报社、文汇报社、同济大学、复旦大学、上海市科技管理干部学院、上海立信会计金融学院等单位的专家学者与会,共同围绕主题进行了系列主题发言和深入研讨。

（杨博欣）

【同济讲座教授摘获国际科学技术合作奖】　1月10日举行的2019年度国家科学技术奖励大会上,以同济大学为第一合作单位、同济大学讲座教授赫伯特·芒(Herbert A. Mang)被授予中华人民共和国国际科学技术合作奖,成为获此殊荣的首位奥地利籍科学家。

（杨博欣）

【同济大学周彩存教授获2019年度国家科技进步二等奖】　1月10日,同济大学医学院肺部肿瘤研究所所长、医学院肿瘤学系主任、附属肺科医院肿瘤科主任周彩存教授和他的团队完成的“肺癌精准诊疗关键技术研究与推广应用”项目获颁2019年度国家科技进步奖二等奖。

（杨博欣）

【同济大学王占山教授及其团队获2019年度国家技术发明奖二等奖】在1月10日举行的2019年度国家科学技术奖励大会上,同济大学物理科学与工程学院王占山教授领衔完成的“多功能强激光薄膜器件设计与全流程制作技术及应用”项目,获国家技术发明奖二等奖。

（杨博欣）

【同济大学石建勋教授两项成果获"2019年度CTTI来源智库优秀成果奖"】 由同济大学国家创新发展研究院首席专家、同济大学财经研究所所长石建勋教授研究撰写的《四川彭州深化农村金融供给侧改革案例》《建设"幸福社会":国家治理现代化建设新目标》,分别入选2019年度CTTI(中国智库索引)智库最佳实践案例、CTTI来源智库2019年度优秀成果。据悉,全国不足10家智库同时获得最佳实践案例、智库优秀成果两项奖项。

(杨博欣)

【同济大学7项研究成果获上海市决策咨询研究成果奖,获奖数创新高】 第十二届上海市决策咨询研究成果奖奖励名单公布,同济大学共有7项研究成果获奖,创历史新高。其中,一等奖1项,二等奖5项,三等奖1项。

(杨博欣)

【同济大学23个专业入选国家级一流本科专业建设点】 教育部发布了2019年度国家级和省级一流本科专业建设点名单,教育部认定首批4054个国家级一流本科专业建设点,其中中央"赛道"1691个、地方"赛道"2363个。同济大学共有23个专业入选国家级一流本科专业建设点,居上海高校首位。学校另有2个专业入选省级一流本科专业建设点。

(杨博欣)

【同济团队荣获2019年度华夏医学科技奖一二三等奖】 由中国医疗保健国际交流促进会主办的2019年度华夏医学科技奖颁奖大会在广东省珠海市举行。同济团队荣获2019年度华夏医学科技奖一等奖1项,二等奖1项,三等奖2项。

(杨博欣)

【同济大学入选交通运输新型智库联盟第一届理事单位】 1月8日,交通运输部在北京召开了交通运输新型智库联盟成立大会,同济大学入选第一批理事单位。交通运输部党组成员、副部长刘小明出席会议并讲话。同济大学党委副书记冯身洪、交通运输工程学院党委副书记邹晓磊、中国交通研究院副院长王洧参加会议。

(杨博欣)

【同济大学获6项中国产学研合作创新与促进奖】 第十三届中国产学研合作创新大会在北京举行,会议表彰了2019年在产学研合作成果转化、工匠精神等方面作出贡献的先进单位和个人。同济大学荣获6项中国产学研合作创新与促进奖。

(杨博欣)

【同济大学国家海底科学观测系统项目办公室获评"2019年度上海市重点工程实事立功竞赛优秀团队"】 2019年度上海市重点工程实事立功竞赛表彰大会举行,同济大学国家海底科学观测系统项目办公室获评"2019年度上海市重点工程实事立功竞赛优秀团队"。

(杨博欣)

【上海市委书记李强调研同济疫苗研发团队】 2月6日上午,上海市委书记李强前往部分生物医药科技企业,实地调研防控新型冠状病毒感染的肺炎疫情科研攻关情况,深入听取专家和科研团队的意见建议。李强指出,战胜疫病需要科技支撑,科研攻关必须争分夺秒。要坚决贯彻落实习近平总书记关于疫情防控的重要指示精神,坚持把人民群众生命安全和身体健康放在第一位,各高校、科研院所和科技企业要根据当前疫情防控急需,依托各自特色优势,全力以赴开展科研攻关,发扬科学精神、创新精神、拼搏精神、奉献精神,时不我待、只争朝夕,努力为全国打赢疫情防控阻击战贡献科技力量、上海力量。市领导吴清、诸葛宇杰参加调研。

(杨博欣)

【同济一集体一个人分别被授予"全国卫生健康系统新冠肺炎疫情防控工作先进集体""先进个人"称号】 3月4日,国家卫生健康委、人力资源社会保障部、国家中医药管理局印发《关于表彰全国卫生健康系统新冠肺炎疫情防控工作先进集体和先进个人的决定》,授予全国113个集体"全国卫生健康系统新冠肺炎疫情防控工作先进集体"称号,授予472人"全国卫生健康系统新冠肺炎疫情防控工作先进个人"称号,追授34人"全国卫生健康系统新冠肺炎疫情防控工作先进个人"称号。同济大学附属东方医院国家紧急医学救援队、附属东方医院主任技师吴文娟分别荣获"先进集体""先进个人"称号。

(杨博欣)

【同济大学一项合作研究成果入选"2019中国光学十大进展"(应用研究类)】 3月20日,中国激光杂志社发布"2019年度中国光学十大进展"(第十五届),共有20项成果获此殊荣(基础研究类与应用研究类各10项)。其中,中科院上海微系统与信息技术研究所欧欣课题组和同济大学物理学院黄秋实副教授、王占山教授团队合作的"晶圆级亚50nm周期光栅器件制备"入选应用研究类十大进展。

(杨博欣)

【《同济大学学报》(社会科学版)接连斩获多项荣誉】 中国人民大学人文社会科学学术成果评价研究中心发布最新评价成果,在2019年度复印报刊资料转载指数全国高等院校主办学报排名项中,《同济大学学报》(社会科学版)全文转载率排名晋升至前十位,位居全国第9,上海高校第2。在综合指数和全文转载量排名中,学报名次亦均有所提升,分别为全国第15名和第21名。在不久前由全国高等学校文科学报研究会举办的第六届高校社科期刊评优活动中,《同济大学学报》(社会科学版)获评"全国高校社科精品期刊",学报《德法哲学》栏目获评"全国高校社科期刊特色栏目",学报主编孙周兴教授获评"全国高校社科期刊优秀主编"。

(杨博欣)

【中国标准化协会来信感谢同济大学为国家标准研制作出的贡献】 同济大学收到中国标准化协会发来的《感谢信》,来函感谢同济大学为《应急医用模块化隔离单元通用技术要求》国家标准研制作出的贡献。信中写道,当前新冠肺炎疫情在全球蔓延,一些国家医院隔离设施严重不足，急需进口我国应急医用模块化隔离单元，但由于国内外缺乏相关检验标准，导致我国产品出口受阻。为此，国家市场监管总局紧急行动，组织中国标准化协会和相关单位加快标准各环节流程，同步推进外文版翻译、国际标准提审申报工作。市场监管总局指定中国标准化协会牵头负责的《应急医用模块化隔离单元通用技术要求》国家标准研制、外文版翻译任务经过10天的集中攻关，完成了 GB/T 38800－2020，并正式向 ISO/TC209(国际标准化组织洁净室与相关受控环境技术委员会技术委员会)提交国际标准提案。

(杨博欣)

【同济大学为可持续发展贡献力量】 4月22日晚7时，泰晤士高等教育发布第二届世界大学影响力排名，展现了全球大学为实现联合国17项可持续发展目标而采取的行动。同济大学列全球榜单第13位、亚洲榜单首位。在联合国可持续发展目标7(经济适用的清洁能源)的排名中全球第一，在联合国可持续发展目标6(清洁饮水和卫生设施)的排名中全球第二。

(杨博欣)

【同济牵头完成的24项成果(人)获上海市科学技术奖】 5月19日，上海市科学技术奖励大会在上海展览中心举行，2019年度上海市科学技术奖一共授奖308项(人)。以同济大学为第一完成单位的24项成果(人)获奖，其中，一等奖13项、二等奖5项、三等奖4项，青年科技杰出贡献奖、国际科学技术合作奖各1项。

(杨博欣)

【同济设计集团斩获上海市质量金奖】 上海市人民政府发布了《关于表彰2019年度上海市政府质量奖获奖组织和个人的决定》，共授予10家组织、5位个人2019年度上海市质量金奖，同济大学建筑设计研究院(集团)有限公司(以下简称集团)荣获该奖项。

(杨博欣)

【同济大学院校研究数据分析系统入围泰晤士高等教育亚洲"年度技术创新奖"】 6月3日，泰晤士高等教育举办亚洲直播会议，揭晓了"泰晤士高等教育亚洲大奖"的入围名单。同济大学入围该大奖"年度技术创新奖"。此奖项共有8所亚洲高校入围，其中2所来自中国大陆地区，分别为同济大学和清华大学。大奖的最终结果将于今年11月举行的线上峰会上揭晓。

(杨博欣)

【首份《上海城市运行安全发展报告(2016－2018)》蓝皮书发布】 6月10日，由同济大学城市风险管理研究院、上海市建筑科学研究院(集团)有限公司、上海市安全生产科学研究所、同济大学出版社等单位共同编撰出版的首份《上海城市运行安全发展报告(2016－2018)》蓝皮书发布。这是关于上海城市运行安全的首份"体检"报告。报告通过对近三年城市运行现状梳理，从城市建设、设施运行、消防火灾等六大重点领域进行了安全评分。这次对上海所做的"体检"结果显示，2016年至2018年上海城市运行安全。重点领域中危化品、消防和设施运行处于安全状态，特种设备、城市建设和自然灾害处于较安全状态。

(杨博欣)

【英国工程技术学会与同济大学合作推出区块链领域全球首本国际期刊"IET Blockchain"】 7月10日，在2020世界人工智能大会云端峰会上，英国工程技术学会(IET)与同济大学、上海区块链应用服务工程技术研究中心合作推出的全新开放获取期刊"IET Blockchain"发布。这是区块链专业领域全球第一本国际期刊，旨在发表与区块链基础理论、应用技术及产业发展相关的前沿研究成果、科技创新和最新观点。

(杨博欣)

【同济医学四位教授荣获2020年"上海医务工匠"荣誉称号】 上海市医务工会组织开展2020"上海医务工匠"评选表彰活动。经单位推荐、资格审查、专家评审、社会公示等环节，由上海市医务工会常委会审议决定，同济大学附属第十人民医院徐亚伟教授、附属同济医院靳令经教授、附属东方医院徐美东教授、附属第一妇婴保健院孙路明教授荣获2020年"上海医务工匠"称号。

(杨博欣)

【同济团队联合主持的"南海冷水珊瑚"载人深潜航次告捷】 8月14日至9月7日，由同济大学、中国科学院深海科学与工程研究所联合主持的TS2－1－3航次赴南海东北部峡谷区和中央海盆海山链执行科考任务，开展载人深潜24次。其中，同济大学海洋与地球科学学院院长翦知湣教授率领8人团队下潜14次。TS2－1－3载人深潜航次由中科院深海所所长、研究员丁抗担任领队，深海所副所长、研究员彭晓彤和同济大学翦知湣教授担任联合首席科学家，来自国内9家单位的60名船员、潜航员、工程师和科学家合作执行。TS2－1－3航次是今年初刚刚交付的"探索二号"母船的首次合作科考航次，也是"深海勇士"号载人深潜器首次搭载"探索二号"母船进行联合科考作业。参航人员通力配合，圆满完成载人深潜科考任务。

(杨博欣)

【建筑设计研究院(集团)有限公司斩获4项2019年度上海市既有建筑绿色更新改造评定奖】 上海市绿色建筑协会举办《上海绿色建筑发展报告》发布会，同时对"2019年度上海市既有建筑绿色更新改造评定"获奖项目进行表彰。同济大学建筑设计研究院(集团)有限公司荣获"2019年度上海市既有建筑绿色更新改造评定"铂金奖2项、金奖1项、银奖1项。

(杨博欣)

【同济大学铁道与磁浮科普实践教育基地被认定为"全国铁路科普教育基地"】 中国铁道学会根据科普教育基地认定与管理办法，经单位申报和专家评审，认定同济大学铁道与磁浮科普实践教育基地等16家单位为"全国铁路科普教育基地"。

(杨博欣)

【中国驻汉堡总领馆来函感谢同济大学对中国与北德地区高校合作研讨会

的大力支持】 9月，同济大学收到中国驻汉堡总领馆发来的感谢信，来函感谢同济大学对中国与北德地区高校合作研讨会给予的大力支持。信中说，在同济大学大力支持下，驻汉堡总领馆在庆祝中华人民共和国成立71周年在线招待会前，与中国驻德国大使馆教育处联合举办了中国与北德地区高校合作线上研讨会，15所中国与北德地区高校负责人参会。同济大学吴志强副校长出席研讨会并致辞，受到参会各方一致赞誉。

（杨博欣）

【同济大学技术转移中心入选"2020全球百佳技术转移案例"】 在9月8日举行的2020中国国际服务贸易交易会中国国际技术贸易论坛上，中国国际科技交流中心联合中国科技评估与成果管理研究会及多家具有国际影响力机构发布了"2020年全球百佳技术转移案例"，同济大学技术转移中心成功入选。

（杨博欣）

【同济大学多用途智能无人船亮相2020线上智博会】 9月15日至17日，2020线上中国国际智能产业博览会在重庆举行，3天时间里，超过1800万人次涌进了智博会线上展厅。在诸多科技展品中，同济大学重庆研究院推出的智能环境监测无人船受到青睐。这款流线型全碳纤维船体设计智能环境监测无人船，能够自主实现监测作业、自主避障导航、污染追踪报警、环境治理等多个功能，它具备先进的任务航线规划、自主避障算法，并配以多参数水质监测传感器及环境治理设备，可实现环境监测治理协同模式。

（杨博欣）

【同济大学获第二十二届中国国际工业博览会多个奖项】 在9月15日至19日举办的第二十二届中国国际工业博览会上，同济大学获得大会创新引领奖、高校展区和双创展区优秀展品奖、优秀组织奖等多个奖项，获奖数量和分量在高校展区中均名列前茅。交通运输工程学院杜豫川教授团队荣获本届工博会"CIIF创新引领奖"，汽车学院熊璐教授团队、电子与信息工程学院刘儿兀教授团队获得高校展区优秀展品奖，学校三个项目获得高校展区优秀创新创业展品奖。此外，工博会高校展区组委会授予同济大学"高校展区优秀组织奖"，授予陈祯"高校展区先进个人"。

（杨博欣）

【同济大学获中国汽车工业科学技术奖3项、优秀科技人才奖1项】 10月28日，2020年度中国汽车工业科学技术奖颁奖典礼举行，同济大学获技术发明奖1项、科技进步奖2项、优秀科技人才奖1项。其中，以同济大学为第一完成单位、以同济大学熊璐教授为第一完成人的项目荣获技术发明奖一等奖；以同济大学为第三完成单位、以同济大学魏学哲教授为第一完成人的项目荣获科技进步奖一等奖；同济大学合作完成的1项目获科技进步奖二等奖；同济大学上海地面交通工具风洞中心主任杨志刚荣获"优秀科技人才奖"。

（杨博欣）

【同济大学创办的英文期刊"Underground Space"入选Web of Science数据库】 由同济大学创办并主办的英文期刊"Underground Space"被Web of Science数据库收录。该期刊2015年入选中国科技期刊国际影响力提升计划（D类项目），2019年9月入选Scopus数据库，当年9月入选Web of science。

（杨博欣）

【同济大学磁浮中心助力新一代中低速磁浮列车完成量产前测试】 由中车大连机车车辆有限公司研发的我国新一代中低速磁浮列车在同济大学上海临港线完成了量产前的系列测试，标志着该车型已经具备量产条件。

（杨博欣）

【同济大学主办的英文学术期刊"Built Heritage"被Scopus数据库收录】 11月，同济大学主办的英文学术期刊*Built Heritage*（《建成遗产》）被全球最大的同行评议出版物文摘和引文数据库Scopus收录。"Built Heritage"创刊于2017年3月，由教育部主管，同济大学主办，常青院士担任主编，周俭教授担任联合主编，是我国历史建成物及其环境（historic built artefacts and environment）研究、保护与再生领域的第一本综合性专业英文期刊。自2020年起，该刊由同济大学出版社与施普林格·自然集团合作在线出版。

（杨博欣）

【同济力量助力嫦娥五号完成高难度落月】 北京时间2020年12月1日23时11分左右，嫦娥五号探测器的着陆器、上升器组合体成功实现在月面预定区域软着陆。同济大学航天测绘遥感与深空探测研究团队贡献重要科学技术，为嫦娥五号激光三维成像系统在极短成像时间条件下实现量测级探测精度提供了重要支撑，以高可信度探测出威胁安全软着陆的月石月坑障碍。

（杨博欣）

【同济大学与重庆环卫集团将合作攻关垃圾处置关键技术及设备研发】 12月17日，重庆市环卫集团有限公司与同济大学签订科研合作框架协议，将共同攻关多源有机固废处置顶尖技术装备，共同推进固废处置领域顶尖科研平台建设，共同组建国固废处置领域顶级科研团队，以科技创新催生新发展动能，为推动城市高质量发展、创造高品质生活蓄积新动能。

（杨博欣）

【同济大学附属医院获上海市卫生健康系统"创新医疗服务品牌"6项、"援鄂创新医疗服务项目"5项】 12月14日，上海市卫生健康系统第四批"创新医疗服务品牌"入选品牌和"援鄂创新医疗服务项目"双双公布。同济大学附属医院6个项目获评第四批"创新医疗服务品牌"，5个项目获评"援鄂创新医疗服务项目"。

（杨博欣）

【同济大学与广联达共建"智能建造联合研究中心"，教育发展基金同步设立】 12月19日，同济大学与广联达科技股份有限公司签署合作协议，共建"同济大学－广联达智能建造联合研究中心”，并同步设立教育发展基金。副校长顾祥林、广联达董事长刁志中，以及同济大学土木工程学院、工程与产业研究院、教育发展基金会负责人等出席仪式。中心主任肖菁，嘉定区科委副主任金世珍，副校长吴志强、顾祥林等出席发布。

（杨博欣）

【同济大学发布“十大最具转化潜力科技成果”】 12月22日，同济大学发布2020年度“十大最具转化潜力科技成果”，成果涵盖了工程制造、绿色环保和生物医药等多个领域。上海市教委科技处处长许开宇，上海市科委创新服务处副处长梁冰，杨浦区科委主任肖菁，嘉定区科委副主任金世珍，副校长吴志强、顾祥林等出席发布会。

（杨博欣）

【同济大学黄宏伟教授获国际岩土工程安全学会突出贡献奖】 在第七届国际岩土工程安全和风险研讨会（ISGSR2019）上，因在岩土工程风险与可靠度领域作出的一系列突出贡献，同济大学黄宏伟教授日前获2019年度国际岩土工程安全学会颁发的突出贡献奖（GEOSNet Award），2019年全球仅三人获奖。

（杨博欣）

【同济大学建筑与城市规划学院周俭教授被授予“全国工程勘察设计大师”称号】 住房和城乡建设部公布了第九批全国工程勘察设计大师名单，此次一共授予60名同志“全国工程勘察设计大师”称号，同济大学建筑与城市规划学院教授、上海同济城市规划设计研究院院长周俭榜上有名。

（杨博欣）

【同济大学化学科学与工程学院博士后研究人员陈双双入选2020年“CAS未来领袖”】 2020年“CAS未来领袖”计划的获奖者名单公布，同济大学化学科学与工程学院博士后研究人员陈双双博士入选其中，成为今年中国唯一获选者。

（杨博欣）

【同济大学吴志强、蒋昌俊、王韬三位教授荣获“全国创新争先奖”】 5月30日是第四个“全国科技工作者日”，人力资源和社会保障部、中国科协、科技部、国务院国资委联合在京举办第二届全国创新争先奖表彰颁奖大会，全国创新争先奖获奖名单揭晓。同济大学3位学者荣获全国创新争先奖状，分别是中国工程院院士、建筑与城市规划学院教授吴志强，国家杰出青年科学基金获得者、973项目首席科学家、电子与信息工程学院教授蒋昌俊，附属东方医院灾难医学研究所常务副所长、急诊医学部常务副主任、教授王韬。

（杨博欣）

【附属同济医院肾脏内科余晨教授获“德医双馨医师”荣誉】 由上海市医师协会、上海市医师协会肾脏内科医师分会主办的第六届海上肾脏论坛暨上海市医师协会肾脏内科医师分会年会在沪召开。在论坛闭幕式上进行了2019—2020年度优秀医师人员表彰。同济大学附属同济医院肾脏内科主任医师、教授、博士生导师余晨凭借勇往直前的精神和卓越不凡的成就，荣获此次大会评选中唯一的“德医双馨医师”荣誉。

（杨博欣）

【附属第一妇婴保健院院长万小平荣获“中国医师奖”】 8月19日为第三个中国医师节，中国医师协会公布了第十二届中国医师奖获奖名单，全国共有80名医生入选。其中，上海有包括同济大学附属第一妇婴保健院院长万小平在内的5人上榜。

（杨博欣）

【同济大学张弛教授当选欧洲科学院院士】 8月27日，欧洲科学院（又称欧洲人文和自然科学院，Academia Europaea）发布2020年度化学学部院士增选结果，同济大学化学学院张弛教授当选欧洲科学院外籍院士。

（杨博欣）

【Jarmo Suominen教授荣获2020年上海市“白玉兰纪念奖”】 9月16日，2020年上海市“白玉兰纪念奖”颁授仪式举行，当年共有来自19个国家的50位杰出外籍人士获此奖项，其中有5人来自教育领域。同济大学上海国际设计创新学院副院长、中芬中心副主任Jarmo Suominen教授获此殊荣。

（杨博欣）

【同济大学朱伟林教授荣获OTC亚洲特别贡献奖】 OTC（Offshore Technology Conference）官方网站正式对外宣布，同济大学海洋与地球科学学院教授、中国海洋石油总公司原总地质师朱伟林被授予特别贡献奖。据悉，这一奖项系全球石油工业界最为重要的奖项之一，此次朱伟林教授获奖也是中国科学家首次获得这一殊荣。

（杨博欣）

【同济大学郭重庆院士荣获第七届管理科学奖特殊贡献崇敬奖】 9月27日，2020中国管理科学大会暨第七届管理科学奖颁奖典礼在北京举行。会上，同济大学教授、中国工程院院士、国家自然科学基金委员会管理科学部原主任郭重庆荣获第七届管理科学奖特殊贡献崇敬奖。

（杨博欣）

【同济大学建筑与城市规划学院卢济威教授获“俄罗斯艺术科学院荣誉院士”称号】 俄罗斯艺术科学院公布新晋外籍荣誉院士名单，同济大学建筑与城市规划学院卢济威教授获“俄罗斯艺术科学院荣誉院士”称号。

（杨博欣）

【同济大学土木工程学院张冬梅教授荣获第十六届中国青年科技奖】 第十六届中国青年科技奖颁奖仪式10月18日在浙江温州召开的2020世界青年科学家峰会上举行，100名在基础研究、工程科技、科学普及、成果转化方面取得了突出成绩的青年科技工作者荣获中国青年科技奖。同济大学土木工程学院张冬梅教授名列其中。

（杨博欣）

【同济大学汽车学院吴光强教授当选美国机械工程师学会会士】 美国机械工程师学会（American Society of Mechanical Engineers）公布了新一届会士（Fellow）名单。同济大学汽车学院吴光强教授以其在非线性动力学与控制、多物理场协同仿真与多领域设计优化等方面的成就，当选美国机械工程师学会会士。

（杨博欣）

【同济大学吕西林院士获国际结构混凝土协会“终身荣誉会员”奖】 11月22日，国际结构混凝土协会（fib）2020年国际学术大会在上海召开，会议采用线上与线下相结合的形式。开幕式上，国际结构混凝土协会主席Tor Ole Olsen先生为中国工程院院士、同济大学土木工程学院教授吕西林颁发“fib终身荣誉会员”奖，以表彰他在混凝土结构理论研究和工程应用方面所取得的学术成就，以及对国际结构混凝土协会作出的突出贡献。国际结构混凝土协会每年评选“终身荣誉会员”奖一名。吕西林院士是首位获得国际结构混凝土协会年度重要奖项的中国学者。

（杨博欣）

【同济大学毛昊教授获第十一届全国知识产权优秀调查研究报告暨优秀软课题研究一等奖】 12月，国家知识产权局公布第十一届全国知识产权优秀调查研究报告暨优秀软课题研究成果征集活动获奖名单的通知，由同济大学上海国际知识产权学院毛昊教授主持的调查研究报告《对标世界一流专利审查机构的制度经验与改革路径》，荣获一等奖。有关研究成果已被有效运用于国家《知识产权强国战略纲要（2021—2035）》基础保障专题，为解决国家创新能力适应高质量发展要求、推动构建国家现代化经济体系，提供了重要参考。

（杨博欣）

【附属同济医院梁爱斌获“圣安东尼—EBMT青年领袖奖”】 12月15日，欧洲血液和骨髓移植学会（EBMT）基金会上海代表处成立仪式举行。会上，同济大学附属同济医院副院长、血液肿瘤中心主任梁爱斌教授凭借在血液肿瘤疾病治疗方面的成功实践，获颁欧洲血液和骨髓移植学会基金会“圣安东尼—EBMT青年领袖奖”。

（杨博欣）

【同济大学教授解学芳获批研究阐释党的十九届四中全会精神国家社科基金重大项目立项】 4月14日，全国哲学社会科学工作办公室公布研究阐释党的十九届四中全会精神国家社科基金重大项目立项名单。以同济大学人文学院解学芳教授作为首席专家的“‘智能+’时代技术与制度协同驱动的现代文化产业体系和市场体系研究”获批立项。该研究项目立足人工智能、5G、区块链等新技术驱动的“智能+”时代，基于文化产业新兴业态与新兴文化市场不断兴起，探究现代文化产业体系和市场体系理论命题，提出技术与制度协同创新驱动下的现代文化产业体系“健全”研究之道。

（杨博欣）

【国家海底科学观测网监测与数据中心建筑主体结构封顶】 8月31日，由同济大学牵头建设的国家重大科技基础设施海底科学观测网建设传来喜讯，随着最后一方混凝土浇筑完成，海底科学观测网监测与数据中心工程已成功完成建筑主体结构封顶。

（杨博欣）

【同济大学建筑设计研究院为昆阳路越江工程制定项目总体方案】 10月28日，由上海城投公路投资（集团）有限公司建设、同济大学建筑设计研究院（集团）有限公司和隧道股份上海市城市建设设计研究总院（集团）有限公司设计、隧道股份上海公路桥梁（集团）有限公司承建的昆阳路越江大桥（即闵浦三桥）主线建成并开放交通，标志着闵浦二桥和松浦大桥之间长达10公里浦江岸线无越江通道的交通壁垒成为历史。

（杨博欣）

【同济大学获批8项教育部第二批新工科研究与实践项目】 教育部公布第二批新工科研究与实践项目立项结果，同济大学8个项目获批立项。

（杨博欣）

【同济大学助力世界第一埋深大峡谷公路隧道智慧建造】 12月6日，由土木信息技术教育部工程研究中心（同济大学）组织的“岩体隧道远程诊断分析示范——开挖面信息自动识别与数字化动态支护设计方法”专家咨询会，在同济大学岩土与地下工程数字化实验室召开，以线上线下相结合的方式进行。此次会议依托四川乐汉高速有限责任公司《极复杂环境山区隧道群智慧化建设安全保障成套技术研究》科研项目，该项目是落实同济大学与四川省人民政府签署的全面深化战略合作协议的一项重要举措，是同济大学助力西部艰险山区高速公路隧道智能建造的重要抓手。

（杨博欣）

【先进技术研究工作概况】 2020年，先进技术研究院（以下简称“先进院”）以奉献和服务好师生为初心，以建设好“双一流”为使命，面向国家重大发展需求，围绕“卡脖子”核心关键技术，聚焦重点领域和关键环节，坚持统筹推进，注重原始创新，深入实施专用发展战略，抢抓机遇、只争朝夕，努力提升学校专用服务能力。

做好资质的申请与日常维护管理工作。2020年，先进院利用“甘特图”全面规划了BM和国军标质量管理体系日常维护工作要点，并以点带面，按时间节点安排有条不紊的推进各项工作，努力实现BM和质量资质管理的日常化与规范化；此外，学校还取得专用科研资质第三证：WQZB科研生产许可证。

通过加强主动服务和精准指导，学校专用项目申报与获批率显著提高，专用科研经费立项额首破2亿元大关，到款额首破亿元大关，相比2019年立项额与到款额均接近翻番。专用重大重点项目获批4项，专用人才计划申报也实现“零”突破。

先进院发布了《同济大学专用项目类别和等级分类》制度文件，对专用科研人员高级专业技术职务评聘产生积极的影响，未来将有效激励科研人员申报专用科研项目。打通了专用类专利的申报途径，圆满完成了专用类专利全流程服务体系建设。编写并不断讨论完善《同济大学“十四五”和中长期专用科技发展规划》。

先进院积极推动与西北××研究

院联合申请研究中心;联合北京遥测技术研究所,积极申报专用科技工业创新中心,同时培育并推动校内有潜力的平台和基地申报科工局专用类重点实验室等高端基地平台。

加强与上级主管部门、相关工业部门及研究院所的沟通与交流互访,成功推荐重大工程任务专家组成员3人,推荐各类项目管理专家库领域专家约20多人次,有效拓宽了学校专项申报渠道。

根据机关专项巡察要求,配合巡察组完成相关工作,并根据党委巡查提出的问题和要求,制定切实可行的整改落实方案,真抓实改,并提交巡察整改工作报告。

学校专用重大重点项目申报工作取得重大突破,共获4项,项目总额近亿元。

2020年,学校共推荐2人申报高层次青年科学基金人才项目,经过层层筛选,最终1人获得该基金资助,学校专用类别人才培养首次实现了"零"突破。

(汤晓丽)

【取得专用科研资质第三证:科研生产许可备案】 2020年6月,学校获得上海市国防科技工业办公室颁发的WQZB科研生产备案凭证,成为上海市首批12家获得备案证书的单位和首家高校。根据《上海市WQZB科研生产备案管理工作细则(试行)》,做好新政策的学习和培训工作,并依据相关政策,建立健全科研生产备案管理制度,加强项目的过程管理,保证安全生产,同时保障科研生产备案凭证使用的合规性。

(汤晓丽)

【顺利通过上海市二级BM资质单位双随机现场审查】 2020年9月16日,为迎接上海市二级BM资质单位双随机现场审查,在时间紧、任务重的情况下,充分发挥先进院协调、指导和服务的职责,推动全校上下齐心协力,统一部署、统一要求、统一行动。5名检查专家对学校进行了BM现场检查,查阅了全部类别的120卷档案材料,检查了专用计算机及重点部位,约谈了多个部门负责人,最终学校顺利通过二级BM资质单位双随机现场审查,成为首家通过上海市双随机检查的本市高校。

(汤晓丽)

【顺利通过国军标质量管理体系第三次监督审核】 2020年10月15—16日,北京军友诚信检测认证中心派出专家组对学校精密光学、飞行器工程、相关职能部门以及四平路校区、沪西校区、彰武校区,进行了多现场和多部门监督审核,审核专家组对学校的质量管理体系文件建设给予了高度肯定,同时对研究所科研生产过程控制也提出了更高的要求。针对本次审核提出的问题,先进技术研究院已组织相关部门积极落实整改工作,并报主管单位验证。

(汤晓丽)

【文科建设概况】 2020年,按照学校建设成为中国特色世界一流大学的战略部署和发展"精品文科""大文科"的总体思路,坚持正确的政治方向、学术导向和价值取向,立足内涵指标并重,强化政策设计和制度安排,研究制定《同济大学"十四五"文科发展规划》。文科办公室认真落实学校党委关于"作风建设年"的要求,全力配合机关专项巡察工作,紧密结合巡察反馈意见以及文科办公室工作实际,提出整改方案。通过专项巡察整改,打造一支研究型、服务型、主动型、创新型,执行高效、作风优良的管理服务队伍,营造积极进取、敢于担当、协同高效、团结奉献的部门工作氛围,切实提升管理水平和服务质量。

科研管理方面,积极做好有组织的科研项目申报和辅导,共获得5项国家级重大项目。由文科办公室牵头,统筹规划和完善对国家级社科重大项目全过程的申报动员、组织与辅导工作,主动联系全校专家团队,动员相关学院教授申报国家社科基金重大项目和教育部哲学社会科学研究重大课题攻关项目,多次邀请校内外专家进行专题辅导,全年针对国家社科基金重大项目、年度项目和研究阐释党的十九届五中全会精神重大项目进行6轮辅导。2020年度共申报项目493项,报送选题55条。获批国家社科基金项目34项(其中国家社科基金重大项目4项),教育部人文社科研究项目14项(其中教育部哲社重大攻关项目1项),上海市社科规划课题18项,基金类项目总计66项。文科办公室加强对国家社科基金后期资助项目的申报辅导和前期培育,2020年度获得10项国家社科基金后期资助暨优秀博士论文出版项目,创历史新高,在上海高校中位居第3名。

文科类各类合同金额共计19014万元,比去年同期增长56.9%,到账金额为10588万元。

文科办公室首次设立"人文社科青年工作坊资助项目",鼓励学校青年教师面向学术前沿开展前瞻性和创新性的研讨,共支持9个项目;同时继续实施"人文社科类高水平学术会议资助项目",支持各单位通过各种形式举办有影响力的高水平学术会议,共资助17个学术会议。

做好各类项目的结项工作,2020年,各类项目共53项申请结项,最终37项获得结项。其中,国家社科基金项目24项获结项(免鉴5项、优秀2项、良好7项、合格10项);教育部人文社科项目4项获结项;上海市哲学社会科学规划课题8项获结项(优秀1项、良好2项、合格5项);上海市教育科研项目1项获结项(良好1项)。

设立校内的人文社科国家重大培育项目和高水平科研培育项目,经过专家遴选,共资助30个项目。

2020年度,学校获得2项"十四五"国家科技创新规划重大问题研究课题,位居全国高校首位。获得上海市人民政府决策咨询研究重点研究项目立项2项、上海市人民政府决策咨询研究各类专项课题立项5项。

建立文科标志性成果月报制度,在"同济文科"微信公众号设立"同济文科成果举要"专栏,定期发布高质量的学术论文、专著、重要媒体文章等高质量的成果，今年共推出6期专栏。

严格落实疫情防控要求，精心安排各项科研任务，及时调整创新工作方式，加强对国家社科基金等科研项目的“云辅导”，在做好疫情防控的同时，确保科研管理服务工作有条不紊运行。

落实上海市哲社办《关于组织开展本市哲学社会科学调查调研工作的通知》，开展同济大学哲学社会科学调查调研，召开部署会议，起草《社科规划管理工作调研报告》。

积极推进“当代马克思主义专栏”建设。《同济大学学报》(社会科学版)2020年共出版6期，刊发稿件75篇，14个栏目，其中“当代马克思主义栏目”刊发稿件6篇。《同济大学学报》(社会科学版)被中文社会科学引文索引(CSSCI)收录为核心期刊(2019—2020)；在人大复印报刊资料转载指数全国高等院校主办学报排名项中，《同济大学学报》(社会科学版)全文转载率排名晋升至前十位，位居全国第9，上海高校第2。在综合指数和全文转载量排名中，学报名次亦均有所提升，分别为全国第15名和第21名。在上海市期刊编校质量检查中，《同济大学学报》(社会科学版)编校质量为优秀，编校成绩在上海高校社科学报排名中名列前茅。

智库与平台建设方面，在抗击疫情的非常之际，文科办公室及时启动同济大学“疫情防控应急政策研究”专项基金研究项目，共立项18项，积极组织向上海市疫情防控指挥部、上海市委宣传部、上海市哲社办、上海市教卫党委、上海市人民政府发展研究中心报送相关决策咨询报告85篇，在同济文科微信公众号上发布以“打赢全民战‘疫’，贡献同济智慧”为标题系列文章，共发布二十八期140篇文章。文科办公室邀请决策咨询专家就决策咨询研究选题、写作技巧、注意事项等方面进行校内指导，共举办“决策咨询研究能力提升计划”讲座3期，并设立了中央基本科研业务费校内智库研究培育专项。根据2020年上级部门反馈结果，同济大学决策咨询报告的质量和数量有了大幅提升。国家主要领导人批示数量有突破，国家领导人批示数量增长167%，省部级及以上采纳及批示数量增长了39%。在第八届高等学校科学研究优秀成果奖的评选中，同济大学共获得咨询服务报告一等奖两项，位列全国第一。

同济大学城市发展与管理研究基地成功获批上海市重点智库。同济大学形成了以1家上海市重点智库+4家上海高校智库的核心智库结构。文科办公室还通过主办的《同济观点》(2020年共12期)积极宣传智库研究成果和智库活动，扩大了同济大学智库的社会影响力。

文科办公室主笔完成了《同济大学研究机构设置与管理办法(试行)》，规范和完善了学校科研机构的管理，进一步激发了科研机构的创新活力；起草了《同济大学智库建设指导意见》《同济大学智库管理办法(试行)》，明确了智库建设的目标、方向、任务和智库管理模式等内容，填补了智库建设中的制度空白。

学科与人才建设方面，围绕贯彻落实习近平总书记关于加快构建中国特色哲学社会科学的工作要求，做好文科学科整体规划，强化优势学科地位，推动潜力学科与培育学科快速发展，促进文科与特色理工医学科相互交叉融合与协同发展。

加强对学校人文社会学科的分类指导和支持。学校学科布局更加完整，学术生态日趋优化，向好发展态势持续保持。管理科学与工程、设计学、马克思主义理论、国际知识产权等学科作为上海高峰高原学科建设再上新台阶。其中，“艺术设计”全球排名第34、亚洲第一(2020年QS)。

2020年6月以来，文科办公室在吕培明副校长的带领下，先后调研了法学院、政治与国际关系学院、人文学院、外国语学院、经济与管理学院、艺术与传媒学院，进一步了解了各学科发展方向，清晰了建设精品文科的发展思路。

文科师资队伍的学历、职称和年龄结构逐步优化。涌现出一批学术领军人物、中青年学术带头人和学术骨干。2020年，程国强教授入选中宣部文化名家暨“四个一批”人才，吴赟教授、解学芳教授入选教育部“青年长江”，一批优秀青年教师入选“曙光学者”“晨光学者”“浦江人才”等各类人才计划。

科研获奖方面，经文科办公室的广泛动员和限额推荐，同济大学在第八届高等学校科学研究优秀成果奖的评选中，共有9项成果获奖，获奖总数和获奖级别均创新纪录。首次实现了一等奖零的突破，共获得4项一等奖(特等奖空缺)，全国排名第11位。

(黄蓉)

【海底项目工作概况】 8月31日，自然资源部东海局办公室印发《关于国家海底科学观测网项目东海海底观测子网海底光缆路由审查意见的复函》(自然资东海办函〔2020〕63号)

12月30日，国家发展改革委印发《国家发展改革委关于核定海底科学观测网国家重大科技基础设施项目初步设计概算的复函》(发改投资〔2020〕1967)。

监测与数据中心建筑工程获评2020年度上海市文明工地、2020年度上海市优质结构和上海市建设工程绿色达标工程。

海底办荣获“2019年度上海市重点工程实事立功竞赛优秀团队”称号。

海底办荣获“上海市青年五四奖章”集体称号。

(计惠文)

科技开发

【肺干细胞移植领域研究取得进展】 2020年初，同济大学附属上海市肺科医院徐金富团队、同济大学医学院左为团队以及上海交通大学医学院附属瑞金医院瞿介明团队合作，通过构建内源性表达LL－37的改良型肺干细胞，并将其移植到小鼠肺内干预肺感染及其肺损伤后修复，该基因工程细胞具有抗感染及肺损伤的修复功能，并初步再生出兼具呼吸功能和抗菌功能的肺泡结构雏形。研究成果"*Genetically engineered distal airway stem cell transplantation protects mice from pulmonary infection*"发表于《欧洲分子生物学学会：分子医学》(*EMBO Molecular Medicine*)。

（杨博欣）

【结核菌感染致病领域取得重要研究成果】 同济大学医学院、同济大学附属上海市肺科医院戈宝学教授研究团队，联合上海科技大学免疫化学研究所饶子和院士研究团队又有新发现。研究发现，结核菌中有一种分泌出的蛋白能利用人体的蛋白分子攻击其自身的免疫功能，从而产生毒力，导致结核病的发生。当人体感染结核菌时，结核菌可以分泌出毒力因子Rv0222，而Rv0222利用人体的蛋白质修饰系统经过二次加工后，就可以有效抵抗来自人体免疫系统的攻击，从而导致结核菌从人体免疫系统中成功逃逸而致病。相关成果"*Host－mediated ubiquitination of a mycobacterial protein suppresses immunity*"于1月16日在线发表在《自然》(*Nature*)。

（杨博欣）

【揭示RNA的m6A修饰调控染色质状态和转录活性的重要机制】 1月17日，同济大学生命科学与技术学院、附属东方医院高亚威教授联合美国芝加哥大学教授何川、中科院北京基因组研究所研究员韩大力合作完成研究成果，该研究首次揭示了RNA的m6A修饰调控染色质状态和转录活性的重要机制，刷新了对m6A功能的认识。研究成果"*N6－methyladenosine of chromosome－associated regulatory RNA regulates chromatin state and transcription*"在线发表于《科学》(*Science*)。

（杨博欣）

【新型冠状病毒mRNA疫苗研发正式立项】 同济大学附属东方医院转化医学平台与斯微（上海）生物科技有限公司合作，依托"上海张江国家自主创新示范区干细胞战略库与干细胞技术临床转化平台"课题子任务——mRNA合成平台成果，快速推动新型冠状病毒mRNA疫苗研发。同济大学附属东方医院转化医学平台兼职PI（项目负责人）、斯微生物董事长李航文表示，利用相关平台技术，快速合成针对新型冠状病毒关键靶点的多种不同抗原序列的mRNA，并通过纳米脂质(LPP)载药技术制备成制剂，通过体内、动物实验，筛选和验证有效抗原，在此基础上将能在40天内完成大规模预防性的疫苗样品生产、制备。据悉，疫苗样品制作完成后，可以送国家指定机构开展抗新型冠状病毒活性测试，完成必要的审批后，可尽快推向临床。

（杨博欣）

【新型冠状病毒受体基因研究取得进展】 同济大学医学院左为研究团队连日利用高通量单细胞测序分析技术，研究了共计四万三千多个肺脏细胞，进一步发现80％ACE2受体主要在Ⅱ型肺泡聚集。研究成果已在预印本网站科塔学术(bioRxiv)上发布，研究数据公开、程序代码开放。

（杨博欣）

【新型冠状病毒抗体方面研究取得重要成果】 同济大学曹志伟教授团队与上海市公共卫生临床中心合作，在新型冠状病毒抗体方面研究取得重要发现。研究表明，S蛋白是冠状病毒与宿主细胞表面ACE2受体结合、进而介导病毒入宿主细胞的关键表面蛋白，是疫苗抗体研发的重要靶点。本研究特色在于采用专有免疫计算技术进行大规模扫描，可在突发/新发传染病早期，为抗体/疫苗研发提供理论提示与快速引导。研究成果"*Identification of potential cross－protective epitope between 2019—nCoV and SARS virus*"于1月30日在线发表在《遗传与基因组学杂志》(*Journal of Genetics and Genomics*)。

（杨博欣）

【揭示DUX－miR－344－ZMYM2介导的MERVL激活在全能性样细胞产生过程中的作用】 2月6日，同济大学高绍荣教授课题组联合美国西奈山医学院（现哥伦比亚大学欧文医学中心）王建龙(Jianlong Wang)教授课题组研究揭示了DUX－miR－344－ZMYM2介导的MERVL激活在全能性样细胞产生过程中的作用。相关成果"*DUX－miR－344－ZMYM2－Mediated Activation of MERVL LTRs Induces a Totipotent 2C－like State*"在线发表在《干细胞》(*Cell Stem Cell*)。

（杨博欣）

【超辐射量子相变的研究上取得重要研究进展】 同济大学羊亚平教授领导团队，物理科学与工程学院、上海市特殊人工微结构材料与技术重点实验室朱成杰研究员，通过与美国德州农工大学(Texas A&M University) Girish S. Agarwal教授的国际学术交流合作，经过深入的理论探索，在超辐射量子相变的研究上取得突破性进展。研究成果*Squeezed light induced symmetry breaking superradiant phase transition*于2月19日发表在国际物理学顶级期刊《物理评论快报》(*Physical Review Letters*)上。

（杨博欣）

【概括总结非水体系锂空电池的研究进展并发表观点】 化学科学与工程

学院刘韬教授课题组与剑桥大学的Clare P. Grey教授等人合作，对过去八年间非水体系锂空电池的研究进展进行了概括总结，并对非水锂空电池在未来发展路线方面提出了自己的观点。研究成果“*Current Challenges and Routes Forward for Nonaqueous Lithium - Air Batteries*”发表在国际顶级期刊《化学评论》(*Chemical Reviews*)。

（杨博欣）

【发现铁电聚合物中的声子重整化效应】 同济大学物理科学与工程学院声子学与热能科学中心徐象繁教授课题组与周俊教授课题组合作，在纳米尺度铁电高分子聚合物P(VDF－TrFE)体系中观测到由外加极化电场引起的声子重整化过程。研究成果“*Phonon Renormalization Induced by Electric Field in Ferroelectric Poly (Vinylidene Fluoride Trifluoroethylene) Nanofibers*”于3月6日发表在《物理评论应用》(*Physical Review Applied*)。

（杨博欣）

【深部生物圈取得重要合作研究成果】 同济大学海洋与地球科学学院副教授李江涛与美国伍兹霍尔海洋研究所合作取得重要研究成果。该研究表明，海洋下洋壳岩石中的确存在微生物，它们在依赖自养方式生存的同时，更大程度上依靠摄取现成有机物的异养方式生存，研究由此揭示了海洋下洋壳岩石中存在的深部生命圈及其生存策略。研究成果“*Recycling and metabolic flexibility dictate life in the lower oceanic crust*”于3月12日发表在《自然》(*Nature*)。

（杨博欣）

【创新构建“四臂囊泡”，展现粒子自组装之美】 同济大学材料科学与工程学院、附属第十人民医院杜建忠教授受生物体内囊泡融合现象启发，结合“刚柔并济、不偏不倚”的思想，提出了“融合诱导粒子自组装”的新策略，构建了美轮美奂的四臂囊泡。研究成果以“Tetrapod polymersomes（四臂囊泡）”于3月9日在线发表于国际顶级化学期刊《美国化学会志》(*Journal of the American Chemical Society*)。

（杨博欣）

【建筑声学通风隔声窗领域研究取得重要进展】 依托于同济大学“建筑－声学一流学科共建平台”，物理科学与工程学院声学研究所的李勇研究员课题组与毛东兴教授课题组合作，在建筑声学的通风隔声窗领域取得重要进展。该研究提出了一种以号筒状中空螺旋隔声单元为基础而构建的类镂空雕花薄板状结构，突破了传统隔声窗的高气流压力损失及现有超构隔声窗的窄带隔声等局限，实现了兼具高效通风和宽带隔声的通风隔声窗设计。研究成果“*Broadband Acoustic Ventilation Barriers*”于4月10日发表在《物理评论应用》(*Physical Review Applied*)。

（杨博欣）

【小鼠染色质三维结构重塑研究取得重要成果】 ，同济大学生命科学与技术学院高绍荣团队与江赐忠团队采用了经过优化的少量细胞全基因组染色质构象捕获技术(sisHi－C)，对小鼠SCNT胚胎发育过程进行连续采样，并详细描绘了SCNT植入前胚胎染色质高级结构的动态变化过程。这项研究对小鼠SCNT胚胎发育过程中的染色质三维结构重塑进行了系统的研究，这也为今后进一步纠正SCNT胚胎发育过程中的表观遗传屏障提供了新的思路。研究成果“*Chromatin architecture reorganization in murine somatic cell nuclear transfer embryos*”于4月14日发表在《自然通讯》(*Nature Communications*)。

（杨博欣）

【仿生制备“人工多酶”，实现安全高效的肿瘤成像】 同济大学化学科学与工程学院王启刚团队从仿生的角度出发，设计了一种酶催化的原子转移自由基聚合(ATRPase)和金属配位交联方法成功制备出纳米人工多酶凝胶体系。该体系具有模拟超氧化物歧化酶(SOD－like)和过氧化物酶(POD－like)特性，可以实现肿瘤微环境级联催化的响应成像。日前，研究成果“*Multienzyme - Mimic Nanogels Synthesized by Biocatalytic ATRP and Metal Coordination for Bioresponsive Fluorescence Imaging*”发表在国际著名学术期刊《德国应用化学》(*Angew. Chem. Int. Ed*)上。

（杨博欣）

【人工智能交叉物理学方面研究取得重要进展】 同济大学物理科学与工程学院声子学与热能科学中心任捷教授课题组在人工智能与前沿物理学的交叉领域取得重要进展，利用无监督流形学习对拓扑固态晶体声子进行成功的无人自主智能的聚类分类，研究成果“*Unsupervised manifold clustering of topological phononics*”于5月6日发表在《物理评论应用》(*Physical Review Applied*)。

（杨博欣）

【柔性多孔材料分子识别和催化方面的研究取得进展】 同济大学环境科学与工程学院李风亭教授团队与日本学士院院士、京都大学Susumu Kitagawa教授团队合作首次提出了控制PCP材料柔性的新策略，成功将氢键作用引入至具有穿插结构的柔性PCP材料骨架中，通过氢键作用对材料结构变化所需的形变能进行精细的调控，从而改变了材料在吸附特定的客体分子时势能曲线变化。相较于尺寸较小、毒性较低的二氯甲烷，经柔性调控后的MOF材料可对尺寸更大、毒性更高的氯仿实现选择性“开门”吸附。该工作紧密地结合了理论化学与实验化学，为设计柔性多孔材料提供了全新的研究思路。研究成果“*Structural - Deformation - Energy - Modulation Strategy in a Soft Porous Coordination Polymer with an Interpenetrated Framework*”于4月1日发表于《德国应用化学》(Angew. Chem. Int. Ed)；“*Feasible linker transformation strategy towards Cu2O nanoparticles immobilized hierarchical CuBTC creation for adsorption desulfurization*”

发表于《英国皇家化学学会》(*J. MATER. CHEM. A*)。

(杨博欣)

【开拓磁力热协同肿瘤治疗新模式】 同济大学医学院及附属东方医院成昱教授团队发现,基于铁氧体材料的微磁力和磁热可协同程序化调控肿瘤细胞活性氧(reactive oxygen species, ROS)的产生,实现了磁力热物理协同治疗(mechanical－thermal induction therapy,MTIT),为深层肿瘤根除提供了物理与生化协同治疗的新模式。研究成果"*Programmable ROS - Mediated Cancer Therapy via Magneto - Inductions*"于5月9日在线发表于《先进科学》(*Advanced Science*)。

(杨博欣)

【研发仿生微型手术机器人,为超微创血栓清除提供新型医疗手段】 由同济大学牵头建设的上海自主智能无人系统科学中心微纳无人系统研究团队经医工理深度融合、联合攻关,研发出一种体积微小、载有溶栓剂药物的仿生手术机器人,可用于医疗靶向微血管溶栓。研究成果"*Bioinspired Soft Microrobots with Precise Magneto - Collective Control for Microvascular Thrombolysis*"于5月20日在线发表于《先进材料》(*Advanced Materials*)。

(杨博欣)

【为解决二维层状材料能源应用中的固有问题提供一种新策略】 同济大学化学科学与工程学院杨金虎教授、张弛教授和复旦大学的车仁超教授合作,以典型的层状材料二硫化钼为研究对象,通过设计一种全新的共价组装策略,构建了二硫化钼超薄纳米片与硫化亚锡纳米点以共价键组装的中空超结构用于高性能的锂/钠离子电池。研究成果以"*Covalent Assembly of MoS2 Nanosheets with SnS Nanodots as Linkages for Lithium/Sodium - Ion Batteries*"为题发表在《德国应用化学》(*Angew. Chem. Int. Ed*)。

(杨博欣)

【手性分子检测方面研究取得重要进展】 同济大学化学科学与工程学院车顺爱教授团队一直致力于新型手性纯无机材料的研究,利用无机材料的各种手性响应性实现手性分子的识别和检测。研究成果"*Enantiomeric Discrimination by Surface - Enhanced Raman Scattering - Chiral Anisotropy of Chiral Nanostructured Gold Films*"发表于《德国应用化学》(*Angew. Chem. Int. Ed.*)。

(杨博欣)

【时速600公里高速磁浮试验样车在同济大学嘉定校区磁浮试验线上成功试跑】 6月21日,由中车四方股份公司承担、同济大学参与研制的时速600公里高速磁浮试验样车在同济大学嘉定校区磁浮试验线上成功试跑。这标志着我国高速磁浮研发取得重要新突破。在高速磁浮试验线上,试验样车首次进行系统联合调试,开展了多种工况下的动态运行试验,包括不同轨道梁以及道岔、小曲线、坡道、分区切换等,完成七大项200多个试验项点,对悬浮导向、测速定位、车轨耦合、地面牵引、车地通信等关键性能进行了全面的测试。此次试验样车成功试跑,实现了从静态到动态运行的突破,获取了大量关键数据,高速磁浮系统及核心部件的关键性能得到了初步验证,为后续高速磁浮工程样车的研制优化提供了重要的技术支持。

(杨博欣)

【同济大学助力国内最深基坑建设】 由中铁五局承建、同济大学交通运输工程学院承担科研任务的云南省滇中引水龙泉倒虹吸盾构接收井基坑开挖顺利完成,开挖深度达77.3米,是目前国内开挖深度最深的基坑。该工程在国内超深基坑建设中具有里程碑意义,将引领国内深井基坑设计和施工水平迈向新高度。

(杨博欣)

【同济、清华学者在BMJ子刊发论文,介绍方舱医院及城市应急管理经验】 国际顶级医学杂志《英国医学杂志》(*BMJ*)子刊《全球健康》(*Global Health*)在线发表了同济大学附属东方医院刘中民教授、王韬教授为通信作者,清华大学建设管理系方东平教授为第一作者的论文(*Large－scale public venues as medical emergency sites in disasters: lessons from COVID－19 and the use of Fangcang shelter hospitals in Wuhan, China*),总结武汉建设方舱庇护医院的经验并提出将大型公共场馆设为医疗备灾场所的城市应急管理建议。

(杨博欣)

【三维成像领域的研究有新突破】 同济大学机械与能源工程学院李安虎教授课题组在三维成像领域产生最新研究成果。研究人员开创性提出动态虚拟相机三维成像方法,通过控制光学元件的平滑旋转运动实现单相机成像视轴的连续精确调整,以此产生沿特定路径运动的动态虚拟相机。研究成果"*Compact three－dimensional computational imaging using a dynamic virtual camera*"于7月1日发表在《光学快报》(*Optics Letters*)。

(杨博欣)

【自旋电子学领域取得重要突破:L10相FePt中体自旋力矩效应】 同济大学物理科学与工程学院丘学鹏研究员团队创新地提出在兼具强磁性和强自旋轨道耦合作用的L10相FePt单层膜中探索自旋力矩。这一结果是国际上首次在具有垂直磁各向异性的单层膜中实现自旋力矩操控磁化状态,为解决前述瓶颈问题提供了新思路,有望开发出具有简单结构、高密度、低能耗的自旋器件。此项研究成果一方面拓展了自旋力矩研究的版图,另一方面将对开发具有简单结构、高密度、低能耗的自旋电子器件产生变革性的影响。研究成果"*Bulk Spin Torque－Driven Perpendicular Magnetization Switching in L10 FePt Single Layer*"发表在《先进材料》(*Advanced Materials*)。

(杨博欣)

【提出中医用药科学性的新观点】 同济大学环境科学与工程学院林志芬教授团队独辟蹊径,从环境化学角度提出了中医用药科学性的新观点，并将中医传统的“阴阳理论”成功引入到“毒物兴奋效应”理论中，证明了两者一致性。国际权威学术期刊《药理学进展》发表了这项研究的最新成果。研究结果表明，化学品的“毒物兴奋效应”剂量效应曲线，存在“阴阳对立、阴阳互根、阴阳平衡、阴阳转化”的变化规律，具有“对立统一”的制约因素，证明了“阴阳理论”与“毒物兴奋效应”剂量效应的一致性，表明了中医传统理论在环境毒理学和现代医学中的应用可行性。业内专家表示，这一创新性的研究，对未来我国中医用药的标准化、中药的现代化都能起到推动作用。

（杨博欣）

【发现新冠病毒可能利用肺泡细胞助其传播】 同济大学左为团队针对新型冠状病毒受体ACE2的肺内分布情况展开了研究。该项工作利用单细胞RNA测序分析技术，对新型冠状病毒的受体基因血管紧张素转化酶2（Angiotensin－converting enzyme 2，ACE2）在人体肺脏内每一个细胞的表达情况进行了分析。分析结果表明：ACE2受体的表达主要集中在肺内一小群Ⅱ型肺泡上皮细胞（AT2）上，这群对病毒易感的AT2细胞占所有AT2细胞数量的1%左右。这些AT2细胞不仅表达病毒受体，还高表达许多与病毒复制和传播密切相关的基因。其中，细胞膜脂筏相关基因CAV2和ITGB6在ACE2阳性细胞中高表达，提示富含胆固醇的脂筏结构可能参与病毒的跨细胞膜内吞。而多个ESCRT复合物相关基因也在ACE2阳性细胞中高表达，提示其可能参与病毒的出芽和释放。综上表明，该类ACE2阳性的AT2肺泡细胞可能不仅是病毒感染人体的入口，还可能被病毒“利用”来帮助病毒的进一步传播。研究成果“*Single－cell RNA Expression profiling of ACE2，the receptor of SARS－CoV－2*”于7月14日发表在呼吸领域顶级刊物《美国呼吸与危重症医学》（*American Journal of Respiratory and Critical Care Medicine*）。

（杨博欣）

【研发全球首个心肌梗死人工智能预警系统】 同济大学附属第十人民医院心脏中心徐亚伟教授团队研发的全球首个基于可穿戴12导联心电可穿戴设备和人工智能预警软件的急性心肌梗死预警系统再次受到国际关注，人工智能心电预警算法验证性论文发表于《国际心脏病学杂志》（*Internationl Journal of Cardiology*）。

（杨博欣）

【研一学生研究成果发表于国际著名地学期刊】 同济大学海洋与地球科学学院2019级硕士研究生冯惠婷与合作者利用南北半球处于地磁共轭位置的两个地磁台链的观测，详细研究了喉区极光南北半球共轭性。此项研究为喉区极光对应磁层顶重联提供了强有力观测证据，同时，研究中所用的分析方法为研究极隙区附近的地磁瞬态响应提供了新思路。研究“*Interhemispheric conjugacy of concurrent onset and poleward traveling geomagnetic responses for throat aurora observed under quiet solar wind conditions*”于7月22日发表在国际著名地学期刊《地球物理学研究杂志：空间物理学》（*Journal of Geophysical Research：Space Physics*）。

（杨博欣）

【关于中国公司治理的研究论文发表于国际金融领域一流期刊】 以经济与管理学院经济与金融系教授Kenneth A. Kim为通讯作者，与中国人民大学教授姜付秀合作撰写的“*Corporate Governance in China：A Survey*”发表于《金融评论》（*Review of Finance*）。

（杨博欣）

【关于衍射光学元件实现轻薄计算成像取得最新研究成果】 同济大学精密光学工程研究所博士后研究人员顿雄，提出了基于同心圆环分解的成像模型计算降维理念，并进一步结合能量正则化，成功地将端到端设计框架的内存需求降低了一个数量级。这使得研究团队首次实现了端到端设计8mm口径、31个消色差波长的衍射光学元件。实际成像效果验证了其优异的成像性能。镜头有效微结构厚度仅2微米，其实际厚度仅取决于结构所采用基底厚度，理论上可以薄至数百微米。该设计方法为基于衍射光学元件的轻薄计算成像系统发展铺平了道路，有望将轻量化便携式计算摄影引入全新时代。研究成果“*Learned rotationally symmetric diffractive achromat for full－spectrum computational imaging*”于7月31在线发表在光学领域顶级期刊《美国光学学会》（*Optica*）。

（杨博欣）

【同济大学科研团队合作发表有关旋涡布朗运动的研究成果】 同济大学物理科学与工程学院教授钟锦强团队联合南方科技大学、香港中文大学教授夏克青团队，在湍流体系旋涡结构的运动演化规律的研究中取得突破性成果。研究人员在精密调控的旋转平台上，以旋转湍流系统的旋涡为研究对象，运用时空高度解析的流场可视化实验方法与直接数值模拟方法，观察到柱状对流旋涡的随机水平运动。研究发现，旋涡水平运动的方均位移随时间间隔的增长从弹道区向扩散区的直接转变，中间没有过渡区，符合纯布朗运动的规律。论文揭示了其中的物理机理：对流旋涡处于充分发展的湍流背景中，背景流体与旋涡的相互作用驱动旋涡的随机力而没有记忆关联效应；由浮力驱动的对流旋涡具有质量惯性与运动粘性；因此旋涡的运动是由朗之万方程决定，其运动规律与朗之万的理论预言一致。这一研究是在流体环境中对纯布朗运动的首次观察。研究成果“*Vortices as Brownian Particles in Turbulent Flows*”发表在《科学发展》（*Science Advances*）。

（杨博欣）

【电容去离子除氯脱盐研究取得新进展】 同济大学环境科学与工程学院马杰团队提出基于电池－赝电容电荷存储耦合机制的全新设计思路，开发新型除氯 Ag/Ti3C2Tx(银/碳化钛)电极,实现高容量、快速率、低能耗的除氯脱盐。以低溶解度氯化银胶体作为前驱体,利用 Ti3C2Tx(碳化钛)还原特性,原位合成 Ag/Ti3C2Tx 除氯电极材料。银颗粒的电池转化效应实现高脱氯容量,Ti3C2Tx 二维片层的赝电容特性可以提高离子传输速率。同时,以银纳米颗粒作为"桥"纵向连接导电性能优异的二维片层结构 Ti3C2Tx,构建一个三维电子传输网络,弥补脱盐过程中形成的氯化银导电性差的缺点,加速电子在片层之间的传递,通过电池—赝电容电荷存储机制的耦合,实现高容量、快速率、低能耗的除氯脱盐,为开发 CDI 高效率除氯电极提供了全新的设计思路。该成果"*Combining Battery — Type and Pseudocapacitive Charge Storage in Ag/Ti3C2Tx MXene Electrode for Capturing Chloride Ions with High Capacitance and Fast Ion Transport*"发表在《先进科学》(*Advanced Science*)。

(杨博欣)

【建立一种基因编辑并可以大幅降低嵌合率的新方法】 同济大学生命科学与技术学院高绍荣团队建立了一种名为 Past—CRISPR(parental allele—specific gene—targeting,亲本等位特异性编辑)的方法,能够高效地对亲本特异性等位位点进行编辑并能大幅地降低基因编辑模式动物的嵌合率。研究成果"*Precise allele — specific genome editing by spatiotemporal control of CRISPR—Cas9 via pronuclear transplantation*"于 9 月 14 日在线发表在《自然·通讯》(*Nature Communications*)。

(杨博欣)

【发明"多模态光声分子成像和肿瘤诊断系统"】 同济大学物理学院程茜团队牵头联合同济大学附属同济医院和附属皮肤病医院、南京大学、中科院上海技术物理研究所、深圳华声医疗技术股份有限公司,组织理、工、医交叉团队开展联合攻关,经过近四年的潜心研究,研发出"多模态光声分子成像和肿瘤诊断系统"。该系统已在附属同济医院、附属皮肤病医院等多家医院面向人体深部及体表两大类常见肿瘤,开展了动物实验、离体组织实验和预临床实验,即将开展注册检验和正式临床试验。

(杨博欣)

【阐明前列腺癌精准化治疗新策略】 同济大学附属同济医院泌尿外科吴登龙教授课题组与美国梅奥医学中心(Mayo Clinic)黄浩杰教授研究团队合作开展的关于前列腺癌精准医学方面的研究取得重要成果。该项研究是通过靶向 ERG 致癌蛋白来遏制前列腺癌进展。研究成果"*DNA Damage Promotes TMPRSS2—ERG Oncoprotein Destruction and Prostate Cancer Suppression via Signaling Converged by GSK3β and WEE1*"于 9 月 17 日在线发表在《细胞分子学》(*Molecular Cell*)。

(杨博欣)

【声自旋传输调控研究取得重要进展】 同济大学物理科学与工程学院声子学与热能科学中心任捷教授团队在声自旋传输调控研究领域取得重要进展。该项研究凝聚了团队成员三年的努力,同时在理论和实验上展示了一种新的超表面波导,实现了声的自旋角动量及其自旋传输的各种新奇调控,比如转角散射的抑制、自旋选择的声路由器、旋转声自旋和相位调制器等。研究成果"*Realization of Acoustic Spin Transport in Metasurface Waveguides*"(声自旋输运在超表面波导管里的实现)于 9 月 18 日发表在《自然·通讯》(*Nature Communications*)。

(杨博欣)

【发现心肌细胞增殖的关键调节蛋白 LRP6】 同济大学副校长陈义汉院士、副研究员梁丹丹研究发现 LRP6 可通过调节心肌细胞增殖在心脏修复中发挥作用。LRP6 缺失增加了新生、幼年和成年小鼠的心肌细胞周期活性。小鼠心脏中 LRP6 的心肌细胞特异性缺失在心肌梗死(MI)后引起强烈的再生反应,导致 MI 面积减少和左心收缩功能改善。体内遗传谱系追踪显示,MI 后 LRP6 缺陷小鼠心脏中新形成的心肌细胞主要来自常驻心肌细胞。此外,该研究发现 LRP6 缺乏的促增殖作用是由 ING5/P21 信号通路介导的。使用腺相关病毒(AAV)9miRNAi—LRP6 构建体的基因治疗促进了小鼠心脏损伤的修复。LRP6 缺乏症还诱导了人类诱导的多能干细胞衍生的心肌细胞(iPSC—CMs)的增殖。该研究确定 LRP6 是心肌细胞增殖的关键调节剂,这可能导致开发一种新型分子策略来促进心肌的再生和修复。研究成果"*LRP6 downregulation promotes cardiomyocyte proliferation and heart regeneration*"于 9 月 24 日发表在《细胞研究》(*Cell Research*)。

(杨博欣)

【开发治疗肝细胞癌的新型联合疗法】

同济大学附属第一妇婴保健院、生命科学与技术学院毛志勇教授团队与同济大学生命科学与技术学院、附属东方医院孙方霖教授团队开发治疗肝细胞癌的新型联合疗法。该研究首次利用小鼠报告模型在体内比较了肝细胞癌和癌旁组织的 DSB 修复能力,发现肝细胞癌中同源重组(Homologous recombination, HR)和非同源末端连接(Nonhomologous end joining, NHEJ)修复效率均显著上调,而 PARP1 和 DNA—PKcs 是介导该变化的关键基因。进一步的研究提示,同时靶向抑制 PARP1 和 DNA—PKcs 酶活显著抑制了小鼠原位肝细胞癌和人肝细胞癌的 PDX 模型的增殖,提示其具有重要的潜在临床应用价值。研究成果"*Rational combination therapy for hepatocellular carcinoma with PARP1 and DNA—PK inhibitors*"于 10 月 5 日发表在《美国科学院院报》(*PNAS*)。

(杨博欣)

【光学近场调控研究取得重要进展】

同济大学物理科学与工程学院先进微结构材料教育部重点实验室陈鸿教授团队的博士后研究人员郭志伟、教授江海涛,与声子学和热能科学中心的博士生龙洋、教授任捷合作,在光学近场调控领域的研究取得重要进展。研究揭示了对称性在光学近场调控中的重要作用，为未来集成光学器件的研制提供了新思路。研究成果"*Designing All－Electric Subwavelength Metasources for Near－Field Photonic Routings*"于10月5日发表在《物理评论快报》(*Physical Review Letters*)。

（杨博欣）

【挑战传统10万年波动理论，同济科学家发表全球季风度量指标研究成果】 同济大学海洋与地球科学学院副教授黄恩清的科研团队论证了道尔效应就是全球季风的指标，挑战传统"高纬驱动"学说。10月7日，国际著名学术期刊《科学进展》在线发表了相关论文。这是"气候低纬驱动"学说的一个重要学术进展。文合作者包括同济大学海洋学院汪品先院士、王跃副教授、田军教授和已毕业的本科生李诗涵，以及南京师范大学严蜜博士和自然资源部第二海洋研究所马文涛博士。此项研究得到国家自然科学基金、国家重点研发计划的资助。

（杨博欣）

【发现一种细胞修饰可提高克隆效率】

同济大学生命科学与技术学院高绍荣、江赐忠及陈嘉瑜等合作研究发现一种细胞修饰可提高克隆效率。该项研究基于对正常受精胚胎、体细胞核移植胚胎，以及组蛋白去乙酰化酶抑制剂TSA处理后的核移植胚胎的H3K9ac组蛋白修饰的平行分析，发现组蛋白H3K9乙酰化(H3K9ac)修饰异常是核移植胚胎重编程的重要表观遗传障碍，鉴定出一系列以H3K9ac标记的重编程异常区域(aberrantly acetylated region，AAR)，并首次揭示了TSA挽救核移植胚胎发育受限于体细胞原有表观遗传特性。随后，研究人员通过转录因子动机分析，利用已建立的H3K9ac图谱鉴定出潜在的挽救靶点—Dux(转录因子)，并通过人为干预Dux水平，成功实现核移植胚胎发育的精确挽救并进行了后续深入的机制论证。研究成果"*Dux－Mediated Corrections of Aberrant H3K9ac during 2－Cell Genome Activation Optimize Efficiency of Somatic Cell Nuclear Transfer*"于10月12日发表在《干细胞》(*Cell Stem Cell*)。

（杨博欣）

【新冠患者肺部干细胞可修复损伤】

同济大学医学院左为教授领衔的研究团队揭示了新冠肺炎患者肺部的干细胞可能参与的再生修复机制，研究论文已发表在《细胞增殖》杂志上。

（杨博欣）

【解析末次冰期以来暖池温跃层演变】

同济大学海洋与地球科学学院党皓文副研究员与合作者研究，指出末次冰期—全新世期间西太平洋暖池温跃层热量积累是调控沃克环流和厄尔尼诺—南方涛动(ENSO)活动的核心要素，从海洋温跃层的角度为"气候演变的低纬驱动"假说提供了重要支撑。研究成果"*Pacific warm pool subsurface heat sequestration modulated Walker circulation and ENSO activity during the Holocene*"于10月14日发表在《科学发展》(*Science Advances*)。

（杨博欣）

【为相关肿瘤的诊断和治疗提供新策略】 同济大学生命科学与技术学院薛雷教授课题组利用果蝇作为模式动物开展遗传筛选，发现RNA结合蛋白Rox8是Hippo通路的一个新的调控因子，通过直接结合Hippo信号通路关键基因yki mRNA 3′UTR上的特定位点，招募并稳定miR－8/AGO－RISC沉默复合物，促进yki mRNA降解，进而降低Yki蛋白水平。更重要的是，在哺乳动物细胞中，Rox8的同源蛋白TIAR以同样的分子机制调控yki同源基因YAP的表达，并参与癌症的发生与发展，证明Rox8/TIAR对Hippo通路的调控作用及机制从果蝇到人类高度保守。该研究不仅揭示了Hippo信号通路新的调控机制，也为相关肿瘤的诊断和治疗提供了新的策略。相关成果"*Rox8 promotes microRNA－dependent yki messenger RNA decay*"于11月17日发表在《美国科学院院报》(*PNAS*)。

（杨博欣）

【在光催化分解水研究上获重要进展】

同济大学化学科学与工程学院费泓涵团队在光催化分解水研究上获重要进展。研究成果"*Overall photocatalytic water splitting by an organolead iodide crystalline material*"发表于国际顶尖学术杂志《自然—催化》(*Nature Catalysis*)。

（杨博欣）

【在二阶非线性光学氧化物晶体方面取得系列重要研究成果】 同济大学化学科学与工程学院张弛教授与中科院北京理化技术研究所和中科院福建物质结构研究所合作，以经典的无机π共轭硝酸盐为合成模板，通过等价氧阴离子取代策略，构建了一例紫外吸收截至边短、带隙宽、双折射率大、且同时具有强倍频效应的复合型二元氧阴离子晶体材料Sc(IO3)2(NO3)。研究成果以"*Giant Optical Anisotropy in the UV－Transparent 2D Nonlinear Optical Material Sc(IO3)2(NO3)*"为题发表在《应用化学》(*Angewandte Chemie International Edition*)。

（杨博欣）

【胚胎干细胞领域的研究有助于揭示人类衰老之谜】 同济大学生命科学与技术学院高绍荣教授团队与暨南大学鞠振宇团队研究取得成果，揭示Dcaf11基因可显著促进胚胎干细胞ALT介导的端粒延伸和维持相关基因的激活。这项研究为进一步理解早期胚胎端粒延伸和调控机制提供重要线索，其成果将有助于揭示人类衰老之谜，并找到长寿的钥匙。相关成果"Dcaf11激活Zscan4介导的早期胚胎和胚胎干细胞端粒延长(*Dcaf11 activates Zscan4－mediated alternative telomere lengthening in early embryos and embryonic stem cells*)"于12月23日发表在《细胞·干细胞》(*Cell Stem Cell*)。

（杨博欣）

教职工队伍建设

教职工队伍建设

【概况】 截至2020年底，学校共有在编教职员工5615人，其中具有初级专业技术职务的325人，占教职工总数的5.8%；具有中级专业技术职务的1747人，占教职工总数的31.1%；具有副高级专业技术职务的1381人，占教职工总数的24.6%；具有正高级专业职务的1147人，占教职工总数的20.4%。师资队伍中，专任教师3046人，其中具有正高级专业技术职务的1083人，具有副高级专业技术职务的1088人；具有博士学位的2446人，具有硕士学位的413人。35岁以下的专任教师252人，36岁至45岁年龄段的教师1027人，46岁至55岁年龄段的教师1155人，55岁以上的教师612人。

截至2020年底，学校高层次人才447人次。其中：中国科学院院士13人(含双聘)，中国工程院院士16人(含双聘)，教育部"长江学者奖励计划"特聘教授36人，国家杰出青年科学基金获得者67人，国家"万人计划"科技创新领军人才19人，国家"万人计划"哲学社会科学领军人才3人，国家"万人计划"教学名师3人，教育部"长江学者奖励计划"青年学者18人，优秀青年科学基金获得者61人，国家"万人计划"青年拔尖人才14人，同济特聘教授97人，同济讲座教授25人。

2020年共制定、修订3项人事人才相关制度规范、实施方案，其中首次制定2项，修订1项：制定《同济大学科级以下管理岗校内招聘方案》《同济大学科级以下管理人员培训计划》；修订《同济大学兼职教师聘任管理办法》。

2020年度共组织了13场公开招聘，其中涉及科级岗(含按科级管理的正、副主管)招聘9场，共计完成53个岗位招聘；涉及管理岗(一般管理岗)招聘7场，共计完成17个岗位招聘；涉及教辅岗4场共计完成33个岗位招聘。

2020年度共聘任97名科级干部，其中机关55名，学院42名。对科级干部和优秀青年骨干开展分类业务培训，提升队伍能力素质，结合作风建设年开展"提升治理能力，加强作风建设—强化管理干部履职能力建设"主题培训，开展线上线下培训课程、教学实践活动共计10场次、61.5学时，覆盖1187人次科级干部及优秀青年骨干。

2020年度开展首批校内正高级职务人员转聘为长聘教授岗位工作，开展两大体系职称评审工作。审定通过校内教师7人为荣誉讲席教授、93人为长聘特聘教授、65人为长聘教授青百A岗、17人为长聘教授。引进8人为长聘教授、34人为预聘副教授、79人为预聘助理教授。审定通过现有体系正高级91人，副高级87人(含土木试点6人)，卫生中初级138人，党务管理等中初级73人。任期考核续聘正高级246人，副高级364人，中级570人，初级10人(上述统计数据包含附属医院)。

2020年各类新进校人员聘用合同审核、签订，总计156人；人事聘用合同到期审核、续签总计70个部门，910人；助理教授聘用合同到期审核、续签，总计59人；按人才派遣方式管理的双轨制人员聘用合同到期审核、续签，总计84人。2020年接收新进校人员档案156份，转递离校人员档案70份；博士后人员进站出站档案的接收、转递186人次；接收、整理、登记、分类归档各种零星归档材料1400余份。整理装订并编目新进人员档案156份。接待全校组织员及外调人员查阅人事档案540份，接受各类电话信息查询咨询1000人次。整理各类别人员人事档案相关资料总计1050人。完善人事档案使用工作，完成干部晋升相关人事档案审核工作总计130人。整理完成年度考核表整理入库约5300份。协同各学院完成教职员工申报重点科研项目所涉及人事档案相关核查工作。整理人事档案库房，核对档案数据库相关名单总计约5300人。

2020年度完成新进入职起薪213人，正常考核晋升薪级工资核定5668人；上海市岗位津贴满工作年限进档1095人；岗位聘任兑现工资347人；办理社保新进转入156人；办理社保转出60人；办理社保中止5人。办理市管干部保健卡续办12人，变更1人；办理退休手续224人。

(黄琼)

【做好教职工疫情防控各项工作】 建立教职工疫情防控专班工作组，统一协调教职工疫情防控工作，快速应急，精准施策，综合防治，压实教职工疫情防控校院两级责任制，确保学校各项疫情防控措施落细落实，保障学校平稳运行。制定教职工疫情防控预案，调整人事人才服务工作流程；强化纪律约束，引导广大教职工牢固树立大局意识和底线思维。树立"防控＋服务"双线发展理念，日常处理防疫OA事项，全年累计约4000项，及时处理报备系统离沪申请，协助返沪教工自我健康管理，组织返沪教工核酸检测，做好教职工常态化疫情防控各项工作。

(黄琼)

【组织开展各类人才项目申报】 2020年组织了"长江学者奖励计划""百千万人才工程国家级人选""国家海外高层次引进人才""万人计划青年拔尖人才""交通运输青年科技英才""上海市海外高层次引进人才""上海市浦江人才计划(C、D)类""上海市高校特聘教授(东方学者)计划""上海领军人才和青年拔尖人才"等推荐申报工作，最终"长江学者奖励计划"特聘教授入选2人、特设岗位入选2人、青年学者入选3人、百千万人才工程国家级人选入选1人、国家海外高层次引进人才入选20人、万人计划青年拔尖人才入选5人、交通运输青年科技英才入选2人、上海市海外高层次引进人才入选83

人、上海市浦江人才计划(C、D)类入选 12 人、上海市高校特聘教授(东方学者)计划入选 6 人(其中 3 人为跟踪)、上海领军人才入选 1 人、上海青年拔尖入选 1 人。

(黄琼)

【组织举办学校第五届国际青年学者论坛】 2020 年以视频会议方式举办"同绘蓝图·济托未来"同济大学第五届国际青年学者论坛,论坛设置一场学校主论坛和 24 场学院学科分论坛,通过专题报告、学术研讨等形式,促进学术交流、前沿科技交流,分享最新科学研究成果,共 407 位青年学者参会。

(黄琼)

【组织开展各类师资项目申报】 组织开展 2020 年享受政府特殊津贴人员选拔推荐工作,最终王佐林、邓慧萍、吴兵、单晓光、赵国华、贺鹏飞、耿建华、刘春等老师入选 2020 年享受政府特殊津贴人员。

(黄琼)

【牵头开展第七届同济大学"追求卓越奖励基金"教师奖、服务奖评选】 牵头开展 2020 年第七届同济大学"追求卓越奖励基金"评选工作(教师奖、服务奖),收到追求卓越教师奖推荐人材料 16 份,追求卓越服务奖推荐人材料 10 份,共计 26 份。4 月 30 日,经学校奖教金评审委员会初评会议审议投票,黄宏伟、王占山、杨贵庆、娄永琪入选教师奖终评候选人,杨正宏、段晓红入选服务奖终评候选人。5 月 9 日,通过学校追求卓越奖评审委员会终评,最终王占山、杨贵庆获得教师奖,杨正宏获得服务奖,段晓红获得服务奖提名奖。

(黄琼)

【牵头开展 2020 年同济大学社会捐赠教育奖励金的评选】 牵头开展 2020 年同济大学社会捐赠教育奖励金的评选工作,经个人申报、学院(部门)初评、人事处审核、学校奖教金评审委员会审定、公示等程序,戴慎志等 139 位教职工获得 2020 年同济大学社会捐赠教育奖励金。

(黄琼)

【完成博士后流动站评估工作】 按照国家、上海市的要求,组织学校 25 个博士后流动站开展"博士后科研流动站综合评估"工作。经全国博士后管理委员会评估,学校 25 个博士后流动站全部通过此轮评估,土木工程流动站、环境科学与工程 2 个流动站本年度评估结论为优秀,测绘科学与技术、口腔医学、数学 3 个流动站本年度评估结论为合格,其余 20 个流动站评估结论为良好。学校博士后管理办公室祁予老师,获"博士后管理优秀工作者"称号。

(黄琼)

【组织开展军队转业干部培训、安置工作】 扎实做好军转干部安置工作,2020 年落实 3 名军转干部的安置。

(黄琼)

【组织开展 2020 年度教职工考核】 2020 年共有 4852 名在编教职工参加了人事处组织实施的年度考核(不含组织部考核),287 名校聘派遣员工及双轨制员工参加了 360 度绩效考评。

(黄琼)

【稳步推进博士后管理工作】 2020 年度博士后科研流动站数 30 个;新招收博士后 267 名,在站博士后数达到 712 名,其中外籍博士后 36 名。2020 年博士后申请国家自科基金、博新计划、博士后基金、上海市"超博"、国际交流派出计划等各类项目与计划共计 1017 人次,比 2019 年增加 214 人次。12 名获"博士后创新人才支持计划",学校获资助人数居全国高校第 8 位,连续两年居全国高校前 10。2020 年博士后获批的自然基金总数从 2019 年的 49 项增加到了 2020 年的 94 项(青年 89 项,面上 3 项,外青 2 项),增幅达 92%。获得上海市"超博计划"资助 57 项。

(黄琼)

2020 年博士后招录、在站、出站人员及学科分布一览表

序号	流动站名称	进站人数	出站人数	退站人数	全年在站人数
1	土木工程	36	13	5	94
2	地质资源与地质工程	6		1	16
3	建筑学	6	3		18
4	城乡规划学	8	4		26
5	风景园林学	4			4
6	交通运输工程	7			33
7	海洋科学	5	1		21
8	地球物理学	5	1		13
9	物理学	7		2	24
10	环境科学与工程	22	2		58
11	机械工程	10	1	1	34
12	管理科学与工程	5		3	16

序号	流动站名称	进站人数	出站人数	退站人数	全年在站人数
13	工商管理	3	3		23
14	应用经济学	1			1
15	材料科学与工程	16	1	1	47
16	力学	3	2	1	13
17	数学	2	1		3
18	测绘科学与技术	1			5
19	化学	7	1		15
20	计算机科学与技术	3	3		10
21	控制科学与工程	9	1		19
22	生物学	8	3	2	26
23	生物医学工程	12	5	1	36
24	临床医学	64	13	5	122
25	口腔医学	6			8
26	马克思主义理论	0	1		9
27	哲学	4	1		11
28	设计学	3			3
29	外国语言文学	3			3
30	政治学	1			1
	合计	267	60	22	712

（黄琼）

【教师队伍思想政治和师德师风建设概括】 2020年，党委教师工作部坚持以习近平新时代中国特色社会主义思想为指导，深入贯彻落实全国高校思想政治工作会议、全国教育大会、全国学校思想政治理论课教师座谈会等会议精神，贯彻落实中共中央 国务院《深化新时代教育评价改革总体方案》和教育部等七部门印发的《关于加强和改进新时代师德师风建设的意见》，在学校党委领导下，开拓创新，进一步推进教职工思想政治教育和师德师风建设工作，提升教师培训和管理服务效能，深化巡视整改，协同推进党建示范高校建设和"三全育人"综合改革。引导广大教师落实立德树人根本任务，立足本职，与祖国同行，以科教济世，不忘初心，牢记使命，为建设中国特色世界一流大学而不懈奋斗。

（鞠明晖）

【教职工疫情防控工作】 关爱教师身心健康，制作手机短视频、网络课程包，宣传普及疫情防护知识，开展在线心理健康援助服务，举办网络舒心沙龙活动；加强宣传，弘扬正能量，学校教职工疫情防控工作举措和经验做法工作简报在教育部网站公布，评选师德师风优秀教师（疫情防控专项），推送二级单位一线工作人员先进事迹专题报道；强化纪律约束，通过邮件、校园网多次向全体教职工发布《温馨提示》，制作《疫情防控常态化、筑牢防线不放松》学习PPT，持续加强警示教育，引导广大教职工牢固树立大局意识和底线思维，自觉遵规守纪，共同维护校园安全。加强教师日常性防疫管理，严格把控出差审批、进出校园权限，守好校园防线。

（鞠明晖）

【教职工思想政治工作】 建立教师思政协同工作机制，制定《同济大学关于加强和改进新时代教师思想引领工作实施意见》，各职能部门、学院协作，结合学科特点发挥优势，积极组织开展各类活动，将思想引领融入教师教学、科研、管理、服务等各项工作中，持续推动教师思想引领工作深入开展；加强教师思政工作研究与交流，将教师思政和师德师风建设研究课题纳入党建课题研究范畴，鼓励单位及个人积极申报，以理论研究促进实际工作，征集基层单位教师思政优秀工作案例23个，18个案例入选《同济大学教师思想政治工作案例汇编》，宣传推广加强和改进教师思政工作的好思路、好做法、好经验。

推进落实周二下午学习机制，每月与宣传部联合下发《教职工政治理论学习指导意见》，制作重点学习内容PPT，对基层单位学习予以引导；3月、9月开展两次教师思想与工作状况调研，了解教师思想动态和诉求，向学校党委常委会专题汇报；加强新聘人员思想政治考核，严把"入口关"，本年度共完成377名应聘人员思想政治审查。

强调各类评奖评优、专业技术职务评聘或续聘等环节中思想政治和师德师风考核的首要地位。成立1个校级思想政治和师德师风考核工作领导小组、49个基层思想政治和师德师风考核小组。本年度,共计2187人次接受思想政治和师德师风考核。其中,576人次申报专业技术职务评聘,1234人次参与专业技术职务续聘,377人次办理入校手续。

(鞠明晖)

【开展师德师风专题活动和典型选树】 压实师德师风建设校院两级责任制,修订《同济大学教职工师德师风考核实施办法》《同济大学教职工招聘思想政治考核实施办法》,进一步健全完善师德师风考核评价机制;以"厚植育人情怀,涵养高尚师德"为主题,启动新一轮师德师风全员培训,4737名教职工参加50学时网络课程学习,完成率99.47%;开展以"师生关系"为主要内容的全员警示教育,进一步明确底线红线;深入挖掘优秀教师典型,学校教师获评全国劳动模范、上海市"四有"好教师、上海市先进工作者、上海好医生、上海市抗击新冠肺炎疫情先进个人、上海市优秀共产党员等多项荣誉;隆重召开教师节大会,举办获奖教师颁奖仪式,为85名荣休教师逐一颁发荣休证书,首次发放荣休纪念品,弘扬尊师风尚。

组织师德师风报告会,推送师德大讲堂系列直播活动,邀请附属东方医院雷撼副院长在ZOOM平台举办"抗疫有我,健康同行"专题讲座,协同举办全国劳模姚启明先进事迹报告会,讲好师德故事;加强优秀教师选树宣传,评选2020年度同济大学"师德师风优秀教师"(增设疫情防控专项),拍摄《敬仰吾师》专题片,举办"厚植情怀,涵养师德"主题展览,编制《优秀教师先进事迹画册》《同济大学教师荣誉手册》,教师工作部部门网站、"同济教师"微信公众号正式上线,大力宣传广大教师在教学、科研、管理、疫情防控等工作中的突出事迹。加强职业纪律约束和校情校史教育,汇编教师思政和师德师风建设规范性文件,编制《同济大学教师手册(2020版)》。

(鞠明晖)

【教师职业能力提升】 构建立体化教师培训体系,组织174名新进教师开展岗前培训,举行入职仪式,郑重签订遵守师德规范承诺书,集中开展课程学习、讲座报告,召开座谈会,分4条线路开展"四史"学习专题实践活动,引导新进教师尽快融入同济大家庭。

利用教师发展中心平台,开展"教学科研能力提升""政治文化素养提高""学科交叉专业交流""人文关怀心理辅导""国际合作视野拓展"等各项教师交流活动和培训项目。本年度共组织12期线上线下相结合的教师沙龙活动,广大教师在"云端"相聚,共议"在线教学的互动策略""课程思政教学的体会""直播教学的视频制作"等热点话题,推动教师深入探讨先进教学经验;举办"双一流建设背景下教师发展"为主题的教师午间沙龙100期特别活动;合作开展4期"课程思政名师面对面"系列活动,以新老教师传帮带协同推进"课程思政";围绕系统打造金课,开展2期教学工作坊活动;围绕管理人员行政能力提升,开展2期管理人员精进写作系列培训。

(鞠明晖)

【双轨制人事管理工作】 截至2020年年底,学校有双轨制管理、教辅、思政岗员工250人在岗。2020年度新进双轨制员工47人,其中管理岗1人,专业技术岗46人,各类双轨制人员离职共62人,其中50人纳入学校事业编制聘用。

4月启动双轨制及校聘派遣员工竞聘事业编制岗位工作,本次工作涉及24家单位的50余名员工。本年度在个人申报、单位初审的基础上增加了聘期考核环节,在此基础上由各单位推荐候选人至人事处。5月29日,人事处组织专家对本次竞聘事业编制的50名候选人进行了综合测评。测评结果于6月12日上报学校人事安排小组进行审议并确定通过人员。经选拔,本次共计41人纳入事业编制,其中管理岗4人,教辅岗37人。

12月,启动2020年度双轨制员工及校聘派遣员工的年度考核工作。年度考核涉及校内66家二级单位,共计320人,其中参加360度年度绩效考核人员267人,不定等次人员19人,国家海底科学观测系统项目办公室、工程与产业研究院自主考核人员34人,因长病假未参加考核人员1人。

(江慧)

【劳动合同制人事管理工作】 5月初,经向上海市人力资源和社会保障局申请,学校开设企业性质社保账户。基于该账户,学校可按照企业规定招用并签订劳动合同的非事业编制人员,并按照企业性质办理社保参保手续。7月,在充分调研的基础上拟定了劳动合同文本,并首次在科研助理及专职科研人员系列中应用。2020年度,共计70余人通过劳动合同机制录用。

(江慧)

【派遣制度人事管理工作】 2020年度新进各类派遣员工187人,离职138人。截至2020年年底,学校各类在岗派遣员工1110人,其中校聘派遣人员尚有76人。

(江慧)

【挂靠、借用人员人事管理工作】 截至2020年底,人才中心各类挂靠人员79名,其中事业编制事业人员8人,产业人才交流中心管理的学校事业编制因改制关停并转企业各类人员71名。产业人才交流中心人员中待退休人员21名,长病假1人,零工资人员3名,借用在学校各单位的上岗人员46名。2020年度发放各项补助慰问金及生活补贴等共计7.66万元。

(江慧)

【离退休工作概况】 截至2020年底,学校有离休干部86人(其中5位享受副部长级医疗报销待遇),退休局级干部54人,退休副部长级干部3人。退休人员中,正高级退休教师839人,副高级退休教师1290人,正副处级退休干部455人,其他退休教职工4129人。全校离退休教职工合计6770人。其中,离休干部中80岁至89岁28人,90岁至99岁57人;退休教职工中,50岁至59岁462人,60岁至69岁2781人,70岁至79岁1605人,80岁至89

岁1759人,90岁至99岁162人,100岁以上1人。

学校现有离退休党支部105个,分别隶属于42个基层党组织,其中离退休干部党工委直接服务5个离休干部党支部和3个退休局级干部党支部。积极发挥离退休干部党工委对离退休党建工作的主体责任,围绕校党委总体工作要求,扎实推进离退休党建工作队伍建设。在疫情防控常态化条件下,坚持线上举办退休支部书记培训;组织离退休老同志收看教育部老干部局、市委老干部局、市教卫党委老干部处等主办的在线报告会16场;录制"我是你的眼"——"四史"图书朗读版和《同济的故事》音频版;在"同济大学离退办"微信公众号开设学习"四史"离退休支部组织生活风采展示专栏等。结合上海市老干部"双先"表彰和创建离退休干部示范党支部工作,发挥离退休党组织和离退休党员模范带头作用,挖掘并宣传先进事迹,取得丰硕成果;利用老同志优势资源,开展"讲述四史故事,传承红色基因"系列活动:邀请老同志以"与党同呼吸、共命运"为主题,口述参加革命建设改革历程并录制视频;邀请12位"中国人民志愿军抗美援朝出国作战70周年"纪念章获得者进行"走近最可爱的人"访谈等。

切实保障离休干部养老福利水平。全年为离休干部社区高龄养老服务缴费90人、18000元,发放健康疗休养费92人、61700元,发放节日慰问费372人次、372000元及慰问品101469.1元。提供医疗补助29人次、467436.74元。为离休人员发放元旦春节慰问金93人、334800元;敬老节慰问金90人、27000元;"送温暖"94人、74400元,另发四类人员3人、3000元,铁路老战士5人、7500元;"送清凉"92人、74200元,另发四类人员2人、2000元,铁路老战士5人、7500元。逢"五"、逢"十"生日慰问金18人、5200元。为离休干部遗属109人发放"送温暖"费32700元。

继续做好退休教职工服务工作。为退休人员发放元旦春节慰问金6662人,合计23696400元;敬老节慰问金6723人,合计1344600元。实行"送清凉""送温暖"全覆盖,并将孤老、一老养一老、抚养无工作残疾子女、身患重病的四种情形列为重点帮困对象,发放慰问金"送温暖"普遍慰问6663人,共计2837300元,另有四类人员149人,发放160000元;"送清凉"普遍慰问6690人,共计2699000元,另有四类人员149人,发放154000元。逢"十"生日慰问金319人,合计67000元。给付离退休人员体检费2913466元,退休人员住院互助保障续保6684人,合计2006300元;全年发放退休人员临时困难补助196人次,合计225140元,医疗补助657人次,合计2429031.4元;为学校离退休教职工"老有所乐"发放老年大学学费补贴270人次,共计20170元。

继续关心精减回乡职工和征地养老人员。按照上海市相关政策,上调28名精减回乡新职工生活费标准从2500元至2660元,上调22名征地养老人员生活费标准从2501.5元至2676.6元。为精减回乡职工发放春节、五一节及国庆节慰问金共计143000元。根据上海市杨浦区社保中心文件精神,为征地养老人员发放2019年度一次性节日补助费共计18750元。

全年为精减回乡职工审核报销医药费43人次,共计报销1391943.7元;为征地养老社员审核报销医药费57人次,共计报销147022.02元;为89人次精减回乡职工申请一次性特困补助合计45000元;为37人次征地养老人员申请一次性特困补助合计18500元。

面对突如其来的新冠疫情,离退休干部党工委、离退休工作办公室坚持正确舆论导向,编写《信息简报》和《同济大学离退休老同志新型冠状病毒肺炎防控知识问答》,引导老同志正确认识疫情;做好老同志日常服务保障,解决疫情期间老同志吃饭、看病等实际困难;注重老同志心理疏导,开展"老年人在疫情中如何保持心理健康"培训,提高老同志疫情期间的心理疏导能力;组织开展网上厨艺大"晒"、征文摄影等活动,丰富老同志疫情期间的文化生活:退休教师陈若明的摄影作品《你追我赶》,荣获"奋进新时代"2020年上海市老年摄影展入围奖;组织校园十大歌手候选人到同济新村老年活动中心举行"学习'四史'暖冬感恩"公益活动等。

受疫情影响,6个老年活动中心(室)从2020年1月起暂停开放,10月15日,同济新村老年活动中心恢复部分开放;老年大学春季学期线下课程停课,并为有需要的学员办理退费手续,秋季学期开展线上教学试点,共有9个班级、227人次学员参加学习。第二课堂与团队建设方面,老年大学组队参加上海老年大学教育联盟等单位举办的"戮力同心共战疫暨上海市第五届九九重阳节——长者风范·天伦之乐"云上重阳节活动,选送的配乐诗朗诵《讴歌最美逆行者》在朗诵比赛中获得二等奖,另有11幅作品参加摄影比赛,高燕萍等4人作品获得了三等奖,丁自强等5人获得优秀奖;组织任课教师参加上海市老年教育师资培训中心举办的各类在线培训共10场,30人次参加;配合上海市老年教育陈列馆史料展出,征集学员作品40件,活动、荣誉及品牌项目18件。

学校关工委紧紧围绕立德树人根本任务,持续开展"三全育人""师生面对面""三区融合 共同育人"等品牌活动,取得丰硕成果。同济大学关工委荣获"全国关心下一代工作先进集体"荣誉称号,为沪上唯一获奖高校;开展"读懂中国——全面小康,奋斗有我"主题征文活动,获得教育部颁发的优秀组织奖和1个优秀微视频奖;在庆祝上海市教育系统关工委成立25周年大会暨教育系统关心下一代工作推进会上,同济大学关工委获多项大奖,并获颁"高校关工委线上工作的理论和实践研究"理论研究基地,为沪上10家单位之一。此外,关工委常务组还组织"读懂中国·扶贫攻坚"活动,赴贵州紫马中学进行扶贫活动，设立“同济大学关工委—紫马中学奖学金”，助力脱贫攻坚。

在疫情防控常态化的特殊情况下，老教授协会和退休教师协会不忘初心，确保正常的组织建设和日常工作不停摆。带领广大会员学习贯彻“全国两会”和十九届五中全会精神；鼓励老教授做好“宅家”自我防护的同时，积极参与和支持学校、社区的战“疫”志愿工作，在抗击新冠疫情工作中传递正能量；一如既往地为会员的“学、养、乐、为”服务，为5名特困大病教授送去了市协会“大慈关爱基金”的慰问金，上门慰问100多位跨入70、80、90和100整岁的会员；组织20多位会员参加“上海市老教授协会(东北片)法律、中医、西医、健身、慈善、养老大型联合咨询活动”等。

老科技工作者协会积极发挥会员专业特长，用知识助力抗疫，用科研指导实践，用技术服务社会，不忘老科协使命。会长孙章教授撰写文章《新冠病毒肺炎疫情防控与新型城市轨道交通系统开发》，被《上海科技报》转载；长期从事医学教育的盛红华教授撰写了《后疫情时代加强〈传染病学〉教学的建议》，并开设“人类抗疫史”学术讲座；同济医院副主任医师潘金友作为上海市科普作家协会医疗卫生专业委员，向大家普及中药在抗疫中的作用和疾病诊治知识，撰写的《疫情期间心理障碍患者的中医辨证论治》论文被上海市老科协第十八届学术年会录用并发表。

(徐真)

【同济老年艺术团越剧队纪念越剧队成立60周年】 1月4日，同济老年艺术团越剧队“纪念越剧队成立60周年”专场演出在四平路校区一·二九礼堂举行。舞台上，展示了老中青三代越剧爱好者的风貌，受到了兄弟单位越剧队和观众们的好评。

(徐真)

【同济大学老科协年会召开】 1月8日，同济大学老科协年会在沪西校区国际交流中心举行，中国老科学技术工作者协会铁道分会发来贺信，老科协会长孙章作了《守正创新，建设老科技工作者的“温馨之家”》的工作报告。会议由副会长、中国老科协铁道分会理事盛红华主持，300多名会员及嘉宾参加了会议。

(徐真)

【机关党委第二党支部为同济新村老年活动中心送温暖】 3月19日下午，在支部书记、党委办公室主任陆居怡的带领下，机关党委第二党支部一行4人专程来到同济新村，向老年活动中心赠送2台电热水器。机关第二十四支部书记徐讴平代表老年活动中心接受了这份暖暖的爱心。

(徐真)

【离退休教职工党支部书记培训首次线上开班】 4月28日上午，由校党委组织部主办，离退休干部党工委承办的2020年离退休教职工党支部书记培训开班。同济大学附属东方医院国家紧急医学救援队临时党支部书记徐红福作了题为《逆行抗疫 不辱使命》的专题辅导报告。受疫情影响，本次培训首次采用线上模式，来自各二级单位的86位离退休教职工党支部书记参加了培训；培训同时开通网络直播功能，便于广大离退休党员收看收听。

(徐真)

【离退休干部党工委开展老年人应对疫情心理健康培训】 5月12日上午，离退休干部党工委开展“老年人在疫情中如何保持心理健康”培训，邀请中国心理卫生协会副理事、同济大学医学院教授、附属精神卫生中心(筹)院长、博士生导师赵旭东为大家释惑答疑。近90名离退休支部书记和部门工作人员在线参加了培训。

(徐真)

【离退休党支部书记“四史”学习教育线上开讲】 5月19日下午，离退休干部党工委邀请同济大学党的十九大和十九届四中全会精神宣讲团成员、数学科学学院党委书记孔德懿，作了题为“一百年来谁著史——兼谈中国共产党的初心与使命”的报告。80余名离退休党支部书记和部门工作人员在线参与了学习。

(徐真)

【学校退休教职工积极参加上海市高校退管会网络棋牌活动】 学校退休教职工积极参加由上海市高校退管会举办的上海高校系统教职工网络棋牌比赛。6月9—10日，“上海高校系统退休教职工2020年网络象棋比赛”在腾讯“天天象棋”平台举行，退休教师王新福、侯培源参赛；6月10—18日，“2020健康杯——上海高校退休教职工网络桥牌友谊赛”在“新睿桥牌”app上举行，退休教师陈狄雯、孟富海、王为参赛。

(徐真)

【离退休干部党工委组织赴上海淞沪抗战纪念馆考察】 10月15日，60多名离退休党支部书记和党务工作者赴上海淞沪抗战纪念馆参观考察，这是学校“四史”教育的一堂必修课，也是今年离退休党支部书记培训的重要内容。

(徐真)

【“唱响桑榆乐 梦圆小康年”——同济大学2020年敬老节大会举行】 10月23日上午，“唱响桑榆乐 梦圆小康年”——同济大学2020年敬老节大会暨退休教职工70岁生日集体祝寿文艺演出在徐家汇社区文化活动中心举行，这也是学校首次在校外举办敬老节大会。校党委副书记吴广明出席大会并讲话。部分退休老领导，关工委、老教协、老科协、退休党支部书记、老年艺术团的代表，以及百余位年满70岁的退休教职工参加了大会，大会由离退休干部党工委书记、离退休工作办公室主任徐讴平主持。会上，吴广明还和老领导王建云、朱广杰以及70岁生日代表蔡茂森一起启动了“同济大学离退办”微信公众号。在疫情防控常态化形势下，本次敬老节大会采取线上、线下相结合的方式，通过校园网流媒体平台进行同步直播。

(徐真)

【上海健康医学院来同济调研交流】 11月6日，上海健康医学院党委副书记于莹一行来到同济，就工会、妇委和离退休工作进行调研交流。校党委副书记吴广明、工会常务副主席宋建华、离退休干部党工委书记、离退休工作办公室主任徐讴平、妇委副主任陈凤等参加了交流会。会后,于莹一行参观了土木工程学院爱心妈咪小屋和院史馆、同济新村老年活动中心以及学校工会俱乐部。上海健康医学院工会、妇工委、退管工作和二级学院有关领导,以及同济工会、妇委、离退休工作办公室、校医院和土木工程学院有关负责同志参加了活动。

(徐真)

【同济关工委在上海市教育系统关工委成立25周年大会上荣获多个奖项】 11月10日,庆祝上海市教育系统关工委成立25周年大会暨教育系统关心下一代工作推进会召开,同济大学关工委获评"上海市教育系统关心下一代先进集体";陈立丰、万腓力获"上海市教育系统关心下一代工作先进工作者"称号;校关工委"三区融合 共同育人"项目荣获上海市教育系统关心下一代工作"优秀品牌项目";关工委外国语学院分会荣获2019年上海市教育系统基层"五好关工委组织";陈立丰、乔建新领衔撰写的《"三区融合共同育人"——同济大学关心下一代工作新拓展》荣获2019年上海市教育系统关心下一代工作课题研究特等奖;欧阳杰、徐讴平、金正基领衔撰写的《新时代 让创新精神焕发更绚丽光彩——同济大学关工委以创新促发展的实践探索》荣获2019年上海市教育系统关心下一代工作课题成果研究一等奖;党建组刘秀兰、钱爱民获得了2017—2018年度"上海高校优秀特邀党建组织员";同时获得"高校关工委线上工作的理论和实践研究"理论研究基地授牌,为沪上10家单位之一,校党委副书记吴广明代表学校接受授牌。

(徐真)

【同济退休教师在上海市退管会"桑榆未晚,老有担当"主题征文活动中获佳绩】 在上海市退休职工管理委员会办公室主办的"桑榆未晚,老有担当"主题征文活动中,退休教师周建《乐在其中》荣获二等奖,欧阳杰《初心不忘 学习不懈 奋斗不止》获评三等奖,李炳生《社区是我家,社区和谐靠大家》、孙金花《甘当抗疫志愿者》、张根发《让笑脸永驻——我为小区老人拍照》获得优秀奖。

(徐真)

【离退休干部先进集体和先进个人表彰座谈会召开】 12月3日,同济大学离退休干部先进集体和先进个人表彰座谈会在同济新村老年活动中心举行。校党委副书记吴广明、获表彰的先进集体及先进个人代表、离退休干部党工委委员、离退休党支部书记、支委代表等出席。土木工程学院教授、中科院院士孙钧荣获"上海市离退休干部先进个人"称号;机关党委退休教工第二党支部、离退休干部党工委离休第一党支部获"上海市教卫工作党委系统离退休干部先进集体"称号;土木工程学院地下建筑与工程系退休党支部书记王静枫,政治与国际关系学院副教授、学院关工委老同志徐筠,马克思主义学院教授李占才,离退休工作办公室原主任、现同济老年大学副校长何仲节获"上海市教卫工作党委系统离退休干部先进个人"称号。吴广明为获奖的先进集体和个人颁发奖牌和证书。机关党委退休教工第二党支部书记孙金花、离退休干部党工委离休第一党支部书记周上玖,以及4位获奖老同志做交流发言。

(徐真)

【同济新村老年活动中心接受并通过上海市"达标"老干部活动室考评】 12月11日,上海市"达标"老干部活动室考评会议在同济新村老年活动中心举行。考评组组长、上海市老干部活动室主任范剑桥,上海市教卫工作党委老干部处处长金勤明,同济大学党委副书记吴广明,学校老龄委委员王建云、殷继娟等出席了评审活动。经过考察环境设施、听取离退休干部党工委副书记、离退休工作办公室副主任倪佩琼做《同济大学创建"达标"老干部活动中心(室)工作报告》、与离退休教职工代表座谈等环节后,同济新村老年活动中心通过上海市委老干部局"达标"老干部活动室考评,也是2020年上海市新创建两家达标"老干部之家"之一。

(徐真)

【学校离退休干部专题学习党的十九届五中全会精神】 12月17日,离退休干部党工委退休局级一支部在同济新村老年活动中心开展了学习党的十九届五中全会精神组织生活。上海市政协原常委、政协经济委员会原副主任、经济与管理学院教授吴光伟作了题为《学习党的十九届五中全会经济形势》的报告。校党委副书记吴广明参加了支部活动。老教授协会、各离退休支部、关工委等也通过各种形式,组织离退休党员干部学习党的十九届五中全会精神。

(徐真)

【学校召开老领导迎新座谈会】 12月30日,同济大学老领导迎新座谈会在同济新村老年活动中心举行。同济大学党委书记方守恩、校长陈杰与近30位离退休老领导座谈交流,并向各位老领导致以新年问候。座谈会由学校党委副书记吴广明主持。

(徐真)

对外合作与交流

国内合作

校校合作

【概况】 2020年，学校根据教育部对口支援工作要求，围绕井冈山大学、新疆大学、大理大学、宜宾学院、九江学院5所受援高校的发展规划与实际需求，克服疫情影响，精心筹划、多措并举，扎实推动对口支援工作的开展。一年来，与5所受援高校开展校级、院级领导互访50余人次，签署协议3份，接收挂职干部6名、进修教师23名，录取定向培养博士生6名，联合培养本科生62名，选派20余位专家学者赴受援高校开展学术讲座，指导新疆大学获批国家级项目3项。

在对口帮扶部省合建高校方面，根据与广西大学、郑州大学签署的部省合建工作协议，加强互动沟通，进行任务分解，精准制定需求清单，在师资队伍建设、人才培养、科研攻关、平台建设等方面开展了一系列合作，推进各项工作任务落地实施、取得实效。

此外，学校与长江大学签署《毕业生就业创业工作“一帮一”行动合作协议书》，与上海大学签署《医学领域全面战略合作协议》。接待中国海洋大学、江苏大学、北京建筑大学来校调研十四五规划编制、学科建设、科研管理等工作。

井冈山大学 本年度，学校与井冈山大学按照两校对口支援工作计划，全面推进各项任务落实落地。全年两校校级、院级领导交流互访30余人次。11月5日，井冈山大学校长曾建平一行来校参加2020年度对口支援工作会议，12月8日，校党委副书记徐建平一行赴井冈山大学召开对口支援工作座谈会。双方签署《同济大学—井冈山大学“十四五”期间对口支援工作协议》，续签《同济大学对口支援井冈山大学联合培养本科生协议书》。

在干部挂职与师资培养方面。国际文化交流学院副院长孙宜学教授继续挂职井冈山大学校长助理，分管发展规划、学科建设、国际合作与交流等工作，并直接牵头负责井冈山大学2020年申硕工作。11月24日，医学院陈建军教授赴井冈山大学挂职接任校长助理。本年度，学校接收井冈山大学23名教师来校挂职进修。

在学生联合培养与研究生教育交流方面。继续接收井冈山大学18个专业52名本科生来校进行为期2年的联合培养，至今两校联合培养本科生达562名。12月12日，学校召开研究生教育会议，特邀受援高校研究生处负责同志参加，围绕学习贯彻落实教育部全国研究生教育会议和系列改革文件展开研讨，为井冈山大学研究生培养工作提供帮助。

在学术交流方面。10月27日，学校邀请中国井冈山干部学院原副院长、井冈山大学原校长张泰城做客同济大学“中国精神”大讲堂并讲解井冈山精神。嘉定校区党工委、汽车学院党委、中德工程学院与职业技术教育学院党委负责人及嘉定校区师生200余人现场听讲。同济大学官方微博、抖音、快手和B站2万余人次同步收看。12月，两校成功举办第十一届井冈山大学“同济学术周”。

在推动获批硕士学位授予权单位方面。组织蔡三发、李兰、陈宇光、康九红等专家帮助井冈山大学审核和函评其申硕材料。12月，在学校帮助和指导下，井冈山大学获批2020年江西省新增硕士学位授予单位。

此外，学校推动第二届“中国工程院院士走进井冈山大学”活动举行。出版社举行“井冈山大学学术文库”新书发布会。

新疆大学 2020年，与新疆大学按照《12所对口支援高校援建新疆大学学科工作总协议》《同济大学援建新疆大学土木工程学科工作协议》《同济大学组团式包建新疆大学建筑工程学院协议(2018—2020)》，全面推进对口支援包建协议目标落地，各项工作取得良好成效。一年内，两校校级、院级领导互访20余人次。

本年度受疫情影响，直接的、面对面的交流工作受到限制，学校相关部门和学院充分利用线上方式，推动年度工作目标任务的实施。1月，新疆大学建筑工程学院党委书记张广泰率队来访，就土木工程一级博士点申报、智慧教室、人才引进、重点实验室建设等工作进行商讨并达成共识；5月，学校对口支援办公室负责人出席新疆大学对口支援组长单位视频会；6月，本科生院负责人参加2020年对口支援新疆大学高校教务处处长会议暨在线教育视频研讨会；7月，对口支援办、科管部负责人分别出席2020年对口支援新疆大学高校办公室主任视频会和对口支援科研合作研讨视频会。

在干部挂职和师资队伍建设方面。选派土木工程学院孙建渊副教授挂职接任新疆大学建筑工程学院副院长，法学院副院长卢鹏教授挂职新疆大学研究生院副院长，承担相关工作并做好对口支援工作的组织协调。录取2名教师为土木工程学院、材料学科与工程学院定向培养博士。接收受援学院1名教师来校进修。同济大学淡丹辉、钱建固、廖振良教授担任新疆大学学科带头人，分别负责桥梁工程、岩土工程、市政工程学科建设；陈隽教授、贾敏才教授、刘威副教授担任新疆大学主讲教师，分别负责“混凝土结构设计原理”“土力学”和“高等结构动力学”3门课程的建设，同时为受援学院组建相应的教学团队。此外，学校派至新疆大学工作的教育部“长江学者”讲座教授陈银广、自治区天山学者主讲教授张冠增完成中期考核，陈银广教授的考核等级为“优秀”。

在学生联合培养方面。接收受援学院2批次8名硕士生到环境、城规、土木、交通等学院进行联合培养。12月11日，土木工程学院桥梁工程系和受援学院联合组队参加“中交公规院杯”2021世界大学生桥梁设计大赛线上启动仪式，一同聆听大赛组委会秘书长、中国公路协会桥梁分会秘书长、中交公路规划院副总工赵君黎先生的参赛宣讲。

在教学资源共享与在线课程讲座方面。疫情期间，学校相关学院通过网络平台将学院慕课资源与受援学院共享，并专门为新疆大学学生开展线上授课。4月，土木工程学院向受援学院对应课题组提供了学校《荷载与可靠性》国家精品课程的相关慕课资源，协助新疆大学教学团队申请自治区相关精品课程。4－6月，土木工程学院地下建筑与工程系钱建固教授为受援学院开设线上课程——土质学与土力学；7月钱建固教授为受援学院开展题为“岩土工程前沿进展——挑战与机遇”的线上学术讲座。9月，学校推进优质课程资源共享，将在爱课程平台上线的38门课程免费供新疆大学开设SPOC使用。10月19日，环境科学与工程学院邓慧萍教授为受援学院举办题为“水中新兴微量污染物基于光解的转化机理研究”的视频讲座。

在博士点申报与学科评估方面。为新疆大学申报土木工程一级学科博士点进一步提供帮助，在上一轮申报基础上整合学科方向并为其申报方案提供指导意见。同时，学校为新疆大学土木工程学科的第五轮学科评估提供相关支持帮助。

在科研学术交流方面。本年度，学校专家团队通过邮件、微信群及电话交流等多种方式，对受援学院国家自然科学基金、地区基金等30余个项目申请进行指导，其中3项获批。3月18日，土木工程学院陈隽教授为新疆大学建工学院全体教职工开展国家自然科学基金申请的辅导报告。4－5月，学校房屋质量检测站吴善能副站长与受援学院领导多次会面，商谈依托同济大学的房屋质量检测力量和经验，协助新疆大学开展工程服务项目的合作事宜。

在促进学术交流方面。学校相关学院通过邮件等方式，向新疆大学提供国际、国内各种学术会议信息，并通过受援学院公共邮箱进行发布。

在拓展合作领域方面。10月，建筑工程系教工支部与新疆大学土木工程系教师党支部开展“不忘初心 牢记使命”主题教育支部联组学习。11月，交通运输工程学院与新疆大学机械工程学院签署对口支援意向书，拟在专业教师党支部建设、课程思政化研究、科研联合申报、人才引进等方面开展合作。

在校园建设方面。为帮助新疆大学扩充图书馆馆藏资源，学校向新疆大学捐赠教育/语言、工业/建筑、经济/政治、文化/艺术、环境/交通等各类别图书785种1570册。

大理大学　12月23日，大理大学校长王华、发展规划办公室主任罗雁龙等一行来校访问。校党委副书记徐建平、经济与管理学院党委书记施骞等与来宾就下一阶段对口帮扶工作进行商洽，并在新增博士学位授予单位申请、学术交流等方面的支持达成共识。

宜宾学院　本年度接收宜宾学院2名管理干部、1名教师来校挂职进修，10名本科生来校联合培养。

九江学院　接收九江学院4名教师来校进修。

广西大学　本年度，学校招收广西大学2名部省合建类别博士研究生。4月，与广西大学联合申报的“南宁强透水复杂地层地铁深大基坑设计”项目获广西科技进步一等奖；2020年双方共同发表SCI论文14篇。7月，土木工程学院任晓丹教授受邀赴广西大学作关于专业学位博士培养的报告。12月，学校特邀广西大学研究生处负责同志一同参加同济大学研究生教育会议。

此外，土木工程学院陈隽教授通过线上线下方式为广西大学土木建筑工程学院的建设发展问诊把脉；学校与广西大学积极共建大跨桥梁结构多点多向加载试验及分析综合平台，预计建成后将成为国内一流的、可以开展全部四种桥型大跨桥梁工程的多点多向加载综合试验和施工过程控制试验平台；土木工程学院阳佳桦博士深度参与广西大学冲击动力学实验室重力锤建设以及风洞实验室建设，负责设备调研、可行性研究、动力学建模与有限元分析等工作。

郑州大学　在人才培养方面，学校招收郑州大学1名部省合建类别博士研究生，1名本科生攻读硕士研究生，并在国家级人才项目申报方面给予郑州大学支持。

在科研学术交流方面，学校选派杰出青年基金获得者杜建忠教授为郑州大学做国家自然科学基金申报讲座；郑州大学材料科学与工程学院庞新厂院长为同济大学师生作材料领域专题讲座，为今后科研合作奠定基础。

在科研合作方面，材料科学与工程学院李文教授与郑州大学材料科学与工程学院胡俊华教授开展学术合作，定期开展线上讨论并指导研究生课题；与郑州大学关绍康教授团队开展镁基生物材料中纳米银第二相的可控制备及抗菌性能研究。化学科学与工程学院与郑州大学共同推进科技部光响应功能材料国家级国际联合研究中心的建设，提升光响应功能材料研究水平；面向国际科技前沿、国家战略需求、地区经济发展需求以及郑州大学化学学科总体事业的发展需求，张弛教授团队与郑州大学化学学院合力建设“功能分子非线性光学材料联合研究中心”，提升产学研协同创新服务地方经济发展能力。

（王习珍）

【第二届“中国工程院院士走进井冈山大学学术指导会”举行】　8月22日，第二届“中国工程院院士走进井冈山大学学术指导会”在井冈山大学学术交流中心举行。中国工程院信息与电子工程学部卢锡城、李天初、赵沁平、费爱国、丁文华、姜会林、余少华、谭久彬、刘泽金、陈杰、王耀南、张平等12位院士出席指导会。中国工程院二局局长徐进、吉安市副市长刘志斌以及井冈山大学全体在校校领导参加。12位院士分成3组，分别与井冈山大学电子与信息工程学院、数理学院、机电工程学院的师生代表座谈，为井冈山大学的建设发展进行精准指导。

此前，在学校推动下，中国工程院信息与电子工程学部与吉安市人民政府和井冈山大学三方共同签署战略合作框架协议，旨在发挥中国工程院信息与电子工程学部院士及其团队的科技资源，促进学部与吉安市人民政府和井冈山大学三方的交流与合作，提高区域科技创新能力，推动吉安革命老区经济社会发展。

（王习珍）

【同济大学出版社“井冈山大学学术文库”新书发布会举行】 8月22日，同济大学出版社“井冈山大学学术文库”新书发布会在井冈山大学举行。校长陈杰与井冈山大学校长曾建平共同为新书揭幕。为了进一步服务井冈山大学的人才培养、学科建设、科学研究，将井冈山大学的优秀学术成果转化为出版成果，2018年出版社启动“井冈山大学学术文库”的策划和组织工作，并与井冈山大学联合开展了一系列交流活动。双方共同组织包括学术著作、教材、主题出版物、地方文化书系等出版项目，打造井冈山大学学术出版品牌。本次新书发布会按计划出版了第一辑8种图书。

（王习珍）

【2020年度同济大学对口支援井冈山大学工作会议召开】 11月5日，2020年度同济大学对口支援井冈山大学工作会议在同济大学召开。井冈山大学党委书记胡春晓、校长曾建平、副校长吕玉华，校长陈杰、校党委副书记徐建平，两校相关职能部门负责人出席会议。双方就“四新”专业建设、硕士授予权单位申报、高层次人才培养与引进、十四五规划编制、音乐舞蹈史诗《井冈山》剧目提升等工作进行沟通与交流。

（王习珍）

【医学院陈建军教授挂职接任井冈山大学校长助理】 11月24日，组织部部长黄翔峰送医学院陈建军教授赴井冈山大学挂职接任校长助理。自2006年起，学校已向井冈山大学派出7名挂职干部担任校级领导职务。

（王习珍）

【井冈山大学第十一届“同济学术周”开幕式举行】 12月8日，井冈山大学第十一届“同济学术周”开幕式举行。本届学术周采取线上线下相结合的方式举办，来自同济大学10个二级单位的14位专家和学者围绕“学科建设和十四五规划”这一主题，开展一系列“云讲座”“现场讲座”和座谈会。开幕式上，两校签署《同济大学—井冈山大学“十四五”期间对口支援工作协议》，续签《同济大学对口支援井冈山大学联合培养本科生协议书》。

（王习珍）

【井冈山大学获批2020年江西省新增硕士学位授予单位】 12月9日，在学校帮助和指导下，井冈山大学获批2020年江西省新增硕士学位授予单位，其社会工作、马克思主义理论、生物与医药三个专业获批硕士学位授权点。

（王习珍）

【2020年度内地高校对口支援新疆大学工作会议召开】 10月19日，2020年度内地高校对口支援新疆大学工作会议在乌鲁木齐召开。会议总结了过去一年对口支援工作的成绩和经验，研究谋划了今后一个时期工作思路和重点任务，对进一步落实好对口支援各项工作提出了要求。自治区党委副书记、教育工委书记李鹏新，清华大学党委书记陈旭、中山大学党委书记陈春声，各对口支援高校负责同志出席会议。同济大学党委副书记代表学校出席并作会议发言。

（王习珍）

【土木工程学院孙建渊老师赴新疆大学挂职】 10月23日，中组部第十批援疆干部土木工程学院孙建渊副教授正式到新疆大学建筑工程学院工作，接任学院副院长并分管科研工作。

（王习珍）

【宜宾学院党委书记蔡乐才一行来校访问】 12月28日，宜宾学院党委书记蔡乐才，党委常委、组织部部长华曦，党政办主任颜钰梅，教务处处长高曾辉，医学院筹建组成员谢明均、陈斌一行6人来访，校党委副书记徐建平、副校长陈义汉及党办、校办、医管处、医学院等职能部门负责人会见来宾，双方就支持宜宾学院医学院规划和建设事宜进行商洽并达成共识。

（王习珍）

产学研合作

【概况】 2020年，工程与产业研究院紧紧围绕学校第十一次党代会精神及建设世界一流大学的目标，依照“聚集大团队、构建大平台、承担大任务、催生大成果”的工作思路，聚焦经济社会发展中产生的具有全局性、战略性和前瞻性的问题，聚焦行业、企业转型发展过程中的关键技术和问题，主动出击、高效务实、融合发展，充分利用学校学科特色和智力资源，服务国家与区域重大战略需求，积极推动校地校企合作及科技成果全面而深入地向社会转化，切实提升学校自主创新及科技成果转化能力与水平。

本年度，工程与产业研究院立足于以往的产学研合作经验，从多方面深化产学研融合。积极推进校地校企合作布局，搭建校地、校企创新平台；

同时，做好研究院、联合实验室、研发中心等各类平台管理工作，以合作平台为载体，落实重大科研项目合作，发挥桥头堡作用。在长三角地区开展广泛的合作，成立昆山市同济智能制造产业发展协同中心、同济余杭产业发展协同中心，与上海浦东路桥建设股份有限公司、中国人民财产保险股份有限公司上海市分公司签署协议，共建同济大学—浦发人保城市建设与管理人工智能联合研究中心。同济大学重庆研究院积极开展与重庆两江新区战略合作，担任重庆市两江新区科创联盟首任轮值主席，搭建多个省部级校地合作科研平台，联合学校多位教授策划与申报多项省部级科研课题，深化校地校企合作。同济中车创新研究院中心，推动学校与中国中车合作项目总数为146个，合同金额为21106万元，2020年到账2930万元；同济大学中车捷运研究院持续推进新能源商用大轿车关键技术研究及工程化、新型智能自装卸式压缩环卫运载车辆关键技术研究与工程化等重大产业化科研项目工作，落实学校、政府、企业三方合作。

（周韶华）

【同济大学重庆研究院积极开展与重庆两江新区战略合作】 2020年，重庆研究院搭建多个省部级校地合作科研平台，充分发挥智库作用，助力重庆发展，包括：重庆市高端研发机构、中德国际技术转移中心（重庆）、新型科技智库重庆同济绿色技术创新发展研究中心、长江水环境智能监测科创中心&长江水环境教育部重点实验室重庆研发基地、重庆市博士后工作站、重庆市高校毕业生就业见习基地；担任两江新区科创联盟首任轮值主席，组织、策划多项产学研活动；联合学校多位教授策划与申报多项省部级科研课题，建言协同创新区发展。5月8日，重庆研究院作为引进高校院所代表，向中央政治局委员、重庆市委书记陈敏尔汇报研究院的产学研工作进展与规划，重庆研究院立足学校学科优势与重庆战略需求开展的各项工作，受到陈敏尔书记点名表扬。

（周韶华）

【成立昆山市同济智能制造产业发展协同中心】 6月，同济大学与昆山市周市镇人民政府签署协议，共建昆山市智能制造产业发展协同中心。7月24日，于2020中国昆山创业周周市专场活动暨首批工改MA项目蒲公英周市科创产业园启动仪式上正式揭牌成立。中心积极发挥周市镇产业集聚优势和同济大学科创资源优势，在创新平台建设、人才引进、关键共性技术研发、科技成果应用转化、产业园及高新技术企业孵化、创新创业项目落地、人才培养培训等方面开展了全方位合作。

（周韶华）

【成立同济余杭产业发展协同中心】 8月，同济大学与杭州市余杭区未来科技城（海创园）管理委员会签署协议，共建同济余杭产业发展协同中心。8月30日，于2020生命健康未来峰会暨中国（杭州）数字·健康小镇开园仪式上揭牌成立，同济大学校长助理刘润出席仪式并为中心揭牌。结合未来科技城发展需求，中心积极围绕产学研合作及创新载体建设、成果转移转化及产业化、产业发展咨询、创新创业活动、人才培养培训等领域开展合作。

（周韶华）

【成立同济大学浦发人保城市建设与管理人工智能联合研究中心】 12月1日，同济大学与上海浦东路桥建设股份有限公司、中国人民财产保险股份有限公司上海市分公司签署协议，共建同济大学—浦发人保城市建设与管理人工智能联合研究中心，并于12月18日举行签约揭牌仪式。中心以科技合作、产学研结合、高科技创新创业投资、人才培养与交流等形式，开展校企长期合作。通过人工智能技术、IOT以及大数据等对工程安全、质量以及风险管理提供新手段，全面提高城市建设与管理水平。

（周韶华）

【中国工程院战略咨询中心与同济大学签订十堰市产业发展“双百行动”项目委托合同】 12月22日，中国工程院战略咨询中心委托同济大学承担十堰“现代新车城、绿色生态市”创新驱动发展合作项目中的十堰市产业发展“双百行动”工作方案及推进实施工作。工程与产业研究院牵头实际执行，梳理十堰市104家优势企业，实际对接85家，共组织近20位专家前往十堰市开展现场调研。9月22—24日开展集中调研，9名专家教授前往十堰市调研24家企业、地方高9校和创新创业孵化器。项目促成30家企业与学校19名专家教授签订技术合作合同30份。

（周韶华）

【深化落实同济大学与中车集团合作】

同济中车创新研究中心推动学校与中车集团科研合作取得重要进展，中车青岛四方股份承担的国家磁浮专项600公里高速磁浮列车在同济首次试车、燃料电池系统开发应用项目350kW氢燃料电池系统开展台架测试工作；同济大学中车捷运研究院新能源商用大轿车项目第一阶段关键系统研究工作基本完成，分布式驱动系统样机、增程器系统样机、主动安全系统样机基本完成相关测试工作。

（周韶华）

【同济大学与深圳市水务局、深圳市建筑工务署合作】 与深圳市水务局水务大讲堂、深圳市建筑工务署大美回声公益讲座展开合作，先后组织同济大学建筑与城市规划学院多名教授赴深圳开展讲座。承担深圳市建筑工务署“政府公共工程建设高质量发展研究”“全过程工程咨询管理指南”“深圳市区两级工务部门协同发展需求研究”3项课题；积极参与建筑工务署“深圳市建筑工务署精品工程评价标准（房建项目）”“深圳市建筑工务署项目后评价指引”“深圳市建筑工务署顶层设计研究”3项课题的研究工作，助力工程建设高质量发展。

（周韶华）

校地合作 2020年度，学校落实与7个地市、单位的合作并签署相关协议9份，包括与嘉定区人民政府签署《合作共建幼儿园协议书》《合作共建同济大学嘉定基础教育集团协议》及《共同建设“嘉定同济大学科技园”合作协议》，与上海申康医院发展中心签署《合作建设同济大学附属口腔医院协议》，与贵州省人民政府签署《战略合作协议》，与中国银行签署《银校全面战略合作协议书》，与上海市城市运行管理中心签署《智能城市“一网统管”合作协议书》，与四川省人民政府签署《全面深化战略合作协议》，与普陀区人民政府签署《关于生命健康产业合作框架协议》。推进与中国商飞、黑龙江省、海南省的合作并初步商定合作协议。同时协调相关部门推进与四川、贵州、福建、浙江、青海、山西、海南等7省，重庆、太原、嘉兴、舟山、苏州、台州、泉州、深圳等8市以及上海市浦东、杨浦、青浦、虹口、金山、普陀等6区在战略决策咨询、产学研转化、人才交流、干部培训等方面的系列合作。

其中，学校启动对贵州开展规划帮扶工作；与浙江省交通厅就交通和汽车领域率先开展合作达成共识；与青浦区就成立长三角可持续发展研究院事宜进行交流；与舟山市就海底科学观测网国家重大科技基础设施项目开展初步合作；与嘉兴市就围绕国家对高等教育的新要求，服务长三角一体化发展战略，进一步深化合作达成共识；与中国商飞就合作平台建设、科研项目开展、人才培养机制、队伍培育方式等合作开展深入讨论与交流；与福州市就职业教育方面的合作进行初步探讨；与青海省就对口支援高校各校事宜进行交流；与金山区和普陀区在医疗方面的合作达成共识；与台州市共建同济大学设计创意学院台州黄岩设计创新中心。

（王习珍）

脱贫攻坚 2020年度，学校坚决贯彻“四不摘”要求，统筹做好疫情防控与精准扶贫工作，认真履行扶贫责任书承诺，高质量完成“6个300”帮扶指标任务，助力云龙县如期脱贫摘帽。2020年学校直接投入资金311.69万元、引入外部资金538.56万元、培训技术人员878人次、培训管理人员1289人次，直接采购数额508.21万元，帮助销售农产品675.55万元。2020年5月，云龙县实现高质量脱贫摘帽出列，全县47个贫困村全部出列，11837户46050人脱贫。学校召开5次党委常委会专题研究扶贫工作，召开3次定点扶贫领导小组工作会议部署各项任务。学校赴云龙开展调研帮扶和支持活动14批137人次，其中领导班子成员4人次、处级干部21人次；大理州及云龙县来访107人次，其中班子成员27人次。6月，校长陈杰一行赴云龙围绕永安村乡村振兴发展专题调研，围绕“如何推动云龙县脱贫攻坚有效衔接乡村振兴发展”形成督导报告1份。11月，常务副校长伍江率队赴云龙调研教育扶智、产业帮扶及永安示范情况。通过进村入户调查、与贫困群众谈心、挂职干部汇报等途径，全方位、多角度督促检查脱贫工作成效。

（胡静）

【与嘉定区人民政府签署《合作共建幼儿园协议书》】 4月9日，学校与嘉定区人民政府共同签署《合作共建幼儿园协议书》。区校联手共建同济大学附属嘉定幼儿园，进一步深化“同济一嘉定”合作办学模式，发挥学校各类资源优势，共同促进嘉定区学前教育稳步发展，完善学校基础教育（含学前教育）建设，首轮签约期限为5年。常务副校长伍江，嘉定区副区长王浩，嘉定区教育局局长姚伟、副局长赵丽鸾，安亭镇镇长项平、副镇长叶蓉，国际汽车城（集团）公司董事长陈钢等出席签约仪式。王浩、伍江分别致辞，代表双方签约，并为同济大学附属嘉定幼儿园揭牌。

（王习珍）

【与上海申康签约共建同济大学附属口腔医院】 4月14日，学校与上海申康医院发展中心签署协议，在保持同济大学附属口腔医院现有党组织隶属关系、人事、财务资产、科研教学等方面的管理机制不变的前提下，双方携手在规划发展、医院管理等方面合作建设同济大学附属口腔医院。上海申康医院发展中心党委书记、主任王兴鹏，党委副书记方秉华，副主任郭永瑾、陈睦，校党委书记方守恩、校长陈杰、党委副书记冯身洪、副校长陈义汉等出席在同济大学举行的签约仪式。王兴鹏、陈杰代表双方签约，陈义汉主持签约。双方协议内容涵盖医院规划管理、信息化建设、绩效管理、医疗管理、人才培养、科研工作、沟通机制等方面，旨在推动医院管理体制的理顺，实现资源平台共享。

（王习珍）

【党委书记方守恩、校长陈杰一行赴青浦区调研】 7月2日，校党委书记方守恩，校长陈杰，常务副校长伍江，校领导吴志强、顾祥林、雷星晖、童小华率相关部门学院负责人一行赴青浦区就成立长三角可持续发展研究院事宜进行考察调研。青浦区委书记赵惠琴，区委副书记、区长余旭峰，区委副书记杨小菁，区领导姜爱锋、倪向军、顾骏、彭一浩等出席座谈会。双方就促进双方优势互补，实现互利共赢，创新推进高校与地方的深度合作模式达成共识。

（王习珍）

【同济大学党委与上海市嘉定区委举行中心组联组学习会】 7月6日，校党委与上海市嘉定区委中心组联组学习会在嘉定校区举行，区校双方围绕“贯彻市委全会精神，深化校地合作，做优城市核心功能，建设人民城市”主题，展开深入学习研讨。会上，学校与嘉定区人民政府签署《共同建设“嘉定同济大学科技园”合作协议》、《合作共建同济大学嘉定基础教育集团协议书》。

（王习珍）

【四川省校战略合作工作推进会召开】 8月21—22日，四川省校战略合作工作推进会在成都召开，来自北京大学、清华大学、同济大学等28所高校的嘉宾参观考察部分在蓉省校合作平台及项目，交流经验做法，共商深化合作事宜。四川省委常委、组织部部长王正谱出席会议并讲话。校党委副书记徐建平代表学校出席会议并发言。

（王习珍）

【与贵州省人民政府签署战略合作协议】 8月24日，学校与贵州省人民政府在贵阳签署《战略合作协议》。签约仪式前，贵州省委书记、省人大常委会主任孙志刚，省委副书记、省长谌贻琴会见同济大学党委书记方守恩、校长陈杰一行，并共同出席签约仪式。贵州省领导时光辉、李再勇、胡忠雄，校党委常委、副校长蒋昌俊参加会见和签约仪式。

（王习珍）

【普陀区委书记曹立强一行赴沪西校区调研】 9月4日，普陀区委书记曹立强一行赴沪西校区调研，校党委书记方守恩、常务副校长伍江、党委副书记冯身洪、副校长陈义汉及相关部门负责人出席区校合作座谈会，双方就同济大学医学院相关工作推进情况进行交流。

（王习珍）

【与嘉兴市召开深化合作座谈会】 9月23日，学校与嘉兴市深化合作座谈会在嘉兴市举行，校党委书记方守恩、嘉兴市委书记张兵出席并讲话，校长陈杰、常务副校长伍江，嘉兴市领导毛宏芳、马永良、祝亚伟、邢海华、敖考权等出席。双方就深化合作及有关工作的思路和设想进行商讨，并就围绕国家对高等教育的新要求，服务长三角一体化发展战略，进一步深化合作达成共识。

（王习珍）

【与上海市城市运行管理中心签署合作协议】 9月27日，学校与上海市城市运行管理中心在市城运大厅举行合作协议签约仪式和联合成果发布会。上海市委常委、常务副市长陈寅，市委副秘书长、市政府副秘书长、市委政法委副书记、市城市运行管理中心主任赵奇，校党委书记方守恩、校长陈杰、常务副校长伍江、副校长顾祥林、校长助理童小华等出席签约仪式，市政府办公厅副主任、市城市运行管理中心常务副主任徐惠丽主持。在陈寅、赵奇、方守恩、陈杰的共同见证下，伍江、徐惠丽分别代表双方签约。此次双方联合发布了七项人工智能研究成果，涉及自主智能无人系统全域精细感知技术、高实时一屏集控数字孪生管理系统、城市运行重大风险防范与应急管理体系框架等，为防疫、应急、设施运维等城市运行领域再添助力。

（王习珍）

【与中国银行签署全面战略合作协议】 9月30日，学校与中国银行全面战略合作协议签约仪式在四平路校区举行。常务副校长伍江主持，校长陈杰、刘连舸先后致辞，副校长陈义汉、副行长孙煜分别代表双方签约。中国银行总行职能部门负责人张守川、蒋昕、刘敏以及上海市分行负责人赵蓉、王琛、杨军，副校长蒋昌俊以及校长办公室、财务处、信息化办公室等部门和医学院负责人参加签字仪式。

（王习珍）

【党委书记方守恩、校长陈杰一行访问中国商飞】 10月24日，党委书记方守恩，校长陈杰，副校长顾祥林、雷星晖，校长助理刘润一行访问中国商用飞机有限责任公司，与中国商飞党委书记、董事长贺东风，党委副书记谭万庚，副总经理魏应彪及人力资源部、科技管理部、飞机设计研究院相关负责人召开校企合作推进会。双方围绕合作平台建设、科研项目开展、人才培养机制、队伍培育方式等展开深入讨论与交流。会前，方守恩一行参观了中国商飞公司5G全连接工厂及部装、总装车间等，观看了习近平总书记亲切关怀大飞机事业纪录片。

（王习珍）

【福州市常务副市长杨新坚一行来校商洽职业教育合作事宜】 10月27日，福州市副市长杨新坚、李春，教育局副局长念琪一行5人来访，副校长吴志强、校长助理刘润及校办、职教学院等相关负责人出席座谈会，双方就职业教育方面的合作进行深入交流并达成共识。

（王习珍）

【金山区副区长张娣芳一行来校商洽医疗合作事宜】 11月10日，金山区副区长张娣芳、卫健委主任吴靖平、教育局局长郑瑛一行7人来校访问调研，副校长陈义汉、医管处处长姜成华、医学院党委书记张军、医学院院长郑加麟、附属同济医院党委书记许树长、校办副主任陆英楠等出席座谈会，双方就医疗合作进行交流并达成共识。

（王习珍）

【"同济大学设计创意学院台州黄岩设计创新中心"揭牌】 11月20日，设计创意学院与浙江省台州市黄岩区人民政府在同济大学签署合作协议，双方共建的"同济大学设计创意学院台州黄岩设计创新中心"揭牌。台州市委书记李跃旗，市委副书记、市长吴海平，市委常委、市委秘书长周凌翔，市政府秘书长陈春，校长陈杰、校党委副书记吴广明等出席签约仪式。黄岩区委书记陈建勋、设计创意学院院长娄永琪代表双方签约。吴海平、吴广明共同为设计创新中心揭牌。签约揭牌仪式由吴广明主持。根据合作协议，双方携手合作，充分发挥同济大学设计创意学院在全球设计领域的影响力和对产业的赋能创新能力，加快推进黄岩模塑产业创新服务综合体建设，提升模塑产业设计水平，促进产业转型升级。

（王习珍）

【与四川省人民政府签署全面深化战略合作协议】 12月1日，学校与四川省人民政府签署全面深化战略合作协议，双方商定持续深化在战略决策咨询、重大产学研平台建设、重大科技项目协同攻关、教育和干部人才交流等领域的合作，共同助推四川高质量发展和同济大学中国特色世界一流大学建设。四川省与同济大学校地合作座谈会暨签约仪式当日在同济大学四平路校区举行。四川省委常委、组织部部长王正谱，副省长杨洪波，宜宾市委书记刘中伯，省委组织部副部长、省公务员局局长陈冠松，省教育厅厅长李江，省科技厅厅长刘东，省交通运输厅厅长罗佳明，校党委书记方守恩、校长陈杰、副校长吴志强等出席座谈会。杨洪波、吴志强代表双方签约。校党委副书记徐建平主持。

（王刁珍）

【党委书记方守恩、党委副书记吴广明率代表团赴太原市调研】 12月9日，党委书记方守恩、党委副书记吴广明率代表团赴太原市调研，山西省委常委、太原市委书记罗清宇，市委副书记、代市长张新伟等市领导会见方守恩一行，双方就推进下一阶段校地合作工作进行交流洽谈。党办、校办、科管部、招办、产业院、城规、航空、经管等职能部门与学院负责人，太原市组织部、统战部等部门负责人出席座谈会。会前，方守恩一行参观了汾河公园、轨道交通BIM现场、太钢不锈钢精密带钢有限公司等太原重点产业、生态建设等项目。当日，方守恩还与太原市部分重点中学校长召开座谈会。

（王刁珍）

【山西省委常委、组织部部长曲孝丽一行来校调研】 12月18日，山西省委常委、组织部部长曲孝丽一行来校调研，进一步深化省校合作。校党委书记方守恩、党委副书记徐建平会见曲孝丽一行，双方进行座谈交流。次日，山西省人才引进暨选调生政策宣介会在同济大学建筑设计研究院报告厅举行，曲孝丽作题为《逐梦新时代 共建新山西》的主旨演讲。

（王刁珍）

【与普陀区人民政府签署关于生命健康产业合作框架协议】 12月28日，陈义汉副校长受邀参加"生命智谷、慧聚普陀——普陀区生命健康产业发展大会"，加强学校和普陀区人民政府双方的交流合作，加快高校科技成果转化，助力普陀生命健康产业快速、高效、优质发展，推动扶持、培育生命健康产业发展壮大。会上，学校与普陀区人民政府签署关于生命健康产业合作框架协议，医学院与上海市普陀区桃浦智创城管委会办公室、上海市普陀区桃浦镇人民政府共同签署三方合作协议。

（王刁珍）

【挂职干部扶贫】 2020年，同济大学资产与实验室管理处副处长周晔继续挂职云龙县副县长，负责对口帮扶工作；土木工程学院辅导员孙羽捷继续任职诺邓镇永安村党总支第一书记，负责贫困村党建工作。疫情期间，周晔担任云龙县应对新冠肺炎疫情工作领导小组专职副指挥长，负责抗疫期间各项工作的统一指挥和调度。孙羽捷留村战疫，挨家挨户做足、做实防疫宣传，争当人民群众的"守护人"。10月，周晔、孙羽捷分获大理州扶贫开发领导小组颁发的扶贫先进工作者、优秀驻村工作队员称号。孙羽捷代表云龙县在首届云南省"学习强国·学习达人"学习竞赛中勇夺个人赛第一名。

（胡静）

【扶贫资金管理】 依据扶贫专项资金管理使用的流程和风险点，同济大学扶贫工作办公室起草《同济大学定点扶贫资金管理办法（审议稿）》（以下简称"办法"）。"办法"包含总则、预算安排与资金分配、资金支出范围与下达、资金管理与监督、附则五个部分，围绕云龙县脱贫攻坚和乡村振兴工作的总体目标和要求，规范资金使用、健全监管机制，进一步提升资金使用效益，防范使用和管理不规范的风险。

（胡静）

【开展科技扶贫工作】 集聚学科优势，以科技创新助力乡村振兴示范点建设。编制完成河南村彝族传统文化生态保护区规划、河南村乡村振兴（试点）规划；6月，由同济大学建筑设计研究院（集团）有限公司、上海同济城市规划设计研究院联合设计并捐资建造的永济新桥通车，解决沘江两岸4个自然村近600名村民的全季安全出行问题；11月，由学校建筑与城市规划学院袁烽教授团队设计的永安上村议事中心启用，中心既是乡村基层组织治理的议事空间，又兼具村民聚会、举办仪式之功能，受到了当地居民的广泛好评；同月，由环境学院教授周雪飞团队设计的永安公厕建成使用。公厕借助太阳能发电、高效节水便器和新型处理工艺，实现系统的节水节能和粪污资源化利用，可服务当地村民52户198人。

（胡静）

【开展教育扶贫工作】 进一步明确"深耕素质教育，做实职业教育"工作思路，突破职业教育专业建设、突破素质教育已有项目，制定2020年云龙教育扶贫计划。美丽乡愁公益团队在诺邓村开展"家园宝藏"创变营活动。古村儿童在志愿者的带领下，访谈诺邓劳动者的人生经历，探索老物件沉淀的历史与故事，观察公共空间居民的交往与活动，引领当地青少年重新审视自己与古村的关系，探索从根本上解决"农村青年不爱农村、不在农村发展"的难题；同济筑梦空间工作室42名师生赴永安完小、长新中学、团结中学实施梦想教室"解忧角"建设，自主开发"解忧角"软件为学生与父母搭建沟通平台；18位云龙学子来沪参加"同心同德共叙同济云龙情、济人济事广济云龙逐梦人"上海研学实践活动。该活动围绕"体会初心与使命""领略同济底蕴""感受上海温度""开拓思维眼界"4个主题展开；11月，同济大学附属第二中学和云龙县第一中学，同济大学附属实验中学和云龙县长新初级中学分别签署合作协议。校地双方将在课程改革与实施、德育管理、骨干教师培养、学习生活体验等领域开展合作交流。

（胡静）

【开展消费扶贫工作】 5月10日，联合组织部、校团委、外联办发布同济大学消费扶贫倡议书，通过e帮扶平台、同济大学官方微信号、校团委快手直播号、校工会群等渠道，陆续推出"e帮扶"520校庆助农礼包、"助力云龙脱贫攻坚，同济青年在行动"沪滇两地在线直播带货等活动，积极动员学院等二级单位参与扶贫产品采购，"e帮扶"线上销售额达190余万元。8月28日，参加高校"消费扶贫联盟"成立大会暨联盟首届消费扶贫主题研讨会，当选联盟副理事单位，与兄弟高校共商高校消费扶贫组团式发展大计。

（胡静）

【开展产业扶贫工作】 6月7日、23日，国务院扶贫办副主任洪天云，社会扶贫司副司长王大洋，上海市政府合作交流办公室党组副书记、副主任潘晓岗，大理州委书记陈坚、州长杨国宗分别到丰农公司沪销售中心调研，鼓励学校继续推动云品入沪、云品入社区的产业扶持模式。

（胡静）

【开展医疗扶贫工作】 6月，“同济云龙医疗周”在云龙县人民医院举办。期间，附属同济医院开展义诊60例、手术演示14例、教学查房45人次、疑难病例讨论8例，受益群众127人。附属东方医院选送妇科、妇产科2名医师赴云龙县人民医院开展为期3个月的医疗支援。期间，完成会诊疑难病例21人次、教学查房20次、开展手术76次、开展新业务4项、义诊120人，培训讲座25次，受益群众473人。

（胡静）

【开展人才帮扶工作】 结合云龙经济社会发展需求，多点发力，为当地培养一批爱乡、守乡的人才队伍。一是继续巩固医疗队伍培训。2020年，附属同济医院赴云龙县人民医院举办“同济云龙医疗周”，开展义诊60例、手术演示14例、教学查房45人次、疑难病例讨论8例；附属东方医院派驻2位挂职医师赴云龙县人民医院，挂职期间共完成疑难病例会诊21人次、教学查房20次、开展手术76次、开展新业务4项、义诊120人，培训讲座25次。二是持续加强管理队伍培训。5月，举办第六届“同济·云龙大讲堂”，陈大文教授做题为“推进国家治理现代化的行动指南——党的十九届四种全会精神解读”专题报告；11月，伍江教授为当地作题为“城市历史街区保护与有机更新”的主题报告。三是首次开展实践考察培训。8月，围绕“乡村振兴”和“产业发展”两大主题展开，在台州市、渭南市、上海市举办跨越三省市的实践考察培训，来自云龙县11个村镇的49名基层的乡镇管理干部、技术人员参加培训。四是创新开展村民技能培训。在同济大学驻永安村第一书记党建专项费用的支持下，结合村民技能特征和劳动市场需求，举办刺绣、家政服务、厨技专项技能培训班，培训辐射百余人次，对提升村民劳动技能、补贴农闲家庭收入起到推动作用。五是大力支撑职业教育培训。学校继续在沪举办“沪滇合作—云南省职业教育师资创新团队培训”，2020年共吸纳来自云南省职业院校的管理干部、思政教师和专任教师417人参训，持续为云南培养高素质技术技能人才提供有力的师资支撑。

（胡静）

【成立高校“城乡规划扶贫联盟”】 在教育部指导下，学校牵头成立高校“城乡规划扶贫联盟”，探索高校组团式帮扶新模式。首批成员由重庆大学、大连理工大学、东北大学、东南大学、合肥工业大学、华南理工大学、天津大学、同济大学、西北工业大学、西南交通大学、中国地质大学（北京）11所高校组成，旨在精准对接贫困地区城乡规划需求，发挥各成员高校学科优势和区域辐射带动作用，分工合作、资源共享，为全面建成小康社会贡献高校智慧和力量。10月，召开高校“城乡规划扶贫联盟”成立暨2020年工作研讨会，通过联盟章程，组建由50名专家组成的专家委员会。

（胡静）

【开展永安示范村建设】 制定“聚焦民生、统筹规划、绿色发展、有效衔接”的帮扶方案，从产业、人才、文化、组织、生态五个方面精准打好“组合拳”，为永安乡村振兴提供持续动力。2年来，同济大学先后选派2名干部接力挂职村第一书记，100余人次规划团队实地指导和技术援助，累计投入建设经费867万元；打造永济新桥、公共厕所、村民议事中心等一批特色扶贫项目；完成道路硬化10000平方米、安装230余盏太阳能路灯；扶持2个专业合作社；实施“家园一方志”、梦想教室等文化重建项目，大力传承特色乡土文化。永安村从“五低”实现“五变”，提前十年完成基础设施建设目标。围绕“美好人居与乡村振兴”主题，总结扶贫建设经验，申报并获批教育部《美好人居与乡村振兴——基于精准扶贫示范村建设的乡村规划实践课程案例》，反哺乡村规划设计实践课程内涵。拍摄反映扶贫示范点成效的宣传片《永安之路》，参加《我的2020——全国高校师生扶贫微视频》展播，受到师生广泛好评。

（胡静）

【开展扶贫宣传工作】 8月9日，校团委举办“同济青年助力脱贫攻坚一线”思政大课，100余名云龙学生和2000余名同济学生共话青年在扶贫攻坚中的责任担当；8月9－13日，5位挂职干部参加云龙县定点帮扶暨乡村振兴交流座谈活动，总结以往经验、共话云龙未来；10月13日，举办“同行滇西，济兴云龙”主题报告交流会。校地双方围绕交通振兴主题共话云龙未来发展，5万人次通过同济大学官方微博、抖音、快手、B站四大平台收看直播，获7万余次点赞；10月17日全国扶贫日前后，人民网、同济官微、同济报等对国家扶贫政策与学校的定点扶贫工作进行系列宣传；10月20日，《云腾龙跃，山乡巨变——同济大学定点扶贫工作巡礼（2012－2020）》展览揭幕，多维、立体、全景式地回顾学校助力云龙打赢脱贫攻坚战的八年奋斗历程，11月27日全景VR展览同步上线。

（胡静）

国际/港澳台合作

【概况】 实施国际化新战略，以德国为牵引，进一步优化、提升对欧合作。明确“小核心、大外围、高层次”的功能定位，做强国际平台学院，继续深化中德学院转型，完成中意学院转型。主动对接国家“一带一路”主场外交，力争与1—2所知名大学建立合作关系。加强同科技强国间的合作与交流。提升对外合作管理服务水平。召开外事工作大会。建立完整及时的“八有”台账。出台“同济大学提升国际学术影响力若干措施”。进一步完善和加强7个“111引智基地”和1个国家外专局国际化示范学院推进计划试点单位，提升建设质量，新增1－2个新基地。扩大高端引智规模，争取获批上海市外籍专家奖项1项。加强学生境外交流。推进与港澳台地区的交流，办好联合大学。继续加强全英文课程建设，增加英文授课项目30%。

撰写国际合作“十四五”专项规划讨论稿。为深入贯彻落实八部委《关于加快和扩大新时代教育对外开放的意见》，进一步加强国际合作与交流，致力于提升同济大学以“国际办学有品质、国际平台有特色、国际师生有规模、国际科研有地位、国际组织有任职、国际会议有声音、国际期刊有文章、国际奖励有名次”为主要内涵的国际化水平，形成更全方位、更宽领域、更多层次、更加主动的对外开放格局，做好“十四五”期间国际合作规划，组织线上线下调研，整理形成调研报告，召开外事相关部门工作协调会，制定了《同济大学关于加快推动新时代教育对外开放的若干意见》，明确了指导思想、总体思路和主要目标，并提出了具体措施。

持续推进国际合作体制机制建设，扎实推进教育治理能力现代化。进一步提升部门教育治理能力现代化水平，落实“八有”，外事办公室协同校内相关职能部门，有针对性的进行指标细化。对标教育部、学校要求，本年度制定、修订的国际合作相关制度规范、指导意见等共计10项，其中首次制定7项，修订3项。修订并发布《同济大学外事合同管理实施细则》，进一步促进我校国际合作与交流，规范程序、加强管理；发布《同济大学举办国际会议管理办法》，促进学校对外交流与合作以及相关学科发展；修订并印发《同济大学教职工出国（境）管理办法》，更好地服务于教职工参与国（境）外学习、交流、研究。

加强规划、凝聚共识，筹备召开2020同济大学外事工作会议。2020同济大学外事工作大会以“新形势·新任务·新突破”为主题，采用线上线下相结合的形式，邀请上级有关部门、伙伴高校、校内党政领导、各学院负责人等参会，进一步加强全校国际合作队伍的建设，齐心协力构建新时期国际合作新局面；加强规划，不断完善同济大学国际合作整体架构；落实“八有”，持续推进高质量国际化内涵建设；凝聚共识，实现同济特色新时代教育对外开放新突破。

会议筹备阶段制定新文件、完成相关文件修订，制定会议方案并听取学校主要领导意见建议。会议邀请教育部国际交流司副司长方军、中国驻德国原大使史明德做主题培训报告，深化外事相关工作人员对外事政策的学习与体悟。会议期间，提供《同济大学加快推进新时代对外开放若干意见》《同济大学国际交流合作、港澳台事务工作指南》《同济大学外籍教师手册》《Tongji Guide Book》等规范服务性文件。

进一步深化平台转型，巩固建设成果。自疫情爆发以来，大部分国际交流活动采用线上形式开展。在学校的努力下，11月邀请德国驻沪总领事、意大利驻沪总领事参加学校中德、中意线下活动。继续深化中德学院转型，四个中心建设不断细化落实。2020年11月19日在线上和线下同时举行中德学部指导委员会第十一次会议。11月25日，在线上线下同时举行了中德学院咨询委员会第二十二次会议。中意学院顺利完成转型，明确了组织架构，调整了相关人员，并在中意建交50周年期间积极推动与意大利伙伴开展多维度、多学科、多模式的人才培养系列活动。9月，学校汽车学院院长张立军教授受邀参加意大利驻沪总领馆举办的工博会论坛并作主题发言。10月，举行“第二届同济大学意大利校园嘉年华活动”。11月，举办“长三角创新创业与设计教育论坛”“意大利孟菲斯x同济在地设计展”“中意设计创新论坛”。

进一步加强引智工作，服务国际科教合作。本年度，虽受疫情影响，但融合新形势教育理念，积极探索外国专家采用远程视频、网络办公等多种方式开展工作，外专项目执行率达85%以上。上海国际知识产权学院聘任世界知识产权组织前总干事弗朗西斯·高锐博士为学院名誉院长；上海国际设计创新学院副院长、中芬中心副主任Jarmo Suominen教授荣获2020年上海市“白玉兰纪念奖”；环境学院Bruce Rittmann教授荣获“上海市国际科学技术合作奖”。“节能与环保汽车创新引智基地”入选（111计划）2.0项目，组织申报“生物医用高分子纳米材料临床转化学科创新引智基地”（111计划）。

克服疫情影响，持续推进国际合作交流。本年度努力开创新型国际合作交流模式。2020年共新签或续签校际协议33份、院际协议38份、学位合同18份。

持续推进学校国际合作交流，校领导积极参与学校伙伴间的各种线上会议。校长陈杰与奥地利格拉茨工业大学校长Harald Kainz举行线上工作会议、在线参加中英大学工程教育与研究联盟2020年度高端论坛；常务副校长伍江与法国第一大战略合作伙伴——国立桥路学校校长 Sophie Mougard 举行线上工作会议、参加泰晤士高等教育集团的“THE Live Asia 大会暨亚洲大奖颁奖典礼”网络会议并发言；雷星晖副校长出席“协同创新·共创未来—中意大学校长论坛”在线会议。外办代表参加德国慕尼黑大学中国学术网络(LMU－China Academic Network)线上交流活动、“中德法治发展与法律教育”会议(线上线下结合)、“中欧 LEAD2 学术领导力发展研讨会”(线上)、中澳工科大学联盟(SAEUC)年度会议、中英大学工程教育与研究联盟(UCEER)年度管理委员会会议和 2020 “一带一路”高校联盟论坛、2020 年中国—东盟工科联盟全员大会(线上)和法国里昂新中法大学年度全员大会和理事会会议(线上)。

主动对接国家“一带一路”主场外交。学校汽车学院与泰国政法大学签署合作备忘录，将在车辆工程领域进行学生的短期互派、科研人员短期互访、联合科学研究等不同形式的合作交流。帮助泰国政法大学建设汽车专业，为上汽集团在当地培养汽车专业人才，同时拓展同济汽车的国际影响力。

努力推动师生国际交流，全年批准参加线上国际会议 274 人次，师生出国境 503 人次，其中教师出访 111 人次，博士研究生出访 89 人次，硕士研究生出访 117 次，本科生出访 186 人次。协同校内部门，做好各类人才培养交流项目。打造“留新(西兰)学子线上援助平台”，为海外学子健康保驾护航，践行高校社会责任担当，与美国新学院大学、美国艺术中心合作，在地培养其在中国招收的留学生共 34 人。

国际平台有特色。11 月 20 日和 27 日，由创业谷、创新创业学院与中法工程和管理学院共同组织的“第二季中法创新创业沙龙”分别在线上和线下成功举行。上海国际设计与创新学院接受教育部中外合作办学评估并获得通过。联合国环境规划署－同济大学环境与可持续发展学院(IESD)成功举办“第五届校友云聚世界环境日”。与联合国环境规划署于 12 月顺利签署合作备忘录，建立“合作伙伴关系计划”，未来将新增一个以绿色科创为主题的高层次国际科研平台，服务于国家与上海市战略，并将有力推动跨学科高水平研究。

推动港澳台工作高质量发展。校领导出席“2020 年沪港大学联盟年会暨行政人员工作坊”线上活动，学习贯彻上级精神，凝聚共识。做好日常疫情防控保障工作，积极应对疫情，努力实现向线上交流转型。推动港澳学生国情课程和实践课程建设、港澳学生薄弱学科专项辅导、承办 2020 沪港联盟第二届创客大赛(线上)、配合学校港澳台地区招生等人才培养的工作。

(卜恒春)

【学校代表与英国华威大学代表召开线上合作讨论会】 6 月 12 日，学校与英国华威大学(The University of Warwick)召开线上合作讨论会。华威大学外事副校长顾赛(Sai Gu)教授和中国学术项目主任王青(Qing Wang)教授参加，与学校外事办公室、研究生院和经管学院代表共同商讨合作。

(高珮)

【学校外籍教授荣获 2020 年上海市“白玉兰纪念奖”】 9 月 16 日，2020 年上海市“白玉兰纪念奖”颁授仪式举行，今年共有来自 19 个国家的 50 位杰出外籍人士获此奖项，其中有 5 人来自教育领域。同济大学上海国际设计创新学院副院长、中芬中心副主任苏雅默(Jarmo Suominen)教授获此殊荣。

(高珮)

【德国驻沪总领馆科教领事一行来访】 9 月 18 日，德国驻沪总领馆科教领事孔瑞超(Richard Cuntz)先生与领馆科技处代表曾红萍女士访问同济大学，旨在了解学校的对德合作情况。孔瑞超领事一行先后与学校外事办公室、中德学部、中德学院、德国研究中心、中德工程学院和职业技术教育学院的代表进行会谈，此外还参观了中德大楼和德文图书馆。孔瑞超领事对同济大学全面且深入的对德合作表示赞叹，并将会继续支持学校相关工作的开展。

(高珮)

【常务副校长伍江与法国国立桥路学校校长视频工作会议举行】 9 月 25 日下午，常务副校长伍江与法国国立桥路学校校长苏菲·穆佳(Sophie MOUGARD)视频连线，就两校战略、发展近况等进行信息交流，回顾两校合作成果、深入沟通针对部分问题的解决方案，并探讨两校下一步合作重点。双方就签署全面合作战略伙伴协议、深入开展科研合作、拓展中－法－西多边合作、加强校长级定期沟通等达成共识。

(高珮)

【学校领导参加“中意大学校长论坛”】 11 月 5 日，学校副校长雷星晖参加了主题为“协同创新 共创未来”中意大学校长论坛。2020 年，恰逢中意建交 50 周年，来自 20 所中意大学的校长相聚云端，共同探讨新形势下未来协同创新发展的新机遇。与会高校校长分别就“全球视角下的创新创造”、“跨学科创新实践”两个主题发表发言。

(高珮)

【同济大学中德学部指导委员会第十一次会议圆满召开】 11 月 19 日下午，同济大学中德学部指导委员会第十一次会议在中德大楼与线上平台同时召开。中国教育部国际合作与交流司二级巡视员方庆朝、中国外交部欧洲司副司长曾凡华、中国国家留学基金委欧亚非事务部副主任夏青、德国学术交流中心秘书长吕兰特(Dorothea Rüland)、德国驻沪总领事欧珍、德国联邦教研部国际事务司司长福里约夫·麦讷(Frithjof A. Maennel)，以及来自德国研究联合会、多所德国伙伴高校和中德企业界的指导委员会成员出席会议。同济大学校长兼中德学部指导委员会主席陈杰出席会议并发言。同济大学副校长兼中德学部指导委员会秘书长吴志强主持会议。

(高珮)

【中欧“学术领导力发展研讨会”项目在线会议举办】 11月25日，中欧LEAD2项目“学术领导力发展研讨会”通过ZOOM平台线上举行，由比利时布鲁塞尔自由大学主办、中国同济大学承办、广西师范大学协办，与会嘉宾44位，其中外方代表21人、中方代表23人。

（高珮）

【同济大学中德学院咨询委员会第二十二次会议线下线上召开】 11月25日，同济大学中德学院咨询委员会第二十二次会议在四平路校区中德大楼和线上平台同时召开。教育部原副部长、同济大学原校长、中德学院咨询委员会理事长吴启迪，副校长吴志强，德国学术交流中心秘书长吕兰特（Dorothea Rüland），德国学术交流中心前秘书长、中德学院项目专员克里斯蒂安·博德（Christian Bode），德国学术交流中心东亚处处长奥苏姗（Susanne Otte），德国驻沪总领馆科教领事孔瑞超（Richard Cuntz），校外办、中德学院、4个中德中心负责人及资助企业、德国合作高校代表等中德嘉宾50余人参加会议，共商中德学院未来发展大计。

（高珮）

【校领导出席“中英大学工程教育与研究联盟2020年度高端论坛”】 12月3日，由东南大学和英国贝尔法斯特女王大学联合主办的“中英大学工程教育与研究联盟2020年度高端论坛”在线上举行，学校校长陈杰、副校长蒋昌俊受邀参加。本次论坛以“后疫情时代如何构建人类命运共同体：高等教育的机遇与挑战（Recovery，Adaptation and Opportunities—How Covid－19 Re－shaped the Higher Education and What Universities Can Do to Adapt to It）”为主题，中英大学工程教育与研究联盟各高校校领导出席并作交流发言，共同探讨后疫情时代中英高等教育合作与发展之路。陈杰作了题为《构建教育对外开放新格局的思考与实践》的交流发言。

（高珮）

【校长陈杰与奥地利格拉茨工业大学校长视频工作会议举行】 12月3日下午，校长陈杰与奥地利格拉茨工业大学校长凯恩茨（Harald Kainz）视频连线，就两校发展近况进行信息交流，回顾两校现阶段合作成果，深入沟通下一步工作计划，并探讨两校未来有待开拓的新的合作领域。双方就进一步加大对战略伙伴关系的投入、借助种子基金项目拓展科研合作、促进博士研究生合作和联合开发线上课程等达成共识。陈杰校长向凯恩茨校长介绍了学校刚设立的全球菁英奖学金，欢迎格拉茨工业大学的学生报名申请。

（高珮）

【台湾中华大学城市探索教学实践活动在学校举行】 1月13日至1月17日，台湾中华大学城市探索教学实践活动在学校举行，来自该校43名师生参与活动。该活动通过寻找老上海、探索文创场所、参访优秀企业一携程总部，来认识和了解历史中的上海和世界的上海。期间，该校师生还参访了学校设计创意学院，聆听学院宋善威老师关于非物质文化遗产保护和传承的课程。

（高珮）

【校领导出席2020年沪港大学联盟年会暨行政人员工作坊线上活动】 12月4日，“虚拟平台，云上交流”2020年沪港大学联盟年会暨行政人员工作坊线上活动举行，副校长蒋昌俊出席。教育部港澳台事务办公室常务副主任徐永吉、驻港联络办教育科技部副部长徐凯，上海市教委及香港特别行政区教育局相关负责人等出席线上活动并致辞。沪港大学联盟高校百余位代表及学校港澳台办负责人和学院学生工作负责人参加了线上交流活动。

（高珮）

【第五届海峡两岸青少年创客大赛举办】 8月至10月，2020年第五届海峡两岸青少年创客大赛是以海峡两岸关系协会、教育部港澳台办公室为指导单位，上海市人民政府台湾事务办公室、同济大学主办，同济大学设计创意学院、同济大学港澳台办承办，同济大学Fablab O中国“数制”工坊协办的赛事活动。

（高珮）

【葡语片概况】 学校对葡萄牙及葡萄牙语地区合作高校共计3所。现有建筑城规、环境工程等科研项目合作。

截至年底，与葡萄牙高等理工学院有效校际合作协议共2份。

（俞吉恩）

教育设施与保障

发展规划

【概况】 发展规划部全面落实学校疫情防控的各项要求，同舟共济，坚持党建引领，不断加强基层党组织建设和作风建设，全面贯彻党的教育方针，认真落实重要会议精神，以立德树人为根本，以学科为基础，以创新发展为引领，以支撑科教兴国战略、人才强国战略、创新驱动发展战略、服务经济社会发展为导向，加强统筹，有效调动与整合学校各项建设资源，着力推动"十四五"规划编制各项工作，协调推动学校"双一流"加快建设、特色建设与高质量建设。

深化高等教育前瞻研究，提高决策咨询与政策研究水平。深化高等教育发展战略、"双一流"建设与评价、"破五唯"等问题前瞻性研究。开展新冠肺炎疫情对高等教育的影响及相关对策研究，探讨后疫情时代高等教育国际交流与合作的新挑战与新趋势。不断提高政策研究的水平，开展下一轮"双一流"建设重大改革举措研究，更好地服务学校"双一流"建设。

统筹协调"双一流"建设，组织完成"双一流"建设周期总结，推进相关整改。加强"双一流"建设的统筹与协调工作，推进"双一流"建设专项资金预算、项目立项、过程监控、绩效评价等全过程管理。2020 年重点落实了"双一流"建设周期总结的组织工作，通过专项自评、学科自评以及学校总体自评，认真总结首轮"双一流"建设的成绩与不足，谋划好下一轮"双一流"和未来更长时间的建设重点和方向，为学校新一轮高质量、内涵式发展再加力、再出发。

"开门办规划"，组织开展"十四五"规划编制工作。高度重视规划引领，制定《同济大学发展规划编制与审批管理办法》《同济大学"十四五"规划编制工作方案》，着力构建了"1＋9＋N"规划体系，全面推进学校的"十四五"规划编制工作。坚持"开门办规划"，开展"我为同济'十四五'规划献一策活动"。与研究生院共同研究学科学位点新增与调整工作，协同完成 6 个学位点合格评估的预评估，落实了增列智能科学与技术一级交叉学科博士点、应用心理专业硕士学位点，调整（撤销）心理学一级学科学术型硕士点。

开展校区功能定位规划和独立学院转设工作。四平路校区控规于 10 月获得上海市规划和自然资源局批复，其余校区控制性规划方案正在审批过程中。推进沪西校区总体规划工作，持续开展沪西校区医学园区发展规划专题研究。持续推进独立学院转设与嘉兴相关校地合作，进一步细化与研究校地领导相关共识，深化校地合作相关事宜。

推进《同济大学章程》的实施，加强制度建设，协调推进综合改革各项任务。按照分类指导原则，推进学院的综合改革，逐步建立财权和事权相统一的校院两级管理体系。推进《同济大学机构设置与管理总体办法》起草。草拟《学校整体预算绩效管理实施细则》和《同济大学建设世界一流大学(学科)和特色发展专项资金预算绩效管理实施细则》，推进预算绩效管理细则制定。启动《同济大学学科专业设置与调整管理办法》修订工作。与资产处、后勤集团等共同研究学校新一轮后勤改革方案。

加强统计与数据支撑，完善数据管理与数据分析。编制《同济大学统计资料汇编》，提供各类统计数据服务。完成同济大学院校研究数据中心系统一期验收，国内首个院校研究数据分析系统投入使用，最终获泰晤士高等教育亚洲"年度技术创新奖"入围奖。组织开展第七次全国人口普查工作，负责全校人口普查工作的方案制定、组织实施以及联络协调校内外各区块条线工作，顺利完成普查任务。

开展作风建设整改。制定《同济大学发展规划部作风建设整改方案》，全面贯彻落实学校党委全面从严治党的要求，不断巩固和延伸"不忘初心、牢记使命"主题教育成果，进一步加强"服务型、研究型、学习型"工作作风，整改过程中特制定《发展规划部部门工作规范》，规范管理人员行为，切实提升管理水平和服务效能。

（于鲁江）

【"双一流"建设监测数据填报培训班在同济举办】 1 月 9 日，由教育部学位管理与研究生教育司主办的"双一流"建设监测数据填报培训班在同济大学举办。"双一流"建设监测与评价课题组专家，以及 47 所"双一流"建设高校相关职能部门负责人参加培训。学校常务副校长伍江出席培训会议并介绍学校"双一流"建设进展情况。课题组专家详细讲解了"双一流"建设数据监测体系研制的思路、过程、指标内涵和填写要求，并对各高校代表上机演练培训进行了指导。

（于鲁江）

【国内首个院校研究数据分析系统投入使用】 1 月，由同济大学发展规划部、高等教育研究所和信息化办公室联合研发，国内首个以院校研究数据分析系统为名的"同济大学院校研究数据中心"正式投入使用。该分析系统通过收集国内外高等教育领域的公开信息与数据、学校管理过程中的业务数据，进行科学分析，为学校发展提供数据分析和决策服务，解决学校发展实践问题，提高学校管理科学化水平。

（于鲁江）

【2020 QS 学科排名发布，同济艺术设计亚洲第一】 3 月，QS 全球教育集团发布第十次世界大学学科排名。本次排名评估全球 80 多个国家和地区的 1200 多所高校，横跨 5 大学科群和 48 个学科。同济大学总计 18 个学科上榜，其中艺术设计上升至全球第 13 名，亚洲第一；建筑与建成环境全球第 19 名；土木与结构工程全球第 31 名；

环境与生态科学全球第 80 名。

（于鲁江）

【上海市教委来校调研“十四五”规划编制】 3 月 27 日，上海市教委副主任轩福贞一行来到同济大学，调研学校“十四五”规划和改革发展情况，以及对上海市教育事业“十四五”规划的建议。学校常务副校长伍江主持调研座谈会并介绍了学校有关情况。学校发展规划部负责人汇报了同济大学“十四五”规划的编制情况以及“十四五”期间的基本战略思路，介绍了学校“十四五”规划编制的工作方案，并对上海市教育事业“十四五”规划提出总体建议及若干学校发展相关的具体建议。

（于鲁江）

【发展规划部与普陀区规划局会商沪西校区控规】 4 月 1 日，发展规划部在沪西校区召开沪西校区控规编制讨论会，普陀区规划和自然资源局、附属同济医院、同济规划设计院、同济大学沪西校区管委办等参加会议。会议根据区校双边领导前期战略共识，进一步分析了同济大学对沪西校区的功能定位与战略布局，讨论了校区控规的调整与编制、周边道路规划、产学研科技园区规划、附属医院规划等问题，形成了共同方案建议，为后续进一步深化与细化奠定良好基础。

（于鲁江）

【同济大学在 2020 年世界大学影响力排名全球第 13 位】 4 月 22 日，泰晤士高等教育发布第二届世界大学影响力排名，展现了全球大学为实现联合国 17 项可持续发展目标而采取的行动。同济大学位列全球榜单第 13 位、亚洲榜单首位。在联合国可持续发展目标 7(经济适用的清洁能源)的排名中全球第一，在联合国可持续发展目标 6(清洁饮水和卫生设施)的排名中全球第二。学校坚持不懈长期探索、创新实践，带头推动全球高校不断迈向“深绿”，为生态文明建设、实现绿色发展贡献了同济力量。

（于鲁江）

【“一流大学建设与治理”校庆学术研讨会举行】 5 月 19 日，“一流大学建设与治理”校庆学术研讨会在线举行，发展规划部、高等教育研究所等单位师生、兄弟高校同行等共计 80 人参加活动，通过学术研讨的方式为校庆献礼。师生们各抒己见，深入研讨，共话一流大学的建设与治理，共同表达对中国高等教育和同济大学改革发展的美好期待。

【四个党支部联合开展“四史”学习主题活动】 为深入学习贯彻习近平总书记关于“不忘初心、牢记使命”主题教育的一系列重要指示精神，扎实推进“四史”学习教育，6 月 30 日，机关党委第十三党支部(发展规划部、学科办)、第二党支部(党办)、第十二党支部(校办)、经济与管理学院管理科学与工程系党支部在学校开展“四史”联组学习主题活动，四个党支部的七十多位党员在现场或通过 ZOOM 平台参加了学习。此次主题活动邀请了马克思主义学院张劲教授作题为“不忘初心、牢记使命——学习中共党史与新中国史”的“四史”专题辅导报告。

（于鲁江）

【第二届京沪高校"双一流"建设交流研讨会召开】 8 月 21—22 日，第二届京沪高校“双一流”建设交流研讨会在内蒙古呼和浩特市召开。此次会议由中国人民大学发展规划处、同济大学发展规划部、中国知网联合主办。来自北京、上海、内蒙古、山东、河北等地 30 余所高校的 60 多名发展规划、学科建设等部门负责人和相关领域的资深专家出席了本次会议。在“双一流”阶段性总结深入开展，第五轮学科评估逐步推进的背景下，与会嘉宾就“双一流”建设策略、“双一流”建设创新服务体系、学科评估的机遇与挑战、大学评价与资源配置、交叉学科与学科交叉等议题展开交流与研讨，共同探索“双一流”建设之道。

（于鲁江）

【同济大学“双一流”建设周期总结专家评议会举行】 9 月 18 日，同济大学举行“双一流”建设周期总结专家评议会，邀请 15 名校内外专家评议并指导学校“双一流”建设周期总结工作。专家组认为，同济大学“双一流”建设指导思想和建设目标明确，发展布局合理，组织实施有力，建设成效显著，标志性成果突出，高质量地完成了建设任务，全面实现了建设目标。学校周期总结工作方案合理，自评工作组织认真，总结报告符合要求，专家组一致同意同济大学“双一流”建设通过周期总结评估。

（于鲁江）

【同济大学与嘉兴市举行深化合作会谈会】 9 月 23 日，嘉兴市与同济大学举行深化合作会谈会。校地双方充分沟通、拓展思路，为进一步深化双方合作奠定了良好的基础。双方秉持“国家所需、嘉兴所要、同济可为”的理念和原则，全面深化合作，更好服务于长三角一体化发展国家战略的实施，服务嘉兴地方经济社会发展，打造校地合作典范。

（于鲁江）

【同济大学统计工作会议召开】 10 月 9 日，学校召开年度统计工作会议，学校常务副校长伍江参加并做工作要求。会议表彰了 2019—2020 学年度统计优秀单位和优秀个人，布置了 2020—2021 学年综合统计工作及相关统计与数据分析重点工作。

（于鲁江）

【同济大学院校研究数据分析培训营举办】 11 月 9—10 日，发展规划部组织院校研究数据分析培训营。来自人事处、科管部、基建处、发展规划部、环境与可持续发展学院、留学生办公室、高等教育研究所的近 20 名师生参加。本次数据分析培训和今年初正式投入使用的院校研究数据中心都是同济大学以问题为导向、以数据为支持、以改进为目标，推进学校发展、长三角高等教育发展、“双一流”建设等方面研究并加以实践，促进学校管理优化的有益探索。未来还计划将数据分析培训作为教工职业能力提升年度计划开展，吸引更多校内相关人员参加。

（于鲁江）

【同济大学第七次全国人口普查工作有序开展】 11 月 1 日，第七次全国人口普查正式启动。学校经过早期谋划，前期准备，确保各项工作有序推进。发展规划部抽调人员组成同济大学人口普查办公室，作为整体工作的中心枢纽，负责全校人口普查工作的方案制定、组织实施以及联络协调校内外各区块条线工作，确保本次普查工作保质保量按时完成。

（于鲁江）

【同济大学“十四五”规划工作征求校务委员会意见】 11月20日，同济大学新一届校务委员会第一次全体会议举行。会上，发展规划部负责人介绍了学校“十四五”规划编制进展情况，与会委员围绕学校发展定位、学科布局、人才培养、科学研究、教师队伍建设、国际交流合作、文化传承创新等方面开展咨询，建言献策。

（于鲁江）

【“2020年高等教育国际化趋势与发展”论坛举办】 11月27日，同济大学举办“2020年高等教育国际化趋势与发展”。本次论坛采取线上与线下两种方式同步进行，来自国内外高校和研究机构的近200名专家、学者和学生参加了此次论坛。论坛就后疫情时代背景下中国高等教育国际化的机遇与挑战、大学国际交流与合作面临的问题与对策、国际人才流动的趋势与发展这三个主题进行了报告发言和讨论。

（于鲁江）

法律事务管理

【概况】 2020年，学校法治工作紧密围绕高等教育综合改革背景下，推进学校依法治校、提升高校治理能力等着眼点，深入学习贯彻十九大、全国教育大会等会议精神，根据教育部《全面推进依法治校实施纲要》精神及要求，按照学校第十一次党代会确立的“与祖国同行，以科教济世，建设成为中国特色世界一流大学”发展愿景，逐步发挥法治工作在学校管理过程中的作用。经过多年理论和实践探索，学校逐步摸索出具有同济特色的依法治校工作路径，建立以党委领导下的治理体系与治理能力现代化建设为引领，制度体系建设为核心，工作规程系统为平台，内部控制管理为抓手，法治宣贯体系为助力，二级单位制度体系为基础的依法治校工作推进机制。

依法治校。2020年初学校获评上海市依法治校示范校，坚持学校党委统一领导，学校制定《同济大学全面推进依法治校工作的实施意见》，将法治工作纳入学校发展规划，形成“统一领导、分工负责、专业支持”的法治工作机制，成立由书记、校长任双组长的依法治校工作领导小组，全面领导依法治校工作；下设依法治校工作办公室，配置专职人员和专项经费，统筹协调依法治校工作；健全法律顾问制度，组建包含专业律师和校内法律专家在内的特邀法律顾问团队。

制度管理。在全面梳理校级规范性文件的基础上，学校建立以《章程》为统领，坚持科学、高效、实用的原则，通过制度层级的科学设计和动态管理，构建结构合理、要素完备、编制规范、相互协同的大学制度体系，梳理学校制度体系总体框架。完善“同济大学工作规程查询系统”，为实现学校规章制度的全生命周期运行夯实基础。在同济大学推进治理体系和治理能力现代化建设工作组下，学校设立制度体系建设工作小组并出台《制度体系建设工作小组会议议事规则》，常务副校长任组长，各相关职能部门负责人任成员，办公室挂靠在校长办公室。该小组对照学校制度体系总体框架，明确议事范围、职责权限、议事程序，结合学校管理工作实际，把控制度编制过程中立项、审核、决策等重要环节，致力于解决系统考量缺失、研究指导不足、决策层级模糊等问题。修订《中共同济大学党委常委会议事规则》《中共同济大学党委全委会议事规则》《同济大学校长办公会议议事规则》，进一步推进落实三重一大制度，汇编了《同济大学加强党的政治建设干部读本》(2020年版)。

依法治院。10月学校启动依法治校标准(示范)学院创建工作，涉及学院组织架构、建章立制、内部治理、规范管理、权益保护、法治宣传等方面。学校所有职能部门全面参与创建评估工作，实现多部门、跨院系深度交流、互通有无、协同共建，将“依法治校”理念深入学院建设各个方面，创新校院二级管理和运行模式，不断提升学院法治建设和内部治理水平。学校多次组织召开示范学院创建启动会议、培训会，对申请创建学院实施分类专项指导，协助完善二级单位制度体系。

合同管理。统筹加强学校合同的两级管理，组织修订《同济大学科研合同管理实施细则》《同济大学研究生教育合同管理实施细则》《同济大学外事合同管理实施细则》《同济大学非学历教育合同管理实施细则》；进一步加强合同的合法性审核，请学校法律顾问对对重大合同进行审核，全年累计经合法性审查的合同1288件，出具法律建议书10份；协助管理部门编制合同规范性文本8份、授权委托书5份；学校法务及法律顾问多次参与重大基建工程合同谈判、采购招标讨论、学校重大事项决策等会议，最大限度防范合同签订和管理中的风险。

法律事务。充分发挥学校法务职能，学校法务联合学校法律顾问，为校内单位及师生提供法律事务咨询服务。全年累计妥善处理法律事务35件及提供公务法律咨询服务38次，其中处理涉诉案件2件，非诉案件33件，诉讼案件涉及基建工程合同、民事合同、民事侵权、交通事故责任等纠纷。

商标管理。完善学校品牌和标识管理机制，制订并推行《同济大学标识管理办法》；协调商标维护工作，全年共处理商标维护及维权事宜8件，包括注册商标2件，商标续展2件，应对他人申请撤销连续三年不使用的注册商标2件，处理商标维权事宜4件等。

法治培训。学校以继续推进“上海市依法治校示范校”创建、启动同济大学依法治校示范（标准）学院工作为契机，探索普法新形式，推出“与法同行”系列法治专题讲座，开展多种形式师生法治培训，落实校领导班子专题依法治校工作研讨会，编制《法务案例参阅》1期，为学校领导、校内各单位提供借鉴和指导，全面提升学校师生法治意识和水平。

其他事务。根据上级主管部门要求撰写相关法治报告或处理事务，就全国高校法治工作会议起草并提交学校法治工作经验等。配合做好关于合同管理、无形资产（商标）的内控工作，审核修订《环境控制》《合同管理》《资产管理—无形资产》等相关文本。

（方思越）

【启动学校治理体系和治理能力现代化建设】 4月，学校召开学校治理体系和治理能力现代化建设工作启动会，制定同济大学推进治理体系和治理能力现代化建设方案和年度计划。开展多层次的宣传动员，为推进治理体系和治理能力现代化建设营造良好的舆论氛围。5月，学校推进实施、改进优化，提炼、整合现有管理经验，探索厘清治理体系关键控制节点指标项，结合学校内控管理，通过组织校内外专家论证、学院调研等方式，扎实开展健全治理结构、完善制度体系、优化工作流程、规范学院管理四个方面的15项工作，形成阶段性成果。12月，学校就治理体系和治理能力建设工作进展，听取校内外专家、管理服务对象的意见和建议，总结工作经验，制定下一年度工作计划和实施步骤，目标在年底推出成果《同济大学推进治理体系与治理能力现代化建设2021年行动计划》。

（方思越）

【构建学校制度体系总体框架】 学校以章程为大学内部治理体系的基本准则，按照《章程》要求进行治理。坚持和巩固党委领导、校长负责、教授治学、民主管理、依法治校的现代大学制度。按照系统完善、构架清晰、定位明确、动态优化的总体框架设计要求，以现代大学“人才培养、科学研究、社会服务、文化传承与创新、国际交流合作”的职能出发，按照学校管理业务职责，制定指标要素，明晰制度层级，覆盖“党的建设、学科建设、人才培养、科学研究、队伍建设、对外合作、服务保障”各个系统，构建出学校制度体系总体框架。

（方思越）

【设立制度体系建设工作小组】 9月，在同济大学推进治理体系和治理能力现代化建设工作组下，学校设立制度体系建设工作小组并出台《制度体系建设工作小组会议议事规则》，常务副校长任组长，各相关职能部门负责人任成员，办公室挂靠在校长办公室。制度小组负责校内制度体系建设的统筹协调、审议决策、监督落实等工作，对照学校制度体系总体框架，明确议事范围、职责权限、议事程序，结合学校管理工作实际，把控制度编制过程中立项、审核、决策等重要环节，致力于解决系统考量缺失、研究指导不足、决策层级模糊等问题，本年度召开制度小组会议4次。

（方思越）

【启动“依法治校示范（标准）学院”创建】 10月，学校秉持“逐年推进、选特选优、普遍达标”的工作原则，率先启动10个学院开展依法治校示范（标准）学院创建工作。通过启动建设、规范培育、自查整改、自主申报、指标核查、专家评审等步骤，以评促建，以评促改，形成一批高标准的依法治校示范学院，切实提高学院依法决策、民主管理和民主监督的水平，增强广大师生员工的法治观念和依法办事的能力，形成符合法治精神的育人环境，有效落实立德树人的根本任务。为加强学校职能部门对二级学院制度建设工作的指导，学校梳理了《同济大学二级学院管理制度清单》（基础版），供各学院结合评价指标参考。

（方思越）

图书情报工作

【概况】 2020年，图书馆加强基层党建引领，积极发挥党支部战斗堡垒和党员先锋模范作用，推进党建和业务工作相融合。疫情防控期间，迅速成立了疫情防控工作领导小组，认真落实学校工作部署，建立健全常态化疫情防控机制，坚持疫情防控与服务开展两手抓，确保疫情期间图书馆各项服务的有序进行和教学科研的文献保障，努力推动图书馆各项工作再上新台阶。

深化馆藏规划研究，科学构建馆藏体系，形成《同济大学外文图书数据库资源评价报告》《同济大学外文期刊评价报告》《国外电子教参系统调研报告》《数字信息资源长期保存现状分析报告》等一系列文献资源调研、分析和评估报告。新增中文纸质图书69329册、外文纸质图书3492册、中文电子图书1129819册、外文电子图书261306册、处理读者荐购5644条、购置中文纸质报刊394份、外文纸质报刊131份、中文电子报刊36632种、外文电子报刊65780种，购置其他电子资源60个。开展国内外赠书接收工作以补充学科发展所需馆藏，本年度收到赠书2652册，完成中文图书加工47153种/76217册，西文图书加工4278种/4807册，日文图书18种/23册，学位论文1242册，电子产品1种/10件；完成民国图书回溯1938种/4457册，处理完成总馆RFID问题图书572册。完成馆内40404册中外文图书的剔旧审核、申报、处置反馈等相关工作。参与各联编中心书目数据的共建共享，上传CALIS中文图书3891

种、中文期刊11种、日文图书1种;上传国家图书馆中文图书6种、学位论文编目数据1264条。加强资源的使用引导和推广工作,提高馆藏资源的利用率,通过图书馆各媒体宣传平台向读者推送馆藏资源和开放获取资源,联合学校网络中心通过接入CARSI认证为在线资源的不间断访问和学术研究活动的有序开展提供便利,已开通21个平台资源的CARSI认证方式。制定《院系分馆购置图书资料审核管理流程》,为院系分馆筹/改建提供规划建议,为学院分馆网站建设提供指导与支持。

图书馆积极应对疫情带来的新挑战,做到闭馆期间"服务不停摆",为师生的教学和科研提供坚实保障。2020年全年开馆2422小时(法定节假日正常开馆),接待读者1016680人次。全年图书借出量129631册次,还书量122091册次,流通总量251722册次。图书馆网站全年访问量6959753次,发布新闻506篇,回复读者咨询5893条;图书馆各类新媒体平台(微信、微博等平台)关注人数逾80258人;"同济大学图书馆"微信服务号和"同济大学图书馆信息服务"微信订阅号共发布微信774条,年点击量71万余次;"同济大学图书馆"微博发布动态475条,年点击量180万余人次。开通了非接触式预约借书服务,增设快递还书等拓展性服务,持续开展"帮读者找书"服务,接受读者找书服务需求13541册,通过馆员找书、推荐电子图书、文献传递、图书荐购等渠道解决需求10989册,满足率为81.2%。四平路校区、嘉定校区图书馆在10—12月期间开设考研专用阅览室,开设座位362个,通过座位预约系统进行管理,为学生学习提供智能化的管理和服务。

实施馆舍修缮和设备设施升级,拓展空间功能,完成了沪西校区图书馆修缮、家具设备配置及人员调配、书架等设备的采购、图书期刊的调拨等工作,确保了沪西校区图书馆9月14日如期开馆。完成嘉定校区图书馆中央空调大修工程,升级各楼层的饮水设备,完成6楼和10楼阅览桌插座改造,新增2台消毒设备,完成800多个阅览椅的更新。实施"智慧图书馆三期"建设,完成基于RFID的智能图书定位服务,对环境学院、材料学院、铁道与城市轨道交通研究院等学院分馆进行智能化改造,引入RFID无人值守设备、自助借还书设备、门禁刷卡设备、座位预约系统等智能化设备;开展嘉定校区图书馆盘点机器人的测试工作,完成图书盘点739608册;推进泛在研究支持平台、泛在馆务系统、在线信息咨询服务系统、机构知识库升级版、学位论文查重等系统平台的建设。

全年开设"公选通识课程"和"大类基础课程"共5门,完成本校本科生、研究生36个班级共1036课时的教学任务,授课人数1396人。针对双创申请、学术诚信、学位论文开题、学术写作、资源发现大赛等学生培养关键环节举办讲座、培训,同济大学图书馆主讲18讲,参与7239人次。疫情防控期间,基于"网课"重构信息素养课程,调整教学方式方法,针对不同阶段学生开设信息素养讲座,覆盖学生学习、科研创新关键过程核心需求。基于"智慧教室"进行课程创新实践,课程内容模块化、互动化、精细化。整理挖掘图书馆常用资源和服务,基于"线上"教育形式重构新生教育网站,网站总访问量达29323次。承办第六届"知网杯"上海高校信息资源发现大赛,参与人次达3349人;组织上海高校信息素养培训公益讲座5场,累计浏览9004次;参与中国图书馆学会"全民信息素养公益大讲堂",推动了上海高校信息素养教育的发展。

举行"新济·悦读"经典共读线上辩论赛,引进"光韵·未来""贝雷桥设计演进展"等特色展览,推出了图书馆宣传片线上展映活动、"手书中国"线上主题书展,活动期间相关图文阅读量达22721人次。"闻学堂"举办闻学课堂68课时、闻学讲堂9场次、闻学知行堂38场次、展览5场次、雅集堂27场次,共开展知行体验活动26场次,内容形式包括"石头画体验""手绘陶瓷""橡皮章篆刻""赏画听讲"等,使读者近距离体验传统文化的魅力。"文槯堂"围绕"四史"学习教育,推出了"四史"专题书展和"四史"云阅读活动,开展了"四史"读书会、主题党课等活动,推出了文化专栏"济语大师"、"寻根图书馆",拓展图书馆文化育人途径。德文图书馆举办了"中德合作共塑未来——同济大学与德国的合作交流"展览、讲座、美文朗读、读书会、德语角、信息素养微课等各类活动57场,讲述同济人在百年合作交流中的故事,凸显同济精神内涵。博物馆举办了"纪念紫禁城建成600年展览项目:延续二百多年的建筑世家——'样式雷'文档特展""同济人风采展览系列:巧手神韵——刘秀兰雕塑作品回顾展""非遗进校园系列展览——西南民族面具艺术特展"等6场展览,使传统文化走进校园,展现了文化的魅力。

同济大学机构知识库共收录元数据322800条、全文数据93974条,其中2020年新增元数据64311条、全文3290条。面向全校师生和校外用户完成科技查新课题244项、定题服务1248项、开具各类收录引用检索证明4063份。启动机构知识库升级版建设,进一步提升数据质量,与研究生院、信息办合作,牵头开发完成了同济大学论文查重管理服务系统并正式投入使用,进一步满足了师生需求。向学校和学院提供科研绩效分析服务和研究前沿探索分析服务,完成《同济大学各单位SCIE/SSCI/A&HCI论文统计及对ESI学科贡献情况分析报告(2020年版)》;受相关学院委托,开展了国家自然科学基金委材料学科项目绩效分析,完成马克思主义学科分析报告、计算机科学学科分析报告等,并提供各类评估数据支持;完成人才评估报告60余份,为马克思主义学科人才引进、绩效评价提供了决策支持。在情报探索方面,为同济大学学者承担的中国工程院、国家自然科学基金委和科技部等机构委托的课题,提供文献支持和数据支撑，为《工程前沿2020》等报告的撰写提供情报支持。完成了《同济大学图书馆学科服务及电子资源使用情况调研与分析》报告，提升服务质量；发起并组织完成了《2020中国区块链城市创新发展指数》报告；通过嵌入式教学和讲座，将信息服务深度嵌入到师生的教学和科研过程中，累计服务师生达数千人；全年共完成学科信息服务及知识产权信息服务25项，推出知识产权系列微课。

配合国家知识产权局公共服务司和教育部科技发展中心推动高校知识产权信息服务中心联盟的各项工作。联盟面向高校承担该项工作的专/兼职馆员发放搜集了《2020年大学图书馆专利信息服务能力调研问卷》，以深入了解馆员能力现状、优势以及需求，进而探索培训体系及模式。在此基础上，联盟组织召开了"高校知识产权信息服务中心联盟2020年年会暨第三届培训研讨会"（在线会议），参会人员来自全国92个高校图书馆共300余名，以进一步提升高校图书馆专利信息服务人员的专业能力，促进高校知识产权信息服务的效率和水平。联盟协助教育部科技发展中心组织召开"高校知识产权学术交流会"，参会人员来自全国150余所高校的科研管理部门负责人和图书馆馆长、业务骨干330余人，以加强高校知识产权相关人员的学术交流。联盟参加了由国家知识产权局组织召开的"全国知识产权公共服务交流研讨现场会"，并在大会中共享了联盟相关工作，以提升联盟影响力。疫情期间，联盟响应不聚集号召，组织调查并推送了TISC、知识产权出版社、中国知识产权远程教育平台等公开培训资源的特点，拓宽了馆员的学习渠道。此外，联盟与长三角地区高校图书馆联盟合作，调研了长三角及粤港澳各中心的工作成效，完成了《长三角高校知识产权信息服务现状与发展对策研究》，以探索高校知识产权信息服务区域创新的模式和特色，促进区域内、区域间的资源共享和服务协同，进而为联盟下一步工作做准备。

同济大学图书馆与西藏农牧学院图书馆就馆际交流、人员培训、数据共享、服务联动等方面达成合作意向，建立了双方馆员互访机制。承办了第六届"知网杯"上海高校资源发现大赛；组织了上海高校"五校联合"信息素养培训公益讲座；参与筹备了"高校知识产权信息服务中心联盟2020年年会"；组织召开"2020年度全校各院系图书资料管理及人员培训交流会"，规范院系分馆的文献资产管理，组织规划院系分馆的文献资源建设与服务。完成第六届"书香基金"的评审和颁发工作，表彰本年度作出突出贡献的图书情报资料工作人员。组织开展了"送清凉"、"送温暖"和重阳节、春节慰问等活动以及各项帮扶工作，慰问离退休教职工225人。举办图书馆2020年总结大会暨颁奖典礼，参加职工150余人。组织全体馆员参加"厚植育人情怀，涵养高尚师德"师德师风全员培训，围绕图书馆工作，为馆员提供各类线下线上培训与学术研讨会的机会，加强队伍建设，进一步提升馆员的专业能力和学术视野。

启动图书馆规章制度梳理和业务流程优化工作，对图书馆规章制度和业务流程的分类、立改废流程、审议层级等进行了规范，对当前实行的制度、规范和流程进行了系统梳理，新增《同济大学图书资料资产管理细则》等制度4项，修订《同济大学图书馆图书借阅规则》等制度16项，并对后续制度建设提出了计划。在常态化安全检查基础上，强化专项排查整改；多措并举，夯实图书馆疫情防控工作；加强宣传教育，制定安全教育培训计划，提升馆员及师生的安全意识和应急保障能力。在资产管理方面，建立了设备资产线上自查、现场抽查、线上传档、现场核点的全方位、全方面、多形式的资产管理模式；完成108人次、7832件资产设备的自查；协助资产处对图书馆50件10万元以上资产设备的现场检查；协助档案馆对169种、237件陈列品的现场核实。

以习近平新时代中国特色社会主义思想为指导，深入学习贯彻党的十九大和十九届四中、五中全会精神，组织班子成员和全体党员采用个人自学和集体研讨等方式，读原著、学原著、悟原理，认真研读《习近平谈治国理政》第三卷，深入学习党章精髓要义，深化"四史"学习，开展了形式多样的主题学习活动，多措并举，推动学习入脑入心。着力推进图书馆作风建设，举办"作风建设警示案例展"，加强党风廉政教育。推进"党员之家"建设，为图书馆党委及下属党支部开展学习教育和党建活动提供专业的场地支持。

2020年图书馆委员会召开第二次党员代表大会，选举产生了新一届图书馆党委领导班子；图书馆召开教代会2次，分别是第四届教代会暨工会会员代表大会第四次全体会议和第五次全体会议，调动图书馆教职工广泛参与图书馆民主管理及决策的积极性，围绕图书馆事业发展产生各项提案。图书馆工会在抓好疫情防控工作基础上，开展了各种有益教职工身心健康的活动，包括组织教职工宅家"厨艺秀"比赛、亲子DIY手工制作活动、职工健步走活动、职工花艺活动以及组织职工参加羽毛球、乒乓球等各类体育比赛，以增强体魄、陶冶情操，增强图书馆职工的凝聚力，参加人次共计约400余人次。图书馆领导和工会及时掌握了解职工身体健康状况，送上组织关怀，认真做好职工"六必访"等工作。

（姚媛）

【制定图书馆"十四五"发展规划】 图书馆从队伍建设、资源建设、学习支持、研究支持、文化建设和条件保障等方面成立了规划工作小组，总体规划与专项规划同步推进，完成了规划征求意见稿的文本编制，为图书馆中长期发展提供规划指导。"十四五"规划纲要系统阐述了图书馆在"十三五"期间取得的标志性成果、分析当前国内外形势和存在的问题以及面临的机遇和挑战、提出了图书馆下一步的发展战略目标，并从人才队伍、文献资源、学习支持、研究支持、文化服务、智慧图书馆、行业共建共享等七个方面重点论述了“十四五”期间的主要任务与具体举措，推动图书馆事业的可持续发展。

（姚媛）

【扎实推进“四史”学习教育】 抓好节点、用好资源、创新方法、分类施策：“七一”组织参观上海市档案馆“四史”主题展览，浦东开发开放30周年之际组织开展浦东现场学习教育；联合嘉定校区党工委，策划“以史鉴今 资政育人——同济大学图书馆‘四史’专题书展”，从馆藏中精心挑选一百四十余册“四史”相关书籍，通过开设线下阅读和线上推广相结合的“四史”云阅读空间，为师生提供党史、新中国史、改革开放史、社会主义发展史的阅读和分享平台；开展“四史”学习教育主题党课和知识竞赛等活动，多措并举，深挖服务育人根本内涵，积极打造革命文化育人阵地。

（姚媛）

【疫情期间创新服务方式，扎实推进各项工作】 图书馆成立了疫情防控工作领导小组，团结带领全体馆员，一手抓疫情防控，一手抓服务开展，推进党建、业务相融合，积极发挥党员的先锋模范作用。图书馆自2月起，根据疫情的发展和防控要求研究制定疫情防控措施和实施方案，开通了电子资源校外访问服务、无接触“帮读者找书”服务、信息咨询与学科情报服务，开展云平台直播课程，推出系列线上讲座和精品文化慕课，开展线上线下相融合的文化活动，保障师生教学需求；5月8日起，开放部分区域，实施预约入馆，加强人流管控；6月13日起，恢复疫情防控常态化的全面开放，定时定点消杀和保洁，增加标识引导读者分散就座，制作提示牌、标语等，积极做好防疫工作，做到战“疫”不放松，服务不打烊。

（姚媛）

【沪西校区图书馆开馆】 根据学校对沪西校区的总体规划，服务学校在沪西校区发展医学和生命科学的战略决策，更好满足师生的空间和文献资源使用需求，图书馆完成了对沪西校区图书馆的修缮、家具设备配置及人员调配、书架等设备的采购、图书期刊的调拨等工作，制定了馆藏调拨方案，从本馆调拨3万余册书目至沪西校区图书馆，主要涉及生物医学及相关学科文献；实施馆舍修缮和设备设施升级，拓展空间功能，确保了沪西校区图书馆9月14日如期开馆。修缮完成后的沪西校区图书馆面积达7188平方米，共设置320个阅览室座位，48个自习室座位，为读者营造优良的阅读环境。

（姚媛）

【嘉定校区图书馆文榷堂正式揭牌】 经过半年的试运行，11月1日位于嘉定校区图书馆十一楼的“文榷堂”正式揭牌。文榷堂旨在“以文为榷，榷问治学；与人为榷，榷文济世”，本年度围绕“四史”学习教育，推出了“四史”专题书展和“四史”云阅读活动，开展了“四史”读书会、主题党课等活动，推出了文化专栏“济语大师”“寻根图书馆”，拓展图书馆文化育人途径，助力通识教育，提升当代大学生文化素养。相关展览及文化活动服务师生2000余人，网上活动辐射20余万名同济师生、校友及社会各界人士，学校官网报道21次，官微报道7次，被新华社、光明日报等校外媒体报道14次，其中新华社报道累计阅读超过69万次，提升了嘉定校区的校园文化氛围。

（姚媛）

出版工作

【概况】 2020年度出版社新进员工10人，续签员工15人。截至12月，出版社共有从业人员116人，其中在职员工102人，劳务及派遣员工14人。高级职称12人，中级职称48人。博士1名，硕士44名，本科52名。

2020年出版新书632种，较上年增长130种，增加了25.90%；重印图书389种（次），较上年度减少19.13%；总出版品种1021种（次），较上年增加3.87%。全年收入达到7298万元（含税），较2019年减少7.51%。出版社单体实现利润563万元，归母公司利润402万元。

2020年度获得教育部社会效益评估优秀。获批3项国家出版基金项目、2项获上海市促进文化创意产业发展财政扶持资金资助、1项获批上海文化发展基金、1项获上海翻译出版促进计划支持、1项获选“2020丝路书香工程”、3项获国家社科基金中华学术外译项目立项。充分展示了同济大学出版社的传统品牌特色，彰显了同济大学出版社开拓创新的成果。

【在学校的统一领导下，科学依法防控，统筹抓好出版社的疫情防控工作与特殊出版工作】 新型冠状病毒感染的肺炎疫情发生以来，党中央、国务院高度重视，按照教育部、上海市、同济大学统一部署，坚决贯彻落实好疫情防控的各项决策部署，从1月23日开始启动，成立新冠肺炎疫情防控工作组，做好疫情防控方案和应急预案，加强防疫宣传与知识普及，加强办公场所管理，加强员工信息登记管理。2月13日开始在保证基本工作运行的情况下，编辑部门员工以居家办公为主，其他部门采用值班形式开展出版社的生产工作。4月起实行错峰上班的工作机制，尽量避免人员之间接触，防止交叉感染。同时出版社为上班员工提供防护用品并解决饮水、午餐等问题。随着国内疫情缓解，防疫工作逐渐成为一项常态化重要工作，出版社坚持做好员工的健康信息汇总、出差台账更新等工作。

同时，从2月6日开始，在半个月内，迅速组织团队策划、编撰出版了

《新型冠状病毒肺炎防护手册》(高校版)和《新型冠状病毒肺炎防控法律行动手册》。手册出版后,向公众提供全文电子版免费阅读,并向湖北省法学会、卫生法研究会等组织机构赠送《新型冠状病毒肺炎防控法律行动手册》1000余册。两本手册出版后得到新华社、《人民日报》《中国科学报》《解放日报》《中国新闻出版广电报》《中国出版传媒商报》等10余家主流媒体和专业媒体的报道。在疫情期间还向公众免费开放"同济书房"电子书平台、"同济德语"APP平台等,免费提供200余种经典常用教材的在线阅读服务,涵盖土木工程、建筑科学、经济管理、理工基础等多个学科门类。

【建立健全"不忘初心、牢记使命"长效机制,巩固深化主题教育成果】 针对主题教育期间的整改事项,认真梳理研判,深化整改成效,抓好成果转化。在党委会、社务会、中心组学习会上组织班子成员对主题教育期间的整改任务及整改成效进行分析研判,结合深化中央巡视整改、未巡先查、未查先改工作部署,细化完善董事会和党委会议事规则、"三重一大"决策制度实施办法、教职工政治理论学习、职代会提案办法等5项制度,进一步巩固主题教育成果。

【结合出版工作特点,以多种形式开展"四史"学习教育】 围绕《习近平谈治国理政》(第三卷)、《习近平总书记教育重要论述讲义》、学习贯彻习总书记重要回信精神和系列重要讲话精神、十一届市委九次会议精神、党的十九届五中全会精神等内容,召开专题学习交流会,邀请专家面向全体员工开展"四史"专题辅导讲座;组织策划发布同济大学出版社"四史"学习教育主题书单,得到上海市新闻出版局、上海书刊发行协会等行业主管部门官方媒体全文转载;上海书展期间,主动对接学校党委宣传部,联合策划举办"寻找红色起点——《中国共产党早期在上海史迹》'四史'学习分享会",邀请《听ta说》网络直播栏目走进出版社展位,进行"历史的力量——同济'四史'书展"专场直播,开设"四史"学习教育专区,20余种主题图书集中亮相。

【国家"十三五"重点出版物规划项目稳步收官】 2020年获批12项"十三五"国家重点图书出版规划项目,分别是"城市地下空间出版工程"丛书、"城乡建成遗产研究与保护"丛书、"城市安全风险管理丛书"、"面向未来的交通出版工程"丛书、"世界高层建筑研究前沿"丛书、"老年友好城市系列丛书"、"能源地下结构与工程丛书"、"陈从周图说古典园林与住宅"丛书、"智能型新能源汽车关键技术"丛书、"汽车运动与文化丛书"、"中国乡村人居环境研究丛书"、《胰腺整合介入治疗学》,项目数量在上海大学出版社中位列第二。

【做好顶层规划和设计,精心编制"十四五"出版规划】 同济大学出版社的"十四五"重点出版物规划,紧跟科技发展趋势,服务于上海提出的2035年建设成为"全球卓越城市"目标,着力于"智慧城市"和"城市安全与社会治理",按照同济大学"优势工科引领带动,厚重理科融合推动,特色医科协同驱动,前沿交叉创新互动"的总体思路,重点跟进学校"双一流"建设中的7+2个一级学科、4个交叉学科领域,服务国家战略的重大科研项目和平台,重点关注人工智能赋能各"一流学科",立足"高水平"选题策划,以"大项目"运作出版,形成既有"高原"又有"高峰"的出版发展新格局。4月成立"十四五"规划工作组,5月收集各部门"十四五"规划初步设想,完成初稿,7月向产业公司汇报,并根据反馈意见对规划进行修改完善。在此基础上,逐步组织落实"十四五"国家重点出版物出版规划项目,最终完成项目申报17项,包括15项丛书项目、2项单册图书项目,涵括城市、人工智能与大数据、生命科学、生态环境、人文艺术五大板块,城市+建筑、城市+管理、城市+基础设施、人工智能、数学科学与大数据、生命科学、生态保护与环境治理、安全防灾、人文艺术九大学科方向。同时,出版社还根据自身学科特色,完成了"2021—2030年国家古籍规划出版"3项。

【重点抓好主题出版】 主题出版是出版社的核心工作之一,2020年同济大学出版社的《我的1949》入选教育部全国高校出版社主题出版选题名单。

【积极服务高校教学、人才培养和科学研究】 同济大学出版社积极服务于学校的教学、科研、"双一流"建设,"十三五"期间,出版同济大学各类图书1000余种,服务师生2000余人次,基本涵盖了学校各个学科;出版社与学校科研管理部共同设立"同济大学学术专著(自然科学类)出版基金",主要资助出版同济大学教师撰写的、具有创新性的高水平学术专著,第1—10期累计114个项目获得立项,2020年度开展了第9期、第10期的项目申报和评审工作;出版社与学校教务处、研究生院合作开展了"同济大学本科教材""同济大学研究生教材"出版项目,已出版教材70余种。出版社与研究生院合作策划"同济博士论丛"项目,联合各院系,集中梳理同济大学近十年来的优秀博士学位论文,基本涵盖了所有优势学科,系统展示学校人才培养和科学研究成果,2020年出版10种,目前论丛累计出版162种。

【依托学校的学科优势,实现出版"走出去"】 出版社近年来努力探索,着力打造以"学术科技类出版"为主要方向,"建筑设计类出版"为品牌,以英语为主、小语种为辅的具有"同济特色"的出版"走出去"服务平台。

2020年度同济大学出版社输出版权16项,其中英语类8项,小语种类8项;获得国家丝路书香出版工程项目1项[《中国工程师史》(阿拉伯语)];获批2020对外出版和展览项目1项(《上海纪事:社会空间的视角》);获得上海翻译出版促进计划资助1项(《上海纪事:社会空间的视角》);获得2020年度国家社科基金中华学术外译项目立项3项[《说园(典藏版)》(俄语版)、《上海纪事:社会空间的视角》(英语版)、《建成遗产》(英文版)]。

【图书获奖持续有亮点】 2020年出版

社出版的各类图书获得省市级及以上各类奖项10项，包括：中宣部2020年对外出版和展览项目1项——《上海纪事：社会空间的视角》；第十届钱学森城市学金奖1项——《透过大数据把脉城市交通》；荷兰最佳图书设计奖1项——《骑行上海》；上海银鸽奖出版类三等奖1项——《连接：共享未来的公共空间》；第十一届华东书籍设计双年展整体设计奖2项——《三分院》《改变：阿科米星的建筑思考》；2020上海书籍设计双年展整体设计奖2项——《三分院》《改变：阿科米星的建筑思考》；2020上海书籍设计双年展书籍设计优秀奖2项——《画谈潜园——中国园林在德国》《海因茨·宾纳菲尔德：建筑与方案》。

【推进数字与出版融合，建设融合出版中心】 出版社积极探索品牌出版＋数字教育/专业数据库服务，力求实现出版社协同创新、转型升级。4月初开始组织人员对全国网络课程和网络平台建设情况进行深入细致的调研、分析，提出了出版社积极参与同济大学网络课程建设的初步方案；9月成立"融合出版中心"，已承接学校65门研究生精品课程和平台课程的拍摄制作任务，并积极搭建线上线下融合的混合式课程平台，服务学校人才培养。2020年，出版社勇立潮头，为打造网络课程＋教学平台＋融合教材"三位一体"融合出版服务平台奠定了良好基础、开启了新征程。

【线上线下融合，宣传营销协同创新】 出版社非常重视和积极拓展各种媒体宣传渠道，近年来从国家级媒体、省部级主流媒体、主管部门宣传口、专业领域媒体四个纬度深耕，2020年为《新型冠状病毒肺炎防护手册（高校版）》《新型冠状病毒肺炎防控法律行动手册》《上海城市运行安全发展报告》《中国共产党早期在上海史迹》《上海近代建筑风格》《工程艺术大师：卡尔·太沙基》《胰腺整合介入治疗学》等品牌特色图书项目作了专题推送；2020年度各类重点新书发布会、交流活动和重点项目等，获得国家级、省部级和专业媒体专题报道54篇。

在上海市委宣传部（上海市新闻出版局）举办的"上海书展·阅读的力量"2020特别网聚活动中，出版社在一个月内策划组织了15项活动，通过全媒体、多平台的方式进行图书推介，各平台阅读量累计近35万人次。组织8位青年编辑参加市委宣传部"短视频荐书大赛"，累计播放量5万＋。4月23日，市委宣传部启动"阅读的力量·春暖花开读新书"线上系列活动，出版社5场新书首发均列入出版局"百种新书云首发"，其中《阿福拜见老虎岳父》1种新书入选市委宣传部"悦读时刻"重磅推荐。上海书展期间，出版社举办了十多场线上线下融合的图书交流学习分享会，如郑时龄院士作为主讲嘉宾的《上海近代建筑风格》新书分享会、《阿福拜见老虎岳父》新书签售会等，获得热烈反响。

（谢惠云）

档案、史志研究

【概况】 2020年，学校档案馆全年归档入库案卷11628卷，OA纸质公文9992件。截止12月7日，档案馆服务窗口开具档案证明719人次、1193项；窗口调阅档案389人次、2973卷次；档案认证业务1230份；远程服务系统网上受理办证6238次、12433份。截止12月8日，校史馆全年接待9183人次。2020年，档案馆获得"上海市档案系统先进集体"荣誉称号。

积极推进各部门的归档工作，指导部门做好档案收集及预立卷工作。在科管部的支持配合下，完成科管部1985年至今大量遗留档案的梳理，制定可行性归档办法。持续跟进"三重一特"档案资源建设，不断加大专题档案征集力度，及时发布征集"新冠肺炎疫情防控"专题档案的相关内容。本年度，征集到敬贺李国豪校长寿辰纪念书画及珍贵照片；同济英烈周均时照片；《钱钟仪抗战前遗书手迹》；四十年代、六十年代、八十年代老校友捐赠的毕业证书、学位证书和学分册、课堂笔记、珍贵信件等一大批具有重要历史价值的珍贵材料。

针对疫情防控期间师生校友的档案利用需求，提前介入做好准备，充分利用远程服务系统网上受理办证。围绕学校各职能部门重要工作，及时准确地提供大批量的档案查阅和信息服务；协助学校各部门因教育部审计工作提供集中查档服务；配合教委开展大量学历学籍档案查阅；在梅州李国豪纪念馆筹办、四川李庄博物馆筹建、学校交通学院院史馆筹备等诸项工作中配合做好查档工作。辅助做好退休人事档案工作，共接待利用者168人次，调阅档案652卷次。为更好服务校友需求，继续为校友制作"学籍纪念卡"，并向校友提供电子版学籍卡片298人次。

根据学校内控评价要求，11月启动全校陈列品盘点清查工作，对全校11个部门上报的600余件陈列品进行现场盘点，确保国有资产的安全管理。在与人事处、财务处的积极沟通下，11月起全面接管人事、财务档案库房，制订相应安全巡查和入库登记等实施细则，破解了困扰多年的跨库房管理难题。完成库房消防灭火系统钢瓶加药剂项目；做好库房灭鼠、防鼠工作；定期对库房进行安全巡检并登记台账，做好电梯、门禁、消防定期安检维保工作。落实年度全馆人员安全责任书签约，定期开展安全检查，落实整改措施。

为更好地发挥档案校史的育人作用，服务学校"四史"学习教育，本年度共举办1个专题展览，开展"历史上的这一周""同济英烈"等校史主题推送。校史馆完成展示内容的改版更新工作，并积极推进学生讲解员队伍建设，尝试讲解员队伍常态化管理，为2020

级4993名新生的入学教育提供校史讲解服务。

（张静）

【档案文化建设】 12月1日，为纪念中国人民抗战胜利75周年和同济迁校李庄办学80周年，举办“寻根铸魂　同舟济世——纪念同济大学迁校李庄八十周年专题展”，通过100余块展板、600余张照片展示了抗战时期同济大学坚持办学、报效国家的奋斗历程，呈现了百年同济对李庄的感恩和回报，展现了同济人面向未来砥砺前行、建设中国特色世界一流大学的远大抱负。开展当天，同济大学与四川省人民政府签署了全面深化战略合作协议。省校双方领导出席展览揭幕仪式，共同为展览剪彩。

（张静）

【校史文化传播】 至2020年5月27日，已全部完成共52期“校史回眸”系列之一的“历史上的这一周”校史主题推送活动，并在6月9日“国际档案日”之际策划推出了集中回顾展示的收官之作。随即，档案馆（校史馆）又启动了“校史回眸”系列之二的“同济英烈”校史推送活动，同时在宣传部的大力支持下，每期推送内容配以音频同步播报，至12月7日已推送13期。推送内容深入挖掘同济“红色基因”，通过对同济历史上为国捐躯的一位位烈士的生平事迹、学业生涯、革命事业的介绍，展示同济先辈们与国家同呼吸、共命运的革命故事和爱国精神，激励师生校友弘扬优秀传统文化、勇担光荣时代使命。

（张静）

【档案信息化建设】 在信息办、财务处的支持下，对档案服务利用系统进行大规模升级，将网上服务与线下自助一体化紧密结合，从需求模块的提供、业务流程的改进，到收费方式的改变，进行了近一年的修改和磨合，并于11月12日上线运行，为师生和校友提供线上、线下全方位、零距离的出证服务。同时，实现业务收费微信支付方式，彻底解决档案服务现金收费等历史遗留问题。

（张静）

校园信息化建设

【概况】 2020年，信息化办公室以建设智慧校园、支撑学校“双一流”建设为目标，以服务学校事业发展、服务学校管理运行、服务师生员工需求为指导思想，完成了信息化和网络安全各项工作任务，支撑保障了学校疫情防控工作，确保“停课不停学”。

防疫工作方面：对接一卡通系统和各校区校门、宿舍楼、图书馆的道闸门禁系统，实现人员管控；研发师生健康信息管理系统、离沪报备系统、对接市教委提供的师生随申码数据，协助学校抗疫管理部门及时掌握师生健康状况和行动轨迹；建设云视频会议、云课堂、Canvas、流媒体等线上教学和会议系统，支撑教学、科研和行政管理工作正常进行。

信息基础设施建设方面：完成校园光缆敷设、教学区无线网建设、部分宿舍区校园网建设等项目，校内楼宇无线网接入容量和带宽大幅提升；完成校园网出口改造，实现关建设备国产化、边界设备性能提升、教科网线路扩容；数据中心超融合项目稳步实施，校内计算资源和服务能力大幅提升，改善当前计算资源紧张、高并发业务受限的局面。

基础平台与信息系统建设方面：完成一体化教学管理信息系统、科研四技项目管理系统等重要系统的重建，缓解浏览器兼容性差、选课卡顿宕机、系统小散乱等问题；一网通办门户开发、服务事项梳理、在线服务构建等工作稳步推进，初步实现师生办事“线上一网通办，线下只跑一次”；持续提供数据交换和数据服务，打通财务、人事、科研、资产设备等重要系统数据，初步实现业财融合。

智慧教学环境建设方面：完成Canvas教学管理平台、云课堂、云视频会议、云媒体、云巡课等线上智慧教学系统的建设和扩容，保障疫情期间学校教学、科研、行政、管理等工作的正常进行；完成智慧教室二期建设，新建智慧教室107间、讨论室14间，升级一期建设的智慧教室66间，教学观摩学习与评价中心建设稳步推进；改造265间多媒体教室，满足线上教学和录课要求。

网络安全保障方面：通过部署下一代防火墙、研发大数据日志分析平台、常态化漏洞扫描与治理、开展网络安全应急演练和参加上海市教委“护网”攻防演练，提高网络安全防护能力；完成年度重要时期网络安全保障工作，配合完成教育部、市教委、公安机关下达的各项专项检查、监督检查和执法检查工作；开展网络安全宣传周活动和网络安全专业培训，提升师生的网络安全意识和专业素养。

此外，信息化办公室深入贯彻党的十九届五中全会精神，总结“十三五”期间工作成果与存在不足，经过内部研讨、师生座谈、专家咨询和同行交流，制定了信息化建设“十四五”规划，明确学校信息化发展方向和具体任务，即利用新一代信息技术发展“互联网＋教育”、构筑智慧校园。

（邵炜晖）

【多举措确保疫情“停课不停学”】 2020年初新冠疫情发生以来，信息办作为学校疫情防控专班成员单位，积极落实学校各项工作部署，通过信息技术支撑疫情防控和线上教学、科研、行政管理工作，有效确保学校疫情期间“停课不停学”。

人员管控方面，全面梳理学校一卡通系统数据，并对接校门道闸门禁、学生宿舍楼门禁、图书馆门禁和食堂刷卡消费等系统，同时完成校内53栋学生宿舍、铁岭路等7栋教工宿舍门禁改造，有效发挥校园一卡通权限管理对于校园内人员管理的总控作用，实现教职员工和学生进出校门、校内活动的集中管理和统一控制。自4月底起，每天更新师生员工一卡通权限信息累计10万余次，每日、每周定期向学校疫情防控专班上报各类统计报表。

信息基础设施和信息服务保障方面，紧急搭建承载Canvas教学管理平台、云课堂等系统的底层网络和计算资源，快速完成产品试运行、压力测试和技术调优，有效保障学校在线教学秩序。紧急采购负载均衡设备、VPN设备进行扩容，VPN用户数量从最高支持1000人同时使用提高至3000人同时使用，VPN用户流量带宽翻倍。搭建并提供CARSI认证服务，师生校外无需使用VPN即可直接访问和下载学校已购买的学术资源，截至12月向师生提供服务220万人次。协调三大营运商位为师生提供的宽带优惠活动，支撑保障师生疫情期间上网需求。

教学科研活动保障方面，建设并完善了云视频会议（zoom. tongji. edu. cn）、云课堂（courses. tongji. edu. cn）和Canvas教学管理平台（canvas. tongji. edu. cn）三个线上教学和会议平台。疫情期间，全校共计3271名教师、27257名学生通过云课堂平台进行课程教学，线上直播授课课程总数达5228门，线上考试课程总数3352门。Canvas教学管理平台共计发布课程2961门，发起作业6764次，提交作业229871人次，进行课程测验考试2145门。通过云视频会议平台结合线下智慧教室探索云面试，完成研究生复试面试、专业分流面试等活动。利用云视频会议和云流媒体平台，支撑了疫情期间学校的行政工作，其中2月至7月的会议次数23461，参会人次403567，会议累计时间52039小时。

行政管理工作保障方面，研发疫情动态信息通报和师生健康信息管理系统，实时获取疫情动态信息和新冠病毒防护知识，实现7000多名教职工的每日健康申报和隔离期间体温记录。应对受疫情影响的数据业务变化，完成各系统人员、课程等数据的同步和共享，确保3月线上教学、6月师生返校、8月新生入学等工作的正常进行。在常态化防疫期间，持续建设和优化师生健康申报应用、离沪报备应用，对接市教委提供的全校师生的随申码数据，为学校疫情防控专班相关部门及时掌握师生的健康状况和行动轨迹提供了技术保障。

（邵炜晖）

【高标准自主建设校园网络基础设施】

按照学校校园网建设总体规划方案，完成校园内光缆系统建设工程，累计敷设光缆4300芯公里，新建10个汇聚节点，完成285栋楼宇网络连接，全面构建校内整网光纤链路，为各类应用的运行提供基础网络保障。完成校园无线网三期项目的实施，共新建无线AP约8500个，平均用户接入速率提高4倍，大幅提升了校园无线网的使用范围和使用效率，为师生提供优质、可靠的校园无线网。同时，配合clearpass平台优化了1X认证服务。完成彰武校区、沪北校区宿舍约3000间宿舍的校园网覆盖，构建形成多运营商与校园网合路部署的“3＋1”模式，实现同一账户的多出口认证。宿舍区校园网覆盖使得学校能够更加全面掌握宿舍区用户网络使用情况，从而更好地服务学生、保障网络安全。完成校园出口路由器改造和出口设备更新，提供更高的内外网接口能力，提升校园边界设备的整体性能，解决单点故障隐患，为校园网出口扩容、校园网进宿舍带来的带宽压力做好基础准备。

（邵炜晖）

【一体化教学管理信息系统成功上线】

为解决师生反映强烈的浏览器兼容性差、选课卡顿宕机、系统小散乱等问题，支撑学校教学事业发展，信息化办公室对选课系统、研究生系统、4M3系统进行整合治理，新建一体化教学管理信息系统并于12月底正式上线。本研一体化教学管理信息系统是全国第一个采用云原生微服务架构的教务系统，系统实现了本硕博全生命周期信息模型、教师和教室等教学资源共享、本研课程互选（包括排课、选课、排考、成绩及学分认定等）等本研共通功能，构建了高可用、高并发的系统架构并成功支撑了全校本科生（74637人次）和研究生（58400人次）的多轮选课。经过系统治理，有效解决了旧本、研教务系统浏览器兼容性差、系统小散乱，本、研教务系统分离导致的管理、服务困难，迎新、选课、评教等高并发场景下系统卡顿宕机造成的用户体验差，培养模式单一、无法支撑学生个性化发展需求等一系列痛点问题。此外，松耦合的微服务编排和云原生的中台能力保障了系统的可持续发展性。

（邵炜晖）

【科研四技项目管理系统成功上线】

为解决师生反映强烈的浏览器兼容性差、系统数据未打通等问题，支撑学校科研事业发展，信息化办公室积极推动新建科研四技项目管理系统。该系统基于Spring Cloud微服务框架开发，灵活的系统架构确保了系统业务功能的在线调整和快速迭代，为未来整合纵向项目、专利、成果等信息系统成为科研大平台提供技术基础。此外，通过数据交换打通科研四技项目管理系统和财务、票据系统，初步实现业财融合，减少了师生办理科研业务的跑动次数，有效提升师生的获得感。

（邵炜晖）

【建设一网通办门户】 落实“互联网＋教育”理念，结合学校“治理体系和治理能力现代化”工作要求，信息化办公室以“线上一网通办，线下只跑一次”为目标建设一网通办门户，完成PC端开发部署并试运行，移动端开发稳步推进。功能方面，一网通办门户具有服务事项展示、在线服务办理、师生意见反馈、服务运营情况监测等功能，结合管理手段形成闭环，提升治理能力。内容方面，一网通办门户梳理并迁移服务事项210余项，涉及18个部门。新建离沪报备、新进教师入职、高级专家延聘等在线服务近10项。此外，一网通办门户还整合了主要部门的网站和信息系统，有效缓解学校信息系统小散乱的问题。“一网通办”

作为部门为师生服务的窗口，在部门协同、师生共创的治理生态下，缓解系统小散乱现象，提升师生用户体验，助推实现"一网通办提升信息服务能力，一网统管提高运营管理能力"目标。

（邵炜晖）

【智慧教室二期】 暑假期间，四平、嘉定校区新建智慧教室107间、讨论室14间，升级一期建设的智慧教室66间，教学观摩学习与评价中心建设稳步推进。完成沪西校区19间公共多媒体教室、2间公共机房、1座小礼堂的改造并如期投入使用，保障了开学教学工作平稳运行。此外，按照党委的要求，完成了全校所有400个公共教室的线上直播录播改造，建设完成覆盖所有公共教室的线上巡课系统。

（邵炜晖）

【数据整合与共享】 数据作为学校数字化转型的重要信息资产和核心生产要素，经过多年的建设和沉淀，逐步在学校各业务管理和服务中发挥重要的作用。2020年，通过对人事、项目、论文、教学等人员主数据的实时、统一管理，支撑各项考核评聘工作，有效解决教师重复填表问题；实现了科研和财务、票据之间管理流程重构，实现数据线上同步对接；解决人事工资数据到财务系统的线上同步，正在实施财务经费卡数据到人事和设备系统的同步；同时为导师库、后勤、保卫处、学生处、各教学平台、各学院和研究团队等提供了20余次数据服务。

（邵炜晖）

【其他新建和升级、运维和运营工作】 通过了解部门具体业务，深度参与留办留学生住宿系统、新生院同新健步、研究生院高等讲堂应用、保卫处平安同济访客系统、体育部和能源中心扫码付应用等系统的新建与升级工作，大力支撑各部门解决相关业务的痛点问题。此外，运维和运营同心云、大数据平台、大数据数仓、数据交换、OA系统、实时数仓、人员信息整合、人员信息接口、离校系统、教师数据中心、综合门户、校园钱包、班车预约、消息中心、综合会务等系统和平台。

（邵炜晖）

【网络安全保障】 从技术、管理、运营多维度多举措保障网络安全，并在教育部DWDZ网络安全考核中获得100分（满分110分）的优秀成绩。2020年共计发出网络安全漏洞治理整改通知240份，春节寒假、"两会"、国庆等共重要时期网络安全保障7次、24小时值班84天，配合市教委、公安机关下达的各项专项检查、监督检查、执法检查4次。

（邵炜晖）

治安与保卫

【概况】 2020年，学校结合任务要求，以建设"平安校园"为工作目标，推动各项工作落实。以确保安全稳定为努力方向，做好政治稳定工作；紧盯安全隐患苗头，及时消除安全隐患，做好安全预防工作；全面落实安全责任，做好安全生产工作；以多方位安防建设和网格化管理为基础，做好学校治安管控工作；突出教育督查和防范，做好消防安全工作；注重为师生服务，做好校园交通工作；开展各项专项整治，净化校园安全环境；突出管理抓手，发挥校卫队作用，做好校区安全和户籍管理各项工作。2020年，学校疫情防控有力，各校门管控严格精准，全校未发生重大安全事故、未发生恶性案事件、未发生重大火灾事故，确保了师生员工的人身和财产安全、确保了学校教学科研生活秩序的正常进行，全年无失泄密事件发生。

2020年，学校提高师生安全意识，强化安全管理，通过明确责任，落实措施，坚持预防为主、防治结合、加强教育、群防群治的原则，通过安全教育增强师生的安全意识和自我防护能力。积极做好学校政治稳定工作，开展"4.15全民国家安全教育日"，推出"总体国家安全观"知识宣传，制作针对留学生的宣传短片，增强留学生禁毒意识。配合做好全国第七次人口普查，完成空挂户378户的排摸工作。在正式人口登记阶段，各科室配合共完成同济集体户中3975人的普查短表登记工作，每人的登记项目涉及12项，顺利完成了同济大学集体户中近万人空挂户口的人口普查工作。做好"明厨亮灶"设备采购项目建设，801台摄像机、32台人脸识别门禁、4台存储服务器128块10TB硬盘、2台智能分析服务器、1台综合管理服务器等设备安装到位，完成后数据呈现和跟踪，支持后厨"人员进出有记录，食材调用可察看，配切过程有监督，师生监督视频化"。全年共计充装灭火器配备新增4500个干粉，充装5000个干粉，新增二氧化碳800个，充装二氧化碳1000个，新增灭火器箱500个。给四十余二级单位消防宣传培训，3500人次。全面落实校院两级消防安全教育培训和演练，学校购买了消防体验装置，配备消防宣传培训工作。学校层面组织和协调消防安全培训1次，演练1次，同时推进二级单位消防安全教育培训近100次。全年办理普通进校证共办理同济大学进校证5395张，共整治校园违章停车724辆。办理2020年户籍资料，共办理户籍证明申请书3260份、户口迁移申请书2500份、居民身份证1556张，收到2020级新生户口迁移证共计2323张，其中本科1321张，研究生1003张。

（卢野）

【落实疫情防控工作】 落实教育部和上海市疫情防控管理规定，加强校门进校车辆和人员管控，加强各校区校门执勤力量，加大入校人员和车辆管控力度，进行口罩检查和体温测量，门卫重点查验"一卡通"校验进校权限。在各个校门设立"党员先锋岗"，帮助协调和解决各类问题，做好有关政策规定的的解释。各校门拦阻各类不符合进校条件人员8000余人次，妥善处置来自重点地区3人次，处理各类违规情况30余起，切实把住了入校关口。2月，技防团队全面启用一卡通入校权限，首日开启3200余人使用权限。2月底前，先后安装四平路校区、嘉定校区、沪北校区共计5套校门测温设备系统并全部接入监控中心。4月，微信平台“访客预约系统”启用，以防疫责任为驱动的二级单位审批制，较好地保障了外来人员进校的有效审核机制。5月起，与学研工部、信息办对接实现了快速开通返校学生入校权限，兼顾疫情防控和学生返校工作，全力协助做好学生返校和毕业离校各项工作。

（卢野）

【强化安全生产督查、培训和考核】 突出消除安全隐患，预防在前，做好安全生产工作。全年开展安全生产督查，学校组织11个安全生产督查小组，各小组结合业务范围每月定期开展安全督查，形成8期安全督查报告和安全督查简报。组织安全生产教育培训，学校加强师生员工安全教育培训，召开全校安全生产会议1次。二级单位共组织安全生产教育培训近300场次。强化安全生产考核问责，学校强化安全生产考核，将安全生产纳入学校组织、人事和学校巡查范围，并将安全生产纳入党委二级巡查范围，同时，组织开展2019—2020年学校安全生产考核。开展安全生产专项治理，结合疫情防控要求和上海进博会等活动，学校组织和开展了安全生产月和消防安全月活动等专项工作。并结合复工复产复学等时间节点，针对性地开展防汛防台、安全用电、秋冬季防火、危化品和实验室安全治理、生物安全等专项检查和治理。2020年，共发现各类隐患问题780患，整治率99%，发送整改通知书3份，关停治理实验室1间。

（卢野）

【强化校园管理和治安工作】 突出技防建设，同时充分发挥校卫队力量作用，根据不同的时间节点和工作特点，有针对性布置工作预案，每周与沪东派出所对接反馈信息，参与各类大型活动值勤近60余起，出动安保人数近千余人次，疫情期间各门卫工作中检查出人卡不符130人次，抓获翻墙进校人员10余人次。5月、10月，集中开展全校范围防盗防诈骗专项整治活动，依托警方收集的师生被诈信息和宣传平台，先后通过校园大屏、专属展板、学工、社区联络群推送防诈手段和防骗要点宣传信息，配合沪东派出所民警分阶段五次集中深入学生宿舍进行宣传和互动，先后举办了六次新生院、外语学院、城规学院、法学院、土木学院等从新生到研究生的走访及线上防诈骗讲座。9月，以楼宇物业会议平台、大学生社会安全平台、学院治安保卫工作平台为载体，集中开展治安防范宣传专项活动。10月，集成推进了“平安校园综合管理系统”平台实现校园3D/2D地图，逐步实现保安人员及大型车辆在校园巡逻、通行的轨迹实时跟踪，可进行飞行模式的视频监控巡检和点位查询，报警求助关联一卡通数据库，身份证登记，实现值班人员上岗基于报警求助人员的身份识别进行必要的信息录入、转交和处置，最终结果形成卷宗的闭环。

（卢野）

【推动消防制度、设施建设】 成立大学生义务消防队和微型消防站消防一队和二队。推动制度建设，制定《同济大学消防安全管理规定》《同济大学消防检查管理规程》，12月提交学校党委常委会议，强化学校消防安全主体责任，推进学校消防管理规范化和制度化。年度内完成并验收同济大学智慧消防一期建设（同济大学消防联网报警及管理系统）并投入使用，将学校消防联网与学校消防管理系统对接起来，提高学校消防台帐、维保、巡查、报警、应急处置能力，并作综合分析研判，为学校消防管理提供依据。学校构建校院两级的安全检查机制，学校层面学校完善安全消防督查小组，由保卫部（处）牵头，每月定期开展消防安全督查，重点检查规章制度建设、责任人落实、台账制度、消防设施运转情况，火灾隐患排查、整改落实执行情况等，对发现的问题抓住不放，对隐患严重的单位开出整改通知书。继续做好灭火器材的更换和配置工作，确保消防器材的正常有效和完好，累计投入120万元。学校完成7栋楼宇的消防报警系统建设。购置学校消防模拟体验装置一套。

（卢野）

【推动校园交通管理服务工作】 加大校园交通管理力度，做好进校证办理窗口接待，分别在6、9、11月各开展了一次针对非机动车与行人的交通安全知识宣传活动，制作了丰富的交通安全知识内容展板与宣传册。6月，开展了一次治理校园内机动车长期停放专项整治，共告知64辆机动车车主动其驶离不得占用公共停车资源。8月，开工建设“同济大学停车场管理系统”（机动车道闸）项目，11月已完成硬件设施的建设。全年对交通基础设施进行增设与更新，增设交通标牌25块；增设非机动车车位线3108米、路沿坡28米；增设减速带26条；更新划道路线1470米；更新机动车车位线131个；更新交通锥与石球共250个。将赤峰路18号车库分成校内、校外两部分，在严格遵守疫情防控要求下满足机动车停放需求。

（卢野）

基础建设

【概况】 2020年，在学校的总体部署下，基建处完成在基建与修购修缮项目方面、防疫抗疫、课题研究、队伍建设、党建联建、安全文明、廉政建设等方面工作任务，开展系列调研、统计测算、专题讨论等工作，研究建设需求，明确建设项目，分析问题，总结经验，编制完成了“十四五”基本建设规划。

新建项目方面，共10项基建项目同时推进，其中7项全面开工建设，2项开展财务决算，1项办理相关竣工验收手续；计划总投资490666万元，建设及开工面积494892平米，2020年完成基建总投资28817万元。其中主要包括生命科学与创新创业大楼约8800万元、工程教育及科创中心约4000万元、自主智能无人系统科学中心约3400万元、智能网联汽车测试评价基地约3406万元、设计创新学院大楼及四平路校区彰武路研究生公寓（三期）约5641万元、嘉定校区学生活动中心约3130万元。

修缮项目方面，工作总量由于疫情原因有所减少，但在疫情期间科室推动并落实了小额项目的片区划分制度和应急方案的实施，圆满完成了学校的各项任务。完成工程项目约452余项，其中完成20万元以下零小修约391项，20万元以上约62项。按经费来源统计，完成教育部修购项目9项，约4070余万元；校控项目22项，约7509余万元；常规维修项目421多项，约5491余万元；合计完成投资超1.7亿元。

课题研究方面，由石振明同志牵头承担的上海市科委“数据驱动的建筑楼宇群设备自控及运管系统研制及应用示范19DZ1202800”结合各新建项目有序开展，进行了运维需求、系统理论、设备编码体系、绿色施工技术、运维管理平台等方面的研究，完成了发表科研论文、培养研究生、运维平台搭建等阶段性科研目标。

（车雨清）

【彰武三期研究生公寓项目通过联合检查率先复工】 2020年2月25日，上海市建设工程安全质量监督总站和杨浦区建设工程安全质量监督站赴同济大学新建四平路校区彰武路研究生公寓（三期）及创新创业中心项目部对防疫和复工准备工作的开展情况进行了联合检查。项目通过市区两级验收，成为杨浦区第四家具备复工资格的工地，也是同济大学新建项目中第一个复工的工地。

（车雨清）

【上海自主智能无人系统科学中心项目桩基部分顺利开工】 克服时间紧、任务重、多方协调任务繁重等诸多困难，同济大学上海自主智能无人系统科学中心项目桩基部分于2020年8月28日顺利开工，总包单位于12月底确定，确保项目施工及时跟进衔接。

（车雨清）

【同济大学校园照明规划（二期）顺利完成】 在2020年与2021年交会之际，嘉定校区、四平路校区彰武区等灯光改造工作顺利完成并投入使用，学校以崭新面貌开启新的一年，灯光改造工作不仅提升校园整体环境，也为师生生活带了更多便利。

（车雨清）

资产与设备管理

【概况】 在疫情防控的严峻形势下，资产与实验室管理处根据学校各项部署，积极筹措物资，排查校内教工公寓住宿情况，强化责任担当，从房屋、设备和实验室建设与管理等方面为全校师生做好服务工作，扎实做好学校疫情防控各阶段工作，有力保障了学校师生安全和复工复学。

积极推进学校督办工作，召开公用房全额成本核算工作校长专题会，发布实施细则，鼓励学院根据现有情况与学科规划，实施内部调配，进一步推进校院两级管理，统筹学院资源，推动合理执行项目预算，构建资源节约型校园。2020年收取房屋资源调节费共计112028510元，补充学校办学经费，提高资源使用效率。

充分挖掘房源，通过零星维修加快公寓周转以缓解公寓的供需矛盾的问题，经与人才办沟通，拟将上城名都人才公寓改为教师公寓，有效缓解嘉定校区教师住房周转困难。走访上海外服公寓的两个服务项目，通过“政府＋企业＋银行”模式，以国内园区、产业园为核心，为周边产业园区里的人员提供安居乐业的生活居住环境。2020年教师公寓租金收入421.76万元，博士后公寓延期及逾期租金收入4.88万元（正常租金由博管办扣缴），发放符合提前退寓奖励发放条件的教职工合计70人，共发放奖励52.8万元，发放2020年一次性住房补贴1542.53万元、升职补贴619.9万元及按月补贴2103.41万元。

围绕学校发展战略，综合考量项目的必要性、可行性、解决安全隐患、及师生收益面等方面，优先考虑沪西校区基础设施建设及学生宿舍修缮等重点项目，配合财务处做好2020年校级预算修缮项目立项相关工作。按照沪西校区整体规划，完成沪西校区图书馆修缮，第二教学楼修缮及小礼堂修缮项目，项目整体验收后已委托后勤集团管理和服务。推进沪西校区医学实验教学中心建设，已落实400万元校级预算用于设备购置。2020年校级预算修缮项目，18个项目获准立项，合计金额约8663.42万元，中央改基办安排实施42个项目，中央改善专项资金执行金额9269万元，财政资金执行率100%。

完成2020年中央级高等学校和科研院所等单位重大科研基础设施和大型科研仪器开放共享评价考核工作，并获得国家科技部开放共享考核优秀单位。2020年，同济大学被移出美国商务部未经验证名单（UVL）。

完成校内学生宿舍修缮计划，其中包含四平路校区彰武学生宿舍楼修缮工程（二期）项目及嘉定校区学生宿舍一楼改造项目，解决困扰多年的所租嘉实集团宿舍楼渗漏的问题，学校安排屋面整体修缮，费用从支付给嘉实集团的宿舍租赁费内支付，通过学生宿舍修缮增加和优化了校内住宿资源。在爆发新冠疫情、学生不能全部返校的特殊情况下，通过多方协调制定学生宿舍调整和搬迁方案，按时完成2020年学生宿舍调整和搬迁工作。

初步拟定《同济大学生活垃圾分类管理办法》，设立“垃圾分类管理工作领导小组”和工作机构建立制度保障。做好“爱粮节粮，光盘行动”的宣传，结合垃圾分类做到湿垃圾的源头减量。

组织各学院按照《本科培养方案》落实实验教学任务，2019—2020学年开设实验项目2037个，累计62.13万人时数；组织各学院充分利用实验室资源，面向学生开放，培养学生创新意识和实践能力，2019—2020学年全校实验室累计开放20.77万人时数；加强对实验教学质量的监督，聘请具有高级专业技术职务的教师全学年听课70门，实验项目100个，听课总体平均分93.57分。

经教育部公示，同济大学5个虚拟仿真实验教学项目被认定为国家虚拟仿真实验教学项目。充分挖掘学校实验教学资源，积极推进嘉定校区工程教育及科创中心基础实验教学公共平台建设。

2020年完成化学馆、德才馆实验室及其通风系统改造。开展实验室安全自查自纠工作及教学实验室危化品安全专项检查工作。严格执行实验室安全督导制度，落实实验室安全准入制度，督促学院及实验室落实风险管控和隐患整改措施。

2020年度资产与实验室管理处共收到申报晋升职务材料12份，申报续聘职务材料66份，经学院初评、实验系列学科组会议评议，推荐晋升正高候选人2名、晋升副高候选人6名、各级续聘66名，经学校高评委审议通过予以公示。

组织年度资产清查盘点工作，通过学校设备管理信息系统，以账对物、以物对账，逐一盘点。2020年组织完成新增验收设备总计434526台件，总额达38546.19万元；完成设备报废处置18批次，处置8929台件，上缴学校处置收入108万元；学校大型仪器测试约806个项目，发生测试费2283万元，测试机时80257小时，测试样品46.15万元。

（刘美婷）

【对接云龙扶贫攻坚】 按照“脱贫不脱政策、脱贫不脱帮扶、脱贫不脱责任”的要求，机关教工第二十三支部与云龙县诺邓镇永安村第一支部结对共建。两支部积极统筹谋划，携手制定长期帮扶办法，双方共同讨论形成了“一主轴（教育扶贫）、两重点（建设文化书屋、补足教育信息化设备短板）”的工作思路，2020年开始，设立奖学金，为品学兼优的贫困学子提供资助，助力更多云龙学子成长为祖国建设的栋梁之才。

【多措并举抗击疫情】 落实学校各项部署，积极拓展采取多种形式的物资筹措渠道，备足口罩、测温设备、消毒用品等防疫物资。迅速排查校内教工公寓疫情防控以来住宿情况，参与制定《关于加强学校公寓入住教职工的疫情防控工作通知》。为了疫情防控的管理成效，对校区与嘉实上城名都小区的5处通道设置了隔离栏和消防通道门，对校区南大门的伸缩门进行了修缮，共计34.6万元。统筹做好实验室疫情防控工作任务，从实验场所消毒、限流、通风、设备自查、电气检查、安全准入等6个方面指导各单位，制定了疫情期间实验室安全注意事项，指导医学院、生命学院认真开展实验室重新开放应急演练。

【推进嘉定校区学生社区回购】 在教育部、上海市委市政府的关心下，学生公寓回购工作重新启动，同济大学和嘉定区皆已通过各自途径向嘉实集团明确表达了回购意向。学校与教育部、上海市和嘉定区等部门保持密切沟通，研究学生社区问题从根本解决的法律路径以及落实相应的学生公寓过渡用房潜在房源，推进解决学校办学的重大隐患，维护学校合法权益；积极制定维修方案，对渗漏雨宿舍进行维修，保障住宿学生基本生活条件。

【挖掘房源温暖校园】 与上海地产租赁住房建设发展有限公司接洽商谈四平路校区周边公寓市场化租赁事宜，申请对象不限于具备公租房资格的教师，市场化的管理运营模式能为入住教师提供全装修以及个性化配置。与国家海底科学观测系统项目办公室商谈关于启动临港主城区临港科技创新城“先租后售”公共租赁住房申请的相关事宜。10月，前往临港管委办住房保障中心调研临港产业园区“先租后售”公共租赁房政策。

【完成2020年学生宿舍调整和搬迁工作】 资产与实验室管理处积极落实2020年学生宿舍调整、新生住宿方案与实施，5月底，形成2020年度的学生宿舍资源和搬迁方案。充分挖掘四平路校区和嘉定校区的宿舍资源潜力，完成学生宿舍修缮，其中包含四平路校区彰武学生宿舍楼修缮工程（二期）项目及嘉定校区学生宿舍一楼改造项目，通过学生宿舍修缮增加和优化了校内住宿资源。2020年彰武校区通过2改3增加床位603个，沪西校区启用新楼（1、2、3、4及11号楼），共计增加床位754个，合计增加床位1357个。

【全面落实生活垃圾分类工作】 初步拟定《同济大学生活垃圾分类管理办法》，设立“垃圾分类管理工作领导小组”和工作机构建立制度保障，形成工作合力；优化点位设置，通过数据测算逐步进行点位优化，撤桶并点规范设置，做到数量足够，规范设置，点位指引；优化收运方式，在教学、办公、院系等楼宇的生活垃圾实行每日上门定时定点（每日两次）回收驳运；加强投放引导：集中投放点从今年9月开始现场安排21个垃圾投放指导员，从行为引导和规范分类入手培育良好的垃圾投放习惯。

【积极推进大型科研仪器开放共享工作】 针对2019年国家科技部开放共享考核中的薄弱环节，学院到管理部门高度重视，进一步提升科研设施和仪器利用率，支撑科技创新成效。通过健全单位管理制度，提高运行使用效率，提升仪器信息化管理水平，统筹管理，同济大学在2020年科技部、财政部大型科研仪器开放共享评价考核中获评优秀。

【开展世界一流大学实验室建设】 组织完成上海市级实验教学示范中心的申报和评审工作，设计创意实验教学中心经过学院申报、专家评审、学校推荐、现场考察等程序，成功获得上海市级实验教学示范中心立项建设。目前，我校拥有9个国家级实验教学示范中心、4个市级实验教学示范中心、5个校级实验教学示范中心，已初步形成了国家、市和学校三级实验教学建设体系。积极构建嘉定校区工程教育及科创中心基础实验教学公共平台，整合嘉定校区机械、交通、材料、轨交院等实验教学中心实验教学资源。

在2019年有机化学实验室改造试点成功基础上，学习实验室通风系统建设和运行经验，2020年完成化学馆、德才馆的实验室及其通风系统改造，实现了既定目标，受到了师生员工高度认可。

【开展国家虚拟仿真实验教学项目认定】 2020年11月，经教育部公示，同济大学5个虚拟仿真实验教学项目被认定为首批国家级一流本科课程（虚拟仿真实验教学一流课程）。同时，组织完成2020年度市级一流课程（虚拟仿真实验教学课程）的申报评审工，经过学校专家推荐、上海市教委评审，最终9个项目获评。

2019年首批国家级一流本科课程（虚拟仿真实验教学一流课程）：

序号	项目名称	学院	项目负责人	专业类别
1	基于虚拟现实技术的传统木构认知与建造	建筑与城市规划学院	常青	建筑类
2	岩石隧道防火体系虚拟仿真实验教学系统	土木工程学院	李晓军	土木类
3	镜头语言虚拟实验	设计创意学院	柳喆俊	艺术类
4	城市风险突发事件新闻全景报道虚拟仿真实验	艺术与传媒学院	王建民	文学类
5	农田土壤重金属污染生态修复虚拟仿真综合实验	环境科学与工程学院	刘佳	自然保护与环境生态类

2020年度上海高等学校一流本科课程名单（虚拟仿真实验教学课程）

序号	课程名称	负责人	学院	所属专业类
1	波浪运动特性虚拟仿真实验	付小莉	土木工程学院	水利类
2	基于数字孪生方法的振动模态分 析虚拟仿真实验	宋汉文	航空航天与力学学院	力学类
3	测量放射性物质辐射强度的居里 虚拟仿真实验	羊亚平	物理科学与工程学院	物理学类
4	虚拟住区性能模拟交通仿真实验	汤宇卿	建筑与城市规划学院	地理科学类
5	海底科学观测网组网观测虚拟仿真实验	杨群慧、高航	海洋与地球科学学院	海洋科学类
6	计算机 I/O 通道虚拟仿真实验	张冬冬	电子与信息工程学院	计算机类
7	数字皮影动画虚拟仿真实验	由芳	艺术与传媒学院	艺术学类
8	任务态一功能磁共振影像虚拟仿 真实验	徐志宇	电子与信息工程学院	生物医学工程类
9	海底板块构造的综合地球物理虚拟仿真实验	于鹏	海洋与地球科学学院	地球物理学类

（刘美婷）

采购与招标

【概况】 2020年度采购与招标管理办公室深入贯彻党的十九大精神，持续推进"放管服"政策落实和政府采购工作的最新要求。根据同济大学2020年工作要点，结合学校采购工作实际和部门工作计划，进一步完善学校采购招标制度建设，优化管理流程，强化信息化建设，加强部门协同，加大政策宣传力度，服务基层，持续推进学校采购招标管理工作规范有序，提升采购工作的规范化、专业化水平，助力学校双一流建设。

校内提交采购申请项目共计34,127项，总金额29.79亿元。其中货物项目33,301项，金额11.65亿元；服务项目9,311项，金额4.74亿元；工程项目826项，金额18.14亿元，其中新建施工工程项目8个76项，金额16.32亿元（包括土木工程抗火科研综合楼及上海自主智能无人系统科学中心建安工程），占工程项目申购总额的90%。

货物项目中仪器设备、家具14,573项，金额5.36亿元；材料与图书9,417项，金额1.55亿元；服务项目9,311项，金额4.74亿元；其中申购总额100万元（含）以上的项目102项，金额2.89亿元，并在教育部政府采购计划管理系统中完成了相关备案手续。

审签采购合同共计7,405项，总金额15.00亿元。其中货物项目3,081项，金额5.83亿元；服务项目3,533项，金额3.48亿元；工程项目791项，金额5.69亿元，其中新建工程签订合同47项，金额3.72亿元，其中土木工程抗火科研综合楼施工总承包合同2.48亿；上海自主智能无人系统科学中心桩基工程合同5978万元。

组织或者委托代理机构实施的采购项目400项，总金额21.25亿元。按照项目类型分类，货物项目187项，金额2.76亿元；工程项目116项，金额17.76亿元，其中基建工程项目8个48项，金额16.29亿元（含工程相关货物和服务项目），组织分片区管理修缮项目供应商入围遴选等项目6项；服务项目97项，金额0.73亿元，组织供应商遴选入围项目10项。按照项目采购方式分类，通过竞争性磋商（包括快速磋商）方式采购143项，金额0.75亿元，通过公开招标方式采购148项，金额19.63亿元，通过单一来源方式采购109项，金额0.87亿元。

办理进口货物采购项目共207项，总金额1.33亿元，已获得海关免税认定的合同共计206份，免税税款合计1930万元。

完成2019年度部门行政办公文件、2018年度采购项目招投标资料及合同文本的归档移交任务，其中采购招标项目192项，非招标采购类合同文件4000余份（根据学校管理需要，采购档案次年整理归档，第三年移交档案馆），整理2020年度招标采购项目50项，非招标项目合同文本2000余份。

（李晓娇）

【完善制度建设，夯实管理基础】 为明确学校采购业务归口管理制度，规范操作原则，年内修订了《同济大学采购管理办法（试行）》；针对政府采购限额标准以下的采购项目，确立新的采购方式选用规则和限额标准体系，制定并实施《同济大学集中采购目录及采购限额标准》。

明确预算金额在学校比价采购限额标准与政府采购分散采购限额标准之间的货物、工程、服务项目实施快速磋商的采购方式，并制定实施《同济大学快速磋商采购方式实施细则》。

继续加强小额零星采购管理，规范采购程序，提高监管力度，保障资金使用安全，制定实施《同济大学零星采购管理实施细则》，提高零星采购工作规范化、高效化、标准化水平。

（李晓娇）

【开发系统移动版，提高采购效率】 开发采购管理系统移动版，通过关注“同济大学采购与招标管理办公室”微信公众号，或在同心云中使用“采购系统”的应用，利用手机进行采购申请和业务办理。移动版主要分为审核业务和采购业务两个模块。年内通过移动端（手机/平板）可处理项目流转审批等操作，也可以查阅项目的进度情况、审批结果等。

（李晓娇）

【优化采购管理系统，完善采购流程】 根据修订完善的制度和规范及时将制度要求和管理流程嵌入采购信息系统。在系统首页结果公告中增加合同公示，增强采购人主体责任的发挥，提升采购监管力度；根据修订的《同济大学采购管理办法》的规定，在采购系统中调整采购方式的设置，新增申购模块的货物品目分类，增加线上变更信息、合同线上变更和终止功能；根据不同采购类别，调整、优化了系统中的字段，便捷操作，简化界面；合同管理中增加“打印合同审核表”，审核各环节结果可直接打印，改善之前审核流程需要截图的情况，信息更加完整、清晰。

（李晓娇）

【强化采购人主体责任，创新采购方式】 强化采购人主体责任，在充分调研听取校内各单位意见的基础上，对政府采购分散采购限额标准以下项目的采购方式进行制度性改革，一是增设直接采购的方式，预算金额在政府采购非招标限额标准以下的急需的科研仪器设备采购，或特殊原因经审批、审议通过的可采用直接采购的方式；二是设立了快速磋商采购方式，对采购时限、供应商选择、评审办法、评审委员等实质性要素进行自定义，缩短了采购时间，提高了采购效率；三是制定《同济大学零星采购管理实施细则》，规定学校零星采购实行“分级管理，自主采购”的管理模式，明确了自主采购管理责权体系；建立学院采购流程规范评价及提醒机制、采购黑名单制度，在赋予采购人自主采购权利的同时，明确采购人主体责任。

（李晓娇）

【开展疫情防控采购，助力学校安全防疫】 在疫情防控工作中，根据财政部相关规定，在学校疫情防控应急采购工作小组的领导下，快速响应，建立应急采购“绿色通道”，发布《同济大学疫情防控采购便利化的通知》，全员主动投入应急采购工作中。依据学校采购需求，通过各种渠道广泛征集供应商，采购防疫物资总金额约254万元，其中采购口罩28.85万个，金额86.78万元；各类防护服1403套，金额20.3万元；热成像系统9套，金额76.5万元；学生防疫包1.7万个，金额61.71万元；护目镜、消毒液、消毒粉、消毒片、消毒凝胶，喷壶等，金额2.66万元。

（李晓娇）

【修缮工程项目分片区入围遴选工作】 针对20万元以下修缮工程的项目性质、承包单位、使用单位等方面进行数据统计、分析，梳理可以采用预选招标形式的相关项目。协同基建处、资产处、审计处完成防水、市政、幕墙、空调、消防等5个包件的分片区入围遴选工作。通过对校园划分片区，明确各家供应商的承包范围，在符合内控要求的前提下，简化了日常修缮工程的前置流程，提高了管理工作效率。

（李晓娇）

【深入基层广泛宣传】 2020年12月23日召开学校修缮与采招政策宣贯会议，介绍了采购政策和具体的工作程序；完成采购制度汇编编制及印发工作，宣传采购政策和相关制度流程，规范操作程序，提高采购工作质量效率，保障采购工作顺利开展。

（李晓娇）

财　务

【概况】 2020年，财务处按照学校党政发展任务和工作目标，在学校党政班子领导下，紧紧围绕学校一流大学建设的中心任务，增收优支，加强统筹，学校各单位努力开拓财源、筹措办学经费、增加经费收入。加强和完善财务处内部控制，按照学校发展任务目标和预算使用经费，预算执行情况总体良好。

2020年，按教育部决算报表口径，学校年度收支情况及年末财务状况如下：

学校总收入为692065.45万元，比上年总收入750219.60万元减少了58154.15万元，下降7.75%。其中财政补助收入212831.42万元，占总收入的30.75%，比上年235420.64万元减少了22589.22万元，下降了9.60%；教育事业收入78225.04万元，占收入的11.30%，比上年76751.95万元增加1473.09万元，增长1.92%；科研事业收入252350.38万元，占总收入的36.46%，比上年287701.07万元减少了35350.69万元，下降了12.29%；其他事业收入6934.91万元，占总收入的1.00%，比上年7647.77减少了712.86万元；其他收入141723.70万元，占总收入的20.48%，比上年142698.17万元减少974.47万元。

学校总支出为705366.78万元，比上年总支出667358.11万元增加38008.67万元，增长5.70%。其中：工资福利支出230174.08万元，占总支出的32.63%，比上年216850.05万元增加了13324.03万元，增长6.14%；对个人补助支出45028.49万元，占总支出的6.38%，比年44567.37万元增加了461.12元，增长1.03%；商品和服务支出345210.81万元，占总支出48.94%，比上年327152.23万元增加18058.58万元，增长5.52%；设备、图书等资本性支出46555.76万元，占总支出的6.60%，比上年45500.18万元增加1055.58万元，增长2.32%；基本建设支出（含大型修缮）38397.64万元，占总支出的5.44%，比上年33288.28万元增加5109.36万元，增长15.35%。

学校资产总额为2085562.81万元，比上年末2002447.39万元增加83115.42万元，增长4.15%；负债总额为321196.24万元，比上年253442.64万元，增加67753.60万元，增长26.73%；净资产总额为1764366.58万元，比上年末1749004.75万元增加15361.83万元，增长0.88%。

2020年调整后当年度基建投资计划为35217万元，资金来源主要有教育部基建资金拨款13041万元，学校自筹资金22176万元。具体项目有彰武路研究生公寓三期及创新创业中心2641万元、彰武路研究生公寓二期41万元、嘉定校区土木工程抗火科研综合楼399万元、上海自主智能无人系统科学中心3400万元、智能网联汽车测试评价基地3406万元、嘉定校区学生活动中心3130万元、生命科学与创新创业大楼8800万元、上海国际设计创新学院大楼3000万元、海底科学观测网东海海底观测子网和监测与数据中心6400万元、嘉定校区工程教育及科创中心4000万元。

（邹小岗）

【加强大财务统筹】 积极拓展资金来源，利用外部资金为学校智慧教室建设、信息化建设、留学生专项奖学金等提供支持；加强科研业务费专项和人才引进经费的统筹，支撑人才引进工作，提升科研业务费的使用绩效；加强人员绩效经费的统筹管理，加大对学校人才培养、教师队伍建设经费的投入。

（邹小岗）

【深入推进预算绩效管理】 2020年4月成立学校预算绩效管理领导小组和工作小组，编制各专项预算绩效管理实施细则，学校各类预算资金全面实施预算绩效管理；实施《同济大学预算绩效管理办法（试行）》，加强大财务统筹力度。

（邹小岗）

【深化“放管服”改革】 持续改进和完善学校财务有关的“放管服”工作，加强线上服务（无纸化）功能建设；完善面向师生的财务培训系统和智能问答系统，完善财务处微信公众号实现差旅平台功能，启用电子税票功能，完善银行电子回单系统，上线电子发票扫码助手，完成学校资产管理系统与国资报表系统的对接，加强校区间信息传递信息和技术支持。

（邹小岗）

【积极应对疫情】 疫情期间在微信公众号上推出了“关于疫情防控期财务处值班工作安排的告知”“财务处采取系列措施做好疫情防控的应急服务工作”“菜鸟级报销入门教程”“个人离退休提取公积金网上轻松办”“酬金申报流程优化，线上办公不是梦！”等系列服务信息，推行线上办事。对于急需支援一线抗击疫情的费用支付，确保1小时内到校，保证款项及时支付。为打赢疫情防控阻击战，党员带头，自愿捐款。

（邹小岗）

【加强财务信息化建设】 探索和加强与科研管理部、资产与实验室管理处以及信息化办公室的工作协同机制，推动财务系统与科研管理系统、财务报销系统与资产管理系统、国资报表系统与资产管理系统的对接。推进财务资料电子化、会计凭证影像化和数字化工作的调研、人员及技术保障工作。实现横向科研项目到款入账流程系统自动流转，启用学校税务发票电子开票功能，实现项目负责人全程线上办理项目入账。加强资产报销业务和资产与实验室管理处的系统对接，提高学校资产管理数据的准确性。大部分酬金业务实现网上签署，老师可全程线上办理酬金发放。做好学校资产管理系统与国资报表系统对接工作，完成校本级、口腔医院、校医院、后勤集团31万余条资产卡片数据及折旧数据的同步。完成报表机器人开发，项目负责人可自动完成自然科学基金决算报表填报，简化财务人员审核。

（邹小岗）

【加强落实内控责任】 编制发布实施《同济大学2019年内部控制管理手册》，根据内控评价建议及建设实际，启动并修订编制2020版本内控手册，落实完成各项内控整改任务。

（邹小岗）

【学校国有资产管理】 制定出台了《同济大学国有资产管理绩效考评暂行办法》，组织完成学校首次国有资产管理绩效考评。

（邹小岗）

【加强嘉定校区赋能建设】 分管处长每周到嘉定校区实地办公和处理事务，推进多校区同步线上办公服务。分步推出国家自然基金项目决算审核线上服务、酬金申报无接触线上办公；对于嘉定校区有关应急需求问题，通过信息化手段，采用拍照网上传递并电话沟通审核、后续签字后补等手段加以解决。实施跨校区轮岗制度，加强四平路校区、嘉定校区财务工作人员的交流沟通，及时发现问题，推进财务审核工作的一致化、标准化、规范化管理，增强政策执行的统一性。

（邹小岗）

【建设风清气正的学习型、服务型处室】 财务处党支部和行政班子一起，通过多种形式，抓好财务处全体员工的法律法规教育、廉政教育和保密教育。通过加强与上级部门及财政、税收等单位联系，争取上级部门更多政策性支持；重视本级财务人员有关政府会计制度等业务学习培训和二级单位的业务指导工作，完善科研财务助理建设。

（邹小岗）

【加强党风廉政建设】 自觉梳理本部门廉政风险系数高、易发生腐败行为和不正之风的重要环节以及群众反映强烈的突出问题，并针对具体问题提出具体防范举措，加强党风廉政及财经纪律等宣传教育；设置“党员示范岗”，党员佩戴党徽、工作牌，公布承诺内容；明确并落实对新入职和续聘人员的廉政、思想、业务要求，在新入职和续聘人员正式签约前完成；完善财务内部稽核抽查等内控监督机制，提升廉政风险防控的制度化机制化水平，提升财务处对外服务窗口工作人员的服务质量和水平，做到依法依规、廉洁办事。

（邹小岗）

【学校财务制度建设】 2020年学校新修订和制定以下财务管理制度，《同济大学财务处工作交接管理办法》《同济大学财务处稽核工作办法（试行）》《同济大学财务处关于后勤专用结算单管理细则》《同济大学经济责任制》《同济大学会计档案管理办法》《同济大学2019年内部控制管理手册》等。

（邹小岗）

审　计

【概况】 2020年，学校共完成各类审计审签项目247项，其中：校内处级领导人员经济责任审计14项，所属单位内部管理人员经济责任审计2项，预算执行和决算审计1项，内控评价1项，建设工程结算审计109项，基建工程决算审计2项，基建跟踪项目10项，修缮跟踪项目13项，20万元以下建设工程抽审30项，专项审计1项，科研结题审计17项，科研结题审签47项，做到了审计全覆盖。完成的各项审计，除常规审计报告、结果报告外，还出具管理建议书1份，整改通知书17份。各项审计发现问题152个，提出审计建议150余条，均被各单位采纳。推动了科研管理、采购招标、学院内部管理等多单位多项制度的建立和修订。

完善学校内部审计工作体制机制。学校内部审计工作坚持校党委的领导。完成《同济大学内部审计工作规定》的修订工作。成立同济大学审计工作领导小组，负责统一领导学校内部审计工作，审计工作领导小组组长由校长担任。新修订的内部审计工作规定中，内部审计的独立性、客观性得到保障并强化，内部审计职责进一步拓展和深化，内部审计的管理全面加强。

推进常态化“经济体检”，推动完善内部治理。审计工作做到了审计全覆盖，覆盖了经济责任审计、工程审计、预算执行和决算审计、科研经费审计等经济活动，涉及到资产审计、财务收支审计、管理审计、内控审计、政策落实审计等多方面。审计处还优化审计组织方式，创新审计方法，采取内外结合、一审多果、多审融合等方式方法，审计质量和效率得到提升。审计反映的问题更加全面细致，更加聚焦，发挥了审计对事业发展、完善治理的推动作用。

优化内部控制评价工作，推动学校内部控制体系建设。内部控制评价工作落实监督推动整改工作的要求，拓展重点业务活动评价，进一步提升了内部控制评价工作的成效。一是形成了学校的内部控制风险数据库，二是开展了非学历办学管理内部控制评价。发现了23项经济活动内部控制缺陷和8项非学历教育管理内部控制缺陷。三是总结以往内部控制评价整改中遇到的牵头单位整改措施不到位的情况，审计处主动跨前一步，在对评价发现的缺陷提出改进建议的同时，与相关部门一同研究整改方案，做到了评价结果和整改方案同步完成，对内控体系建设起到了强有力的推动作用。

开展专项审计调查，为学校决策

提供审计支撑。审计处认真贯彻落实经济责任审计工作领导小组会议对审计工作提出的进一步深化业务审计为学校决策服务的要求，根据国家、学校关于加强国有资产管理、提高资源使用效益工作的要求，结合日常审计中发现问题较多的设备资产管理，开展了学校仪器设备管理情况专项审计调查，调查反映了学校仪器设备的存量和分布情况，揭示了仪器设备从立项到采购到处置，大型仪器设备从论证到共享到绩效考评，全过程管理中存在的风险和问题，为下一步学校完善仪器设备管理和大型仪器设备共享机制提出了审计建议，为学校决策提供了支撑。

加强预算执行和决算审计，确保学校资金、资产和重大项目的安全。审计处精心制定预算执行和决算审计实施方案，发挥对学校资金、资产和重大项目的监督管理作用，为学校的管理和决策提供支撑。在审计立项和审计结果报告方式，以及审计整改方面做了改变，使预决算审计成为学校经济监督的重要手段。预决算审计报告中还对对口扶贫等重大政策落实情况单独板块进行了反映。

开展审计“回头看”，强化审计成果运用。审计处在对审计发现问题跟踪检查对账销号的工作基础上，进一步深化落实审计整改工作，选择典型项目开展了整改督查工作。通过督查，对整改完成情况进行再评价，并提出下一步的改进意见。整改督查工作提升了审计整改质量和实效，强化了审计成果运用。

（尤其美）

后　勤

【概况】 根据2019年各类信息平台、座谈会和满意度测评收集的共计831条师生建议和意见，改进工作流程，提高服务水平，满足师生各类需求，及时有效地处理各类信访、“同心云”网络平台和后勤服务平台上师生们提出的意见和建议344条；在嘉定、四平校区分别召开后勤服务学生座谈会，并现场答复、书面回复学生代表提出的41条意见和建议；网上满意度测评收集开放性建议446条；4月、11月和5月、10月分别开展安全生产月及优质服务月活动，分别在四平、嘉定校区举办“为您服务日”活动，提供西点展销、失物招领、自行车修理、眼镜免费清洗、校园纪念品展示展销、网络咨询、花卉养护咨询及花卉盆景出售、住宿服务咨询、测量血压等各项便民服务；组织员工开展“扮靓校园”活动，清理绿化带及道路周边被丢弃的垃圾等，美化校园环境；全年组织员工741人次参加了相关的服务培训，543人次参加了便民服务活动，1199人参加了师生互动活动；采用网上扫码测评，搜集问卷1099份，整体满意率84.17%，整体满意度84.25%；邀请20名学生对28个食堂、餐厅进行实地暗访体验测评，平均暗访满意度95.18%。

完成自主招生、高考阅卷、军训就餐、迎新送餐、学生年夜饭等专项餐饮服务工作，饮食中心推陈出新，打造网红青团、粽子、月饼等；坚持二十四节气时令菜单更新与时令菜肴出售；联合同伙管开展“传统美食手作”活动；在食堂张贴海报、放置展板加强对“光盘行动”的宣传的同时加强内部管理，从原材料采购、储备、配送、加工等各个环节入手，切实有效的减少浪费；在30个食堂及营业场所增设监控设备，实现后厨全方位监控，做到安全卫生无死角；前厅人流量实时统计，减少用餐师生排队等待时间；9月，“同济那碗面”嘉定校区分档正式营业；做好食堂垃圾分类监督和管理工作，自2020年10月启动每日餐厨垃圾统计制度以来，10月共计倾倒餐厨垃圾1816.15桶，11月共计倾倒1318.4桶。

制定《2020年学生住宿调整和搬迁方案》，完成2020年学生搬迁工作共计7272人；完成毕业生离校工作共7279人，清退超期博士生104人；完成2020级新生的住宿接待工作，共计9283人；新生床上用品发放1119套；发放托运行李2945件，寄存行李2700件；完成其他学生接待共计157人（海军大64人，交流生60人，插班生8人，中冶研究生8人，退伍学生17人）；完成“同心社区，共济礼诞”暨同济大学113周年校庆视频制作；开展“点石成金”垃圾分类大作战、“满济”甜品大赛、“棋艺传承”等三全育人系列活动。

做好各校区水电的保障和维修工作，全年承接工程、零星维修项目共计78项，其中工程维修32项，绿化工程4项，网络维保6项，绿化租摆业务111项，完成临时租摆5次；完成各校区101.0266万平米绿化面积的日常管理工作，包括花草树木的适时修剪、浇水、施肥、病虫害防治、清除杂草及枯枝落叶等；校庆、迎新期间中心绿化部加强对各校区部分绿地进行改造（毛主席像前花坛、行政楼南侧、南楼南侧、逸夫楼两侧等），更换彩叶草、比格海棠、杜鹃、紫罗兰17160余株，采用翠芦莉、花叶络石、玉簪、矾根等30多个品种，更好地展现校园形象和校园环境文化底蕴2020年嘉定校区顺利通过上海市绿化和市容管理局花园单位的复查工作；完成四平校区电话新装及移、拆机103门；处理网络及电话维修3552次；完成沪西校区宽带新装185门，电话新装、拆机21门，处理网络及电话维修876次；配合校基建处、中移铁通公司，顺利完成沪西校区一教、图书馆大修工程电话线缆接入工作。完成各校区的报刊、文件、信函、包裹等的登记、分发以及报刊、杂志的订阅工作，全年共计收发各类档案文件11600套，各类信件、报刊、EMS 31.22万余件；迎新期间，搭建遮阳帐篷37顶、摆放桌子70张、凳子130张，协助中国移动在衷和楼、瑞安楼两处搭设帐篷共96顶，发放研究生行李 2567 件、收发新生行李 443 件，利用观光电瓶车为新生提供便携的行李运送服务，共计 167 车次。

在四平路校区、嘉定校区共同举办失物招领活动，全年共拾物 180 件，认领 180 人次；完成学校重大活动的后勤服务保障工作：如校庆、高考阅卷、开学迎新、军训、四六级考试、研究生招生考试、大型招聘会的各项服务工作等，搬运桌椅等其他物资 5361 件，插彩旗 260 面、搭帐篷 57 顶；共承接各类零星维修 13465 次；对现有电梯 213 台，44 幢楼宇消防设备（消防泵 88 台、喷淋泵 54 台、报警主机 37 台），各类水泵 797 台（生活泵 403 台、排水泵 394 台），空调 1167（外机）台建立设备档案；签订各类设备维保合同共 108 份（电梯 21 份、空调 14 份、弱电 7 份、水泵 4 份、消防 17 份、直饮水机 3 份、零星维修 5 份、太阳能 3 份、监控 3 份、空调消毒 4 份、空调检测 2 份，其他 25 份）根据合同要求，每月对各维保单位进行考评，每月对维护保养记录进行检查并归档；签订工程维修合同共 39 份，并按资产与项目管理部的相关规定流程进行实施；监督电梯检验 145 台、电梯限速器校验 80 台、电梯载荷测试 112 台；办理停用电梯 16 台、更新 13 台、报废 13 台。

全年共接待会议 2560 场，茶歇 593 场，与去年同比增加 0.32%，茶歇同比增加 16.5%；大小礼堂共接待 351 场会议，其中大礼堂 127 场、129 礼堂 224 场，与去年同比增加近 50 场；大学生健身中心办理各类项目的健身会员人数 2967 人；干训楼、迎宾馆作为疫情期间师生集中隔离观察点，客房部做到每天准时订餐、送餐，对房间收集的垃圾进行消毒后再分类处理，两个隔离点全年共接待师生 2555 人次，从 4 月 16 日就湖北回沪人员的第一场核酸检测开展以来，已配合校医院开展 67 场次核酸检测，涉及人数 2589 人次。

物资供应坚持优质优价原则，大宗物资价格 70% 平于上海教育超市，30% 低于上海教育超市；全年共增加新品 12 种，包括笔记本、资料袋、会议杯等；疫情期间本着“服务先行”原则，积极推进各校区办公室、实验室的物资供应保障服务，通过电话、微信等接单，提供物资送货上门，为各学院正常办公提供便利，同时建立 24 小时防疫物资采购工作组，多方筹措、积极沟通，采购防疫物资总金额 80.56 万元，紧缺物资 KN95 口罩、一次性医用外科口罩等共 259910 只、额式测温仪 100 把、一次性手套 122000 副、消毒水 2062 公斤。发放物资共 56 次（数据待更新），做好每次出库台账记录，确保防疫物资发放有章可循、物尽其用；2 月 13 日起为超市提供医用外科口罩、免洗手消毒凝胶、84 消毒液等防疫专用物资；嘉定校区食堂设立防疫物资代销点，以极低价格供应给校内师生，确保防疫物资充足。

根据年初制定的安全检查计划，对管辖区域进行了全覆盖检查，包括消防通道、消防设施、消防器材、灭火器月检和更新情况等；电梯、厨房设施设备、宿舍教学办公楼宇内的电器设备、水泵房设备、消防泵房设备、监控室设备等；配电间、不规范用电等；防汛防台设施设备和应急抢险物资准备情况等；一线岗位员工安全知识应知应会掌握情况检查；各中心三级安全教育情况检查；危化品仓库专项安全检查；食品留样记录、原材料（蔬菜等）保存、清洗情况、冷库/冰柜食品摆放、食品添加剂使用等食品卫生专项检查；9 月份安监部根据后勤集团安全风险现状，加强对学生宿舍不规范用电和防火专项检查，进一步督促社区中心落实学生寝室安全管理；6 月份和 11 月份分别组织了各中心、幼儿园和校区后勤办安全对口检查；全年组织开展各项安全检查共计 3496 项，查出安全隐患 302 项，已整改 295 项；因受疫情影响，安全生产教育培训和演练财务线上线下相结合的形式，各校区、宿舍、楼宇摆放展板宣传安全知识，强化师生员工的安全意识；各中心开展消防安全、食品安全、特殊工种操作技能、突发事件应急处理措施等各项安全知识培训和考试，增加员工的安全知识；在师生员工中开展消防疏散演练、灭火器操作演练、防汛抗台应急预案演练、电梯困人演练等突发安全事件应急预案演练，提高了员工安全应急处置能力；在 6 月份全国第 19 个“安全生产月”期间，安监部通过安全专题 PPT 的形式，贯彻习近平总书记关于安全生产的重要论述，以及针对后勤工作中存在的安全风险隐患进行剖析，组织各中心进行学习；6 月 23 日下午，集团人力资源部邀请同济大学经济管理学院石建勋教授，通过云视频方式，组织后勤全体干部进行了题为《新冠疫情下的形势与政策分析》的培训，共 120 人次参与；11 月份是全国“消防安全月”，11 月 27 日学校在四平校区西北三楼开展消防疏散演练，为进一步提升学生火灾逃生和宿舍管理人员应急处置能力，后勤集团派出 200 多人参加了演练；11 月 30 日下午，安监部邀请校安生办韩飞老师为后勤一线管理人员 93 人进行了“消防安全培训”，重点突出对学校消防安全形势的研判、以及工作中政策执行和检查中的应知应会，把“关注消防，生命至上”的安全月主题精神向抓实抓细处落实；全年集团及各中心开展安全培训 133 次，各类安全演练 47 次，共计 7349 人次参加安全培训，1560 人次参加安全演练。

2020 年度积极配合学校完成中央高校改善基本办学条件项目的调整与实施，主要完成彰武校区研究生公寓学生家具采购，电热淋浴器采购，沪西校区 11 号楼学生家具采购，同时配合社区中心做好修缮项目的现场监管和设施设备安装的协调工作；完成申报 2021 年改基专项经费项目 10 项，其中西北五楼修缮项目已获批准实施，完成嘉定校区学生宿舍一楼修缮项目、四平校区绿化修缮项目、彰武校区学生研究生公寓电梯更换、西苑食堂米饭生产线设备采购及土建配套修缮等 6 个项目；完成申报 2021 年校级修缮经费项目 8 项；完成后勤集团限额 5 万元以下零星修缮工程项目备案 35

项;组织20万元以内货物类(含材料)项目采购询价11项;服务类项目采购询价27项;全年提交审核货物与服务类采购合同385项,工程类采购合同52项;全年新增固定资产累计166件(其中校管类83件、公司类5件),报废及转出固定资产累计498件,(其中校管类报废1859件;公司类报废253件)。

(杨彬彬)

医院管理

【概况】 贯彻落实卫健委的部署安排,加强附属医院在医疗管理、卫生监管、卫生应急等方面的能力建设,推动医疗服务高质量发展。推进医院学科建设和人才队伍建设工作,协助附属医院申报学校及卫健委各类人才推优项目。协助附属医院做好疫情防控期间的援摩、援滇、援藏、援疆工作,加大帮扶力度。落实信访工作,及时化解医患矛盾,做好新冠疫情防控期间、全国两会期间、第三届进博会期间纠纷化解工作,办结率100%。完成同济大学各附属医院医疗技术准入等日常行政工作及大学交办的其他各项任务。

按照卫健委的统一部署,自2020年1月起,各附属医院先后共派出165人支援武汉,抗击疫情。与此同时,附属同济医院、附属第十人民医院、附属肺科医院共派出32人支援上海市公共卫生中心和传染病医院。会同医学院共同完成附属医院驰援武汉一线医护人员信息统计、物资补充、宣传等工作。在物资最匮乏时期,联系上海市卫健委职能部门,帮助附属口腔医院补充紧缺的防护物资,保证医院开展日常工作。协助大学妇委在三八妇女节之际,为武汉前线女医务工作者发放慰问品。协助教育基金会完成口罩及防护服的捐赠发放工作。

在疫情防控的特殊时期下,全年负责沪西校区规培医师、各附属医院和其他医口入住人员管理、宿舍管理工作,指导医院有序安排人员回沪,做好沪西数据每日汇总、健康登记、进校审核工作。

全年配合医学院搬迁沪西校区工作。在硬件建设方面:楼宇修缮、教室硬件设施搬迁采购、信息基础设施配备、实验室建造等任务中,负责牵头落实。协调新生入学等一系列工作。

截止至2020年12月,住院医师在培1142人,专科医师在培394人,共在培1536人。加强对附属医院住院医师和专科医师规范化培训基地的巡查和督导,提高教学管理和带教水平,确保培训对象在培训期间完成各项培训目标和要求。

附属同济医院和附属口腔医院全年开展26个专科、196个病种的临床路径管理。

1月2日,上海市第八人民医院来访讨论合作事宜。

1月,按上海市卫健委要求,开展上海市中医药杰出贡献奖评选工作。

1月9日,组织各附属医院召开“同济大学医务管理年度工作会议”。

1月10日,与医学院教学办公室协同召开“上海市浦东新区精神卫生中心创建同济大学附属医院专家评审会”。

1月16日,上海市教育委员会、上海市卫生健康委员会正式批复同意将上海市皮肤病医院列为同济大学非直属附属医院。

1月17日,参加上海市第八届“尊医爱民”主题活动——“医患同心,共筑健康梦”。

1月19日,参加市卫健委疫情防控工作会。

2月7日,协助市文明办收集汇总上海市文明单位疫情防控参与情况。

2月,组织附属同济医院、附属口腔医院做好2015－2019年度上海市劳动模范(先进工作者)和模范集体推荐评选工作。

3月28日,参加援摩洛哥塞达特医疗队新冠肺炎疫情防控工作视频会议,关心慰问援摩医疗队。

3月,按市卫健委安排,协助做好上海援鄂医疗队撤回工作安排。

3月,按市卫健委安全生产领导小组办公室安排,牵头组成检查组,开展市级医疗卫生单位安全生产督查。

3月,完成大学审计处交办的附属口腔医院、附属同济医院分院内控材料报送。

3月,配合大学工会完成附属医院疫情防控主题作品征集活动。

4月5日,迎接第三批援鄂医疗队员解除隔离。

4月7日,参加上海市公共卫生建设会议。

4月10日,协助文汇报收集信息,制作致敬抗疫英雄医生致敬专版。

4月28日,普陀区政府、区卫健委、普陀区人民医院来访同济大学,探讨合作事宜。

4月,协助附属医院申报2020年上海市新冠肺炎疫情防控优秀护理项目。

5月25日,参加上海市中医药大会。

5月27日,参加上海市医疗卫生机构废弃物综合治理暨信息化建设推进工作会议。

5月28日,参加第五届上海市合理用药高峰论坛。

5月29日,参加市卫健委安宁疗护试点工作推进会议。

5月,同济系统32名优秀青年医学人才入选2019年上海市“医苑新星”青年医学人才培养资助计划。

6月,根据上海市住院医师规范化培训事务中心要求,组织开展2020年度住院医师规范化培训“住院医师心中好老师”等住培优秀人物推选活动。

6月,协助上海市医师协会做好2020年颁发上海市从事中医药工作五十年人员荣誉证书工作。

6月,根据大学人事处要求,完成

机构梳理相关工作。

6月3日，组织附属医院、沪西管委会及相关部门召开沪西校区住宿问题讨论会。

6月5日，同济大学推进医口建设工作小组会议召开。

7月，协助附属同济医院补充申报"医德楷模"抗疫专项。

7月，参加市卫健委纠正医药购销领域和医疗服务中不正之风部际联席会议。

7月，督促附属医院做好各级卫生单位防汛防台工作。

7月15日，与附属天佑医院(筹)、校医院共同召开会议讨论沪西校区学生开学医疗保障问题。

7月，与同济创新创业股份有限公司协同，在附属天佑医院(筹)的企业保留论证中提出指导性意见和建议。

7月23日，参加2020年上海市医学专业毕业研究生参加住院医师规范化培训年限减免实施细则研讨会。

7月29—30日，协助卫健委及大学宣传处，联系相关医院开展文明行业督查。

8月，组织附属医院申报2020年度上海青年护理人才专业技术与管理能力培训班。

8月，组织各规培基地开展规培年限减免考核工作。

8月25日，于沪西校区召开医学院搬迁工作现场推进会。

9月，配合大学妇委，协助同济系统援鄂医疗队队员评选上海市教育系统"2020献出特别之爱"比翼双飞模范佳侣。

9月23日，配合大学审计处填写内控评价调查问卷。

9月27日，参加市卫健委卫生健康系统信访专题会议。

10月28日，与医学院教学办公室协同召开"上海市第四人民医院创建同济大学附属医院专家评审会"。

10月29日，与医学院教学办公室协同召开"上海市普陀区人民医院创建同济大学附属医院专家评审会"。

10月29日，根据市卫健委要求，报送附属医院防范化解重大风险点有关数据。

10月30日，协助附属同济医院、附属口腔医院完成改善医疗服务效果评估工作。

11月，组织附属医院申报2020年上海市"医苑新星"青年医学人才培养资助计划。

11月，附属口腔医院两队六人均获得首届上海市口腔住院医师技能比赛三等奖。

11月，根据教育部财务司要求，报送中央高校有关基础数据。

11月，根据市卫健委要求，报送上海市医疗结构心肌梗死临床路径管理信息表。

11月4日，参加上海市毕业后医学教育委员会例会。

11月9日，协助附属医院申报上海市卫生健康系统第三届中国国际进口博览会"最美服务窗口"。

11月17日，参加上海市2020年卫生健康系统信访干部EAP培训。

11月23日，召开同济大学推进医口建设工作小组会议，部署口腔医院管理体制改革工作。

11月25日，参加市文明办第三届中国国际进口博览会"最美服务窗口"评审会。

11月30日，参加市卫健委关于市民社区就诊和定向转诊普通门(急)诊诊查费减免工作会。

12月，起草修订了《同济大学附属医院筹建与管理办法(试行)》。

12月，协助外联办、校友会组织援鄂医疗队队员参加同济新年音乐会表彰环节。

12月，协助附属医院申报第二十届上海市文明单位、2019—2020年度上海市卫生健康系统文明单位。

12月，根据市卫健委要求，报送附属同济医院、附属口腔医院医疗行业作风建设总结报告及数据统计表。

12月3日，参加市卫健委对2018年临床药学重点专科建设项目验收会议。

(宋媛媛)

附属学校管理

【概况】 为了探索和建立大学引领下的基础教育集团化办学模式，促进大学教育与基础教育相衔接，跃升附属学校教育质量，2020年1月学校成立同济大学基础教育合作办学管理委员会，下设办公室(以下简称"基础教育办公室")。

2020年3月基础教育办公室对校内原有各条线的基础教育合作办学工作进行整合，并对合作办学目标定位、部门内部岗位设置、重点任务予以梳理；对现有附属学校以及各学校的管理模式进行分类管理，共分为三类，第一类为同济大学实质性参与管理的附属学校。第二类为同济大学冠名但非实质性参与管理的学校。第三类为依托基础教育集团的共建学校。

2020年4月9日，嘉定区政府与同济大学共同签署《合作共建幼儿园协议书》，区校联手共建同济大学附属嘉定幼儿园，进一步深化"同济－嘉定"合作办学模式，9月同济大学附属嘉定幼儿园开园。

为加强区校优势教育资源的辐射和延伸，强化高校对基础教育的带动，2020年7月与杨浦区人民政府合作共建"同济大学杨浦基础教育集团"，区校双方充分发挥各自的优势，整合资源，共同打造一流基础教育的新模式。

2020年12月30日，召开同济大学嘉定基础教育集团第一届理事会第一次会议，对区校的4年合作办学情况进行回顾总结，深化探索"政府办学、高校管理、社会参与"合作办学模式。

确定合作办学工作目标定位。明

确基础教育合作办学定位，建设“双一流大学建设的重要组成部分、双一流大学人才队伍建设的重要保障、双一流大学人才培养模式改革的重要基地”，努力建设与同济大学声誉地位相匹配的基础教育品牌。

基础教育办公室框架以及部门设置方案。基础教育合作办学办公室为正处级单位，根据实际需要，设置综合联络科、合作办学科两个科室，编制数量暂时按照每科室2人，未来根据实际工作需要可以补足每科室到3人。

对现有附属学校以及各学校的管理模式进行分类。基础教育办公室对现有附属学校进行分类管理：第一类为同济大学实质性参与管理的附属学校，共有三所分别为同济大学附属实验中学（初中）、同济大学附属实验小学、同济黄埔设计创意中学（高中）；同济大学委派校级管理团队成员和核心骨干教师，并以课程建设、文化和科普专项、筹集发展基金等方式给予办学支持。第二类为同济大学冠名但非实质性参与管理的学校，包含同济大学第一附属中学（高中）、同济大学第二附属中学（完中）、同济大学附属七一中学（完中）、同济大学附属存志学校（民办初中）、同济大学实验学校（民办九年一贯制）、同济大学附属实验小学及分校（小学）、同济大学附属青岛礼贤初级中学（初中），此类学校大学主要投入为通过课程建设，学生创新教育活动等方式强化学生培养。第三类为依托集团化办学的共建学校，共有两所分别为上海市第十五中学（同济大学附属存志学校托管）和同济小学。两所学校均为“同济大学杨浦基础教育集团”内学校，办学主体均为区教育主管部门，与同济大学无实质性合作办学，由冠名附属学校负责托管或带动。

（张敏）

【同济大学杨浦基础教育集团成立】 7月12日，上海市杨浦区人民政府与同济大学共同签署《合作共建同济大学杨浦基础教育集团协议》，区校联手共建“同济大学杨浦基础教育集团”，共同推动同济大学优质教育资源向杨浦区基础教育（含幼儿教育）辐射、延伸，助力打造优质教育集聚区，既为服务上海科创中心人才培养提供优质的教育资源，也服务同济大学世界一流大学建设。区校双方充分发挥各自的优势，整合资源，共同打造一流基础教育的新模式。

（张敏）

【嘉定区政府与同济大学共同签署《合作共建幼儿园协议书》】 4月9日，同济大学与嘉定区人民政府共同签署《合作共建幼儿园协议书》。区校联手共建同济大学附属嘉定幼儿园，进一步深化“同济－嘉定”合作办学模式，发挥同济大学各类资源优势，共同促进嘉定区学前教育稳步发展，完善同济大学基础教育（含学前教育）建设。同济大学将继续从委派管理团队、开发特色课程、培养教师队伍等方面，给予全方位的支持，提供大学的精神文化涵养和优质充沛的教育资源。

（张敏）

【同济大学附属嘉定幼儿园开园】 同济大学与嘉定区以合作办学方式举办同济大学附属嘉定幼儿园，该幼儿园性质为公办，位于安亭镇望融路138号，占地面积13.6亩，办学规模为19个班。2020年9月开园，共开设5个小班，一个中班，招收学生共计179名。

（张敏）

【召开同济大学嘉定基础教育集团第一届理事会】 2020年12月30日，与嘉定区政府、区教育局、安亭镇政府、上海国际汽车城（集团）有限公司、上汽大众、上汽乘用车、上海万科等单位共同举行同济大学嘉定基础教育集团第一届理事会第一次会议，对区校4年合作办学情况进行回顾总结，深化探索“政府办学、高校管理、社会参与”合作办学模式，审议嘉定基础教育集团5年规划纲要。会上通过同济大学嘉定基础教育集团理事长、副理事长人选，同济大学分管校领导担任理事长，嘉定区政府分管领导担任副理事长，聘任上海市教委基教处处长担任集团顾问。会前，与会人员共同参观同济大学附属嘉定幼儿园，与周边学校成立“环同济基础教育联盟”，深化优质教育资源溢出效应。

（张敏）

所属企业

创新创业工作

【概况】 2020年,学校科技产业的各项经营指标总体平稳,产业综合实力稳步提升。同济控股及其所投资企业全年累计实现营业总收入1253203万元,预算完成率117%;实现营业总收入同比增长的企业有7家,实现营业总收入过亿元的企业有6家。

企业累计实现净利润142719万元,预算完成率124%。归属于母公司净利润67,571万元,预算完成率130%。净资产收益率19%,同比提高的企业有7家。企业实现净利润同比增长的有9家;净利润超过1000万元的企业有6家。企业缴纳各类税金159080万元,同比增长31%。

企业资产总额2393980万元,与上年基本持平,资产总额超过亿元的企业有9家。净资产770482万元,同比增长9%。归属于母公司权益451451万元,较去年同期增长了41841万元,同比增长10%。资产负债率68%,同比下降的企业有12家;剔除预收款项因素影响,实际资产负债率为31%。

从各企业经营计划完成情况分析,有8家企业营业总收入超过年度预算,10家企业净利润超过年度预算。

(刘青哥)

【同济创新创业控股有限公司荣获2019年度产权交易资本运营金奖】 1月,同济创新创业控股有限公司荣获2019年度产权交易资本运营金奖。该奖项是上海产权市场为参与主体颁发的在创新驱动发展、资产布局调整、资本运营增效方面的专属奖项,是依据交易数据、运行质量等客观维度,以及市场贡献、工作难度、改革创新等主观维度,综合评审得出。同济控股积极贯彻落实高校国有资产管理主体责任,以校属企业体制改革为契机,深化产教融合,助力同济大学校属企业优化资产结构,提升高质量发展水平。2019年,同济创新创业控股有限公司通过上海产权市场调整校属企业股权解构,处置存量资产,公开展示推进国有资产管理与各项改革的进展与目标,为其他高校所属企业组织产权交易提供了宝贵经验。

(叶青)

【上海同济技术转移服务有限公司入选“2020全球百佳技术转移案例”】 9月8日举行的2020中国国际服务贸易交易会中国国际技术贸易论坛上,中国国际科技交流中心联合中国科技评估与成果管理研究会及多家具有国际影响力机构发布了“2020年全球百佳技术转移案例”,上海同济技术转移服务有限公司成功入选。上海同济技术转移服务有限公司成立于2012年5月,中心致力于成为同济大学科技成果向社会推广的桥梁,以及学校组织联合技术攻关、实施项目合作与开展技术服务的载体,帮助科研人员商业化及产业化,参与国家发展战略与地方经济建设,培养高水平技术交易转移人才服务团队。上海同济技术转移服务有限公司依托同济大学城市建设、人工智能、生物医药、高端制造、环境保护五大优势学科和产业板块,积极开展各类技术转移服务。中心注重强化顶层网络设计,建立了具有同济优势的高水平技术转移专职服务队伍,构建多元化、多层次、多渠道的科技投融资体系,产生了丰硕的成果。目前,中心已在深圳、长沙、南通、苏州、湖州等地建立分中心,并重点依托分中心在当地开展了一系列产学研活动,实现了分中心服务网络的示范带动作用,多个分中心受到地方政府高度赞扬。

(叶青)

【同济大学发布“十大最具转化潜力科技成果”】 12月22日,由同济创新创业控股有限公司联合同济大学科研管理部主办,上海同济技术转移服务有限公司、上海同济科技园投资管理有限公司承办的同济大学“2020年度十大最具转化潜力科技成果”评选活动圆满落幕,并正式发布。十大科技成果涵盖了工程制造、绿色环保和生物医药等多个领域。十大科技成果中,4项成果属于工程制造领域,它们分别是土木工程学院周颖教授团队研发的“带刚度自适 应特性的三维震振双控装置”,机械与土木交叉学科团队简小刚、王伟团队研发的“封闭截面构件高强单边连接技术及装备”,交通运输工程学院杜豫川教授团队研发的“路面多维高频检测装备和智能养护技术及应用”,以及电子与信息工程学院康琦教授团队研发的“面向工业系统智能优化与决策的边缘计算平台”。环境科学与工程学院3项绿色环保领域的科技成果入选,分别是戴晓虎教授团队研发的“高浓度复合粉末载体生物流化床技术”,李风亭教授团队研发的“工业废酸资源处置与在水处理中的应用”,以及柴晓利教授团队研发的“基于微生物调控的水体原位生态修复技术”。还有3项科技成果属于生物医药类成果,它们分别是医学院光医学研究所、附属上海市皮肤病医院王秀丽教授团队研发的“新型无痛光动力治疗皮肤病关键技术及转化——新型实时可控无痛光动力治疗智能系统”,医学院、附属东方医院陈炳地副教授联合刘中民教授和崔征教授团队研发的“新型循环肿瘤细胞检测纳米技术”,以及附属上海市肺科医院粟波研究员团队研发的“新型血液自身抗体的肺癌早期诊断试剂盒及应用”。

(叶青)

【同济区块链研究院承办的长三角区块链技术与产业创新大会在苏州召开】 2020年7月12日在苏州举办了2020长三角区块链技术与产业创新大会,江苏省工信厅、科技厅代表,苏州市政府代表,相城区政府代表,中国移动、中国电信苏州分公司代表,苏州市软件行业协会,苏州市区块链技术和产业协会代表,苏州市主要商业银行、证券、保险等金融机构代表,国内知名区块链专家学者、企业代表等200人参与了此次会议。本次创新大会揭示了江苏省区块链产业发展集聚区，大会在区块链政策扶持，基础设施建设，人才培养，大会举办方面助力进一步驱动，就区块链产业发展机遇和挑战展开深度讨论。大会为苏州市加快推动区块链技术和产业创新发展，积极推进区块链和经济社会融合发展，服务数字经济发展，助力产业升级工作方面展现特色与风采，圆满成功。

（姚晴娟）

【同济区块链研究院承办的第二届“链谷杯”区块链应用创新大赛决赛暨“链谷杯”颁奖仪式在苏州召开】 2020年11月14日在苏州举办了第二届“链谷杯”区块链应用创新大赛决赛暨“链谷杯”颁奖仪式，江苏省工信厅相关领导，苏州市工信局相关领导，相城区政府代表，国内区块链领域知名专家学者、大赛评委、重点企业代表，苏州市新基建知名企业代表等共同参与本次活动。从2020年10月起，本次“链谷杯”大赛历时2个月时间，有135支由大学生代表和企业代表的队伍参加，大赛注重应用创新，采用CTS技术使用降低参赛门槛，拥有切实有效的在线培训及技术指导，另外增加沙龙环节以供选手之间相互学习分享。本次大赛的成功举办，挖掘到了来自众多高校的有效人才去区块链头部企业实习工作，进一步培养，大赛的公众号推文阅读也开创新高，使得区块链技术落地应用的多样化深入人心。

（姚晴娟）

【同济大学国家大学科技园概况】 同济科技园各分园（基地）全年累计实现营业总收入12161.4万元，其中1家单位实现营业收入同比增长；全年累计实现净利润2885万元，其中1家单位实现净利润同比增长。整体经营业绩情况较上年有所下降，主要考虑是疫情原因导致。全年新引入企业420家，其中师生及校友企业193家，占比46%，各分园办公用房平均出租率达91%以上。

同济科技园持续深化建设人力资源、财税法律、市场推广、项目申报、创业培训全方位企业服务平台。“启帆计划”品牌行动方案全年举办2期项目评审会，新入选6家园区优质企业；各分园合计举办各类培训及活动150余场，累计线下参与人数达5100余人次，线上参与及观看人数达33万人次；为企业提供政府项目申报、评优评先服务600余次，帮助企业获得政府补贴5840余万元；为120余家企业提供市场金融对接服务，累计帮助企业获得银行贷款4.17亿元、机构融资8200万元。

（俞雯莺）

【“嘉定同济大学科技园”合作启动】 7月6日，同济大学党委与上海市嘉定区委中心组联组学习会在同济大学嘉定校区举行，区校双方围绕“贯彻市委全会精神，深化校地合作，做优城市核心功能，建设人民城市”主题，展开深入学习研讨。会上，区校双方签署战略合作协议，明确全方位实施“嘉定同济大学科技园”品牌战略，加速新技术、新产业、新业态、新模式的培育，推进“三区融合、联动发展”，推动高质量跨越式发展。

（俞雯莺）

【同济科技园举办中层干部能力提升专题研讨班】 科技园管理公司在学校针对中层干部开展专题培训及科技园高质量发展指导文件出台的背景下，以中层干部为切入点，以大学科技园“五大功能”为核心，组织举办了为期2天的同济科技园中层干部能力提升专题研讨班，全体科技园中层干部和后备干部共计40余人集中听课。本次研讨班使处于不同发展阶段的分园中层干部互相取长补短，搭建了交流、学习、发展的平台。园区干部业务水平得到进一步提升，营造浓厚的学习氛围。

（俞雯莺）

【同济科技园设立“同济孵化器创新孵化种子资金”】 为了更好地服务同济创新创业学院、创业谷及各学院的在校大学生创新创业项目，建立常态化对接和服务机制，设立了“同济孵化器创新孵化种子资金”。“种子资金”自2020年10月正式发布以来，通过多渠道推广宣传，征集来自交通运输工程学院、环境科学与工程学院、经济与管理学院、汽车学院等11个学院的学生创业项目，项目落地率达94%。通过给予每个优秀项目一定的基金资助，发挥了资金的杠杆作用、乘数效应，助推了一批科技成果产业化，引导了更多同济师生项目入驻孵化器基地。

（俞雯莺）

【“同济科技园·链空间”众创空间建成使用】 “同济科技园·链空间”众创空间是园区与上海区块链技术研究中心、同济大学区块链研究院合作共建的专业化公共服务平台，空间业态以区块链技术开发、区块链技术＋应用场景等类型企业为主，通过技术软实力注入、产业资源供给等强有力的支持，推进信息交流互动、资源整合共享、项目协同创新，搭建区块链技术与产业的深度融合平台，助力专业领域人才培养，助推初创企业发展。

（俞雯莺）

所属分园	荣誉资质	类别
同济科技园	第三批大众创业万众创新示范基地	国家级
孵化器基地	第六次获评A类国家级科技企业孵化器	国家级
同济科技园（常熟）	2020年度国家备案众创空间	国家级
同济科技园	中国留学人员创业园区孵化基地	部级

所属分园	荣誉资质	类别
杨浦分园	上海市中小企业服务机构	市级
杨浦分园	2020 年度国家安全事项管理工作优秀奖	市级
孵化器基地	上海市孵化示范基地绩效考核 A 级认定	市级
孵化器基地	上海市中小企业服务绩效第三方评估 A 级认定	市级
孵化器基地	上海版权示范单位和示范园区(基地)授牌	市级
虹口分园	2020 年度第一批次院士(专家)工作站	市级

【上海市大学生科技创业基金会同济分基金概况】 至 2020 年底,同济创业分基金资金规模为 2780 万元,累计资助学生创业企业 248 家,累计资助金额 5294.4 万元,大学生创业企业注册资金达 3.2 亿元。2020 年度,同济创业分基金新立项项目 45 个,立项资金 1430 万元;资助项目 33 项,资助金额 1035 万元;退出项目 17 项,退出金额 375 万元。

本年度同济创业分基金资助的 1 家企业入选 2020 年度市科技型中小企业创新资金(第一批)立项;7 家企业入选 2020 年度上海市"专精特新"中小企业名单;17 家企业入选上海市 2020 年第二批科技型中小企业名单;4 家企业入选上海市 2020 年第三批科技型中小企业名单;3 家企业入选上海市 2020 年第四批科技型中小企业名单;1 家企业获得 2020 年度第一批科技金融保费补贴;2 家企业入选 2020 年度上海市创新资金拟立项(第二批);1 家企业获得 2020 年第 5 批上海市高新技术成果转化项目立项;2 家企业入围上海市 2020 年第五批拟入库科技型中小企业名单;4 家企业获批 2020 年度第二批科技金融保费拟补贴额及疫情防控期间利息拟补贴额;1 家企业入选 2020 年上海市促进文化创意产业发展财政扶持资金拟支持项目;8 家企业入选杨浦区第一批高层次人才分类认定名单;2 家企业入围 2020 年度上海市第一批拟认定高新技术企业名单;5 家企业入围 2020 年张江专项发展资金(第二批)拟支持项目;2 家企业入围 2020 年度上海市杨浦区科技小巨人工程立项名单;1 家企业获得 2020 年第 8 批上海市高新技术成果转化项目立项。

同济创业分基金分别于 3 月、6 月和 10 月举办三期大学生创业培训基础班暨同济大学公共选修课《创业修炼》课程,于 5 月、10 月开展两期同济创业者训练营活动,于 11 月至 12 月举办第三期创业企业 CEO 高级研修班,举行同济创业分基金新资助企业座谈交流会,全年不定期举办"聚新专列—同济创业分基金走进院系"系列活动,走访多个学院。

(冯晓晓)

【同济创业分基金获年度"特优分会"表彰】 2021 年 1 月 14 日,上海市大学生科技创业基金会 2020 年度分会工作总结会议召开,会议通报 23 家分基金和专项基金综合考核情况,同济创业分基金在 23 个分基金和专项基金中综合指数排名第一,获得年度"特优分会"表彰。

(冯晓晓)

【"创业修炼"课程入选国家级一流本科课程】 "创业修炼"课程由同济创业分基金联合同济大学创新创业学院、同济大学国家大学科技园共同打造,至 2020 年底,累计举办了 25 期,获得了教育部"首批国家级一流本科课程"认定。

(冯晓晓)

【上海同济检测技术有限公司概况】 上海同济检测技术有限公司研发立项 9 项,2019 年度延续项目 6 项,共实施研发项目 15 项,均为公司内部立项项目。其中,5 项 2020 年按期结题验收、5 项按计划延续至 2021 年继续实施、5 项因公司机构变动、产业调整、主要研发人员离职等原因,分别于 4 月、9 月终止实施。先后有 78 名技术人员参加研发工作,研发投入共 1442.24 万元,占总收入比例 7.6%。

2020 年申请 6 项,其中发明专利 2 项、实用新型专利 1 项、软件著作权登记 3 项;授权知专利识产权 3 项,其中发明专利 2 项、软件著作权 1 项;目前公司拥有有效知识产权项目 60 项,其中发明专利 15 项、实用新型专利 28 项、软件著作权登记 17 项。2020 年内共组织参加技术标准编制 3 项,其中行业标准 2 项、团体标准 1 项;参编标准发布 6 项,其中行业标准 3 项、团体标准 3 项。共发表期刊技术论文 20 篇,其中核心期刊论文 19 篇,行业协会期刊论文 1 篇。2020 年科技创新成果获奖 1 项。

(王秋蓉)

2020 年公司实施研发项目统计

实施研发项目	研发科技人员	研发支出	总收入占比
15 项	78 人	1442.24 万元	7.6 %

2020 年研发项目一览表

序号	项目编号	课题名称	计划项目时间
1	2019001	无风管自净型排风柜测试方法及系统研发	2019.01—2020.12
2	2019004	装配式桥梁连接检测技术研究开发	2019.01—2020.12
3	2019007	检测设备全寿命智能管理系统研发	2019.01—2020.12
4	2019009	装配式混凝土结构安装质量自动化监测与预警技术研究	2019.02—2022.12
5	2019010	盾构隧道管片新型连接件性能与检测方法研究	2019.06—2020.12
6	2019011	高支模自动化监测系统开发与应用	2019.09—2020.12
7	202001	基于区块链技术的 BIM 桥梁智能监控技术研究	2020.01—2022.12
8	202002	山岭隧道自动化监测系统的研发与应用	2020.01—2022.12
9	202003	运营隧道病害快速检测机器人的研发与应用	2020.01—2022.12
10	202004	桥梁索应力检测技术研究开发	2020.01—2021.12
11	2020005	水泥砂浆和混凝土抗渗性能试验方法研究	2020.01—2021.12
12	2020006	再生沥青混合料混合效果研究	2020.04—2020.12
13	2020007	基于信息化技术的中小桥结构监测系统	2020.04—2021.12
14	2020008	土壤污染物监测与分析与评价技术开发应用	2020.04—2020.12
15	2020009	轻量化路面病害智能识别系统的产业化应用研究	2020.11—2021.12

2020 年公司知识产权项目统计

	发明专利	实用新型专利	软件著作权登记	合计
申请受理	2	1	3	6
授权/登记	2	0	1	3
现拥有有效总数	15	28	17	60

2020 年授权知识产权一览表

编号	名称	类型	授权公告日	授权号/登记号
1	装配式建筑构件连接套筒内部缺陷的检测方法	发明	2020 年 4 月 10 日	ZL201610555567.4
2	双轴倾角仪垂直度跟踪测量方法	发明	2020 年 7 月 28 日	ZL201810337626.X
3	同济检测来样检测流程管理系统(网页端)V1.0	软件著作权登记	2020 年 9 月 10 日	2020SR1077743

2020 年申请受理知识产权一览表

编号	名称	类型	申请日期	申请号
1	光敏可控快速硬化的混凝土类浇筑料及施工方法	发明	2020 年 4 月 7 日	202010266067.5
2	一种灌注桩孔底沉渣厚度检测方法和装置	发明	2020 年 11 月 17 日	202011285487.4
3	一种灌注桩孔底沉渣厚度检测方法和装置	实用新型	2020 年 11 月 17 日	202022660308.2
4	同济检测来样检测流程管理系统(网页端)V1.0	软件著作权登记	2020 年 7 月 16 日	—
5	同济检测来样检测流转单管理系统 v1.0	软件著作权登记	2020 年 11 月 12 日	—
6	同济检测中央空调系统节能运行仿真模拟软件 V1.0	软件著作权登记	2020 年 12 月 2 日	—

2020 年公司参编技术标准统计

	行业标准	地方标准	团体标准	合计
组织参编技术标准	2	0	1	3
参编发布	3	0	3	6

2020 年已发布参编名细表

序号	技术标准名称	标准级别	发布编号
1	给水排水工程构筑物结构维护规程	行业标准	T/CECS686－2020
2	取样法检测钢筋连接用套筒灌浆料抗压强度技术规程	行业标准	T/CECS 726－2020
3	超声回弹综合法检测混凝土抗压强度	行业标准	CECS02－2020
4	地暖用水泥基自流平砂浆	团体标准	T/SBMIA014－2020
5	建筑用修补砂浆	团体标准	T/SBMIA014－2020
6	水泥基道路路面层修补材料	团体标准	T/SBMIA015－2020

2020 年技术论文发表统计

国内核心期刊	行业内部《工程检测》期刊	合计
19	1	20

2020 年发表科技论文名录表

序号	作者姓名	论文题目	期刊名称	刊期
1	曲金辉	混凝土中钢筋保护层厚度检测准确性分析	《上海建设科技》	2020 年第 1 期
2	洪凯	超声波角测法测距值的探讨	《上海建设科技》	2020 年第 1 期
3	王勤	5G 环境下路产设施损坏智能检测模型	《上海建设科技》	2020 年第 3 期
4	王勤	高速公路防撞栏碰撞仿真和智能自报警系统设计	《上海建设科技》	2020 年第 4 期
5	钱锟	关键建设工程质量检测存在的问题及其对策经验分析	《建筑细部》	2020 年第 9 期
6	姚杰	浅析工程材料检测的常见问题及解决思路	《建筑实践》	2020 年第 39 期
7	徐晨欢	常见有效氯试剂代替氯胺 T 在氰化物测定中的应用及探讨	《环境与发展》	2020 年第 8 期
8	倪兴	基坑工程施工监测分析	《工程技术》	2020 年 3 月
9	李将	二维码技术在工地实验室的应用	《中国高新科技》	2020 年第 13 期
10	严立群 刘阳	钢混组合结构在桥梁工程中应用研究	《建材与装饰》	2020 年第 12 期
11	李伟	预应力钢丝弹性模量检测不确定度分析	《金属制品》	2020 年第 4 期
12	杨洁	消泡剂对钢渣砂聚合物砂浆性能的影响	《绿色环保建材》	2020 年第 6 期
13	杨洁	纤维素醚对钢渣砂砂浆工作性能和强度的影响	《混凝土世界》	2020 年第 7 期
14	杨洁 孙振平 连萍	建设工程质量检验检测行业存在的主要问题及应对措施	《建筑实践》	2020 年第 39 卷
15	李满枝 张小琼	上海某砌体结构厂房检测与加层加固设计	《工业建筑》	2020 年 50 卷
16	黄敏	不同矿物油对木质素纤维吸油率测试结果影响分析	《石油沥青》	2020 年第 6 期
17	李怀峰	高支模支架自动化监测在某高架连接线上跨铁路立交工程的应用	《工程管理前沿》	2020 年第 9 期
18	魏建生	绿色建筑视角下的建筑节能技术试论	《工程技术》	2020 年第 9 期

序号	作者姓名	论文题目	期刊名称	刊期
19	魏建生	浅谈建筑节能技术发展方向及节能措施	《建筑工程技术与设计》	2020年第4期
20	李梁	上海地铁盾构管片中深埋抗弯性能试验结果分析	行业协会《工程检测》	2020年第2期

2020年科技创新成果获奖名录

获奖项目名称	奖项及等级
路面表观损伤智能化快速巡检系统研发及应用	中国发明协会"发明创业奖·创新奖" 一等奖

【同济大学斩获2020年第二十二届中国国际工业博览会8个奖项】 2020年9月19日，为期五天的第二十二届中国国际工业博览会在国家会展中心(上海)圆满落幕。学校共组织20个项目参展，其中教师项目16个，双创项目4个。第二十二届工博会学校获得大会和高校展区8个奖项。其中，组织参展的"路面多维高频检测装备和智能养护技术和应用"项目获得工博会大会创新引领奖。"线控电子液压制动系统""'通导一体'定位导航引擎"项目获得高校展区优秀展品奖，"基于磁共振的中、小功率无线充电产品技术推广""基于工业物联网技术的生产全过程智能管理云平台""同星TSMaster虚拟仪器软硬件平台"获得高校展区优秀创新创业展品奖，此外，鉴于同济在第二十二届工博会筹备及开展期间的精心组织和优异表现，工博会高校展区组委会授予同济"高校展区优秀组织奖"，授予陈祯同志"高校展区先进个人"称号。

(陈祯)

【上海同济科技实业股份有限公司概况】 2020年，突发的新冠疫情给社会经济发展带来了巨大冲击，也给公司经营工作带来了诸多困难。公司在党委和董事会的领导下，精心部署，实现复工复产与防疫抗疫工作两不误。公司实现营业收入63.03亿元；实现归属于上市公司股东的净利润5.96亿元。

公司第九届董事会独立董事钱逢胜先生因个人原因申请辞去公司独立董事职务。2020年4月10日召开的公司2020年第一次临时股东大会，审议通过了《关于补选独立董事的议案》，会议选举夏立军先生为公司第九届董事会独立董事。

公司联合同济大学机关党委第二十三党支部捐助云南省大理市云龙县诺邓镇永安村完全小学，为品学兼优的贫困学子提供资助，设立专项助学金54000元，其中，同济科技捐赠45770元，支持教育事业的发展。

公司编制完成了《同济科技"十四五"战略发展规划》。对公司"十三五"期间的成绩与经验、问题与不足进行了总结与分析，对宏观环境、中央与地方政策、行业发展趋势、对标企业发展情况等信息进行了综合研判分析，结合公司实际情况，制定了新的发展战略，明确了公司未来五年的发展方向。

为增强公司经营的独立性、业务及资产完整性，提升公司盈利能力，同时减少关联交易，公司与同济控股实施资产置换，将公司持有的杨浦同济科技园60%股权与同济控股持有的同灏公司40%股权进行置换，置换完成后公司持有同灏公司100%股权，不再持有杨浦同济科技园股权。

同济大学精神文明建设委员会于2020年4月2日发文(同文明委〔2020〕1号)，作出了《关于表彰同济大学2018—2019年度文明标兵单位及文明创建工作单项奖的决定》。公司首次参评，获得两项文明创建工作单项奖，其中同济咨询雄安发展中心获得文明组室(窗口)奖励；张荷萍同志获得文明创建好人好事奖励。

上海同济市政公路工程咨询有限公司承接了济南轨道交通4号线一期工程土建工程(七标段)、合肥市轨道交通4号线南延线土建施工总承包监理(联合体)，首次开拓地铁轨交市场。

上海同济普兰德生物质能股份有限公司通过与同济大学环境学院产学研市场化结合，在2020年度荣获中国环境科学学会"环境保护科学技术奖一等奖"。

面对调控政策的日趋严厉，上海同济房地产有限公司深入判研市场趋势，于6月18日取得上海市松江区泗泾镇SJSB0003单元03－01号地块的国有建设用地使用权，土地总价11.48亿元。该地块东至规划六路，南至横港河，西至规划五路，北至规划三路。

2020年12月，上海同济房地产有限公司获得2018－2019年上海市房地产开发企业50强、绿色地产10强。

各下属企业参与建设的项目获得多项国家、省部级荣誉或奖励，其中获得鲁班奖4项，詹天佑奖1项。

(张荷萍)

获奖项目一览表

序号	企业名称	项目名称	奖项
1	同济咨询公司	兴业银行大厦工程	2020—2021年度中国建设工程鲁班奖
2	同济咨询公司	乌梁素海全过程咨询项目	全过程工程咨询服务十佳案例

序号	企业名称	项目名称	奖项
3	同济咨询公司	上海市松江区泗泾镇泗凤路一号A地块项目审价报告	上海市建设工程咨询奖2018－2019优秀工程造价咨询项目表扬奖
4	同济咨询公司	复旦大学新建江湾校区二号交叉学科楼项目全过程造价咨询	上海市建设工程咨询奖2018－2019优秀工程造价咨询项目表扬奖
5	同济咨询公司	上海交通大学李政道研究所实验楼项目(施工总承包招标)	上海市建设工程咨询奖2018－2019优秀工程招标代理项目
6	同济咨询公司	上海交通大学闵行校区绿色增长与应对气候变化研究中心项目(施工总承包招标)	上海市建设工程咨询奖2018－2019优秀工程招标代理项目
7	同济咨询公司	临港先进制造园C03－04、C04－02地块项目	上海市建设工程咨询奖2018－2019优秀项目管理项目
8	同济咨询公司	常州市妇幼保健、常州市第一人民医院钟楼园区项目	上海市建设工程咨询奖2018－2019优秀项目管理项目
9	同济咨询公司	鄱阳湖生态科技城“两横三纵”工程总承包(EPC)项目	上海市建设工程咨询奖2018－2019优秀项目管理项目
10	同济咨询公司	一汽－大众汽车有限公司天津工厂	上海市建设工程咨询奖2018－2019优秀项目管理项目
11	同济咨询公司	卷烟物流配送中心就地技术升级改造项目	上海市建设工程咨询奖2018－2019优秀项目管理项目
12	同济咨询公司	上海市总工会沪东工人文化宫(分部)改扩建项目	上海市建设工程咨询奖2018－2019优秀项目管理项目
13	同济咨询公司	上音歌剧院	上海市建设工程咨询奖2018－2019优秀项目管理项目
14	同济咨询公司	兴业银行大厦工程	2019年度福建省“闽江杯”优质工程奖
15	项目管理公司	中国联通移动互联网产业南方运营基地工程1＃楼	2020—2021年度中国建设工程鲁班奖
16	项目管理公司	中国资本市场学院建设工程	2020—2021年度中国建设工程鲁班奖
17	项目管理公司	海南兴隆希尔顿逸林滨湖度假酒店1号楼	2020—2021年度中国建设工程鲁班奖
18	项目管理公司	世茂天马山深坑酒店	第十八届中国土木工程詹天佑奖
19	项目管理公司	市北高新技术服务业园区N070501单元14－06地块商办用房项目7＃楼	上海市建设工程白玉兰奖(市优质工程)
20	项目管理公司	上海中国联通移动互联网产业南方运营基地工程	上海市建设工程白玉兰奖(市优质工程)
21	项目管理公司	国泰君安证券博华广场装修项目	上海市建设工程白玉兰奖(市优质工程)
22	项目管理公司	远东宏信广场	上海市建设工程白玉兰奖(市优质工程)
23	项目管理公司	辰花路二号地块深坑酒店	上海市建设工程白玉兰奖(市优质工程)
24	项目管理公司	前滩中心34号地块(除桩基)住宅B	上海市建设工程白玉兰奖(市优质工程)
25	项目管理公司	上海微小卫星工程中心卫星研制项目1＃厂房	上海市建设工程白玉兰奖(市优质工程)
26	项目管理公司	上海微小卫星工程中心卫星研制项目2＃厂房	上海市建设工程白玉兰奖(市优质工程)
27	项目管理公司	世茂深坑洲际酒店	创新技术示范项目
28	项目管理公司	上海轨道交通17号线土建3标	2018－2019上海市市政金奖
29	项目管理公司	上海杨浦法国学校和上海杨浦德国学校一期项目安装	2020年度上海市“申安杯”优质安装工程奖
30	项目管理公司	284街坊A1－01地块	2019年度上海市示范监理项目部

序号	企业名称	项目名称	奖项
31	项目管理公司	阳城县综合馆、文化馆、图书馆、档案馆、影剧院"四馆一院"建设项目工程项目管理与监理一体化项目	2020年度山东省优质结构工程
32	项目管理公司	恒隆广场·昆明一商场本分、办公楼部分	2020年度昆明市优质工程"春城杯"特等奖
33	项目管理公司	中央创新区银船港森林廊道建设工程(世纪大道以南))	2020年度南通市"紫琅杯"优质工程奖
34	项目管理公司	中国联通移动互联网产业南方运营基地工程	2019年度优秀项目奖
35	天佑咨询公司	上海轨交蒲汇塘控制中心项目监理部	上海市重点工程实事立功竞赛先进装备赛区优秀团队称号
36	天佑咨询公司	上海轨道交通9号线三期东延伸工程金桥停车场一库(房建+市政)工程	2018年—2019年上海市市政工程金奖
37	天佑咨询公司	上海轨道交通17号线轨道A标	2018年—2019年上海市市政工程金奖
38	天佑咨询公司	中山南路地下通道工程	2018年—2019年上海市市政工程金奖
39	天佑咨询公司	上海国际设计创新学院大楼项目	2019年度上海市建设工程示范监理项目部
40	天佑咨询公司	生命科学与创新创业大楼工程	2019年度上海市建设工程示范监理项目部
41	天佑咨询公司	大连地铁5号线工程前盐车站建设项目(07标项目经理部)工程	大连市建筑业协会2019年度安全生产标准化工地
42	天佑咨询公司	大连地铁5号线工程后盐站至后关村站区间(土建工程)项目(08标项目经理部)	大连市建筑业协会2019年度安全生产标准化工地
43	天佑咨询公司	庐江县移湖路(五里路—内环北路)改造工程	2019年度合肥市市政工程安全文明标准化工地
44	天佑咨询公司	包河区西安路(黑龙江路—巢湖南路)、泰山路(花园大道—黄河路)道排工程	2020年度合肥市市政工程"庐州杯"称号
45	天佑咨询公司	苏州杨东路下穿京沪线、沪宁城际立交改建工程	安全优质文明工程
46	同济建设公司	漕河泾开发区赵巷园区二期项目(C5—03地块)	2020年度上海市文明工地
47	同济建设公司	潮港社区五期动迁住宅(B0303)安置项目	2020年度上海市优质结构
48	同济建设公司	SKF球轴承新昌生产基地及研发中心项目	2020年度金钢奖

【同济大学建筑设计研究院(集团)有限公司概况】 截至2020年年底,同济大学建筑设计研究院(集团)有限公司员工数有5409名员工,其中设计院3874人。设计院注册执业人员1138人,包括:注册建筑师421人(一级注册412人、二级注册9人),注册结构工程师283人(一级注册276人、二级注册7人),注册土木工程师(岩土)42人,注册公用设备工程师176人,注册电气工程师61人,注册城市规划师41人,注册造价工程师28人,注册咨询工程师(投资)49人。设计院专业技术人员3579人,其中高级职称人员715人,中级职称1412人,初级职称1018人。此外2020年集团新获得正高职称2人,新获得副高职称124人。

集团增设分支机构,成立北京办事处及大湾区办事处。完成营业收入46.4亿元(含控股公司)。

集团在2020年度美国《工程新闻记录》ENR"全球工程设计公司150强"位列第65位。

新冠肺炎疫情发生以来,集团利用专业优势助力防控,积极响应市委市政府号召,鼠年春节期间迅速集结相关专业人员,奋战一线,高品质按时完成上海市公共卫生临床中心应急救治临时医疗用房项目设计工作。集团参与主编的《校园建筑及环境疫情防控手册》于2020年3月出版发行。

集团牢牢把握国家政策方向,研判市场发展趋势,2020年共签订项目1380个,涵盖策划、规划、建筑、市政、桥梁、轨道、交通、环境、景观、室内、赛道、数字、咨询等多个类别,进一步展现集团多专业集成的综合优势。2020年集团获取了众多具有社会影响力的项目,其中教育建筑有嘉兴市委党校、小平干部学院、恩来干部学院、四川轻化工大学等;医疗建筑有溧阳市医疗健康中心、安徽省公共卫生临床中心等;会展建筑有南沙国际金融论坛永久会址等;园区建筑有同济大学上海自主智能无人系统科学中心、上海集成电路设计产业园等;体育建筑有上海自行车馆、茂名市奥体中心等;交通建筑有重庆东站、福州南站等;城市更新有文创港核心区启动地块、嘉兴火车站区域提升改造等;市政项目有玉环市沙门至干江公路工程等;桥梁项目有金简仁快速路沱江大桥等。

集团设计的众多重大项目陆续竣工开业,获得行业的广泛好评和社会的不断关注。竣工项目包括西安丝路国际会展中心、二里头夏都遗址博物馆、程十发美术馆、郑州美术馆新馆、宁波院士中心、深圳茅洲河碧道试点段建设项目、上海青浦区体育文化活动中心、太原通达桥等。

集团主动对接服务国家和区域重大需求，深耕长三角区域，聚焦大湾区建设，投身京津冀及雄安新区发展，抓住潜在机会，有层次、有选择进行市场拓展，取得显著成效。

集团深入人才梯队建设，进一步梳理国家、地方专项人才计划，拓宽人才培养和发展通道，构建内外双人才渠道，配套完善的激励机制，形成集团人才库。2020 年，集团汽车运动与安全研究中心主任姚启明当选“全国劳动模范”；集团 1 人获得上海青年科技英才；1 人入选上海市人才发展基金；1 人入选上海市青年拔尖人才开发计划；2 人入选上海市浦江人才计划。

集团“TJAD 学院”2020 年课程数累计达到 154 门，总学时 744 学时。共聘请内部讲师 120 多人，实现分层级培训，并组织 100 多人建筑专业新员工开展了为期四天的集中培训；开办了装配式建筑专修班、BIM 设计专修班；邀请 33 位讲师录制了 27 门网络精品课程；开设了现场参观课程 12 门；组织参观学习课程共 6 次；发布了微课堂 180 多条，每周点击量近 1500 人次。

集团获批国家企业技术中心认定和国家级装配式建筑产业基地认定，通过 2020 年度高新技术企业复审，完成上海土木工程结构健康监测工程技术研究中心的验收，获批上海智慧交通安全驾驶工程技术研究中心。

集团《科研课题经费管理办法》和《横向技术合同管理办法》，修订《科研课题管理办法》和《科研成果专项奖励办法》。

集团首次发布《集团工程技术类自主立项课题申报指南》，2020 年内部共立项科研课题 116 项，其中省部级纵向课题 14 项。

集团 2020 年申请专利和软件著作权共计 323 项，授权专利和软著 210 项。

集团 2020 年通过全国博士后管理委员会组织的博士后科研工作站综合评估，获批 1 项中国博士后基金面上资助，增补 15 位集团正高职称专家进入中国博士后基金评审专家库。

集团积极推进精神文明创建，开展丰富多彩的文体活动，组织“十里春风，一路同行”“六一”员工子女画作展、“七一”红色文化项目展、“我们的节日”“迎中秋庆国庆”“全民阅读”“全民健身”等系列活动，评选文明岗位、文明家庭，组织爱心献血、爱心图书捐赠，学习全国劳模先进事迹，与消防救援站共建等，充分发挥文明单位的示范辐射作用。荣获同济大学“文明标兵单位”称号。

集团 2020 年官网总计访问约 31.5 万人次，同比增长 30%，创历史新高，排名稳居国内同行业第一；官微全年共发布 104 条推送，总阅读量 37.5 万，同比增长 7%，并荣获“全国建筑业最具影响力微信公众号”称号。出版“宅 · 家记事”专题内刊，发布《TJAD 的一天》校招宣传片，开通微信视频号，主办、承办、参与行业内高水平学术会议和展会 10 余次。

集团 2020 年荣获“上海市质量金奖”，入选“科创中国”十大新锐企业榜单、上海企业创新活力指数 50 强榜单。

集团积极贯彻落实党中央、国务院、同济大学关于加快推进校属企业体制改革的精神，按照先易后难、逐个突破、分步推进的原则，完成下属 7 家企业体制改革工作，配合控股公司落实 8 家相关企业清理工作。

集团 2020 年对下属 6 家分、子公司完成了包括分公司领导离任审计在内的内部专项审计报告。

集团 2020 年增发“三重一大”决策制度实施细则，规范公司议事规则和决策程序；制定风险管理、内部审计管理等制度，强化风险防范和规范内部审计工作；为规范公司行政管理、防范采购及合同风险，制定行政公章、采购及合同管理等制度；全面实行预算管理制度，修编集团内控手册。

集团数字运营、知识搜索、评选管理、绩效管理、企业服务总线、用户中心等系统建成使用；协同设计系统、报销管理系统实现全面应用年度目标；同济智慧设计云项目完成基础架构集群建设。

集团 2020 年颁布 7 项质量管理细则，深入开展集团级质量检查及质量工作推进月活动，提高第三方满意度调查的样本覆盖率。

（曹维益）

2020 企业与个人荣誉

序号	获奖者	奖项
1	同济大学建筑设计研究院(集团)有限公司	2019 年度上海市质量金奖
2	同济大学建筑设计研究院(集团)有限公司	“科创中国”十大新锐企业榜单
3	同济大学建筑设计研究院(集团)有限公司	上海企业创新活力指数 50 强榜单
4	同济大学建筑设计研究院(集团)有限公司	同济大学“文明标兵单位”称号
5	同济大学建筑设计研究院(集团)有限公司	2019—2020 年度(第二十届)上海市文明单位
6	姚启明	全国劳动模范

2020年获奖项目表

序号	项目名称	奖项
1	西安高新国际会议中心一期	上海市优秀工程设计一等奖
2	上海市第一人民医院改扩建工程	上海市优秀工程设计一等奖
3	上海崇明体育训练基地一期项目 综合游泳馆	上海市优秀工程设计一等奖
4	长宁区虹桥街道261街坊6丘(古北5－2地块)新建商办项目	上海市优秀工程设计一等奖
5	建造商业宾馆及商业、办公楼项目(嘉定新城D10－2地块保利凯悦酒店及商业文化中心)	上海市优秀工程设计一等奖
6	设计与工程技术中心金桥基地暨金桥扩能项目研发单元工程设计	上海市优秀工程设计一等奖
7	厦门宝龙国际中心2－1号楼	上海市优秀工程设计一等奖
8	交通银行金融服务中心(扬州)一期工程	上海市优秀工程设计一等奖
9	沃尔沃汽车(中国)研发中心建设项目(二期)	上海市优秀工程设计一等奖
10	上海崇明体育训练基地一期项目(1、2、3号楼)	上海市优秀工程设计一等奖
11	山西芮城文化体育公园	上海市优秀工程设计一等奖
12	苏州高新区实验幼儿园御园分园项目方案设计	上海市优秀工程设计一等奖
13	泉州市东海学园机关幼儿园及配套绿地	上海市优秀工程设计一等奖
14	广发金融中心	上海市优秀工程设计二等奖
15	XDG－2014－39号地块开发建设项目(秀场)	上海市优秀工程设计二等奖
16	遵义市奥林匹克体育中心建设项目	上海市优秀工程设计二等奖
17	华宇绿洲三期公建	上海市优秀工程设计二等奖
18	如东县体育中心(一期工程)	上海市优秀工程设计二等奖
19	国泰君安证券股份有限公司办公楼新建项目	上海市优秀工程设计二等奖
20	宜宾临港开发区大学城职业教育基地四川白酒学院项目(二期)体育馆	上海市优秀工程设计二等奖
21	正荣集团虹桥商务区核心区北13地块项目	上海市优秀工程设计二等奖
22	安徽理工大学深部煤矿采动响应与灾害防控重点实验室项目	上海市优秀工程设计二等奖
23	苏州高新金鹰商业广场	上海市优秀工程设计三等奖
24	中国农业大学图书馆	上海市优秀工程设计三等奖
25	浦东新区文化广播电视中心工程	上海市优秀工程设计三等奖
26	武义一中迁建工程校园规划建筑设计项目	上海市优秀工程设计三等奖
27	景德镇市景东游泳馆建设项目设计	上海市优秀工程设计三等奖
28	逸仙路公交停车场改建工程	上海市优秀工程设计三等奖
29	中国移动江苏公司泰州分公司生产调度中心工程	上海市优秀工程设计三等奖
30	凯迪拉克体验中心及风洞试验室新建项目	上海市优秀工程设计三等奖
31	常州市第一人民医院综合病房大楼	上海市优秀工程设计三等奖
32	宜宾临港开发区大学城职业教育基地－四川白酒学院项目(期)—F1F2师生活动中心会堂	上海市优秀工程设计三等奖
33	宝龙青浦新城项目	上海市优秀工程设计三等奖
34	上海工程技术大学现代交通工程中心	上海市优秀工程设计三等奖
35	社会山中心	上海市优秀工程设计三等奖
36	上海建筑设计产业基地(二期)	上海市优秀工程设计三等奖
37	华东师范大学新建河口海岸大楼	上海市优秀工程设计三等奖

序号	项目名称	奖项
38	江苏省食品药品技术监督中心	上海市优秀工程设计三等奖
39	上海国际汽车城同济科技园一期01A－02A项目——A区住宅	上海市优秀住宅设计一等奖
40	衢州市书院大桥工程	上海市优秀市政工程设计一等奖
41	内蒙古鄂尔多斯市东康快速路改扩建工程	上海市优秀市政工程设计一等奖
42	大同市开源街御河桥工程	上海市优秀市政工程设计二等奖
43	郑州市农业路快速通道工程(雄鹰东路～金源东街)第6标段	上海市优秀市政工程设计二等奖
44	洛阳市新街跨洛河大桥桥梁及引线工程	上海市优秀市政工程设计二等奖
45	新沂市北京路沭河景观大桥	上海市优秀市政工程设计三等奖
46	河南省禹州市颍川大桥工程设计	上海市优秀市政工程设计三等奖
47	通江大道北延线(含裕溪河大桥)工程	上海市优秀市政工程设计三等奖
48	新建莲花路地铁两层连廊工程	上海市优秀市政工程设计三等奖
49	晋中市汇通路汽贸园人行天桥工程	上海市优秀市政工程设计三等奖
50	下盐公路(区界～林海公路)新建工程、浦东新区下盐公路(林海公路～申江南路)新建工程、下盐公路(南六公路～申江南路)新建工程	上海市优秀市政工程设计三等奖
51	无锡中央公园景观步行桥	上海市优秀市政工程设计三等奖
52	齐齐哈尔市工人文化宫维修改造工程	上海市优秀传统建筑设计三等奖
53	郑州航空港经济综合实验区(郑州新郑综合保税区)第十一届中国国际园林博览会(郑州)B区暨双鹤湖中央公园	上海市优秀园林风景设计一等奖
54	杭金衢高速兰溪收费站周边(南入城口)、兰溪市迎宾大道(横山大桥——杭金衢入口)景观改造及兰江绿道三期工程方案扩初及施工图设计	上海市优秀园林风景设计一等奖
55	曹杨环浜地区基础设施微更新工程——绿化景观工程一期改造工程	上海市优秀园林风景设计二等奖
56	浙江兰溪赤山湖旅游度假区启动区项目	上海市优秀园林风景设计二等奖
57	设计与工程技术中心金桥基地暨金桥扩能项目研发单元工程设计	上海市优秀园林风景设计三等奖
58	上海崇明体育训练基地一期4号楼——游泳馆	上海市优秀建筑结构设计一等奖
59	景德镇市景东游泳馆建设项目设计	上海市优秀建筑结构设计一等奖
60	遵义市奥林匹克体育中心建设项目	上海市优秀建筑结构设计一等奖
61	XDG－2014－39号地块开发建设项目(秀场)	上海市优秀建筑结构设计一等奖
62	上海市第一人民医院改扩建工程	上海市优秀建筑结构设计二等奖
63	苏州高新金鹰商业广场	上海市优秀建筑结构设计二等奖
64	上海崇明体育训练基地一期项目(1号楼)	上海市优秀建筑结构设计二等奖
65	上海崇明体育训练基地一期4号楼——综合训练馆	上海市优秀建筑结构设计二等奖
66	西安高新国际会议中心一期	上海市优秀建筑结构设计二等奖
67	长宁区虹桥街道261街坊6丘(古北5－2地块)新建商办项目	上海市优秀建筑结构设计三等奖
68	如东县体育中心(一期工程)	上海市优秀建筑结构设计三等奖
69	宜宾临港开发区大学城职业教育基地四川白酒学院项目(二期)体育馆	上海市优秀建筑结构设计三等奖
70	凯迪拉克体验中心及风洞试验室新建项目	上海市优秀建筑结构设计三等奖

序号	项目名称	奖项
71	设计与工程技术中心金桥基地暨金桥扩能项目研发单元工程设计	上海市优秀建筑结构设计三等奖
72	交通银行金融服务中心(扬州)一期工程	上海市优秀建筑环境与能源应用设计一等奖
73	广发金融中心	上海市优秀建筑环境与能源应用设计一等奖
74	西安高新国际会议中心一期	上海市优秀建筑环境与能源应用设计二等奖
75	浦东新区文化广播电视中心工程	上海市优秀建筑环境与能源应用设计二等奖
76	中国农业大学图书馆	上海市优秀建筑环境与能源应用设计二等奖
77	XDG－2014－39号地块开发建设项目(秀场)	上海市优秀建筑环境与能源应用设计三等奖
78	长宁区虹桥街道261街坊6丘(古北5－2地块)新建商办项目	上海市优秀建筑环境与能源应用设计三等奖
79	上海崇明体育训练基地一期项目	上海市优秀建筑环境与能源应用设计三等奖
80	宜宾临港开发区大学城职业教育基地四川白酒学院项目(二期)体育馆	上海市优秀建筑环境与能源应用设计三等奖
81	苏州高新金鹰商业广场	上海市优秀建筑环境与能源应用设计三等奖
82	集美新城商务中心	上海市优秀建筑环境与能源应用设计三等奖
83	西安高新国际会议中心一期	上海市优秀建筑智能化设计一等奖
84	浦东新区文化广播电视中心工程	上海市优秀建筑智能化设计二等奖
85	广发金融中心	上海市优秀建筑智能化设计三等奖
86	浦东新区文化广播电视中心工程	上海市优秀水系统设计一等奖
87	长宁区虹桥街道261街坊6丘(古北5－2地块)新建商办项目	上海市优秀水系统设计一等奖
88	中国农业大学图书馆	上海市优秀水系统设计一等奖
89	广发金融中心	上海市优秀水系统设计一等奖
90	XDG－2014－39号地块开发建设项目(秀场)	上海市优秀水系统设计二等奖
91	上海崇明体育训练基地一期项目	上海市优秀水系统设计三等奖
92	武义一中迁建工程校园规划建筑设计项目	上海市优秀水系统设计三等奖
93	遵义市奥林匹克体育中心建设项目	上海市优秀水系统设计三等奖
94	上海市第一人民医院改扩建工程	上海市优秀水系统设计三等奖
95	交通银行金融服务中心(扬州)一期工程	上海市优秀水系统设计三等奖
96	设计与工程技术中心金桥基地暨金桥扩能项目研发单元工程设计	上海市优秀水系统设计三等奖
97	如东县体育中心(一期工程)	上海市优秀水系统设计三等奖
98	西安高新国际会议中心一期	上海市优秀水系统设计三等奖
99	临沂市中心城区水环境综合整治工程—涑河河道整治工程	上海市优秀水系统设计三等奖
100	西安高新国际会议中心一期	上海市优秀建筑电气设计一等奖
101	广发金融中心	上海市优秀建筑电气设计一等奖
102	遵义市奥林匹克体育中心建设项目	上海市优秀建筑电气设计一等奖
103	浦东新区文化广播电视中心工程	上海市优秀建筑电气设计二等奖
104	XDG－2014－39号地块开发建设项目(秀场)	上海市优秀建筑电气设计二等奖
105	交通银行金融服务中心(扬州)一期工程	上海市优秀建筑电气设计二等奖
106	国泰君安证券股份有限公司办公楼新建项目	上海市优秀建筑电气设计三等奖
107	苏州高新金鹰商业广场	上海市优秀建筑电气设计三等奖
108	中国移动江苏公司无锡分公司生产调度中心	上海市优秀建筑电气设计三等奖
109	中国移动江苏公司泰州分公司生产调度中心工程	上海市优秀建筑电气设计三等奖

序号	项目名称	奖项
110	长宁区虹桥街道261街坊6丘(古北5－2地块)新建商办项目	上海市优秀建筑电气设计三等奖
111	武义一中迁建工程校园规划建筑设计项目	上海市优秀建筑电气设计三等奖
112	逸仙路公交停车场改建工程	上海市优秀建筑电气设计三等奖
113	上海市第一人民医院改扩建工程	上海市优秀绿色建筑设计二等奖
114	上海国际旅游度假区核心区南入口公共交通枢纽及市政综合服务用房项目	上海市优秀绿色建筑设计三等奖
115	中国移动江苏公司无锡分公司生产调度中心	上海市优秀人防工程设计三等奖
116	上海市公共卫生临床中心应急救治临时医疗用房项目	行业优秀勘察设计奖新冠肺炎应急救治设施设计奖二等奖
117	苏州高新区狮山街道向阳片区城市设计	上海市优秀城乡规划设计奖三等奖
118	南开大学津南新校区总体规划	上海市优秀城乡规划设计奖三等奖
119	厦门市轨道交通6号线漳州(角美)延伸段龟山站站点一体化设计	上海市优秀城乡规划设计奖三等奖
120	遵义市新蒲新区美丽乡村及古村落改造修建性详细规划	上海市优秀城乡规划设计奖三等奖
121	湖南广播电视节目生产基地全生命周期BIM应用	第四届建筑工程BIM工程大赛一类成果
122	莘庄工业区租赁住房	第十一届“创新杯”建筑信息模型BIM应用大赛－居住建筑类BIM应用特等成果
123	漕河泾开发区赵巷园区设计阶段BIM应用	第十一届“创新杯”建筑信息模型BIM应用大赛－商业综合体类BIM应用一等成果
124	新江湾城23－5地块商办(益田假日广场)	第十一届“创新杯”建筑信息模型BIM应用大赛－商业综合体类BIM应用三等成果
125	太保家园·成都国际颐养社区一期工程	第十一届“创新杯”建筑信息模型BIM应用大赛－医疗类BIM应用一等成果
126	中国医学科学院肿瘤医院深圳医院改扩建工程(二期)	第十一届“创新杯”建筑信息模型BIM应用大赛－医疗类BIM应用一等成果
127	西安丝路国际展览中心一期设计阶段BIM应用	第十一届“创新杯”建筑信息模型BIM应用大赛－文化体育类BIM应用二等成果
128	西安高新国际会议中心一期	第十一届“创新杯”建筑信息模型BIM应用大赛－文化体育类BIM应用二等成果
129	中国海南海花岛1#岛D区世界童话主题乐园	第十一届“创新杯”建筑信息模型BIM应用大赛－文化体育类BIM应用三等成果
130	交通银行新同城数据中心	第十一届“创新杯”建筑信息模型BIM应用大赛－科研办公类BIM应用一等成果
131	光明科学城启动区土建工程	第十一届“创新杯”建筑信息模型BIM应用大赛－科研办公类BIM应用二等成果
132	新建商丘至合肥至杭州铁路太和东站站房及相关工程	第十一届“创新杯”建筑信息模型BIM应用大赛－铁路与轨道交通类BIM应用二等成果
133	太保家园·成都国际颐养社区一期工程	第十一届“创新杯”建筑信息模型BIM应用大赛－工程建设综合BIM应用一等成果
134	新田印象商业中心	第十一届“创新杯”建筑信息模型BIM应用大赛－工程全生命周期BIM应用一等成果

序号	项目名称	奖项
135	大连路改造	第十一届“创新杯”建筑信息模型BIM应用大赛－拓展应用类BIM应用一等成果
136	上海飞奥智慧能源示范BIM＋新能源数字化实践应用	第十一届“创新杯”建筑信息模型BIM应用大赛－拓展应用类BIM应用三等成果
137	上海市公共卫生临床中心应急救治临时医疗用房	第十一届“创新杯”建筑信息模型BIM应用大赛－共克时艰贡献优秀应用成果
138	金鼎天地培训中心(金鼎天地15－01地块商办项目)	浦东新区第三届BIM技术应用创新劳动和技能竞赛暨长三角区域邀请赛－项目组一等奖
139	浦东美术馆	浦东新区第三届BIM技术应用创新劳动和技能竞赛暨长三角区域邀请赛－项目组一等奖
140	浦东新区青少年活动中心及群艺馆	浦东新区第三届BIM技术应用创新劳动和技能竞赛暨长三角区域邀请赛－项目组入围奖
141	基于BIM的智慧楼宇运维管理解决方案	浦东新区第三届BIM技术应用创新劳动和技能竞赛暨长三角区域邀请赛－解决方案奖创意方案奖二等奖
142	长治神农湖大桥BIM正向设计应用	第九届“龙图杯”全国BIM大赛－设计组一等奖
143	新建郑州至周口至阜阳铁路郑州南站站房及相关工程设计阶段BIM应用	第九届“龙图杯”全国BIM大赛－设计组二等奖
144	襄阳华侨城文化旅游温泉度假酒店设计阶段BIM应用	第九届“龙图杯”全国BIM大赛－设计组二等奖
145	扬州新大剧院项目设计阶段的BIM应用	第九届“龙图杯”全国BIM大赛－设计组二等奖
146	上海宝山区精神卫生中心迁建工程设计阶段BIM应用	第九届“龙图杯”全国BIM大赛－设计组二等奖
147	南阳市孔明路快速通道工程BIM正向设计应用	第九届“龙图杯”全国BIM大赛－设计组三等奖
148	上海市公共卫生临床中心应急救治临时医疗用房	“奋斗杯”青年BIM技术应用大赛－作品提交赛(企业组－设计类)三等奖
149	上海建筑设计产业办公大楼运维管理项目	第二届“物联杯”IOT＋BIM设计运维大赛－综合类智慧楼宇奖项一等奖
150	上海博物馆东馆项目可行性研究报告	全国优秀工程咨询成果奖一等奖
151	建筑工程评估软件系统的研发与应用	全国优秀工程咨询成果奖二等奖
152	国家智能交通综合测试基地	全国优秀工程咨询成果奖一等奖
153	东港(半升洞)客运站场及城市广场建设工程可行性研究报告	全国优秀工程咨询成果奖二等奖
154	建设项目可行性研究报告数字化平台的研发应用与关键技术研究	全国优秀工程咨询成果奖三等奖
155	复杂建筑结构精细分析与整体抗灾性能调控关键技术	上海市科技进步奖一等奖
156	典型药物和个人护理品(PPCPs)全过程环境污染控制关键技术及应用	上海市技术发明奖一等奖
157	大型城市供水系统安全消毒关键技术及应用	上海市科技进步奖一等奖
158	高层建筑高效减震控制关键装置与技术	上海市技术发明奖一等奖
159	基于能源和环境双控的绿色建筑性能提升关键技术与应用	上海市科技进步奖二等奖
160	自保温高强装配砌块成套技术研发及推广应用	上海市科技进步奖二等奖
161	绿色建筑评价标准在上海地区的适用性研究	上海市建筑学会科技进步奖一等奖
162	基于健康的高性能低能耗建筑热力学设计关键技术与应用	上海市建筑学会科技进步奖一等奖
163	箱式模块化数据中心建筑结构设计技术与设计软件开发	上海市建筑学会科技进步奖一等奖

序号	项目名称	奖项
164	钢拱桥整体竖转的体系转换结构设计及施工成套技术	上海市建筑学会科技进步奖一等奖
165	工程咨询行业建筑评估数字化应用及关键技术研究	上海市建筑学会科技进步奖一等奖
166	大型公共建筑参数化设计关键技术研发与应用	上海市建筑学会科技进步奖二等奖
167	基于疫情安全防控的校园建筑及环境研究与应用	上海市建筑学会科技进步奖二等奖
168	一种基于层次物元可拓法的海绵城区生态指数的评价方法	上海市建筑学会科技进步奖二等奖
169	绿色建筑风环境气象参数标准化研究	上海市建筑学会科技进步奖二等奖(合作方申报)
170	新建民用建筑项目可再生能源综合利用量核算	上海市建筑学会科技进步奖三等奖
171	模块化结构辅助设计云平台	上海市建筑学会科技进步奖三等奖
172	装配式预制构件与现浇构件三向连接施工关键技术与应用	广东省土木建筑领域科学技术奖三等奖
173	现代大学生公寓卫生间防水施工关键技术与应用	广东省土木建筑领域科学技术奖三等奖
174	高品质步行自行车交通系统规划设计成套技术	上海市交通工程学会科学技术奖一等奖
175	两网融合导向下地面公交线网与站点三维一体精细优化技术	上海市交通工程学会科学技术奖三等奖
176	对标全球城市的上海市交通基础设施发展水平评估研究	上海市交通工程学会科学技术奖三等奖
177	中型高铁枢纽评估研究及安亭北站枢纽规划设计实践	上海市交通工程学会科学技术奖三等奖
178	组合减隔震(振)关键技术研究与工程应用	华夏建设科学技术奖三等奖
179	高品质步行自行车交通系统规划设计成套技术	华夏建设科学技术奖三等奖
180	性能化设计驱动的建筑机器人数字建造关键技术与应用	教育部科技进步奖二等奖
181	汽车气动－声学整车风洞研制及应用	上海市科技进步奖一等奖
182	大型公共建筑热力学调控节能关键技术及应用	上海市科学技术奖(科技进步奖)二等奖
183	大型复杂工程结构整体抗灾可靠性控制关键技术及应用	中国振动工程学会科学技术奖(技术发明类)二等奖
184	《钢塔桅结构检测与加固技术规程》	中国工程建设标准化协会标准科技创新奖一等奖
185	基于数据互联互通工程咨询评估信息化平台的创新研发与应用	中国科技咨询协会咨询项目创新奖
186	《汽车运动百年史话》	中国公路学会科学技术奖(科普类)三等奖
187	衢州市书院大桥工程	上海市土木工程学会工程奖二等奖
188	2018年江门城市亮化工程(首期)勘察设计施工总承包(新会区)	亚洲照明设计奖一等奖
189	风机基础预应力扩底岩石锚索技术规章	中国电机工程学会标准贡献奖三等奖
190	外滩29号光大银行照明改造设计	白玉兰照明奖－室外工程设计奖优秀奖
191	泉州市公共文化中心	白玉兰照明奖－室外工程设计奖铜奖
192	浮梁县群众体育活动中心	白玉兰照明奖－室外工程设计奖优秀奖
193	河南建设大厦	河南省优秀勘察设计奖一等奖
194	高邮市东北片区域供水提标升级工程(市政工程)项目	扬州市住房城乡建设优秀设计二等奖
195	海南省旅游公路万宁石梅湾至大花角段示范工程	上海土木工程学会工程奖二等奖
196	运筹楼装修项目	RICS——年度城市更新项目优秀奖
197	苏州市第九人民医院项目	苏州市城乡建设系统优秀勘察设计(建筑工程设计－民用建筑)二等奖
198	昆山(花桥)经销商培训中心项目	苏州市城乡建设系统优秀勘察设计(建筑工程设计－民用建筑)三等奖
199	苏州华东食品有限公司生产用房二期工程项目	苏州市城乡建设系统优秀勘察设计(建筑工程设计－工业建筑)三等奖

序号	项目名称	奖项
200	《钢塔桅结构检测与加固技术规程》T/CECS 499－2018	中国工程建设标准化协会标准科技创新奖一等奖
201	大船坞	中国优秀文旅康养木结构工程评选展示中心类一等奖
202	天府国际会议中心木结构工程	中国优秀文旅康养木结构工程评选大型场馆类一等奖
203	绿之丘	亚建协建筑奖荣誉提名奖
204	潭溪山玻璃景观人行桥	IBC 亚瑟·海顿大奖
205	箱式模块化数据中心建筑的结构设计技术与设计软件开发	2019—2020 中国建筑学会科技进步奖二等奖
206	工程咨询行业建筑评估数字化应用及关键技术研究	2019—2020 中国建筑学会科技进步奖三等奖

【上海同济城市规划设计研究院有限公司概况】 2020 年，上海同济城市规划设计研究院制定或修订院管理文件 25 项。1 月，成立疫情防控领导专班，1 月－12 月，发布 16 次发布疫情防控管理文件。建设“同济智慧规划云平台”。

2020 年度，上海同济城市规划设计研究院申报科研横向项目 33 项；纵向课题共 51 项，其中已确认立项并获批的课题 10 项；院内科研一般和配套课题立项 22 项；在各类专业刊物发表论文共 179 篇，各级会议论文集入选文章 18 篇；资助出版的专著和编著 9 本；高新技术研发立项，获得 26 项知识产权，其中包括 2 项发明专利授权、6 项实用新型专利授权，15 项软件著作权授权。

2020 年签署战略合作备忘录 3 个，战略合作框架协议 6 个。

2020 年，上海同济城市规划设计研究院科研类获奖 6 项；2019 年度全国优秀城市规划设计奖 23 项（一等奖 5 项，二等奖 4 项、三等奖 13 项、表扬奖 1 项）；2019 年度省级优秀城乡规划设计奖 68 项。

4 月，吴承照团队作品荣获英国皇家杰出规划奖。5 月，同济城市规划设计研究院举办 2020 年国土空间规划多专业人才招。6 月，同济城市规划设计研究院参与援建的“永济新桥”顺利通车；腾讯与四川自然资源厅、同济规划院达成战略合作，共建四川国土空间规划大数据应用试点。7 月，城乡委 2020 学术年会圆满举办，由同济城市规划设计研究院承办。8 月，同济城市规划设计研究院与长三角生态绿色一体化发展示范区执委会签约；河北雄安新区勘察设计协会成立大会暨“雄安设计讲坛”成功召开，本协会由包括上海同济城市规划设计研究院在内的 13 家单位联合发起成立。9 月，同济城市规划设计研究院倪春获评第九批中央和国家机关、中央企业优秀援疆干部人才；上海同济城市规划设计研究院主办“国土空间规划技术创新探索”会议。10 月，同济城市规划设计研究院启动 2021 届应届毕业生校园招聘工作。11 月，由同济规划院牵头策划，同济大学第二十二届研究生支教团共同参与举办的“永安完小手创实践课”顺利举行。同济设计联合参展“2020 上海国际城市与建筑博览会”。“永安上村议事中心启用暨梦想家园二期乡土创作展开幕仪式”成功举办。12 月，杨浦滨江治理联合会首次会员大会举办，杨浦滨江治理联合会是在市民政局、杨浦区委、区政府的指导和支持下，由上海杨浦滨江投资开发有限公司、上海烟草集团有限责任公司、上海建工股份有限公司和上海同济城市规划设计研究院有限公司 4 家单位共同发起成立。

（董雷）

2020 年全国优秀城市设计奖一览表

序号	项目名称	奖项
1	北京城市副中心控制性详细规划（街区层面）（2016 年—2035 年）	2019 年度全国优秀城市规划设计奖一等奖
2	上海市杨浦区“美丽街区”总体规划设计方案——以精细化设计提升街道空间品质的规划实践	2019 年度全国优秀城市规划设计奖一等奖
3	上海历史文化风貌整体保护的规划体系研究与实践	2019 年度全国优秀城市规划设计奖一等奖
4	“上海 2035”规划传导机制和实施框架体系	2019 年度全国优秀城市规划设计奖一等奖
5	上海老北站地区城市更新规划	2019 年度全国优秀城市规划设计奖一等奖
6	北京城市副中心规划设计导则（规划管理版）	2019 年度全国优秀城市规划设计奖二等奖
7	上海国际化大都市郊野地区风貌设计导则	2019 年度全国优秀城市规划设计奖二等奖
8	广州第二中央商务区城市设计与控制性详细规划	2019 年度全国优秀城市规划设计奖二等奖

序号	项目名称	奖项
9	广州国际金融城东区城市设计及控制性详细规划	2019 年度全国优秀城市规划设计奖二等奖
10	大庐山旅游圈发展总体规划	2019 年度全国优秀城市规划设计奖三等奖
11	厦门城市空间形态与结构研究	2019 年度全国优秀城市规划设计奖三等奖
12	曲阜历史文化名城保护提升系列规划	2019 年度全国优秀城市规划设计奖三等奖
13	舟山千岛中央商务区控制性详细规划(含城市设计)	2019 年度全国优秀城市规划设计奖三等奖
14	杭州市世纪城北单元(亚运村)控制性详细规划局部调整和城市设计	2019 年度全国优秀城市规划设计奖三等奖
15	西咸新区地下空间开发利用专项规划	2019 年度全国优秀城市规划设计奖三等奖
16	南宁市多规合一业务协同平台——数据库	2019 年度全国优秀城市规划设计奖三等奖
17	漳州西湖生态园片区城市设计	2019 年度全国优秀城市规划设计奖三等奖
18	大理市“双修”规划——下关片区总体城市设计与开发强度分区	2019 年度全国优秀城市规划设计奖三等奖
19	菏泽市城乡一体空间战略规划	2019 年度全国优秀城市规划设计奖三等奖
20	杭州市人口规模多情景预测与应对策略研究——杭州总规修编系列专题研究	2019 年度全国优秀城市规划设计奖三等奖
21	青岛历史文化名城保护规划(2011—2020 年)	2019 年度全国优秀城市规划设计奖三等奖
22	南宁市职住平衡及规划对策研究	2019 年度全国优秀城市规划设计奖三等奖
23	临沂市城市地下管线综合规划	2019 年度全国优秀城市规划设计奖表扬奖

2020 年科研类获奖一览表

序号	项目名称	奖项
1	超大城市高密度既有城区有机更新关键技术及其应用	2019 年度上海市科技进步奖 一等奖
2	健康城市空间规划关键技术及应用	2020 年度上海市科技进步奖 二等奖
3	呼吸健康导向的城市规划设计理论、方法与应用	2020 年度华夏建设科学技术奖 二等奖
4	杭金衢高速兰溪收费站周边、兰溪市迎宾大道景观改造及兰江绿道三期工程方案扩初及施工图设计	2020 年度上海市优秀工程勘察设计一等奖(园林和景观设计)
5	郑州航空港经济综合实验区规划中生态智慧关键技术研究与应用	河南省自然资源科技奖 二等奖
6	连州市省级新农村连片示范建设工程规划	2020 年度中国风景园林学会科学技术奖 三等奖

2020 年度资助出版的专著和编著列表

序号	书名	作者	出版社	出版时间
1	历史性城镇景观(HUL)视角下的城市历史空间研究	顾玄渊	中国建筑工业出版社	2020.6
2	城市地下空间规划	汤宇卿 等著	中国建筑工业出版社	2019.12
3	城乡开发的理论与实践	夏南凯主编	中国建筑工业出版社	2019.12
4	一带一路与世界轴——基于新陆权主义的全球空间系统重构	罗志刚	同济大学出版社	2019.3
5	空间治理与美好人居(第 8 届金经昌中国青年规划师创新论坛文集	金经昌中国青年规划师创新论坛组委会	中国建筑工业出版社	2020.12
6	城市规划学刊 2019 增刊	上海同济城市规划设计研究院有限公司	同济大学出版社	2019.12

序号	书名	作者	出版社	出版时间
7	中国城市状况报告 2018/2019——全球行动与中国实践：共创人类美好未来	奚慧、杨犇、邹海燕参编	中国建筑工业出版社	2019.12
8	上海国土空间规划与土地资源管理－优秀成果选集	奚慧参编	复旦大学出版社	2019.12
9	2018 中国城市地下管线发展报告——供排水篇	焦小龙参编	同济大学出版社	2020.1

校园文化与体育活动

校园文化

【概况】 制定创建全国“文明校园”攻坚实施方案，同济大学获评全国“文明校园”荣誉称号。评选系列校内文明创建先进。做好垃圾分类、节约粮食宣传。做好口述历史项目采访工作。举办“同济迁往李庄办学80周年”主题展、上海市教卫系统抗疫主题展、同济大学党建示范高校创建成果展等；配合“四史”学习，和中共一大、二大、四大（会址）纪念馆联合举办“启航——中国共产党早期在上海史迹展”；联合举办“新中国上海的99个瞬间”“邮票中的四史”等专题展览。启动话剧《铸诗成剑》（原名《殷夫》）编创工作，在百年高校“四史”学习联合讲坛上演出部分片段；上演大师剧《国之英豪》和实验歌剧《刘志丹》；与上海昆剧院联合打造学生版昆曲《长生殿》。

组建校园文化宣传大使队伍，完成“楼宇阅读”（二期）嘉定校区部分，开发“同济文化之旅”线上参观线路和校园导游解说系统。在嘉定校区设置校训石、校风墙、“同心舟”“同门共业”雕塑；举办大交通学科建设成就展、“没有一个春天不会来临”教师书画展、“山河无恙”于澎教授写生作品展等系列展览；在图书馆建成文化空间“文権堂”，举行一系列丰富多彩的中华优秀文化传承活动；举办“理想之光 真理之路”迎接建党百年交响音乐会；举办“中国精神”大讲堂；支持交通运输工程学院建设院史馆、汽车学院建设文化墙。

同济大学获批教育部教育融媒体建设试点单位。构建全媒体传播体系，已入驻学习强国、微信、微博、抖音、快手、B站、头条号、人民日报客户端、央视频、教育部官方App“中国教育发布”等14个自媒体平台，共发布图文8000余条次，短视频750条，被首页推荐60多次。正面报道登上新浪微博热搜全国榜10次，同城榜20多次。官方微信、官方微博均入选全国教育政务新媒体影响力20强。在“中国教育发布”平台上，同济大学总体表现位居全国高校第一。制作《同济报》20期（每期4版），新闻网发布中文新闻报道3500余条，英文网发布信息280条，广播台播出新闻节目40多期、专题节目60多期。社会媒体正面报道同济大学12万余条次，其中新华社、人民日报、中央电视台（含新闻联播）、光明日报等中央媒体报道1.2万余条次。

开辟网络育人“空中直播间”，摄录战“疫”示范系列微党课、“中国道路”思政课、“星空讲堂”等，联合推出广播栏目《英魂济忆》。适应疫情防控常态化要求，新推出“听TA说”网络直播栏目，将常规校园文化活动“搬迁”至网络空间，分设“红色能量”“传统文化”“科学素养”“人文情怀”等多个版块。参与市教卫工作党委组织制作的寄语毕业生的视频《上场》，参与B站毕业歌《入海》的制作与拍摄，毕业MV参与新华社《2020毕业季宿舍演唱会》等。

（李霞）

2020年，为将疫情带来的影响降至最低，学校工会努力创新工作形式，将象棋比赛、大怪路子、健步走、烹饪、俏手艺等21项活动转移至线上进行。全年组织参加第五届上海市职工篮球联赛、上海市第三届市民运动会线上“精武杯”太极拳比赛、第五届上海市职工篮球联赛、上海市高校2020秋季网球友谊赛等赛事。组织举办足球、羽毛球、篮球、网球、乒乓球等比赛，太极拳展演活动等体育活动30余场，参与教职工超1000余人次。开展各类抢票活动7场次，共计发放各类门票1000余张。

2月8日，联合党委教师工作部、妇委、离退休工作办公室等部门，面向附属医院医务工作者和全校教职工征集新冠病毒肺炎疫情防控主题作品，共收到各类作品221件，并评选出57项获奖作品。

5月1日，拍摄制作的《匠心同济人》宣传片通过微信朋友圈推送，诠释学校一线教职工“崇尚劳动、热爱劳动、辛勤劳动、诚实劳动”的劳动精神，点播量超40万次。

6月，筹建上海市教工足球协会，并由同济大学担任理事长单位；9月，组建成立同济大学教工足球队，进一步完善教职工运动队伍的建设，激发学校教职工参与体育运动的积极性；10－12月，承办2020—2021“同济设计杯”上海教工足球联赛，共有25支球队报名参赛。

6月19日－21日，组织参加第四届上海高校青年教师教学竞赛，马克思主义学院王飞获一等奖，口腔医学院陈袁伟获三等奖，国际文化交流学院姚伟嘉、体育教学部王玥、物理科学与工程学院杜艾、环境科学与工程学院于振洋、机械与能源工程学院孙波、医学院彭静获优秀奖，学校获优秀组织奖。

9月－12月，联合艺术与传媒学院、体育教学部等部门，继续开展体育启蒙、声乐比赛等丰富多彩的“同二代”活动，为“同二代”的成长提供充足养分和广阔空间，报名参与“同二代”300余人次。

11月10日，举办第五届同济大学教职工篮球嘉年华暨第七届同济大学教职工篮球友谊赛。

12月8日，组织姚启明全国劳动模范先进事迹报告会，学校工会系统干部、机关科级干部、一线教师代表、学生代表、建筑设计研究院职工代表近200人参会。

在学校党政总体部署下，继续支持同济大学对口支援帮困对象云南省云龙县等贫困地区农产品销售，2020年完成扶贫采购任务624余万元。

（李宗徽）

体育活动

【概况】 2020年，通过阳光系列赛、上海市锦标赛、全国锦标赛等各类竞赛的参赛及办赛，培养学生的爱国主义精神、团队合作精神、顽强拼搏精神和遵守规则的意识，实现学校体育的育人价值，也为推动校园体育文化的建设和发展，搭建了体育育人及展示的平台。

【校园群众体育】 体育教学部及各学生体育协会团体组织开展了丰富多彩的校园群众体育赛事及活动。校级赛事15场，院级赛事40余场，其中包括篮球、足球、排球、羽毛球、网球、乒乓球、趣味运动会等，参与群众体育活动学生及教职工超10000人。

9月5日，在嘉定校区举办了首届“薪火”杯龙舟比赛。

10月14日，举办了“行舟于世，健体济国”2020年新生杯篮球赛。

10月27日，举办了“友谊杯”院际排球联赛。

11月2日，在嘉定校区举办了2020年“擎济工程”开班仪式暨“以体之强健，济国之盛年”健康促进工程启动仪式，共计400余人参加仪式。

12月8日，四平校区举办了“友谊杯”长跑比赛暨“重走长征路”推动“四史”学习教育活动；嘉定校区举办了“嘉园杯”长跑比赛暨“重走长征路”推动“四史”学习教育活动和第十三届“嘉园杯”龙舟赛。

12月22日，举办了“友谊杯”首届舞龙比赛。

12月29日，举办了“友谊杯”首届空手道比赛。

【群体赛事】 组织普通大学生参加上海市学生阳光体育大联赛及上海市和全国大学生单项锦标赛。共参赛23场，参与学生近1000人。

参加全国比赛获得奖项：

9月27日，参加2020中国大学生攀岩项目“云”上挑战赛，引体向上第一名，单臂悬垂第七名，女子团体第五名，优秀运动员，优秀教练员。

参加上海市比赛获得奖项情况：

10月31日，参加上海市学生阳光体育大联赛团体健身操，高校组一等奖。

10月31日，参加上海市学生阳光体育大联赛空手道比赛，5金，3银，6铜。

10月23日，参加上海市学生阳光体育大联赛线上体育舞蹈，集体项目二等奖，单人项目1金1银2铜。

10月16—23日，参加上海市学生阳光体育大联赛在线团体智能趣味挑战赛(高校组)，团体第一、第三。

10月24日，参加上海市大学生龙狮锦标赛，二等奖。

10月25日，参加上海市第三届市民运动会舞龙比赛庄行杯，优胜奖。

9月27日，参加上海市苏州河龙舟邀请赛，高校组200米直道赛第五名。

10月17、18日，参加“长三角之心”漾舟精英公开赛暨吴兴“十漾连珠”第二届水上运动嘉年华，四人龙板高校组第五名；八公里单人桨板环岛完赛高校组200米直道赛第三名、团队一等奖。

10月25日，参加上海市第三届市民运动会龙舟项目总决赛暨第二届上海市飒爽巾帼风舟赛，高校女子组12人200米龙舟第十名；高校男子组12人200米龙舟第八名；高校混合组22人500米龙舟第六名。

10月31日，参加上海市第七届学生龙文化全能赛，高校组200米龙舟表演赛第二名。

10月17日，参加上海市第三届市民运动会“中国体育彩票杯”2020上海市桨板公开赛。

10月20日，参加阳光体育大联赛在线桨板比赛，团体赛二等奖、三等奖；90秒划桨男子组第五名。

11月15日，参加大学生射箭(反曲弓)线上邀请赛，男子团体第四名，女子团体第七名。

【高水平运动队】 2020年我校高水平运动队在全国性赛事中获得2金，上海市赛事中获得6金、4银、4项第四、1项第六、1项第八。

羽毛球队：2020年参加1次比赛。

12月19—20日，在上海市大学生羽毛球锦标赛中获得6金、4银、3铜、4项第四名、1项第六名、1项第八名。

健美操队：2020年参加2次比赛。

10月26—30日，参加中华人民共和国第十四届学生运动会健美操预赛获得1金。

10月23—26日，参加2020全国运动训练竞赛联盟健美操锦标赛获得1金。

【竞赛组织】 承办上海市比赛4项。

10月31日，承办2020年上海市学生阳光体育大联赛在线空手道比赛，本次比赛共有来自沪上的17所高校，178名运动员参加。

10月31日，承办2020年上海市学生阳光体育大联赛在线团体健身操比赛，本次比赛共有来自沪上的16所高校，167名运动员参加。

12月19、20日，承办了上海市教委主办的2020年上海市大学生羽毛球锦标赛，36所支高校代表队400名运动员参加本届赛事。

【社会服务】 作为中国大学生体育协会手球、游泳分会的主席单位，配合中国大学生体育协会，组织、开展全国大学生手球、游泳赛事、会议、培训等相关工作。作为上海市板球协会的主席单位承办了相关赛事和活动。

9月6日，组织“云端高校游泳发展论坛”。

10月，在线上举办《板球运动推广及板球项目文化交流国际论坛》。

11月，在线上举办《2020年上海市中职校园板球技能挑战赛》。

11月，举办2020年中国高校手球、沙滩手球教练员网络培训班。

(何琛珏)

党的建设与思想政治工作

党的建设

【概况】 2020年，同济大学党委坚持以习近平新时代中国特色社会主义思想为指导，全面贯彻党的十九大和十九届二中、三中、四中、五中全会精神，落实新时代党的建设总要求，深入贯彻落实习近平总书记关于教育的重要论述和重要指示批示精神，增强“四个意识”、坚定“四个自信”、做到“两个维护”，加强党对学校工作的全面领导，坚持立德树人根本任务，统筹做好疫情防控和学校改革发展，全面总结“十三五”，科学谋划“十四五”，持续推进学校治理体系与治理能力现代化建设，推动学校改革发展再上新台阶。一年来，学校坚持以一流党建引领一流大学建设，加快推进“不忘初心、牢记使命”长效机制建设，各项工作取得快速发展。基层党建“双创”工作再创佳绩，圆满完成全国首批党建工作示范高校各项建设任务，凝炼出一系列党建优秀成果；土木工程学院、建筑与城市规划学院教工第八党支部和外国语学院本科生党支部入选教育部第二批“双创”建设单位；交通运输工程学院教工第一党支部入选第二批上海市“双带头人”工作室；学生社区党建服务中心入选“市教卫工作党委第二批示范性党建服务中心”。

截至12月31日，学校共有党员16996名。其中，预备党员1591名，女党员7708名，少数民族党员533名。按照党员身份分类，在岗教职工党员6192名，学生党员8043名（研究生党员7170名，本科生党员873名），离退休党员2425名。本年度共发展中共党员1235名，其中学生1148名（博士142名，硕士生538名，本科生468名），教职工87名。本年度共转入党员1707名，转出党员2241名。本年度共完成11个党委和10个基层行政班子换届调整工作。全年新增党支部16个，转出1个，撤销合并党支部15个，对230个支部进行了换届。

学校党委坚持以习近平新时代中国特色社会主义思想武装头脑，在政治上举旗帜把方向、在战略上谋大局做决策、在组织上抓班子带队伍、在监督上扛责任保落实，巩固拓展主题教育成果，不断推进不忘初心牢记使命长效机制建设，主动融入上海党建工作整体格局，在以一流的党建工作引领一流大学建设上展现新气象。进一步健全完善领导领学、干部必学、师生共学的理论学习机制，党委常委会组织集体政治学习20次，党委理论学习中心组（扩大）集体学习12次，发动各级党组织丰富学习形式、拓展学习内容、务求学习实效、激发师生学习热情，在全校师生养成理论学习习惯的基础上，进一步提升理论学习质量。主动与上海市嘉定区、杨浦区等区委中心组开展联组学习，进一步深化区校合作，共同谋划打造千亿级科技产业园。班子成员带头为师生上党课、形势与政策课，全面升级品牌思政课“中国道路”，发挥学校优势学科特色，阐释中国特色社会主义道路在各个领域的建设与发展，全年共计开展授课84学时；及时总结学习成果，共计公开发表学习体会文章32篇，积极向师生汇报学习心得。开通“同济大学”学习强国号，拓展师生学习途径，促进广大党员师生使用“学习强国”学习平台日常化。重点围绕“四史”学习教育、围绕贯彻落实党的十九届四中、五中全会精神、围绕学习《习近平谈治国理政（第三卷）》、习近平总书记关于教育的重要论述和系列重要讲话指示批示精神等学习主题，专门制定方案进行部署。结合重要节日和时间节点“开门学习”，与中共一大、二大、四大（会址）纪念馆联合举办“启航——中国共产党早期在上海史迹展”。出台《同济大学关于巩固深化“不忘初心、牢记使命”主题教育成果的实施细则》，形成《中共同济大学委员会“不忘初心、牢记使命”主题教育整改落实情况报告》，进一步总结凝练主题教育中好的做法，巩固拓展主题教育成果，推动形成不忘初心、牢记使命长效机制。

全面贯彻新时代党的建设总要求和新时代党的组织路线，扎实推进党建示范创建和质量创优工作，切实做到“六个过硬”“五个到位”“七个有力”，不断深化基层党建内涵，把党建工作贯穿办学治校、教书育人全过程，为扎根中国大地加快建设中国特色世界一流大学提供了坚强的政治保证。持续加强制度建设，制定《中共同济大学委员会关于进一步加强学校党的政治建设的实施意见》，修订《中共同济大学委员会常务委员会议事规则》《中共同济大学委员会全体会议议事规则》《同济大学校长办公会议事规则》，细化落实举措，强化党对学校的政治领导。修订完善《中共同济大学委员会领导班子成员落实基层党建责任和联系基层的若干规定》等文件，突出一线规则，持续推动领导班子将基层党建责任落细落实。修订《同济大学关于加强新形势下党的督促检查工作的实施意见》，强化改进督查督办工作，确保中央、上级部门和学校各项决策部署落实落地。修订印发《同济大学关于开展党务公开工作的实施意见》，进一步加强和规范学校党务公开工作。全年共计新增或修订行政类规范性文件45个，新增或修订党群系统规范性文件33个。扎实推进“双创”建设，顺利通过学校党委、建筑与城市规划学院党委、土木工程学院建筑工程系教工第一党支部以及同济医院门急诊党支部的创建验收工作。认真梳理和总结工作亮点和成绩，汇编形成三册《同济大学党建工作成果汇编》，出版《同济大学2018年党的建设研究》《同济大学2019年党的建设研究》和《新时代高校党员之家建设导则》等，全面总结我校在推进高校党建工作质量提升过程中的工作理念和实践探索经验，加强示范引领作用。积极推进了土木工程学院党委、建筑与城市规划学院教工第八党支部和外国语学院本科生党支部等全国第二批“双创”单位建设，土木工程学院党委、建筑与城市规划学院教工第八党支部在上海市教卫工作党委系统调研组所开展的“上海高校新时代基层党建质量提升工程”专题调研中均获得A等评价。光明日报专题报道了学校党委创建全国党建工作示范高校的典型经验，在社会上产生了较大的反响。在市教卫工作党委对学校示范高校创建情况进行现场满意度测评中，总体非常满意和满意的比例达99.6%。在“双带头人”全覆盖基础上，通过启动“双带头人”学术能力提升专项计划和第二批校内“双带头人”工作室建设，在更大范围深化“双带头人”队伍内涵。持续强化基层专兼职组织员队伍建设，将组织员全面纳入学校干部队伍建设整体布局，打通组织员职务职级双线晋升通道，定期开展培训和年度考核，夯实党务工作“中坚”力量。目前，全校已配备专职组织员53人，兼职组织员2人，特邀组织员7人。按周督促二级党组织发展党员工作，联合学(研)工部编制印发《发展党员工作指导手册》，指导二级党组织进一步规范党员发展流程，提升发展党员材料质量。截至2020年底，共发展党员1235名，同比去年增长11.4%。疫情防控期间，附属医院的4名医护人员在武汉火线入党。树立正确选用导向，优化完善班子队伍结构，稳步推进基层组织换届。本年度已完成11家基层党委班子换届、10家行政班子换届。修订印发《同济大学中层领导人员选拔任用工作办法》，进一步强化学校党委领导和把关作用，全面履行选人用人主体责任，不断提高选人用人质量。出台《同济大学援派挂职干部人才选派及管理办法》，进一步保障和激励援派挂职干部人才干事创业。2020年度，实施2批共7名年轻干部校内轮岗交流，选派25名干部到国家部委、上海市和地方开展挂职、借调工作。切实将多岗位锻炼作为选育用人的重要途径。本年度提任的领导人员中，6人有校外挂职借调经历，12人有校内挂职经历，5人有支部书记工作经历。

学校全面统筹本科与研究生教育，牢固树立人才培养中心地位，以人为本、德育为先，以人才培养体系建设为切入点，以全国首批“三全育人”综合改革试点高校建设为契机，深化“育人”和“质量”内涵，着力培养引领未来的社会栋梁与专业精英。以“一区五品六中心”建设为抓手，全面发布2020级学生德育培养及评价方案，形成学校“三全育人”综合试点改革各项工作举措的叠加效应。在全校设立“三全育人”试点学院21家，试点项目11个。完成《塑体铸魂——时代新人成长之路》《同济大学“三全育人”综合改革试点工作案例选编》等一系列标志性研究成果。全面推行学生社区驻楼导师工作站建设，实现22个本科生社区全覆盖，2020年共选派驻楼导师262人，将育人力量和育人资源压实到学生日常学习生活的第一线，并形成长效机制，相关工作简报被教育部专题报道。学生组织改革成效显著，得到中国青年报头版报道，工作案例纳入全国案例集收录，并作为首期高校学生会组织改革微团课案例在全团发布。

学校党委把落实管党治党责任作为最根本的政治担当，进一步完善“四责协同”机制，以全面从严治党主体责任落实带动各项工作责任落实，为加快建成中国特色世界一流大学，培养德智体美劳全面发展的社会主义建设者和接班人提供坚强政治保证。制定《中共同济大学委员会关于深化细化全面从严治党“四责协同”机制的实施办法》，深化细化全面从严治党“四责协同”机制，推动形成知责明责、履责尽责、考责问责的工作闭环。印发《中共同济大学委员会关于落实全面从严治党主体责任的实施方案》，制订党委、主要负责同志和领导班子其他成员全面从严治党主体责任清单，以上率下，切实促进学校各级党组织和广大党员干部履职尽责。推进纪检监察体制改革和纪检监察队伍建设，进一步增设监督检查室、案件管理室两个副处级机构；增加学校纪委专职副书记1名。配齐配强基层纪检力量，41个基层党委全部设立纪委，支部设纪检委员，形成校纪委委员、专职纪检干部、二级纪委、支部纪检委员四支队伍。建立校纪委委员联系基层制度及纪检工作联席会议平台机制，加强对二级纪委工作的领导和指导。加强纪检业务培训和“以干代训”，分层次做好纪检干部全员培训，提升监督履职能力。针对附属医院和校办企业的特点和不同情况，分别建立医口、企业纪检工作联席会议平台机制，进行有针对性的分类指导。党委始终把贯彻落实中央八项规定及其实施细则精神，纠治“四风”作为一项重要政治任务抓紧抓实。把2020年确定为“作风建设年”，举办着眼于全面提升干部队伍育人能力、治理能力和服务能力的全校中层干部专题研讨班，班子成员集体备课、亲自授课，推动改进机关作风、干部作风，提升治理水平和管理效能。编印《作风建设实用手册》《作风建设警示案例》等相关资料，既加强正面宣传又开展反面警示。积极发挥“推进作风建设部门联席会议”作用，定期分析研判学校作风建设状况，查找突出问题，持之以恒正风肃纪，对违反中央八项规定精神以及隐形变异的“四风”问题，坚持发现一起、查处一起，把“严”的主基调持续坚持下去。对照中央巡视反馈意见，结合中央有关巡视工作最新部署和要求，全面总结2019年度深化巡视整改情况，制定2020年版深化巡视整改工作任务清单，拟定26个方面114项具体任务，扎实做好巡视“后半篇文章”。积极推进校内巡察和巡察整改工作，完成3轮巡察工作，对12个学院党委开展了常规巡察，对包括机关党委在内的33个职能部门开展了“机关作风建设”专项巡察，对2个学院党委开展了巡察“回头看”，对被巡察单位领导班子及成员进行全面“政治体检”。

定期召开学校统战工作领导小组会议和民族宗教工作领导小组会议，

部署常态疫情防控形势下的统战工作。制订《同济大学无党派人士认定工作实施办法(试行)》《同济大学基层党组织统战委员职责(试行)》,下发《基层统战工作应知应会手册》《无党派人士工作应知应会手册》《上海基层统战工作政策文件汇编》,为基层党组织开展统战工作提供政策依据和实践指导。加强党外知识分子思想引领,推荐选送党外代表人士参加市委统战部、市教卫工作党委举办的培训班。协助各民主党派顺利完成支部换届工作以及部分党派委员会班子的届中调整和增补工作,做好各类党外代表人士的举荐考察工作。

制定《同济大学二级单位教职工代表大会实施办法(试行)》,推进二级单位教代会建设。开设"同济大学提高级妇女之家云课程",推动"校院两级妇女之家、爱心妈咪小屋联动机制构建"专项一期成功实施8个项目,基层妇女工作内涵建设成效明显。做好疫情期间老同志日常服务保障工作,举办"同舟共济,攻克时艰防疫有我"作品征集等活动丰富老同志文化生活。孙钧院士获"上海市离退休干部先进个人"称号,机关党委退休教工第二党支部、离退休干部党工委离休第一党支部获"上海市教卫工作党委系统离退休干部先进集体"称号,另有5名老同志获"上海市教卫工作党委系统离退休干部先进个人"称号;在纪念中国关心下一代工作委员会成立30周年暨全国关心下一代工作表彰大会上,校关工委荣获"全国关心下一代工作先进集体"荣誉称号,是上海唯一获奖高校。

(陆辛)

【同济大学召开"不忘初心、牢记使命"主题教育总结大会】 1月10日,同济大学召开"不忘初心、牢记使命"主题教育总结大会。中央第三指导组组长、十三届全国政协委员、中华全国供销合作总社原监事会主任诸葛彩华出席并讲话。校党委书记方守恩作总结报告,大会由校长、校党委副书记陈杰主持。

(陆辛)

【同济大学举行中层干部学习贯彻党的十九届四中全会精神培训班开班仪式】 1月10日,同济大学举行中层干部学习贯彻党的十九届四中全会精神培训班开班仪式。校党委书记方守恩作动员并作首场辅导报告。陈杰、伍江、蒋昌俊、徐建平、吕培明、方平、雷星晖等校领导和全体中层干部出席开班式,开班式由校党委副书记吴广明主持。方守恩强调,要进一步抓好全会精神的学习贯彻工作,认真抓好学习宣传和理论阐释,推进全会精神入脑入心。

(陆辛)

【同济大学召开学校公共卫生安全应急工作领导小组会议】 1月27日,同济大学召开学校公共卫生安全应急工作领导小组会议,学习贯彻习近平总书记重要讲话和中央政治局常委会会议精神,对学校新型冠状病毒感染的肺炎疫情防控工作再研究、再部署、再落实。

(陆辛)

【同济大学党委召开第五轮巡察工作动员会】 4月2日,同济大学党委召开第五轮巡察工作动员会,校党委书记方守恩,校党委副书记、纪委书记方平出席会议并讲话。方守恩首先传达了习近平总书记关于巡视整改的要求和十九届四中全会关于巡视巡察工作的最新要求。本轮学校党委设立三个巡察组,继续采取"一托二"的方式,对6个学院党委开展巡察。

(陆辛)

【同济大学举行机关"作风建设年"启动会】 4月14日,同济大学举行机关"作风建设年"启动会。党委副书记、机关党委书记冯身洪,机关党委委员、纪委委员、机关各党支部书记、职能部门负责人出席了会议。会议要求各部门领导班子及干部对照下发文件要求及反馈意见,检视部门、个人在工作作风方面存在的问题,召开工作作风建设专题会议,分析问题产生的原因,提出整改措施,形成整改方案。

(陆辛)

【同济大学召开2020年全面从严治党工作会议】 4月24日,同济大学召开2020年全面从严治党工作会议。会议总结了学校2019年全面从严治党工作,部署2020年工作任务。校党委书记方守恩出席并讲话,党委副书记、校长陈杰主持会议,校党委副书记、纪委书记方平总结布置了纪检监察工作,副校长雷星晖通报了学校经济责任审计中发现的主要问题。

(陆辛)

【"同济大学"学习强国号在中宣部学习平台"学习强国"上线】 4月30日,"同济大学"学习强国号在中宣部学习平台"学习强国"上线。该学习强国号是反映同济大学深入学习宣传贯彻习近平新时代中国特色社会主义思想、落实立德树人根本任务的重要载体,是全面展示同济大学深入推进扎根中国大地建设世界一流大学和弘扬正能量、讲好同济故事的全媒体传播平台。

(陆辛)

【上海市委宣传部在同济大学举行部校共建马克思主义学院工作推进会】 5月28日,上海市委宣传部在同济大学举行部校共建马克思主义学院工作推进会,总结部校共建马克思主义学院成效,交流共建经验,研究部署共建下一步工作。会上,上海市委宣传部与同济大学签约共建马克思主义学院,部校共建同济大学马克思主义学院揭牌。焦扬、方守恩、梅兵、郭为禄分别讲话,表达了各高校在部校共建机制下,进一步建好建强马克思主义学院的决心,并提出了未来将着力推进的一些重点工作。

(陆辛)

【《启航——中国共产党早期在上海史迹展》在同济大学揭幕】 6月24日,在上海市委党史研究室、上海市教卫工作党委指导下,由同济大学联合中共一大会址纪念馆、中共二大会址纪念馆、中共四大纪念馆共同举办的《启航——中国共产党早期在上海史迹展》在四平路校区衷和楼大厅揭幕。此次展览系首次将一大会址纪念馆、二大会址纪念馆、四大纪念馆的展览组合在一起进行展出,集中展现了中国共产党早期在上海的奋斗历程。该展览也拉开了“理想之光·真理之路”同济大学迎接建党100周年系列主题活动的序幕。

(陆辛)

【同济大学举行庆祝中国共产党成立99周年大会暨党建示范创建和质量创优工作交流大会】 7月1日下午，同济大学举行庆祝中国共产党成立99周年大会暨党建示范创建和质量创优工作交流大会，校领导方守恩、陈杰、伍江、蒋昌俊、吴志强、徐建平、吕培明、吴广明、方平、冯身洪、雷星晖，教育部党建联络员、原上海财经大学党委副书记刘永章，校党委委员、纪委委员、党口职能部门负责人、二级党组织书记、受表彰对象、学校部分第十一次党代会党代表、教工党支部书记代表以及组织员代表等200余人参加大会，其他师生党支部书记及委员通过学校流媒体平台线上参会。

(陆辛)

【同济大学党委与上海市嘉定区委举行中心组联组学习会】 7月6日，同济大学党委与上海市嘉定区委中心组联组学习会在同济大学嘉定校区举行，区校双方围绕“贯彻市委全会精神，深化校地合作，做优城市核心功能，建设人民城市”主题，展开深入学习研讨。会上，区校双方签约共同建设“嘉定同济大学科技园”;合作共建“同济大学嘉定基础教育集团”。嘉定区委书记、区长陆方舟，区政协主席刘海涛等区四套班子成员和区法院、区检察院主要负责同志，同济大学党委书记方守恩，党委副书记、校长陈杰等校党政领导班子成员及区校双方有关部门负责人出席联组学习会。

(陆辛)

【同济大学举办“寻找红色起点——《中国共产党早期在上海史迹》‘四史’学习分享会”】 8月14日，由同济大学党委宣传部主办、同济大学出版社承办的“寻找红色起点——《中国共产党早期在上海史迹》‘四史’学习分享会”在上海展览中心友谊会堂举行。中共上海市委党校常务副校长徐建刚、中共上海市委党史研究室主任严爱云、校党委副书记吴广明作为活动嘉宾，围绕《中国共产党早期在上海史迹》一书展开对谈交流，循着中国共产党早期在上海走过的历史足迹，找寻珍贵的红色印记。

(陆辛)

【上海高校学习《习近平谈治国理政》第三卷交流会暨“新时代中国共产党与国家治理现代化”学术研讨会在同济大学举办】 8月24日，由中共上海市委宣传部、中共上海市教卫工作党委、上海市教委、同济大学主办，同济大学马克思主义学院承办的上海高校学习《习近平谈治国理政》第三卷交流会暨“新时代中国共产党与国家治理现代化”学术研讨会在同济大学马克思主义学院学术报告厅举行。中共上海市委宣传部副部长徐炯、中共上海市委宣传部理论处处长陈殷华、上海市教委德育处处长沙军、同济大学党委副书记方平出席会议，来自沪上高校，以及《解放日报》《中国社会科学报》上海记者站、《思想理论教育》杂志社等媒体杂志的40余名学者参会。

(陆辛)

【同济大学党委召开第七轮巡察工作动员会】 10月23日，同济大学党委召开第七轮巡察工作动员会，校党委书记方守恩，校党委副书记、纪委书记方平出席会议并讲话。方守恩首先传达了十九届四中全会关于巡视巡察工作的要求和中共中央政治局常委、中央纪委书记赵乐际同志9月27日在十九届中央第六轮巡视工作动员部署会上的讲话精神，要求各巡察组对标对表，落实中央对巡视工作的最新要求。本轮巡察学校党委设立三个巡察组，继续采取“一托二”的方式，对6家二级单位党委开展巡察。

(陆辛)

【同济大学举行全国党建工作示范高校创建工作满意度测评会】 11月20日下午，同济大学全国党建工作示范高校创建工作满意度测评会在四平路校区举行。上海市教卫工作党委副书记滕建勇，教育部直属高校党建工作联络员、上海财经大学原党委副书记刘永章，同济大学党委书记方守恩、校长陈杰等党政领导班子成员出席会议。校党委常委、校长助理、两委委员、校党群系统职能部门和二级党组织主要负责人、人大代表、政协委员、党代会代表、教代会代表、教师及学生代表等共120余人参会。方守恩从六个方面汇报了学校在党建工作示范高校建设过程中所开展的工作和取得的成效，并表示，下一阶段，同济大学将深入学习贯彻习近平新时代中国特色社会主义思想，以“全国党建工作示范高校”验收工作为契机，进一步对标“六个过硬”要求，开拓进取，追求卓越，持续提升学校党建工作质量，为加快建设中国特色世界一流大学提供坚强组织保证。

(陆辛)

【同济大学举行党委理论学习中心组(扩大)学习会暨党的十九届五中全会精神宣讲报告会】 11月20日，同济大学举行党委理论学习中心组(扩大)学习会暨党的十九届五中全会精神宣讲报告会，校党委书记、学校学习贯彻党的十九届五中全会精神宣讲团成员方守恩，以《深入学习贯彻党的十九届五中全会精神，谋篇布局开启同济大学“十四五”奋斗新篇章》为题作了宣讲报告。报告会由校党委副书记吴广明主持。校领导班子成员、党委常委、校长助理、两委委员、中层干部、学校学习贯彻十九届五中全会精神宣讲团成员和部分师生代表在现场聆听报告，学校流媒体系统对报告会进行了网上直播。

(陆辛)

理论学习、思想教育与宣传

【概况】 校党委中心组和中心组扩大学习会举行理论学习13次。对二级党委理论学习中心组的学习情况进行检查和指导，建设线上视频学习资料库，建立同济大学宣传贯彻党的最新理论成果专家库，成立60位专家宣讲团，面向基层单位宣讲76场，开通“同济大学”学习强国号。做好中层干部学习党的十九届四中全会精神培训。对党的最新理论成果进行研究和阐释，在权威期刊和各类报刊网络平台发表文章10余篇。

对二级学院党委意识形态责任落实情况和教职工思想政治教育情况进行调研督查。在中层干部综合治理能力提高研讨班、新进教师入职培训和辅导员年度培训中，专门安排意识形态工作方面的单元。将意识形态工作纳入对二级党委的巡察。受理各类哲学社会科学讲座论坛申请326个，受理师生参加外国驻华使领馆活动申请4人次。

对全校哲学社会科学相关专业教材进行专项督查。对8个学科大类的本校出版社出版的414种和本校教师编写的217种进行了意识形态专项排查；对各学院近一年来在本校教学中使用、非本校出版的哲学社会科学类教材进行排摸，共排查2107种；委托业内专家对本校编辑出版的哲学社会科学类期刊的出版质量进行全面审核。

对学校各网站和信息系统集中梳理，备案了学校各单位各部门所属的420个网站、510个微信公众号、91个微博账号、46个B站账号、24个抖音账号、3个快手账号、4个西瓜视频账号、2个澎湃账号、3个微信小程序、45个其他平台账户，做到所有网站、信息系统和自媒体责任明确、台账清晰、落实到人。建立多部门联动的信息安全保障机制。开展网络安全与网络宣传工作专项培训。学校有上海市委网信办核心网评员3人、上海市教委网评员8人、校级网评员50人。2020年，推荐评选第二批“同济大学网络育人名师培育计划”骨干对象和培育对象15人，并对两期共27名对象进行一对一指导。

开展网络安全宣传教育。做好上海市教委网络安全专项检查、市高校互联网平台账号排查整顿工作、公安机关网络安全监督检查自查、教育系统网络安全监督检查、文保分局网络安全执法检查、市教委“护网”演练等工作。共发出238份网络安全整改通知，其中188个系统已经完成整改，5个系统已迁移到学校的网站群，33个系统关停和注销，12个系统在整改中。在学校网络安全专项治理工作中，清理存在信息泄露风险网站51个，清除信息泄露网页链接345条；针对“僵尸主机”发出整改通知95个，降低了安全风险；对97个“僵尸网站”发出整改通知，撤销域名或者关停服务器15个。

（李霞）

纪检与监察

【概况】 2020年，学校纪委深入落实中央纪委四次全会精神，自觉增强“四个意识”，坚定“四个自信”，做到“两个维护”，立足新阶段新理念新格局，坚持稳中求进总基调和严的主基调，忠诚履行党章赋予的职责，充分发挥监督保障执行、促进完善发展作用，推动纪检工作高质量发展。

学校纪委班子加强理论武装，带头深入学习习近平新时代中国特色社会主义思想。坚持每月一次集体学习制度，采取纪委委员轮流领学方式，全年集中学习10次。坚持边学习、边调研、边总结，围绕加强政治监督、二级纪委工作等开展调研，把学习和调研成果转化为实际举措。

学校纪委加强政治监督。围绕落实习近平总书记关于“思政课是落实立德树人根本任务的关键课程”以及关于研究生教育的重要指示精神，开展专项督查；在疫情防控期间，通过随机抽查、实地走访等方式，加强监督检查，督促责任落实；助力脱贫攻坚，选派干部赴实地调研和督查，确保党中央决策部署到哪里，监督检查就跟进到哪里。会同党口职能部门对各单位落实“三大主体责任”情况开展联合检查。

从严从实推进作风建设，贯彻落实习近平总书记关于制止餐饮浪费的重要指示精神，督促相关部门协同做好工作，并走访学校餐厅进行监督检查。两次召开“作风建设部门联席会议”，分析研判学校作风建设的苗头性、倾向性问题，督促主责部门对公务接待、津补贴发放等开展全面排查，完善机制。以学校“作风建设年”行动和机关“作风建设”专项巡察为抓手，紧盯领导干部和机关部门，重点整治形式主义、官僚主义突出问题，督促持续改进文风、会风，优化各类督查、考核。紧盯重要时间节点，持续进行教育提醒；编发《作风建设警示案例》，集中通报校内违纪违规典型案例，加强警示教育。

完善监督体系，做实做细日常监督。采取年初有布置、年中有检查、年底有验收的方式，督促机关37个部门针对各自廉政风险系数较高的突出问题，制定《党风廉政建设项目书》，以项目化方式梳理风险隐患，完善防控机制。

紧盯“关键少数”，通过调研走访、谈心谈话、监督检查等方式，深入了解各单位“一把手”和班子情况。加大日常谈话力度，校纪委书记全年约谈学校各级干部110余人次。围绕招生、人员招聘、采购招标等重点领域，制定五个方面19类廉政风险的监测体系。

完善“监督部门联席会议”机制，研讨日常监督中的重点难点问题，探索建立信息共享、线索移交、会商处置等工作机制，推动纪律监督与巡察、审计、财会等其他监督的协同贯通。立足“监督的再监督”定位，针对科研经费使用、招生考试等工作，通过约谈干部、专项督查、发放建议书等方式，督促主责部门切实履责。

履行“协助”职责，推动“两个责任”协同贯通。一年来，学校纪委向党委常委会报告工作11次。协助党委制定年度党风廉政建设工作要点，召开学校全面从严治党工作会议。协助制定学校全面从严治党“四责协同”机制实施办法。及时汇报校内巡察、日常监督和信访举报中发现的主要问题，提出工作建议。校纪委书记坚持每学期与领导班子谈心谈话，及时反馈所分管部门存在的问题，下达“廉情抄告书”。加强对选人用人的监督，全年出具廉政审查意见126人次。

严肃查处违纪违规问题，全年受理信访举报42件，形成问题线索14件。经查核，给予党纪处分4人，诫勉谈话3人，提醒谈话6人，下发《纪律检查建议书》等2份。

继续高质量开展校内巡察，深化巡视巡察整改。全年开展三轮巡察，对12个学院党委开展常规巡察、对机关党委及32个职能部门开展“作风建设”专项巡察、对2个学院党委开展巡察“回头看”。根据巡察结果，约谈履职不到位的干部，予以提醒、批评；针对发现的共性问题，要求各单位自查自纠；针对体制机制问题，发出《巡察改进建议书》7份，提出专项工作建议报告7份。建立巡视巡察联动机制和巡察整改督查机制，走访已接受巡察的各学院，加强对整改情况的监督检查。

深化纪检体制改革，增设1名专职纪委副书记，保留纪委办公室正处级机构，增设监督检查室、案件管理室两个副处级机构。持续深化“三转”，校纪委书记不再分管和协管除纪检、监察、巡察之外的其他工作，纪委参与的议事协调机构减为8个。

学校41个二级单位全部设立纪委，各基层党支部设纪检委员。学校纪委会同组织部对19名二级纪委书记人选进行考察，全年两次逐一听取二级纪委书记报告工作；制订考核办法，对二级纪委书记进行专项考核。

落实请示报告制度，全年向上级纪委报告工作、请示案情处理意见等20余次，及时上报信访数据、问题线索、党风政风等情况。

加强纪检队伍建设，开展纪检干部全员培训。完善校纪委委员联系基层制度，建立医口、企业纪检工作联席会议机制，搭建二级单位纪检工作交流平台，开展分类指导。选派纪检干部参加上级的业务培训、以干代训和校内巡察，总计48人次。严格执行监督执纪工作规则，制定、修订工作制度9项。开展安全隐患大排查，制定并落实17项整改举措。

（徐莹琳）

纪检监察工作大事记：

1月7日，学校纪委专题听取校扶贫办有关2019年度学校定点扶贫云南云龙县工作情况汇报，对定点扶贫工作开展情况进行督促检查。

1月9日，“校办企业纪检工作专题会”召开，会议决定建立校办企业纪检工作联席会议工作机制。

2月2日，新冠肺炎疫情防控工作督查组成立，校党委副书记、纪委书记方平任组长，分管组织工作的党委副书记冯身洪任副组长，纪委办、组织部有关同志为组员，负责学校防疫工作的督查督办。

2月7日，学校纪委随机抽取137位教职工，以电话访谈形式，了解各单位、各部门传达落实学校疫情防控工作的要求情况。

3月13日，学校2020年纪检工作会议暨纪检干部培训班开班式在线召开，校党委副书记、纪委书记方平作开班动员并主讲第一课。

3月23日，中共同济大学第十一届委员会第38次常委会议讨论决定：成立同济大学纪委监督检查室（副处级）；成立同济大学纪委案件管理室（副处级）。

4月24日，学校党委召开2020年全面从严治党工作会议，总结学校2019年全面从严治党工作，部署2020年工作任务。

4月26日，市纪委监委组织、同济大学纪委主办的2020年第一季度在沪中管、部（署）属高校纪检监察工作片区例会在学校召开。

6月3日，复旦大学党委副书记、纪委书记金海燕带队一行6人来校调研纪检监察和巡察工作。

6月4日，医（学）院纪检工作联席会召开，围绕医学院和口腔医学院硕士研究生招生以及附属医院招标采购工作进行研究。

6月8—10日，纪委干部赴云南云龙县现场调研学校定点帮扶工作开展情况。

6月11日起，学校纪委逐一听取各二级纪委书记报告上半年党风廉政建设工作推进情况及本人履职情况。

6月16日，学校纪委与图书馆党委共同主办“作风建设警示案例展”。

6月16日，纪检监察内网连通。

7月13日，学校纪委向党委常委会汇报上半年工作情况以及纪检信访和执纪审查工作情况。

7月20日，校党委副书记、纪委书记方平在学校中层干部综合治理能力提升专题研讨班上，通报了学校纪委自2017年以来违纪问题查处情况，开展警示教育。

9月10日，学校新学期纪检工作会议召开，传达学习上级精神，部署下半年工作。

9月24日，推进作风建设部门联席会召开，部署贯彻执行中央八项规定精神、解决形式主义等突出问题自查工作。

10月9日，校党委副书记、纪委书

记方平带队走访检查北苑、西苑、学苑饮食广场，督查“光盘行动”落实情况，同时赴学生社区检查垃圾分类管理情况。

10月28日，上海市委常委、市纪委书记、市监委主任刘学新同志来校调研。

11月10日，上海开放大学党委副书记、纪委书记褚劲风一行4人来校调研。

11月25、26日，学校纪委组织开展二级纪委工作现场教学活动，由土木工程学院纪委书记徐培芳和数学科学学院原纪委书记李静茹现场介绍。

12月1—4日，纪委办公室与党口职能部门组成联合指导检查组，对二级党组织年度党建工作进行指导检查。

12月9日，学校纪委赴马克思主义学院，督查了解学院贯彻落实习近平总书记关于“思政课是落实立德树人根本任务的关键课程”等重要讲话精神情况。

12月16—22日，学校纪委组织开展对二级单位纪委和纪委书记的年度工作考核。

巡察工作大事记：

4月2日，学校党委第五轮巡察工作动员部署暨培训会召开。

4月9—10日，第五轮被巡察的海洋与地球科学学院、人文学院、经济与管理学院、测绘与地理信息学院、材料科学与工程学院和汽车学院等6个学院党委先后召开巡察工作动员会。

6月16日，机关职能部门“作风建设”专项巡察工作动员会召开。

6月17日，学校党委对艺术与传媒学院党委、物理科学与工程学院党委开展巡察“回头看”工作动员会召开。

6月17—19日，学校党委先后召开第五轮巡察海洋与地球科学学院、人文学院、经济与管理学院、测绘与地理信息学院、材料科学与工程学院和汽车学院等6个学院党委情况反馈会。

9月29日，第六轮对艺术与传媒学院党委、物理科学与工程学院党委巡察“回头看”情况反馈会召开。

10月21日，学校党委召开机关“作风建设”专项巡察反馈会。

10月23日，学校党委召开第七轮巡察工作动员暨培训会。

10月29—30日，学校党委先后召开对外国语学院、上海国际知识产权学院、化学科学与工程学院、法学院、电子与信息工程学院、城市与轨道交通研究院与磁浮中心等6个党委的巡察工作动员会。

（徐莹琳）

统战工作

【概况】 2020年，在校党委的统一领导下，党委统战部深入学习习近平新时代中国特色社会主义思想和习近平关于统一战线重要思想，认真贯彻党的十九大、十九届二中、三中、四中、五中全会精神，紧紧围绕学校中心任务和工作重点，着眼十四五发展规划，紧扣大团结、大联合主题，立足于加强党外知识分子思想引领，加强党外代表人士队伍建设，加强民主党派、无党派人士和统战团体自身建设，加强民族和宗教工作，加强归国留学人员工作，加强港澳台侨工作，加强统战干部队伍建设以及统战理论政策研究等方面，积极推进常态疫情防控形势下学校大统战工作格局的构建及作用的发挥，开展了一系列具体工作。

截至12月底，同济大学共有党外知识分子2349人，其中正高职称417人，副高职称569人；院士4人；全国教学名师1人；千人计划27人，中央青年千人计划47人（含外籍），上海千人计划31人；享受政府特殊津贴专家33人，国家重点实验室负责人1人。

现有民主党派基层组织七个，党派成员数1157人（其中在职人数为677人，所占比例为58.2%）。党派中央常委1人，委员2人；党派上海市委副主委2人、市委常委4人，委员5人。党派基层组织负责人30人。党外人士中担任全国政协委员2人；上海市人大代表3人；上海市政协委员13人。已登记的无党派人士66名。担任学校处级以上的党外干部56人。

本年度，统战部网站发布新闻62条。《以生活方式结交政治盟友》获得上海市委统战部统战工作实践创新成果特色奖，《高校无党派人士工作存在的困境及对策研究》获2020年度上海市委统战部统战理论政策研究创新成果二等奖，5篇工作信息被《统战动态》采纳。

加强统战工作规范化建设，统战部先后制订《同济大学无党派人士认定工作实施办法（试行）》《同济大学统一战线开展“四史”学习教育的实施方案》，部门内制订完善了包括《同济大学党委统战部统战专项经费使用管理细则》《同济大学党委统战部关于贯彻落实“三重一大”决策制度实施办法》。

1月9日下午，同济大学统战团体举办以“只争朝夕不负韶华”为主题的2020年迎新联欢会。学校各统战团体负责人及团体成员近80余人参加了联欢会。

面对新冠疫情的严峻形势，同济大学统一战线积极响应国家号召，贯彻落实中央、市委和学校党委关于疫情防控的重要决策部署，团结带领广大党外知识分子积极投身疫情防控各条战线，以实际行动助力战“疫”，彰显了同济人同舟共济的家国情怀。同济大学附属同济医院的民盟、民进、九三学社等一批党外医务人员全身心地投入到发热门诊、筛查治疗的一线。九三学社专家还在上海广播电视台和新闻夜线接受采访，引导市民正确理性地看待疫情数字、早诊断早预防、返程复工。同济大学各民主党派、无党派人士发挥专业特长和智力优势，借助各类平台，聚焦疫情防控、公共卫生、政策法规、复工复产、城市应急管理和风险防控等工作，第一时间提交了10多项意见建议为政府决策提供参考。其中《关于加快上海城市运行应急管理与风险防控的建议》《关于应对突发公共卫生事件风险完善上海超大城市应急管理体系建设的建议》《调整思路,变应急管理为日常风险管理》先后获市领导批示、市委统战部和市政协专报采用《联合时报》与"政协头条"采纳和发布。学校各民主党派负责人纷纷号召并带领党派成员积极发起捐款支持抗击疫情,捐款累计超过10万元。

2月15日民盟中央名誉副主席、同济大学原校长江景波逝世,中共中央统战部、中国民主同盟中央委员会、教育部、国务院学位委员会办公室、政协上海市委员会、中共上海市委统战部等各界通过致电、致函、敬献花圈花篮等形式,表示深切哀悼。

3月9日,市委统战部微信公众号"书记话统战专栏"刊登了学校党委书记方守恩的署名文章《发挥党委领导作用,构筑疫情防控统一战线》。

4月2日下午,同济大学2020年统战工作领导小组会议暨民族和宗教工作领导小组会议召开。校统战工作领导小组、民族和宗教工作领导小组成员参加会议。会议由校党委书记、统战工作领导小组组长方守恩主持。

2020年上海市"两会"期间,同济大学市政协委员认真履职,为政府决策积极建言献策,向会议提交多份意见建议。其中,黄宏伟、关信红对市政协常委会工作报告的反映,于雪梅对上海国际文化大都市建设的意见建议,陈玲、李惠萍、汪世龙对加强生态环境保护和建设的意见建议在两会期间被市委统战部《统战专报》采用。

4月24日,同济大学第三届中青年知识分子联谊会届中调整工作会议召开。知联会全体理事参加会议,党委副书记冯身洪应邀出席会议。全体理事一致同意推选娄永琪为知联会会长,杜艾为知联会副会长兼秘书长。

4月,同济大学党委学生工作部获评上海市民族团结进步先进集体。该奖项是由上海市为大力表彰近年来本市在开展民族团结进步事业中作出显著成绩的先进单位而颁发的荣誉称号。

4月28日,深化"地方侨联+高校侨联+校友会"工作机制座谈会暨杨浦区域侨联联席会议召开,同济大学侨联负责人参加了会议。

5月19日,同济大学无党派人士队伍建设推进会暨基层党委统战委员培训启动会召开,各基层党组织统战委员40余人参加会议,冯身洪出席会议并讲话。

6月18日,上海交通大学党委常委、统战部部长张卫刚一行来同济调研统战工作。

6月23日,统战部召开全体会议,组织部部长黄翔峰代表校党委宣布干部任免职决定。经校党委常委会研究,决定:任命校党委副书记冯身洪同志担任统战部部长(兼),任命安娜同志担任统战部常务副部长。免去岳继光同志统战部部长职务。

7月15—16日,上海市第十二次归侨侨眷代表大会举行,同济大学获多项荣誉:吴志强教授荣获上海市侨界杰出人物称号,祝德秋、李建华教授荣获上海市归侨侨眷先进个人称号,同济大学侨联荣获上海市侨联系统先进组织称号,侨联第三届委员会秘书长陈红荣获上海市侨联系统先进个人称号。

8月26日,冯身洪主持召开组织部统战部联席会议,会议听取了统战部关于学校各民主党派支部换届工作的开展情况及2021年民主党派基层委员会换届工作准备情况的汇报。并就下一阶段学校党外后备干部培养和推荐、无党派人士队伍建设等议题进行了深入的讨论和研究。

9月23日,冯身洪主持召开双月座谈会。会议重点是民主党派"五史"教育、骨干成员培训、区校共建、民主监督专项工作等主要工作,并就下半年各党派基层组织的换届开展情况,以及2021年委员会换届准备工作情况进行讨论。

9月23日,统战部举办统战各界人士"迎中秋 庆国庆"午间沙龙。学校各民主党派和统战团体负责人、无党派人士代表、市政府参事、各级人大代表政协委员以及统战部人员参加了沙龙活动。冯身洪出席沙龙活动并讲话。

10月28日,统战部常务副部长安娜、副部长江静赴致公党市委调研党派工作,致公党市委专职副主委马进,致公党市委组织部长袁立群参加调研。

11月12—13日,统战部组织部分党外代表人士赴崇明开展"四史"学习教育考察活动,学校各民主党派、统战团体以及无党派人士代表共20多人参加此次活动。

11月5日,中国侨联发布《中国侨联关于表彰第八届"中国侨界贡献奖"获奖者的决定》,同济大学侨联主席杜建忠教授荣获"中国侨界贡献奖"一等奖。

12月2日,统战部组织各民主党派、无党派人士以及统战团体骨干共计30余人开展"四史"学习教育专题培训及考察活动,邀请原市委统战部副部长、原同济大学常务副校长周箴作题为《量子思维与民主党派建设》的专题报告,并赴同济大学临港基地开展"四史"教育和国情社情校情考察。

12月9日,统战部召开2020年度同济大学基层统战工作会议暨基层党组织统战委员培训会议,各基层党组织统战委员40多人及统战部全体成员参加培训,安娜做培训辅导报告。

12月下旬,统战部陆续慰问学校市、区级人大代表和政协委员以及其他党外代表人士。

(沈秋)

民主党派

中国国民党革命委员会同济大学委员会

【概况】 截至2020年12月底,民革同济大学委员会共有党员59人。其中,在职党员51人,离退休党员8人;高级职称党员28人,占47.45%。于雪梅任第十三届民革上海市委员会常委,2020年1月增补为上海市政协第十三届委员会常委;单晓光任第十三届民革中央委员会委员、上海市政协第十三届委员会委员;袁希蓓任第十四届杨浦区政协常委。

2月18日,民革同济大学委员会向同济大学教育基金会捐赠了50000(伍万元)人民币。捐赠证书编号:2020012。

5月29日,民革上海市委举行2019年度反映社情民意信息工作表彰会。在2020年度,民革同济大学委员会除了积极参与反映社情民意工作外,还积极申报和完成了各级部门的专题项目。

6月12日,“纪念民革上海市委会成立65周年座谈会”召开。主委于雪梅、副主委陆志明代表同济民革出席了会议。民革上海市委主委高小玫代表民革上海市委讲了话。

10月6日,“关于届中增补委员会委员和支部换届工作启动会”(骨干会议)召开,特邀民革市委组织部两位同志出席了会议。二支部副主委孙建渊介绍周念清同志的概况,一支部主委王睿智介绍陈启军同志的概况。与会者以举手表决的方式一致同意增补周念清和陈启军两位同志为民革同济大学委员会委员候选人。委员会决定在年底前完成三个支部的换届工作。

10月22日,民革同济大学委员会第二支部扩大会议召开。会议通报委员会委员候选人事宜,拟推选高歌同志为支部委员候选人,负责扶贫活动。

10月25日,民革同济大学委员会第二支部前往上海杨浦区高乐寿养老院开展“情暖重阳、爱在夕阳”的重阳节爱老敬老慰问活动。

11月16日,同济民革支部委员以上成员参加的会议召开,会议一致同意增补陈启军、周念清两位同志为民革同济大学委员会委员。

11月20日,由民革市委组织的中共十九届五中全会精神学习会召开,陆志明代表同济民革参加。中共十九届五中全会宣讲团成员、中共上海市委组织部原副部长冯小敏作学习辅导报告。

11月23日,关于同济民革三个支部换届及拟定支部委员候选人审批会召开,全体委员会委员共7人出席了会议。

12月27日,民革同济大学委员会第一支部换届大会举行。会议一致同意王睿智、张怀印、杨莉三位同志为第二届支部委员会委员。王睿智任支部主委,张怀印任支部副主委,杨莉为支部委员。

12月28日,民革同济大学委员会第三支部换届大会举行。会议一致同意庄珍花、谭劲松、卢斌三位同志为第二届支部委员会委员。庄珍花任支部主委,谭劲松任支部副主委,卢斌为支部委员。

12月29日,民革同济大学委员会第二支部换届大会举行。会议一致同意孙建渊、胡炜、高歌三位同志为第二届支部委员会委员。孙建渊任支部主委,胡炜任支部副主委,高歌为支部委员。

(陆志明)

中国民主同盟同济大学委员会

【概况】 截至2020年12月,民盟同济大学委员会共有盟员410人。其中,在职盟员200人,离退休盟员210人;高级职称265名,占64.6%。顾祥林任全国政协第十三届委员会委员、第十五届民盟上海市委副主委,卢永毅任第十五届民盟上海市委委员、上海市政协第十三届委员会委员,常青任第十二届民盟中央委员会常务委员,郑惠强任上海市第十五届人大代表,黄宏伟任上海市政协第十三届委员会委员。

1月7日,民盟同济大学委员会举行2020年迎新祝寿大会。民盟上海市委专职副主委沈志刚,校党委副书记冯身洪、校党委统战部部长岳继光应邀出席。冯身洪代表学校党委讲话,主委顾祥林代表委员会作2019年民盟工作报告。

2月15日,我国工程建筑经济和管理领域的著名专家、教育家,中国民主同盟优秀领导人,全国政协第八届、九届常委,中国民主同盟第七届、八届中央委员会副主席,第九届中央委员会名誉副主席,同济大学原校长,中国共产党的优秀党员江景波同志,因病在上海逝世,享年92岁。

2月,建筑与城市规划学院盟员卢永毅、张松、张鹏、刘雨婷等完成的《上海老城厢历史风貌保护与旧区改造对策研究》荣获第十二届上海市决策咨询研究成果二等奖。

5月13日,在上海市政协社情民意信息工作会议上,卢永毅荣获市政协2018—2019年度反映社情民意信息工作先进个人。

6月8日,我国著名建筑学家、建筑教育家,中国民主同盟第六届、七届中央委员,第九届、十届民盟上海市委副主委,第十一届、十二届民盟上海市委名誉副主委,第八届全国政协委员,同济大学教授罗小未先生,因病医治无效在上海逝世,享年95岁。

7月30日,在民盟上海市委参政议政工作会议上,民盟同济大学委员会荣获民盟市委2019度社情民意信息工作先进集体二等奖，黄宏伟、刘国彬荣获先进个人，顾祥林、武家国荣获积极分子。

7月，民盟同济大学委员会荣获民盟中央“盟务工作先进基层组织”荣誉称号。

10月，汽车学院盟员熊璐(第一完成人)、陈辛波作为主要完成人的“分布式驱动电动汽车关键技术及应用”项目，荣获2020年“中国汽车工业科学技术发明一等奖”。

10月，民盟同济大学委员会荣获2020智业云杯上海民盟羽毛球联赛团体优胜奖。

11月3日，第十届民盟上海高教论坛举行，盟员王奕俊(《上海市高等职业教育专业群建设问题与对策分析》)获论文一等奖，师慧丽(《“双建设”背景下上海高等职业教育发展的对策》)获论文二等奖。

11月，同济医院盟员宋艳丽荣获“中国民主同盟抗击新冠肺炎疫情”先进个人。

7—12月，民盟同济大学委员会圆满完成二级支部换届选举工作。经过部分调整，换届后的民盟同济大学委员会仍设6个支部，共选举产生38位新一届支部领导班子成员，主委6人——赵林、潘海峰、李清伟、卓桂荣、周伟、王红军全部为新任，副主委11人、委员21人，平均年龄43.8岁，男女比例15：23，高级职称17人。进一步优化了基层支部领导班子的年龄结构和专业结构，为保证支部活力和组织发展做出了充分准备。

12月，民盟同济大学委员会荣获民盟中央“民盟思想政治建设和宣传工作先进单位”、“民盟社会服务工作先进集体”，民盟同济大学委员会第三支部荣获民盟上海市委“抗击新冠肺炎疫情先进集体”，盟员刘雨婷、吕寒静、李昊、李清伟荣获民盟上海市委“抗击新冠肺炎疫情先进个人”。

(刘雨婷)

中国民主建国会同济大学委员会

【概况】　截至2020年12月，民建同济大学委员会共有会员97人，新增会员3人，在职会员64人，退休会员33人；高级职称会员69人，占71.13%。汪世龙任第十三届民建市委常委，上海市第十三届政协委员；廖宗廷任上海市第十三届政协委员；袁卫任第十四届虹口区政协委员。

1月，民建同济大学委员会三个支部的代表慰问了17位(70岁以上)老会员，送去新春的祝福与问候。

1月28日，新闻网和民建市委网站报道同济大学民建人积极捐款、驰援武汉。截止1月27日，有38人进行了捐款，金额7170元。同期，占会员数1/3的医务工作者会员始终坚守在抗疫第一线，做了大量的工作。

4月28日，民建同济大学委员会余野参加民建上海市委组织的第66期中青年骨干会员培训班，进行为期两天的线上学习、研讨。

4月初，生命科学院孙晓宇会员通过民建同济大学委员会，给每位会员发送新产大米，贡献自己的爱心，增强民建组织的凝聚力。

11月26日，民建同济大学委员会三个支部通过网络投票方式，进行了支部主委、副主委的换届选举。各支部产生了新一届班子成员，其中：第一支部主委张勤、副主委余野；第二支部主委蒋凤瑛、副主委李昂；第三支部主委肖英华、副主委王晓虹。

2020年，民建同济大学委员会主委汪世龙“关于上海市医废、固废、危废的分类和处理能力亟待提高”的建议提案，被作为民建建言专报报送市委，获汤志平副市长的批示，汪世龙也被评为2020年民建上海市委优秀会员。

2020年，民建同济大学委员会新增会员3人，分别是：同济大学建筑设计研究院(集团)有限公司王昌、娄文赉(女)；同济大学附属同济医院吉萍(女)。

(袁卫)

中国民主促进会同济大学委员会

【概况】　截至2020年12月，民进同济大学委员会共有会员78人。其中，在职会员55人，离退休会员23人；高级职称会员57人，占73.1%。吴长福任民进市委常委、民进中央人口资源环境委员会委员、民进市委人口资源环境委员会主任；蔡永洁任民进市委委员、民进市委高教委员会副主任、第十三届上海市政协委员；鲁星燧任第十四届普陀区政协委员。

1月7—9日，鲁星燧参加普陀区政协十四届四次会议，提交“关于争创普陀区垃圾分类示范区的”提案。

1月14—18日，蔡永洁参加市政协十三届三次会议，做“关于国际文化大都市建设的三点思考”专题发言，提交“关于加强黄浦江公共空间文化休闲服务设施建设的建议”提案。

2月，蔡永洁获上海市决策咨询研究成果二等奖。

6月30日与7月8日，吴长福参加青浦区和长宁区“抓好政务服务‘一网通办’以及城市运行‘一网统管’、提升超大城市治理的现代化水平”的专项民主监督调研，并在调研座谈会上就相关问题作交流发言。

7月17日，民进上海市委调整专门委员会大会召开，会上吴长福被任命为新成立的城市治理委员会主任。

9月下旬，委员会所属三个支部换届工作顺利完成。张磊、刘晓鸿、黄飞飞当选为第一支部委员，张志强、陈镌、季跃、袁媛、赵钦佩当选为第二支部委员，卢伟华、花虹、赵起当选为第三支部委员。

9月21日，委员会届中调整工作会议(视频)顺利举行。会上，吴长福提交了辞去委员会主委职务的申请，讨论通过了《关于建议蔡永洁同志为民进同济大学第三届委员会主任委员职务候选人的请示(草案)》以及关于建议增补任捷同志为民进同济大学第三届委员会委员职务候选人的请示(草案)》。

11月28日，委员会届中主委调整与委员增补会议顺利举行。会议经投票选举蔡永洁为民进同济大学委员会主委，任捷为委员。

12月16日，民进全国中青年会员培训班开班式暨民进中央青年工作委员会成立大会在京举行，任捷担任首届青年工作委员会委员并出席会议。

12月，吴长福、蔡永洁"荣获民进上海市委助力脱贫攻坚先进个人称号"，阴佳获民进上海市委"筹建民进成立旧址纪念馆突出贡献奖"。

(蔡永洁)

中国农工民主党同济大学委员会

【概况】 截至2020年12月，农工党同济大学委员会共有党员84人。其中，在职党员46人，占54.2%，离退休党员38人，占45.8%；高级职称党员54人，占65%。童晓文任农工市委常委；尹大强任第十三届上海市政协委员；许维胜任第十四届杨浦区政协委员；杨长青任第十四届普陀区政协委员。

11月15日，在上海召开的"第十五届持久性有机污染物论坛暨化学品环境安全大会"上，尹大强荣膺本年度"消除持久性有机污染物杰出贡献奖"。

12月22日，农工党同济大学委员会下设的同济大学支部和同济医院支部全部顺利完成支部委员会改选工作。其中，以同济大学附属同济医院为党员主体的同济医院支部主委杨长青，副主委赵海鹏，委员沈爱群，党员共35人；以同济大学党员为主体的同济大学支部支部主委许维胜，副主委张皓，委员吴志根，党员共49人。

12月29日，农工党同济大学委员会在纪念中国农工民主党成立九十周年暨"四史"学习教育表彰活动中，荣获社会服务工作"先进基层组织"称号，朱立明、仇许玲、潘菊萍在纪念中国农工民主党成立九十周年暨"四史"学习教育表彰活动中，荣获"先进个人"称号。

在2020年全国新冠肺炎疫情期间，农工党同济大学委员会的所有党员响应上级号召，积极参与疫情防控，支援发热门诊工作，值守健康热线为市民提供健康指导，用实际行动诠释了医者初心和职责使命，更有不少党员奔赴武汉，成为抗疫在一线的"最美逆行者"。党员们积极响应农工中央的号召，为新冠疫情捐款，共有36人参与捐款，捐款8180元。

同时，农工党党员围绕上海市以及大学的中心工作，服务大局，恪尽职守，充分发挥自身专业优势，报效社会。其中，杨长青获同济大学教学成果奖 一等奖、2020年上海领军人才，上海市优秀学科带头人、上海市卫健系统先进个人称号。张皓获得上海市科学技术奖自然科学奖、2020年中国自动化学会青年科学家奖。吴志根撰写的《关于解决国产化环保新技术、新装备开发及产业化困局的对策建议》社情民意信息被农工党中央《信息专报》采用并上报全国政协。

(吴志根)

九三学社同济大学委员会

【概况】 截至2020年12月，九三学社同济大学委员会共有社员395人。其中，在职社员233人，离退休社员162人；高级职称社员275人，占70%。陈义汉院士为九三学社上海市委员会副主委，九三学社同济大学委员会主委，全国政协委员；杨守业教授为九三学社上海市委员会常务委员、第十三届上海市政协委员；方芳为上海市委员会常务委员、第十六届杨浦区人大代表；马卫民教授为九三学社上海市第十七届委员会常务委员、第十四届虹口区政协委员；高旭军教授为第十四届杨浦区政协委员。

2020年度，九三学社同济大学委员会获评社市委"2016—2020年社会服务先进集体""参政议政工作先进集体三等奖"和"参政议政信息工作三等奖"，杨守业、袁峰获评"2016—2020年社会服务先进个人"。陈义汉、高旭军和徐晓娟等提交的多篇疫情防控建议被社中央、九三学社市委、市政协、市委统战部采纳或市领导批示。

1月3日，九三学社同济大学委员会2019迎新暨年度表彰大会在中法中心C区举行。九三学社上海市委专职副主委周锋、秘书长朱红、正处级调研员王长云，同济大学党委副书记冯身洪，九三学社上海市委副主委、九三学社同济大学委员会主委、同济大学副校长陈义汉教授，九三学社同济大学委员会原主委王季卿、王元正、统战部部长岳继光、副部长吕延苹以及九三学社同济大学委员会全体委员、各基层支社共150多位社员出席大会

3月，陈义汉提交的《关于施行"5+3医学博士"》被社中央采纳。

4月9日，杨守业代表九三学社同济大学委员会参加社市委科技专门委员会全体会议(线上)，参与讨论年度工作计划和材料科学实验室建设等。

4月23～24日，多位社员参加第

二期社市委直属基层组织骨干网络培训。

4月24日，陈义汉出席九三学社上海市委第十七届委员会第四十次主委会议。

6月5日，杨守业提交的《关于加强上海和长三角地区陆海统筹的生态环境大数据发展的建议》信息获评市生态环境局“2020年度优秀生态环境决策建议”。

全国政协委员顾祥林、全国人大代表张雄作两会精神解读专题辅导报告，九三同济委员会各委员线上参加。

6月17—19日，杨彬、李翠参加社市委举办的第二十四期中青年社员骨干培训班。

7月3日，九三学社上海市委主委钱锋一行调研九三学社同济大学委员会基层组织的建设情况。社市委专职副主委周锋、吴健生，秘书长朱红及各部室负责人一同参加调研。陈义汉作工作汇报，现任委员会班子成员及骨干社员参加了座谈。会后，同济大学党委书记方守恩会见了钱主委一行。

8月29日，社市委召开纪念九三学社创建75周年座谈会暨《九三学社上海先贤(第三辑)》发布会。方芳、汪小鸿、李翠、杨海真等老师分别负责并参与了俞载道、蒋汉文、杨钦三位九三学社同济先贤的传略编写工作。

9月23日，九三学社同济大学委员会召开全体委员及各支社主委会议，根据《九三学社上海市委员会关于2020年区委、直属委员会下属支社换届工作的意见》，研究部署九三同济委员会及各支社换届选举事宜。

九三学社同济大学委员会下属12个支社于10月21日至11月4日，先后召开换届大会，选举产生了新一届支社委员会班子，顺利完成支社换届工作。十二个支社拟定委员名单，外语支社：高旭军、夏易君、庞文薇、尚祥华；综合支社：丁玉强、王晓东、孙丽丽、陈获雯；建筑支社：杨彬、任晓崧、王红斌、周彬；文理支社：周俊、徐象繁、李素花；机械支社：周伟国、李翠、张雪梅；电气支社：柳先辉、王坚、石繁槐、马玉敏；材环支社：许乾慰、刘琳、王峰；经管支社：马卫民、吴冰、郭孔颖；第一支社：高怀龙、马全松、董英涛；第二支社：雷震宇、任利惠、陈燕、李云清；第三支社：李颖、张杰、李丽、徐晓娟；第四支社：袁锋、宋浩明、封亮、卢峪霞、李恩美。

11月5日，党委统战部副部长江静，九三学社同济大学委员会任晓菘、王晓东、李素花、陈燕、张玉洁、董炜星、谈兴卓等社员参加了2020年度“知识杨浦”九三论坛。

11月13日，高怀龙、李世阳、刘斯凤等参加了社市委在闵行体育公园举办的“学四史，守初心”红色之旅定向活动。

11月20日，杨守业、高旭军、王晓东、徐象繁、李素花、张亚男、司慧萍等赴上海大学参加九三学社上海高校论坛第61次会议。杨守业作题为“建设国家级海洋创新科技创新体系，实现海洋强国梦”的报告。

12月2日，李翠、修同斌、高怀龙、岳志铁、孙丽丽等赴同济大学临港基地参加了学校统战部组织的各民主党派、统战团体青年骨干成员学习考察活动。

12月6日，杨守业代表社市委科技委员会参加了九三学社中央科技专门委员会全体会议(线上)，围绕上海科创中心建设，就如何加强社中央科技委与上海、长三角地区九三学社科技委联合等，做了交流发言。

12月8—12日，陈义汉出席九三学社第十四届中央委员会第四次全体(扩大)会议。

12月25日，社市委组织新一轮区委、直属基层委员会下属支社主委培训。九三学社同济大学委员会新当选的支社主委董英涛、李丽、徐象繁、雷震宇、杨彬、王峰、李翠和王晓东参加了培训。

12月31日，第七届九三学社同济大学委员会第十一次全体扩大会议暨年度工作总结会议在逸夫楼113会议室举行，杨守业主持会议。社市委组织部王长云调研员、孙佳韵同志出席了会议。杨守业作了九三学社上海市第十七届委员会第六次全体(扩大)会议情况通报，沈钢作了九三学社同济大学委员会下属支社换届情况通报，会上就年度工作的总结及对未来工作的展望进行了交流，讨论通过了2020年度的九三学社同济大学委员会的表彰名单。

(周淑慧)

中国致公党同济支部委员会

【概况】　截至2020年12月，致公党同济大学支部委员会共有党员34人。其中，在职党员28人，离退休党员6人；高级职称党员29人，占85.3%。2020年度新增党员1人，离世1人。李麟学任致公党上海市委员会委员，杨浦区委主委，同济大学支部主委，中国致公党第十五次全国代表大会代表，上海市第十五届人民代表大会代表，第十四届杨浦区政协常委；陈玲任上海市政协第十三届委员会委员；陈皓任第十四届普陀区政协委员。

1月，市两会期间，李麟学、陈玲等在市、区人大、政协等平台建言献策，提交多项高水平提案及社情民意。

2—5月，新冠肺炎疫情爆发，支部党员为武汉疫区捐款合计17220元整。陈玲、陈皓撰写了多篇关于疫情防控、复工复学的社情民意。陈玲、尹学锋参加杨浦社区疫情防控志愿服务。钱玲燕组织德语专业研究生和在德国交流学生，携手齐战疫，共画同心圆，期间协助媒体搜集、翻译德国应对城市疫情的措施，整理完成多篇稿件经澎湃资讯编审后发布。

5月29日，支部联合致公党吴江支部、致公党上海市杨浦区委员会、赴长三角生态绿色一体化发展示范区执行委员会开展调研。杨浦区委主委、同济支部主委李麟学，同济支部副主委尹学锋、陈皓，吴江支部主委陆晨，支部委员朱彤，及三地党员参加活动。

6月12日，费泓涵、贾东峰、房殿军参加市委新党员培训。

7月2日—3日，钱玲燕、林思劼参加民主党派成员“四史”学习教育网络直播培训。

8月，尹学锋老师任致公党普陀区区委委员。

9月8日—9日，林思劼参加市委组织的基层干部轮训班，王超参加市委组织的中青年干部培训班。

9—10月，组织退休老党员慰问活动，加强中青年党员和老党员之间的交流。

10月，纪念抗美援朝70周年，组织党员观看抗美援朝电影《金刚川》，交流心得。

10月20日，钱玲燕参加市委举办的2020年度社情民意信息写作培训班。

10月起，作为嵌入致公党杨浦区委的支部之一，参与区委换届启动工作。

11月，启动支部换届调研及动员工作。

12月16日，在校本部举办学“四史”主题教育活动，组织党员参观校史馆、学习抗疫精神，会谈交流学习心得。

12月，致公党上海市委八届八次全会上，杨浦区委获上海市委抗击新冠肺炎疫情先进集体荣誉，同济大学支部作为嵌入式支部之一，也为抗疫工作作出了重要贡献。

（陈皓）

群众团体

同济大学工会

【概况】 截至12月31日，学校在编教职工会员共5357人、学校在职校聘及双轨制教工会员323人、博士后会员411人，非在编会员共2049名。学校工会主席由校党委副书记吴广明兼任，常务副主席宋建华主持日常工作。学校工会领导40个二级工会、兼职工会干部257人开展工作。共有位于四平路校区同济新村的工会俱乐部、嘉定校区教职工活动中心和同济北苑俱乐部三个教职工活动场地。

民主管理 2月28日，因疫情影响，同济大学第十届教职工代表大会第五次全体会议以视频会议形式召开。陈杰校长作2019年学校工作报告，伍江常务副校长作同济大学2019年财务情况报告，书面审议工会相关工作报告。会议审议通过《同济大学二级单位教职工代表大会实施办法(试行)》。

同济大学第十届教职工代表大会第五次全体会议共征集提案64条。5月29日，召开提案工作会，确定立案13条，作为建议46条，不予立案5条。经职能部门处理及教代表反馈评分，提案处理满意率为86.55%。

维权保障 3月20日为在职教职工(工会会员)发放“同心抗疫包”，共计7600余份，内含口罩、护手霜、免洗消毒液、酒精消毒湿巾、洗手液等防疫物资。

4月1日起，增加在职职工住院医疗保障项目，包括住院起付标准保障(最高给付1000元)和住院天数保障(给付标准为100元/天，累计最高给付限额1.8万元)。

4月9日，与嘉定区政府共同签署《合作共建幼儿园协议书》，区校联手共建同济大学附属嘉定幼儿园，并于9月开园。

6月，发挥“上海市教师法律援助中心”作用，结合最新出台的《民法典》，举行3场线上《民法典》公益讲座，积极做好普法宣传工作。

7—12月，组织50岁以上教职工到附属三甲综合性医院进行高质量体检，服务1679人，满意率达到98%以上。

教师节期间，承办上海市教育工会“关爱教师，有法有情”义务法律、心理咨询专场活动，当天接待法律、心理咨询30余人次。

为低收入特困家庭，本人或家人患大病、重病或慢性病的家庭，遭受灾害或意外等生活困难的教职工家庭进行帮扶，全年共计帮困帮扶283人次，发放帮困、帮扶金及物资，总计311700元。

自身建设 11月26日，主办第十届卓越联盟高校工会工作研讨会。结合当年特殊情况，本届会议主题为“抗击疫情，彰显工会力量”。

12月，推出工会综合服务平台，打造“一站式”服务，将现有服务内容细化为组织、财务管理、职工福利、职工活动、民主管理、帮困等6大项25小项功能。

12月23—24日，开展2020年度工会干部培训工作，通过主题报告、实务培训、经验交流、素质拓展、总结表彰等形式，提高基层工会工作水平。

9月—12月，进行同济大学第十一次教职工代表大会、第二十次工会会员代表大会筹备工作。12月29日，组织开展“以民主参与 促和谐发展——新形势下教代表履职培训”专题培训。

嘉定校区教职工活动中心全年共接待教职工3502人次，安排活动128场。

2020年，共有156名教职工符合从教30年相关条件，获颁纪念品和证书。

确定31项工会研究课题予以立项及资助，全部结题，研究方向包括青年教师发展、思想政治教育、基层工会凝聚力、二级教代会工作、教师身心健康等，其中《马克思主义工会理论及当代价值》《二孩政策对高校女教师职业生涯发展的影响研究》入选上海市教育工会研究课题。

(李宗徽)

共青团同济大学委员会

【概况】 2020年，同济大学团委在学校党委和团市委的领导下，高举习近平新时代中国特色社会主义思想伟大旗帜，深入学习领会党的十九届五中全会精神，牢记共青团的根本任务、政治责任、工作主线，团结带领全校青年高举团旗跟党走，练就过硬本领，投身强国伟业。

强化思想引领，建设理论社团时代声音传播社，开展“奋斗的我，最美的国”同济大学“青年看两会”主题沙龙；组建“同济大学时代声音青年讲师团”，聘任首批43位时代声音青年讲师，围绕五大主题，形成系列“时代声音”团课课程包；建设特色理论社团“习研会”，开展专题研讨会1场，理论宣讲16场，专题读书会2场，理论研究课题20余项，覆盖在校学生1000余人。

2020年度共培养青马工程“青年凝聚计划”团支书289人，“青年引领计划”学生兼职团委副书记64人，“自觉人才计划”殷夫班团学骨干35人，开展线上线下理论学习、读书分享、朋辈讲座等活动20余场。暑期中组织殷夫班成员开展“同济英烈”事迹寻访专项社会实践，形成“七一实践成果”。

承担团市委青马工程主题重大课题研究，对外输出同济组织育人经验。

强化媒体平台服务功能，依托“青春同济”新媒体平台共推送图文推送547篇，覆盖5W＋同济青年，阅读量累计达200W＋，稳居上海高校团委公众号影响力榜前十，单周跃居第三；先后推出“战疫团课”“四史在校园”等特辑内容。积极锻造“青春同济”融媒体工作室实训平台，实现本研一体化宣传骨干培养；开设“在嘉出行”“活动审批指南”等特色栏目。

持续开展校园群众性艺术和体育活动。承担上海学生合唱联盟轮席盟主单位工作，牵头上海各高校开展战疫系列艺术活动，举办艺术节活动35场。开展“同舟系列”“枫林讲坛”等品牌学术文化活动20余场。“同搏杯”篮球赛、“枫林杯”、系列定向越野等体育活动近70场，校园十大歌手、“同期声”音乐会、“童生场”“醉情樱花季”、女生节等文化艺术活动10余场，线上线下总计覆盖学生超20万人次。举办首届同济诗词大会、上海市三校辩论赛、友谊杯新生舞龙赛、首届“说唱新济元”校园说唱比赛等大型活动。

嘉定校区团工委围绕“科创”“体育”“美育”核心关键词，成功开展“学生科创周”“科创盛典”“嘉定之星”“龙舟赛”“冬季长跑”等大型活动11场，“说唱新济元”“职业发展”“球球大作战”“平凡不凡·观影解析”“暖冬季志愿活动”等校园文化活动127场。其中，各院系“接力”举办“国旗下奋进——学生爱国主义教育及仪式感教育”升旗仪式11场。围绕“共享单车停车乱”“校区班车预约难”等问题，制作引导牌、停车地图。联合开展纪念“抗美援朝”“学四史”等区地合作活动4场。与同济大学嘉定科技园、中电32所、上汽大众、上海万科等企业深度互动，丰富学生第二课堂。

同济创业谷完成第17、18期创新创业项目招募，吸引全校128个项目申报，签约入驻项目35个。举办各类创新创业服务活动200余场，吸引11000余人次参与。疫情期间，组织同济创新创业日暨“疫情下的加速度”大学生创业计划竞赛决赛，采取“线下互动＋线上ZOOM会议室”的形式，6个项目亮相决赛舞台，有37家投资机构代表参与其中。开展多场“创新X计划·前沿沙龙”系列活动；多方联动合作开展“中法创新创业沙龙”、“杨浦创新人才训练营”、GESS国际创业者暑期学校等活动，与国内外创业青年深度交流。

打造《新时代实践育人导论》通识类讲座课程，制作理论基石、社情认知、实践能力、青春告白四个大类共八讲课程，系统回答“为何实践、实践什么、如何实践”的问题。与7省市建立同行计划实践基地；与浙江省台州市、湖州市合作建立乡村振兴实践育人基地；与5市合作建立创新创业校外实训基地。根据地域、行业、性质三个维度，重点建设“四重”示范性实践基地。

2020年暑假，学校以“把论文写在祖国大地上”为主题，共开展决胜脱贫攻坚、红色基因传承、疫情防控阻击、同行计划见习实践、劳动教育实践五大主题实践。参与学生达1293人次、共248支队伍、超过100名专业教师为实践提供专业指导。同济实践者的足迹遍布30余个省(自治区、直辖市)、200多个城市、乡村。形成调研报告、实体模型、图片录像等各类成果逾1000份，培育15支重点精品项目。开展“红色日记”“梦想教室”“家园一方志”三大特别专题以及青年红色筑梦之旅一项特别行动。

组织超4万人次青年参与志愿服务，服务时长超16万小时，获评上海市志愿服务先进集体、“奉献杯”上海青年志愿服务项目大赛优秀组织奖。开展“小红帽”迎新活动，推广人工智能无人车、机场小推车引入校园；111名来自24个学院的志愿者“小叶子”参与了第三届进博会志愿服务工作；推出同济早知道系列校园攻略系列；推出学习资源工具大放送系列；推进“公益伞”学生服务；推出同济专属哈啰单车；制定《守信青年志愿者星级评定管理办法》；开展权益座谈会5次；协助学校各职能部门调研10余次。

修订完善《同济大学学生社团建设管理办法》，截至2020年11月共有学生社团135个。向考核合格的124名指导教师和12名团工委辅导员发放学年工作绩效合计37.9万元。建立学生社团活动和宣传信息“先审后发”的审核机制。在新进教职工培训等体系中增列学生社团板块。

【成立三支青年“抗疫突击队”】 成立“同济大学附属东方医院抗击新冠疫情援鄂青年突击队”“同济青年战疫网上宣传突击队”“‘同济逆行者’后端保障突击队”三个青年突击队，展现青年担当。开展系列战“疫”团课11讲，累计直播7小时，观看量突破45万人次，其中2月25日的线上团课更是将课堂搬至武汉方舱医院，20万人在线观看了线上团课，通过逆行者们的故事了解方舱医院的运行情况，增强团员青年打赢疫情防控阻击战的决心；成立同济大学在鄂临时团支部，针对800余名在鄂团员青年积极开展线上主题教育，约3万余人次在线参与了团课，发送弹幕5000余条，青年报、解放日报等多家主流媒体进行了报道；开展抗击疫情艺术作品“云录制”活动，发布《晨曦》《为她梳妆》精品作品26项；深入挖掘志愿服务典型事迹，评选产生10名“同济大学疫情防控优秀志愿者”，展示同济青年参与疫情防控志愿服务风采，发挥优秀志愿者和典型志愿服务事迹的示范带动作用；开展“风帆行动”助力高考专项实践，向疫情影响严重地区、贫困地区的高中生开展助学工作，开展16场“学霸直播间”，邀请新生奖学金获得者在线直播，传授学习方法与备战心得，累计直播时长677分钟、累计人气值10000余人次，开展线上回母校宣讲32场，传承同济精神；结对一对一学习小组107个，远程助学服务，累计线上答疑549小时，上万条微信解答，形成了347份充满爱与关怀的“订制帮扶周记”，用实际行动传达出同济人团结拼搏、同舟共济的精神。

【入围全国第六届大学生艺术展演】 校团委艺术中心在美育工作取得新突

破。舞蹈《终将见我微笑》、民乐合奏《楼兰意象》及美育改革创新案例《"三全育人"背景下高校艺术团工作机制的创新实践》经选拔代表上海市参加第六届全国大学生艺术展演活动，并承办第六届大艺展上海市高校美育改革创新优秀案例项目，开展赛前案例培训、项目评审、优秀项目报告会、报送全国赛项目专题培训等工作，从26所高校提交的56篇案例中选拔8篇优秀案例提交全国赛。

【成立同济大学学生科协技术协会】成立同济大学学生科协技术协会，(简称"学生科协")，建立创新育人"同济101"模式，引导学生了解科学、热爱科学、崇尚科学，打造学术先锋旗帜，凝聚和团结广大青年立志"科技报国"。举办"学长学姐有话说"14场，国家重点实验室、科技领军型企业参观活动7场，首次推出"同济学生科创周"，成立"科技青年创新先锋队"，举办"学生科创盛典"，围绕热点话题、热点科研领域、高分论文领域、顶尖期刊等内容，邀请拥有成功发文经验、期刊审稿人、相关领域高年级研究生开办沙龙，通过分享前沿信息，产生科研灵感，激发科研跨学科研究火花，促进跨学科、前瞻性的学生科创团队诞生，累计覆盖师生7500余人次；"青年教师＋10"，推动青年教师指导学生科创项目、鼓励学生跨学科科研合作，"言传"与"身教"结合，"卓越科创育人"师生共创项目申报项目96件，60%为教授领先团队，突出育人导向，聚焦重点学科，瞄准前瞻型、学科交叉型项目；"青年榜样＋100"，成立学生科协代表大会、学术先锋和学术之星评选等活动树立70个"未来科学家"榜样，吸引3万余人参与，充分发挥朋辈教育功效。

【开展学生会、研究生会组织改革】同济大学学生会、研究生会于10月25日胜利召开同济大学第四十一次学生代表大会、第二十五次研究生代表大会，完成主席团选举、章程修订、审议工作报告和提案工作报告等任务，并就学生会组织建设发展提出了明确目标。坚持把聚焦学生骨干队伍建设作为改革的关键点，通过严格遴选程序、注重加强校院两级联动，并通过项目制改革、志愿者招募制度创新，改革运行机制、坚持精简原则、明确遴选条件、严格遴选程序，进一步彰显学生骨干的先进性，坚持把聚焦主责主业谋发展作为改革的立足点。把围绕中心服务大局、青年思想引领、凝聚服务青年的相关工作立在工作核心位置。坚持把聚焦建章立制管长远作为改革的着力点，按照团中央、教育部工作部署，逐步推动完成校学生会、研究生会加强制度建设，完成《章程》修订、主席团选拔制度、部门及项目组负责人选拔制度、财务工作制度、述职评议制度等，并通过下发指导意见，加强对学院学生会组织相关工作推进的指导。初步形成了较为完善的制度体系，有关经验得到中国青年报报道，工作案例纳入全国案例集收录，并作为首期高校学生会组织改革微团课案例在全团发布。

(徐岩松)

妇女工作委员会

2020年，妇委在校党委坚强领导下，以党委巡察和机关作风建设年为契机，进一步提升部门管理水平和服务效能，针对突如其来的疫情积极启动线上工作及妇女之家云课程，实现妇女工作增能升级，持续凝聚引领全校女教职工为中国特色世界一流大学建设贡献巾帼力量。

3月6日，在四平路校区逸夫楼会场以线上线下同步的方式组织学校纪念三八国际妇女节110周年"同舟共济，巾帼抗疫"视频交流会，吴广明副书记到会致辞、颁奖，各单位分管领导、获奖代表、妇女工作干部、女教职工等近300人以线下或线上方式参会，东方医院、同济医院代表交流了援鄂一线医护人员的感人事迹。此项工作荣获上海市教育系统优秀案例一等奖第一名。

3月8日，通过学校公众号发出"致同济大学附属医院赴鄂一线女医护工作者的三八节慰问信"，为附属医院奔赴武汉一线的女医务工作者送上敬意和祝福。同期，为援鄂医护人员家庭开展"三送"关爱服务，妇委负责人陪同市教育系统妇工委领导一起走访了疫情防控一线的附属同济医院惠蔚护士长家。

针对突如其来的疫情，利用ZOOM平台组织开设妇女之家云课程，坚持服务女教职工。首场云课程"振奋精神，拥抱春天"女教师在线学习八段锦于3月6－14日晚上19:00－20:00连续开播。4月6日起，开设同济女教师在线瑜伽课程、健美操课程，每周各2次线上活动；5月9日，在线举办——"我为妈妈做早餐"母亲节特别活动；5月16日、23日，分两期举办妇女干部培训"校园活动主持讲座"；5月30日，组织举办"迎六一"亲子活动"同心童语，济梦六一"小小诗人原创诗歌朗诵会；6月21日，邀请人文学院崔铭老师主讲《苏轼的文学与人生》。通过妇女之家云课程，把温暖和服务更快、更广泛地辐射到全校女教职工，鼓舞大家共同克服疫情带来的困难。

4月28日，女教授联谊会组织女性成才工作坊线上交流活动，女教授们就专业选择、就业方向等方面问题与女同学们进行交流，答疑解惑。

5月，特邀艺术与传媒学院饶丹云老师指导，组织女子学院女大学生、附属同济医院女医护工作者及医学院校友共同朗诵了人文学院老师沈鸣鸣为校庆特别创作的诗歌《归来》，并制作成诗TV，献礼母校同济大学113周年校庆。

6月至7月；学校党委第一巡察组对妇委开展了巡察。妇委根据巡查意见要求，制定、修订和完善了《同济大学妇女工作委员会关于贯彻落实“三重一大”决策制度实施办法》等13项规章制度，并逐项加以落实，进一步优化工作流程，提高服务效率。

11月13日，同济大学代表队作品获评“教苑群芳 魅力绽放”第二届上海女教师服饰展示活动特等奖。参赛作品以同济樱花为背景，以古琴曲《水》为伴奏，将传统服饰的优美与古琴的浑厚融为一体，受到观众和评委的好评。

11月22日，“追求卓越 砥砺同航”同济女子学院成立二十周年报告会在四平路校区举行。教育部原副部长、同济大学原校长、同济女子学院顾问委员会主任、院务委员会名誉主任吴启迪，上海市妇联主席、同济女子学院顾问委员会副主任徐枫，上海市慈善基金会名誉副理事长、香港晨兴控股集团董事长杨文瑛等出席会议。会前，校党委书记方守恩、党委副书记吴广明会见了吴启迪、徐枫和杨文瑛，并进行亲切友好交谈。上海市第十一届人大常委会主任、上海市慈善基金会名誉理事长、同济女子学院名誉院长陈铁迪发来贺信，向同济女子学院成立二十周年表示热烈祝贺。校对外联络与发展办公室、教育发展基金会、机关党委、本科生院、校妇委、女子学院有关负责人，女子学院特色课教师、校友及在校学生150余人参加会议。部分女子学院校友和学校师生在线参加了会议。

11月27日，学校代表参加由中华女子学院和全国妇联干部培训学院主办的“第二届全球女性发展论坛暨纪念北京世妇会25周年学术研讨会”线上交流，介绍同济女子学院办学20年的发展历程、实践探索和理念思考。

11月30日，同济大学妇女之家“旧物新生”工作坊在四平校区图书馆闻学堂举行，活动旨在鼓舞大家发现“旧物”和“废物”的价值，用巧手和爱心赋旧物以新生，持续为循环利用和环境保护贡献力量。

12月31日，以“迈向2021——以坚韧不拔之力和温暖明亮之心”为题，通过部门微信公众号发布同济妇委新年贺词。

做好青年女教师成才资助金评审及管理工作，助力女性成才。10月28日，组织举办青年女教师成才资助金汇报会，26人受到资助的女教师逐一汇报研究成果，并进行交流学习。上半年发放同济大学女教职工关爱慰问金21人，发放金额27000元；下半年发放22人，发放金额40200元。

本年度爱心妈咪小屋建设取得新进展：新建小屋1个(同济大学出版社)，新增五星级小屋2个(人文学院、马克思主义学院)，四星级小屋5个(海洋与地球科学学院、环境科学与工程学院、汽车学院、政治与国际关系学院、艺术与传媒学院)，三星级小屋1个(电子与信息工程学院)。

(孙少杰)

【校院两级妇女之家联动机制构建专项开始实施】 为进一步落实“不忘初心、牢记使命”主题教育的整改，依据2019年网上开展《女教职工基本状况及发展需求》调研的结果，并结合走访基层学院妇女之家、爱心妈咪小屋情况，妇委向学校申请设立校院两级妇女之家、妈咪小屋联动机制构建专项。2020年初，学校批准立项并下拨专项经费15万予以支持。由于疫情关系，专项下半年开始实施，首批立项8个项目。妇委认真做好专项的管理工作，规范专项流程，以确保项目的有效开展和经费的合理使用。专项通过校院两级联动聚焦妇女之家内涵建设，使妇女之家真正成为妇女工作的坚强阵地和女教职工们的温暖家园。

(孙少杰)

【承办第四届上海市优秀青年女教师联谊会会员大会暨2020年上海女教师创新发展论坛】 11月20日，由学校承办的第四届上海市优秀青年女教师联谊会会员大会暨“勇创新 育新人，教育中的‘她’力量”2020年上海女教师创新发展论坛在建筑设计院一楼报告厅举行。市妇联副主席翁文磊出席并致辞，校长助理彭震伟致欢迎词，市教育妇工委主任李蔚讲话。第三届和第四届上海市优秀青年女教师联谊会会员、上海市各高校、区教育系统及直属单位专职妇女干部等近200人参会。在本次大会上，学校测绘学院副院长谢欢当选为第四届上海市优秀青年女教师联谊会会长。

(孙少杰)

【组织举办同济大学第六届女教师论坛暨卓越女性颁奖典礼】 12月18日，以线上线下相结合的方式组织举办“卓越女性成才之路”同济大学第六届女教师论坛暨卓越女性颁奖典礼，校党委副书记吴广明出席，100余位女教职工、女大学生代表参加了四平路校区现场活动。物理科学与工程学院教授陈玲燕、电子与信息工程学院教授俞丽华荣获第六届“同济大学卓越女性荣誉奖”。附属东方医院南院医学检验科主任吴文娟，附属同济医院呼吸与危重症医学科RICU病区护士长惠蔚，校长办公室副主任、校友会秘书长郑晓蕾荣获第六届“同济大学卓越女性抗疫贡献奖”。

(孙少杰)

校 区 管 理

嘉定校区

【概况】 2020年，有入驻学院12个、国家级科研基地6个、省部级科研平台24个，国家级人才培养基地21个；有全日制在校学生12462人，其中本科生6154人、硕士研究生4140人、博士研究生2168人；有教职工1405人，其中专任教师907人，另有兼任教师45人。校区初步构建起以地面交通为核心、以汽车为龙头的现代装备制造学科群。

年内校区按要求科学依法精准防控，坚决做好校园疫情防控工作。做好校区疫情防控工作的组织、协调、督促、落实工作，为校区教师、学生返校，学院、科研单位复工等工作做好服务和保障。与嘉定区、安亭镇政府沟通、协调，完成校区与嘉实公司有关的疫情防控工作。

聚焦学校核心工作，认真做好校区安全、有序的保障工作。组织校区安全督查组及时进行安全检查，遇到问题及时督办，督促整改。组织、落实消防安全、危化品、冬季防火、违章用电检查等专项检查工作。加强沟通，协调政府相关部门，开展对嘉实商业一条街及商户安全隐患的检查。年内共开展各类安全督查、防汛检查、夜查约30余次，组织安全培训活动6次。

做好协调督促，推进、解决师生关注的热点问题，做好校区综合育人环境的提升工作。包括完成校区泵房改造、建设工作，提升了校区的防汛抗台能力；完成校区需要增补、改善路段的路灯工程，使得校区照明情况得到了很大的改善，提升师生满意度；完成校区各学院、办公楼宇的网络设施改造、提升工作；完成包括友园7－8号楼、17－18号楼和友园其他楼宇学生宿舍一层的内部、友园7－8号楼楼顶等的修缮；工程实践中心大楼竣工，大学生活动中心封顶。

做好疫情防控工作，完成师生出行的班车服务保障工作。根据学校的整体安排、部署，持续加强、落实好对车辆、驾驶人员、候车场所、乘车人员的疫情防控措施，确保师生出行的平安出行。加强与师生的沟通、交流，根据师生的实际需要和诉求，在广泛征求意见的基础上，及时增加班车数量、调整班车运行时间。年内校区教师班车全年运送师生117900余人次。

认真做好大厅的协调保障工作，持续提升机关服务效能。至年底大厅共受理业务18198人次，师生满意度达99%以上。在校办的积极协调下，职能部门通力配合与支持，嘉定校区大厅业务不断延伸与拓展，2020年人事处入驻大厅，新增“印鉴使用”跨校区委托办理业务。做好新常态下的大厅疫情防控工作，做好大厅公共部位的频次消毒，配备消毒用品，做好加强疫情防控要求的宣传工作。

做好校区其他相关保障工作。做好迎新工作以及学校重大、特殊活动的保障工作。做好学生军训的协调、落实工作。认真做好校区教学设施安全、可靠运行的协调、督促和保障工作。认真做好国家重要考试的协调保障工作，包括四、六级考试以及研究生入学考试等。在做好疫情防控工作的前提下，全力做好支撑附属实验中小学幼儿园开展的业务工作。配合学校和安亭镇完成嘉定校区第七次人口普查的协调工作。

持续做好与地方单位的沟通、协调工作，为校区工作的开展做好支撑。协调嘉定区、安亭镇政府，做好校区与嘉实公司有关的疫情防控工作，包括友园11号楼西门贴封条、校园与外界的围栏设置、嘉实商业一条街的管理等。协同嘉定区、安亭镇政府认真开展嘉定区创城复查工作，完成了政府希望校区所承担的各项工作，为嘉定区创城复查全国市区第一名做出了同济贡献。与安城社区党支部共建，推进嘉实商业街疫情防控、安全等相关工作。

做好校园文化建设的协调、协同、参加、保障工作。认真落实党代会部署，积极协同宣传部、学生工作部、校团委、体育部等部门，持续推进校园文化建设，提升校园文化建设内涵和品质。年内校区开展学生主题升旗仪式活动4场，“高雅艺术进校园”活动1次上演话剧《原野》。举办百团大战暨社团招新活动、“仰望星空，逐梦青春”2020社团盛典、爱心助学活动、“共庆华诞迎盛世·月满中秋人团圆”迎国庆庆中秋主题联欢活动、“枫林节”开幕式暨2020级研究生迎新晚会、“我和我的祖国 献礼建党百年”第十一届民族风采嘉年华、“嘉定之星”校园歌手大赛、“节气食记·冬至饺子宴”等学生文化活动。开展各类主题素质拓展活动7场、各类学生社区二课堂活动近10次。完成不同规模校园二课堂活动超过20次，参与人数超过3000人次。举办“嘉园杯”冬季长跑活动、第13届“嘉园杯”龙舟赛、首届“薪火杯”龙舟赛、以及首届“球球大作战”联合运动会等体育文化活动。团委首次在校区学生推出的“科创报国，做同济擎天柱”同济大学学生科创周、“学生科创月”、学生科创盛典等学生创新创业活动。

启动并实施“嘉定校区校园文化品质提升行动计划”，举办“中国精神”大讲堂四期，加强“四史”教育。以团组的形式推进嘉定校区“楼宇阅读”项目，新增四组校园智能导览装置。建设桃李路“同济精神”人文艺术长廊，完成“I LOVE TJ”“同心舟”“同门共业”“划龙舟”以及“同舟共济”校训石“严谨求实团结创新”校风墙等校园景观小品建设，通过景观文化建设在校区传承同济文化、同济精神。开展送艺术进楼宇活动，举办“平语近人”“丹青行迹”“没有一个春天会错过”“墨散八方出丹青，众志成城战疫情”师生抗“疫”等绘画作品展。开展“理想之光 真理之路”同济大学迎接建党100周年系列主题活动，举办“启航”中国共产党早期在上海的史迹展、“四史”学习教育特展“99个瞬间新上海成长史”及“寻根铸魂 同舟济世”纪念同济大学迁校李庄八十周年专题展，举办“抗击疫情原创作品展”“荷塘云影书画展”“延续二百多年的建筑世家——样式雷建筑图档同济大学特展”“巧手神韵——刘秀兰雕塑艺术作品回顾展”“匠心神韵——国家级级物质文化遗产木版水印艺术作品展”“书香同舟，文榷济新——嘉图迎新季‘悦读同济，传承精神’专题书展等大型展览活动。举行大型交响音乐会“红旗颂”。同济大学文榷堂在嘉定校区揭牌启用，开展“文脉中华 嘉园风雅”，“文榷雅集会”五大学生传统文化社团展示等主题系列文化活动。举办第六届中德人文交流周“花园啤酒之夜”。举办学院迎新晚会（歌会）活动5场。

4月9日，同济大学与嘉定区人民政府共同签署《合作共建幼儿园协议书》，区校联手共建同济大学附属嘉定幼儿园，首轮签约期限为5年。6月21日，全国政协副主席、科协主席万钢来校区就高速磁浮交通技术发展进行调研。12月16日，“同济大学嘉园一凯晟奖励基金”捐赠签约仪式举行，旨在进一步提升嘉定校区服务管理保障工作水平。

（饶露）

沪西校区

【概况】 同济大学沪西校区位于上海市普陀区真南路500号，校舍占地面积405.9亩（含生乐、桃李公寓，不含家属区土地面积），建筑总面积23.36万平方米。截至2020年12月31日，校区有职能部门派出机构8个，办学机构2个（医学院、网络与继续教育学院），常驻单位18个，常驻教职员工189人（其中同济在编人员63人），住宿人员1632人（不含天佑医院5号楼449人、鸳鸯楼263人）。

2020年，沪西校区实现了疫情防控有序和工作正常开展的良好局面。医学院第一期搬迁顺利，教学工作开展有序。基础设施及校园环境面貌有了一定程度改善，校园整体平安稳定。

校区发展

1月7日，校党委书记方守恩、校长陈杰、党委副书记徐建平、副校长顾祥林等来校区调研，党办、校办、资产处、基建处、发展规划部、后勤集团、保卫处负责人陪同并座谈校区发展工作。

4月1日，普陀区规划和自然资源局、同济规划院、附属同济医院、学校发展规划部、沪西管委办召开沪西校区控规讨论会，讨论研究同济医院发展等相关事宜。

7月24日，校党委副书记冯身洪等来沪西校区现场研究推进校区改造和医学院搬迁工作。

8月25日，校党委书记方守恩等校领导来沪西校区查看校园改造情况，并听取有关医学院搬迁工作进展情况汇报。

9月4日，同济大学、上海普陀区区校合作座谈会在沪西校区举行。普陀区区委书记曹立强、一级巡视员孙萍、副区长王珏，同济大学党委书记方守恩、常务副校长伍江、副书记冯身洪、副校长陈义汉出席。

10月13日，普陀区副区长张玉鑫携相关区部委及桃浦镇领导来沪西校区调研，副校长伍江、发展规划部蔡三发、医学院郑加麟、沪西校区管委办吴健民等职能部处主要负责人陪同调研。张玉鑫副区长一行听取校区总体概况和定位规划，近阶段医学院入驻以及教学相关设施重新翻建情况的介绍。双方表示，同济大学将与普陀区政府紧密合作，将沪西校区未来发展融入普陀整体规划布局，携手共同为地区发展助力。

校园建设

1月，保卫处对沪西校区交通引导和停车标线等进行了更新和调新，并加强管理整顿。

1月14日起，沪西丰巢快递柜完成安装并投入使用。

5月，校园灯杆旗、宣传栏以及国旗杆等校园宣传专项换新完毕。

6—9月，沪西校区第一期修缮工程开展，图书馆、二教（含小礼堂）等教学设施完成改建。

8月，为解决沪西校区机动车停放困难问题，沪西校区管委办会同保卫办完成将弃用的篮球场改为临时停车场工作。

10月17日起，沪西校区老礼堂（羽毛球馆、乒乓球馆）正式恢复对外开放。

10月22日，蜂巢快递柜设备布局安装调试完毕并正式投入使用。

校区环境

4月2日，普陀区绿化办来沪西校区考察绿化情况，后勤集团绿化科、管委办共同讨论花园单位复评事宜。

4月28日，校区主要部门开展“大扫除”活动，对主干道、绿化带、公共环境无主垃圾进行集中清理整治，以整洁面貌迎接“五一”劳动节。

5月28日、6月9日，协助桃浦镇创城办开展地铁11号线李子园站周边联合环境卫生整治活动，校区管委办、后勤物业、保卫办联合整治校门周围大环境卫生。

6月30日—7月17日，为支持普陀区桃浦镇创建全国文明城区工作，沪西校区开展志愿者活动，协助做好真南路校门口周边环境卫生整治工作。

7月21日，桃浦镇河长办公室携普陀区检察院一行5人前来沪西校区，就校区内黑臭水体整治情况进行检查督办并提出治水新要求。吴健民主任代表学校表示将认真处理并彻底解决，双方还就如何推进相关工作交换了意见。荷花池填埋施工已于9月上旬完成，植绿工作因技术原因将于

11月进行。

7月15—29日，为配合普陀区桃浦镇的区内检查，沪西校区管委办、保卫办以及后勤相关部门联合行动，做好校门周边环境整治工作。

7月28日，校党委副书记吴广明考察沪西校区，要求校区积极开展环境治理工作，为迎接全国文明校园核审工作做好准备。

9—12月，沪西校区顺利完成全国第七次人口普查，此次校区内(不含天佑医院病房)普查共计1041户、2502人，其中登记时(10月31日零时)居住在沪西校区2315人。

10月29日，为全面提升校区环境卫生质量，创造舒适、优美、和谐的校园环境氛围，沪西校区开展了一次全面的环境卫生整治活动，各部门(单位)师生员工积极参加，校区面貌得到改善。接下来，沪西校区将进一步推动卫生保洁包干制度，营造"人人参与，人人有责"的环境卫生管理氛围。

疫情防控

1月24日，学校成立防控新冠病毒教职工专班，确定沪西校区防疫工作方案。随后，根据学校部署封闭家属区进出通道，设置天佑医院硬隔离围挡，对所有出入校区通道进行登记管控，并完成所有校区人员排摸。校医管处、管委办、后勤集团等部门针对校区的实际情况商定校区规培医生管理方案，并报专班通过。校区与桃浦镇疫情防控办公室开展疫情联动防控和信息共享，顺利推进"返校"工作。校区各部门在整个前期疫情防控阶段，保持了战略定力，加强协同，聚焦合力，取得阶段性成果。在疫情迈入常态化防控阶段后，根据学校要求，各部门仍然不松懈、不动摇，确保校区安全。

校园安全

本年度沪校区安全督查小组开展安全督查和突击检查共8次，组织各部门安全自查7次，其中开出整改通知书2张，管委办传达学校相关安全工作有关文件8份，有关安全提示和预警10次，上报学校安全生产工作报告和安全隐患督查汇总9份，专题活动工作总结6份。开展教职工和学生消防安全讲座和消防演练及仿真应急逃生体验活动共计3次。通过各项安全工作举措，确保各项消防安全工作落到实处，确保校区消防安全。

1月，沪西校区安全督查小组组织了2次安全抽查，重点督查实验室安全、学生宿舍和校园整体环境整洁情况，要求整改和消除安全隐患。

3月18日晚，校安全生产办公室、保卫处会同管委办、医管处、资产处、后勤集团等部门对6—8号宿舍楼、生乐公寓、桃李公寓等楼宇进行安全检查，涉及天佑医院、同济医院、东方医院、第十人民医院和附属口腔医院等部门人员。

4月15日，为贯彻落实学校国家安全及安全生产视频会议精神，保卫处、安全生产办公室会同医管处、后勤集团、校区管委办等部门对校区内各附属医院住宿楼宇进行安全检查，涉及疫情防控、人员管控和安全生产等方面。检查中存在私拉电源线、宿舍之间串门、公共区域不戴口罩、5号宿舍楼公共盥洗室洗澡人员密度过大等问题。要求各单位加强楼宇疫情管控和消防安全宣传，进一步落实安全管理责任。

5月21日，安全督查小组对学子食堂、天佑医院食堂、实验室、施工工地进行检查。在楼宇安全记录台账、消防设施、用电安全、消防疏散通道规范等方面发现了一些安全隐患，要求责任单位立即整改。

9月25日，沪西校区安全督查小组开展中秋、国庆双节前一次校区全面安全督查。重点检查了宿舍、实验室和校园整体环境，检查出的安全隐患要求责任单位及时整改，督促各单位在节前开展一次安全自查并要求有检查记录台账。

11月26日，沪西安全督查小组根据"消防安全月"要求组织开展消防安全专项督查，督查重点是各类宿舍电气火灾隐患、消防安全隐患等方面，检查出的安全风险和隐患，要求明确责任，明确整改时间节点，制定整改措施，督促和落实隐患整改。

12月3日，为进一步加强师生的消防安全意识和防火自救能力，构建平安校园，沪西校区开展消防安全指示宣传及仿真应急逃生舱现场体验活动，医学院、继教院师生，校区职能部门(单位)员工，共计约150人参加活动。

12月24日，沪西安全督查小组开展冬季防火消防安全督查，重点对宿舍和实验室用电安全、消防设施、安全疏散通道、安全自查记录台账等方面开展检查，检查出的安全风险和隐患，要求责任单位明确整改时间节点，制定整改措施，督促和落实隐患整改。

(曹霞)

沪北校区

【概况】 同济大学沪北校区位于上海市静安区中山北路727号，校舍占地面积67.64亩，总面积5.3526万平方米。截至2020年12月31日，校区有职能部门派出机构6个，常驻单位7个，教职员工150人(在编54人)，住宿学生997人。

2020年，沪北校区管理办公室履行"检查、指导、督促和协调"工作职能，把握"安全与稳定，转型与发展，督导与落实，管理与服务，协调与保障"五大任务，努力实现"绿色发展型、资源节约型和环境友好型"三大目标，促进校区平稳发展。

疫情防控

根据教育部、市教委和学校疫情防控要求，校区管理办把疫情防控工作作为全年工作重点，制订校区疫情防控工作相关规定，落实防控措施，严格加强校门管控，加强公共场所的消杀、保洁和卫生工作，要求全体师生严格执行学校疫情防控工作部署。

2月，副校长吕培明和副书记徐建平分别来到沪北校区检查疫情防控工作，查看学生宿舍和食堂的防疫情况，提出疫情防控具体工作要求。3月，校党委副书记徐建平和方平来到沪北校区再次检查疫情防控工作，要求把疫情防控工作做细做实。8月底9月初，徐建平先后两次来到沪北校区检查开学准备情况，要求各部门进一步做好开学后的疫情防控相关工作。

返校工作

按照学校2020年春季学期学生返校工作要求，校区管理办多次组织召开迎接学生返校疫情防控工作布置会，与校团委、校区职能部门共同研讨、落实学生返校疫情防控工作方案细则，明确返校流程和分工，确保学生安全有序返校。

4月30日，校党委副书记徐建平偕相关部门负责人来到沪北校区察看研究学生返校准备工作。5月8日，徐建平偕保卫处负责人来到沪北校区察看学生第一天返校情况。

防汛防台

根据教育部和学校防汛防台工作要求，校区管理办从4月份开始主动落实相关工作，制订防汛防台预案，加强巡查，排除影响防汛安全的各类隐患，做好各项应对工作，使得校区平稳度过汛期。

基础设施建设

沪北体育场5月改建，8月完工，9月初面向师生开放。妍学楼装修改造工程10月底完工，口腔学院入驻。口腔医学院于11月29日在体育场举办师生运动会，共计490人参加。12月23日，妍学楼新楼启用仪式暨上海牙组织修复与再生工程技术研究中心年会举行，校党委书记方守恩出席。

校园安全

沪北校区推进落实校园巡查制度和校区安全督查制度，安排人员进行日常校园巡查。每月校区安全督查小组对重点区域进行督查，加强各楼宇的安全抽查，督促责任单位加强安全管理，跟踪回访整改落实情况，确保安全隐患及时得到排除。沪北校区于5月组织开展“减灾防灾日”活动，6月开展“安全生产月”活动，11月开展“消防安全月”系列活动，举办消防安全知识讲座，提高师生员工的消防安全意识。在“两节”和“进博会”期间，开展安全专项督查，确保校园平安稳定。

人口普查

按照属地化管理模式，沪北校区配合静安区人普办做好第七次全国人口普查工作。沪北校区人口普查工作由校区管理办组织牵头，社区中心、保卫办及学生普查员共同参与配合。10月11日全国人口普查工作正式启动，11月15日完成人口普查正式登记工作，共登记人口839人，11月16日开始长表登记、数据比对复查以及修正工作，12月10日普查工作圆满完成。

文明校园

沪北校区持续推进文明校园创建工作。后勤物业严格落实垃圾分类督导、分拣、协调处理校区无主大件垃圾清运工作，逐步提高校区垃圾分类的有效性，积极配合并接受上级部门的监督和检查。

7月28日，校党委副书记吴广明带领宣传部、保卫处、爱卫会负责人来到沪北校区，进行文明校园建设工作巡检，并提出具体要求和建议。9月、10月沪北校区迎接市教委垃圾分类第三方评测检查，连续获得市高校评测第一的成绩。

区域化党建

按照静安区委“双结对”工作要求，沪北校区管理办、同济大学机关二十九支部与静安区退役军人局党总支结对共建，共享党建工作经验。

3月17日，共和新路街道党工委书记李永波、副主任张跃兵来到沪北校区，进行疫情期间联防联控对接工作。9月1日，同济大学机关党委二十九支部党员参加静安区退役军人局组织的四史学习教学教育活动。9月8日，观看电影《八佰》。12月23日，同济大学机关党委二十九支部党员参加静安区退役军人局组织开展的“传承红色基因，汲取发展力量，开创退役军人工作新局面”党课教育活动。

（沈海燕）

校董事会、基金会及校友会

校董事会、基金会及校友会

【概况】 2020年继续加强“云龙发展基金”的宣传和募集力度，截至11月底，累计募集人民币456.98万元，助力云龙县正式脱贫摘帽。为了助力抗疫，共克时艰，发起设立“抗击新型冠状病毒肺炎专项基金”，募集人民币256.87万元，全部用于购买防疫物资支持同济大学和武汉华中科技大学同济医学院的防疫工作；设立“同济英雄基金——同济大学附属医院援鄂医疗队员奖励基金”，募集人民币385.19万元，共奖励“最美逆行者”165名。同时，通过购买湖北省农产品慰问因疫情而受困的同学、定向资助“上海市养老服务领域抗疫支持项目”的形式，体现了基金会的社会责任。截至11月底，基金会共签署各类捐赠协议73份，协议捐赠金额合计约8313.23万元，实际捐赠进账金额9211.04万元，用于学校教学、科研、人才培养、基础设施建设等方面的资助金额逾4646.18万元。

基金会组织召开第三届理事会第八次会议；积极推进基金会、校友会信息系统建设，已经上线运行；设立基金会财务部，完成人员招募，已经正常开展工作；完善了各类自媒体的建设和信息公开的制度监管；完善校院两级基金管理制度，营造良好的捐赠文化和规范合理使用基金的氛围；参加社会组织评级评估，并利用迎评的机会进行基金会的管理规范化塑造和机制优化。

校友会秘书处完成两次常务理事会议及一次理事会议的召开，先后审议通过了《同济大学校友会章程》修订提案、《同济大学校友会第一届理事会换届方案》《同济大学校友抗疫表彰奖励评选工作细则》等。自主设计开发了4个维度、18项主要评价要素组成的校友评价反馈指标体系，支持学院开展专题调研，完成高教学会“十三五”规划校友工作专项重大课题结项，并在《高等教育研究学报》和《北京教育(高教)》发表相关文章两篇。

2020年年签署众多捐赠协议，包括且不限于：

2月19日，天津京彩惠安餐饮服务有限公司与基金会签署协议，捐赠人民币100万元，注入“同济英雄基金——同济大学附属医院援鄂医疗队员奖励基金”，奖励为抗击疫情无私奉献的“最美逆行者”——同济大学附属医院援鄂医疗队的成员们。

2月6日，Raffles International Capital Limited与基金会签署协议，捐赠110万港币，注入同济英雄基金一同济大学附属医院援鄂医疗队员奖励基金。

2月25日，加拿大同济大学校友会与基金会签署协议，捐赠6716.25加元，注入同济大学医疗支援、帮扶、关爱基金。

6月6日，保时捷(中国)汽车销售有限公司与基金会签署协议，每年捐赠8万欧元，年限5年，共计40万欧元，设立汽车控制与网联自动驾驶基金教席，支持中德学院的人才培养。

6月18日，上海弼兴律师事务所与基金会签署协议，捐赠人民币200万元，设立上海弼兴知识产权发展基金，资助同济大学上海国际知识产权学院的发展。

6月22日，上海清远管业科技股份有限公司与基金会签署协议，每年捐赠人民币20万元，年限5年，共计人民币100万元，设立同济大学清远环保发展基金，支持环境科学与工程学院的学科建设和发展。

6月22日，上海万朗水务科技集团有限公司与基金会签署协议，每年捐赠人民币20万元，年限5年，共计人民币100万元，设立同济大学万朗环保发展基金，支持环境科学与工程学院的学科建设和发展。

6月23日，上海简康新村材料科技有限公司与基金会签署协议，捐赠人民币100万元，注入同济大学城市风险防控研究实践专项基金。

6月23日，孙文骐先生与基金会签署协议，每年捐赠人民币60万元，年限2年，共计人民币120万元，设立同济大学孙文骐先生助学金，资助我校家庭经济困难的学生。

7月9日，海南洋浦海悦药业有限公司与基金会签署协议，捐赠人民币110万元，设立同济大学海悦药业助学金，资助同济家庭经济困难的学生。

10月19日，校办企业与基金会签署协议，捐赠人民币5000万元，注入同济大学发展基金。

10月26日，山西金广实业有限公司与基金会签署协议，捐赠人民币100万元，注入同济大学心理健康促进基金。

12月11日，同策房产咨询股份有限公司与基金会签署协议，捐赠人民币100万元，用于2021年同济大学新年音乐会。

(顾菁)

【“同济大学抗击新型冠状病毒肺炎专项基金”“同济英雄基金”设立】 2020年3月发起设立“同济大学抗击新型冠状病毒肺炎专项基金”，通过广泛动员校友及社会各界积极捐赠，募集资金人民币256.87万元，学校通过全球采购，购置防护服、口罩等防疫物资，支持同济大学和武汉华中科技大学同济医学院的抗疫工作。同时发起并管理“同济英雄基金——同济大学附属医院援鄂医疗队员奖励基金”，共奖励同济大学附属医院援鄂医疗队员165人，奖励总额人民币165万元。并在上海主流媒体《文汇报》《解放日报》《新民晚报》上宣传和表彰同济抗疫英雄的事迹。

(顾菁)

【“同济校友终身学习平台”推出】 首推的“星空讲堂”系列，邀请学校与校友中的专家学者，以剧场演讲结合线上直播的形式传播同济智慧。已成功举办五场，线上线下观看人数累计超过30万，全球各地校友组织分会场累计达115场次，并着力打通和整合校内各类线上课程资源，1.0版本2020年12月正式上线。

（顾菁）

【同济大学教育发展基金会第三届理事会第七次、第八次全体会议召开】 1月2日上午，同济大学教育发展基金会第三届理事会第七次全体会议召开，会议听取、审议了基金会2019年度工作报告，审议通过了相关人员调整以及机构增设方案、2020年财务预算、投资计划等方案。5月20日下午，同济大学教育发展基金会第三届理事会第八次全体会议采取线上线下相结合的方式召开，会议听取、审议了基金会2020年上半年工作报告，并围绕如何加强基金会的筹资能力，更好地服务学校"十四五"规划建设等议题进行了讨论，全体与会人员在基金拓展、脱贫攻坚、基金会自身建设以及服务学校各项事业发展等方面达成了共识和形成了行动计划的建议。

（顾菁）

【同济大学校友会第一届常务理事会第四次会议、第五次会议召开】 5月16日下午，同济大学校友会第一届常务理事会第四次会议召开，第一届常务理事会常务理事21人参加会议。会议重点围绕学校和校友会"十四五"规划的编制，在人才培养、科学研究、社会服务、文化传承创新及国际化等方面提出了建设性意见和建议。12月11日下午，校友会第一届常务理事会第五次会议在线上召开，第一届常务理事会常务理事18人参加会议。会议听取《关于疫情后校友关爱表彰工作情况通报》，审议并通过《同济大学校友会第一届理事会第六次会议议程》。

（顾菁）

【同济大学校友会第一届理事会第六次会议召开】 12月12日上午，同济大学校友会第一届理事会第六次会议采取线上线下相结合的方式举行。第一届理事会理事113人参加会议，会议特邀上海校友会理事、招生大使、抗疫受表彰校友等共同参会。会议听取《同济大学校友会章程》修订提案，审议并通过《同济大学校友会第一届理事会换届方案》，聘任68名招生大使，颁发"同济大学招生工作贡献奖""战疫先锋个人""战疫先锋集体"宣读"同济大学2020年度卓越校友奖"，杨剑华、沈国强、吴志晖、黄志明、福建（福州、厦门）校友会、严晓会、李青获此奖项。

（顾菁）

附属单位

同济医院

【概况】 2020年是极不平凡的一年，全球共同经历了新冠肺炎疫情的重大考验，国家克服疫情影响，在世界主要经济体中率先实现正增长，全面建设小康社会取得历史性成就。医院以习近平新时代中国特色社会主义思想为指导，全面贯彻党的十九大和十九届二中、三中、四中、五中全会精神，在市卫健委、申康中心、同济大学和院党委的坚强领导下，紧紧围绕“继承·创新·发扬”年度主题，一手抓疫情防控，实现了“员工零感染、患者零漏诊、医院零传播”的防控目标，一手抓复工复产，实现了“十三五”规划圆满收官。

医疗与疫情防控工作 2020年，受新冠肺炎疫情的影响，医疗业务较去年同期下降；部分科室由于疫情防控的要求和需要，关停病房及病房改造，整体医疗业务受到较大影响。医院门急诊161.6万人次，同比减少26.63%，出院5.5万人次，同比减少23.85%；住院手术3.21万台，同比减少20.41%；平均住院日7.45天，同比上升0.61天。医院总收入24.79亿元。

面对突如其来的疫情，医院迅速、全面启动疫情防控工作。制定疫情防控期间医院各项医疗规范和流程，科学防疫；按照平战结合原则，因地制宜改造发热门诊、留观病房布局；加强感染科、重症医学科等公共卫生应急救治学科和人才梯队建设；建立健全公共卫生应急转换与腾空机制，完善应急救治人员、设备、物资储备及统筹调拨机制，整建制组建本市突发公共卫生事件医疗救治战斗队。全年共完成发热门诊诊次28443人次，发热留观153人次，启动疑似病例27人次，确诊患者3例。完成新冠PCR实验室建设，全年共完成患者及陪护核酸检测82120例次，抗体检测73167例次。医院派出刘瑞麟、惠蔚、肖武强、顾海燕4位援鄂医疗队员和张子强、房星星、金佳淇、朱妤婕、周立娱、金煜红、于兰7位援本市定点医院医疗队员，均圆满出色完成支援任务返回岗位。

加强医疗内涵建设，优化病种结构。重点关注疑难病种、三、四级手术率，加大对DRGs及CMI的分析与考核，医疗内涵有提升。根据国家公立医院绩效考核标准，全年完成手术17187人，手术占比31.07%，四级手术3862人，四级手术率为22.47%(2019年18.49%)，微创手术3260人，占比18.97%(2019年17.95%)，同期对比均有所增长。医院获得全国肺栓塞和深静脉血栓形成防治能力建设项目“血栓防治中心优秀单位”称号。

加强门诊管理。门诊预约率逐步提高，12月份专家门诊预约率达64.86%。门诊电子病历打印率12月份达60.74%。

加强医疗质量综合管理力度。全年抽查门诊病历1147份，出院终末病历6100份，住院运行病历2480份，缺陷病历共2240份，总体全院病历缺陷率为4.08%，与去年同期(2.66%)相比有所上升。对检查中存在的问题及时发送整改通知书并督促相关科室落实整改意见。不断规范和提高临床医生病历书写质量，针对日常督查发现的问题，举办全院培训，邀请上海市病历质量管理专家指导和介绍病案首页规范填写，有针对性的科室巡讲等多举措促进病历书写质量的提高。进行科主任诫勉谈话5人次。加强病历书写质量的精细化管理，推动电子病历系统的更新迭代。

开展院内感染的主动监测，对全院在院患者实现监测全覆盖。有效处理公共卫生突发事件41起。加强抗菌素使用监测，门诊、急诊和住院抗菌药物使用率、外科一类切口抗菌药物使用率、住院限制类和特殊类抗菌药物微生物送检率均达标。住院抗菌药物使用强度DDDs同比下降，但仍未达到国家40DDDs的标准。

强化医务人员医疗安全意识。开展术前行政谈话966例次，重大手术审批30例，均无医患纠纷发生。全院共上报医疗安全不良事件86例。全年接收危重孕产妇2例，全部救治成功。共分娩人次581例，剖宫产率53.1%。

依法加强执业监管。全年共接到外院会诊邀请216次。全年共接受进修医务人员127人次，选择进修涉及25个临床医技科室。

加强MDT与临床路径管理。共为64名门诊患者和170名住院患者提供MDT服务。全年新增MDT项目2个(神经内科－肌张力障碍MDT、老年医学科－老年睡眠问题的心身治疗MDT)。实施临床路径管理193个病种，入径病例占出院病人数已达30%以上。全年入径18382例，入径率91.2%，变异率11.6%，入组后完成率91.4%。

加强医疗技术管理。向上海市医学会申报6项未分类技术审核，其中2项已转为非限制类；6项限制类医疗技术准予临床应用。总结2017－2018年度61项非限制临床应用的医疗技术。评审本年度院内首次开展的临床新技术，未发现不规范开展现象及与医疗技术直接相关的严重医疗不良事件。

圆满完成第三届进博会期间上海市医疗保障定点医院的保障任务。启动医院“急性上消化道出血救治中心”建设。组织15名援滇医疗队员对口支援麻栗坡县医院，6名中级职称医务人员参加定期下基层工作。

教学工作 医院设置教研室24个，其中临床药学教研室为新增，承担本科生、研究生的教学任务，包括临床医学专业5+3、贯通班、MBBS班、护理专业、康复医学专业学生，全年开设非实践类本科课程45门，其中临床医学专业5+3和贯通班并班上课，全校选修通识课7门。上半年受疫情影响

22 门课程共 1239 学时线上授课，下半年非实践课程总课时 1353 学时，另有各年级学生临床轮转学时共计 120 周。2020 年上半年线上实习，下半年各校各专业学生临床轮转学时共计 262 周，MBBS 线上实习 27 周。

2020 年共招录硕士 77 人（其中学术型 24 人，专业学位 53 人），招录博士 47 人（其中硕博连读 10 人，直博 3 人，专培专博 4 人），招录在职博士 9 人（校内 7 人，校外 2 人）。2020 年临床医学本科学生毕业 38 人，研究生毕业 72 人（其中硕士 50 人，博士 22 人）。截止到 2020 年 12 月 31 日在院各类学历教育学生共 657 人，其中本科生 105 人，校外实习生 248 人，统招研究生 155 人，四证合一硕士 149 人。

导师队伍建设方面，按照同济大学导师认定标准，医院硕导人数 247 人，博导人数 82 人；经医学院学位评定分委会讨论确认，2021 年具有研究生招生资格导师 66 人，其中科学学位博导 32 人、专业学位博导 45 人、科学学位硕导 51 人，专业学位硕导 61 人。

规范化培训方面，医院现有住培基地 16 个，其中临床病理科新获批成为国家住院医师规范化培训基地。专培基地 13 个，其中 2 个为国家级专培基地。2020 年住院医师规范化培训结业考核通过率 95.2%。专培医师结业考核通过率 90.9%。持续完善各项管理制度，加强培训质量监督，全面督导检查，规范教学查房、疑难病例讨论、理论小讲课和出科考核。完成住院医师规范化培训网络管理平台建设，显著提高工作效率和过程管理水平。组织首届同济医院教学查房比赛，14 个基地共 24 个临床科室参加。全科基地沈艺获得一等奖，内科基地余莉、外科基地麻彬获得二等奖，耳鼻喉科基地李少辉、内科基地陈越、龚邦东、修冰，外科基地谢士樑、吴强获得三等奖。

学生工作方面，持续做好学生思想政治教育、日常管理和评优评先助困、毕业生就业及文明离校、重点学生管理及各类支持与服务工作；做好各类医学生的疫情防控工作，如日常防疫管理、在线教学的学业帮扶、离沪和返校工作等；有序地开展各项学术活动，包括“第六届青医学术月”系列讲座活动、“第十八届医学生青稞节”论文交流会、沪西校区驻楼导师活动、实习生“心身医学基本技能”培训、见习生“叙事医学”活动、研究生减压工作坊、规培生“巴林特小组”等；配合医学院团委及医院党委完成学生党团工作；加强学生管理队伍建设，把思政工作和学生管理工作落到实处和细处。

教师培养方面，组织全院临床实践带教师资培训及考核，446 人参加培训并通过考核，组织同济大学“学科教学育人与课程思政”专题网络培训，完成规培带教老师、基地主任及规培管理人员参加省级以上师资培训，共计 92 人次。完成 5 位高年资医师转岗培训。配合医学院组织教学设计大赛、PBL 优秀教案评比，微课比赛等，以赛促进，提升教师教学能力。

教师获奖方面，何育生获评“上海市优秀住院医师带教老师”。程黎明获得首届同济大学教师教学创新大赛二等奖、教学设计创新奖。余晨获得首届同济大学教师教学创新大赛二等奖、基层教学组织奖。吴先正获评 2020 年度“同济大学师德师风优秀教师”，张子强获评 2020 年度“师德师风优秀教师（疫情防控专项）奖”。靳令经获评同济大学 2015－2019 年优秀校外实习指导教师；褚旭霞获评同济大学 2020 年度本科优秀教育管理者。

教学比赛获奖方面，李颖微课作品《甲亢的病因与诊断》获 2020 年全国高校（医学类）微课教学比赛一等奖。沈艺获上海市住院医师规范化培训教学查房比赛“十佳教学查房提名奖”；车娜获上海市住院医师规范化培训“情景模拟大赛三等奖”，医院获“优秀组织奖”。同济大学医学院 PBL 教案比赛王璇获得特等奖、刘光辉获得一等奖，顾剑云、欧阳一芹、顾昶娟获得二等奖，刘渊华获得三等奖。2020 年同济大学医学院微课教学比赛牛耘丽、吉萍获得一等奖，宋利格、吴刚、陈越获得二等奖，李丽喜、余莉、章玺臣、张昆获得三等奖，张晓亚、张娟获得鼓励奖。

教学建设方面，“运动骨关节病学”获批上海市高校市级重点课程建设项目。2020 年上海高等学校一流本科课程（线上线下混合式课程）、《医学影像学》获批校级重点课程（MBBS）。《性与健康》获批同济大学核心通识课程建设项目。获批同济大学教学成果奖 5 项，其中特等奖 1 项，一等奖 2 项，二等奖 1 项，三等奖 1 项。获批同济大学研究生院教改项目 1 项，完成 2018 年中华医学会教改项目结题 1 项。推进校级教改项目完成中期考核 10 项，院级教改项目立项 18 项。医院获批同济大学 2015－2019 年优秀校外实习基地。2020 年第一作者发表教学论文 9 篇。论文《医教协同背景下临床医学硕士专业学位研究生科研能力培养的调查与研究》获 2019 年度医学教育和医学教育管理百篇优秀论文三等奖。宋浩明获聘国家卫生健康委员会“十三五”规划临床医学专业第二轮器官－系统整合教材——《心血管系统与疾病》PBL 案例常务编委。

学生获奖方面，2016 级本科生向卿志、余海鑫、钱继魁、卢思琦获得第十二届“挑战杯”上海市大学生创业计划竞赛金奖；2016 级本科生董生婷获得第十八届上海市青少年“明日科技之星”三等奖；林慧、刘春雨、张语珊获得第十八届上海市百万青少年争创“明日科技之星”创意奖；2018 级博士生黄润之获得第十八届上海市百万青少年争创“明日科技之星”创意奖。2019 级硕士生邵玉婷等获得第七届上海市青年医学科普能力大赛二等奖，翟雪洁、李宇航、刘瑞平获得 2020 年度“唯爱伴我行，上海市住院医师科普月月讲”大赛一等奖；王蒙蒙获得“8·19 医师节”科普征文大赛优胜奖和“科普大使”称号。

2018 级同济医院硕士班获评同济大学五四红旗团支部。金晨、和文宝、王蒙蒙、洪哲、刘瑞平、范晨钰获评 2020 年上海市优秀住院医师；2015 级本科生张萌萌、王芷婧，2017级硕士生王思璐、2017级规培生曹潇丹、金晨获评上海市优秀毕业生；2015级本科生李双佚、袁得强、2017级博士生商安全、2017级规培生吴珍珍获评同济大学校级优秀毕业生。2015级本科生张萌萌获得同济大学追求卓越学生奖；2017级博士生孟通获评同济大学追求卓越学生（提名）奖；2015级本科生闫佳获评同济大学疫情防控优秀志愿者；2018级博士生黄润之入选同济大学2020年优秀大学生报告团。

2018级博士生黄润之、吴信波，2018级硕士生曾冰洁获得同济大学研究生国家奖学金；2016级本科生康紫薇、林艳秋获得同济大学本科生国家奖学金。2016级本科生章迅、穆宇辰、沙炳先，2017级本科生何涛、李玉兰、田忠平、蒋昱焘、赵丹获得同济大学本科生国家励志奖学金。

2018级规培生和文宝、王蒙蒙、陈其臻，2019级规培生洪哲、罗俊杰获得吴孟超奖学金敬业奖；2017级博士生商安全、唐敏、许晓雯，2018级博士生郑娅、2017级硕士生王思璐获得吴孟超奖学金创新奖；2016级本科生向卿志、刘杰辉、帅学倩、谭至立、2017级本科生郸学健获得吴孟超奖学金励志奖。

科研工作 坚持长期科技发展战略，以学科及科研平台内涵建设为核心，以重点学科建设和科研人才梯队建设为重点，以国家级科研项目及科技奖励申报的过程管理及成果凝练为抓手，以人才培养引进与科研奖惩激励机制为手段，以重点科研平台和临床研究中心的完善和建设为载体，通过学科、人才及平台建设推进医院科研工作稳步发展。

学科建设方面，2020年是医院第五周期重点学科建设计划的总结年。通过对照目标任务，严把学科建设的考核指标，对不合格学科实行动态调整，学科建设实现了新的突破。2020年8月，中国医学科学院发布了“2019年度中国医院科技量值”报告，医院综合排名再次提升，从去年的83名上升至75名，共有12个学科进入前100位。2020年医学影像科共同参与申报的“核医学与放射卫生学”和检验科共同参与申报的“病原微生物与生物安全”分别入选上海市公共卫生体系重点学科建设计划。在此基础上将启动第六周期重点学科建设计划制定并启动申报。

人才是学科和医院发展的基础，医院着力推进现有人才的培养工作，2020年医院积极推进国家及省部级各类人才项目的培育、申报和跟踪工作。获批国家及省部级人才计划项目10人次，包括：上海市领军人才1人（杨长青）、上海市优秀学术带头人1人（靳令经）、上海市青年拔尖人才1人（李靖）、上海市浦江人才2人（黄蕾、武丹）、上海市扬帆计划4人（吉萍、陈丽竹、宋美怡、洪哲）、上海市公共卫生体系建设三年行动计划“学科带头人”1人（李清伟）等。

科研项目方面，2020年共获批纵向科研项目71项，纵向科研项目经费共4382.53万。获批项目包括科技部国家重点研发计划课题2项、国家自然科学基金项目30项（包括：重点项目2项，专项项目1项，面上项目15项，青年基金12项）、上海市科委实验动物研究领域项目1项，上海市自然科学基金项目5项，科普专项1项，生物医药科技支撑项目2项，医学创新研究专项7项，社会发展科技攻关项目（子课题）1项。获批上海市卫健委卫生政策自选课题1项，卫生行业临床研究专项8项，老龄化和妇儿健康专项1项，卫生政策定向委托研究课题1项，中西医结合专项1项。同济大学新型冠状病毒防治应急科研攻关项目2项，2020年度创新研究群体预研项目1项。申康第二轮三年行动计划项目5项，第十二批科技创新项目2项。

科研成果方面，2020年围绕医院学科重点方向，培育和凝练科技成果，加强重点项目及重点人群的扶持，积极组织申报国家科学技术奖、省部级科学技术奖等各级各类奖励，共获批各类科技奖项8项，包括：第十届中国技术市场协会金桥奖二等奖1项（王培军）、欧洲血液和骨髓移植协会基金会“圣安东尼－EBMT青年领袖奖”一等奖1项（梁爱斌）、中国康复医学会科学技术奖一等奖1项（靳令经）、上海医学科技奖青年奖1项（靳令经）、上海康复医学科技奖一等奖1项（靳令经）和三等奖1项（童晓文）等。2020年医院共发表论文475篇，其中SCI收录期刊论文共248篇，IF大于10分13篇，IF大于5分38篇。获批国家发明专利11项，实用新型专利57项，完成专利转化2项。启动2020年院级专利孵化基金，进一步加速推进成果转化。

科研平台方面，2020年医院科研平台建设更加深入，完善脊柱脊髓再生修复教育部重点实验室建设是2020年医院重点工作。在进一步完善场地建设（沪北实验室、科研楼）、购置安装实验设备的基础上，加快专职科研人员引进，建立健全相关管理制度，积极推进实验室网站建设，全面推动实验室运行。医院将以建设教育部重点实验室为抓手，通过人才培养带动相关学科发展，在医工交叉、临床转化等方面形成可借鉴的合作研究模式。2020年医院成立了临床研究中心，下设医学伦理办公室及GCP办公室，进一步完善了相关的管理制度。完成临床研究信息化管理软件及临床研究大数据平台及2个重点学科专病数据库建设。新增2个专业国家临床医学研究中心核心成员单位（骨科与运动康复、放射与治疗），新增1个专业上海市临床医学研究中心核心成员单位（耳鼻咽喉科）。获批同济大学骨科与运动康复临床研究中心及血液肿瘤临床研究中心。新增获批各类临床研究项目（纵向、非GCP、GCP）94项，总金额4538万元。完成第三批院级临床研究培育项目立项，共资助重点项目6项、青年项目10项，资助总金额为350万元。新增4个国家药物临床试验专业资质科室，完成14个科室药物临床试验机构资质备案工作。伦理委员会成为申康临床研究促发中心“临床研究伦理委员会联盟”成员。

党建和精神文明建设 2020年是全面贯彻党的十九大、十九届二中、三中、四中、五中全会精神、全面建成小康社会的一年，是五年规划承上启下、谋划新一轮发展的关键之年，也是经受新冠肺炎疫情重大考验之年。一年来，医院党委在上级党委的坚强领导下，围绕谋划“十四五”规划蓝图这一核心主线，全面加强公立医院党的建设，深入贯彻落实“四史”学习教育，以疫情防控和复工复产为工作重心，充分发挥医院党委的领导核心作用，坚持党建引领，凝心聚力打好疫情防控战，深入落实“1+2”文件精神，推进党委领导下的院长负责制，夯实基层党组织建设，加强领导班子和干部队伍建设管理，全面抓好思想政治工作，加大宣传力度，巩固意识形态阵地建设。强化规范意识，扎实推进医院文明建设工作，探索创新文明工作新机制。推进全面从严治党，深化细化“四责协同”，为切实推进医院深化改革、转型发展、人才培养、医疗服务、文化传承创新提供了坚强有力的保障。2020年，医院党政领导班子在同济大学年度考核中获得优秀；3名医护人员在武汉前线火线入党、1人被评为上海市优秀共产党员，顺利完成同济大学“双带头人”党支部书记工作室的中期验收；乔晓红同志获批同济大学“双带头人”教师党支部书记学术能力提升专项资助计划，并有其他多个党组织及个人荣获各类党建奖项。

2020年，为积极贯彻落实国家卫健委《进一步改善医疗服务行动计划》(2018－2020)的要求，推进落实上海市第二轮《进一步改善医疗服务三年行动计划》、《上海市医疗卫生行业创建文明行业三年行动计划》，围绕“继承·创新·发扬”年度主题，以“强化规范意识”为理念，推进改善服务、提升患者就医体验，扎实推进医院文明建设工作。

完成2020年度上海市同济医院“十佳”示范集体和先进个人评选工作并表彰。评选出了骨科等10个部门为“2020年度十佳示范集体”，以及刘洋等70位“2020年度十佳医生/护士/教师/科研人员/技师/行政管理人员/工勤人员/驻院工勤人员”，进一步完善医院激励机制，选树先进，在全院营造当表率、学先进、赶先进、做贡献的良好氛围。

召开文明委会议，部署2020年的文明建设工作。按照“上海市文明单位创建体系（2020版）”的要求，有计划、有目标、有重点、有措施地扎实做好各项文明创建工作，迎接2019—2020年度上海市文明单位评估检查、上海医药卫生行风建设促进会公立医疗机构患者满意度测评工作，将市卫生健康系统创建文明行业工作的要求，和“人性化服务品牌”建设等工作相结合，规范服务、改善服务、提升就医体验，扎实推进医院文明建设，树立医院品牌形象。

探索运用信息化作为补充手段开展患者满意度测评。批量设计并制作各考核单元的门诊及住院患者满意度测评二维码，在疫情期间作为患者满意度测评的补充手段，扎实做好满意度测评工作。

进一步深化文明管理，启动多部门联合文明督导机制。不仅提高了督导效率和效果，同时强化了相关职能部门的日常管理意识和水平，从而推进医院的文明建设、提升医院的服务水平。

以技能比武、窗口服务竞赛、规范服务案例分享、改善服务沙龙等形式，开展系列“优质服务月”活动，不断提高员工服务意识和技能，持续提升患者就医体验。

扎实推进“人性化创新服务品牌”建设。针对21个“人性化创新服务品牌”建设立项，在全院形成改善服务质量、改进服务流程、提升患者就医体验的良好氛围。

积极迎接各级各类测评检查，以评促建提高服务质量。做好迎接第三季度上海医药卫生行风建设促进会组织的患者满意度问卷调查准备工作。积极迎接普陀区文明进步指数测评、国家卫健委患者满意度测评、2019—2020年度上海市文明单位创建考核等各类检查，以评促建不断提高文明管理水平、改善患者就医体验、深化文明创建工作。

开展“创文明行业，寻最美服务窗口、服务之星”评选活动。结合市卫健委《上海市医疗卫生行业创建文明行业三年行动计划》部署，开展2020年度“创文明行业，寻最美服务窗口、服务之星”评选活动，以提高服务质量为主题，以患者满意为标准，进一步规范服务行为，提高服务意识、增强服务能力、提高医疗质量，推进窗口服务不断改善，提升患者就医体验。

2020年文明办总计接待、登记患者感谢666人次，接待、登记退还红包184人次总计507388元。

【同济红原公益项目启动】 1月9日，上海市志愿服务公益基金会与医院联合牵头举办“同舟济世，助亮红原”捐赠仪式暨同济红原公益光明行项目启动会。

【首批援鄂队员出征驰援武汉】 1月24日(除夕夜)，医院呼吸与危重症学科刘瑞麟主任和惠蔚护士长作为上海市首批医疗队成员奔赴武汉，支援当地医疗救治工作。

【第二批援鄂队员驰援武汉】 1月28日，医院急诊与危重症学科肖武强主治医师和重症监护室主管护师顾海燕作为第二批援鄂医疗队员出征，驰援武汉。

【7名援本市定点医院医疗队员圆满完成支援任务】 4月，援本市定点医院医疗队员张子强、房星星、金佳淇、朱好婕、周立娱、金煜红、于兰均圆满出色完成支援任务返回岗位。

【同舟共济互联网医院正式上线】 5月18日，医院正式发起组建“互联网医院协作联盟”。院长程黎明教授和联盟单位代表上海市金山区亭林医院院长孙继权先生现场签约，线上46家医疗集团共同签署协议书，“同舟共济互联网医院”正式上线。

【医院召开中层干部聘任大会】 7月

1日，医院召开中层干部聘任大会，医院领导班子、全院100多名新聘中层干部以现场和线上的方式出席会议。

【医院获ERAS标准病房授牌】 9月4日，医院获国际肝胆胰协会中国分会上海ERAS标准病房授牌(铜牌)。

【医院荣获全国血栓防治优秀单位】 10月13日，中国VTE防治大会在北京举行，医院获得全国肺栓塞和深静脉血栓形成防治能力建设项目"血栓防治中心优秀单位"。

【医院与全球5家跨国医疗器械公司签署集中采购协议】 11月8日，第三届中国国际进口博览会召开期间，医院与15家市级医院代表共同签署由上海申康医院发展中心组织的来自全球5家跨国医疗器械公司的代表及外贸代理机构的大型医用设备集中采购协议书。

【医院联合普陀区多部门举办辐射事故应急处置演练】 11月23日，医院联合普陀区生态环境局、普陀区公安分局治安支队、普陀区卫生监督所举办了辐射事故应急处置演练。

【医院成功完成首例TAVR手术】 11月26日，医院心血管内科成功完成首例经导管主动脉瓣置换术(TAVR手术)，标记着医院心血管内科结构性心脏病团队全面起航。

【医院举行内科医技综合楼结构封顶仪式】 12月16日，医院举行内科医技综合楼工程结构封顶仪式。申康建设投资部主任魏建军、甘泉街道办事处副主任赵勇、上海申康卫生基建管理有限公司副主任李俊、上海建工二建集团有限公司总裁张敏、上海市卫生建筑设计研究院有限公司院长施洪相、同济大学附属同济医院党委书记许树长、院长程黎明和班子成员及其他各参建单位的领导等出席。

【医院与纳米技术公司签署共建协议】 12月22日，医院与上海纳米技术及应用国家工程研究中心有限公司在纳米技术及应用国家工程研究中心召开洽谈会暨共建协议签署仪式。

【医院举行十九届五中全会精神中心组扩大学习报告会】 12月23日，医院举行十九届五中全会精神中心组扩大学习报告会，党委中心组成员、医院支部书记、科主任及中层干部参会。

(徐惠、姜淼)

同济医院分院

2020年，同济医院分院在职职工总数169人，其中，在编41人，非在编128人；离退休职工175人。

2020年，医疗业务总收入4823.90万元，同比下降27.10%。实际门急诊诊次128536人次，出院病人803人次。医保总费用2398.47万元，门急诊医保诊次57075人次，门急诊医保总费用1653.48万元；住院医保病人606人次，住院医保总费用744.99万元；实际完成医保总控2036.96万元。

学生门急诊诊次61433人次，门急诊记账907.52万元，门急诊报销医疗费用43万元；学生住院病人123人次。

年初，全面总结2019年度各项工作，围绕同济大学2020年度中心工作拟订医院工作计划；完成全院职工2019年度人事考核与推优，校聘派遣人员360度考核与绩效面谈工作；完成2019年度中层干部考核与2020年度聘任工作；召开2019年度民主生活会议；完成2019年度科研成果奖励工作。

医院积极响应学校疫情防控要求，成立了由党总支书记、院长为组长，副院长为副组长，主要职能部门负责人、临床科室主任为成员的医院疫情防控工作领导小组，建立"疫情防控工作机制"。医院参与同济大学疫情防控综合组、医疗保障组、物资保障组相关工作，积极有效地落实学校的各项防疫工作。

2月起，按照上海市相关新冠肺炎疫情防控规定，医院及时梳理医疗工作防控流程，修订《关于新型冠状病毒感染肺炎疫情防控期间门急诊预检流程》《关于新型冠状病毒感染肺炎疫情防控期间门急诊处置流程》《门急诊处置流程图》六个版本以及《同济医院分院疫情常态化防控流程图》《新型冠状病毒的肺炎个人防护与感染控制方案(试行)》。

为配合学校复工复学工作，医院制定了《关于同济大学学生返校校医院新冠疫情防控工作预案》《返校学生新冠疫情防控医疗应急处置流程图》《同济大学学生返校新冠疫情防控期间发热病例转诊处治补充方案》等工作制度与流程；参与编写高校版新冠疫情防控手册；参与完成《同济大学重点人员集中医学观察指导意见》；护理部制作《如何正确洗手》《如何正确佩戴口罩》健康宣教视频。医院派出专人驻守干训楼、迎宾馆设立健康观察点，对观察点区域进行科学划分，建立相应的传染病防控工作制度，规范防控流程。截至12月底，接收重点地区返沪健康观察323人(其中教工79人，学生244人)，返校复学后健康异常留观在校学生462人。

4月16日，组织学校首批从重点地区返沪的教工开展了核酸与血清抗体检测，成为沪上高校先行者。截止12月底，完成核酸检测3049人次(其中教工761人次，学生2288人次)，完成抗体检测2606人次(其中教工580人次，学生2026人次)。9月，为方便师生员工疫情防控需求，医院开设核酸检测项目，设立固定核酸检测点，严格设置检测流程，并通过杨浦区卫健委审核。

制度上除了常规修订《同济大学学生医疗保障制度实施细则》，还根据疫情防控要求的阶段性变化，制定相应的《新冠疫情期间同济大学学生医疗费用报销及相关就医告知》，流程细节上为做好防控期间大学生门急诊报销工作。同时，增设沪西校区报销点，增加报销次数，延长报销时间，满足学生报销需求。

为全面推进各项医疗工作健康可持续发展，医院先后招聘了5名专业技术人员（其中本科及以上学历2名），为医院储备了医疗技术人员力量。

“5·12”国际护士节当日，医院举办了主题为“致敬护士队伍，携手战胜疫情”的护士节纪念活动。会上，校党委副书记徐建平肯定和赞扬护士团队牢记医者初心，第一时间奋战在校园战“疫”第一线。同时，为21名获奖护士颁发荣誉证书，授予疫情防控中表现突出的黄培燕等五名护士“抗疫天使奖”；北京兆易创新科技股份有限公司代表向同济大学捐赠了40台红外线测温仪。

年初，医院按期完成CT机房的环评、信息系统对接、高级职称医师配备等工作。4月底，CT诊疗科目获得上海市卫健委批准并备案成功。5月，教职工体检工作启动，肺部CT检查项目正式纳入了2020年教职工体检项目之中。同时，借助信息技术平台，充分发挥“医院健康体检管理系统”与“微信公众号”的联动作用，顺利实现了线上预约体检与CT检查、报告查询及下载等服务功能，对受检教职工进行了有效分流。据统计：本年度教职工参检数为6013人，发现恶性肿瘤25例（其中肺癌12例，乳腺癌4例，肝癌2例，甲状腺癌2例，胰腺癌1例，肾癌1例，胃癌1例，直肠黑色素瘤1例，肠胃间质瘤1例）。

8月，医院完成了执业许可证电子证照的申领工作。

8月，做好大学生军训的岗前培训，制定军训医疗保障、疫情防控应急预案，积极协调院内各部门，确保军训工作圆满完成。军训期间，协助学校举办预防艾滋病、结核病知识线上宣讲会。

9月，胸部DR摄片检查纳入了研究生新生入学体检项目之中，使我校DR摄片检查做到了入学新生全覆盖，为校园肺结核病的防控工作筑起一道屏障。据统计：2020级新生入学体检的参检数为11660人，胸片检查10605人次，发现肺结核1例。

通过疾控部门网络直报各类传染病44人次；对患有传染病的学生寝室进行终末消毒42次；对6例肺结核密切接触者（共计371人）进行筛查；对在校就读期间患有结核病学生进行随访95人次（12月治疗中的学生有7人）。预防接种6107人次。上传肿瘤传报卡18人次，心脑血管疾病传报卡19人次，死亡报告28人次。完成学校各类大型活动与学术会议的现场保健工作，共计60.5天，136人次。对学院、食堂、宿舍等人员密集区域消杀与指导66次；派出302人次参与返校复学防控保健、测量体温；“高校卫生健康公共管理平台”异常情况跟踪499人次。

年初，完成体检中心的体检系统软件的验收工作。按时完成CT设备安装、测试等工作，确保5月教职工体检按期投入使用。完成医院50万元以上单台或成套设备申购预算计划的上报工作。受大学委托，医院承担起大学医疗防疫物资的接收、保管与发放工作，做到账目清楚、合理发放。

按时完成CT机房玻璃阳光房的招投标及搭建工作，满足全校师生及病患CT检查时的候诊需要。疫情发生伊始，根据疫情防控要求，第一时间在医院入口处搭建临时体温检测点，把好医院防控第一关。11月“消防安全月”组织全院新进人员及外包单位人员进行消防培训与灭火演练，以强化和巩固“关注消防，生命至上”的理念。同时，对全院190只灭火器进行了更换。

年初，医院委托第三方软件公司对医院涉及大学生医保报销、献血、接种疫苗等工作的信息平台进行全面升级，该项目于5月完成交付使用，基本实现了网上办事功能。应市卫健委医疗数据传报系统升级等要求，上半年，医院完成了“抗菌药物管理”“医保数据上传接口”“病案首页模块”系统建设，并增加一台服务器，将医疗数据库进行全面升级扩容。10月中旬，完成医保五期接口线下改造项目，开通电子医保卡功能，实现医保数据实时上传功能。11月，医院应市医保部门要求，启动长三角地区异地就医门诊费用结算平台迁移至国家结算平台等多项信息改造升级项目。

1月17日，医院党总支组织召开“不忘初心、牢记使命”主题教育总结大会；3月31日，组织学习十九届四中全会精神；5月19日，在线观看“初心如磐、使命在肩”专题党课；9月，组织学习《习近平谈治国理政》第三卷。

9月30日，在中国教育工会同济大学委员会的指导下，医院工会组织召开全体工会会员大会。会上，由医院工会主席胡乃东作《2019年同济医院分院工会工作报告》；党总支书记毕婉蓉对同济大学第十一次教职工代表大会代表的选举与同济医院分院第六届工会委员会的换届选举作重要讲话；推选出新一届校职代会代表及医院工会委员加入到医院工会工作之中。

1月，“同济大学红十字志愿服务基地”在上海市红十字志愿服务表彰会上正式授牌，基地将提供急救培训、志愿服务等项目，将“奉献、友爱、互助、进步”的志愿服务精神播散至校内外。9月，校红十字会面向四平与嘉定校区军训学生开展线上教学心肺复苏和AED操作培训，参训学生达到4000余名；11月，举办“呵护生命，救在此刻”公益应急救护培训活动；全年共计开展5次大班急救技能培训，培训人数在1000人左右。

分别在四平路校区和嘉定校区组织学生无偿献血共2次，完成捐献全血2024人份。

全年共计收到表扬信12封，锦旗4面。

获得荣誉：同济医院分院被评为同济大学十届四次教代会提案处理“优秀职能部门”；体检中心被评为2020年度上海市健康体检质控督查“优秀单位”；董传樑、陈志萍、楼智吉、吴琼萍、付文静、曹培培在同济大学2019级大学生集中军政训练期间表现突出，荣获“优秀随训教师”；潘菊萍在纪念中国农工民主党成立九十周年暨“四史”学习教育表彰活动中，荣获“先进个人”荣誉称号；杨红彦获评2020年度同济大学“师德师风优秀教师”（疫情防控专项）荣誉称号；胡乃东荣获同济大学第十届教代会“优秀教职工代表”；郑录清被评为2019年度同济大学妇女工作“先进个人”（增补）。同济大学红十字会组织辩论队参加第十届上海市大学生国际人道问题辩论赛，荣获“优秀组织奖”；红十字会在2020年上海市大学生红十字知识与救护技能竞赛中，荣获“优秀组织奖”。

（戴弋）

口腔医院

【概况】 口腔医院共有职工343人，医师队伍中，高级职称占36.4%，中级职称占27.3%，拥有硕士学位、博士学位的占90.8%。拥有牙科综合治疗椅169张，床位数50张。由于新冠肺炎疫情防控工作要求，医院全年门诊人次及住院人次较2019年有所下降。

2020年，医院认真开展“十四五”发展规划编制工作，成立规划编制工作小组，和支部、工会及院务监督委员会，组织多次座谈讨论，征求全院职工的意见和建议，同时开展院内院外专家意见征询工作。参加申康中心组织的市级医院“十四五”发展规划专家论证会议，根据专家组意见进一步完善规划。

2020年，医院严格落实各类常态化疫情防控举措：包括严格出入口管理；加强预检分诊建设；严格落实流行病学调查和体温检测工作；实行全预约制、分时预约、错峰就诊；建立院内疫情防控应急体系；严格执行院内各分区感控消毒措施；严格医护及后勤人员防护物资佩戴标准；建立临时隔离点确保转运疑似及确诊患者流程通畅无阻；严格病区管理，实行限时、限人、错时探视制度；落实感控督导制度，定期对医护及后勤人员开展新冠肺炎疫情防控工作督导和培训；建立赏罚制度，违反疫情防控工作指南责任落实至科室及个人；确保医院常态化疫情防控工作平稳有序。

推进门诊部建设，于2020年5月22日开设第二家门诊部，医院30余位知名专家组成门诊部医疗团队，为不同层面的患者提供专业化、个性化、高品质的口腔诊疗服务。

完善各项工作制度，对医疗薄弱环节、重点环节及医疗隐患进行整改；联合公安机关，严厉打击“黄牛”垄断挂号资源，扰乱正常医疗秩序的行为。继续做好已建立的护理敏感质量指标的数据采集及监测，尤其借助门诊护患比、椅护比等口腔的专科护理质量敏感指标的建立及监测，持续改进工作。

医院认真贯彻落实国家“互联网+医疗健康”战略，启动互联网医院建设，完成系统建设、互联网医院系统的等保三级测评、和上海市数据平台对接工作。同时，按照上海市“一网通办”工作要求，完成“医疗付费一件事”，并根据疫情防控相关要求，进一步完善了医院预约平台功能建设，实行分时段全预约挂号就诊，取消现场挂号排队，减少交叉感染的风险。落实相关网络系统的建设，实现与本市医疗机构间医学影像与检验结果的互联互通互认。对现有的各类软硬件设施进行进一步完善和优化，并在网络安全方面加大力度。

2020年，医院进一步加强实验室平台建设，以课题和学科为中心，对基础研究人员和口腔临床医生进行强强联合，改变基础研究与临床治疗工作脱节的现状，使基础研究成果在第一时间转化为临床新技术。启动生物医学样本库建设，聚焦口腔重大慢病、牙周病和全身疾病的关系，为口腔生物医药产业高质量发展提供大数据支撑。

医院获得国家自然科学基金面上项目2项，国家自然科学基金国际（地区）合作组织间项目1项，青年项目5项；上海市科委优秀学术带头人计划1项，上海市科委扬帆计划人才1项，上海市科委浦江人才计划1项，上海市自然科学基金项目1项；上海市科委“医学创新”2项；上海市科委实验动物研究项目2项；上海市科委科普项目2项；上海市科委对于国家重大项目配套2项；中国博士后基金1项；上海市申康发展中心临床研究项目3项；上海市卫生健康委员会面上项目3项，青年项目4项；上海市卫生健康委员“医苑新星”人才计划1项，同济大学中央高校基本科研业务费专项——人才项目1项，中华口腔医学会科研项目1项；共计获得资助34项。共发表被SCI收录论文47篇。

2020年，医院认真贯彻落实《关于加强公立医院党的建设工作的意见》精神，巩固“不忘初心、牢记使命”主题教育成果，进一步推进基层党组织建设，丰富党建学习内涵，提升党员党性意识，为推进医院各项事业科学发展提供坚强的组织保障和精神动力。

进一步落实精神文明建设各项工作相关要求，全面提升医院内涵建设和核心竞争力，秉承“公立医院要坚持公益服务”的理念，承担更多的社会责任。持续深化志愿服务工作，推进感恩诚信文化建设，组织开展了一系列卓有成效的志愿服务项目，形成数个具有同济口腔特色，具备一定国内知名度的公益活动品牌。其中，“关爱自闭症患儿志愿活动”于2020年获“青年影响社会”第二届“奉献杯”上海青年志愿服务项目大赛铜奖。

【同济大学和上海申康医院发展中心签订合作建设同济大学附属口腔医院的协议】 2020年4月14日，同济大学与上海申康医院发展中心签订合作共建附属口腔医院协议，协议内容涵盖医院规划管理、信息化建设、绩效管理、医疗管理、人才培养、科研工作、沟通机制等方面，从而建立起“同城共管”模式，推动医院管理体制的理顺，保障医院长期、稳定、可持续发展。

（倪娜）

第十人民医院

2020年度附属第十人民医院在市卫健委、申康中心和同济大学的领导下，全体员工紧密团结在医院党政班子周围，团结协作，共克时艰，拼搏奋进，以建立健全现代医院管理制度、DIP试点为契机，以人民健康为中心，以创新管理举措为路径，在医、教、研、管、文化建设、精神文明等方面均取得较好成绩。

抗击新冠，有效防控。自疫情开始，成立院内疫情救治专家组梯队，组建支援院外的专家团队，制订抗“新冠”院内医生支援相关科室应急方案。整个疫情期间，医院共留观疑似病人158例，确诊阳性病例15例。派出援鄂医疗队员4人，援公共卫生中心专家23人（48人次）。对于发热门诊和肠道门诊人力不足情况，积极动员组织所有内科、外科团队参与支援。通过发热门诊改造、工棚改造，在满足感控流程的前提下，医院探索总结出“分区”病例管理机制，设计出40余间留观病房。

重点工作，全面落实。一是积极推进试点医保支付方式改革。医院作为DIP支付方式改革的试点单位，率先尝试基于病组分值的“总额预算、病组赋值、按月申报、年终清算”的医保支付原则进行结算。积极探索运用大数据体系，规范诊疗行为，保证医疗质量，控制费用不合理增长。二是深入推进国家建立健全现代医院管理制度试点。在国家卫生健康委举办的“推进建立健全现代医院管理制度试点工作培训班（东片区）”上进行了经验交流，国务院深化医药卫生体制改革领导小组简报（第136期）对医院积极开展建立健全现代医院管理制度试点工作作了介绍。三是科创园区启用，加快科技创新和成果转化。7月11日在科创园区举行园区开张暨施剑林院士签约仪式，十院科创园区正式启用，同时，十大科研团队及根本生物与上海申安细胞生物技术集团有限公司等已正式入驻转化医学平台。四是癌症中心建设不断推进。2020年3月6日成立结直肠肿瘤中心，整合内镜中心、普外科、肿瘤内科、放疗科等优质资源，通过改变传统的诊疗模式，实现一体化规范诊疗流程。从肠镜发现结直肠肿瘤，到完善术前检查和评估，并出具病理报告，最快5小时内进行手术治疗，常规可做到24小时内手术，且无需再次肠道准备避免肠道菌群失调，加快术后康复，3－9月经内镜筛查发现结直肠肿瘤300例，CCC共收治患者252例（同比增加78%），其中胃肠外科收治166例。与此同时，胃肠外科共完成结直肠肿瘤手术252例，其中166例（65.9%）为经内镜筛查后收治入院，86例为胃肠外科门诊收治入院。五是加强临床研究管理。积极参加申康中心《促进市级医院临床技能与临床创新三年行动计划》，第一轮“三年行动计划”7个项目均顺利通过结题评审考核，第二轮“三年行动计划”经过精心准备，共申报项目78项，最终入选10项，12月组织申报临床研究关键支撑项目5项，正在评审过程中。组织院内积极申报申康临床科技创新项目8项，成功立项3项，包括1项临床诊疗技术示范应用的规范化管理研究项目、2项市级医院临床管理优化项目，专项资助金额总计48万元。另有4项作为参与单位申报（市级医院新兴前沿技术联合攻关项目3项、临床诊疗技术示范应用的规范化管理研究项目1项）。截止11月底共完成242个研究者发起的临床研究项目的审核、立项和备案工作，其中包含观察性、回顾性研究50项，前瞻性、实验性研究69项，新技术52项，其他诊断试验类研究、上市后药物器械研究等共71项。

硕果累累，再创辉煌。一是科技、人才、学科均有斩获。1、国家级研究成果获突破：张海军教授领衔的团队荣获国家科技进步奖二等奖，取得医院百十历史上国家级科技成果最好成绩。2、标志性人才：2020年获国家优青1名（张坤）、上海市领军人才1项（吕中伟）。3、学科建设获佳绩：2020年9月核医学科荣获批上海市公共卫生体系建设三年行动计划（2020—2022年）重点学科建设项目。新近出炉的2019年度中国医学科学院全国学科科技影响力排行榜全部统计的31个学科中，十院共有27个学科进入全国100强，较去年新增5个学科入围；14个学科名列全国50强，较去年新增2个学科入围。二是医院管理喜报频频。申报由健康界举办的“中国医院管理奖——典型案例”4项，其中行风建设办公室申报的“基于矩阵式管理模式的三级综合医院行风建设工作实践”荣获“中国医院管理奖——典型案例”银奖；医学装备处申报的“六西格玛精益理论在医用耗材中的实践应用”荣获“中国医院管理奖——典型案例”铜奖。在首届中国医院绩效大会上医院荣获由《中国医院院长》主办的“2020中国医院最佳绩效实践——卓越医疗服务最佳案例”。申报第六届上海市品管圈大赛三个圈，其中急诊的一个圈直报参加全国品管圈大赛，心内科的“暖心圈”和医学装备处的“应急装备圈”荣获优秀奖。医学装备处的“应急装备圈”荣获第八届全国品管圈大赛三等奖，急诊的“敏行圈”荣获第八届全国品管圈大赛优秀奖。《十院就医，服务“智”上》的项目获得上海市第四批创新医疗服务品牌。医院被评为首批“上海市人工智能示范应用场景”。医院被授予2020年度全国人文品牌医院称号。11月医院被中央文明委授予“全国文明单位”荣誉称号。12月17日，国家机关事务管理局、国家发展和改革委员会、财政部授予医院“2019—2020年公共机构能效领跑者”。医院能源中心改造+运维托管全生命周期管理模式荣获2020年全国“蓝天杯”高效机房卓越节能技术奖。通过上海市卫生健康委员会会同上海市市场监督管理局对上海市政府质量金奖申报材料的专家评审，并于10月23－24日接受了上海市政府质量奖审定委员会办公室组织的专家组对医院上海市政府质量金奖的现场评审，待最后评审结果。

业务指标，疫情影响。一是业务量情况。2020年业务量受新冠疫情影响，较去年明显下降。门急诊诊次2473415，门急诊自费患者诊次441049，出院人次94369，出院自费患者人次18648，平均住院日(天)5.97天，床位使用率(%)100.46%，全院手术人次71083。政府核定医保总量份额17.10亿元，同比增长12.72%，已累计使用医保总额14.90亿元，占医保总量指标的87%。Ⅲ、Ⅳ级手术总例数51719人次，占比72.76%。二是财务收支情况。因受疫情影响，医院总收入34.07亿元，降幅7.64%，其中药占比较去年下降1.65%，检占比下降0.2%，化占比增长1.07%，材占比增长1.04%，与病种结构调整，CMI值增加，手术难度提升有关。

科研教学，平稳有序。一是科研工作稳步增长。申报国家级、省部级、市局级项目(除省部级以下人才项目)共计691项，获批数量120项，总经费5128.26万元。针对科研项目申报、立项、中期、结题全流程追踪，参与现场会议答辩、中期考核、验收50余人次。获科研资助120项，包括：国家级项目66项，省部级24项，局级项目30项。其中获国自然优青1项，重点国际合作1项。累计获资助经费5128.26万元。申报各类成果36项，已获奖励8项。组织完成中期考核、年度汇报课题165项，结题验收111项。SCI收录论文：总计344篇，最高IF=27.398。IF≥10分：21篇，5≤IF<10分：60篇。统计源期刊论文：总计121篇，其中中华系列期刊：27篇。泌尿科姚旭东荣任上海市医学会男科专科分会第八届委员会副主任委员；皮肤科顾军荣任中国中西医结合学会皮肤性病专业委员会主任委员；超声医学科余松远、孙丽萍、张一峰分别荣任中国医师协会介入医师分会超声介入专业委员会妇科介入学组、肝胆胰介入学组、甲乳介入学组的副主任委员。二是教学工作有序展开。积极应对新冠疫情，成立抗疫行动组和志愿者队伍，在疫情防控措施的指导下实行教学管理，开展教学活动，适时调整教学方案，修订教学制度，线上线下教学同步开展，引导学生更快进入临床，确保规培顺利开展，261名规培学员于3月底全部返沪，成为同济大学系统返校最早、返校率最高的附属医院；加强教学力量，提高教学质量，任命内外科教学专职副主任；提高教师教学能力，增强意识形态教育，开展医学生思政金课程，坚定医学生的理想信念与职业操守；重视规培结业考核，组织多次考前辅导和模拟考核工作，督促规培生复习迎考，最终结业考通过率达97.4%，超过上海市平均水平；积极召开教学大会，持续推进医学“本科－规培－专培一体化”培养创新模式，深入开展国家规培－专培一体化培训督导的整改和落实工作，促使上海市重症医学规培基地成功落地；骊山路技能中心诊断学模型安装完毕并已投入使用，规培信息化软件全面运行。科技协会2020年度学风建设资助计划项目立项，是唯一一个以医院为单位立项的项目，也是医院首个国家级教学课题；陈翠萍主任荣获同济大学教学成果一等奖，这是医院近十年来最高的教学奖项，姜金霞护士长荣获同济大学教学成果三等奖；甲乳科房林主任主编的《外科手术技能教学》入选为“本科国家精品在线开放课程(线上一流课程)”；徐辉雄副院长荣获上海市优秀规培管理者称号，诸静其主任荣获优秀带教老师称号，另有6名学员荣获优秀住院医师称号；姜维、余震分别荣获同济大学2020年师德师风优秀教师和二等育才教育奖；陈葵和艾麦提阿吉·喀迪尔荣获医院青年教师技能比赛一等奖；内分泌科张曼娜荣获上海市首届指导医师教学能力竞赛十佳教学查房奖；姜维获十佳优秀情境模拟教案奖；口腔科规培学员陈光灿获口腔住培技能赛单项奖，是同济大学系统的最佳成绩；儿科崔赛男入围2020年同济大学医学院PBL教案决赛。

对外合作，不断拓展。一是推进长三角区域的合作及品牌建设。与安徽芜湖市第一人民医院、泰州市第四人民医院等长三角区域的集团原成员单位按医院新规定续签了合作协议；和安徽省宁国市人民医院、安徽省怀宁县人民医院、安徽黄山新区妇产科医院、无锡怡和妇产医院等四家医院签署了医联体合作协议，其中在无锡怡和医院创造性的实行了人才软性流动模式，与苏州市吴中人民医院建立了心内科共建合作协议，医院在长三角区域不断开拓品牌辐射范围。市内与上海根本国际门诊部、上海雅悦口腔医院新签了合作协议，与周浦医院建立了骨科合作，与嘉会国际医院建立了精神心理科合作，与永慈康复医院签署代谢肥胖减重中心合作协议；与江湾医院签署了骨科、普外科共建合作协议。帮助上海市内合作医院包括普陀区人民医院、崇明分院、市北医院积极申报上海市第二批区域医疗中心。10月份与蚌埠市卫健委签订战略合作框架协议，重点协助管理蚌埠市一院、市二院、市三院，同时向地方政府与合作医院派遣管理干部，实行打包式医疗帮扶，这是对外开发的又一重大创新举措，也是医院对外合作的里程碑式举措。受疫情影响，充分发挥远程会诊平台作用，大力开展对成员单位的远程医疗服务，加快推进集团信息平台建设，崇明分院和普陀区人民医院2家医院进行了基础模块的测试。根据十院紧密型合作医院的各自特点，今年年初建立紧密型合作医院季度联系会制度。11月28日在百十院庆之际召开了年度集团工作会议，200余位各集团成员单位领导与会。二是化脱贫攻坚，加大对口援助力度。选派援滇医疗队两批，每批5名经验丰富的卫生专技人员组成医疗队，驻守在双江工作半年。急诊科秦忠豪和普外科赵君勇医师先后赴南极执行医疗保障任务。选派蒋逊参加第十批第一轮援助喀什地区第二人民医院任务，为期一年半。姚建华圆满完成一年期援助西藏日喀则人民医院任务，选派心内科副主任彭文辉参加为期一年的接力援藏，在医院党政领导的大力支持下，针对西藏日喀则人民医院的“以院包科”形式援助，医院举全院之力，在心内科徐亚伟主任的直接指挥和帮助下，西藏日喀则市人民医院胸痛中心2020年已通过国家认证。徐亚伟主任团队捐赠自主研发具有自主知识产权的国产便携式无线心电监测仪100台，助力国家测量登山队顺利完成了2020年珠峰高程测量任务。

（殷钧）

东方医院

【概况】 2020年是“十三五”冲刺收官、“十四五”谋篇布局之年，是浦东开发开放30周年、同济复建医学20周年，也是医院晋升三甲10周年、建院100周年。年内，医院高标准推进此历史性节点的医教研管各项工作，有序开展新冠肺炎疫情防控下的日常诊疗服务，满足市民门急诊、住院和手术等医疗健康需求，各项工作取得了新的成绩，实现了“十三五”的圆满收官。与此同时，在抗击新冠斗争中，医院以高度的使命担当和强有力的行动措施，组织全院力量实施“政治、规范、主动、科学”应对，为疫情防控作出了极大贡献，突出彰显了大型公立医院的责任担当，充分展现了“爱在东方”百年传承的风采面貌。两院区门急诊244.5万人次，出院72923人次，手术及有创操作48241例，三四级手术比例达82.84%，平均住院日7.55天。

医院竞争力排名 综合考核排名方面，国家卫健委于7月1日印发《关于2018年度全国三级公立医院绩效考核国家监测分析有关情况的通报》，医院在全国1289家三级综合医院中排名第49位，居前5%，评级为A+，取得历史性重大突破；8月29日，独立第三方研究机构广州艾力彼医院管理研究中心发布2019届顶级医院100强排行榜，医院列第88位，较上一届提升11位。临床诊疗能力排名方面，在上海市卫健委发布的《上海市医疗服务信息公示简报》中，医院2020年CMI列全市第5位。科教排名方面，在8月21日发布的2019年度中国医院科技量值综合榜单中列第59位；在6月30日发布的《上海市三级综合医疗机构pMIT（Medical Innovation Transfer Index for patents）指数报告》中，医院2019年指数列全市第5位，综合指数位居全市第7位；在11月25日发布的“2019年度上海市三甲医院科研竞争力评价分析报告”中列上海市三甲医院科研竞争力总排名第8位；列全国医院发明专利授权第28位；立项国家级项目75项，其中国家自然科学基金项目70项，数量列全国医院第22位。

顺利通过三甲复评审 9月2—4日，上海市医院综合评价（评审）中心现场评审组来院进行了为期3天的现场评审，根据《上海市三级综合医院评审标准》及大型医院巡查标准的内容，评审组专家通过现场查看、查阅资料、人员访谈等形式，对医院各项工作进行了全面评审，并高度肯定了2010年晋升三甲10年来所取得的发展成绩，医院顺利通过三甲复评审，实现了全体东方人翘首以盼的多年夙愿，进一步鼓舞了人心、凝聚了力量，更加坚定了东方发展的道路自信，也为新一轮乃至新百年发展提供坚实支撑。

制定医院章程 根据相关文件及上级卫生行政部门要求，医院制定了制定章程工作方案，成立章程起草工作小组，结合国家卫健委下发的医院章程范本和医院实际，拟定了《上海市东方医院（同济大学附属东方医院）章程》（草案），按程序征集相关专家、职工代表意见多次修改完善，先后经院长办公会讨论、党委会审议通过，并经四届六次职代会表决通过和新区卫健委相关部门审改，再次由院长办公会讨论、党委会审议通过，已形成送审稿上报新区卫健委。章程送审稿包括序言和正文两部分共计1.3万余字，其中正文部分共6章92条。待上级审议通过后，将按程序予以发布和备案。

编制“十四五”规划 5月27日，同济大学党委副书记冯身洪率队来院调研，专题听取医院关于“十四五”期间规划与发展战略构想以及所需大学支持的汇报。5月28日举办《东方新发展战略论坛》，高解春、李静、王玉琦、李宏为、徐卫国5位沪上著名医院管理专家应邀出席，就东方新百年尤其是“十四五”期间医院发展理念、医教研、学科人才、医院管理方面工作进行了研讨，为“十四五”发展出谋划策。8月20日，市委常委、区委书记翁祖亮莅临调研，在详细听取医院工作汇报后，对近年来医院所取得的发展成绩给予了高度肯定，并明确了沪东院区、中德医学院建设等重大利好政策，要求围绕学科建设形成大学科协作机制，坚持“任务目标化、目标项目化、项目责任化、责任实效化”，与浦东“十四五”规划内容做好衔接，着力提升区域医疗服务水平。12月27日，医院2021年工作务虚会暨“十四五”发展规划研讨会在本部新大楼25楼召开，会议传达部署了《医院“十四五”发展总体设想》，医院党政领导、各职能部门大部主任、高峰高原学科代表分别发言阐述具体发展设想。同济大学副校长、东方医院副院长陈义汉院士亲自到会，并发表讲话。院长刘中民要求：新百年发展的理念、模式、措施和目标与过去不同，要实现新的现代发展方式、主动布局、精细化目标管理这三个目标。

抗疫支援 医院先后派出4批66人驰援武汉，包括接上海市卫健委指令派出5人参加上海市第一批、第二批援鄂医疗队支援重病人救治任务；接国家卫健委指令派出中国国际应急医疗队(上海)53人驰援东西湖方舱医院；接国家科技部指令派出8名专家团队赴武汉开展干细胞治疗临床研究。其中，2月3日接指令后，立即组建由53名队员、10辆医学救援车组成的车载移动医院，携带近30吨医疗、后勤物资驰援武汉；2月5日上午完成中型医院规模的25顶帐篷移动医院搭建，全面参与方舱医院诊疗、运行管理工作；医院关于方舱医院架构、功能定位、人员协同、设施保障、物资供给、出舱标准等方面建议，得到国家卫健委和湖北省领导的采纳推广。至3月8日休舱，累计管理患者533人，出院419人，转院114人，接诊87人次；方舱精神科查房和心理干预113人次；培训后勤人员、民警、记者等300余人次，实现病人零死亡、医护零感染、出院病人零召回。根据上级指令与部署，于3月5日起派驻点长和医务人员，牵头浦东6个集中隔离观察点(后期调整为1个)开展严防境外输入"守国门"任务。先后选派了20批次352人进入集中隔离观察点，完成1万余人的入住、医学观察、服务保障(包括大使、参赞、领馆外交人员等362人)以及部分核酸检测采样任务。

科技抗疫 抗疫期间共获新冠肺炎专项批准5项，其中国家科技部2项、国家教育部2项、上海市科技发展基金1项。2月6日，市委书记李强实地调研医院与斯微生物科技公司共同研发、与美国Moderna公司同步的全球首批mRNA疫苗相关科研攻关情况。牵头国家科技部新型冠状病毒感染的肺炎疫情应急项目"应对新冠肺炎的间充质干细胞治疗研究"，于3月5日派遣8名专家赴武汉定点医院开展该项研究，37例治疗组受试者在接受干细胞输注后无不良反应或转为危重型，并有1例长时间使用ECMO病人经干细胞治疗后两天撤除，得到国家科技部高度认可，年内完成随访并总结临床研究结果，为干细胞治疗新冠肺炎及其他重症病毒性肺炎提供循证医学证据支撑；主编出版针对不同受众的《抗疫·安心—大疫自助救援全民读本》《新冠病毒感染肺炎学生防护读本》《新冠感染的肺炎居家防护指南》系列丛书，迅速免费送至武汉医患手中，为缓解"集体焦虑"的社会心理作出贡献。

学术研讨 4月13日，知名专家诸大建、张维为、卢洪洲、赵来军等二十余位专家学者齐聚医院，探讨"后疫情时代城市应急管理与生物安全体系建设"。5月28日，东方新发展战略论坛在医院举行。9月25日，四十余位城市治理和灾难应急管理领域的院士、教授在医院承办的"城市应急管理与治理体系建设学术论坛"上交流学术成果。10月22日，"城市应急管理框架下的灾难医学救援工程管理体系建设研讨会"就理论体系、智能化手段在灾难医学工程管理体系中的应用等议题展开深入讨论。

对口支援和指令性任务 组织临床科室主任85人次赴吉安医院开展门诊，带动吉安医院持续快速发展。外派云南大姚县人民医院第三轮第八批、第九批医疗队各5人，服务门急诊2113人次，开展手术237台、会诊及疑难病例讨论298次、影像科阅片21901人次，开展新技术新项目11项，义诊服务108人次，学术讲座93次，业务培训2573人次，教学查房270次，手术示教89次。外派云南云龙县人民医院、漾濞县人民医院、新疆莎车县人民医院各1人开展对口支援工作。完成世界人工智能大会、陆家嘴论坛等上级指令性医疗保障任务33次，外派医护人员共296人次。圆满完成第三届中国国际进口博览会定点医院保障任务和干保条线的保障任务。

推进医联体建设 修订《东方医院医疗联合体章程》。医联体影像平台服务9721人次，临检平台完成11268件，1+1+1平台转诊11549人次。下沉医联体12家社区开设24个专病专科门诊，接诊病人1万余人次；上请12名副高及高年资主治来院开设全科门诊。组织东方—潍坊社区远程专家会诊2场，培训基层医护人员14人次。消化内镜社区预约流程持续优化，远程心电诊断中心建成运行，浦东新区房颤中心(专病)联盟正式成立，东方心脏康复中心、东方大肠癌早筛区域联盟成功组建并开展大肠癌早筛工作，上海基层呼吸疾病防诊治体系与能力建设项目顺利启动。挂牌青田分院并开展合作，与皖南医学院第二附属医院的合作项目协商推进中。

公益慈善活动 参加中国社会工作教育协会"武汉集中隔离点—社区"社会工作服务与心理援助工作、上海市医院协会医务社工和志愿服务工作委员会"新冠医务社工服务热线"公益服务。与西藏江孜县卫健委签署年度先心病救助合作协议，揭牌"上海市东方医院—江孜县人民医院先心病患者救助基地"并开展先心病筛查和手术后患者随访工作；募集先心病慈善款99.5万元，完成慈善手术23例，先心病慈善手术和助聋门诊项目获上海电视台新闻坊栏目报道。接受社会捐赠物资222批次，共计60万件，折合人民币近1000万元，捐赠物品的甄别、接受、转介、发放、记录、整理、归档工作规范有序。

科研成果 立项科研项目103项，经费22839万元。其中国家级项目75项：国家重点研发计划首席科学家项目3项、课题组长2项，国家自然科学基金70项。在国际期刊发表论文248篇，其中影响因子5—10的论文43篇，影响因子大于10的论文22篇，再生所高亚威教授与国外合作以共同通讯作者的论文发表在国际顶级期刊Science。获科技成果奖14项，包括华夏医学科技奖卫生管理奖、上海市科技进步奖特等奖、二等奖、科普奖(均二审中)、青年奖等。推进与微创集团的医工交叉合作，签订《共同推进概念验证中心建设协议》;新申请国家专利142项、获授权专利91项,其中发明专利10项;共同主办第二届全国临床研究思考与实践医工交叉专场以及"Dr. X医生医疗器械创新大赛",获二等奖1项;实施技术许可3项,推动科研成果订立专利转让合同2项,洽谈创新成果与企业转化合作3项,获批上海市专利工作试点单位。出版著作7部,其中主编/主译5人、编者2人。主办继续教育项目79项,其中国家继续教育项目42项。主办或承办学术会议87次,其中国际性学术会议3次、全国性学术会议5次。

教学工作 新增高等院校教师资格人数72人,合计达844人。获评大连医科大学年度先进教学基地;获评同济大学优秀师德师风教师(疫情防控专项)1人;获评优秀教师5人;获同济大学医学院教学成果奖二等奖2项、三等奖1项,微课比赛二等奖、三等奖各2项,鼓励奖7项,南京医科大学教学技能比赛三等奖1项。获优良学风班、五四优秀团支部,获同济大学奖学金26人,获评优秀学生、优秀学生干部4人。新增同济大学博士生导师8人、硕士生导师15人。招收研究生196人,做好院内在读研究生508人教学管理工作,实施专职辅导员与兼职班主任双轨运作机制。完成答辩97人,获上海市、同济大学优秀毕业研究生各5人。新增重症医学住院医师规范化培训基地。顺利完成上海市结业综合考核的院内临床技能考核的考务工作。上海市公共科目考试总体通过率为95.43%。89名住院医师结业综合考核通过率100%。63名住院医师参加执业医师考试,技能考通过率95.2%,笔试通过率90%。建立医学模拟教育的课程体系,3项课程获国家版权局的版权认证。

学科建设推进 规划研究浦东新区与同济大学合作共建东方医院重点学科建设方案。完成医院综合实力评估及专科实力评价项目,并进行了院内讲评。完善5个高峰高原学科共16个科室的日常医疗监控指标体系并开展月度分析及季度点评。按季度对高峰高原学科第二建设年度任务推进与指标完成情况进行总结分析讲评。开展经费使用情况专项调研,明确经费使用调整意见并组织专项培训。高峰高原学科通过浦东新区的中期检查,急危重症作为推进情况较好的学科代表在讲评会上作经验交流。对照申康病种技术排名监控分析高峰高原学科相关的18个病种技术,完成2019年度和今年前三季度的数据分析,排名位列前五的共计7个,其中排名第一的2个,第三、四的各1个,第五的3个。组织上海市重中之重临床医学重点学科项目顺利通过答辩验收,完成5个浦东新区专病学科的项目验收。立项上海市公共卫生三年行动计划重点学科2个(灾难医学与应急管理、病原微生物与生物安全),获批上海市人工心脏与心衰医学工程技术研究中心,联合申报国家发改委生物靶向药物国家工程研究中心(待公示)。

干细胞转化医学 发挥干细胞全产业链和临床研究的技术和资源优势,全力参与和支持科学应对新冠肺炎疫情,获得国家科技部等的高度肯定。国家干细胞转化资源库、上海市工程研究中心、张江干细胞二期、市教委高峰学科、市卫健委协同创新集群项目、市科委重大专项及软课题、军民融合专项等重大平台/项目建设有序推进。支撑细胞治疗临床研究中心成立,中心立项6项临床研究项目。临床级人脂肪间充质干细胞、诱导多能干细胞(iPSC)获中检院质量复核检验报告。新增国家干细胞临床研究备案项目1项,合计承担4项,位居全国前列。顺利通过2020年度国家干细胞临床研究督导检查,获专家组高度肯定。共同起草发布《人类尿液样本采集与处理》(GB/T 38735—2020),参与编写国家级学会发布的《干细胞治疗新型冠状病毒肺炎(COVID—19)临床研究与应用专家指导意见》。继续支持带动海南省干细胞产业发展,推进海南省干细胞工程中心建设;合作共建徐州干细胞工程技术中心、洛阳再生医学研究院创新服务平台、山东省干细胞技术创新中心、云南省干细胞创新转化工程中心。筹建中国干细胞产业联盟,已有116家会员单位加入,覆盖全国27个省(自治区、直辖市)。出版发行《医学参考报》干细胞与再生医学频道6期。微信公众号"干就有未来"推文84篇,其中原创40篇。

灾难医学 发挥灾难医学和整建制中国国际应急医疗队(上海)的独特优势,全力参与主动、科学应对新冠肺炎疫情,为打赢武汉保卫战作出了重要贡献。受邀参加国务院联防联控机制新闻发布会1人次。主编首部方舱医院全景式实录《方舱记忆》,全网现场直播解密《移动医院》。联合拍摄首部灾难医学与应急管理相结合的科教影片《移动医院全解密》,全景展现武汉战疫历程。启动水上移动医院研发项目。配合完成上海市交通委、上海市卫健委组织的涉外海上联合演练。与中国极地研究中心签订战略合作协议,挂牌"国家极地考察医疗保障与研究中心",承担国家极地考察医疗保健主体任务。3人入选国家自然资源部批准成立的第一届中国极地考察医疗保障专家组,刘中民院长受聘为专家组组长。完成中国第36次南极越冬考察并承担第37次南极考察的医疗保健任务;完成"雪龙2号"首航南极医疗保健任务及186名队员、船员回国后的核酸检测任务,检测结果全部阴性。完成中国第11次北极考察医疗保健任务。极地医学相关工作建议被全国政协会议列入提案,引起国家有关部门高度重视。立项上海市公共卫生重点学科项目;获批上海市第五轮三年行动计划公共卫生预备队项目,组建上海市公共卫生预备役队伍;牵头成立浦东应急联盟。在线发表国际顶级医学杂志《英国医学杂志》BMJ子刊BMJ Global Health论文1篇。依托同济大学自主申报临床医学的灾难医学方向第二学士学位并获教育部批准。总主编《灾难医学》经典专著,组织撰写《医院应急管理学》,完成《极地医学》著作初稿。

启动沪东建设项目 8月20日，市委常委、区委书记翁祖亮一行视察医院，在听取医院整体发展工作汇报后，明确将沪东医院交由医院统一建设、管理。为响应浦东新区区委翁祖亮书记指示，自11月6日起，浦东新区人民政府副区长李国华、同济大学党委书记方守恩、校长陈杰院士、副校长陈义汉院士等，先后多次召开“校区共建东方医院”推进会，就沪东院区建筑设计、同济东方中德医学院建设、重点学科建设等项目推进合作，并带队赶赴上海纽约大学、中欧国际工商学院等参观取经。该项目计划于2021年6月18日正式开工，总建筑面积168270平方米，按三级甲等医院标准新建医疗建筑、科研教学及相应配套设施，床位规模按600张设置。项目投资204406.67万元。作为新区卫生系统的重点项目，也是医院构建新发展格局的重要支撑，医院将积极配合推动互动区域医疗中心的建设，同时提前规划和开展好各类资源的配置准备工作。

智慧医院建设 完成医保五期升级，支持医保电子凭证码使用，实现脱卡交易和诊间信用付、无感支付。开发53类电子病历共享文档，实现临床业务的闭环管理，并通过医院信息平台互联互通成熟度测评四级甲等认证。获批互联网医院执业许可证，实现线上预约、图文和视频问诊、在线处方、在线支付、药品配送等全套门诊业务功能。开发面向应急救援的移动医院信息系统，支持在救援现场完成各项医疗流程，通过5G网络实现数据交互，成功应用于武汉东西湖方舱医院。试点应用服务、消毒、运输机器人系统。实现发热门诊全流程信息化管理。推进智能语音输入在医学超声科的临床应用。升级预约系统，实现互联网端、院内多渠道预约及门诊分时段预约。引入智能云影像系统，实现医学影像检查报告自助打印和在线查看。建设资源调配信息管理系统，实现可视化管理，为资源调配提供决策依据。配合大数据病种分组(DIP)分析管理平台建设，实现能效管理、医保管理、成本管理、费用管理功能。全面上线人脸识别系统，覆盖日常考勤、会议考勤、楼宇门禁等多个场景。

百年院庆 百年院庆庆典活动于12月26日在上海国际会议中心举办，围绕献礼东方百年，高质量制作院庆宣传片、宣传画册；广泛动员征稿，汇编了《东方之恋3》；编制干细胞基地画册、社工部20周年回顾画册，汇编《干细胞与转化医学工作简报》24期合集，推进建设全息“东方医院院史文化馆”等。制作并发放院庆纪念品，通过举办“百年院庆·文化讲坛”“东方之恋”诵读会、“活力健康走、百年东方情”第七届职工健康走等系列活动，进一步凝聚了人心，激发了职工爱院、荣院之情。组织25名专家参与新华社平台“新华大健康”为期一周的“东方周”健康科普直播节目，总播放量突破2000万；打造“惠民医盟专家进社区”和“名医讲师团”楼宇课堂品牌，开展组团式下社区义诊、主题党日义诊、住院医师公益科普以及各类线上线下健康咨询、讲座等活动近70场，惠及广大社会民众。各学科举办百年院庆系列学术活动20余场，向国内外同行充分展示和宣传了技术、学术能力及医院的崭新形象。

精神文明与文化建设 落实浦东新区创建“全国文明城区”、上海市病人满意度测评(万人问卷)工作。以百年院庆为主题，通过医院文化建设季的主题活动全面提升精神文明创建水平。召开改善服务例会，组织申报院内文明服务亮点32个，计划创建文明服务示范窗口10个，评选文明服务品牌3个。聚焦重要事件和抗疫工作，及时开展规模性宣传报道，编纂院报12期，官方微信每周集中推送文章1次，开通官方抖音并发布小视频60个，15条视频点击量破10万+，其中《三位援鄂医务人员进入金银潭医院》点击量突破424万；在各类主流媒体发表新闻1186篇，其中抗疫相关784篇；以“爱在东方”为核心主题，先后开展妇女节、青年节、七一党建、医师节、“四史教育”主题教育等的主题活动，举办“白衣执甲，战疫有你——抗疫主题报告会”，通过报告会、朗诵会、展板、大屏幕、书籍等多种活动或宣传形式，展现了东方人不畏困难、敢于胜利的风采，弘扬了崇高的职业精神，为浦东新区开发开放30周年、百年院庆营造了浓厚的正能量文化氛围。

“四史”教育 6月5日，医院党委召开“四史”学习教育工作部署会，正式启动“四史”学习教育工作。6月17日，由党委书记孟馥、副书记卢爱国带队，25个党支部共80人参观浦东图书馆的四史教育图片展。8月13日，浦东新区卫生健康工作党委书记、浦东新区卫生健康委主任李新明率队来医院作“四史”专题党课。8月21日，全院专题学习大会暨党员“四史”教育专题学习会在两院区召开。8月27日应急救援队全体参加上海防控新冠疫情主题展，回顾抗疫经历，举手宣誓、重温入党誓词；11月27日，医院党委组织参观“风从东方来——浦东开发开放30周年艺术展”。

(王春梓)

上海市肺科医院

【概况】 医院现有职工1662人，其中医生385人，硕士及以上学历占比85.71%；医技职工280人，本科及以上学历占比79.29%；护士789人，大专及以上学历占比98.23%。副高职称及以上人员199人，占比11.97%。核定床位838张，实际开放床位1000张。门急诊1175808人次，比上年下降10.11%；出院96863人次，比上年下降12.32%;手术93734人次,比上年增长69.74%,其中胸外科手术17194人次,比上年下降1.39%,胸腔镜手术比例96.84%;平均住院天数4.00天。医院在复旦大学医院管理研究所2019年医院排行版(全国综合)排名第69位,在2019年中国医院科技量值研究排行榜排名第58位。

新冠疫情防控工作。1月21日成立由党政主要领导挂帅的医院防控工作领导小组和工作小组,建立每日防控例会制度。1月24日、28日,医院共派出2批4名援鄂医疗队员分别支援武汉金银潭医院和武汉市第三人民医院的重症病房。2月1日至4月27日间,医院共派出医生8批次12人次、护士8批次21人次投身上海市公共卫生临床中心开展一线抗疫救治。改建新发热门诊,于2020年8月1日正式启用,实现挂号、检验、CT检查、取药、治疗、留观"六不出门"一体化管理。完成楼宇管理智能化系统建设,实现智能通行、智能管控,提升人员管控安全和效率。多措并举、广开源头、齐心协力筹措物资,有效保证新冠疫情期间防护物资供应,并优先做好援鄂、援公卫人员设备耗材和防护物资的保障工作。统筹做好疫情防控第二阶段本市空港口岸入境检疫可疑人员隔离定点机构相关工作,顺利完成44位入境人员隔离观察并排除诊断,圆满完成隔离点工作任务。5月3日起对各类人员分类开展新冠病毒核酸检测,平均等候时间少于5分钟。6月12日启动在院工作人员核酸检测工作,完成四轮在院在岗工作人员10260人次核酸检测,结果均为阴性。12月23日起启动医务人员新冠疫苗接种工作,职工接种率72.59%,重点岗位人员接种率100%。关心关爱医务人员,落实援鄂队员慰问金发放。发展1名援鄂队员、2名援公卫生中心队员光荣入党。1月31日至3月22日,医院免费为全院职工提供工作午餐和值班人员工作餐。职工食堂提供生鲜菜品网上预订和集中派送服务,全力保障疫情期间员工正常生活。

完成"十三五"建设规划总结和"十四五"发展规划编制。对照医院"十三五"发展规划,全面梳理,逐条对照,总结分析规划完成情况,形成医院《"十三五"发展规划总结评估报告(草案)》。紧紧围绕新的历史时期上海城市发展定位,紧扣上海市级公立医院战略目标,聚焦医院高质量发展的建设任务与发展方向,结合医院"十三五"总结中存在的不足,开展多层次座谈和院内外专家意见征询,形成医院发展总思路、纲要框架,形成医院"十四五"发展规划(草案)。

上海市三级肺科医院等级评审暨大型医院巡查工作。对标国家三级公立医院绩效考核要求和新一轮上海市三级肺科医院等级评审标准,编制完成《医院制度(2020年版)》丛书。全面梳理医院各内设机构架构,共设置七类68个专项工作组织机构。9月22—24日全面接受现场评审和大型医院巡查工作,13位医院管理专家和6位技术评审专家,在三天时间内展开6个方面督查。医院根据各评审组反馈,梳理出45项问题清单,逐一明确主管部门和分管领导,规定整改落实时间节点,切实达到以评促建,以评促改的目标,推进医院管理持续改进。

国家三级公立医院绩效考核工作。2018年度国考成绩位列其他专科手术组A级第20名。分类分析2018年度国家三级公立医院绩效考核结果,着重剖析12项低于全国中位数、7项优于中位数但未达满分的指标,推进相关职能部门制定针对性管理举措助力提升医院运营质效。完成2019年度"国考"数据填报上传。

医疗服务。加强医疗质量内涵建设,重点聚焦急危重症、围手术期、输血与用药、有创诊疗操作等关键环节,完善各项管理制度与措施,定期组织检查、分析和反馈。加强出院病案首页填报日常监督管理,专人专职完成病案首页规范化审核、填报工作和上传。开展手术、内镜操作、麻醉和介入等人员资质再评估。多学科联动,鼓励收治肺移植受体患者,形成"肺移植患者移植前综合评估—RICU有创呼吸通气+ECMO生命支持—ECMO转运+移植手术—移植术后生命支持及康复"的全程管理模式,完成肺移植手术40例。制定《上海市肺科医院加强合理用药专项工作方案》,继续加强处方点评、前置审方等工作,抗菌药物使用强度(DDDs)下半年完成阶段性目标。建立感控督导员制度,开展疫情防控工作落实情况监督检查。组建突发公共卫生事件医疗救治"战斗队",设正、副队长各一名,医师14名,医技1名,护士35名,共50人。8月16日互联网医院正式上线,开设呼吸内科,肿瘤科,胸外科,中西医结合4个专业,主要提供呼吸系统常见病和慢性病患者随访和复诊等业务。改进老年患者友善服务,各诊区设置"老年患者人工服务点",优先提供挂号、就诊、化验、取药、结账等服务,全方位为老年患者及家属提供优质、高效、便捷、温馨的服务。进一步完善《上海市肺科医院新冠疫情期间日间手术流程》、《新冠疫情期间日间手术消毒管理规范》等制度,完成肺部结节日间手术954人次。8月下旬全面落实预约及分时就诊,加大周六门诊出诊力量。举办大型线上义诊活动3次。

肺科联盟建设。制定《上海市肺科医院结核病区域医联体建设方案》,建立上海市区域结核病双向转诊机制,加强科研协作,开展临床研究,规范结核病临床诊治,为郊区培养一批结核病人才。专科联盟新增1家成员单位——奉贤古华医院,目前已达13省市36家。远程医疗新增新疆胸科医院以及镇江三院2家医院,目前已开通远程服务的医疗机构已达8家,全年共开展远程门诊180人次。召开长三角肺科联盟第二次筹备会议,讨论长三角肺科联盟章程和工作实施方案,举办"肺跃云堂,盟聚共话——上海市肺科医院专科联盟管理沙龙"。

学科人才建设。完成新一轮医院学科评估。完成上海市感染性疾病(结核病)临床医学研究中心启动仪式,成立同济大学医学院呼吸病研究所。入选2020年长江学者奖励计划特设岗位、上海市学术带头人、上海市浦江人才等院外人才计划16项，其中国家级1项，省部级11项。资助6个创新研究团队总金额1200万元。选拔院国自然培育重点1人，杰青1人，优青2人，面上16人，青年26人，资助金额160万元。

科研创新。立项科研项目68项，科研经费共计4972万元，同比增加1902万元。其中国家自然科学基金立项25项，含重点1项，面上9项，青年15项，获资助金额1157万元；科技部国家重点研发计划立项1项，获资助金额472万元；省部级项目立项22项，共获资助金额1111万元。校局级项目立项20项，获资助金额2232万元。发表论文309篇，其中SCI论文206篇，IF＞10分21篇，影响因子总计992.123；中华系列17篇，A类20，B类29篇，其他57篇。授权发明专利14项，实用新型专利47项。一项发明专利实现转化，转化金额60万元。获上海市医学科技奖二等奖1项、上海市抗癌科技奖一等奖1项、上海市医学科技青年科技奖1项。

临床研究。2020年立项注册临床试验36项，协议金额4668.99万元，创近五年医院注册临床试验协议金额新高。其中国内牵头12项，国际牵头4项。立项研究者发起的临床研究共38项，协议金额527.95万元，项目数量及协议金额均创五年新高，其多中心项目9项，牵头5项。设置院级重点项目、面上项目、培养项目，共立项26项，累计投入研究经费2500万元。周彩存教授Pyrotinib用于HER2阳性肺癌的疗效和安全性多中心、II期临床研究成果发表于J CLIN ONCOL杂志，影响因子32.956，研究结果写入CSCO非小细胞肺癌指南；“卡瑞利珠单抗联合卡铂和培美曲塞对比单纯化疗一线治疗晚期非鳞非小细胞肺癌的随机、开放、多中心、III期临床试验(CameL研究)”的研究成果在《THE LANCET Respiratory Medicine》全文在线发表。徐金富教授COVID－19患者临床特征及重要多中心临床研究成果发表于European Respiratory Journal杂志，影响因子12.339。

教学工作。完善专科医师培训体系和呼吸特色教学实训中心建设，加强同济大学导师申报与医学院课程管理。现有博士点11个，硕士点13个，博导44名，硕导32名。获同济大学医学院PBL教案二等奖1人、三等奖1人；同济大学医学院微课比赛一等奖1人、三等奖2人、鼓励奖3人；1人获得2018年中华医学会医学教育课题成果三等奖。开展线上继续教育项目共计25项。

内部管理。完成2020年院长行政查房，推进行政工作持续改进。建立扫黑除恶专项斗争长效机制，稳步推进平安医院建设，荣获2018－2019年度全国平安医院工作表现突出集体。围绕新冠疫情防控工作开展考核及分配，制定防疫补贴办法，根据疫情变化实时动态调整内部分配方案。建立全面预算管理系统，逐步完善内部业务预算、项目预算的申报审核、执行监督、反馈跟踪流程，提升预算编审效率，建立预算动态管理机制，加强会计核算和内控管理工作。健全运营管理机制，提升医院管理能级。完成医院官网更新上线，做好社会化宣传工作。完成审计项目数981项，审计金额6.34亿元。全力推进医疗付费“一件事”平稳上线，顺利实现医保五期切换和医保脱卡支付。完成门诊及住院医生工作站的互联互通互认改造。完善后勤智能化平台，建立体系化的主动巡检模式。2020能耗总费用较2019年同比下降10.56%。深化安全生产工作，增强职工安全意识，积极消除事故隐患。完成购置CT1台、达芬奇手术机器人1套，超级海博刀1套；完成直线加速器1台安装、培训、使用到位。基本建设有序推进。持续推进党风廉政和行风建设，深化思想教育引领，强化制度执行与监管措施的监督，增强“不敢腐”“不能腐”“不想腐”的自觉。

【首获市级医院院长绩效考核A等】 2019年上海申康医院发展中心上海市级医院院长绩效考核中，医院考核等级A等，是医院历史上首次获评A等，也是专科医院首次进入A等。根据绩效考核反馈，医院年度运行获长足进步，在社会满意、综合效率、科教创新、管理有效等方面均比上一年度有较大提升，均高于市级医院平均水平，在重点医改工作、医疗收支预算执行情况等方面获得较高评价。

【启动上海市感染性疾病(结核病)临床医学研究中心】 8月14日下午，上海市感染性疾病(结核病学)临床医学研究中心启动仪式在医院5号楼隆重举行。医院携手20家核心单位和14家网络单位、4家合作企业，共建共创，明确创新诊断、精准治疗和预防管控三大方向，构建覆盖全域的结核病防控三级网络体系，开展大规模多中心高质量前瞻性临床研究，共同推动结核病基础、临床及相关交叉学科的发展，形成彰显上海水平和特色的规范化结核病防治模式。

【结核菌免疫逃逸机制被揭示研究入选2020年度中国十大医学科技新闻】 戈宝学教授研究团队联合上海科技大学免疫化学研究所饶子和院士研究团队在国际顶尖学术期刊*Nature*在线发表的“Host－mediated Ubiquitination of a Mycobacterial Protein Suppresses Immunity”(《结核菌蛋白利用宿主泛素化系统抑制免疫》)入选2020年度中国十大医学科技新闻。该研究成果是医院结核病重点实验室在结核菌免疫逃避机制研究方面取得的重大突破，医院为第一完成单位。

【同济大学医学院呼吸病研究所成立】 11月12日，同济大学医学院呼吸病研究所成立大会在医院举行。呼吸与危重症医学科学科带头人徐金富教授任呼研所所长。同济大学、上海市卫生健康委员会、中华医学会呼吸病分会的相关领导出席大会。大家一致期望呼研所在呼吸系统疾病研究领域取得更大的突破和进展，培养更多的呼吸领域医学人才，进一步促进上海呼吸学科的全面发展，推动全国呼吸与危重症医学科的事业发展，为人民的健康谋福祉！

（陈丽媛）

第一妇婴保健院

【概况】 上海市第一妇婴保健院设有两个院区，东院坐落于高科西路2699号，西院坐落于长乐路536号。2020年医院实际开放床位700余张。职工1500余人，其中卫技人员占86.7%。2020年门急诊量逾152万人次，出院5.9万人次，住院手术量5.4万例，分娩量2.5万例。

2020年临床科研成果丰硕。获得立项共84项，与去年同期相比，立项数有所上升。其中国家自然科学基金项目33项，连续四年位居全国妇产科学专科医院之首。立项经费总计3181万元。共发表论文213篇（统计源论文85篇，SCI论文128篇）。在2020年中国医院科技量值妇产科学排行榜中居第五位；在中国医院妇产科专科综合排行榜中蝉联第八名，其中科研标化值连续两年获得满分。

青年人才培育初显成效。孙静教授入选2019年上海领军人才培养计划；刘文强研究员获得国家自然科学基金委优秀青年基金资助，薛任皓副研究员获得上海市"科技创新行动计划"浦江人才计划项目资助，常馨文博士、吴维敏博士、胥尧博士获得上海市"科技创新行动计划"青年科技英才扬帆计划项目资助，曹志娟医师入选上海市"公共卫生三年行动计划"优秀青年人才培养计划。这标志着医院在培养青年人才和建设科研团队方面再次取得良好成效。

医院拥有研究生导师共49人，其中博导26人。2020年共招收研究生57人，其中博士研究生26人，科学学位硕士21人，四证合一10人。在职医师攻读博士学位共计36人。2020年招录住院医师规范化培训学员32名，其中来自遵义的委培人员3名。在培住院医师71人，专科医师51人。2020年，由段涛教授负责的人卫慕课《产科学》课程获得教育部首批国家级一流本科课程认定。由金莉萍教授主持的《医教协同卓越医生培养模式下妇产科临床教学基地建设的探索与实践》项目获得2019年同济大学教学成果奖一等奖。

医院积极筹备申报上海市重点实验室，旨在进一步打造医院高水平科研平台，为院内科研人员提供技术支撑。并与同济大学、市科委等相关部门沟通联系，汇报筹备建设情况。该平台的申请和筹备，是医院加强科研平台建设的重要体现。

12月2日，院"2021年国家自然科学基金申请培训会议"在东院模拟实训中心报告厅召开，会议邀请复旦大学医学神经生物学国家重点实验室主任、博士生导师郑平教授作报告。

12月1日，医院组织召开科技成果转移转化交流会。会议邀请中国红十字基金会"医起创益"帮扶项目专家任大安主任作交流嘉宾。

11月24日，"上海市母胎医学重点实验室（筹）"预评与专家论证会在医院东院召开。上海市科学技术委员会研发基地建设与管理处周婧，同济大学医学院书记张军，同济大学科研管理部副部长杨华，专家组组长上海交通大学黄荷凤院士和专家组成员包括同济大学附属肺科医院戈宝学教授、中南大学倪鑫教授、复旦大学附属妇产科医院王红艳教授、同济大学医学院郑加麟教授，以及医院领导和相关职能科室负责人等共同出席会议。

10月16日，医院在东院住院楼报告厅召开医院知识产权培训会，会议邀请上海卓阳知识产权代理事务所所长周春洪等作培训指导。

10月13日，医院举办"学术嘉年华——妇产科专业活动日"活动，共邀请30位同济大学医学院2017级、2018级贯通班及"5＋3"学生参加，旨在加强医院导师与学生的沟通交流、充分展示导师风采、加深学生对医院及学科的了解。

（张哲敏）

杨浦医院

2020年，医院在区委、区政府及区卫健委领导下，在同济大学的全面支持下，继续围绕质量建设、特色建设和文化建设三大工作主线，以现代公立医院管理制度和绩效评价为指向，全力做好新冠疫情防控、保障城区公共卫生安全，推进各项任务平稳有序完成。

在院全体员工共同努力下，2020年获得不错的成绩。今年因新冠疫情，安图分部3月份开始病房撤空设为留验点，全年业务收入达到11.28亿元，达到去年同期的84.65%。门急诊量人次达1303140人次，住院人次达34809人次，手术人次17403例。在年度中国医院科技量值（STEM）排名上，医院综合排名89位，是上海唯一一所区级医院进入全国百强，骨外科学排名29位，急诊医学排名50位，消化病学排名70位，肿瘤学排名47位，均进入全国百强。

科研方面，19年开始医院立项国自然3项，省部级课题9项，市局级课题20项；协会课题5项。获得上海市科学技术奖技术发明奖三等奖1项（关节外科涂意辉），上海市医学科技奖第十七届上海医学科技奖三等奖1项（老年二科梁兴伦）。第十八届上海市医学科技奖三等奖（职业病科匡兴亚），康复医学科江容安获得第十届上海康复医学科技奖（康复科普作品奖），护理部王静、护理部赵越、感染性疾病科王斌、呼吸内科汪志方分别获得上海市康复医学会抗击疫情贡献奖。近两年共发表SCI论文54篇，核心期刊205篇，其中2019年SCI论文35篇、核心期刊134篇；2020年SCI论文19篇、核心71篇。

教学方面，二位老师葛许华、梁兴伦荣获同济大学第二届泰禾卓越医学教育奖。住院医师规范化培训方面，急诊科基地叶宥文荣获上海市住院医师规范化培训优秀带教老师称号，内科基地郭诗哲、舒伟刚和全科基地刘茜荣获上海市住院医师规范化培训优秀住院医师称号。在首届上海市住培指导医师教学能力竞赛中，全科基地葛许华主任荣获十佳教学查房奖，全科基地张含之荣获情景模拟大赛三等奖，肾内科杨雄豪老师荣获情景模拟优秀教案奖，医院荣获优秀组织奖。2015级临床六系医学生胡耀文荣获2020届上海市普通高等学校优秀毕业生，妇产科基地黄威和外科博士生江慧洪荣获上海市优秀毕业生称号。

举全院之力共同抗击新冠肺炎疫情。面对新冠肺炎疫情，在是区委区政府区卫健委院指导下，先后派出54名医护人员驰援武汉金银潭、武汉三院和雷神山医院，并作为上海唯一一支区属中心医院整建制医疗团队，并出色完成任务安全归来。在医院后方发挥了在重大疫情中区域医疗中心的关键作用。医院树立"病人零漏诊、院感零发生、医务人员零感染"防控意识，坚决落实医院感染事件"零容忍"。全面加强发热门诊标准化建设。松花江路3号传染病分院经过重新装修并作部分区域调整，作为杨浦区发热门诊及国外归来人员定点留验点。推进总院发热门诊规范化建设。推进开展核酸检测及抗体检测。为做好疫情防控措施，医院整合资源、成立独立的核酸采样检测团队，成为市首批杨浦区第一家验收合格开设核酸及抗体检测的医疗机构，最高峰每日采样量可达到1500人次。医院完成核酸检测能力建设方案，预计在年底每日采样能力可达到5000人次。加强医务人员公共卫生应急能力培训。通过线上线下结合的方式，对全院工作人员（包括医护、规培、进修、实习及在医院工作的第三方工作人员）进行院感知识培训，确保疫情防控措施落实到位。

全力迎接医院等级复评审。十年磨一剑，中心人经过近十年准备，经过三天紧张现场复评审，各方面得到评审专家的高度评价，以优异成绩顺利通过三级乙等医院复评审，达到了以评促建，以评促改，三级甲等综合医院就是医院下一步的目标。

推进现代医院管理制度建设。按照健全现代医院管理制度试点工作要求，重点推进14项重点任务，梳理、制定和修订医院各项管理制度，医院实行党委领导下的院长负责制，制定符合医院发展改革实际的章程，进一步规范内部治理结构和权力运行规则，切实做到闭环管理，实现权责清晰、管理科学、治理完善、运行高效、监督有力的现代医院管理制度。

全面提高医院的质量管理和运营管理水平，构建长效发展的工作机制。积极推进医疗质量和医疗技术提升，今年医院成立医政管理中心，在分管院领导指导下，对各项医疗业务运行进行统筹管理和协调。举行医政管理中心例会，落实院部各项工作、部门之间协调的需求、工作中遇到的困难。质量是杨中心的尊严，首先制定和完善2020年患者安全八大项目，举行第四届医院质量活动月——"夯实基础强规范，卓越服务谱新篇"，进一步完善医院质量的系统化闭环管理，做到精准、实时监测和指导医务人员工作。运用基于疾病诊断相关分组（DRGs）的病种组合指数（CMI）考核医院的绩效，引导医院加强技术水平和服务质量的提升。合理控制医疗费用增长速度，优化医院收入结构，降低药品、卫生材料和不合理检查收入的比重引导不同类型公立医院回归功能定位。通过不断优化调整，医院整体CMI值提高到1.05，全面提升临床技术的内涵质量。

提升以临床为核心以专病诊疗为方向的学科（群）发展能力。为达到创建三甲的目标，对照三甲标准，积极鼓励各科室在原来基础上，积极开展具有价值的、特别是符合三级甲等医院的病种和技术的新技术新项目；今年以来新开展限制类技术ALDH2基因检测等6项，非限制技术已通过医保备案审核项目共计32项。同时加强专病专科建设，继续推进专病MDT建设，医院自2014年至今共设血栓栓塞性疾病管理与诊疗中心等10个专病多学科诊疗中心，从入院检查诊断至治疗结束出院多个环节，实现优势互补、资源共享，经过专病MDT团队的优化，极大提高了此类患者的有效治疗率。围绕专病和专科建设开展科学研究、人才培养，医院以临床研究和转化中心平台，依托中科院、同济大学等知名研究机构，聘任高水平的专家作为医院特聘及兼职研究人员，更有利于促进医疗质量、人才培养、科研教学水平等医院整体实力提升，带动医院学科、专科的快速可持续发展。

立足于区域性医疗中心建设，深化区域卫生协同发展。医院作为25家首批上海市区域性医疗中心建设单位之一，将承担区域内居民健康医疗需求，加强与区域内社区卫生服务中心合作是医院的长期发展战略。以社区医联体建设为抓手，以专家工作室为主线，开展社区慢病管理、远程影像诊断、双向转诊、接受进修人员、大型检查预约等工作。在12家社区卫生服务中心均可以大型检查预约，更好为社区卫生中心及社区老百姓服务。以全科医学发展为纽带，全面提升全区基层医疗水平。应区卫健委要求，今年医院选派全科骨干到大桥及定海两个社区卫生服务中心担任兼职副主任，把全科医学科的发展同杨浦区的卫生改革与发展紧密联系起来，通过医联体交流建设，促进医联体单位在医疗、科研、人才培养等协同发展，全方位带动社区卫生服务中心医疗技术水平。延续"睦邻健康行"品牌项目的推进，把健康理念深入到老百姓的生活。2020年受疫情影响，将睦邻健康行活动与党建活动结合，开展专题义诊活动,举办多场科普讲座、室外义诊活动。

巩固基础,不断提高,建设杨浦特色的教学模式.医院作为同济大学附属临床六系和国家级住院医师规范化培训基地,对标国家标准,不断完善教学工作。在住培工作中,规范学员轮转带教和临床教学工作,落实一对一导师结对工作和任务布置,开设医学人文课程,开展多层次培训和教学活动,培养掌握临床技能、富有人文素养和能够自我管理的医学人才。

加强师资队伍建设,开展院级师资培训和鼓励各类线上线下学习,加强各级教学督导和开展教学行政查房等,提升师资教学意识和教学能力。本科和实习见习工作中,在今年疫情的特殊情况下,认真开展各项线上和线下教学课程,强化过程考核和督导,临床课程考试成绩有显著提高。依托全科开展医学教学的全阶段。全科教学贯穿了本研教学、规培教学以及继续医学教育范畴,结合我院全科医学的特色优势,以提高学员临床综合素质为核心,培养医学生和规培医师们扎实的临床技能和正确的临床思维,各类考核成绩显著提高;全科积极开展教学学术研究,逐步扩大学科影响力。

(杨扬)

第一附属中学

同济大学第一附属中学共有教职工163人,其中专任教师149人,研究生学历以上教师占53%,博士学位教师5人。高级教师48人,正高级1人、特级校长1人。区学科名教师4人,区学科带头人9人,区骨干教师15人,区教学新秀6人。

学校现有36个教学班,在校生1203人(含内高班学生333人);2020年招收新高一320人,内高班86人,共计406人;2020年高三毕业学生362人(含内高班学生80人)。

学校本科率达99.6%。物理、生物、历史、政治四门学科等级考均获好成绩。

探索“双新”背景下的育人新模式,开发“晓德助手”App,强化陪伴式德育。通过“1+3辅导员制度”和全员导师制的实施,实现全员德育和全程德育。探索劳动教育,开展“劳动创造美好生活”系列活动。持续推进德育品牌项目“班级特色项目创建”。

2020年7月,学校荣获全国“普通高中新课程新教材实施国家级示范校”,在课程建设和基于信息化环境下的“慧学课堂”构建上持续发力。

形成以“同济大学”为依托的学生体验课程,以“行为规范”为特色的校本德育课程,以“低碳”为核心的创新实验室课程,以“四大节”为代表的校园节庆课程,以及由同济大学先修课程、文理实验创新课程、苗圃课程和学科竞赛课程组成的荣誉课程,为学生全面而有个性的发展提供适切的课程支持。

学校开发17门慕课,30余门网络课程,上千节微课、微辅导,在上海市高中名校慕课平台和学校平台,分别面向全市、同育联盟和本校学生开放。

11—12月,学校围绕核心素养、技术赋能、教学评一致等多维度,开设了区级以上展示课17节。

2020年,一附中落实新一轮五年(2017—2021)发展规划,与同济大学基础教育合作办学管理委员会办公室紧密联系,推进教师人才队伍建设、人工智能创新实验班成立、课程系统规划建设、思政一体化课程设计和苗圃班的培养。已开设“同济大学·体验课程”约15门,初步形成“同济大学课程群”。

2020年5月,同济大学依托与杨浦区政府联合组建的基础教育集团,与一附中联合启动人工智能创新素养培育项目,联合打造“人工智能高中创新实验班”。为有创新潜质的高中生提供量身定制的基础课程,构建具有同济特色的基础教育与高等教育相衔接贯通的人工智能人才培养链条。优秀学生在2020年市青少年人工智能创新季活动中多个项目分获一、二、三等奖。

探索新疆内高班“融入、融合、融化”的“三融教育”,实施内地高中班与本地班“混班”学习与“混寝”管理,搭建融合平台,促进民族与文化交流,“融合”教育特色鲜明,学校被评为“上海市中小学民族教育工作先进集体”。

1月4日,一附中2017级1班团支部获“全国五四红旗团支部”。

5月6日,上海市教卫工作党委副书记、市教委主任陆靖,杨浦区副区长王浩,区教育工作党委副书记、教育局局长卜健等来校检查指导复学工作。

5月13日,同济大学与一附中联合启动人工智能创新素养项目,联合打造“人工智能高中创新实验班”。

6月,葛芳老师获2019年上海市中小学见习教师规范化培训基本功大赛综合一等奖、现场课堂教学单项奖二等奖。

7月7日,学校荣获全国“普通高中新课程新教材实施国家级示范校”(上海仅3所高中,另2所:上海中学、格致中学)。

7月10日,同济大学常务副校长伍江出席一附中2020届高三毕业典礼且致辞。

11月9日,局党委领导宣读杨浦区人民政府决定:因年龄原因免去阮为一附中校长职务。李沐东为代理校长,主持工作。

11月19日,学校开展了“‘双新’引领,技术赋能——推进教学评一致性”的市级展示活动暨建校60周年庆祝活动。上海市教委基教处调研员陈爱平,上海市教委教研室总支书记纪明泽,上海市电化教育馆馆长张治,杨浦区教育局局长卜健,杨浦区教育工作党委副书记吴巍,杨浦区教育局副局长吴群英、李玲玲,杨浦区教育学院院长周梅,上海市教委教研室综合研究室主任金京泽莅临学校指导。

12月,学校团支部被评为"上海市五四红旗团支部"。

12月25日,2021年"同济青少,点亮未来"附属学校系列科创活动启动仪式暨一附中2020科学创意节颁奖典礼举行。同济大学副校长雷星晖,杨浦区教育局高中科科长徐春华,同济大学基础教育合作办学管理委员会办公室副主任朱云杰,同济大学创新创业学院副院长殷俊锋,同济大学汽车学院党委副书记邓俊,同济大学科学技术协会钟程,二附中学生发展中心主任李松浦,七一中学副校长董宏,同济黄浦设计创意中学项目负责人吴元琦,同济大学附属实验中学学校课程负责人张成林,同济大学附属存志学校副校长李洁莹、彭春晖,同济大学实验学校副校长张玮等出席活动。

12月30日,杨浦区"基于教学改革,融合信息技术的新型教与学模式实验区"及"在线教育创新应用项目区域"启动会召开。上海市教委副主任李永智,杨浦区副区长王浩,上海市教委信息化工作处李海伟,杨浦区教育局局长卜健,杨浦区教育工作党委副书记、副局长吴巍,杨浦区教育局副局长吴群英,杨浦区教育学院院长周梅、副院长邹雪峰,华东师范大学教育信息技术学系主任顾小清,上海市电教馆副馆长叶波等出席会议。启动会上,通过公开教学展示和学生分享交流,呈现了学校作为"普通高中新课程新教材实施国家级示范校"和"上海市首批教育信息化应用培育标杆校"在以信息技术赋能教学、促进学习方式转变和教学评一致性等方面的初步探索与实践。

市冬季长跑比赛二等奖,校合唱团、舞蹈团分获杨浦区艺术节合唱、舞蹈一等奖;汤瑾、葛芳等老师获区级以上奖30余项。

(高冠华)

第二附属中学

【概况】 2020年是同济大学第二附属中学获得"上海市普通特色高中"称号的第二年,在这一年学校积极创新发展、构筑美好生活,传承同济基因、凸显理工特色,向着上海市一流特色学校的目标不断奋进。2019年学校高考本科率99%,升学率100%。9月份,初中六年级招生数294人,高中一年级招生数166人。在校学生总数1180人,其中高中生441人,初中生739人。当年初中毕业72人,高中毕业134人。教职工人数164人,其中研究生学历教师63人,高级教师46人,特级教师3人,市区学科带头5人,名师后备人选和高级指导教师2人,区教学能手6人,区教坛新秀5人。学校先后获得"2019年度上海市平安示范单位""2019年度普陀区体教结合工作先进单位一等奖""2019年普陀区教育系统'外宣先进集体'""上海市普陀区'抗疫下的教与学'主题征文活动优秀组织奖"等称号;学生获"2020—2021DI上海青少年创新思维竞赛第一名""新思维竞赛文艺复兴奖"、高一(5)班获"2019—2020学年上海市中等学校先进班级"等奖项;2020年师生区级以上获奖近400人次。

师生抗疫

2020年,同济二附中依据区教育局相关要求、根据相关法律法规,全面落实防疫责任,全力做好疫情防控工作。学校以校长、书记作为第一责任人,统一协调落实本校防控工作,第一时间将防控工作要求布置到每一位中层,落实到每位教职工,做到分工协作、责任明确,确保各项制度和防控措施的贯彻落实执行,保障师生的健康和校园稳定。

2月20日,学校通过微信公众号平台发出倡议书"待疫情结束,遇见更好的我们——致同济二附中学子的抗疫倡议书",鼓励学生提高警惕、科学防疫的同时,践行健康生活习惯,寻找生活意义。

为确保4月初高三年级以及后续其他年级学生的返校工作能安全、有序推进,校领导反复讨论、斟酌并制订了《同济二附中学生一日活动路线》,学校青年教师反复模拟学生进校晨检、作业收缴、午间就餐等活动场景,实地演绎防疫流程及应急情况处置,录制成教育宣传片《同济二附中防疫指南》,为学生返校后的学习、活动等做示范,并于4月24日通过微信公众号向外发布。4月26日,在同济二附中校长室统一部署下,后勤保障部根据上海市及普陀区新冠肺炎疫情防控文件精神,多渠道做好了充分的防疫物资准备,复学前开展了两次校园地毯式大消毒活动,切实让全校师生拥有一个安全、健康、卫生的学习生活环境,全方位保障师生健康。

党团建设

3月27日,学校党总支以"初心落在行动上、把使命担在肩膀上"为主题,积极贯彻党中央疫情防控和社会经济发展要求,带领下属的三个党支部认真开展了主题党日活动。

6月12日,为迎接中国共产党成立100周年,推动党员教师学好用好历史,进一步强化初心使命意识,同济二附中全体党员来到普陀区党群活动中心,在党总支副书记刘洁同志主持下,举行了"学四史,对话当下与未来"主题党日活动。

8月,学校党总支组织下属的三个支部,围绕学习贯彻习近平总书记重要回信精神和学习贯彻十一届市委九次全会精神,认真组织"四史"学习教育主题党日活动,对"四史"学习实践活动作了动员和部署,各支部就今后一阶段重点落实的工作项目进行了专门研讨,各党小组也组织了专题学习活动。

9月4日,学校党总支召开主题党日活动,十几位党员教师迎来了自己的政治生日,党总支书记陆杰同志开设一堂党课,对全体党员进行党风廉政教育。在党风廉政教育月期间,校党总支开展了系列学习教育活动,促使全体党员进一步增强纪律和作风建设重要性的认识,牢固树立宗旨意识,强化作风建设,树立人人讲廉洁、时时反腐败的廉洁自律意识。

10月16日,学校党总支召开了“弘扬抗疫精神 坚守教育初心”的主题党日活动。在校党总支书记陆杰带领下,全体党员认真学习了“习近平总书记在全国抗击新冠肺炎疫情表彰大会上的重要讲话精神”。随后,陆杰全面解读了《深化新时代教育评价改革总体方案》。学习结束后,由党总支宣传委员王翠娟老师主持,为10月份入党的四位党员教师过政治生日。

11月,为深刻学习贯彻习近平在第36个教师节对广大教师和教育工作者的深情寄语,党总支下属三个支部五个党小组以高度的政治自觉、思想自觉和行动自觉,分别开展了专题学习活动,党员们热烈讨论,抒发感想和体会,认真交流了自己的学习心得体会。

12月,在全国上下深入学习贯彻党的十九届五中全会精神之际,学校党总支深入开展“党的十九届五中全会精神”专题学习活动,除了中心组的专项学习,三个党支部下设五个党小组采取分组学习、个人自学、交流发言等方式,不断加深对全会精神的理解和把握。

6月19—30日,学校团委以“四史”学习教育为契机,在团区委、学校党总支的共同指导和支持下,举行了以“育初心 立使命 少年强则国强”为主题的团课学习,以更好地推动高中阶段学生学好党的历史知识、形成历史认知,继承并弘扬中华民族的伟大历史精神,切实发挥好共青团作为党的助手和后备军的重要作用。12月,以班级团支部为单位开展了“学四史 践初心 担使命”主题社会实践活动,瞻仰了上海市人民英雄纪念塔,走访了顾正红纪念馆、四行仓库、上海历史博物馆等红色教育基地。通过此次活动,团员们加强了对党和国家的历史认知、增强了自身的历史责任感,同时也拉近了团员之间的相互了解与熟悉。

家校共育

2020年以来,为更好地促进学生身心和谐健康发展,帮助家长提升家庭教育品质,学校专设了“学生生涯辅导站”,开展多种类型的课堂活动、团体活动、个别咨询、生涯辅导,多方面、多角度的加强学生心理建设,持续为学生和谐成长保驾护航。同时,2020学年第一学期,学校生涯辅导站结合当前疫情变化,每月为家长开设讲座,共设“家校共育助成长 和谐沟通促发展”“如何与青春期孩子有效沟通?”“遇见自己 守护情绪”“漫谈游戏危机及如何化解”“领航学生成长 成就幸福人生”五期家长学校心理课程,从有效沟通、心理健康、情绪管理、习惯培养、职业生涯规划等方面给予家长专业帮助,加深家长和学校的密切合作,进一步提升家校共育内涵,促进学生的终身发展。

结对帮扶

近年来,同济二附中根据上级部门安排,按照“当地需求、同二所能”的原则,积极推进教育东西部对口支援工作。2019年6月,同济二附中与遵义赤水市第一中学、文化中学签订了教育教学结对帮扶协议。2020年8月,同济二附中与两所结对学校线上协商讨论,制定了2020年“一校一课表”工作方案,通过“互联网+”,进一步实现智力资源的高效互通,双方确定以“学科组建设”为主题,以线上跟岗学习、线上讲座培训、线上观摩学习、线上教研互动、线上诊断与指导等方式进行,分别涵盖了校长对话、学生德育实践活动设计、语文同课异构、数学说课交流和创新实验室课程实施五个板块,所有活动都坚持基于结对学校的需求,立足解决实际问题,务实事求实效。2020年11月17日,同济二附中生命科学创新实验室领衔人钱君博士与遵义赤水文化中学的师生开展线上实验室创新课程案例分享及交流活动。遵义市委书记魏树旺,市委副书记、市长黄伟带队遵义党政代表团二十余人现场观看了此次“一校一课表”在线联动“学生创新素养培育”专场活动,普陀区领导杨元飞及教育局副局长唐晓燕等人陪同。

合作共建

9月1日,同济大学常务副校长伍江、基础教育合作办学管理委员会办公室主任朱云杰与同济二附中师生齐聚初中部操场,共同参加“理工筑梦启新航 同舟共济书华章”2020学年第一学期开学典礼活动。典礼上,伍江常务副校长为学校新一届的“同济十佳”学子颁奖。随后,同济大学领导与普陀区委副书记顾军在普陀区教育工作党委书记吴凌昱、副局长瞿志军的陪同下,走访了学校高中部,区委领导充分肯定了学校十八年的跨越式发展,同济大学领导希望全体同二人继续传承同济精神,紧跟党和时代的步伐,把二附中办成一所更为优秀的、更受尊敬的、更有情怀的优质完中。

校园快讯

1月9日,同济二附中开展了普陀区一般课题《中考耐力项目的教学策略研究》中期论证活动。上海体育学院博士生导师王红英教授、上海中医药大学体育部蔡增亮副教授、普陀区正高级体育教师卞利萍老师作为论证专家莅临指导。普陀区教育学院科研员吴华清老师及卞利萍工作室成员一起出席此次会议,参与论证会的专家分别从不同角度给出精准的诊断。

1月10日,长寿教育发展共同体第二届“教学能手”“教坛新秀”爱岗敬业教学技能选拔赛颁奖会在同济二附中初中部隆重举行。长寿教育发展共同体各成员单位领导莅临现场,为获奖教师们颁发奖状。

3月31日,2020年高中部“校园开放日”活动方案通过学校微信公众号发布,此次是学校首次尝试“线上开放日”。

5月29日,学校大队部结合区少工委的相关文件要求和学校的实际情况,开展“让领巾薪火相传,将使命勇挑于肩”线上主题队会。此次队会参与面覆盖了各个年级的队员，队会从“致敬抗疫英雄”“疫情下勇挑大梁的00后”“梦想起航、初三加油”三个板块来诠释主题。

9月开学，学校学生发展中心联合大队部按照不同年级队员的特点，组织开展了“盛宴不剩宴，光盘最光荣”主题系列活动，“六年级——注意膳食，拒绝暴食——为营养做加法，为生活做减法”“七年级——敬畏粮食，尊重劳动——勤俭节约，一粥一饭，当思来之不易”“八年级——理性消费，不讲排场——做调查，“‘剪’菜单”。活动增强了同二少先队员们的节约意识、社会责任感、创新精神和实践能力，有助于同二少先队员从小科学认知粮食，自觉节约粮食，爱惜粮食，从我做起，从而更加自觉地加入到珍惜粮食资源、保护生态环境的行动中来。

11月，学校组织高三、初三、六年级学生分别开展了心理素质拓展系列活动。此次活动有利于增强学生的心理健康观念，提升学生的心理素质，提高班级团队可塑性，营造同济二附中校园积极向上的精神氛围。

（宋城）

七一中学

【概况】 同济大学附属七一中学是位于上海市中心城区静安区的一所公立完全中学，它的前身是创办于1905年的崇德女校，已有116年办学历史。

学校现有教职工162名，其中专任教师136人。研究生学历53人，占比39%；高级教师38人，占比28%，区学科带头人5人，特级校长1人。区骨干教师49人，校骨干教师77人。名师名校长6人次，区学科带头人5名，区中心组成员6人次。初中英语学科是静安区名学科，英语教研组在2019年被评为“静安区教育系统学科实训基地”。5位教师曾参加上海市线上教学——“空中课堂”录制，4位教师参加区“优课”录制，1位教师代表区参加上海市“中英数学合作交流”项目，1位教师获全国优秀科技辅导员。

近年来，学校依托同济大学的优质教育资源，以教育科研引领，积极探究育人新规律，开展《创意教育背景下普通中学校本课程开发与实施的研究》、《以全人格培育为取向的中学创意活动课程实践研究》《学校构建与应用中学生个性化成长评价平台的行动研究》等市、区和国家级课题的研究和实践，促进学校“人文养育、创意实践、开放合作、和谐发展”办学特色的逐步深化。

目前，学校正着力打造创意课堂，形成创意教育生态环境，构建创意教育的品牌特色，先后开发《知识产权通识教育》《奇思妙想我能行》《异想天开创奇迹》《“双新”种子课程》《模拟两会社团》《创业课程》等一批特色校本课程，高中“走进人大”社团被评为上海市学生明星社团。学校还通过个性化成长网络平台的构建与运用，将创意教育的研究从聚焦课堂、课程拓展到评价领域，实现创意教育在课堂、课程和评价三个领域的协同发展，促进学生个性化的成长。

2020年获奖情况：学校荣获第二批上海市依法治校示范校、上海市家庭教育示范校、“2017、2018学年度上海市安全文明校园”（增补）、第十六届全国语文规范化知识学习活动中荣获优秀组织奖、上海市篆刻课程试点学校、模拟政协社团在2020年第七届全国青少年模拟政协活动中被推荐为“优秀社团”、2020年度上海市学生阳光体育大联赛四个一等奖两个二等奖、第21届上海市中学生防震减灾知识竞赛“团体奖”初中组二等奖其中《地震避险小知识》作品荣获“最佳网络人气作品”、2020年“抗疫情，提质量”行动特别奖、2020—2021年DI上海青少年创新思维竞赛第六名、上海市治安防范先进集体、第21届上海市中学生防震减灾知识竞赛活动总决赛初中组二等奖。高明珠老师和朱斌君老师在“2020年度上海市中小学中青年教师教学评选活动”中荣获二等奖，梅沁老师在“2020年度上海市青年教师教育教学研究课题评选活动”中荣获二等奖（一等奖空缺）。

1月10日，学校部分初中学生到曹家渡街道乐龄家园和老人们共庆新春。

1月15日，学校召开以“不忘初心，共话明天”为主题的迎新座谈会。

1月16日，周伟平、吴伟和徐寒等代表学校全体党员对芷江西路街道永太居民区和曹家渡街道达安花园居民区的困难群众进行走访慰问。

1月17日，学校举行主题为“创意之歌，礼赞中华”的第22届艺术节闭幕式暨2019学年第一学期结业式。

2月3日，七一学子用压岁钱购买口罩援助武汉。

2月14日，学校举行战疫有我，创意在线——高中学生创意课题展示。

2月15日，学校举行“战疫有我”书画暨祝福活动。

2月21日，学校联合曹家渡邮政分局为师生们寄递教材。

2月28日，各班班主任老师在正式云开学前召开别开生面的“云上”主题班会。

3月6日，学校在线上举行主题为“学雷锋 我践行”云上慈善义拍活动。

3月13日，心理老师乔岩、金小燕为全体高中及初三年级学生开设战疫非常课《居家学习心理辅导》和《中考党疫情下心理调适》。

3月13—20日，学校高一学生组织进行南京云考察的社会实践活动

3月27日，学校党总支两个支部同时开展“把初心落在行动上，把使命担在肩膀上——战‘疫’我们在行动”的主题党日活动。

4月3—10日，学校组织高二年级全体学生进行同济大学云考察实践活动。

4月7日，学校高三全体师生通过

钉钉直播，在线举行2020年高考誓师大会。

4月12日，学校参赛团队在第35届上海市青少年科技创新大赛获得突破性的成绩，一等奖占全区三分之一，获奖总数名列全区第一。

4月22日，六年级(1)班的姚玙谦同学和父母向学校捐赠2000只口罩。

4月22日，学校总分部两个校区同时组织教职工开展“开学防疫”演练活动。

4月23日，静安区人民政府龙婉丽副区长一行莅临学校开展调研指导工作。

4月27日，学校高三、初三学生率先迎来返校复学日。

4月30日，学校初中部以“只争朝夕，不负韶华”为主题，通过电视转播的方式进行中考誓师大会。

5月14日，江宁路街道科协第一届委员会工作会议在学校举行。

6月5日，学校举行主题为“云端守望，初心如磐”的教职工专题培训。

6月17日，上海市对静安区人民政府开展依法履行教育责任综合督政工作组领导和专家袁晓敏、李原昊一行莅临学校初中部校区开展督政调研活动。

6月19日，学校工会组织全体教工在钉钉平台上开展“匠心迎端午”端午节非遗文化主题活动。

6月23日，曹家渡街道联合学校开展“青春无毒，你我同行”青少年禁毒宣传暨消防安全宣传教育活动。

6月25日，校团委学生会录制“端午怀想 浩气长存”爱国主题活动。

6月29日，学校召开工会第六届第一次会员代表大会。

6月30日，学校隆重举行主题为“乘风破浪，笃行致远”的2020届初三毕业典礼暨离队仪式。

7月1—8日，学校高中开启“疫”起成长，感谢有你——2019学年第二学期班级风采视频展示活动。

7月3日，学校进行2019学年中队风采展示活动。

7月3日，学校举行2020届高三毕业典礼。

7月3日，学校宋有伟、应梅和马宏振三位党员走访慰问离休党员孙济荣同志。

7月6日，曹家渡街道司法所联合学校开展“守护头顶上的安全”法治教育活动。

7月28日，离休干部孙济荣老师到校向青年教师和团员代表讲述他成长的故事。

8月20日，六年级新生入学。

9月1日，学校举行2020学年第一学期开学典礼。

9月1—4日，学校开展心理健康“开学第一课”。

9月10日，学校举行主题为“立德树人奋进担当 同舟共济托举希望”活动庆祝第三十六个教师节。

9月14日，学校召开2020学年师徒带教会议。

9月25日，中国民主同盟静安区同济大学附属七一中学支部成功召开换届选举大会。

9月29日，学校举行主题为“扬帆逐梦，七一新航”六年级云端家长开放日活动。

9月29日，学校举行2020学年上海市见习教师规范化培训师徒带教启动仪式。

9月30日，学校举行2020年民族精神教育月文艺汇演。

10月1日，学校三名共产主义学校的学生作为学生代表参加在中共二大会址纪念馆举行的“祖国万岁”2020年静安区迎进博文明实践国庆主题活动。

10月15日，静安区委副书记、区长王华在区教育局副局长徐剑宏、副局长邱中宁的陪同下调研指导学校分部校区工作。

10月16日，学校开展主题为“深化教育改革新常态 呼唤教育发展新生态”的教职工科研能力的培训。

10月19日，在学校召开第二十三次少先队代表大会期间，六年级少先队举行“领巾筑梦新时代 少年立志创未来”的换巾仪式。

10月19日，学校组织行政以及骨干教师到区内兄弟学校——静教附校参观学习。

10月26日、10月30日，学校初高中分别举行“享趣 乐群 夺冠”第23届趣味运动会开幕式。

10月30日，学校组织全体教工参观在静安区活动中心举办的“2020年静安教师‘书法·板书·钢笔字·中国画’优秀作品展览”。

11月13日，学校邀请学校的法律顾问、上海铭森律师事务所教育法律服务团队负责人朱伟国律师，为学校全体教工开展“走入《民法典》”普法专题讲座。

11月16日，学校第23届艺术节拉开序幕，前三周的艺术节活动中三位小艺术家在一楼中厅分别举办为期一周的个人艺术展。

11月18日，学校总部教学处针对各备课组在微视频制作过程中的疑惑和需求，在创新实验室开展专题培训。

11月19日，上海市语言文字工作委员会办公室、上海市教育发展基金会主办的《于漪老师教育思想书法展》在学校分部校区展出。

11月19日，在学校分部216教室开展非遗传承项目——工笔画手工团扇的制作课程。

11月19日，学校传统社会实践项目高二年级“走进人大——模拟人大常委会”主题活动在上海市人大常委会议事大厅举行。

11月20日，学校在2020年静安区学生阳光体育大联赛——篮球达人技能比赛”团体赛和个人赛中均获得杰出成绩。

11月27日，同济大学生物化学与分子生物学系吕立夏教授受邀为学生带来《YOU CAN! YOU DO! INNOVATION EVERYWHERE! 你行的！创新无处不在！》的讲座。

11月30日—12月6日，第三个全国“宪法宣传周”以及上海市第三十二届宪法宣传周，学校以“弘扬宪法精神，做守法小公民”为主题，开展宪法宣传教育系列活动。

12月2日，学校太极拳社团代表静安区教育系统，参加市教育工会举办的太极拳线上比赛。

12月4日，学校举行以“艺韵雅集”为主题的关于中国书法和民族舞的学子艺术小讲堂。

12月8日，学校举行“2020年静安区青年课题开题论证”活动。

12月8—10日，学校初中部同同济大学附属实验学校开展以“聚焦课堂教学，落实核心素养培育”的同课异构活动。

12月14日，91岁高龄的严德泰老师携师母来到学校，为115周年校庆捐赠他的油画作品《江山多美》。

12月18日，“享艺术雅韵 启创意新航”第23届校艺术节闭幕式暨艺术教育成果展示活动在学校初中部举行。

12月24日，学校举行“创意赋能共见未来”为主题的静安教育学术季·第五季。

12月25日，学校高中部举行“说好我们的故事——2020学年第一学期班级风采展示暨校先进集体初评”活动。

12月30日，学校荣获2020年度“美丽新静安，岗位建新功”劳动竞赛优秀组织奖。

（罗雪晴）

实验中小学

【概况】 2020年，学校以“每一位孩子出彩”为办学理念，依托理事会创新机制激发了办学活力。依托百年同济文化，初步探索出了教育综合改革和大中小学一体育人的“同济样本”。学校以“政府办学、高校管理、社会参与”为办学模式，链接社会优质教育资源。始终实践大中小学一体育人，在思政德育、课程设置、校园文化上贯通衔接，努力打造“学在同济”教育品牌。

同济大学附属实验小学：

1月6日，学校开展以“2020与爱同行”为主题的一年级校园亲子运动游园活动。

1月10日，学校开展了第二届教师基本功大赛。

1月13日，学校举办了教工趣味运动会。

1月13日，学校全体教职工在小剧场参加了青年论坛——德育工作总结会。

1月13日，围绕“梳理研究实践，提炼阶段成果”这一主题，学校研训部门从学校龙头课题的阶段成果汇报、作业项目研究的案例分享及课例研究报告撰写的微培训三方面进行本学期主要工作总结。

1月15日，学校举行了首届陶笛新年音乐会。

3月7日，学校第三次“在线教学”专题培训开启。

3月13日，学校开展了第四次“在线学习”专题培训与教研相结合的研训活动。

4月3日，学校召开了以“同舟共济，奋勇向前，书写第一轮创校期的答卷”为主题的行政、骨干教师工作会议。

4月6日，学校举行了“我们的节日之共话清明”主题队会。

4月9日，学校举办了以“水”为主题的线上科技节活动。

4月10日，学校举办了2020年云画展。

9月23日，学校济梦星球课程展示平台上线。

11月11日，“关注真实需求，助力幸福成长”区班主任人才库展示研讨活动暨人才库核心团队成立仪式在同济大学附属实验小学小剧场举行。

11月17日，学校的20名同学来到同济大学艺术传媒学院，参加惟新工坊举办的传统文化月活动——茶艺(同济附小专场)。

12月17日，同济大学教育部中华优秀传统文化(京昆)传承基地联合上海昆剧团来同济大学附属实验中小学开展昆曲艺术课堂校园雅集活动。

12月24日，同济大学附属实验小学承办嘉定区小学自然学科“问题导向 任务驱动 评价融合”的区级教研活动。

同济大学附属实验中学：

1月14日，全体六年级来到上海汽车博物馆进行参观学习。

1月15日，六七年级来到同济大学的图书馆、振动台、风洞实验室、创业谷、材料学院和多媒体实验中心，进行参观体验。

1月15日，学校在阶梯教室举行了以“书香润心灵 阅读促成长”为主题的读书分享会。

3月28日，学校2020学年第二学期骨干研讨会议在蜗牛房举行。

7月11—15日，学校开展2020福特发明夏令营活动。

10月10—13日，学校开展建队日系列活动。

10月17日，学校承办以“指向核心素养的单元教学设计——以思维激活为例”为主题的市级初中英语教学研究展示与研讨活动。

10月19日，同济大学附属实验中学联合同济大学城市与规划学院设计的真实学习情境户外实验室“生境花园”正式落成。

12月17日，同济大学教育部中华优秀传统文化(京昆)传承基地联合上海昆剧团来同济大学附属实验中小学开展昆曲艺术课堂校园雅集活动。

（蒋亦秋）

先进集体与个人

先进集体与个人

同济大学获评全国文明校园

上海市第一妇婴保健院获评全国文明单位

东方医院获评全国文明单位

建筑与城市规划学院学生工作办公室获颁上海市巾帼文明岗

姚启明荣获全国劳动模范

何敏娟荣获全国巾帼建功标兵

吴志强荣获全国创新争先奖

李昕荣获全国三八红旗手

王韬荣获全国最美志愿者

吴文娟荣获全国卫生系统疫情防控先进个人

童小华荣获2020年上海市先进工作者

雷撼荣获2020年上海市先进工作者

林谋斌、王静获得2015—2019年度上海市劳动模范(上海市先进工作者)

张冬梅荣获上海市巾帼建功标兵

谢欢荣获第十一届上海市巾帼创新新秀奖(上海市三八红旗手)

沈枫荣获上海市优秀志愿者

Jarmo Suominen荣获上海市"白玉兰纪念奖"

入选2020年度国家级一流本科专业建设点名单

专业名称	学院
国际经济与贸易	经济与管理学院
法学	法学院
英语	外国语学院
应用化学	化学科学与工程学院
海洋科学	海洋与地球科学学院
工程力学	航空航天与力学学院
车辆工程	汽车学院
材料科学与工程	材料科学与工程学院
能源与动力工程	机械与能源工程学院
建筑环境与能源应用工程	机械与能源工程学院
交通运输	交通运输工程学院
环境科学	环境科学与工程学院
历史建筑保护工程	建筑与城市规划学院
口腔医学	口腔医学院
会计学	经济与管理学院
物流管理	经济与管理学院
动画	艺术与传媒学院
视觉传达设计	设计创意学院

教育部"新工科"研究与实践项目名单

获批类型	项目名称	负责人	单位
第二批新工科	面向未来一流工程人才培养需求的传统工科专业升级改造实施路径的同济探索与实践	雷星晖	同济大学
第二批新工科	新工科专业三级认证的标准体系及实施办法研究	李亚东	教学质量管理办公室
第二批新工科	面向智能社会的 AI 人才能力体系研究与多层次协同培养体系建设	陈启军	电子与信息工程学院
第二批新工科	基于价值共创的新型工程管理人才多元合作培养模式探索与实践	王广斌	经济与管理学院
第二批新工科	创造力与创新创业融入新工科人才培养的理念、模式与路径研究	许涛	创新创业学院
第二批新工科	面向国家战略与人工智能发展的测绘工程专业升级建设	冯永玖	测绘与地理信息学院
第二批新工科	智能建造专业人才培养模式创新与知识体系构建	赵宪忠	土木工程学院
第二批新工科	面向新工业革命和"交通强国"战略的交通工程专业改造升级与发展模式探索及实践	杨晓光	交通运输工程学院

2020年上海高校本科重点教学改革项目

申报单位	类别	项目名称	项目负责人
同济大学	工学	乡村振兴为导向的我国风土建筑遗产实录、保护与再生教学体系构建	常青
同济大学	工学	同济大学"一体两翼双引擎"计算机大类创新人才培养体系研究	蒋昌俊
同济大学	工学	工程能力导向的土木工程专业实践教学体系重构与实践	张伟平
同济大学	工学	面向国家战略的同济测绘一流人才培养体系综合改革与实践	童小华
同济大学	工学	智能规划人才的师生全交互培养模式创新	吴志强
同济大学	工学	适应行业发展变革的道路规划设计课程体系重构与实践	方守恩
同济大学	工学	面向交通强国战略的现代交通工程人才培养探索与改革	吴兵
同济大学	工学	竞教融合、政产学研协同全链条汽车创新复合型领军人才培养模式的探索与实践	李理光
同济大学	工学	全球与本土结合,历史理论与设计协同的建筑学本研一体特色课程系列建设	郑时龄
同济大学	工学	软件工程专业基础和数字媒体课程群体系建设研究	赵生捷
同济大学	其他	同济大学创新创业教育供给侧改革探索与研究	周斌
同济大学	工学	面向新工业体系下机械类工科人才培养的智慧教育平台构建研究	卞永明
同济大学	工学	"工程＋法学"双学位本研贯通复合人才培养的改革与探索	熊海贝
同济大学	工学	以机器人创新平台建设为抓手的"本研协同,教研融合"式人才培养实践	陈启军
同济大学	工学	以提升信息素养强化计算思维培养应用能力为目标,建设新一代信息技术课程生态链	杨志强
同济大学	法学	推进"三个创优"·开创新时代高校思想政治理论课建设新境界	徐蓉

首批国家级一流本科课程

课程名称	课程负责人	学院	课程类型
高等数学	李少华	数学科学学院	线上
线性代数	靳全勤	数学科学学院	线上
大学物理(系列)课程	顾牡、倪忠强、吴天刚、刘海兰、武荷岚	物理科学与工程学院	线上
珠宝鉴赏	廖宗廷	海洋与地球科学学院	线上
大学计算机基础	杨志强	电子与信息工程学院	线上
Visual Basic. NET 程序设计	龚沛曾	电子与信息工程学院	线上
土木工程施工基本原理	徐伟	土木工程学院	线上

课程名称	课程负责人	学院	课程类型
建筑评论	郑时龄	建筑与城市规划学院	线上
风景园林景观规划设计基本原理	刘滨谊	建筑与城市规划学院	线上
城市总体规划	彭震伟	建筑与城市规划学院	线上
外科手术技能教学	房林	医学院	线上
工程项目管理	丁士昭	经济与管理学院	线上
公共关系与人际交往能力	李占才	马克思主义学院	线上
概率论与数理统计	花虹	数学科学学院	线上
普通物理	王祖源、宋志怀	物理科学与工程学院	线上
电工学	顾榕	电子与信息工程学院	线上
Visual Basic6.0 程序设计	龚沛曾、杨志强	电子与信息工程学院	线上
多媒体技术与应用	李湘梅	电子与信息工程学院	线上
风景园林景观规划原理	刘滨谊	建筑与城市规划学院	线上
灾难逃生与自救	刘中民	医学院	线上
电动力学	谢双媛	物理科学与工程学院	线上
基础工程设计原理	李镜培	土木工程学院	线上
混凝土结构基本原理	顾祥林	土木工程学院	线上
钢结构基本原理	赵宪忠	土木工程学院	线上
结构概念分析与 ANSYS 程序实现	郭小农	土木工程学院	线上
生物化学	吕立夏	医学院	线上
产科学	段涛	医学院	线上
货币金融学	阮青松、郭英	经济与管理学院	线下
思想道德修养与法律基础	徐蓉	马克思主义学院	线下
普通物理	顾牡、吴天刚	物理科学与工程学院	线下
海洋地质学	杨守业	海洋与地球科学学院	线下
人工智能原理	苗夺谦	电子与信息工程学院	线下
荷载与结构设计原则	李国强、孙飞飞	土木工程学院	线下
桥梁工程	石雪飞	土木工程学院	线下
建筑结构抗震	熊海贝	土木工程学院	线下
交通管理与控制	吴兵	交通运输工程学院	线下
航空概论	沈海军	航空航天与力学学院	线下
水污染控制工程	徐竟成、杨殿海	环境科学与工程学院	线下
固体废物处理与资源化	何品晶	环境科学与工程学院	线下
建筑评论	郑时龄、章明	建筑与城市规划学院	线下
可持续智能城镇化	吴志强	建筑与城市规划学院	线下
乡村规划设计	张尚武	建筑与城市规划学院	线下
口腔颌面外科学	王佐林	口腔医学院	线下
纪实节目创作	王冬冬	艺术与传媒学院	线下
高等数学	周朝晖	数学科学学院	线上线下混合式
线性代数	张莉、靳全勤	数学科学学院	线上线下混合式
创业修炼	殷俊锋	创新创业学院	社会实践

课程名称	课程负责人	学院	课程类型
道路虚拟施工教学实验	杨轸	交通运输工程学院	虚拟仿真实验教学课程
挥发性有机物(VOCs)净化及资源化工艺虚拟仿真综合实验	刘涛	环境科学与工程学院	虚拟仿真实验教学课程
基于虚拟现实技术的传统木构认知与建造	常青	建筑与城市规划学院	虚拟仿真实验教学课程
岩石隧道防火体系虚拟仿真实验教学系统	李晓军	土木工程学院	虚拟仿真实验教学课程
镜头语言虚拟实验	柳喆俊	设计创意学院	虚拟仿真实验教学课程
农田土壤重金属污染生态修复虚拟仿真综合实验	刘佳	环境科学与工程学院	虚拟仿真实验教学课程
城市风险突发事件新闻全景报道虚拟仿真实验	王建民	艺术与传媒学院	虚拟仿真实验教学课程

2020年度上海高等学校一流本科课程

课程名称	课程负责人	学院	课程类型
汽车构造	李理光	汽车学院	在线课程
C/C++程序设计	高枚	电子与信息工程学院	在线课程
解读中国经济发展的密码——习近平经济思想研读	石建勋	经济与管理学院	在线课程
水质工程学	邓慧萍	环境科学与工程学院	线下课程
历史环境实录	李浈	建筑与城市规划学院	线下课程
机械制图	卜王辉	机械与能源工程学院	线下课程
汽车理论	吴光强	汽车学院	线下课程
材料检测技术	郭晓潞	材料科学与工程学院	线下课程
中国国际战略导论	门洪华	政治与国际关系学院	线下课程
数学分析	潘生亮	数学科学学院	线下课程
工程伦理学	顾祥林	土木工程学院	线下课程
电路理论	朱琴跃	电子与信息工程学院	线下课程
运动骨关节病学	程黎明	医学院	线上线下混合式课程
营销管理	熊国钺	经济与管理学院	线上线下混合式课程
创新方法与创业基础	王滨	创新创业学院	线上线下混合式课程
流行病学	张丽娟	医学院	线上线下混合式课程
运营管理	邱灿华	经济与管理学院	线上线下混合式课程
乡村认识实习	栾峰	建筑与城市规划学院	社会实践课程
毕业设计(社会实践类)	蔡永洁	建筑与城市规划学院	社会实践课程
通信系统原理 Principles of Communication Systems	王超	电子与信息工程学院	全英语课程
波浪运动特性虚拟仿真实验	付小莉	土木工程学院	虚拟仿真实验教学课程
基于数字孪生方法的振动模态分析虚拟仿真实验	宋汉文	航空航天与力学学院	虚拟仿真实验教学课程
测量放射性物质辐射强度的居里实验	羊亚平	物理科学与工程学院	虚拟仿真实验教学课程
虚拟住区性能模拟交通实验	汤宇卿	建筑与城市规划学院	虚拟仿真实验教学课程
海底科学观测网组网观测虚拟仿真实验	杨群慧、高航	海洋与地球科学学院	虚拟仿真实验教学课程
计算机I/O通道虚拟仿真实验	张冬冬	电子与信息工程学院	虚拟仿真实验教学课程
数字皮影动画虚拟实验	由芳	艺术与传媒学院	虚拟仿真实验教学课程
任务态-功能磁共振影像虚拟仿真实验	徐志宇	电子与信息工程学院	虚拟仿真实验教学课程
海底板块构造的综合地球物理虚拟仿真实验	于鹏	海洋与地球科学学院	虚拟仿真实验教学课程

2020 年度上海高校市级重点课程

课程名称	课程负责人	学院	课程类型
运动骨关节病学	程黎明	医学院	在线课程
土木工程制图	吴杰	土木工程学院	在线课程
基础力学实验	赵红晓、陈硕	航空航天与力学学院	在线课程
电子技术基础	黄世泽	交通运输工程学院	在线课程
控制工程基础	卞永明	机械与能源工程学院	线下课程
运筹学	滕靖	交通运输工程学院	线下课程
虚拟设计与施工	王广斌	经济与管理学院	线下课程
专题建筑设计	谢振宇	建筑与城市规划学院	线下课程
机场规划与设计	赵鸿铎	交通运输工程学院	线下课程
建筑工程全过程课程设计	王伟、刘沈如	土木工程学院	线下课程
流体力学 C	陈硕	航空航天与力学学院	线下课程
工程地下水	王建秀	土木工程学院	线下课程
环境生物学	尹大强	环境科学与工程学院	线下课程
海洋工程环境	周怀阳	海洋与地球科学学院	线下课程
翻译理论与技巧	董琇	外国语学院	线下课程
习近平新时代中国特色社会主义思想概论	徐蓉	马克思主义学院	线下课程
世界遗产艺术鉴赏	黄松	人文学院	线下课程
土木工程信息化	李晓军	土木工程学院	线上线下混合式课程
普通物理(B)	刘海兰、顾牡	物理科学与工程学院	线上线下混合式课程
专业导论 2	邱军	材料科学与工程学院	线上线下混合式课程
流行病学	张丽娟	医学院	线上线下混合式课程
解读中国经济发展的密码	石建勋	经济与管理学院	线上线下混合式课程
创新方法与创业基础	王滨	创新创业学院	线上线下混合式课程
中国玉石及玉文化鉴赏	周征宇	海洋与地球科学学院	线上线下混合式课程
星期音乐会	秦川	艺术与传媒学院	线上线下混合式课程
波浪运动特性虚拟仿真实验	付小莉	土木工程学院	虚拟仿真实验教学课程
交通仿真技术	孙剑	交通运输工程学院	虚拟仿真实验教学课程
虚拟住区性能模拟交通实验——城市道路与交通(上)	汤宇卿	建筑与城市规划学院	虚拟仿真实验教学课程
交通科技创新竞赛	杜豫川	交通运输工程学院	社会实践课程

教育部基础学科拔尖学生培养计划 2.0 基地(2020 年度)名单

序号	类别	基地名称
1	数学	数学拔尖学生培养基地
2	物理学	物理学拔尖学生培养基地
3	生物科学	生命科学拔尖学生培养基地
4	计算机科学	计算机科学拔尖学生培养基地

2020 年度科研获奖情况

获奖全称	成果名称
2020 年度国家科学技术进步奖二等奖	血管通路数字诊疗关键技术体系建立及其临床应用
2020 年度国家自然科学奖二等奖	早期胚胎发育与体细胞重编程的表观调控机制研究

获奖全称	成果名称
2020年度国家技术发明奖二等奖(参与)	预应力结构服役效能提升关键技术与应用
2020年度国家科学技术进步奖二等奖(参与)	深部复合地层隧(巷)道 TBM 安全高效掘进控制关键技术
2020年度国家科学技术进步奖二等奖(参与)	锌电解典型重金属污染物源头削减关键共性技术与大型成套装备
2020年度高等学校科学研究优秀成果奖(科学技术)科技进步奖二等奖	性能化设计驱动的建筑机器人数字建造关键技术与应用
2020年度高等学校科学研究优秀成果奖(科学技术)科技进步奖一等奖	基于基质代谢平衡调控的污水生物处理清洁化新技术及工程应用
2020年度高等学校科学研究优秀成果奖(科学技术)科技进步奖一等奖	垃圾填埋场滑坡灾害演化机制及风险管控关键技术
2020年度高等学校科学研究优秀成果奖(科学技术)技术发明奖二等奖	饮用水新型消毒副产物的分析识别与协同控制关键技术及应用
2020年度高等学校科学研究优秀成果奖(科学技术)自然科学奖二等奖	视频编码高效计算理论与方法
2020年度高等学校科学研究优秀成果奖(科学技术)自然科学奖一等奖	C型凝集素受体介导机体抗真菌感染的免疫新机制
2020年度高等学校科学研究优秀成果奖(科学技术)科技进步奖一等奖(参与)	道路路域近地表综合环境提升关键技术及工程应用
2020年度高等学校科学研究优秀成果奖(科学技术)科技进步奖一等奖(参与)	抗真菌药物研发创新体系的建立与应用
2020年度高等学校科学研究优秀成果奖(科学技术)科技进步奖一等奖(参与)	半城市化地区城乡土地利用优化的理论、关键技术与应用实践
2020年度上海市自然科学奖一等奖	强震扰动区复杂孕灾环境下岩土体失稳演化机理与全过程灾变理论研究
2020年度上海市技术发明奖一等奖	机器人多维感知与自主控制关键技术及应用
2020年度上海市技术发明奖一等奖	高氨氮废水厌氧氨氧化脱氮关键技术创新与应用
2020年度上海市科技进步奖一等奖	肠道菌群疾病分类模型创建及菌群移植治疗的临床应用
2020年度上海市科技进步奖一等奖	应急水处理与安全保障关键技术及应用
2020年度上海市科技进步奖一等奖	汽车气动－声学整车风洞研制及应用
2020年度上海市科技进步奖一等奖	南海深水盆地大型储集体识别理论技术与油气重大发现
2020年度上海市科技进步奖一等奖	面向应急抢险与事故处理的数据高效传输与智能分析关键技术与应用
2020年度上海市科技进步奖一等奖	高性能铁基纳米晶软磁材料与器件的关键技术开发与应用
2020年度上海市科技进步奖一等奖	肺外科微创关键技术的研发、临床应用与推广
2020年度上海市青年科技杰出贡献奖	徐金富
2020年度上海市青年科技杰出贡献奖	冯世进
2020年度上海市国际科技合作奖	布鲁斯 E. 瑞特曼(Bruce E. Rittmann)
2020年度上海市自然科学奖二等奖	网络环境下自主系统分布式协同与可靠控制
2020年度上海市自然科学奖二等奖	面向医疗风险评价的失效模式及影响分析方法
2020年度上海市技术发明奖二等奖	新能源汽车用电机驱动系统宽频控制关键技术及其应用
2020年度上海市技术发明奖二等奖	基于智慧化建管的农村污水处理系统增效关键技术研究及应用
2020年度上海市技术发明奖二等奖	高速高压气动控制核心基础零部件关键技术及应用
2020年度上海市技术发明奖二等奖	EMS型磁浮列车悬浮系统关键技术及应用

获奖全称	成果名称
2020年度上海市科技进步奖二等奖	重型柴油机高原高寒冷起动关键技术及应用
2020年度上海市科技进步奖二等奖	新型冠状病毒感染实验室高效诊断体系建立与应用
2020年度上海市科技进步奖二等奖	上海市道路交通安全分析预警决策支持与事故主动管控技术研究及应用
2020年度上海市科技进步奖二等奖	面向水下复杂动态环境感知与自主作业的浮游机器人关键技术与应用
2020年度上海市科技进步奖二等奖	健康城市空间规划关键技术及应用
2020年度上海市科技进步奖二等奖	多模态影像学对骨质疏松早期诊断关键技术的创新应用与推广
2020年度上海市科技进步奖二等奖	拱北隧道管幕冻结预支护关键技术与应用
2020年度上海市科技进步奖二等奖	大型公共建筑热力学调控节能关键技术及应用
2020年度上海市科技进步奖二等奖	城市供水系统藻类污染防控关键技术及应用
2020年度上海市科学技术普及奖二等奖	向肺癌宣战，你赢得了吗？
2020年度上海市科学技术普及奖二等奖	探索深海的奥秘——科学与艺术结合的同济大学深海探索馆
2020年度上海市科学技术普及奖二等奖	抗疫·安心——大疫心理自助救援全民读本
2020年度上海市科学进步奖特等奖(参与)	洋山四期超大型自动化集装箱码头关键技术研究与应用
2020年度上海市科技进步奖二等奖(参与)	飞机多学科模型集成仿真技术
2020年度上海市科学进步奖二等奖(参与)	TRANAVI型基于通信的列车控制系统
2020年度上海市科技进步奖二等奖(参与)	里弄建筑保护利用关键技术和应用
2020年度上海市科技进步奖二等奖(参与)	基于分布式能源站的综合能源系统互联互济关键技术与应用
2020年度上海市科技进步奖二等奖(参与)	建筑工程全寿命期数字化建设与控制技术及应用
2020年度上海市技术发明奖二等奖(参与)	多模交通融合的有轨电车智能控制与安全防护核心技术与应用
2020年度上海市科技进步奖二等奖(参与)	面向3E级集装箱船舶的超大型岸桥关键技术研究及应用
2020年广东省科技进步奖一等奖(参与)	曲线管幕＋水平控制冻结法的浅埋超大断面暗挖隧道成套建设技术
2020年度天津市科学技术进步奖二等奖(参与)	北方新型热泵供热系统关键技术创新与应用
2020年广东省自然科学奖一等奖(参与)	边坡内生裂隙形成与优势流孕灾滑坡机制
2020年湖北省科学技术奖二等奖(参与)	75000kN多功能减隔震试验平台关键技术研究与应用
2020年天津市科学技术进步奖一等奖(参与)	超长深埋海底隧道建设关键技术及应用
2020年湖南省科技进步奖一等奖(参与)	公路桥梁车辆荷载和结构安全监控关键技术
2020年黑龙江省自然科学奖二等奖(参与)	寒区村镇凹凸棒土/好氧颗粒污泥/浮萍－ 藻类塘净水技术体系研究
2020年度湖北省自然科学奖三等奖(参与)	通信受限下网络化动态系统性能分析与控制
2020年度江西省科学技术进步奖三等奖(参与)	基于NB－IoT智能净水系统关键技术研发与产业化
2020年天津市科学技术进步奖一等奖(参与)	港珠澳大桥拱北隧道超大断面曲线管幕冻结法关键技术
2020年度黑龙江省技术发明奖一等奖(参与)	面向大型水处理厂应用的高效能低成本膜分离技术与工艺
2020年度福建省科技进步奖三等奖(参与)	基于临近基础设施保护的地下工程智能建造关键技术及应用
2020年海南省科学技术进步奖一等奖(参与)	近断层、跨断层桥梁抗震关键技术及应用
2020年度浙江省科学技术进步奖三等奖(参与)	软土地区超长大直径桩性能提升关键技术
2020年安徽省科学技术奖科技进步奖二等奖(参与)	装配式部品—高精蒸压加气混凝土板材绿色制备工艺及关键装备
2020年度福建省自然科学奖三等奖(参与)	几类传播－生态动力系统的分析与控制
2020年度湖南省自然科学奖三等奖(参与)	高分辨率、高精度的地震勘探方法研究
2020年度江西省自然科学奖三等奖(参与)	磺胺类抗生素水生态毒理效应及应用基础研究

综 合 统 计

统计资料

一、机构

（一）党群系统

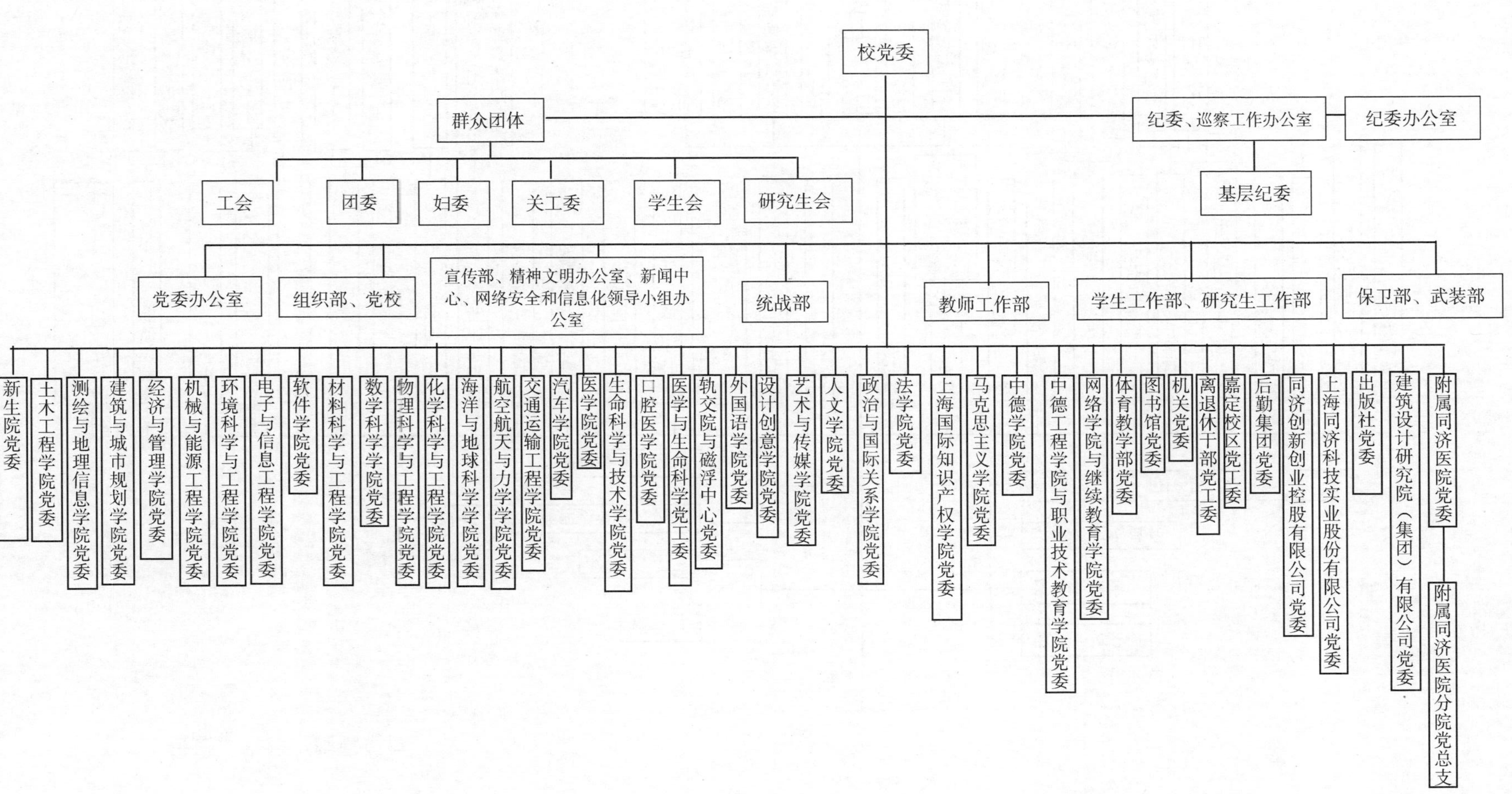

（二）行政、直属、附属单位

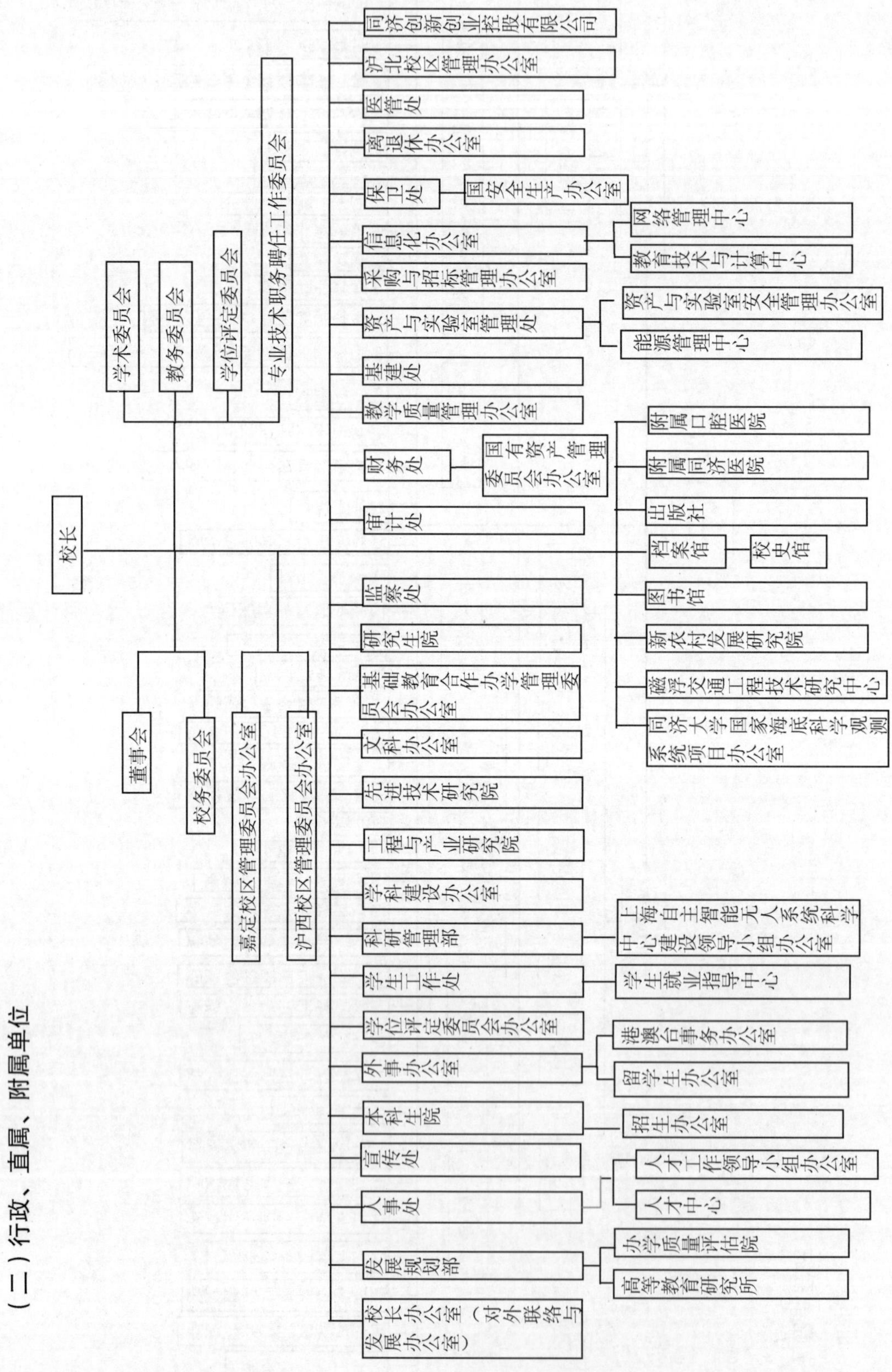

校长
学术委员会
教务委员会
学位评定委员会
专业技术职务聘任工作委员会
董事会
校务委员会
嘉定校区管理委员会办公室
沪西校区管理委员会办公室
同济创新创业控股有限公司
沪北校区管理办公室
医管处
离退休办公室
保卫处
国安全生产办公室
信息化办公室
网络管理中心
教育技术与计算中心
采购与招标管理办公室
资产与实验室管理处
资产与实验室安全管理办公室
能源管理中心
基建处
教学质量管理办公室
财务处
国有资产管理委员会办公室
审计处
附属口腔医院
附属同济医院
出版社
档案馆
校史馆
图书馆
新农村发展研究院
磁浮交通工程技术研究中心
同济大学国家海底科学观测系统项目办公室
监察处
研究生院
基础教育合作办学管理委员会办公室
文科办公室
先进技术研究院
工程与产业研究院
学科建设办公室
科研管理部
上海自主智能无人系统科学中心建设领导小组办公室
学生工作处
学生就业指导中心
学位评定委员会办公室
外事办公室
港澳台事务办公室
留学生办公室
本科生院
招生办公室
宣传处
人事处
人才工作领导小组办公室
人才中心
发展规划部
办学质量评估院
高等教育研究所
校长办公室（对外联络与发展办公室）

(三)校级委员会

1. 2015 年度同济大学学术委员会成员名单(2016－2020 年无变化)

主　任:郑时龄

副主任:顾　牡　李国强　孙周兴　杨志刚　诸大建

委　员:

郑时龄　汪品先　周兴铭　李同保　裴　钢　吴启迪　蒋昌俊　李国强　葛耀君　杨东援
张伟贤　童小华　吴　俊　章　桐　沈　军　杨志刚　仲　政　常　青　唐子来　顾　牡
刘志飞　王占山　苏育才　弭永利　康九红　孙　毅　刘中民　诸大建　孙周兴　张德禄
朱雪忠　杨　烨　陈伟忠　娄永琪

秘书长:王占山

2. 2020 年度同济大学教务委员会成员名单

(2020 年 10 月 13 日校长办公室印发)

主任委员:陈　杰

副主任委员:雷星晖

委　员:(按姓氏笔画为序)

王冬冬　邓慧萍　朱大章　朱志良　刘　润　阮青松　孙立军　李国强　李峥嵘　李亚东
李振宇　刘淑妍　杨文卓　杨晓光　吴志强　吴志军　陈以一　陈启军　范丽岩　金福安
周　斌　赵　劲　赵宪忠　顾　牡　徐卫翔　徐　蓉　黄一如　黄宏伟　黄　雨　童小华
黄丽勤　潘生亮　以及校外企业或行业代表 4 名,在校本科生　研究生代表 4 名

3. 2019 年度同济大学学位评定委员会成员名单(2020 年无变化)

(2019 年 4 月 26 日)

主　席:陈　杰

副主席:方守恩　雷星晖　李国强

委　员:伍　江　郑时龄　李同保　常　青　顾祥林　沈云中　张　雄　娄永琪　黄宏伟　卞永明
蔡三发　陈启军　陈义汉　戴晓虎　顾　牡　黄云辉　蒯知滑　李　岩　李　垣　李振宇
凌建明　刘日明　单晓光　吴　赟　吴志强　赵宪忠

4. 2020 年度同济大学专业技术职务聘任工作委员会成员名单

主　任:陈　杰　方守恩

副主任:吕培明

成　员:(以姓氏拼音字母为序)

卞永明　陈　虹　陈义汉　戴晓虎　高绍荣　顾祥林　黄宏伟　黄一如　蒯知滑　蒋惠岭
雷星晖　李同保　李　岩　李　垣　李振宇　凌建明　刘淑妍　娄永琪　孙周兴　童小华
王占山　吴启迪　吴　赟　吴志强　伍　江　徐　蓉　许　维　许学军　张　弛　张立军
赵宪忠　郑时龄

秘书长:黄　雨

副秘书长:王志伟

5. 2019 年度同济大学第三届董事会成员名单(基金办)(2020 年无变化)

主　席:方守恩

副主席:葛均波

6. 2020年度同济大学校务委员会成员名单

主 任:方守恩

副主任:伍 江 徐建平 吴志强 陈以一 董 琦

委 员:(以姓氏笔画为序)

万小平 王瀚漓 吉剑青 成 昱 吕西林
刘中民 汤奇荣 孙立军 李 杰 李荣兴
李 巍 余卓平 张 雄 张 皓 张 雷
周 颖 周怀阳 郑时龄 单晓光 赵旭东
赵国华 钟宁桦 秦环龙 顾 牡 徐 鉴
徐祖信 诸大建 常 青 蒋惠岭 解学芳
裴 钢 熊利泽

群团代表:校工会常务副主席 校团委书记
校学生会主席 校研究生会主席

秘书长:党委办公室主任(兼)

(四)教学系统

1. 新生院

2. 建筑与城市规划学院

建筑系
城市规划系
景观学系

3. 土木工程学院

建筑工程系
桥梁工程系
地下建筑与工程系
结构防灾减灾工程系
水利工程系

4. 机械与能源工程学院

现代制造技术研究所
机械设计与理论研究所
机械电子工程研究所
暖通空调及燃气研究所
工业工程研究所
热能与环境工程研究所
制冷与低温工程研究所
燃气工程研究所
专业基础教学部(含机械基础实验中心)

5. 经济与管理学院

管理科学与工程系
建设管理与房地产系
经济与金融系
公共管理系
会计系
创新与战略系(筹)
市场营销系(筹)
组织管理系(筹)

6. 环境科学与工程学院

环境科学系
环境工程系
市政工程系

7. 材料科学与工程学院

土木工程材料系
无机材料系
高分子材料系

8. 电子与信息工程学院

电气工程系

电子科学与技术系
信息与通信工程系
控制科学与工程系
计算机科学与技术系
实验中心
CIMS 研究中心
CAD 研究中心

9. 人文学院
哲学系
中文系
文化产业系
心理学系(筹)
欧洲文化研究院
历史学研究所

10. 外国语学院
英语系
德语系
日语系
公共英语教学部
留德预备部
联邦德国研究所

11. 法学院

12. 马克思主义学院

13. 政治与国际关系学院
政治学系
国际关系系
外交学系
社会学系

14. 理学部

15. 海洋与地球科学学院
海洋地质系
地球物理系
海洋资源系

16. 航空航天与力学学院
力学实验中心

17. 数学科学学院

18. 物理科学与工程学院

19. 化学科学与工程学院

20. 汽车学院

21. 交通运输工程学院
道路与机场工程系
城市轨道与铁道工程系
交通工程系
综合交通信息与控制工程系
交通运输工程实验教学中心
交通科学与技术研究院

22. 软件学院

23. 测绘与地理信息学院

24. 生命科学与技术学院
分子与细胞生物系
生物医药与技术系
生物信息学系

25. 医学院
基础医学院
十院临床医学院(附属第十人民医院)
同济临床医学院(附属同济医院)
东方临床医学院(附属东方医院)
肺科临床医学院(附属上海市肺科医院)
一妇婴临床医学院(附属第一妇幼保健院)
临床医学六系(附属杨浦医院)
生物医学工程与纳米科学研究所
全科医学院(筹)
康复医学院/康复治疗学系
护理系

26. 设计创意学院

27. 口腔医学院
口腔医学研究所
儿童口腔医学研究所
附属口腔医院

28. 艺术与传媒学院

29. 体育教学部

30. 铁道与城市轨道交通研究院

31. 女子学院

32. 职业技术教育学院

33. 国际文化交流学院

34. 中德学院

35. 中法工程和管理学院

36. 中德工程学院

37. 中意学院

38. 联合国环境规划署—环境与可持续发展学院

39. 中芬中心

40. 中西学院

41. 新农村发展研究院

42. 国际足球学院

43. 上海国际知识产权学院

44. 创新创业学院

(五)科研机构

(一)国家级重点实验室

编号	实验室名称	批准时间	负责人	依托院系
1	土木工程防灾国家重点实验室	1988年	李建中	土木工程学院
2	污染控制与资源化研究国家重点实验室(联合)	1991年	张伟贤	环境科学与工程学院
3	海洋地质国家重点实验室	2005年	杨守业	海洋与地球科学学院

(二)国家工程实验室

编号	实验室名称	批准时间	负责人	依托院系
1	新能源汽车及动力系统国家工程实验室	2008年	余卓平	汽车学院

(三)国家工程(技术)研究中心

编号	实验室名称	批准时间	负责人	依托院系
1	城市污染控制国家工程研究中心	1995年	戴晓虎	环境科学与工程学院
2	国家燃料电池汽车及动力系统工程技术研究中心	2007年	李骏	汽车学院
3	国家设施农业工程技术研究中心(联合)	2011年	张亚雷	新农村发展研究院
4	国家磁浮交通工程技术研究中心	2003年	陈小鸿	磁浮交通工程技术研究中心
5	国家土建结构预制装配化工程技术研究中心	2013年	李国强	土木工程学院、机械与能源工程学院

(四)协同创新中心

级别	编号	实验室名称	批准时间	负责人	依托院系
国家协同创新中心	1	智能型新能源汽车协同创新中心	2014年	余卓平	汽车学院、交通运输工程学院等
	2	民用航空复合材料协同创新中心	2014年		东华大学、上海交通大学、同济大学、中国商用飞机有限责任公司协同共建
省部共建	1	长三角城市群智能规划协同创新中心	2019 (2013年上海)	吴志强	建筑与城市规划学院
省部级协同创新中心	1	重交通道路耐久与安全交通部协同创新平台	2014年	孙立军	交通运输工程学院
	2	智能型新能源汽车协同创新中心	2012年	余卓平	汽车学院
	3	海底过程研究协同创新中心	2014年	翦知湣	海洋与地球科学学院
	4	上海市电子交易与信息服务协同创新中心	2013年	蒋昌俊	电子与信息工程学院
	5	上海市磁浮与轨道交通协同创新中心	2013年	陈小鸿	磁浮交通工程技术研究中心

(五)高等学校学科创新引智基地

编号	基地名称	批准时间	负责人	依托院系
1	未来城市与建筑创新引智基地	2015年	吴志强	建筑与城市规划学院
2	土木工程防灾减灾创新引智基地	2014年	顾祥林	土木工程学院
3	污染控制与资源化创新引智基地	2013年	戴晓虎	环境科学与工程学院
4	交通安全学科创新引智基地	2017年	陆键	交通运输工程学院
5	海洋(海底)地质科学创新引智基地	2018年	翦知湣	海洋与地球科学学院
6	节能与环保汽车创新引智基地	2018年	余卓平	汽车学院
7	干细胞与重大疾病学科创新引智基地	2020年	陈义汉	医学院

(六)省部级重点实验室

编号	实验室名称	批准时间	负责人	依托院系
1	道路与交通工程教育部重点实验室	1993 年	凌建明	交通运输工程学院
2	长江水环境教育部重点实验室	2004 年	尹大强	环境科学与工程学院
3	先进土木工程材料教育部重点实验室	2005 年	蒋正武	材料科学与工程学院
4	嵌入式系统与服务计算教育部重点实验室	2005 年	蒋昌俊	电子与信息工程学院
5	岩土及地下工程教育部重点实验室	2007 年	黄茂松	土木工程学院地下系
6	高密度人居环境生态与节能教育部重点实验室	2007 年	钱　锋	建筑与城市规划学院
7	心律失常分子遗传学教育部重点实验室	2008 年	陈义汉	医学院
8	先进微结构材料教育部国防科技重点实验室	2008 年	王占山	物理科学与工程学院
9	工程结构服役性能演化与控制教育部重点实验室	2018 年	顾祥林	土木工程学院
10	脊柱脊髓损伤再生修复教育部重点实验室	2018 年	程黎明	附属医院
11	现代工程测量国家测绘地理信息局重点实验室(联合)	2004 年	童小华	测量与地理信息学院
12	民航飞行区设施耐久与运行安全重点实验室	2017 年	凌建明	交通运输工程学院
13	桥梁结构抗风技术交通行业重点实验室	2007 年	葛耀君	土木工程学院
14	中国气象局上海城市气候变化应对重点开放实验室(联合)	2014 年	李凤亭	环境科学与工程学院、联合国环境规划署
15	磁浮技术铁路行业重点实验室	2020 年	林国斌	磁浮交通工程技术研究中心
16	上海市金属功能材料开发应用重点实验室(联合)	2002 年	蒋浩民	材料科学与工程学院
17	上海市结核病(肺)重点实验室	2004 年	戈宝学	附属上海市肺科医院
18	上海市特殊人工微结构材料与技术重点实验室	2007 年	周仕明	物理科学与工程学院
19	上海市信号转导与疾病研究重点实验室	2009 年	裴　钢	生命科学与技术学院
20	上海地面交通工具空气动力与热环境模拟重点实验室	2011 年	杨志刚	上海地面交通工具风洞中心
21	上海市化学品分析、风险评估与控制重点实验室	2014 年	王雪峰	化学科学与工程学院、环境科学与工程学院、联合国学院
22	上海高校工程结构安全与耐久重点实验室	2014 年	童乐为	土木工程学院
23	上海高校智能感知与自主系统重点实验室	2014 年	陈启军	电子与信息工程学院
24	上海高校复合材料结构与力学重点实验室	2014 年	仲　政	航空航天与力学学院
25	上海高校神经再生重点实验室	2014 年	章小清	生命科学与技术学院
26	上海高校测绘与空间信息科学重点实验室	2014 年	童小华	测绘与地理信息学院
27	上海市城市更新及其空间优化技术重点实验室	2017 年	伍　江	建筑与城市规划学院
28	上海市轨道交通结构耐久与系统安全重点实验室(筹)	2018 年	周顺华	交通运输工程学院
29	上海市航天测绘遥感与空间探测重点实验室(筹)	2019 年	童小华	测绘与地理信息学院
30	上海市自主智能无人系统重点实验室	2020 年	陈　杰	电子与信息工程学院
31	上海市母胎医学重点实验室	2020 年	万小平	附属第一妇婴保健院

(七)省部级(技术)研究中心

编号	实验室名称	批准时间	负责人	依托院系
1	土木信息技术教育部工程研究中心	2001年	朱合华	土木工程学院
2	企业数字化技术教育部工程研究中心	2005年	张　浩	电子与信息工程学院
3	新能源汽车教育部工程研究中心(联合升级为国家级)	2006年	张立军	汽车学院
4	建筑钢结构教育部工程研究中心(联合升级为国家级)	2006年	李国强	土木工程学院
5	道路交通安全与环境教育部工程研究中心	2007年	方守恩	交通运输工程学院
6	重大工程施工技术与装备教育部工程研究中心(联合升级为国家级)	2009年	卞永明	机械与能源工程学院
7	教育部设施农业网上合作研究中心(联合)	2001年	徐立鸿	新农村发展研究院
8	教育部城市环境与可持续发展研究中心(联合)	2005年	卢耀如	土木工程学院
9	教育部中国大陆构造环境监测网络联合研究中心同济大学分中心	2012年	沈云中	测绘与地理信息学院
10	教育部深空探测联合研究中心深空探测测绘遥感与导航定位分中心	2018年	童小华	测绘与地理信息学院
11	上海电动汽车工程技术研究中心(联合升级为国家级)	2006年	魏学哲	汽车学院
12	上海设施农业工程技术研究中心(联合升级为国家级)	2008年	张亚雷	新农村发展研究院
13	上海宝石及材料工艺工程技术研究中心	2012年	廖宗廷	海洋与地球科学学院
14	上海高校城镇群高密度空间效能优化技术工程研究中心	2014年	吴长福	建筑与城市规划学院
15	上海高校绿色建筑材料工程研究中心	2014年	吴广明	材料科学与工程学院
16	上海高校城市交通政策E一研究院	2014年	孙立军	交通运输工程学院
17	上海网络信息服务工程技术研究中心	2015年	蒋昌俊	电子与信息工程学院
18	上海工业视觉感知与智能计算工程技术研究中心	2017年	赵卫东	电子与信息工程学院
19	上海牙组织修复与再生工程技术研究中心	2015年	王佐林	同济大学附属口腔医院
20	上海区块链应用服务工程技术研究中心	2019年	刘儿兀	电子与信息工程学院
21	上海人工心脏与心衰医学工程技术研究中心	2019年	刘中民	附属东方医院
22	上海超声诊疗工程技术研究中心	2019年	徐辉雄	附属第十人民医院
23	上海韧性城市与智能防灾工程技术研究中心	2020年	吕西林	土木工程学院
24	上海人体肠道菌群功能开发工程技术研究中心	2020年	秦环龙	上海市第十人民医院
25	上海肺移植工程技术研究中心	2020年	陈　昶	上海市肺科医院(上海市职业病防治院)
26	上海中药外用制剂创新工程技术研究中心	2020年	陈中建	上海市皮肤病医院
27	上海市干细胞临床诊疗工程研究中心	2019年	刘中民	附属东方医院
28	上海市感染性疾病(结核病)临床医学研究中心	2019年	沙　巍	附属上海市肺科医院

(八)其他研究中心及平台

级别	编号	实验室名称	批准时间	批准单位	依托院系
国家大型科学仪器中心	1	汽车整车风洞试验中心(上海)	2013年	科技部	汽车学院
国家重大科研基础设施	2	海底科学观测网	2018年	国家发改委	海洋与地球科学学院

级别	编号	实验室名称	批准时间	批准单位	依托院系
国家科技资源共享服务平台	3	国家干细胞转化资源库	2019年	科技部	生命科学与技术学院、东方医院
国际联合研究中心	4	新能源汽车工程中心	2007年	科技部	汽车学院
	5	干细胞与再生医学国际联合研究中心	2013年	科技部	附属同济医院
	6	地震工程国际联合研究中心	2016年	科技部	土木工程学院
	7	可持续城市水系统国际联合研究中心	2018年	科技部	环境科学与工程学院
国家临床医学研究中心	8	国家放射与治疗临床医学研究中心	2020年	科技部、国家卫健委、中央军委后勤保障部、国家药监局	附属第十人民医院
国家临床教学培训示范中心	9	同济大学附属同济医院国家临床教学培训示范中心	2018年	教育部、国家卫健委	附属同济医院
高校知识产权信息服务中心	10	高校国家知识产权信息服务中心	2019年	国家知识产权局办公室、教育部	上海国际知识产权学院
教育部前沿科学中心	11	细胞干性与命运编辑前沿科学中心	2018年	教育部	生命科学与技术学院
教育部国际合作联合实验室	12	地震工程国际合作联合实验室	2015年	教育部	土木工程学院
	13	生态化城市设计国际合作联合实验室	2016年	教育部	建筑与城市规划学院
原铁道部轨道交通检测基地(省部级)	14	铁道部铁路车站计算机连锁检验站	1999年	铁道部	电子与信息工程学院
上海市"一带一路"国际联合实验室	15	巽他陆架大洋钻探	2019年	上海市科委	海洋与地球科学学院
省部级服务平台/研究中心	16	上海市新能源汽车产业技术创新服务平台	2012年	上海市科委	汽车学院
	17	上海市地面交通工具风洞专业技术服务平台	2012年	上海市科委	上海地面交通工具风洞中心
	18	上海市土木基础设施抗震试验专业技术服务平台	2013年	上海市科委	土木工程学院
	19	上海市电子废弃物资源化利用专业技术服务平台	2014年	上海市科委	环境科学与工程学院
	20	上海视觉感知技术创新服务平台	2018年	上海市科委	电子与信息工程学院
	21	全光谱高性能光学薄膜器件及应用专业技术服务平台	2020年	上海市科委	物理科学与工程学院
	22	生物医药科技成果转化公共技术服务平台	2020年	上海市科委	附属第十人民医院
教育部国别和区域研究培育基地	23	德国研究中心	2013年	上海市教委	德国研究中心
上海高校智库	24	超大城市精细化治理研究院	2018年	上海市教委	经济与管理学院
	25	国家创新发展研究院	2018年	上海市教委	国家创新发展研究院
	26	教育现代化研究中心	2018年	上海市教委	高等教育研究所
上海市软科学研究基地	27	上海产业创新生态系统研究中心	2014年	上海市科委	经济与管理学院

级别	编号	实验室名称	批准时间	批准单位	依托院系
上海市科创中心	28	上海自主智能无人系统科学中心	2018年	上海推进科技创新中心建设办公室	电子与信息工程学院
	29	上海新能源汽车研发与转化功能性平台	2018年	上海推进科技创新中心建设办公室	汽车学院
其他研究室	30	国家中医药管理局重点研究室(名中医传承模式)	2012年	国家中医药管理局	医学院中医研究所

(九)同济大学投资企业一览表

一级	序号	二级	股权占比	注册资金(万元)	成立时间
同济创新创业控股有限公司	1	上海同济医学发展有限公司	100%	4500.00	2007.05
	2	上海同济城市规划设计研究院有限公司	100%	3000.00	1994.02
	3	上海铁大城市轨道交通研究杂志社有限公司	100%	20.00	1998.02
	4	上海建设机器人工程技术研究中心有限公司	100%	160.00	1996.08
	5	上海同济检测技术有限公司	55%	2181.82	1999.12
	6	同济大学出版社有限公司	100%	1500.00	1994.06
	7	上海同济后勤产业发展有限公司	95%	2000.00	2002.01
	8	上海城市污染控制工程研究中心有限公司	91.95%	2734.31	1995.01
	9	同济大学建筑设计研究院(集团)有限公司	70%	6000.00	1995.04
	10	上海同济技术转移服务有限公司	100%	500.00	2011.09
	11	同济汽车设计研究院有限公司	100%	5065.00	2009.11
	12	上海同济天地创意设计有限公司	40% 建筑设计研究院 30%	300.00	2013.01
	13	上海同济科技园投资管理有限公司	100%	2500.00	2015.07
	14	上海杨浦同济科技园有限公司	60%、科技园投资管理 20%	17247.7725	2001.05
	15	上海同济绿建土建结构预制装配化工程技术有限公司	53.57%	2800.00	2016.01
	16	上海环同济设计创意集聚区开发建设有限公司	50%	500.00	2010.07
	17	上海同济工程咨询有限公司	21%、建筑设计研究院 30%	1200.00	1999.08
	18	上海同济足球俱乐部有限公司	100%	300.00	2018.01
	19	上海高校后勤服务股份有限公司	8.33%	3000.00	1998.04
	20	重庆同济研究院有限公司	100%	1000.00	2017.07
	21	苏州同济区块链研究院有限公司	43.5%	100.00	2018.12
	22	同济人工智能研究院(苏州)有限公司	40%	500.00	2018.11
	23	河北雄安中设同舟科技有限公司	35%	500.00	2018.06
	24	上海同驭汽车科技有限公司	9.19%	2658.00	2016.09
	25	烟台迈百瑞国际生物医药股份有限公司	2.84%	40440.7116	2013.06
	26	上海海洋高端装备功能型平台有限公司	6.67%	3000.00	2019.07
	27	上海机动车检测认证技术研究中心有限公司	3.7%	145800	2016.08
	28	上海亨通海洋装备有限公司	9%	10060.00	2017.05
	29	同济股权投资基金(上海)合伙企业(有限合伙)	20%	50000.00	2020.07

(十)后勤集团

饮食服务中心　　学生社区服务中心

物业服务中心　　幼儿园

会务服务中心

二、学科

同济大学2020年本科专业(大类)设置一览表

序号	专业大类名称	专业代码	专业名称	所在学院	学制	授予学位	学科门类
1	经济管理试验班	01084	金融学	经济与管理学院	四	经济学	经济学
2		01064	国际经济与贸易		四	经济学	经济学
3		01004	行政管理		四	管理学	管理学
4		01074	会计学		四	管理学	管理学
5		01044	市场营销		四	管理学	管理学
6		01094	物流管理		四	管理学	管理学
7		01014	工程管理		四	管理学	管理学
8		01024	信息管理与信息系统		四	管理学	管理学
9	工科试验班(建筑城规景观与设计类)	02094	风景园林	建筑与城市规划学院	五	工学	工学
10		02025	城乡规划		四	工学	工学
11		02084	历史建筑保护工程		五	工学	工学
12		02015	建筑学			工学或建筑学	工学
13		02003	城市设计		四	工学	工学
14		55024	工业设计	设计创意学院	四	工学	工学
15	工科试验班(土木与环境类)	03064	港口航道与海岸工程	土木工程学院	四	工学	工学
16		03005	智能建造		四	工学	工学
17		03014	土木工程		四	工学	工学
18		03034	地质工程		四	工学	工学
19		05034	环境科学	环境科学工程学院	四	理学	工学
20		05014	环境工程		四	工学	工学
21		05024	给排水科学与工程		四	工学	工学
22		04014	建筑环境与能源应用工程	机械与能源工程学院	四	工学	工学
23	工科试验班(智能交通与车辆类)	15014	交通工程	交通运输工程学院	四	工学	工学
25		15024	交通运输		四	工学	工学
26		19025	车辆工程(汽车)	汽车学院	五	工学	工学
27		43002	车辆工程	铁道与城市轨道交通研究院	五	工学	工学
28	工科试验班(智能化制造类)	08003	新能源材料与器件	材料科学与工程学院	四	工学	工学
29		08014	材料科学与工程		四	工学	工学
30		04024	能源与动力工程	机械与能源工程学院	四	工学	工学
31		04054	工业工程		四	工学	管理学
32		04034	机械设计制造及其自动化		四	工学	工学
33		04009	智能制造工程		四	工学	工学
34		45024	飞行器制造工程	航空航天与力学学院	四	工学	工学

序号	专业大类名称	专业代码	专业名称	所在学院	学制	授予学位	学科门类
35	工科试验班（信息类）	03044	测绘工程	测绘与地理信息学院	四	工学	工学
36		10044	电气工程及其自动化	电子与信息工程学院	四	工学	工学
37		10024	自动化		四	工学	工学
38		10054	通信工程		四	工学	工学
39		10007	微电子科学与工程		四	工学	工学
40		10005	数据科学与大数据技术		四	工学	工学
41		10034	电子信息工程		四	工学	工学
42		10014	计算机科学与技术		四	工学	工学
43		10064	信息安全		四	工学	工学
44		10008	人工智能		四	工学	工学
45		42014	软件工程		四	工学	工学
47		12474	光电信息科学与工程	软件学院	四	工学	工学
48	医学试验班	14003	临床医学（拔尖卓越培养）	医学院	五	医学	医学
49		14002	临床医学（5＋3 一体化）		五	医学	医学
50		14015	临床医学		五	医学	医学
51		14025	口腔医学	口腔医学院	五	医学	医学
52		17014	生物技术	生命科学与技术学院	四	理学	理学
53		17024	生物信息学		四	理学	理学
54	理科试验班	31004	海洋技术	海洋与地球科学学院	四	理学	理学
55		31024	地球物理学		四	理学	理学
56		31006	海洋科学		四	工学	工学
57		45014	工程力学	航空航天与力学学院	四	工学	工学
58		12284	统计学	数学科学学院	四	理学	理学
59		12234	数学与应用数学		四	理学	理学
60		12464	应用物理学	物理科学与工程学院	四	理学	理学
61		12344	应用化学	化学科学与工程学院	四	理学	理学
62		12354	化学工程与工艺		四	工学	工学
63	人文科学试验班	18024	广播电视学	艺术与传媒学院	四	文学	文学
64		18014	广告学		四	文学	文学
65		11034	日语	外国语学院	四	文学	文学
66		11024	英语		四	文学	文学
67		11014	德语		四	文学	文学
68		07004	汉语言文学	人文学院	四	哲学	哲学
69		07914	文化产业管理		四	管理学	管理学
70		07094	哲学		四	文学	文学
71	社会科学试验班	52014	法学	法学院	四	法学	法学
72		53014	政治学与行政学	政治与国际关系学院	四	法学	法学
73		53024	社会学		四	法学	法学
74	设计学类	55054	产品设计	设计创意学院	四	艺术学	艺术学
75		55044	环境设计		四	艺术学	艺术学
76		55034	视觉传达设计		四	艺术学	艺术学

序号	专业大类名称	专业代码	专业名称	所在学院	学制	授予学位	学科门类
77	动画	18044		艺术与传媒学	四	艺术学	艺术学
78	广播电视编导	18024			四	艺术学	艺术学
79	音乐表演	48014			四	艺术学	艺术学
80	表演	44014			四	艺术学	艺术学
81	机械类（中外合作办学）	51014	机械电子工程	中德工程学院	四	工学	工学
82		51024	汽车服务工程				
83		51034	建筑电气与智能化		四	工学	工学
84		51014	机械电子工程		四	工学	工学
85	护理学	14044		医学院	四	理学	医学
86	康复治疗学	14054			四	理学	医学
87	马克思主义理论	54001		马克思主义学院	四	法学	法学
88	运动训练	00802		国际足球学院	四		

备注：强基计划专业有数学与应用数学、应用物理学、应用化学、生物技术，培养采用本一研衔接模式。

博士后流动站

土木工程博士后流动站
建筑学博士后流动站
城乡规划学博士后流动站
海洋科学博士后流动站
地质资源与地质工程博士后流动站
机械工程博士后流动站
交通运输工程博士后流动
物理学博士后流动站
控制科学与工程博士后流动站
环境科学与工程博士后流动站
管理科学与工程博士后流动站
材料科学与工程博士后流动站
测绘科学与技术博士后流动站
力学博士后流动站
数学博士后流动站
化学博士后流动站
地球物理学博士后流动站
计算机科学与技术博士后流动站
生物医学工程博士后流动站
生物学博士后流动站
临床医学博士后流动站
口腔医学博士后流动站
工商管理博士后流动站
哲学博士后流动站
马克思主义理论博士后流动站
应用经济学博士后流动站
政治学博士后流动站
外国语言文学博士后流动站
风景园林学博士后流动站
设计学博士后流动站

三、教职工情况

（一）两院院士名录（2020）

中国科学院院士	中国工程院院士
孙　钧　汪品先　姚　熹　裴　钢 周兴铭　郑时龄　陈义汉　常　青	李同保　项海帆　郭重庆　卢耀如　钟志华　吴志强　陈　杰 段　宁　徐祖信　吕西林　赫尔伯特·芒（HerbertA. Mang） 保罗·斯潘诺斯（Pol D. Spanos）

（二）2020年度其他人才计划入选情况（来自人才办&科研院）

“长江学者奖励计划”特聘教授：李翔宁、徐金富、刘中民；

国家杰出青年基金：关小红、刘忠方、周颖、章小清、洪奕光、蒋昌俊；

“万人计划”科技创新领军人才：刘春、谢雄耀；

“万人计划”哲学社会科学领军人才：程国强；

“万人计划”教学名师：常青、陈大文；

“万人计划”青年拔尖人才：黄秋实、李勇、罗巍、余斌、郑雄；

国家优秀青年科学基金：张永胜、王译萱、李文、丘学鹏、张东明、王晓蕾、刘文强、张坤、成昱、解学梅、袁健；

百千万人才工程：章小清；

“长江学者奖励计划”青年学者：吴贇、解学芳、张磊；

上海高校特聘教授(东方学者)：周舒威、徐艳萍、杨伟东

上海市特聘教授支持跟踪计划(东方学者)：周洪涛、龚国华、陈涛

上海市浦江人才计划(A类)：方根深、段春艳、姜超、冯波、李文根、仓钰、徐艳萍、屈宏雅、董柏平、张磊、江涛、顿雄

上海市浦江人才计划(C类)：马小艳、张洁、肖超、刘畅、李楠、陆森嘉

上海市浦江人才计划(D类)：陈玉平、刘畅辉、杨伟东、邱雷、李佩娴、田炜

上海市青年科技英才扬帆计划：傅挺、金颖妍、王俊元、朱亚萍、张博珊、成诚、傅婧、赵莹、黄超、衣鹏、邓子龙、石运梅、陈怀震、袁泉、陈勇臻、雷金龙、郭利淑、秦洁玲、沈奕、王浩祺、王琦、孙文静、许可、周久力、吕诚

上海市科委启明星计划：方成、郭旭东、许项东、刘晓雨、费泓涵

上海市教委晨光计划：戴洁、王琛、张锴、金佳丽、王琳、李博英

上海市教委曙光计划：占贞贞、张洁、马万经、解学芳

上海市科委学术带头人：鲁正、李博峰、张兵波、刘春

(三)教职工情况(2020-09-31)

<table>
<tr><th colspan="2" rowspan="3"></th><th rowspan="3">编号</th><th colspan="9">教职工数</th><th rowspan="3">聘请校外教师</th><th rowspan="3">离退休人员</th><th rowspan="3">附属中小学幼儿园教职工</th><th rowspan="3">集体所有制人员</th></tr>
<tr><th rowspan="2">合计</th><th colspan="5">校本部教职工</th><th rowspan="2">科研机构人员</th><th rowspan="2">校办企业职工</th><th rowspan="2">其他附设机构人员</th></tr>
<tr><th>计</th><th>专任教师</th><th>行政人员</th><th>教辅人员</th><th>工勤人员</th></tr>
<tr><td colspan="2">甲</td><td>乙</td><td>1</td><td>2</td><td>3</td><td>4</td><td>5</td><td>6</td><td>7</td><td>8</td><td>9</td><td>10</td><td>11</td><td>12</td><td>13</td></tr>
<tr><td colspan="2">总　　计</td><td>1</td><td>5752</td><td>5232</td><td>2785</td><td>1112</td><td>1185</td><td>150</td><td>189</td><td>331</td><td></td><td>665</td><td>6863</td><td>792</td><td></td></tr>
<tr><td colspan="2">其中:女</td><td>2</td><td>2444</td><td>2315</td><td>942</td><td>736</td><td>621</td><td>16</td><td>52</td><td>77</td><td></td><td>265</td><td>3149</td><td>472</td><td></td></tr>
<tr><td colspan="2">正高级</td><td>3</td><td>1176</td><td>1140</td><td>1074</td><td>9</td><td>57</td><td></td><td></td><td>36</td><td></td><td>257</td><td>961</td><td></td><td>*</td></tr>
<tr><td colspan="2">副高级</td><td>4</td><td>1417</td><td>1298</td><td>1037</td><td>72</td><td>189</td><td></td><td>26</td><td>93</td><td></td><td>186</td><td>1448</td><td>151</td><td>*</td></tr>
<tr><td colspan="2">中　　级</td><td>5</td><td>1754</td><td>1609</td><td>651</td><td>408</td><td>550</td><td></td><td>32</td><td>113</td><td></td><td>185</td><td>*</td><td>*</td><td>*</td></tr>
<tr><td colspan="2">初　　级</td><td>6</td><td>362</td><td>335</td><td>4</td><td>172</td><td>156</td><td>3</td><td>6</td><td>21</td><td></td><td></td><td>*</td><td>*</td><td>*</td></tr>
<tr><td colspan="2">未定职级</td><td>7</td><td>1043</td><td>850</td><td>19</td><td>451</td><td>233</td><td>147</td><td>125</td><td>68</td><td></td><td>37</td><td>*</td><td>*</td><td>*</td></tr>
<tr><td rowspan="7">其中聘任制</td><td>小　计</td><td>8</td><td></td><td></td><td></td><td></td><td></td><td></td><td></td><td></td><td></td><td>*</td><td>*</td><td>*</td><td>*</td></tr>
<tr><td>其中:女</td><td>9</td><td></td><td></td><td></td><td></td><td></td><td></td><td></td><td></td><td></td><td>*</td><td>*</td><td>*</td><td>*</td></tr>
<tr><td>正高级</td><td>10</td><td></td><td></td><td></td><td></td><td></td><td></td><td></td><td></td><td></td><td>*</td><td>*</td><td>*</td><td>*</td></tr>
<tr><td>副高级</td><td>11</td><td></td><td></td><td></td><td></td><td></td><td></td><td></td><td></td><td></td><td>*</td><td>*</td><td>*</td><td>*</td></tr>
<tr><td>中　级</td><td>12</td><td></td><td></td><td></td><td></td><td></td><td></td><td></td><td></td><td></td><td>*</td><td>*</td><td>*</td><td>*</td></tr>
<tr><td>初　级</td><td>13</td><td></td><td></td><td></td><td></td><td></td><td></td><td></td><td></td><td></td><td>*</td><td>*</td><td>*</td><td>*</td></tr>
<tr><td>未定职级</td><td>14</td><td></td><td></td><td></td><td></td><td></td><td></td><td></td><td></td><td></td><td>*</td><td>*</td><td>*</td><td>*</td></tr>
</table>

(四)专任教师、聘请校外教师岗位分类情况(2020-09-31)

	编号	本学年授课专任教师				本学年授课聘请校外教师				本学年不授课专任教师				
		合计	公共课基础课	专业课		合计	公共课基础课	专业课		合计	进修	科研	病休	其他
				计	其中双师型			计	其中双师型					
甲	乙	1	2	3	4	5	6	7	8	9	10	11	12	13
总　计	1	2567	519	2048		665	11	654		218	1	212		5
其中:女	2	878	239	639		265	6	259		64	1	59		4
正高级	3	967	91	876		257	2	255		107	1	105		1
副高级	4	976	217	759		186	5	181		61		58		3
中　级	5	607	204	403		185	2	183		44		43		1
初　级	6	4	4		*				*					
未定职级	7	13	3	10	*	37	2	35	*	6		6		

(五)专任教师、聘请校外教师学历(位)情况(2020-09-31)

	编号	合计			博士研究生			硕士研究生			本科			专科及以下		
		计	其中获学位		计	其中获学位		计	其中获学位		计	其中获学位		计	其中获学位	
			博士	硕士		博士	硕士		博士	硕士		博士	硕士		博士	硕士
甲	乙	1	2	3	4	5	6	7	8	9	10	11	12	13	14	15
1.专任教师	1	2785	2265	374	2264	2264		323	1	316	195		58	3		
其中:女	2	942	720	182	719	719		153	1	148	70		34			
正高级	3	1074	1016	39	1016	1016		35		34	22		5	1		
副高级	4	1037	868	116	867	867		99	1	97	69		19	2		
中　级	5	651	369	211	369	369		181		177	101		34			
初　级	6	4		4				4		4						
未定职级	7	19	12	4	12	12		4		4	3					
2.聘请校外教师	8	665	537	89	523	523		78	6	72	64	8	17			
其中:女	9	265	196	47	188	188		40	4	36	37	4	11			
外籍教师	10	44	40	3	40	40		3		3	1					
其他高校教师	11															
正高级	12	257	234	14	231	231		14		14	12	3				
副高级	13	186	163	18	155	155		19	3	16	12	5	2			
中　级	14	185	130	40	127	127		33	3	30	25		10			
初　级	15															
未定职级	16	37	10	17	10	10		12		12	15		5			

(六)专任教师年龄情况(2020-09-31)

		编号	合计	29岁及以下	30～34岁	35～39岁	40～44岁	45～49岁	50～54岁	55～59岁	60～64岁	65岁及以上
甲		乙	1	2	3	4	5	6	7	8	9	10
总　　计		1	2785	12	128	432	516	584	498	534	77	4
其中:女		2	942	7	49	160	212	245	178	86	5	
获博士学位		3	2265	4	116	401	456	497	359	362	67	3
获硕士学位		4	374	8	12	28	57	71	96	95	6	1
按专业技术职务分	正高级	5	1074		11	91	154	210	200	329	75	4
	副高级	6	1037		39	209	225	231	182	151		
	中　级	7	651	9	77	129	136	140	111	49		
	初　级	8	4	3	1							
	未定职级	9	19			3	1	3	5	5	2	
按学历(学位)分	博士研究生	10	2264	4	116	401	456	497	358	362	67	3
	其中获博士学位	11	2264	4	116	401	456	497	358	362	67	3
	获硕士学位	12										
	硕士研究生	13	323	8	12	25	49	59	78	85	6	1
	其中获博士学位	14	1						1			
	获硕士学位	15	316	8	12	24	49	59	74	83	6	1
	本科	16	195			6	11	27	62	85	4	
	其中获博士学位	17										
	获硕士学位	18	58			4	8	12	22	12		
	专科及以下	19	3					1		2		
	其中获博士学位	20										
	获硕士学位	21										

(七)分学科专任教师数(2020-09-31)

	编号	合　计	正高级	副高级	中　级	初　级	无职称
甲	乙	1	2	3	4	5	6
总　　计	1	2785	1074	1037	651	4	19
其中:女	2	942	209	414	315	1	3
哲学	3	53	18	21	14		
经济学	4	40	11	20	9		
法学	5	121	36	56	28		1
教育学	6	107	11	44	46	4	2
其中:体育	7	85	6	28	45	4	2
文学	8	257	51	97	109		

	编号	合　计	正高级	副高级	中　级	初　级	无职称
其中:外语	9	152	21	54	77		
历史学	10	3		1	2		
理学	11	327	164	113	49		1
工学	12	1504	657	554	281		12
其中:计算机	13	259	93	97	64		5
农学	14						
其中:林学	15						
医学	16	136	61	47	28		
管理学	17	155	56	59	40		
艺术学	18	82	9	25	45		3

(八)研究生指导教师情况(2020-09-31)

		编号	计	29岁及以下	30～34岁	35～39岁	40～44岁	45～49岁	50～54岁	55～59岁	60～64岁	65岁及以上
甲		乙	1	2	3	4	5	6	7	8	9	10
总　　计		1	2926	4	164	497	569	611	462	491	101	27
其中:女		2	905	2	60	175	213	218	147	79	10	1
按专业技术职务分	正高级	3	1469		38	126	191	273	283	431	100	27
	副高级	4	1069	13	51	237	281	270	150	58	1	
	中级	5	408		75	134	97	68	29	2		
按指导关系分	博士导师	6	134			6	16	19	23	48	13	9
	其中:女	7	23				4	7	2	8	2	
	硕士导师	8	1205	3	108	273	274	244	183	98	20	2
	其中:女	9	542	2	45	127	146	111	81	26	4	
	博士、硕士导师	10	1587	1	56	218	279	348	256	345	68	16
	其中:女	11	340		15	48	63	100	64	45	4	1

(九)专任教师变动情况(2020-09-31)

	编号	上学年初报表专任教师数	增加教师数								减少教师数						本学年初报表专任教师数
			合计	录用毕业生			调入		校内变动	其他	合计	自然减员	调出	校内变动	辞职	其他	
				计	其中：研究生		计	其中：外校									
					计	其中：本校毕业											
甲	乙	1	2	3	4	5	6	7	8	9	10	11	12	13	14	15	16
总　计	1	2803	135	1	1		12		152		153	37		69	24	23	2785
其中：女	2	942	58				4		54		58	13		30	2	13	942

(十)教职工中其他情况(2020-09-31)

	编号	共产党员	共青团员	民主党派	华侨	港澳台	少数民族
甲	乙	1	2	3	4	5	6
教　职　工	1	3100	42	240	39	7	136
其中：女	2	1392	26	92	12	3	71
专任教师	3	1571		176	33	5	76
其中：女	4	522		59	8	2	37

(十一)上学年专任教师接受培训情况(2020-09-31)

	编号	接受培训专任教师(人)	合计		国内						国(境)外					
			接受培训专任教师(人次)	培训时间(学时)	集中培训		远程培训		跟岗实践		集中培训		远程培训		跟岗实践	
					接受培训专任教师(人次)	培训时间(学时)	接受培训专任教师(人次)	培训时间(学时)	接受培训专任教师(人次)	培训时间(学时)	接受培训专任教师(人次)	培训时间(学时)	接受培训专任教师(人次)	培训时间(学时)	接受培训专任教师(人次)	培训时间(学时)
甲	乙	1	2	3	4	5	6	7	8	9	10	11	12	13	14	15
总　计	1	2246	2449	89152	174	2059	2268	85149			7	1944				
其中：女	2	792	888	31297	91	737	793	29789			4	771				
正高级	3	783	831	30785	37	656	790	29652			4	477				
副高级	4	868	939	34569	69	659	869	32815			1	1095				
中级	5	582	666	23304	68	744	596	22188			2	372				
初级	6	4	4	152			4	152								
未定职级	7	9	9	342			9	342								

四、学生情况

(一)博士研究生分专业(领域)学生数(2020-09-31)

专业名称	专业代码	年制	毕业生数	授予学位数	招生数		在校学生数						预计毕业生数
					合计	其中应届生	合计	一年级	二年级	三年级	四年级	五年级及以上	
甲	丙	戊	1	2	3	4	5	6	7	8	9	10	11
博士研究生	43200	0	820	844	1774	582	6723	1774	1461	2670	308	510	2098
其中:女	432002	0	261	266	712	212	2599	712	567	1032	114	174	772
学术学位博士	43210	0	790	808	1325	417	5696	1325	1164	2389	308	510	1911
其中:女	432102	0	248	251	568	153	2261	568	468	937	114	174	690
全日制学术学位非定向博士	43214	0	685	690	1301	415	5263	1301	1140	2004	308	510	1539
哲学学科	0101TP	3	6	5	0	0	35	0	0	35	0	0	35
哲学学科	0101TP	4	0	0	24	11	71	24	24	23	0	0	0
美学	010106	3	0	1	0	0	0	0	0	0	0	0	0
应用经济学学科	0202TP	3	7	5	0	0	26	0	0	26	0	0	26
应用经济学学科	0202TP	4	0	0	13	2	32	13	12	7	0	0	0
法学学科	0301TP	3	2	2	0	0	18	0	0	18	0	0	18
政治学学科	0302TP	4	0	0	9	7	18	9	9	0	0	0	0
马克思主义理论学科	0305TP	4	0	0	14	8	14	14	0	0	0	0	0
马克思主义基本原理	030501	3	3	3	0	0	8	0	0	8	0	0	8
马克思主义基本原理	030501	4	0	0	0	0	18	0	10	8	0	0	0
思想政治教育	030505	3	2	2	0	0	5	0	0	5	0	0	5
思想政治教育	030505	4	0	0	0	0	12	0	6	6	0	0	0
英语语言文学	050201	3	2	2	0	0	5	0	0	5	0	0	5
英语语言文学	050201	4	0	0	5	3	17	5	7	5	0	0	0
德语语言文学	050204	3	3	2	0	0	7	0	0	7	0	0	7
德语语言文学	050204	4	0	0	3	2	8	3	2	3	0	0	0
日语语言文学	050205	3	0	0	0	0	1	0	0	1	0	0	1
日语语言文学	050205	4	0	0	1	0	3	1	1	1	0	0	0
外国语言学及应用语言学	050211	3	3	3	0	0	5	0	0	5	0	0	5
外国语言学及应用语言学	050211	4	0	0	2	1	7	2	3	2	0	0	0
数学学科	0701TP	3	3	3	0	0	4	0	0	4	0	0	4
数学学科	0701TP	5	1	1	0	0	1	0	0	0	0	1	1
数学学科	0701TP	4	0	0	8	3	11	8	2	1	0	0	0
数学学科	0701TP	6	0	0	10	0	26	10	16	0	0	0	0
数学学科	0701TP	6	0	0	2	0	2	2	0	0	0	0	0
基础数学	070101	3	2	1	0	0	4	0	0	4	0	0	4

专业名称	专业代码	年制	毕业生数	授予学位数	招生数		在校学生数						预计毕业生数
					合计	其中应届生	合计	一年级	二年级	三年级	四年级	五年级及以上	
基础数学	070101	5	0	0	0	0	5	0	0	0	4	1	1
基础数学	070101	4	0	0	0	0	3	0	0	3	0	0	0
基础数学	070101	6	0	0	0	0	4	0	0	4	0	0	0
应用数学	070104	5	6	6	0	0	15	0	0	0	7	8	8
应用数学	070104	3	0	0	0	0	2	0	0	2	0	0	2
应用数学	070104	4	0	0	0	0	5	0	0	5	0	0	0
应用数学	070104	6	0	0	0	0	5	0	0	5	0	0	0
物理学学科	0702TP	5	8	7	0	0	45	0	0	0	20	25	25
物理学学科	0702TP	3	15	18	0	0	23	0	0	23	0	0	23
物理学学科	0702TP	3	1	1	0	0	1	0	0	1	0	0	1
物理学学科	0702TP	5	1	1	0	0	1	0	0	0	0	1	1
物理学学科	0702TP	4	0	0	20	12	63	20	25	18	0	0	0
物理学学科	0702TP	6	0	0	25	0	73	25	25	23	0	0	0
物理学学科	0702TP	4	0	0	3	1	7	3	4	0	0	0	0
物理学学科	0702TP	6	0	0	2	0	3	2	1	0	0	0	0
物理学学科	0702TP	4	0	0	1	0	1	1	0	0	0	0	0
物理学学科	0702TP	6	0	0	3	0	3	3	0	0	0	0	0
理论物理	070201	5	0	1	0	0	0	0	0	0	0	0	0
凝聚态物理	070205	5	1	1	0	0	0	0	0	0	0	0	0
声学	070206	3	1	1	0	0	0	0	0	0	0	0	0
声学	070206	5	1	0	0	0	0	0	0	0	0	0	0
化学学科	0703TP	5	7	9	0	0	31	0	0	0	12	19	19
化学学科	0703TP	3	12	10	0	0	21	0	0	21	0	0	21
化学学科	0703TP	4	0	0	33	17	77	33	26	18	0	0	0
化学学科	0703TP	6	0	0	9	2	33	9	9	15	0	0	0
化学学科	0703TP	4	0	0	1	1	1	1	0	0	0	0	0
海洋科学学科	0707TP	5	4	4	0	0	11	0	0	0	2	9	9
海洋科学学科	0707TP	3	12	14	0	0	22	0	0	22	0	0	22
海洋科学学科	0707TP	4	0	0	13	8	34	13	10	11	0	0	0
海洋科学学科	0707TP	6	0	0	6	0	15	6	4	5	0	0	0
海洋地质	070704	5	1	1	0	0	0	0	0	0	0	0	0
地球物理学学科	0708TP	3	4	3	0	0	7	0	0	7	0	0	7
地球物理学学科	0708TP	5	9	7	0	0	16	0	0	0	7	9	9
地球物理学学科	0708TP	4	0	0	5	2	16	5	6	5	0	0	0
地球物理学学科	0708TP	6	0	0	5	0	12	5	6	1	0	0	0
生物学学科	0710TP	5	0	0	0	0	3	0	0	0	0	3	3

专业名称	专业代码	年制	毕业生数	授予学位数	招生数		在校学生数						预计毕业生数
					合计	其中应届生	合计	一年级	二年级	三年级	四年级	五年级及以上	
生物学学科	0710TP	5	14	12	0	0	60	0	0	0	22	38	38
生物学学科	0710TP	3	16	15	0	0	31	0	0	31	0	0	31
生物学学科	0710TP	3	3	3	0	0	7	0	0	7	0	0	7
生物学学科	0710TP	4	0	0	32	3	82	32	23	27	0	0	0
生物学学科	0710TP	6	0	0	38	0	96	38	32	26	0	0	0
生物学学科	0710TP	4	0	0	8	3	15	8	7	0	0	0	0
力学学科	0801TP	3	8	11	0	0	22	0	0	22	0	0	22
力学学科	0801TP	5	6	8	0	0	24	0	0	0	5	19	19
力学学科	0801TP	4	0	0	21	8	55	21	17	17	0	0	0
力学学科	0801TP	6	0	0	6	0	13	6	4	3	0	0	0
力学学科	0801TP	4	0	0	1	1	1	1	0	0	0	0	0
力学学科	0801TP	6	0	0	1	0	1	1	0	0	0	0	0
机械工程学科	0802TP	5	6	6	0	0	17	0	0	0	6	11	11
机械工程学科	0802TP	3	4	3	0	0	21	0	0	21	0	0	21
机械工程学科	0802TP	3	0	0	0	0	1	0	0	1	0	0	1
机械工程学科	0802TP	5	2	2	0	0	2	0	0	0	0	2	2
机械工程学科	0802TP	4	0	0	8	5	27	8	9	10	0	0	0
机械工程学科	0802TP	6	0	0	4	0	17	4	6	7	0	0	0
机械工程学科	0802TP	6	0	0	1	0	4	1	3	0	0	0	0
机械工程学科	0802TP	4	0	0	1	1	1	1	0	0	0	0	0
车辆工程	080204	3	9	9	0	0	31	0	0	31	0	0	31
车辆工程	080204	5	9	9	0	0	35	0	0	0	9	26	26
车辆工程	080204	4	0	0	9	4	34	9	11	14	0	0	0
车辆工程	080204	6	0	0	20	0	51	20	19	12	0	0	0
材料科学与工程学科	0805TP	5	6	6	0	0	36	0	0	0	17	19	19
材料科学与工程学科	0805TP	3	18	18	0	0	24	0	0	24	0	0	24
材料科学与工程学科	0805TP	4	0	0	17	7	58	17	16	25	0	0	0
材料科学与工程学科	0805TP	6	0	0	18	0	51	18	20	13	0	0	0
材料科学与工程学科	0805TP	4	0	0	2	2	4	2	2	0	0	0	0
材料科学与工程学科	0805TP	4	0	0	1	1	1	1	0	0	0	0	0
材料科学与工程学科	0805TP	6	0	0	1	0	1	1	0	0	0	0	0
材料科学与工程学科	0805TP	5	0	1	0	0	0	0	0	0	0	0	0
材料学	080502	3	0	1	0	0	0	0	0	0	0	0	0
动力工程及工程热物理学科	0807TP	4	0	0	15	7	24	15	9	0	0	0	0
动力工程及工程热物理学科	0807TP	6	0	0	4	0	11	4	7	0	0	0	0
动力工程及工程热物理学科	0807TP	4	0	0	1	1	1	1	0	0	0	0	0

专业名称	专业代码	年制	毕业生数	授予学位数	招生数		在校学生数						预计毕业生数
					合计	其中应届生	合计	一年级	二年级	三年级	四年级	五年级及以上	
热能工程	080702	3	1	1	0	0	5	0	0	5	0	0	5
热能工程	080702	5	1	1	0	0	6	0	0	0	3	3	3
热能工程	080702	4	0	0	0	0	5	0	0	5	0	0	0
动力机械及工程	080703	3	5	5	0	0	10	0	0	10	0	0	10
动力机械及工程	080703	3	0	0	0	0	3	0	0	3	0	0	3
动力机械及工程	080703	5	0	0	0	0	2	0	0	0	0	2	2
动力机械及工程	080703	5	3	3	0	0	10	0	0	0	5	5	5
动力机械及工程	080703	4	0	0	0	0	10	0	0	10	0	0	0
动力机械及工程	080703	6	0	0	0	0	3	0	0	3	0	0	0
信息与通信工程学科	0810TP	4	0	0	7	5	12	7	5	0	0	0	0
信息与通信工程学科	0810TP	6	0	0	4	0	6	4	2	0	0	0	0
信息与通信工程学科	0810TP	4	0	0	1	1	1	1	0	0	0	0	0
控制科学与工程学科	0811TP	5	5	5	0	0	38	0	0	0	14	24	24
控制科学与工程学科	0811TP	3	8	10	0	0	25	0	0	25	0	0	25
控制科学与工程学科	0811TP	4	0	0	17	7	58	17	26	15	0	0	0
控制科学与工程学科	0811TP	6	0	0	15	0	41	15	11	15	0	0	0
控制科学与工程学科	0811TP	4	0	0	6	3	6	6	0	0	0	0	0
控制科学与工程学科	0811TP	6	0	0	4	0	4	4	0	0	0	0	0
控制理论与控制工程	081101	5	1	1	0	0	0	0	0	0	0	0	0
检测技术与自动化装置	081102	3	1	1	0	0	0	0	0	0	0	0	0
模式识别与智能系统	081104	3	0	1	0	0	0	0	0	0	0	0	0
计算机科学与技术学科	0812TP	3	14	15	0	0	40	0	0	40	0	0	40
计算机科学与技术学科	0812TP	5	6	6	0	0	21	0	0	0	13	8	8
计算机科学与技术学科	0812TP	4	0	0	31	24	74	31	25	18	0	0	0
计算机科学与技术学科	0812TP	6	0	0	13	0	37	13	9	15	0	0	0
计算机科学与技术学科	0812TP	4	0	0	3	2	3	3	0	0	0	0	0
计算机软件与理论	081202	3	1	1	0	0	0	0	0	0	0	0	0
建筑学学科	0813TP	3	17	16	0	0	76	0	0	76	0	0	76
建筑学学科	0813TP	5	0	0	0	0	4	0	0	0	1	3	3
建筑学学科	0813TP	4	0	0	30	8	89	30	30	29	0	0	0
建筑学学科	0813TP	6	0	0	1	0	4	1	0	3	0	0	0
建筑学学科	0813TP	3	1	0	0	0	0	0	0	0	0	0	0
建筑历史与理论	081301	3	2	3	0	0	0	0	0	0	0	0	0
建筑设计及其理论	081302	3	0	1	0	0	0	0	0	0	0	0	0
土木工程学科	0814TP	3	62	63	0	0	124	0	0	124	0	0	124
土木工程学科	0814TP	5	52	51	0	0	192	0	0	0	73	119	119

专业名称	专业代码	年制	毕业生数	授予学位数	招生数		在校学生数						预计毕业生数
					合计	其中应届生	合计	一年级	二年级	三年级	四年级	五年级及以上	
土木工程学科	0814TP	5	3	3	0	0	7	0	0	0	0	7	7
土木工程学科	0814TP	4	0	0	96	60	226	96	74	56	0	0	0
土木工程学科	0814TP	6	0	0	52	1	182	52	63	67	0	0	0
土木工程学科	0814TP	6	0	0	2	0	5	2	3	0	0	0	0
土木工程学科	0814TP	4	0	0	1	0	1	1	0	0	0	0	0
土木工程学科	0814TP	4	0	0	4	1	4	4	0	0	0	0	0
土木工程学科	0814TP	3	1	0	0	0	0	0	0	0	0	0	0
土木工程学科	0814TP	5	1	0	0	0	0	0	0	0	0	0	0
结构工程	081402	3	2	2	0	0	0	0	0	0	0	0	0
结构工程	081402	5	2	2	0	0	0	0	0	0	0	0	0
市政工程	081403	3	3	3	0	0	8	0	0	8	0	0	8
市政工程	081403	5	3	3	0	0	25	0	0	0	6	19	19
市政工程	081403	4	0	0	9	6	23	9	8	6	0	0	0
市政工程	081403	6	0	0	6	0	19	6	6	7	0	0	0
供热、供燃气、通风及空调工程	081404	5	3	3	0	0	8	0	0	0	2	6	6
供热、供燃气、通风及空调工程	081404	3	4	4	0	0	13	0	0	13	0	0	13
供热、供燃气、通风及空调工程	081404	4	0	0	6	3	14	6	3	5	0	0	0
供热、供燃气、通风及空调工程	081404	6	0	0	2	0	8	2	3	3	0	0	0
防灾减灾工程及防护工程	081405	3	0	1	0	0	0	0	0	0	0	0	0
测绘科学与技术学科	0816TP	3	5	5	0	0	17	0	0	17	0	0	17
测绘科学与技术学科	0816TP	5	4	4	0	0	14	0	0	0	5	9	9
测绘科学与技术学科	0816TP	4	0	0	13	8	40	13	14	13	0	0	0
测绘科学与技术学科	0816TP	6	0	0	12	2	25	12	9	4	0	0	0
测绘科学与技术学科	0816TP	4	0	0	3	1	3	3	0	0	0	0	0
地图制图学与地理信息工程	081603	5	1	0	0	0	0	0	0	0	0	0	0
地质资源与地质工程学科	0818TP	4	0	0	12	9	24	12	12	0	0	0	0
地质资源与地质工程学科	0818TP	6	0	0	6	0	10	6	4	0	0	0	0
地质资源与地质工程学科	0818TP	4	0	0	1	1	1	1	0	0	0	0	0
地质工程	081803	3	6	5	0	0	17	0	0	17	0	0	17
地质工程	081803	5	5	5	0	0	13	0	0	0	5	8	8
地质工程	081803	4	0	0	0	0	7	0	0	7	0	0	0
地质工程	081803	6	0	0	0	0	5	0	0	5	0	0	0
交通运输工程学科	0823TP	3	24	24	0	0	61	0	0	61	0	0	61
交通运输工程学科	0823TP	5	22	18	0	0	74	0	0	0	31	43	43
交通运输工程学科	0823TP	4	1	1	48	25	122	48	47	27	0	0	0
交通运输工程学科	0823TP	6	0	0	21	0	73	21	24	28	0	0	0

专业名称	专业代码	年制	毕业生数	授予学位数	招生数		在校学生数						预计毕业生数
					合计	其中应届生	合计	一年级	二年级	三年级	四年级	五年级及以上	
交通运输工程学科	0823TP	4	0	0	4	3	4	4	0	0	0	0	0
道路与铁道工程	082301	3	0	1	0	0	0	0	0	0	0	0	0
交通运输规划与管理	082303	5	0	1	0	0	0	0	0	0	0	0	0
载运工具运用工程	082304	3	0	0	0	0	2	0	0	2	0	0	2
载运工具运用工程	082304	5	2	2	0	0	5	0	0	0	1	4	4
载运工具运用工程	082304	4	0	0	2	1	11	2	4	5	0	0	0
载运工具运用工程	082304	6	0	0	1	0	1	1	0	0	0	0	0
环境科学与工程学科	0830TP	3	20	22	0	0	48	0	0	48	0	0	48
环境科学与工程学科	0830TP	5	12	14	0	0	55	0	0	0	24	31	31
环境科学与工程学科	0830TP	4	0	0	51	20	128	51	43	34	0	0	0
环境科学与工程学科	0830TP	6	0	0	16	0	60	16	22	22	0	0	0
环境科学与工程学科	0830TP	4	0	0	4	2	7	4	3	0	0	0	0
环境科学	083001	3	1	1	0	0	0	0	0	0	0	0	0
环境工程	083002	3	2	2	0	0	0	0	0	0	0	0	0
生物医学工程学科	0831TP	3	3	8	0	0	0	0	0	0	0	0	0
城乡规划学学科	0833TP	3	9	6	0	0	54	0	0	54	0	0	54
城乡规划学学科	0833TP	4	0	0	18	7	55	18	19	18	0	0	0
风景园林学学科	0834TP	3	9	9	0	0	29	0	0	29	0	0	29
风景园林学学科	0834TP	4	0	0	6	4	21	6	8	7	0	0	0
软件工程学科	0835TP	3	5	5	0	0	1	0	0	1	0	0	1
软件工程学科	0835TP	5	3	3	0	0	7	0	0	0	3	4	4
软件工程学科	0835TP	4	0	0	6	3	12	6	4	2	0	0	0
软件工程学科	0835TP	6	0	0	10	0	22	10	9	3	0	0	0
软件工程学科	0835TP	4	0	0	1	0	1	1	0	0	0	0	0
临床医学学科	1002TP	5	0	0	0	0	2	0	0	0	1	1	1
临床医学学科	1002TP	3	7	7	0	0	19	0	0	19	0	0	19
临床医学学科	1002TP	4	0	0	66	24	152	66	55	31	0	0	0
临床医学学科	1002TP	6	0	0	3	0	7	3	2	2	0	0	0
临床医学学科	1002TP	4	0	0	1	0	1	1	0	0	0	0	0
内科学	100201	5	3	2	0	0	9	0	0	0	3	6	6
内科学	100201	3	12	12	0	0	2	0	0	2	0	0	2
内科学	100201	4	0	0	29	4	79	29	19	31	0	0	0
内科学	100201	6	0	0	4	0	28	4	15	9	0	0	0
神经病学	100204	5	0	0	0	0	4	0	0	0	2	2	2
神经病学	100204	3	2	3	0	0	2	0	0	2	0	0	2
神经病学	100204	4	0	0	1	1	8	1	2	5	0	0	0

专业名称	专业代码	年制	毕业生数	授予学位数	招生数		在校学生数						预计毕业生数
					合计	其中应届生	合计	一年级	二年级	三年级	四年级	五年级及以上	
神经病学	100204	6	0	0	4	1	7	4	2	1	0	0	0
精神病与精神卫生学	100205	3	0	0	0	0	1	0	0	1	0	0	1
精神病与精神卫生学	100205	4	0	0	1	0	3	1	1	1	0	0	0
精神病与精神卫生学	100205	6	0	0	1	0	2	1	1	0	0	0	0
皮肤病与性病学	100206	5	0	0	0	0	1	0	0	0	0	1	1
皮肤病与性病学	100206	4	0	0	6	1	9	6	2	1	0	0	0
皮肤病与性病学	100206	6	0	0	1	0	3	1	1	1	0	0	0
皮肤病与性病学	100206	3	1	1	0	0	0	0	0	0	0	0	0
影像医学与核医学	100207	4	0	0	8	2	15	8	2	5	0	0	0
影像医学与核医学	100207	3	2	2	0	0	0	0	0	0	0	0	0
临床检验诊断学	100208	4	0	0	4	2	8	4	2	2	0	0	0
临床检验诊断学	100208	6	0	0	1	0	2	1	1	0	0	0	0
临床检验诊断学	100208	3	2	2	0	0	0	0	0	0	0	0	0
外科学	100210	3	30	30	0	0	5	0	0	5	0	0	5
外科学	100210	5	1	1	0	0	4	0	0	0	2	2	2
外科学	100210	4	0	0	29	10	53	29	8	16	0	0	0
外科学	100210	6	0	0	9	0	40	9	19	12	0	0	0
外科学	100210	4	0	0	1	1	1	1	0	0	0	0	0
妇产科学	100211	3	6	5	0	0	1	0	0	1	0	0	1
妇产科学	100211	5	1	1	0	0	3	0	0	0	0	3	3
妇产科学	100211	4	0	0	10	1	16	10	3	3	0	0	0
妇产科学	100211	6	0	0	5	0	15	5	5	5	0	0	0
眼科学	100212	5	0	1	0	0	3	0	0	0	0	3	3
眼科学	100212	3	0	0	0	0	2	0	0	2	0	0	2
眼科学	100212	6	0	0	0	0	4	0	1	3	0	0	0
眼科学	100212	4	0	0	2	0	6	2	2	2	0	0	0
肿瘤学	100214	3	6	5	0	0	1	0	0	1	0	0	1
肿瘤学	100214	5	1	1	0	0	3	0	0	0	1	2	2
肿瘤学	100214	4	0	0	4	1	12	4	6	2	0	0	0
肿瘤学	100214	6	0	0	5	0	8	5	1	2	0	0	0
康复医学与理疗学	100215	4	0	0	0	0	2	0	1	1	0	0	0
麻醉学	100217	3	0	0	0	0	1	0	0	1	0	0	1
麻醉学	100217	4	0	0	1	0	6	1	4	1	0	0	0
麻醉学	100217	6	0	0	2	0	4	2	2	0	0	0	0
急诊医学	100218	3	1	1	0	0	0	0	0	0	0	0	0
口腔基础医学	100301	3	2	2	0	0	2	0	0	2	0	0	2

专业名称	专业代码	年制	毕业生数	授予学位数	招生数		在校学生数						预计毕业生数
					合计	其中应届生	合计	一年级	二年级	三年级	四年级	五年级及以上	
口腔基础医学	100301	4	0	0	3	2	8	3	2	3	0	0	0
口腔临床医学	100302	5	1	1	0	0	4	0	0	0	1	3	3
口腔临床医学	100302	3	3	6	0	0	5	0	0	5	0	0	5
口腔临床医学	100302	4	0	0	11	6	30	11	9	10	0	0	0
口腔临床医学	100302	6	0	0	0	0	1	0	1	0	0	0	0
内科学	100201	3	4	4	0	0	0	0	0	0	0	0	0
精神病与精神卫生学	100205	3	1	1	0	0	0	0	0	0	0	0	0
外科学	100210	3	1	1	0	0	0	0	0	0	0	0	0
妇产科学	100211	3	1	1	0	0	0	0	0	0	0	0	0
眼科学	100212	3	1	1	0	0	0	0	0	0	0	0	0
管理科学与工程学科	1201TP	3	1	0	0	0	1	0	0	1	0	0	1
管理科学与工程学科	1201TP	3	1	1	0	0	2	0	0	2	0	0	2
管理科学与工程学科	1201TP	3	0	0	0	0	1	0	0	1	0	0	1
管理科学与工程学科	1201TP	3	31	28	0	0	63	0	0	63	0	0	63
管理科学与工程学科	1201TP	4	0	0	42	10	112	42	35	35	0	0	0
管理科学与工程学科	1201TP	3	0	1	0	0	0	0	0	0	0	0	0
管理科学与工程学科	1201TP	3	0	1	0	0	0	0	0	0	0	0	0
工商管理学科	1202TP	3	9	9	0	0	30	0	0	30	0	0	30
工商管理学科	1202TP	4	0	0	27	4	61	27	14	20	0	0	0
企业管理(含:财务管理、市场营销、人力资源管理)	120202	3	0	0	0	0	4	0	0	4	0	0	4
技术经济及管理	120204	3	0	0	0	0	1	0	0	1	0	0	1
设计学学科	1305TP	3	0	0	0	0	15	0	0	15	0	0	15
设计学学科	1305TP	5	0	0	0	0	1	0	0	0	1	0	0
设计学学科	1305TP	4	0	0	19	8	52	19	17	16	0	0	0
设计学学科	1305TP	4	0	0	1	0	1	1	0	0	0	0	0
生物学学科	0710TP	3	0	0	0	0	7	0	0	7	0	0	7
生物学学科	0710TP	5	0	0	0	0	1	0	0	0	0	1	1
电子科学与技术学科	0809TP	4	0	0	1	0	3	1	2	0	0	0	0
电子科学与技术学科	0809TP	6	0	0	6	0	8	6	2	0	0	0	0
交通运输工程学科	0823TP	6	0	0	6	0	15	6	9	0	0	0	0
交通运输工程学科	0823TP	4	0	0	6	2	6	6	0	0	0	0	0
管理科学与工程学科	1201TP	4	0	0	9	4	18	9	9	0	0	0	0
管理科学与工程学科	1201TP	4	0	0	1	1	1	1	0	0	0	0	0
全日制学术学位定向博士	43215	0	105	118	10	2	408	10	14	384	0	0	371
临床医学学科	1002TP	3	0	0	0	0	4	0	0	4	0	0	4
临床医学学科	1002TP	4	0	0	0	0	1	0	0	1	0	0	0
临床医学学科	1002TP	4	0	0	0	0	2	0	2	0	0	0	0
临床医学学科	1002TP	4	0	0	1	0	1	1	0	0	0	0	0

专业名称	专业代码	年制	毕业生数	授予学位数	招生数		在校学生数						预计毕业生数
					合计	其中应届生	合计	一年级	二年级	三年级	四年级	五年级及以上	
内科学	100201	3	6	5	0	0	8	0	0	8	0	0	8
内科学	100201	3	1	1	0	0	1	0	0	1	0	0	1
神经病学	100204	3	1	1	0	0	0	0	0	0	0	0	0
精神病与精神卫生学	100205	3	0	0	0	0	1	0	0	1	0	0	1
皮肤病与性病学	100206	3	0	0	0	0	1	0	0	1	0	0	1
影像医学与核医学	100207	3	0	1	0	0	1	0	0	1	0	0	1
外科学	100210	3	0	0	0	0	2	0	0	2	0	0	2
妇产科学	100211	3	1	0	0	0	2	0	0	2	0	0	2
肿瘤学	100214	3	1	0	0	0	1	0	0	1	0	0	1
口腔临床医学	100302	3	0	0	0	0	2	0	0	2	0	0	2
管理科学与工程学科	1201TP	3	3	4	0	0	35	0	0	35	0	0	35
管理科学与工程学科	1201TP	3	0	0	0	0	2	0	0	2	0	0	2
管理科学与工程学科	1201TP	4	0	0	0	0	2	0	2	0	0	0	0
管理科学与工程学科	1201TP	4	0	0	0	0	1	0	1	0	0	0	0
工商管理学科	1202TP	3	1	0	0	0	10	0	0	10	0	0	10
工商管理学科	1202TP	3	1	1	0	0	3	0	0	3	0	0	3
工商管理学科	1202TP	4	0	0	0	0	1	0	1	0	0	0	0
工商管理学科	1202TP	4	0	0	1	0	1	1	0	0	0	0	0
企业管理(含:财务管理、市场营销、人力资源管理)	120202	3	1	0	0	0	0	0	0	0	0	0	0
设计学学科	1305TP	3	0	0	0	0	6	0	0	6	0	0	6
设计学学科	1305TP	4	0	0	0	0	1	0	0	1	0	0	0
设计学学科	1305TP	4	0	0	0	0	1	0	1	0	0	0	0
哲学学科	0101TP	3	3	3	0	0	11	0	0	11	0	0	11
哲学学科	0101TP	3	0	0	0	0	1	0	0	1	0	0	1
哲学学科	0101TP	4	0	0	1	0	1	1	0	0	0	0	0
哲学学科	0101TP	3	1	1	0	0	0	0	0	0	0	0	0
应用经济学学科	0202TP	3	3	0	0	0	9	0	0	9	0	0	9
应用经济学学科	0202TP	4	0	0	0	0	1	0	0	1	0	0	0
应用经济学学科	0202TP	4	0	0	0	0	2	0	1	1	0	0	0
应用经济学学科	0202TP	4	0	0	0	0	1	0	1	0	0	0	0
应用经济学学科	0202TP	3	1	1	0	0	0	0	0	0	0	0	0
法学学科	0301TP	3	3	3	0	0	19	0	0	19	0	0	19
法学学科	0301TP	3	0	0	0	0	1	0	0	1	0	0	1
法学学科	0301TP	3	0	0	0	0	1	0	0	1	0	0	1
法学理论	030101	3	0	1	0	0	0	0	0	0	0	0	0
国际法学(含:国际公法、国际私法、国际经济法)	030109	3	1	1	0	0	1	0	0	1	0	0	1
马克思主义基本原理	030501	3	4	7	0	0	13	0	0	13	0	0	13
马克思主义基本原理	030501	4	0	0	0	0	1	0	1	0	0	0	0
思想政治教育	030505	3	0	0	0	0	4	0	0	4	0	0	4
英语语言文学	050201	3	0	0	0	0	1	0	0	1	0	0	1

专业名称	专业代码	年制	毕业生数	授予学位数	招生数		在校学生数						预计毕业生数
					合计	其中应届生	合计	一年级	二年级	三年级	四年级	五年级及以上	
英语语言文学	050201	3	0	0	0	0	1	0	0	1	0	0	1
德语语言文学	050204	3	2	2	0	0	1	0	0	1	0	0	1
德语语言文学	050204	4	0	0	0	0	1	0	0	1	0	0	0
德语语言文学	050204	4	0	0	1	0	1	1	0	0	0	0	0
日语语言文学	050205	3	0	0	0	0	1	0	0	1	0	0	1
外国语言学及应用语言学	050211	3	0	1	0	0	3	0	0	3	0	0	3
数学学科	0701TP	3	1	2	0	0	3	0	0	3	0	0	3
数学学科	0701TP	3	2	2	0	0	0	0	0	0	0	0	0
应用数学	070104	3	1	2	0	0	0	0	0	0	0	0	0
物理学学科	0702TP	3	5	5	0	0	3	0	0	3	0	0	3
物理学学科	0702TP	3	0	0	0	0	1	0	0	1	0	0	1
声学	070206	3	1	1	0	0	1	0	0	1	0	0	1
化学学科	0703TP	3	0	0	0	0	4	0	0	4	0	0	4
化学学科	0703TP	3	0	0	0	0	1	0	0	1	0	0	1
海洋科学学科	0707TP	3	3	3	0	0	4	0	0	4	0	0	4
海洋化学	070702	3	0	1	0	0	0	0	0	0	0	0	0
地球物理学学科	0708TP	3	0	0	0	0	5	0	0	5	0	0	5
生物学学科	0710TP	3	1	1	0	0	1	0	0	1	0	0	1
生物学学科	0710TP	3	0	0	0	0	1	0	0	1	0	0	1
生物化学与分子生物学	071010	3	0	1	0	0	0	0	0	0	0	0	0
生物学学科	0710TP	3	0	0	0	0	3	0	0	3	0	0	3
力学学科	0801TP	3	1	1	0	0	6	0	0	6	0	0	6
机械工程学科	0802TP	3	0	0	0	0	10	0	0	10	0	0	10
机械工程学科	0802TP	3	1	1	0	0	3	0	0	3	0	0	3
机械工程学科	0802TP	3	0	0	0	0	2	0	0	2	0	0	2
机械设计及理论	080203	3	0	0	0	0	1	0	0	1	0	0	1
车辆工程	080204	3	4	6	0	0	1	0	0	1	0	0	1
材料科学与工程学科	0805TP	3	2	3	0	0	5	0	0	5	0	0	5
材料科学与工程学科	0805TP	3	0	0	0	0	1	0	0	1	0	0	1
材料学	080502	3	0	1	0	0	0	0	0	0	0	0	0
热能工程	080702	3	0	0	0	0	4	0	0	4	0	0	4
动力机械及工程	080703	3	0	0	0	0	1	0	0	1	0	0	1
动力机械及工程	080703	3	1	1	0	0	0	0	0	0	0	0	0
控制科学与工程学科	0811TP	3	1	1	0	0	3	0	0	3	0	0	3
控制科学与工程学科	0811TP	3	0	0	0	0	1	0	0	1	0	0	1
控制科学与工程学科	0811TP	4	0	0	1	0	1	1	0	0	0	0	0
计算机科学与技术学科	0812TP	3	1	1	0	0	22	0	0	22	0	0	22
计算机科学与技术学科	0812TP	3	0	0	0	0	1	0	0	1	0	0	1
建筑学学科	0813TP	3	10	6	0	0	25	0	0	25	0	0	25
建筑学学科	0813TP	3	0	0	0	0	1	0	0	1	0	0	1
建筑学学科	0813TP	3	0	0	0	0	3	0	0	3	0	0	3
建筑学学科	0813TP	4	0	0	0	0	1	0	0	1	0	0	0

专业名称	专业代码	年制	毕业生数	授予学位数	招生数		在校学生数						预计毕业生数
					合计	其中应届生	合计	一年级	二年级	三年级	四年级	五年级及以上	
建筑学学科	0813TP	4	0	0	0	0	1	0	1	0	0	0	0
建筑学学科	0813TP	3	0	2	0	0	0	0	0	0	0	0	0
建筑学学科	0813TP	3	0	3	0	0	0	0	0	0	0	0	0
建筑历史与理论	081301	3	0	1	0	0	0	0	0	0	0	0	0
建筑设计及其理论	081302	3	0	1	0	0	0	0	0	0	0	0	0
土木工程学科	0814TP	3	9	11	0	0	27	0	0	27	0	0	27
土木工程学科	0814TP	3	0	0	0	0	2	0	0	2	0	0	2
土木工程学科	0814TP	3	0	0	0	0	1	0	0	1	0	0	1
土木工程学科	0814TP	4	0	0	1	0	2	1	0	1	0	0	0
土木工程学科	0814TP	4	0	0	1	1	2	1	0	1	0	0	0
土木工程学科	0814TP	4	0	0	1	0	1	1	0	0	0	0	0
土木工程学科	0814TP	4	0	0	1	0	1	1	0	0	0	0	0
土木工程学科	0814TP	3	0	1	0	0	0	0	0	0	0	0	0
结构工程	081402	3	0	1	0	0	0	0	0	0	0	0	0
市政工程	081403	3	0	0	0	0	1	0	0	1	0	0	1
供热、供燃气、通风及空调工程	081404	3	0	0	0	0	7	0	0	7	0	0	7
桥梁与隧道工程	081406	3	0	0	0	0	1	0	0	1	0	0	1
测绘科学与技术学科	0816TP	3	0	0	0	0	2	0	0	2	0	0	2
测绘科学与技术学科	0816TP	3	2	2	0	0	9	0	0	9	0	0	9
测绘科学与技术学科	0816TP	4	0	0	0	0	2	0	0	2	0	0	0
地图制图学与地理信息工程	081603	3	0	1	0	0	0	0	0	0	0	0	0
地质资源与地质工程学科	0818TP	4	0	0	0	0	1	0	1	0	0	0	0
地质工程	081803	3	0	0	0	0	2	0	0	2	0	0	2
交通运输工程学科	0823TP	3	4	2	0	0	16	0	0	16	0	0	16
交通运输工程学科	0823TP	4	0	0	0	0	1	0	0	1	0	0	0
交通运输工程学科	0823TP	4	0	0	0	0	1	0	1	0	0	0	0
交通运输工程学科	0823TP	4	0	0	1	1	1	1	0	0	0	0	0
道路与铁道工程	082301	3	1	2	0	0	0	0	0	0	0	0	0
交通运输规划与管理	082303	3	3	3	0	0	0	0	0	0	0	0	0
载运工具运用工程	082304	3	0	0	0	0	2	0	0	2	0	0	2
环境科学与工程学科	0830TP	3	0	0	0	0	4	0	0	4	0	0	4
环境科学与工程学科	0830TP	3	0	0	0	0	1	0	0	1	0	0	1
环境工程	083002	3	2	3	0	0	0	0	0	0	0	0	0
城乡规划学学科	0833TP	3	6	6	0	0	23	0	0	23	0	0	23
城乡规划学学科	0833TP	4	0	0	0	0	1	0	1	0	0	0	0
城乡规划学学科	0833TP	3	1	1	0	0	0	0	0	0	0	0	0
风景园林学学科	0834TP	3	6	4	0	0	4	0	0	4	0	0	4
风景园林学学科	0834TP	3	1	1	0	0	1	0	0	1	0	0	1
风景园林学学科	0834TP	3	0	0	0	0	3	0	0	3	0	0	3
风景园林学学科	0834TP	4	0	0	0	0	1	0	0	1	0	0	0
风景园林学学科	0834TP	4	0	0	0	0	1	0	0	1	0	0	0
软件工程学科	0835TP	3	1	1	0	0	2	0	0	2	0	0	2

专业名称	专业代码	年制	毕业生数	授予学位数	招生数		在校学生数						预计毕业生数
					合计	其中应届生	合计	一年级	二年级	三年级	四年级	五年级及以上	
非全日制学术学位定向博士	43217	0	0	0	14	0	25	14	10	1	0	0	1
工商管理学科	1202TP	3	0	0	0	0	1	0	0	1	0	0	1
管理科学与工程学科	1201TP	4	0	0	2	0	2	2	0	0	0	0	0
工商管理学科	1202TP	4	0	0	1	0	1	1	0	0	0	0	0
哲学学科	0101TP	4	0	0	3	0	6	3	3	0	0	0	0
马克思主义基本原理	030501	4	0	0	0	0	2	0	2	0	0	0	0
思想政治教育	030505	4	0	0	0	0	5	0	5	0	0	0	0
政治学学科	0302TP	4	0	0	1	0	1	1	0	0	0	0	0
马克思主义理论学科	0305TP	4	0	0	7	0	7	7	0	0	0	0	0
专业学位博士	43220	0	30	36	449	165	1027	449	297	281	0	0	187
其中：女	432202	0	13	15	144	59	338	144	99	95	0	0	82
全日制专业学位非定向博士	43224	0	15	18	325	165	733	325	212	196	0	0	107
外科学	105109	3	6	8	41	14	117	41	36	40	0	0	40
妇产科学	105110	3	0	0	10	3	21	10	4	7	0	0	7
口腔医学	105200	3	0	0	0	0	1	0	0	1	0	0	1
内科学	105101	3	6	6	35	19	78	35	15	28	0	0	28
神经病学	105104	3	2	2	4	2	10	4	5	1	0	0	1
影像医学与核医学	105107	3	0	0	3	2	9	3	1	5	0	0	5
眼科学	105111	3	0	0	6	1	14	6	3	5	0	0	5
耳鼻咽喉科学	105112	3	0	0	1	1	1	1	0	0	0	0	0
精神病与精神卫生学	105105	3	0	0	0	0	6	0	1	5	0	0	5
皮肤病与性病学	105106	3	0	0	0	0	8	0	3	5	0	0	5
儿科学	105102	3	0	0	0	0	1	0	1	0	0	0	0
肿瘤学	105113	3	0	0	9	4	21	9	5	7	0	0	7
急诊医学	105117	3	0	0	2	1	3	2	1	0	0	0	0
工程	085200	4	0	0	0	0	165	0	97	68	0	0	0
工程	085200	4	0	0	0	0	52	0	31	21	0	0	0
康复医学与理疗学	105114	3	0	0	1	0	2	1	0	1	0	0	1
麻醉学	105116	3	1	2	2	1	5	2	1	2	0	0	2
工程	085200	4	0	0	0	0	8	0	8	0	0	0	0
土木水利	085900	4	0	0	64	32	64	64	0	0	0	0	0
资源与环境	085700	4	0	0	28	12	28	28	0	0	0	0	0
电子信息	085400	4	0	0	28	19	28	28	0	0	0	0	0
交通运输	086100	4	0	0	29	16	29	29	0	0	0	0	0
临床检验诊断学	105108	3	0	0	2	2	2	2	0	0	0	0	0
土木水利	085900	4	0	0	1	1	1	1	0	0	0	0	0
机械	085500	4	0	0	10	7	10	10	0	0	0	0	0
资源与环境	085700	4	0	0	5	5	5	5	0	0	0	0	0
材料与化工	085600	4	0	0	20	8	20	20	0	0	0	0	0
能源动力	085800	4	0	0	20	11	20	20	0	0	0	0	0
电子信息	085400	4	0	0	1	1	1	1	0	0	0	0	0
能源动力	085800	4	0	0	2	2	2	2	0	0	0	0	0

专业名称	专业代码	年制	毕业生数	授予学位数	招生数		在校学生数						预计毕业生数
					合计	其中应届生	合计	一年级	二年级	三年级	四年级	五年级及以上	
土木水利	085900	4	0	0	1	1	1	1	0	0	0	0	0
全日制专业学位定向博士	43225	0	12	14	26	0	110	26	26	58	0	0	58
外科学	105109	3	1	1	4	0	13	4	2	7	0	0	7
妇产科学	105110	3	1	1	2	0	5	2	2	1	0	0	1
口腔医学	105200	3	0	0	0	0	3	0	1	2	0	0	2
内科学	105101	3	4	4	9	0	50	9	9	32	0	0	32
神经病学	105104	3	2	3	1	0	2	1	0	1	0	0	1
影像医学与核医学	105107	3	0	0	5	0	15	5	5	5	0	0	5
眼科学	105111	3	0	0	0	0	3	0	0	3	0	0	3
耳鼻咽喉科学	105112	3	0	0	0	0	1	0	0	1	0	0	1
精神病与精神卫生学	105105	3	0	0	1	0	1	1	0	0	0	0	0
皮肤病与性病学	105106	3	2	2	2	0	7	2	2	3	0	0	3
内科学	105101	3	0	0	0	0	1	0	0	1	0	0	1
儿科学	105102	3	1	1	0	0	1	0	0	1	0	0	1
急诊医学	105117	3	1	1	0	0	2	0	1	1	0	0	1
麻醉学	105116	3	0	0	0	0	1	0	1	0	0	0	0
工程	085200	4	0	0	0	0	1	0	1	0	0	0	0
工程	085200	4	0	0	0	0	2	0	2	0	0	0	0
材料与化工	085600	4	0	0	1	0	1	1	0	0	0	0	0
电子信息	085400	4	0	0	1	0	1	1	0	0	0	0	0
工程	085200	3	0	0	0	0	0	0	0	0	0	0	0
外科学	105109	3	0	1	0	0	0	0	0	0	0	0	0
非全日制专业学位定向博士	43227	0	3	4	98	0	184	98	59	27	0	0	22
工程	085200	3	0	0	0	0	8	0	0	8	0	0	8
工程	085200	3	2	3	0	0	14	0	0	14	0	0	14
工程	085200	4	0	0	0	0	50	0	46	4	0	0	0
工程	085200	4	0	0	0	0	14	0	13	1	0	0	0
土木水利	085900	4	0	0	24	0	24	24	0	0	0	0	0
资源与环境	085700	4	0	0	27	0	27	27	0	0	0	0	0
交通运输	086100	4	0	0	20	0	20	20	0	0	0	0	0
机械	085500	4	0	0	10	0	10	10	0	0	0	0	0
材料与化工	085600	4	0	0	2	0	2	2	0	0	0	0	0
能源动力	085800	4	0	0	8	0	8	8	0	0	0	0	0
电子信息	085400	4	0	0	7	0	7	7	0	0	0	0	0
皮肤病与性病学	105106	3	1	1	0	0	0	0	0	0	0	0	0

(二)硕士研究生分专业(领域)学生数(2020-09-31)

专业名称	专业代码	年制	毕业生数	授予学位数	招生数		在校学生数						预计毕业生数
					合计	其中应届生	合计	一年级	二年级	三年级	四年级	五年级及以上	
甲	丙	戊	1	2	3	4	5	6	7	8	9	10	11
硕士研究生	43100	0	4420	4347	5668	2969	18387	5668	7752	4967	0	0	8064
其中:女	431002	0	2187	2143	2609	1374	8494	2609	3647	2238	0	0	3719
学术学位硕士	43110	0	1877	1820	2124	1698	6167	2124	2043	2000	0	0	2001
其中:女	431102	0	1076	1041	1103	890	3366	1103	1150	1113	0	0	1113
全日制学术学位非定向硕士	43114	0	1837	1772	2046	1677	5940	2046	1980	1914	0	0	1915
法学学科	0301TP	3	0	0	75	55	157	75	72	10	0	0	10
法学学科	0301TP	3	0	0	0	0	1	0	0	1	0	0	1
法学理论	030101	3	1	1	0	0	5	0	0	5	0	0	5
国际法学(含:国际公法、国际私法、国际经济法)	030109	3	7	7	0	0	5	0	0	5	0	0	5
环境与资源保护法学	030108	3	0	0	0	0	2	0	0	2	0	0	2
经济法学	030107	3	6	6	0	0	7	0	0	7	0	0	7
民商法学(含:劳动法学、社会保障法学)	030105	3	33	34	0	0	41	0	0	41	0	0	41
宪法学与行政法学	030103	3	5	5	0	0	5	0	0	5	0	0	5
刑法学	030104	3	3	3	0	0	4	0	0	4	0	0	4
马克思主义理论学科	0305TP	3	45	37	0	0	76	0	37	39	0	0	39
马克思主义理论学科	0305TP	3	0	0	53	38	53	53	0	0	0	0	0
国际关系	030207	3	7	7	8	6	29	8	8	13	0	0	13
国际关系	030207	3	0	0	0	0	1	0	1	0	0	0	0
国际政治	030206	3	5	5	10	6	24	10	5	9	0	0	9
外交学	030208	3	8	8	7	5	27	7	9	11	0	0	11
政治学学科	0302TP	3	0	0	0	0	9	0	6	3	0	0	3
政治学理论	030201	3	13	13	9	9	25	9	8	8	0	0	8
政治学理论	030201	3	0	0	0	0	1	0	1	0	0	0	0
中外政治制度	030202	3	7	7	9	8	20	9	6	5	0	0	5
材料科学与工程学科	0805TP	2	0	0	0	0	1	0	1	0	0	0	1
材料科学与工程学科	0805TP	3	87	85	81	75	247	81	80	86	0	0	86
测绘科学与技术学科	0816TP	3	37	27	29	26	80	29	27	24	0	0	24
城乡规划学学科	0833TP	3	68	68	65	44	150	65	43	42	0	0	42
城乡规划学学科	0833TP	3	0	0	0	0	2	0	0	2	0	0	2
电气工程学科	0808TP	3	26	23	21	18	66	21	21	24	0	0	24
电气工程学科	0808TP	3	1	1	0	0	1	0	1	0	0	0	0
电子科学与技术学科	0809TP	3	0	0	8	7	23	8	15	0	0	0	0

专业名称	专业代码	年制	毕业生数	授予学位数	招生数		在校学生数						预计毕业生数
					合计	其中应届生	合计	一年级	二年级	三年级	四年级	五年级及以上	
电子科学与技术学科	0809TP	3	0	0	8	7	8	8	0	0	0	0	0
动力工程及工程热物理学科	0807TP	3	19	20	17	14	54	17	17	20	0	0	20
动力机械及工程	080703	3	24	25	20	16	64	20	20	24	0	0	24
风景园林学学科	0834TP	3	25	27	28	25	108	28	39	41	0	0	41
航空宇航科学与技术学科	0825TP	3	11	10	14	11	39	14	13	12	0	0	12
航空宇航科学与技术学科	0825TP	3	0	0	1	1	1	1	0	0	0	0	0
地质工程	081803	3	13	13	0	0	21	0	0	21	0	0	21
地质资源与地质工程学科	0818TP	3	0	0	18	17	35	18	17	0	0	0	0
环境工程	083002	3	41	39	50	48	151	50	49	52	0	0	52
环境工程	083002	3	0	0	0	0	1	0	0	1	0	0	1
环境科学	083001	3	22	21	29	26	90	29	27	34	0	0	34
车辆工程	080204	3	80	78	82	79	231	82	73	76	0	0	76
机械工程学科	0802TP	3	50	50	50	41	145	50	48	47	0	0	47
机械工程学科	0802TP	3	1	1	0	0	1	0	1	0	0	0	0
机械制造及其自动化	080201	3	10	12	12	7	33	12	2	19	0	0	19
计算机科学与技术学科	0812TP	3	51	50	51	48	163	51	51	61	0	0	61
计算机科学与技术学科	0812TP	3	0	0	2	2	3	2	1	0	0	0	0
建筑学学科	0813TP	3	0	0	51	27	148	51	57	40	0	0	40
建筑学学科	0813TP	3	0	0	0	0	1	0	1	0	0	0	0
交通运输工程学科	0823TP	3	75	75	76	72	244	76	80	88	0	0	88
交通运输工程学科	0823TP	3	0	0	4	4	5	4	0	1	0	0	1
交通运输工程学科	0823TP	3	0	0	20	17	38	20	18	0	0	0	0
载运工具运用工程	082304	3	11	11	10	8	32	10	12	10	0	0	10
控制科学与工程学科	0811TP	3	55	48	50	43	147	50	45	52	0	0	52
控制科学与工程学科	0811TP	3	0	0	0	0	1	0	0	1	0	0	1
控制理论与控制工程	081101	3	6	6	5	3	19	5	5	9	0	0	9
力学学科	0801TP	3	26	25	30	26	95	30	29	36	0	0	36
软件工程学科	0835TP	3	39	38	47	39	126	47	40	39	0	0	39
软件工程学科	0835TP	3	0	0	2	2	3	2	1	0	0	0	0
水利工程学科	0815TP	3	8	9	0	0	16	0	10	6	0	0	6
供热、供燃气、通风及空调工程	081404	3	26	23	16	15	50	16	17	17	0	0	17
市政工程	081403	3	25	25	24	19	76	24	24	28	0	0	28
市政工程	081403	3	0	0	1	1	2	1	0	1	0	0	1
土木工程学科	0814TP	3	0	0	0	0	1	0	0	1	0	0	1
信号与信息处理	081002	3	1	1	2	2	6	2	2	2	0	0	2

专业名称	专业代码	年制	毕业生数	授予学位数	招生数		在校学生数						预计毕业生数
					合计	其中应届生	合计	一年级	二年级	三年级	四年级	五年级及以上	
信息与通信工程学科	0810TP	3	16	16	14	14	49	14	18	17	0	0	17
会计学	120201	3	9	9	4	3	19	4	6	9	0	0	9
技术经济及管理	120204	3	18	18	10	8	39	10	15	14	0	0	14
技术经济及管理	120204	3	0	0	1	1	2	1	1	0	0	0	0
企业管理(含:财务管理、市场营销、人力资源管理)	120202	3	42	42	48	38	153	48	56	49	0	0	49
公共管理学科	1204TP	3	28	27	8	4	49	8	20	21	0	0	21
管理科学与工程学科	1201TP	3	119	107	97	75	295	97	106	92	0	0	92
教育技术学	040110	3	4	4	4	4	12	4	5	3	0	0	3
教育学学科	0401TP	3	22	22	62	43	113	62	25	26	0	0	26
体育学学科	0403TP	3	15	10	1	1	55	1	33	21	0	0	21
体育学学科	0403TP	3	0	0	0	0	2	0	1	1	0	0	1
心理学学科	0402TP	3	0	0	6	5	14	6	8	0	0	0	0
财政学(含：税收学)	020203	3	4	4	3	0	7	3	2	2	0	0	2
产业经济学	020205	3	12	12	14	10	33	14	12	7	0	0	7
国际贸易学	020206	3	6	6	5	3	15	5	6	4	0	0	4
国际贸易学	020206	3	0	0	1	1	1	1	0	0	0	0	0
金融学(含:保险学)	020204	3	16	16	19	14	54	19	18	17	0	0	17
金融学(含:保险学)	020204	3	0	0	4	4	4	4	0	0	0	0	0
区域经济学	020202	3	5	5	6	3	18	6	6	6	0	0	6
地球物理学学科	0708TP	3	18	18	15	15	42	15	15	12	0	0	12
地球物理学学科	0708TP	3	0	0	0	0	1	0	1	0	0	0	0
海洋科学学科	0707TP	3	26	23	40	38	115	40	30	45	0	0	45
海洋科学学科	0707TP	3	0	0	0	0	1	0	1	0	0	0	0
化学学科	0703TP	3	56	60	53	44	160	53	53	54	0	0	54
化学学科	0703TP	3	0	0	1	1	3	1	2	0	0	0	0
生物学学科	0710TP	3	43	44	60	52	162	60	59	43	0	0	43
生物学学科	0710TP	3	0	0	0	0	1	0	0	1	0	0	1
生物学学科	0710TP	3	0	0	18	15	43	18	17	8	0	0	8
概率论与数理统计	070103	3	1	1	0	0	3	0	0	3	0	0	3
基础数学	070101	3	7	7	0	0	1	0	0	1	0	0	1
计算数学	070102	3	5	5	0	0	6	0	0	6	0	0	6
数学学科	0701TP	3	5	5	31	23	62	31	28	3	0	0	3
应用数学	070104	3	5	5	0	0	8	0	0	8	0	0	8
运筹学与控制论	070105	3	1	1	0	0	2	0	0	2	0	0	2

专业名称	专业代码	年制	毕业生数	授予学位数	招生数		在校学生数						预计毕业生数
					合计	其中应届生	合计	一年级	二年级	三年级	四年级	五年级及以上	
物理学学科	0702TP	3	39	39	54	42	161	54	53	54	0	0	54
物理学学科	0702TP	3	0	0	0	0	1	0	0	1	0	0	1
德语语言文学	050204	3	16	16	10	6	35	10	14	11	0	0	11
日语语言文学	050205	3	7	7	9	9	26	9	8	9	0	0	9
外国语言文学学科	0502TP	3	0	0	5	4	5	5	0	0	0	0	0
外国语言学及应用语言学	050211	3	26	26	6	6	32	6	7	19	0	0	19
英语语言文学	050201	3	15	15	7	5	19	7	7	5	0	0	5
新闻传播学学科	0503TP	3	16	17	23	15	59	23	15	21	0	0	21
中国语言文学学科	0501TP	3	24	24	19	16	62	19	19	24	0	0	24
公共卫生与预防医学学科	1004TP	3	8	8	8	6	28	8	11	9	0	0	9
基础医学学科	1001TP	3	28	26	41	38	108	41	37	30	0	0	30
口腔基础医学	100301	3	4	4	5	3	12	5	3	4	0	0	4
口腔临床医学	100302	3	23	24	24	17	73	24	24	25	0	0	25
口腔临床医学	100302	3	0	0	0	0	1	0	0	1	0	0	1
儿科学	100202	3	4	4	0	0	2	0	0	2	0	0	2
妇产科学	100211	3	4	4	19	18	34	19	10	5	0	0	5
急诊医学	100218	3	1	1	0	0	1	0	0	1	0	0	1
精神病与精神卫生学	100205	3	1	1	3	3	4	3	0	1	0	0	1
康复医学与理疗学	100215	3	1	0	3	3	6	3	2	1	0	0	1
临床检验诊断学	100208	3	3	2	9	9	24	9	9	6	0	0	6
临床医学学科	1002TP	3	4	4	0	0	6	0	0	6	0	0	6
麻醉学	100217	3	2	4	5	4	9	5	3	1	0	0	1
内科学	100201	3	13	12	33	29	67	33	29	5	0	0	5
皮肤病与性病学	100206	3	4	1	7	6	13	7	5	1	0	0	1
神经病学	100204	3	0	0	3	2	6	3	2	1	0	0	1
外科学	100210	3	10	7	26	20	55	26	19	10	0	0	10
眼科学	100212	3	3	3	2	2	8	2	4	2	0	0	2
影像医学与核医学	100207	3	3	3	2	2	13	2	6	5	0	0	5
肿瘤学	100214	3	2	1	9	8	20	9	7	4	0	0	4
药学学科	1007TP	3	5	4	14	10	36	14	15	7	0	0	7
设计学学科	1305TP	3	0	0	1	0	1	1	0	0	0	0	0
设计学学科	1305TP	3	48	48	36	32	130	36	43	51	0	0	51
艺术学理论学科	1301TP	3	0	0	14	8	26	14	12	0	0	0	0
艺术学理论学科	1301TP	3	0	0	0	0	1	0	1	0	0	0	0
哲学学科	0101TP	3	30	30	29	18	91	29	31	31	0	0	31

专业名称	专业代码	年制	毕业生数	授予学位数	招生数		在校学生数						预计毕业生数
					合计	其中应届生	合计	一年级	二年级	三年级	四年级	五年级及以上	
哲学学科	0101TP	3	0	0	0	0	1	0	0	1	0	0	1
社会学	030301	3	2	2	0	0	0	0	0	0	0	0	0
电子科学与技术学科	0809TP	3	7	0	0	0	0	0	0	0	0	0	0
热能工程	080702	3	1	1	0	0	0	0	0	0	0	0	0
地球探测与信息技术	081802	3	5	5	0	0	0	0	0	0	0	0	0
控制科学与工程学科	0811TP	2	1	1	0	0	0	0	0	0	0	0	0
构造地质学	070904	3	2	2	0	0	0	0	0	0	0	0	0
海洋科学学科	0707TP	2	1	1	0	0	0	0	0	0	0	0	0
数学学科	0701TP	2	1	1	0	0	0	0	0	0	0	0	0
应用数学	070104	2	2	2	0	0	0	0	0	0	0	0	0
物理学学科	0702TP	2	1	1	0	0	0	0	0	0	0	0	0
新闻传播学学科	0503TP	3	1	1	0	0	0	0	0	0	0	0	0
妇产科学	100211	3	1	0	0	0	0	0	0	0	0	0	0
病原生物学	100103	3	0	2	0	0	0	0	0	0	0	0	0
生物医学工程学科	0831TP	3	7	7	0	0	0	0	0	0	0	0	0
全日制学术学位定向硕士	43115	0	31	39	31	15	80	31	19	30	0	0	30
法学学科	0301TP	3	0	0	1	1	1	1	0	0	0	0	0
马克思主义理论学科	0305TP	3	0	0	0	0	3	0	3	0	0	0	0
马克思主义理论学科	0305TP	3	0	0	5	3	5	5	0	0	0	0	0
外交学	030208	3	0	0	0	0	2	0	0	2	0	0	2
政治学理论	030201	3	0	0	1	0	1	1	0	0	0	0	0
材料科学与工程学科	0805TP	3	0	0	0	0	1	0	1	0	0	0	0
城乡规划学学科	0833TP	3	4	4	3	1	7	3	0	4	0	0	4
风景园林学学科	0834TP	3	1	1	2	1	6	2	2	2	0	0	2
地质工程	081803	3	0	0	0	0	1	0	0	1	0	0	1
地质资源与地质工程学科	0818TP	3	0	0	0	0	1	0	1	0	0	0	0
机械工程学科	0802TP	3	0	0	0	0	1	0	1	0	0	0	0
计算机科学与技术学科	0812TP	3	0	0	0	0	1	0	0	1	0	0	1
建筑学学科	0813TP	3	0	0	2	1	8	2	0	6	0	0	6
交通运输工程学科	0823TP	3	1	1	1	1	1	1	0	0	0	0	0
软件工程学科	0835TP	3	0	0	0	0	1	0	0	1	0	0	1
会计学	120201	3	2	2	0	0	1	0	1	0	0	0	0
技术经济及管理	120204	3	1	1	0	0	1	0	0	1	0	0	1
教育学学科	0401TP	3	0	0	4	2	6	4	2	0	0	0	0
体育学学科	0403TP	3	1	1	0	0	1	0	0	1	0	0	1

专业名称	专业代码	年制	毕业生数	授予学位数	招生数		在校学生数						预计毕业生数
					合计	其中应届生	合计	一年级	二年级	三年级	四年级	五年级及以上	
心理学学科	0402TP	3	0	0	1	0	1	1	0	0	0	0	0
财政学(含：税收学)	020203	3	0	0	2	1	2	2	0	0	0	0	0
产业经济学	020205	3	0	0	0	0	1	0	1	0	0	0	0
金融学(含:保险学)	020204	3	1	1	1	0	5	1	2	2	0	0	2
区域经济学	020202	3	2	2	1	0	3	1	2	0	0	0	0
化学学科	0703TP	3	3	3	0	0	1	0	0	1	0	0	1
日语语言文学	050205	3	0	0	1	1	1	1	0	0	0	0	0
新闻传播学学科	0503TP	3	1	1	1	1	5	1	1	3	0	0	3
公共卫生与预防医学学科	1004TP	3	0	0	0	0	1	0	0	1	0	0	1
口腔临床医学	100302	3	0	0	0	0	1	0	0	1	0	0	1
妇产科学	100211	3	0	0	1	0	1	1	0	0	0	0	0
内科学	100201	3	1	1	2	1	3	2	0	1	0	0	1
外科学	100210	3	0	0	1	0	3	1	1	1	0	0	1
设计学学科	1305TP	3	1	0	0	0	2	0	1	1	0	0	1
艺术学理论学科	1301TP	3	0	0	1	1	1	1	0	0	0	0	0
国际政治	030206	3	1	1	0	0	0	0	0	0	0	0	0
电气工程学科	0808TP	3	1	1	0	0	0	0	0	0	0	0	0
计算机科学与技术学科	0812TP	3	1	1	0	0	0	0	0	0	0	0	0
供热、供燃气、通风及空调工程	081404	3	1	1	0	0	0	0	0	0	0	0	0
公共管理学科	1204TP	3	1	1	0	0	0	0	0	0	0	0	0
公共管理学科	1204TP	3	1	1	0	0	0	0	0	0	0	0	0
物理学学科	0702TP	3	1	1	0	0	0	0	0	0	0	0	0
日语语言文学	050205	3	1	1	0	0	0	0	0	0	0	0	0
外国语言学及应用语言学	050211	3	1	1	0	0	0	0	0	0	0	0	0
肿瘤学	100214	3	1	1	0	0	0	0	0	0	0	0	0
药学学科	1007TP	3	1	0	0	0	0	0	0	0	0	0	0
设计学学科	1305TP	3	1	1	0	0	0	0	0	0	0	0	0
声学	070206	3	0	1	0	0	0	0	0	0	0	0	0
车辆工程	080204	3	0	8	0	0	0	0	0	0	0	0	0
麻醉学	100217	3	0	1	0	0	0	0	0	0	0	0	0
非全日制学术学位定向硕士	43117	0	9	9	47	6	147	47	44	56	0	0	56
法学学科	0301TP	3	5	5	7	1	26	7	6	13	0	0	13
民商法学(含:劳动法学、社会保障法学)	030105	3	0	0	0	0	2	0	0	2	0	0	2
马克思主义理论学科	0305TP	3	2	2	0	0	27	0	14	13	0	0	13
政治学学科	0302TP	3	0	0	0	0	1	0	1	0	0	0	0

专业名称	专业代码	年制	毕业生数	授予学位数	招生数		在校学生数						预计毕业生数
					合计	其中应届生	合计	一年级	二年级	三年级	四年级	五年级及以上	
测绘科学与技术学科	0816TP	3	0	0	0	0	1	0	1	0	0	0	0
动力工程及工程热物理学科	0807TP	3	0	0	1	1	1	1	0	0	0	0	0
计算机科学与技术学科	0812TP	3	0	0	0	0	1	0	1	0	0	0	0
控制科学与工程学科	0811TP	3	0	0	1	1	2	1	1	0	0	0	0
力学学科	0801TP	3	0	0	1	1	1	1	0	0	0	0	0
市政工程	081403	3	0	0	0	0	1	0	1	0	0	0	0
心理学学科	0402TP	3	0	0	1	1	1	1	0	0	0	0	0
精神病与精神卫生学	100205	3	0	0	0	0	1	0	1	0	0	0	0
临床医学学科	1002TP	3	0	0	35	0	80	35	17	28	0	0	28
设计学学科	1305TP	3	0	0	1	1	2	1	1	0	0	0	0
车辆工程	080204	3	2	2	0	0	0	0	0	0	0	0	0
专业学位硕士	43120	0	2543	2527	3544	1271	12220	3544	5709	2967	0	0	6063
其中:女	431202	0	1111	1102	1506	484	5128	1506	2497	1125	0	0	2606
全日制专业学位非定向硕士	43124	0	1305	1279	1503	1117	4409	1503	1482	1424	0	0	1510
法律	035100	3	14	14	4	4	12	4	7	1	0	0	1
法律	035100	3	3	3	20	20	85	20	26	39	0	0	39
法律	035100	3	0	0	0	0	1	0	0	1	0	0	1
材料与化工	085600	3	0	0	36	27	36	36	0	0	0	0	0
城市规划	085300	3	9	9	18	11	80	18	31	31	0	0	31
电子信息	085400	3	0	0	148	98	148	148	0	0	0	0	0
电子信息	085400	3	0	0	20	12	20	20	0	0	0	0	0
风景园林	095300	3	2	2	5	3	5	5	0	0	0	0	0
工程	085200	3	19	19	0	0	50	0	30	20	0	0	20
工程	085200	3	19	15	0	0	48	0	25	23	0	0	23
工程	085200	3	0	0	0	0	1	0	0	1	0	0	1
工程	085200	3	58	56	0	0	160	0	80	80	0	0	80
工程	085200	3	3	3	0	0	2	0	2	0	0	0	0
工程	085200	3	22	21	0	0	36	0	20	16	0	0	16
工程	085200	3	16	16	0	0	41	0	22	19	0	0	19
工程	085200	3	18	18	0	0	36	0	17	19	0	0	19
工程	085200	3	52	50	0	0	105	0	51	54	0	0	54
工程	085200	3	0	0	0	0	2	0	1	1	0	0	1
工程	085200	3	15	15	0	0	36	0	17	19	0	0	19
工程	085200	3	35	35	0	0	87	0	39	48	0	0	48
工程	085200	3	79	73	0	0	192	0	98	94	0	0	94

专业名称	专业代码	年制	毕业生数	授予学位数	招生数		在校学生数						预计毕业生数
					合计	其中应届生	合计	一年级	二年级	三年级	四年级	五年级及以上	
工程	085200	3	1	1	0	0	1	0	0	1	0	0	1
工程	085200	3	51	52	0	0	143	0	65	78	0	0	78
工程	085200	3	1	1	0	0	3	0	2	1	0	0	1
工程	085200	3	39	34	0	0	62	0	26	36	0	0	36
工程	085200	3	45	46	0	0	99	0	53	46	0	0	46
工程	085200	3	382	379	2	2	835	2	410	423	0	0	423
工程	085200	3	3	3	0	0	5	0	2	3	0	0	3
工程	085200	3	99	99	1	1	228	1	115	112	0	0	112
工程	085200	3	1	1	0	0	3	0	3	0	0	0	0
工程	085200	3	53	48	0	0	108	0	58	50	0	0	50
工程	085200	3	0	0	0	0	1	0	1	0	0	0	0
工程	085200	3	12	12	0	0	31	0	13	18	0	0	18
工程	085200	3	3	4	0	0	1	0	0	1	0	0	1
工程	085200	3	12	11	0	0	25	0	11	14	0	0	14
工程	085200	3	0	0	0	0	1	0	1	0	0	0	0
工程	085200	3	4	4	0	0	7	0	3	4	0	0	4
工程	085200	3	0	0	0	0	2	0	2	0	0	0	0
机械	085500	3	0	0	149	99	149	149	0	0	0	0	0
机械	085500	3	0	0	1	1	1	1	0	0	0	0	0
建筑学	085100	3	171	170	125	94	360	125	106	129	0	0	129
建筑学	085100	3	0	0	0	0	1	0	0	1	0	0	1
交通运输	086100	3	0	0	143	119	143	143	0	0	0	0	0
交通运输	086100	3	0	0	2	2	2	2	0	0	0	0	0
能源动力	085800	3	0	0	90	63	90	90	0	0	0	0	0
能源动力	085800	3	0	0	1	1	1	1	0	0	0	0	0
土木水利	085900	3	0	0	492	384	492	492	0	0	0	0	0
土木水利	085900	3	0	0	8	8	8	8	0	0	0	0	0
资源与环境	085700	3	0	0	91	64	91	91	0	0	0	0	0
资源与环境	085700	3	0	0	1	1	1	1	0	0	0	0	0
工商管理	125100	2	8	8	28	0	62	28	34	0	0	0	34
教育	045100	3	0	0	14	14	24	14	10	0	0	0	0
金融	025100	2	0	0	24	24	40	24	16	0	0	0	16
德语笔译	055109	2	13	13	14	12	28	14	14	0	0	0	14
英语笔译	055101	2	14	14	19	15	40	19	21	0	0	0	21
新闻与传播	055200	3	0	0	3	1	6	3	3	0	0	0	0

专业名称	专业代码	年制	毕业生数	授予学位数	招生数		在校学生数						预计毕业生数
					合计	其中应届生	合计	一年级	二年级	三年级	四年级	五年级及以上	
护理	105400	3	0	0	12	12	24	12	12	0	0	0	0
儿科学	105102	2	0	0	0	0	1	0	1	0	0	0	1
艺术设计	135108	3	21	21	29	24	91	29	28	34	0	0	34
艺术设计	135108	3	0	0	0	0	6	0	3	3	0	0	3
音乐	135101	3	1	1	3	1	10	3	3	4	0	0	4
工程	085200	3	1	1	0	0	0	0	0	0	0	0	0
英语口译	055102	2	4	4	0	0	0	0	0	0	0	0	0
外科学	105109	2	2	3	0	0	0	0	0	0	0	0	0
全日制专业学位定向硕士	43125	0	208	208	189	152	609	189	226	194	0	0	239
法律	035100	3	0	0	0	0	1	0	0	1	0	0	1
法律	035100	3	17	17	0	0	4	0	0	4	0	0	4
法律	035100	3	0	0	0	0	1	0	0	1	0	0	1
材料与化工	085600	3	0	0	1	0	1	1	0	0	0	0	0
城市规划	085300	3	0	0	0	0	5	0	4	1	0	0	1
工程	085200	3	0	0	0	0	1	0	0	1	0	0	1
工程	085200	3	0	0	0	0	1	0	0	1	0	0	1
工程	085200	3	2	2	0	0	2	0	1	1	0	0	1
工程	085200	3	0	0	0	0	1	0	0	1	0	0	1
工程	085200	3	0	0	0	0	2	0	0	2	0	0	2
工程	085200	3	3	3	0	0	1	0	0	1	0	0	1
工程	085200	3	2	2	0	0	2	0	1	1	0	0	1
工程	085200	3	6	6	0	0	2	0	0	2	0	0	2
工程	085200	3	0	0	0	0	1	0	0	1	0	0	1
建筑学	085100	3	0	0	0	0	1	0	0	1	0	0	1
建筑学	085100	3	8	8	1	1	2	1	0	1	0	0	1
能源动力	085800	3	0	0	1	1	1	1	0	0	0	0	0
土木水利	085900	3	0	0	1	0	1	1	0	0	0	0	0
资源与环境	085700	3	0	0	1	1	1	1	0	0	0	0	0
工商管理	125100	2	10	10	0	0	35	0	35	0	0	0	35
公共管理	125200	2	8	8	0	0	10	0	10	0	0	0	10
英语笔译	055101	2	0	0	2	2	2	2	0	0	0	0	0
口腔医学	105200	3	5	5	7	7	23	7	9	7	0	0	7
口腔医学	105200	3	0	0	1	1	1	1	0	0	0	0	0
儿科学	105102	3	4	4	3	3	10	3	3	4	0	0	4
耳鼻咽喉科学	105112	3	2	2	5	5	11	5	3	3	0	0	3

专业名称	专业代码	年制	毕业生数	授予学位数	招生数		在校学生数						预计毕业生数
					合计	其中应届生	合计	一年级	二年级	三年级	四年级	五年级及以上	
妇产科学	105110	3	20	20	20	16	61	20	21	20	0	0	20
急诊医学	105117	3	6	6	11	10	32	11	13	8	0	0	8
精神病与精神卫生学	105105	3	1	1	2	2	4	2	1	1	0	0	1
康复医学与理疗学	105114	3	2	2	2	1	8	2	3	3	0	0	3
临床检验诊断学	105108	3	2	2	1	0	3	1	0	2	0	0	2
麻醉学	105116	3	5	5	13	4	28	13	10	5	0	0	5
内科学	105101	3	26	26	34	30	95	34	29	32	0	0	32
皮肤病与性病学	105106	3	4	4	4	4	13	4	5	4	0	0	4
全科医学	105127	3	16	16	19	14	59	19	17	23	0	0	23
神经病学	105104	3	9	9	10	9	29	10	10	9	0	0	9
外科学	105109	3	24	24	30	25	91	30	29	32	0	0	32
眼科学	105111	3	4	4	4	4	12	4	4	4	0	0	4
影像医学与核医学	105107	3	13	13	16	12	51	16	18	17	0	0	17
工程	085200	3	2	2	0	0	0	0	0	0	0	0	0
工程	085200	3	1	1	0	0	0	0	0	0	0	0	0
工程	085200	3	2	2	0	0	0	0	0	0	0	0	0
工程	085200	3	1	1	0	0	0	0	0	0	0	0	0
工程	085200	3	1	1	0	0	0	0	0	0	0	0	0
英语口译	055102	2	1	1	0	0	0	0	0	0	0	0	0
艺术设计	135108	3	1	1	0	0	0	0	0	0	0	0	0
非全日制专业学位定向硕士	43127	0	1030	1040	1852	2	7202	1852	4001	1349	0	0	4314
法律	035100	3	23	23	41	0	137	41	48	48	0	0	48
法律	035100	3	62	62	118	0	335	118	94	123	0	0	123
法律	035100	3	0	0	1	0	1	1	0	0	0	0	0
材料与化工	085600	3	0	0	6	0	6	6	0	0	0	0	0
电子信息	085400	3	0	0	83	0	83	83	0	0	0	0	0
电子信息	085400	3	0	0	6	0	6	6	0	0	0	0	0
风景园林	095300	3	0	0	0	0	5	0	5	0	0	0	0
工程	085200	3	0	0	0	0	8	0	7	1	0	0	1
工程	085200	3	0	0	0	0	93	0	61	32	0	0	32
工程	085200	3	0	0	0	0	40	0	22	18	0	0	18
工程	085200	3	0	0	0	0	26	0	17	9	0	0	9
工程	085200	3	0	0	0	0	18	0	12	6	0	0	6
工程	085200	3	0	0	0	0	18	0	11	7	0	0	7
工程	085200	3	0	0	0	0	65	0	30	35	0	0	35

专业名称	专业代码	年制	毕业生数	授予学位数	招生数		在校学生数						预计毕业生数
					合计	其中应届生	合计	一年级	二年级	三年级	四年级	五年级及以上	
工程	085200	3	0	0	0	0	24	0	10	14	0	0	14
工程	085200	3	0	0	0	0	37	0	26	11	0	0	11
工程	085200	3	0	0	0	0	27	0	23	4	0	0	4
工程	085200	3	0	0	0	0	79	0	60	19	0	0	19
工程	085200	3	0	0	1	1	28	1	17	10	0	0	10
工程	085200	3	0	0	0	0	18	0	12	6	0	0	6
工程	085200	3	0	0	0	0	35	0	25	10	0	0	10
工程	085200	3	0	0	0	0	6	0	5	1	0	0	1
工程	085200	3	0	0	0	0	4	0	3	1	0	0	1
工程	085200	3	2	2	0	0	2	0	0	2	0	0	2
机械	085500	3	0	0	113	0	113	113	0	0	0	0	0
建筑学	085100	3	0	0	0	0	1	0	1	0	0	0	0
交通运输	086100	3	0	0	7	0	7	7	0	0	0	0	0
能源动力	085800	3	0	0	19	0	19	19	0	0	0	0	0
土木水利	085900	3	0	0	35	0	35	35	0	0	0	0	0
资源与环境	085700	3	0	0	13	0	13	13	0	0	0	0	0
工程管理	125600	3	50	50	126	0	748	126	164	458	0	0	458
工程管理	125600	3	0	0	26	0	26	26	0	0	0	0	0
工商管理	125100	2	464	463	618	0	2606	618	1988	0	0	0	1988
工商管理	125100	3	65	69	123	0	514	123	120	271	0	0	271
工商管理	125100	2	0	0	0	0	1	0	1	0	0	0	1
公共管理	125200	2	109	109	0	0	558	0	558	0	0	0	558
公共管理	125200	3	0	0	188	0	346	188	158	0	0	0	0
公共管理	125200	3	0	0	0	0	1	0	1	0	0	0	0
会计	125300	2	45	45	104	0	364	104	260	0	0	0	260
汉语国际教育	045300	3	0	0	22	0	70	22	21	27	0	0	27
教育	045100	3	32	33	51	0	179	51	40	88	0	0	88
金融	025100	2	42	42	50	0	149	50	99	0	0	0	99
金融	025100	2	0	0	0	0	1	0	1	0	0	0	1
护理	105400	3	59	56	50	0	210	50	40	120	0	0	120
妇产科学	105110	3	1	1	0	0	1	0	0	1	0	0	1
内科学	105101	3	0	0	0	0	2	0	0	2	0	0	2
全科医学	105127	3	13	15	0	0	1	0	0	1	0	0	1
外科学	105109	3	2	3	0	0	1	0	0	1	0	0	1
艺术设计	135108	2	37	37	47	0	104	47	57	0	0	0	57

专业名称	专业代码	年制	毕业生数	授予学位数	招生数		在校学生数						预计毕业生数
					合计	其中应届生	合计	一年级	二年级	三年级	四年级	五年级及以上	
艺术设计	135108	3	0	0	2	0	28	2	3	23	0	0	23
艺术设计	135108	2	0	0	1	0	2	1	1	0	0	0	1
音乐	135101	3	0	0	1	1	1	1	0	0	0	0	0
工程	085200	3	1	1	0	0	0	0	0	0	0	0	0
工程管理	125600	3	1	1	0	0	0	0	0	0	0	0	0
汉语国际教育	045300	3	17	17	0	0	0	0	0	0	0	0	0
口腔医学	105200	3	1	1	0	0	0	0	0	0	0	0	0
儿科学	105102	3	1	2	0	0	0	0	0	0	0	0	0
急诊医学	105117	3	1	2	0	0	0	0	0	0	0	0	0
皮肤病与性病学	105106	3	1	1	0	0	0	0	0	0	0	0	0
眼科学	105111	3	1	2	0	0	0	0	0	0	0	0	0
耳鼻咽喉科学	105112	3	0	1	0	0	0	0	0	0	0	0	0
麻醉学	105116	3	0	2	0	0	0	0	0	0	0	0	0

(三)在职人员攻读硕士学位分专业(领域)学生数(2020-09-31)

专业名称	专业代码	年制	授予学位数	招生数	在校学生数			
					计	一年级	二年级	三年级及以上
甲	丙	丁	1	2	3	4	5	6
硕士学位学生	44200	0	821	0	3627	0	714	2913
其中:女	442002	0	254	0	890	0	235	655
学术学位硕士	44210	0	0	0	1	0	0	1
学术学位硕士其中:女	442102	0	0	0	1	0	0	1
职业技术教育学	040108	3	0	0	1	0	0	1
专业学位硕士	44220	0	821	0	3626	0	714	2912
专业学位硕士其中:女	442202	0	254	0	889	0	235	654
工商管理	125100	2	0	0	1	0	1	0
工程	085200	3	87	0	396	0	0	396
工程	085200	2	0	0	1	0	1	0
工程	085200	3	41	0	199	0	0	199
工程	085200	3	25	0	135	0	0	135
法律	035100	3	28	0	72	0	0	72
工程	085200	3	6	0	7	0	0	7
工程	085200	3	15	0	74	0	0	74
教育	045100	3	1	0	1	0	0	1

专业名称	专业代码	年制	授予学位数	招生数	在校学生数			
					计	一年级	二年级	三年级及以上
工程	085200	3	6	0	49	0	0	49
工程	085200	3	2	0	14	0	0	14
工程	085200	3	9	0	54	0	0	54
工程	085200	3	72	0	309	0	0	309
工程	085200	3	76	0	631	0	0	631
工程	085200	3	5	0	11	0	0	11
工程	085200	3	0	0	10	0	0	10
工程	085200	3	1	0	1	0	0	1
工商管理	125100	2	1	0	0	0	0	0
新闻与传播	055200	3	0	0	1	0	0	1
风景园林	095300	3	37	0	160	0	0	160
工程	085200	3	197	0	225	0	0	225
工商管理	125100	2	73	0	265	0	265	0
工程	085200	3	46	0	219	0	0	219
工程	085200	3	20	0	64	0	0	64
工程	085200	3	5	0	65	0	0	65
工程	085200	3	6	0	127	0	0	127
工程	085200	3	0	0	7	0	0	7
工程	085200	3	5	0	9	0	0	9
公共管理	125200	2	42	0	447	0	447	0
工程	085200	3	3	0	22	0	0	22
工程	085200	3	12	0	50	0	0	50

(四)普通本科分专业学生数(2020-09-31)

专业名称	专业代码	是否师范专业	年制	毕业生数	授予学位数	招生数				在校学生数						预计毕业生数
						合计	其中			合计	一年级	二年级	三年级	四年级	五年级及以上	
							应届生	春季招生	预科生转入							
甲	丙		丁	1	2	3	4	5	6	7	8	9	10	11	12	13
普通本科生	42100	—1	0	3746	3744	4308	4039	0	48	18510	4389	4589	4515	4455	562	4427
其中:女	421002	0	0	1459	1459	1691	1639	0	22	6950	1717	1691	1669	1672	201	1873
高中起点本科	42101	—1	0	3746	3744	4295	4035	0	48	18483	4376	4575	4515	4455	562	4427
设计学类专业	1305TP	0	4	0	0	37	32	0	0	39	39	0	0	0	0	0
表演	130301	0	4	14	14	16	14	0	0	69	16	18	16	19	0	19
金融学	020301	0	4	86	86	30	30	0	0	260	33	77	77	73	0	73
国际经济与贸易	020401	0	4	19	19	0	0	0	0	53	0	17	22	14	0	14

专业名称	专业代码	是否师范专业	年制	毕业生数	授予学位数	招生数				在校学生数						预计毕业生数
						合计	其中			合计	一年级	二年级	三年级	四年级	五年级及以上	
							应届生	春季招生	预科生转入							
法学	030101	0	4	59	59	0	0	0	0	192	0	77	62	53	0	53
政治学与行政学	030201	0	4	18	18	0	0	0	0	84	0	26	28	30	0	30
社会学	030301	0	4	9	9	0	0	0	0	53	0	15	23	15	0	15
社会学类专业	0303TP	0	4	0	0	110	105	0	4	110	110	0	0	0	0	0
马克思主义理论	030504	0	4	0	0	25	21	0	3	25	25	0	0	0	0	0
马克思主义理论	030504	0	4	0	0	0	0	0	0	11	0	11	0	0	0	0
运动训练	040202	0	4	0	0	31	29	0	0	61	31	30	0	0	0	0
口腔医学	100301	0	5	35	35	0	0	0	0	185	0	55	43	49	38	38
康复治疗学	101005	0	4	30	30	30	30	0	0	110	30	29	25	26	0	26
护理学	101101	0	4	0	0	20	20	0	0	58	20	20	9	9	0	9
信息管理与信息系统	120102	0	4	24	24	0	0	0	0	114	1	41	43	29	0	29
工程管理	120103	0	4	44	44	0	0	0	0	171	0	55	56	60	0	60
工商管理	120201	0	4	22	22	25	22	0	0	95	25	26	24	20	0	20
市场营销	120202	0	4	35	35	0	0	0	0	111	1	25	43	42	0	42
哲学	010101	0	4	7	7	0	0	0	0	55	0	17	20	18	0	18
哲学类专业	0101TP	0	4	0	0	238	218	0	7	238	238	0	0	0	0	0
经济学类专业	0201TP	0	4	0	0	210	198	0	3	210	210	0	0	0	0	0
会计学	120203	0	4	51	51	0	0	0	0	148	1	29	59	59	0	59
文化产业管理	120210	0	4	48	48	0	0	0	0	160	0	45	57	58	0	58
行政管理	120402	0	4	24	24	0	0	0	0	54	0	23	10	21	0	21
物流管理	120601	0	4	15	15	0	0	0	0	32	0	9	10	13	0	13
物流工程	120602	0	4	16	16	0	0	0	0	19	0	0	11	8	0	8
工业工程	120701	0	4	21	21	0	0	0	0	104	1	18	39	46	0	46
音乐表演	130201	0	4	15	15	23	23	0	0	86	23	20	21	22	0	22
广播电视编导	130305	0	4	35	35	43	39	0	0	186	43	45	41	57	0	57
动画	130310	0	4	11	11	23	21	0	0	106	23	25	34	24	0	24
视觉传达设计	130502	0	4	15	15	0	0	0	0	62	0	15	26	21	0	21
环境设计	130503	0	4	12	12	0	0	0	0	51	1	14	19	17	0	17
产品设计	130504	0	4	6	6	0	0	0	0	40	0	12	9	19	0	19
汉语言文学	050101	0	4	18	18	2	2	0	0	92	3	29	22	38	0	38
英语	050201	0	4	49	49	0	0	0	0	131	0	52	44	35	0	35
德语	050203	0	4	30	30	0	0	0	0	101	0	26	37	38	0	38
日语	050207	0	4	27	27	0	0	0	0	98	0	40	28	30	0	30
广播电视学	050302	0	4	17	17	3	3	0	0	86	4	30	19	33	0	33
广告学	050303	0	4	19	19	1	1	0	0	60	1	23	20	16	0	16

专业名称	专业代码	是否师范专业	年制	毕业生数	授予学位数	招生数				在校学生数						预计毕业生数
						合计	其中			合计	一年级	二年级	三年级	四年级	五年级及以上	
							应届生	春季招生	预科生转入							
新闻传播学类专业	0503TP	0	4	0	0	0	0	0	0	11	0	5	6	0	0	0
数学与应用数学	070101	0	4	41	41	61	60	0	1	274	64	94	62	54	0	54
数学与应用数学	070101	0	4	0	0	62	60	0	0	62	62	0	0	0	0	0
数学类专业	0701TP	0	4	0	0	218	213	0	0	220	220	0	0	0	0	0
数学类专业	0701TP	0	4	0	0	0	0	0	0	1	0	1	0	0	0	0
应用物理学	070202	0	4	50	50	18	16	0	0	193	18	51	68	56	0	56
应用物理学	070202	0	4	0	0	30	29	0	0	30	30	0	0	0	0	0
物理学类专业	0702TP	0	4	0	0	0	0	0	0	3	0	1	2	0	0	0
物理学类专业	0702TP	0	4	0	0	0	0	0	0	1	0	0	0	1	0	1
应用化学	070302	0	4	43	43	15	15	0	0	179	15	54	50	60	0	60
应用化学	070302	0	4	0	0	12	12	0	0	12	12	0	0	0	0	0
海洋科学	070701	0	4	0	0	7	7	0	0	7	7	0	0	0	0	0
海洋技术(注:可授理学或工学学士学位)	070702	0	4	0	0	0	0	0	0	16	0	10	6	0	0	0
海洋科学类专业	0707TP	0	4	0	0	0	0	0	0	20	0	3	17	0	0	0
地球物理学	070801	0	4	17	17	0	0	0	0	44	0	13	3	28	0	28
地质学	070901	0	4	20	20	0	0	0	0	60	0	22	14	24	0	24
生物技术	071002	0	4	32	32	22	21	0	0	183	23	49	55	56	0	56
生物技术	071002	0	4	0	0	15	14	0	0	15	15	0	0	0	0	0
生物信息学	071003	0	4	15	15	0	0	0	0	90	1	35	25	29	0	29
统计学	071201	0	4	54	54	0	0	0	0	159	2	22	63	72	0	72
工程力学	080102	0	4	47	47	19	19	0	0	151	19	23	51	58	0	58
机械设计制造及其自动化	080202	0	4	140	140	16	16	0	0	503	19	150	155	179	0	179
机械设计制造及其自动化	080202	0	4	6	6	0	0	0	0	5	0	0	0	5	0	5
机械电子工程	080204	0	4	46	46	0	0	0	0	202	2	74	56	70	0	70
工业设计	080205	0	4	52	52	6	6	0	0	244	12	85	76	71	0	71
车辆工程	080207	0	5	219	219	0	0	0	0	635	0	0	191	205	239	239
车辆工程	080207	0	5	0	0	9	9	0	0	189	9	180	0	0	0	0
车辆工程	080207	0	4	0	0	0	0	0	0	122	0	67	55	0	0	0
车辆工程	080207	0	5	14	14	0	0	0	0	15	0	0	0	0	15	15
汽车服务工程	080208	0	4	23	23	0	0	0	0	49	0	12	16	21	0	21
智能制造工程	080213	0	4	0	0	0	0	0	0	55	2	22	31	0	0	0
机械类专业	0802TP	0	4	0	0	112	108	0	0	174	115	31	27	1	0	1
机械类专业	0802TP	0	5	0	0	0	0	0	0	38	0	0	0	38	0	0
材料科学与工程	080401	0	4	98	98	0	0	0	0	292	2	101	78	111	0	111
新能源材料与器件	080414	0	4	0	0	0	0	0	0	58	0	27	31	0	0	0

专业名称	专业代码	是否师范专业	年制	毕业生数	授予学位数	招生数				在校学生数						预计毕业生数
						合计	其中：应届生	其中：春季招生	其中：预科生转入	合计	一年级	二年级	三年级	四年级	五年级及以上	
能源与动力工程	080501	0	4	34	34	0	0	0	0	102	0	36	22	44	0	44
能源动力类专业	0805TP	0	4	0	0	0	0	0	0	22	0	0	22	0	0	0
电气工程及其自动化	080601	0	4	64	64	0	0	0	0	212	0	75	71	66	0	66
电气类专业	0806TP	0	4	0	0	0	0	0	0	2	0	2	0	0	0	0
电子信息工程	080701	0	4	24	24	0	0	0	0	96	0	37	30	29	0	29
电子信息工程	080701	0	4	12	12	0	0	0	0	15	0	0	3	12	0	12
电子科学与技术	080702	0	4	43	43	0	0	0	0	138	0	50	47	41	0	41
通信工程	080703	0	4	56	56	0	0	0	0	173	1	62	57	53	0	53
微电子科学与工程	080704	0	4	0	0	0	0	0	0	57	0	32	25	0	0	0
光电信息科学与工程	080705	0	4	23	23	0	0	0	0	81	0	33	27	21	0	21
人工智能	080717	0	4	0	0	0	0	0	0	32	0	32	0	0	0	0
电子信息类专业	0807TP	0	4	0	0	0	0	0	0	6	0	0	6	0	0	0
电子信息类专业	0807TP	0	4	0	0	0	0	0	0	3	0	1	2	0	0	0
电子信息类专业	0807TP	0	4	0	0	761	712	0	7	766	766	0	0	0	0	0
自动化	080801	0	4	94	94	0	0	0	0	268	0	72	91	105	0	105
自动化类专业	0808TP	0	4	0	0	426	393	0	4	426	426	0	0	0	0	0
计算机科学与技术	080901	0	4	157	157	0	0	0	0	417	0	118	138	161	0	161
软件工程	080902	0	4	170	169	0	0	0	0	648	8	215	211	214	0	214
信息安全	080904	0	4	20	20	0	0	0	0	111	1	51	26	33	0	33
数据科学与大数据技术	080910	0	4	0	0	0	0	0	0	70	0	39	31	0	0	0
计算机类专业	0809TP	0	4	0	0	0	0	0	0	14	0	0	14	0	0	0
土木工程	081001	0	4	375	375	40	38	0	0	1343	50	380	452	461	0	461
建筑环境与能源应用工程	081002	0	4	47	47	0	0	0	0	160	0	64	45	51	0	51
给排水科学与工程	081003	0	4	70	70	0	0	0	0	204	0	62	71	71	0	71
建筑电气与智能化	081004	0	4	35	35	0	0	0	0	78	0	25	20	33	0	33
智能建造	081008	0	4	0	0	0	0	0	0	63	0	31	32	0	0	0
土木类专业	0810TP	0	4	0	0	614	575	0	6	616	616	0	0	0	0	0
港口航道与海岸工程	081103	0	4	19	19	0	0	0	0	78	0	34	25	19	0	19
测绘工程	081201	0	4	51	50	0	0	0	0	244	0	84	87	73	0	73
化学工程与工艺	081301	0	4	15	15	0	0	0	0	49	0	10	24	15	0	15
地质工程	081401	0	4	27	27	0	0	0	0	81	3	29	19	30	0	30
地质类专业	0814TP	0	4	0	0	0	0	0	0	15	0	1	14	0	0	0
交通运输	081801	0	4	18	18	0	0	0	0	133	0	51	45	37	0	37
交通工程	081802	0	4	139	139	0	0	0	0	508	0	177	160	171	0	171
交通运输类专业	0818TP	0	4	0	0	0	0	0	0	1	0	0	0	1	0	1

专业名称	专业代码	是否师范专业	年制	毕业生数	授予学位数	招生数				在校学生数						预计毕业生数
						合计	其中			合计	一年级	二年级	三年级	四年级	五年级及以上	
							应届生	春季招生	预科生转入							
交通运输类专业	0818TP	0	4	0	0	0	0	0	0	4	0	0	4	0	0	0
交通运输类专业	0818TP	0	4	0	0	430	414	0	3	430	430	0	0	0	0	0
交通运输类专业	0818TP	0	4	0	0	0	0	0	0	1	0	0	1	0	0	0
海洋资源开发技术	081903	0	4	9	9	0	0	0	0	20	0	0	0	20	0	20
飞行器制造工程	082003	0	4	40	40	0	0	0	0	160	0	76	37	47	0	47
环境工程	082502	0	4	65	65	5	4	0	0	203	5	63	66	69	0	69
环境科学	082503	0	4	24	24	12	12	0	0	115	13	29	37	36	0	36
环境科学与工程类专业	0825TP	0	4	0	0	0	0	0	0	1	0	0	0	1	0	1
建筑学	082801	0	5	101	101	0	0	0	0	441	0	167	111	83	80	80
建筑学	082801	0	4	0	0	0	0	0	0	24	0	0	0	24	0	24
城乡规划	082802	0	5	64	64	0	0	0	0	277	0	81	72	61	63	63
风景园林	082803	0	4	47	47	0	0	0	0	151	1	57	47	46	0	46
历史建筑保护工程	082804	0	4	28	28	0	0	0	0	79	0	29	28	22	0	22
建筑类专业	0828TP	0	4	0	0	299	271	0	4	301	301	0	0	0	0	0
基础医学类专业	1001TP	0	4	0	0	219	203	0	6	220	220	0	0	0	0	0
临床医学	100201	0	5	89	89	0	0	0	0	328	1	0	119	111	97	97
临床医学	100201	0	5	0	0	0	0	0	0	147	4	143	0	0	0	0
临床医学	100201	0	5	15	15	0	0	0	0	9	2	0	0	0	7	7
临床医学	100201	0	5	0	0	0	0	0	0	24	0	1	10	13	0	0
临床医学	100201	0	5	23	23	0	0	0	0	84	0	0	31	30	23	23
第二学士学位	42103	−1	0	0	0	4	0	0	0	4	4	0	0	0	0	0
临床医学	100201	0	2	0	0	4	0	0	0	4	4	0	0	0	0	0
对口招收中职生	42104	−1	0	0	0	9	4	0	0	23	9	14	0	0	0	0
表演	130301	0	4	0	0	1	1	0	0	1	1	0	0	0	0	0
产品设计	130504	0	4	0	0	0	0	0	0	1	0	1	0	0	0	0
音乐表演	130201	0	4	0	0	2	2	0	0	3	2	1	0	0	0	0
行政管理	120402	0	4	0	0	0	0	0	0	9	0	9	0	0	0	0
经济学类专业	0201TP	0	4	0	0	2	1	0	0	2	2	0	0	0	0	0
市场营销	120202	0	4	0	0	0	0	0	0	2	0	2	0	0	0	0
运动训练	040202	0	4	0	0	4	0	0	0	5	4	1	0	0	0	0

(五)成人本科分专业学生数(2020-09-31)

专业名称	专业代码	是否师范专业	年制	毕业生数	授予学位数	招生数	在校学生数							预计毕业生数
							合计	一年级	二年级	三年级	四年级	五年级	六年级及以上	
甲	丙		丁	1	2	3	4	5	6	7	8	9	10	11
成人本科生	42200	—1	0	2023	227	2320	6661	2320	1824	2427	21	69	0	2496
其中:女	422002	—1	0	1248	167	1490	4394	1490	1167	1705	13	19	0	88
函授本科	42210	—1	0	112	5	111	365	111	109	145	0	0	0	145
其中:女	422102	0	0	32	4	40	126	40	30	56	0	0	0	56
专科起点本科	42212	—1	0	112	5	111	365	111	109	145	0	0	0	145
机械设计制造及其自动化	080202	0	3	0	0	0	12	0	0	12	0	0	0	12
交通运输	081801	0	3	112	5	111	353	111	109	133	0	0	0	133
业余本科	42220	—1	0	1911	222	2209	6296	2209	1715	2282	21	69	0	2351
其中:女	422202	0	0	1216	163	1450	4268	1450	1137	1649	13	19	0	32
高中起点本科	42221	—1	0	104	4	0	90	0	0	0	21	69	0	69
电子信息工程	080701	0	5	0	0	0	1	0	0	0	0	1	0	1
化学工程与工艺	081301	0	5	17	0	0	21	0	0	0	0	21	0	21
建筑学	082801	0	5	39	1	0	43	0	0	0	0	43	0	43
工商管理	120201	0	5	48	3	0	25	0	0	0	21	4	0	4
专科起点本科	42222	—1	0	1807	218	2209	6206	2209	1715	2282	0	0	0	2282
法学	030101	0	3	13	6	0	1	0	0	1	0	0	0	1
机械类专业	0802TP	0	3	69	6	0	8	0	0	8	0	0	0	8
机械设计制造及其自动化	080202	0	3	22	3	57	156	57	49	50	0	0	0	50
电气工程及其自动化	080601	0	3	47	8	83	168	83	42	43	0	0	0	43
计算机科学与技术	080901	0	3	27	3	104	240	104	82	54	0	0	0	54
土木工程	081001	0	3	155	2	170	483	170	118	195	0	0	0	195
建筑环境与能源应用工程	081002	0	3	14	1	0	0	0	0	0	0	0	0	0
给排水科学与工程	081003	0	3	18	0	0	4	0	0	4	0	0	0	4
建筑学	082801	0	3	72	14	102	262	102	75	85	0	0	0	85
行政管理	120402	0	3	3	6	0	26	0	0	26	0	0	0	26
工程管理	120103	0	3	187	1	212	598	212	184	202	0	0	0	202
工商管理	120201	0	3	87	11	209	600	209	211	180	0	0	0	180
市场营销	120202	0	3	27	0	0	1	0	0	1	0	0	0	1
金融学	020301	0	3	27	7	0	0	0	0	0	0	0	0	0
医学影像学	100203	0	3	144	70	0	5	0	0	5	0	0	0	5
康复治疗学	101005	0	3	65	11	110	279	110	102	67	0	0	0	67

专业名称	专业代码	是否师范专业	年制	毕业生数	授予学位数	招生数	在校学生数							预计毕业生数
							合计	一年级	二年级	三年级	四年级	五年级	六年级及以上	
护理学	101101	0	3	796	66	1119	3274	1119	820	1335	0	0	0	1335
艺术设计学	130501	0	3	34	3	0	1	0	0	1	0	0	0	1
环境设计	130503	0	3	0	0	43	100	43	32	25	0	0	0	25

(六)成人专科分专业学生数(2020-09-31)

专业名称	专业代码	是否师范专业	年制	毕业生数	招生数	在校学生数					预计毕业生数
						合计	一年级	二年级	三年级	四年级及以上	
甲	丙		丁	1	2	3	4	5	6	7	8
成人专科生	41200	—1	0	125	45	135	45	34	56	0	56
其中:女	412002	—1	0	56	2	15	2	6	7	0	7
函授专科	41210	—1	0	38	45	123	45	34	44	0	44
其中:女	412102	0	0	6	2	12	2	6	4	0	4
高中起点专科	41211	—1	0	38	45	123	45	34	44	0	44
铁道交通运营管理	600108	0	3	38	45	123	45	34	44	0	44
业余专科	41220	—1	0	87	0	12	0	0	12	0	12
其中:女	412202	0	0	50	0	3	0	0	3	0	3
高中起点专科	41221	—1	0	87	0	12	0	0	12	0	12
工商企业管理	630601	0	3	65	0	8	0	0	8	0	8
行政管理	690206	0	3	4	0	1	0	0	1	0	1
室内艺术设计	650109	0	3	18	0	3	0	0	3	0	3

(七)外国留学生情况(2020-09-31)

		编号	毕(结)业生数	授予学位数	招生数		在校学生数					
					合计	其中:春季招生	合计	第一年	第二年	第三年	第四年	第五年及以上
甲		乙	1	2	3	4	5	6	7	8	9	10
总　计		1	1179	569	1266	122	2225	1266	536	233	111	79
其中:女		2	467	232	516	47	891	516	225	73	42	35
按学历分	小　计	3	638	569	882	19	1830	882	525	233	111	79
	专　科	4		*								
	本　科	5	248	179	460	4	942	460	233	90	87	72
	硕士研究生	6	359	359	352	13	689	352	227	102	7	1
	博士研究生	7	31	31	70	2	199	70	65	41	17	6
培　训		8	541	*	384	103	395	384	11			

		编号	毕(结)业生数	授予学位数	招生数		在校学生数					
					合计	其中:春季招生	合计	第一年	第二年	第三年	第四年	第五年及以上
按大洲分	亚　洲	9	263	170	441	26	935	441	291	121	46	36
	非　洲	10	102	55	109	6	311	109	117	40	25	20
	欧　洲	11	750	303	563	73	715	563	75	42	20	15
	北美洲	12	47	30	88	15	152	88	33	17	8	6
	南美洲	13	10	9	51		79	51	17	7	3	1
	大洋洲	14	7	2	14	2	33	14	3	6	9	1
按经费来源分	国际组织资助	15										
	中国政府资助	16	302	182	267	4	718	267	281	111	52	7
	本国政府资助	17										
	学校间交换	18	71	71	148		287	148	76	51	9	3
	自　　费	19	806	316	851	118	1220	851	179	71	50	69

(八)学生变动情况(2020-09-31)

	编号	上学年初报表在校学生数	增加学生数					减少学生数									本学年初报表在校学生数
			合计	招生	复学	转入	其他	合计	毕业	结业	休学	退学	开除	死亡	转出	其他	
甲	乙	1	2	3	4	5	6	7	8	9	10	11	12	13	14	15	16
总　　计	1	48317	14406	14115	280	8	3	12307	11134	253	377	282		4	1	256	50416
普通本科、专科生	2	18115	4548	4308	232	8		4153	3746	134	196	74		2	1		18510
普通专科生	3																
普通本科生	4	18115	4548	4308	232	8		4153	3746	134	196	74		2	1		18510
成人本科、专科生	5	6926	2375	2365	10			2505	2148		120	66				171	6796
成人专科生	6	228	45	45				138	125							13	135
成人本科生	7	6698	2330	2320	10			2367	2023		120	66				158	6661
网络本科、专科生	8																
网络专科生	9																
网络本科生	10																
研究生	11	23276	7483	7442	38		3	5649	5240	119	61	142		2		85	25110
硕士研究生	12	17392	5701	5668	30		3	4706	4420	65	42	97		1		81	18387
博士研究生	13	5884	1782	1774	8			943	820	54	19	45		1		4	6723

（九）在校生分年龄情况（2020-09-31）

	编号	合计	17岁及以下	18岁	19岁	20岁	21岁	22岁	23岁	24岁	25岁	26岁	27岁	28岁	29岁	30岁	31岁及以上
甲	乙	1	2	3	4	5	6	7	8	9	10	11	12	13	14	15	16
总　计	1	50416	346	3274	4028	4525	4681	4879	4766	4421	3460	2550	2091	1701	1416	1322	6956
其中：女	2	22452	145	1284	1488	1758	1830	2209	2290	2224	1762	1311	1048	838	682	639	2944
普通专科生	3																
其中：女	4																
普通本科生	5	18510	346	3272	4023	4456	3866	1882	491	107	34	14	6	2	3		8
其中：女	6	6950	145	1283	1485	1718	1433	702	156	21	6	1					
成人专科生	7	135							2	2	1	2	1	6	9	13	99
其中：女	8	15							1	1			1		1		11
成人本科生	9	6661				1	83	333	644	881	860	774	617	447	330	324	1367
其中：女	10	4394				1	47	240	474	612	637	562	446	318	211	196	650
网络专科生	11																
其中：女	12																
网络本科生	13																
其中：女	14																
硕士研究生	15	18387		2	5	57	635	2361	3235	2878	1768	949	668	637	608	598	3986
其中：女	16	8494		1	3	31	311	1142	1500	1342	798	424	295	303	290	295	1759
博士研究生	17	6723				11	97	303	394	553	797	811	799	609	466	387	1496
其中：女	18	2599				8	39	125	159	248	321	324	306	217	180	148	524

（十）在校生中其他情况（2020-09-31）

	编号	共产党员	共青团员	民主党派	香港	澳门	台湾	华侨	少数民族	残疾人
甲	乙	1	2	3	4	5	6	7	8	9
总　计	1	10195	33091	69	57	50	114		3358	
普通本科、专科生	2	11	17117		45	43	46		2113	
普通专科生	3									
普通本科生	4	11	17117		45	43	46		2113	
成人本科、专科生	5	568	4426						153	
成人专科生	6	61	14						4	
成人本科生	7	507	4412						149	
网络本科、专科生	8									
网络专科生	9									
网络本科生	10									
研究生	11	9616	11548	69	12	7	68		1092	
硕士研究生	12	6096	9122	44	12	6	64		802	
博士研究生	13	3520	2426	25		1	4		290	

(十一)招生、在校生来源情况(2020-09-31)

	编号	招生数			在校生数								
		合计	普通专科生	普通本科生	合计	普通专科生	普通本科生	成人专科生	成人本科生	网络专科生	网络本科生	硕士研究生	博士研究生
甲	乙	1	2	3	4	5	6	7	8	9	10	11	12
总　计	1	4308		4308	50416		18510	135	6661			18387	6723
北　京	2	37		37	226		173					40	13
天　津	3	74		74	416		300					80	36
河　北	4	161		161	1488		694					540	254
山　西	5	131		131	1420		564					572	284
内蒙古	6	71		71	575		280					194	101
辽　宁	7	108		108	1057		503					389	165
吉　林	8	89		89	742		402					236	104
黑龙江	9	89		89	939		381					384	174
上　海	10	503		503	11604		2269	135	6649			2314	237
江　苏	11	166		166	3918		722		12			2574	610
浙　江	12	161		161	2475		701					1399	375
安　徽	13	217		217	3321		909					1755	657
福　建	14	171		171	1421		706					520	195
江　西	15	179		179	1899		760					808	331
山　东	16	180		180	2924		746					1320	858
河　南	17	243		243	2956		989					1289	678
湖　北	18	101		101	1338		409					643	286
湖　南	19	162		162	1590		734					599	257
广　东	20	121		121	886		492					298	96
广　西	21	140		140	905		613					225	67
海　南	22	27		27	164		111					39	14
重　庆	23	114		114	864		489					274	101
四　川	24	228		228	1868		992					632	244
贵　州	25	160		160	919		651					196	72
云　南	26	143		143	814		597					145	72
西　藏	27	36		36	161		155					5	1
陕　西	28	99		99	913		442					307	164
甘　肃	29	146		146	1017		614					262	141
青　海	30	27		27	159		117					27	15
宁　夏	31	38		38	242		158					49	35
新　疆	32	157		157	974		703					190	81
香　港	33	11		11	57		45					12	
澳　门	34	10		10	50		43					6	1
台　湾	35	8		8	114		46					64	4
华　侨	36												

(十二)普通本科生、普通预科生录取来源情况(2020-09-31)

	编号	普通本科生											普通预科生
		录取数						生源类别					
		合计	其中专项			其中		普通高中		中职		其他	
			国家专项	地方专项	高校专项	预科生转入	专升本学生	应届毕业生	往届毕业生	应届毕业生	往届毕业生		
甲	乙	1	2	3	4	5	6	7	8	9	10	11	12
总计	1	4361	333		274	48		4058	187	6	7	103	48
北京	2	37						37					
天津	3	75						72	2		1		
河北	4	162	9		9			146	15	1			
山西	5	131	3		2			121	9			1	
内蒙古	6	71	7		3	4		66	1			4	4
辽宁	7	109			8			106	2		1		
吉林	8	89	2		1			87	2				
黑龙江	9	89	3		3			88	1				
上海	10	509						497	6	2	1	3	
江苏	11	168			17			162	6				
浙江	12	162			11			156	4	2			
安徽	13	217	30		11			211	6				
福建	14	171			22			171					
江西	15	183	22		16			172	11				
山东	16	180			18			175	5				
河南	17	244	40		46			206	37		1		
湖北	18	101	13		4			96	4		1		
湖南	19	162	20		6			159	2	1			
广东	20	123			2			119	3		1		
广西	21	142	10		7			130	12				
海南	22	27			1			26	1				
重庆	23	116	13		9			104	12				
四川	24	231	25		30	5		208	18			5	5
贵州	25	162	28		16	4		152	5		1	4	4
云南	26	144	30		12	5		134	5			5	6
西藏	27	8	2		1			8					
陕西	28	99	20		3			97	2				
甘肃	29	147	37		8			139	8				
青海	30	27	4		2			26	1				
宁夏	31	38	5		2	2		36				2	2
新疆	32	124	10		4	28		89	7			28	27
内地新疆班	33	28						28					

	编号	普通本科生											普通预科生
		录取数						生源类别					
		合计	其中专项			其中		普通高中		中职		其他	
			国家专项	地方专项	高校专项	预科生转入	专升本学生	应届毕业生	往届毕业生	应届毕业生	往届毕业生		
内地西藏班	34	34						34					
香港	35	28										28	
澳门	36	12										12	
台湾	37	11										11	
华侨	38												

(十三)普通本科生、普通预科生招生来源情况(2020-09-31)

	编号	普通本科生											普通预科生
		招生数						生源类别					
		合计	其中专项			其中		普通高中		中职		其他	
			国家专项	地方专项	高校专项	预科生转入	专升本学生	应届毕业生	往届毕业生	应届毕业生	往届毕业生		
甲	乙	1	2	3	4	5	6	7	8	9	10	11	12
总计	1	4308	329		274	48		4035	183	4	5	81	48
北京	2	37						37					
天津	3	74						71	2		1		
河北	4	161	9		9			146	15				
山西	5	131	3		2			121	9			1	
内蒙古	6	71	7		3	4		66	1			4	4
辽宁	7	108			8			106	2				
吉林	8	89	2		1			87	2				
黑龙江	9	89	3		3			88	1				
上海	10	503						492	6	2		3	
江苏	11	166			17			161	5				
浙江	12	161			11			156	4	1			
安徽	13	217	30		11			211	6				
福建	14	171			22			171					
江西	15	179	21		16			168	11				
山东	16	180			18			175	5				
河南	17	243	40		46			206	36		1		
湖北	18	101	13		4			96	4		1		
湖南	19	162	20		6			159	2	1			
广东	20	121			2			117	3		1		
广西	21	140	10		7			129	11				
海南	22	27			1			26	1				
重庆	23	114	13		9			103	11				
四川	24	228	25		30	5		205	18			5	5
贵州	25	160	26		16	4		150	5		1	4	4

	编号	普通本科生											普通预科生
		招生数						生源类别					
		合计	其中专项			其中		普通高中		中职		其他	
			国家专项	地方专项	高校专项	预科生转入	专升本学生	应届毕业生	往届毕业生	应届毕业生	往届毕业生		
云南	26	143	29		12	5		133	5			5	6
西藏	27	8	2		1			8					
陕西	28	99	20		3			97	2				
甘肃	29	146	37		8			138	8				
青海	30	27	4		2			26	1				
宁夏	31	38	5		2	2		36				2	2
新疆	32	123	10		4	28		88	7			28	27
内地新疆班	33	28						28					
内地西藏班	34	34						34					
香港	35	11										11	
澳门	36	10										10	
台湾	37	8										8	
华侨	38												

五、校舍情况(2020-09-31)

单位:平方米

	编号	学校产权校舍建筑面积				正在施工校舍建筑面积	非学校产权校舍建筑面积		
		合计	其中				合计	独立使用	共同使用
			危房	当年新增校舍	被外单位借用				
甲	乙	1	2	3	4	5	6	7	8
总　计	1	1831256.4		16994	117774.08	477107	163042	163042	
一、教学科研及辅助用房	2	881427.37		16994	83052.97	279690			
教室	3	161473.22		615	1165.45				
图书馆	4	74497.21			563.39	1000			
实验室、实习场所	5	313908.91		3000	6605.01	37107			
专用科研用房	6	280281			74698.12	233833			
体育馆	7	37871.8		13379	21				
会堂	8	13395.23				7750			
二、行政办公用房	9	80054			50	9267			
三、生活用房	10	715845.49			12163.77	77393	163042	163042	
学生宿舍(公寓)	11	339862.65			4858.02	49350	151645.4	151645.4	
学生食堂	12	32427.44			122	2500	11396.6	11396.6	
教工宿舍(公寓)	13	103956.49			666.7	12600			
教工食堂	14								
生活福利及附属用房	15	239598.91			6517.05	12943			
四、教工住宅	16	21279.54					*	*	*
五、其他用房	17	132650			22507.34	110757			

六、信息化建设情况(2020-09-31)

	编号	网络信息点数(个)		上网课程数(门)	电子邮件系统用户数(个)	管理信息系统数据总量(GB)	数字资源量				信息化培训人次(人次)	信息化工作人员数(人)
		合计	其中:无线接入				电子图书(册)	电子期刊(册)	学位论文(册)	音视频(小时)		
甲	乙	1	2	3	4	5	6	7	8	9	10	11
总计	1	110892	6899	2659	96603	452782	2707293	3103643	9624374	160819.4	7398	48

七、资产情况(2020-09-31)

	编号	占地面积(平方米)			图书(万册)		计算机数(台)			教室(间)		固定资产总值(万元)				
		计	其中:		计	其中:当年新增	计	其中:教学用计算机		计	其中:网络多媒体教室	计	其中:教学、科研仪器设备资产值		其中:信息化设备资产值	
			绿化用地面积	运动场地面积				计	其中:平板电脑				计	其中:当年新增	计	其中:软件
甲	乙	1	2	3	4	5	6	7	8	9	10	11	12	13	14	15
学校产权	1	2554038.5	1108298	115674.1	451.5216	8.6191	45045	17649	450	1276	812	547192.88	409231	37604.4	66157.98	29739.92
非学校产权	2														*	*
1.独立使用	3														*	*
2.共同使用	4														*	*

八、专职辅导员分年龄、专业技术职务情况、学历情况(2020-09-31)

		编号	合计	其中:女	本专科生专职辅导员						研究生专职辅导员					
					计	19岁及以下	20-29岁	30-39岁	40-49岁	50岁以上	计	19岁以下	20-29岁	30-39岁	40-49岁	50岁及以上
甲		乙	1	2	3	4	5	6	7	8	9	10	11	12	13	14
总计		1	200	134	113		60	34	16	3	87		36	31	17	3
其中:女		2	134	*	76		38	24	11	3	58		23	21	12	2
按行政职务分	正处级	3														
	副处级	4	33	21	14			5	8	1	19			4	12	3
	正科级	5	25	21	14			9	4	1	11			7	4	
	副科级及以下	6	142	92	85		60	20	4	1	57		36	20	1	
按专业技术职务分	正高级	7	1	1							1				1	
	副高级	8	11	8	6				4	2	5				4	1
	中级	9	83	62	42		5	25	12		41		4	23	12	2
	初级	10	30	20	19		14	5			11		8	3		
	未定职级	11	75	43	46		41	4		1	29		24	5		

		编号	合计	其中:女	本专科生专职辅导员						研究生专职辅导员					
					计	19岁及以下	20-29岁	30-39岁	40-49岁	50岁以上	计	19岁以下	20-29岁	30-39岁	40-49岁	50岁及以上
按学历分	博士研究生	12	42	27	15		2	6	6	1	27		4	14	9	
	硕士研究生	13	124	87	73		36	28	8	1	51		29	17	5	
	本科	14	34	20	25		22		2	1	9		3		3	3
	专科及以下	15														

九、心理咨询工作人员情况(2020-09-31)

		编号	合计	其中:女	其中:持有资格证书	按工作年限分			
						4年及以下	5—10年	11—20年	21年及以上
甲		乙	1	2	3	4	5	6	7
总计		1	10	6	10	2	1	5	2
其中:女		2	6	*	6	2		2	2
按专业技术职务分	正高级	3							
	副高级	4	1	1	1			1	
	中级	5	4	3	4			2	2
	初级	6	2	1	2	1		1	
	未定职级	7	3	1	3	1	1	1	
按学历分	博士研究生	8	1	1	1			1	
	硕士研究生	9	9	5	9	2	1	4	2
	本科	10							
	专科及以下	11							

十、教育部直属高校校园占地情况统计报表（2020-09-31）

校区名称	编号	是否含全日制办学校区	合计	学校产权占地面积	国有土地使用证号	土地已购置，但未取得国有土地使用证的占地面积	非学校产权占地面积			学校产权及已购置土地按功能分						专门实习用地
							小计	独立使用	共同使用	小计	其中					
											教学科研及辅助用房占地面积	生活用房占地面积	行政办公用房占地面积	教工住宅占地面积	其他用房占地面积	
甲	乙	丙	1	2	3	4	5	6	7	8	9	10	11	12	13	14
苏州木渎基地	7	是	3919.6	3919.6	吴县市国用（2000）01046号	0	0	0	0	3919.6	3919.6	0	0	0	0	1
四平路校区	1	是	1009795.3	1009795.3	沪房地杨字（2006）第025458号、沪房杨地（1998）第011321号等	0	0	0	0	1009795.3	418077.66	495414.28	52648.68	13952.92	29701.76	0
沪西校区	4	是	289609	289609	沪房地普字（2006）第024739号、沪房地普字（2003）第024963号等	0	0	0	0	289608.99	49933.73	78712.39	267	7745.56	152950.31	0
沪北校区	3	是	51773	51773	沪房地闸字(2005)第024684号、沪房地闸字(2003)第035200号	0	0	0	0	51773	28756.22	23016.78	0	0	0	0
嘉定校区	2	是	1145856.6	1145856.6	沪房地嘉字第（2005）001550、001551、001552号等	0	0	0	0	1145856.6	891890.93	185698.71	68266.96	0	0	0
临港基地	5	是	53085	53085	沪浦府土（2011）430号	0	0	0	0	53085	53085	0	0	0	0	0
其他校区	6	否	0	0	*	0	0	0	0	0	0	0	0	0	0	0

大 事 记

1月

3日，教育部发布了2019年度国家级和省级一流本科专业建设点名单。学校共有23个专业入选国家级一流本科专业建设点，居上海高校首位。学校另有2个专业入选省级一流本科专业建设点。

6日晚，央视《新闻联播》“不忘初心、牢记使命”主题教育进行时报道中，以“同济大学：落实立德树人使命”为题，报道学校“不忘初心、牢记使命”主题教育成果。

10日，2019年度国家科学技术奖励大会在北京人民大会堂隆重举行，学校6项成果被授予国家科学技术奖。其中，以同济大学为第一完成单位、同济大学教授为第一完成人的2项目分别荣获国家技术发明奖二等奖、国家科学技术进步奖二等奖；以同济大学为第一合作单位，与我校合作多年的同济讲座教授、奥地利科学家赫伯特·芒(Herbert A. Mang)教授，荣获中华人民共和国国际科学技术合作奖；另有同济大学参与的3项成果荣获国家科学技术进步奖二等奖。

14日下午，同济大学2020年学生思政工作创新论坛在逸夫楼一楼报告厅举行，本次论坛主题“创思政工作新局面，谱‘三全育人’新篇章”，“同济大学思政工作创新发展研究中心”同时成立。

16日，国际顶尖学术期刊《自然》在线发表了重要医学研究成果。导致结核病的结核分枝杆菌是如何致病的？同济大学医学院、同济大学附属上海市肺科医院戈宝学教授研究团队，联合上海科技大学免疫化学研究所饶子和院士研究团队又有新发现。结核菌中有一种分泌出的蛋白非常“聪明”，它能利用人体的蛋白分子攻击其自身的免疫功能，从而产生毒力，导致结核病的发生。

17日，同济大学生命科学与技术学院、附属东方医院高亚威教授联合美国芝加哥大学教授何川、中科院北京基因组研究所研究员韩大力合作完成的研究成果“*N6－methyladenosine of chromosome－associated regulatory RNA regulates chromatin state and transcription*”(《染色体相关RNA上的m6A修饰参与染色质状态与转录活性的调控》)，在线发表于国际顶尖学术期刊《科学》。该研究首次揭示了RNA的m6A修饰调控染色质状态和转录活性的重要机制，刷新了对m6A功能的认识。

22日，校党委书记方守恩、校长陈杰与学校相关部门负责人召开专题会议，研究部署启动新型冠状病毒感染的肺炎疫情防控工作。

30日，校党委书记方守恩、校长陈杰带队，先后来到解放楼、干训楼、专家楼以及部分学生宿舍，检查疫情防控措施落实情况，进一步部署近期学校疫情防控工作。新冠肺炎疫情发生后，同济大学高度关注，全校上下迅速紧急行动起来，学校立即制定启动疫情防控方案，积极落实各项防控措施，打响疫情防控阻击战，为学校师生生命安全和身心健康筑起一道道坚实屏障。

2月

7日上午10时许，一场特殊的网上视频交流会在同济大学举行，校党委书记方守恩、校长陈杰等校领导通过网络视频连线，向当前身在湖北的同济师生及其家人表示诚挚慰问，向奋战在抗疫一线的所有同济人，特别是附属医院援鄂的百余名医护人员致以崇高的敬意。

截至21日，由同济大学校友会、同济大学教育发展基金会联合发起设立的“同济大学抗击新型冠状病毒肺炎专项基金”第一期和第二期募捐工作共有6426人次参与捐赠，捐赠总额人民币222.99万元，现已使用人民币186.54万元，用于经规范渠道采购呼吸机、口罩、护目镜、防护衣、手套、鞋套、消毒剂等医疗物资，支援华中科技大学同济医学院附属医院和同济大学的抗疫防治工作。

3月

1日，同济大学湖北学生第一临时党支部成立大会暨“同舟共济，全力战‘疫’”主题党日活动以视频会议的形式举行。在湖北的学生党员积极筹备成立了5个临时党支部，他们将凝聚党员力量，让党旗在战“疫”一线高高飘扬。

12日零时，国际顶级学术期刊《自然》在线发表了学校海洋与地球科学学院副教授李江涛与美国伍兹霍尔海洋研究所合作完成的最新研究成果“*Recycling and metabolic flexibility dictate life in the lower oceanic crust*”(《有机质的循环利用和新陈代谢的灵活性决定着下洋壳中的生命》)。

23日，同济大学疫情期间推出的移动直播栏目《听TA说》之“红色能量”首讲《回到原点》，在中共一大会址纪念馆开讲，带领青年学子在线参观。在一个多小时的直播时间内，共有40余万人次在线收看了直播，并实时评论点赞。

4月

22日晚7时，泰晤士高等教育发布第二届世界大学影响力排名，展现了全球大学为实现联合国17项可持续发展目标而采取的行动。同济大学位列全球榜单第13位、亚洲榜单首位。在联合国可持续发展目标7(经济适用的清洁能源)的排名中全球第一，在联合国可持续发展目标6(清洁饮水和卫生设施)的排名中全球第二。

26日，嘉定区人民政府和同济大学合作办学签约仪式在嘉定区综合办公大楼举行。校常务副校长伍江，嘉定区副区长王浩，同济大学工会常务副主席宋建华，嘉定区教育局局长姚伟、副局长赵丽鸾，国际汽车城（集团）公司董事长陈钢等出席签约仪式。王浩和伍江代表双方签订合作办学协议，并为同济大学附属嘉定幼儿园揭牌。

5 月

11 日，学生事务中心奖学金证书自助打印功能全新上线，为迎接返校学子提供快捷、贴心的无接触自助服务。

13 日上午，同济大学在上海张江人工智能岛举行人工智能专业人才贯通式培养研讨会。同济大学依托与杨浦区政府联合组建的基础教育集团，与集团成员校同济大学第一附属中学联合启动人工智能创新素养培养项目，共同组建“人工智能创新实验班”。同济大学常务副校长伍江、杨浦区副区长王浩共同为该创新实验班揭牌。

30 日，人力资源和社会保障部、中国科协、科技部、国务院国资委联合在京举办第二届全国创新争先奖表彰颁奖大会，同济大学 3 位学者荣获全国创新争先奖，他们分别是中国工程院院士、建筑与城市规划学院教授吴志强，国家杰出青年科学基金获得者、973 项目首席科学家、电子与信息工程学院教授蒋昌俊，附属东方医院灾难医学研究所常务副所长、急诊医学部常务副主任、教授王韬。

6 月

21 日，由中车四方股份公司承担、同济大学参与研制的时速 600 公里高速磁浮试验样车在同济大学嘉定校区磁浮试验线上成功试跑。这标志着我国高速磁浮研发取得重要新突破。

24 日，在上海市委党史研究室、上海市教卫工作党委指导下，由学校联合中共一大会址纪念馆、中共二大会址纪念馆、中共四大纪念馆共同举办的“启航——中国共产党早期在上海史迹展”在四平路校区衷和楼大厅揭幕。

7 月

1 日下午，同济大学 2020 届毕业典礼在四平路校区一·二九运动场隆重开幕，现场约有 3300 余名毕业生，其余 6500 余名毕业生在云端参加典礼。

6 日，同济大学党委与嘉定区委中心组联组学习会在同济大学嘉定校区举行，区校双方围绕“贯彻市委全会精神，深化校地合作，做优城市核心功能，建设人民城市”主题，展开深入学习研讨。同时，区校双方签约共同建设“嘉定同济大学科技园”，合作共建“同济大学嘉定基础教育集团”。

10 日上午，同济大学 2020 年“同行计划”暑期实践锻炼培训会在创业谷梦想舞台 201 举行。

8 月

5 日，同济大学马明杰等 10 人获评“2019 上海大学生年度人物”。

10 日，同济大学举行第五届“卓越杯”暨第十二届“挑战杯”中国大学生创业计划竞赛校内选拔赛决赛，遴选 20 件获奖作品代表学校参加“挑战杯”创业赛市赛角逐。

24 日，同济大学与贵州省人民政府在贵阳签署战略合作协议。

28 日，依托同济大学建设的上海自主智能无人系统科学中心专家咨询会暨学术委员会会议举行。

9 月

8 日，在 2020 中国国际服务贸易交易会中国国际技术贸易论坛上，发布了“2020 年全球百佳技术转移案例”，同济大学技术转移中心成功入选。目前，学校技术转移中心已在深圳、长沙、南通、苏州、湖州等地建立分中心，并重点依托分中心在当地开展了一系列产学研活动。

9 日，一年一度的上海市“四有”好教师（教书育人楷模）推选活动名单揭晓，10 名教师荣获上海市“四有”好教师（教书育人楷模）荣誉称号，学校土木工程学院教授、中国工程院院士吕西林榜上有名。

15 日下午，作为本学期“中国道路”课的首讲，校党委书记方守恩为全校本科新生开讲“开学第一课”。

18 日，同济大学“双一流”建设周期总结专家评议会举行，邀请 15 位校内外专家评议并指导学校“双一流”建设周期总结工作，一致同意同济大学“双一流”建设通过周期总结评估。

27 日，2020 中国管理科学大会暨第七届管理科学奖颁奖典礼在北京举行。会上，同济大学教授、中国工程院院士、国家自然科学基金委员会管理科学部原主任郭重庆荣获第七届管理科学奖特殊贡献崇敬奖。

27 日，同济大学与上海市城市运行管理中心在市城运大厅举行合作协议签约仪式和联合成果发布会。

10 月

OTC（Offshore Technology Conference）官方网站正式对外宣布，同济大学海洋与地球科学学院教授、中国海洋石油总公司原总地质师朱伟林被授予特别贡献奖。该奖项系全球石油工业界最为重要的奖项之一，此次获奖也是中国科学家首次获得这一殊荣。

17 日，人民网报道，在脱贫攻坚进入决战决胜的关键时期，同济大学积极发挥人才智力与学科优势，着力在规划编制、教育扶智、医疗服务、产业支持等方面精准施策，用实际行动在滇西大地上书写脱贫攻坚的“高校样本”。

20 日，高校“城乡规划扶贫联盟”成立暨 2020 年工作研讨会在学校召开。同日，《云腾龙跃，山乡巨变——同济大学定点扶贫工作巡礼（2012—2020）》展览在衷和楼开幕。

11 月

1 日，同济大学文[illegible]堂在嘉定校区揭牌启用。这是继四平路校区的“同济·复兴古典书院”、闻学堂之后，学校着力打造的又一校园文化平台。

12 至 13 日举行的 2020 年教育融

媒体建设试点工作推进会上，同济大学入选第二批教育融媒体建设试点单位入选名单。

13日，世界知识产权组织（WIPO）前任总干事弗朗西斯·高锐（Francis Gurry）博士受聘同济大学上海国际知识产权学院名誉院长仪式在上海举行。

14日，在2020年中国大学生方程式系列赛事上，同济大学汽车学院电车队获电车组总冠军，其中，获设计报告第一名、直线加速第一名、耐久性能第三名以及8字绕环第二名；翼驰车队获油车组季军。

17日至20日举行的第六届中国国际"互联网+"大学生创新创业大赛全国总决赛上，同济大学2支学生团队进入全国总决赛，最终同济学子获大赛金奖1项、银奖1项及铜奖3项。

20日，光明日报客户端报道：作为首批"全国党建工作示范高校"培育创建单位，两年多来，同济大学构建思想引领、政治担当、组织建设的培育创建保障体系，矢志为党育人、为国育才，让党旗在中国特色世界一流大学建设征程上高高飘扬。

20日，全国精神文明建设表彰大会在北京举行，同济大学获评"全国文明校园"；附属第十人民医院、附属第一妇婴保健院、附属杨浦医院和附属普陀人民医院（筹）被评为"全国文明单位"；附属东方医院副院长雷撼家庭被评为"全国文明家庭"。

24日，全国劳动模范和先进工作者表彰大会在北京人民大会堂隆重举行。同济大学建筑设计研究院（集团）有限公司汽车运动与安全研究中心主任、高级工程师姚启明荣获"全国劳动模范"称号。此次一共有14名同济人受到表彰，姚启明、崔冰、张郁、罗军、王卫东、卢泰强、陈晓明、李章林、王昌将、净文常等10人荣获全国劳动模范荣誉称号，葛均波、马军、俞汉青、朱永灵等4人荣获全国先进工作者荣誉称号。

30日，教育部发布了《关于公布首批国家级一流本科课程认定结果的通知》，认定5118门课程为首批国家级一流本科课程（含原2017年、2018年国家精品在线开放课程和国家虚拟仿真实验教学项目）。同济大学54门课程榜上有名，包括27门线上一流课程、17门线下一流课程、2门线上线下混合式一流课程、7门虚拟仿真实验教学一流课程和1门社会实践一流课程，一流本科课程数量在全国高校位列第11。

12月

1日23时11分左右，嫦娥五号探测器的着陆器、上升器组合体成功实现在月面预定区域软着陆，凝聚着无数科研工作者的智慧和心血，其中也凝结着学校航天测绘遥感与深空探测研究团队的重要科学技术贡献。团队自主研究的技术方法，为嫦娥五号激光三维成像系统在极短成像时间条件下实现量测级探测精度提供了重要支撑，以高可信度探测出威胁安全软着陆的月石月坑障碍。

1日下午，同济大学与四川省人民政府签署全面深化战略合作协议。同日，《寻根铸魂 同舟济世——纪念同济大学迁校李庄八十周年专题展（1940—2020）》在四平路校区衷和楼揭幕。

2日，2020年上海市劳动模范（先进工作者）和上海市模范集体表彰大会在沪举行，一共表彰了840位上海市劳动模范（先进工作者）、336个上海市模范集体。学校童小华、程黎明、雷撼、王静、林谋斌、张益辉6人获上海市劳动模范（先进工作者）称号，附属东方医院中国国际应急医疗队（上海）获上海市模范集体称号。

2日下午，校长陈杰赴上海中学调研，与该校校领导、班主任共同探讨如何进一步推进大学教育与中学教育有效衔接。

4日，校党委书记方守恩赴上海市七宝中学调研，与该校校领导共同探讨如何推进大学教育与中学教育更加紧密衔接，并面向高中生介绍了同济大学的办学特色。

7日，同济大学—华为技术有限公司"智能基座"产教融合协同育人基地合作协议签约仪式在学校举行。

9日，在第十二届"挑战杯"中国大学生创业计划竞赛全国决赛中，同济大学6件学生参赛作品分获金奖1项、银奖3项、铜奖2项，学校再捧"优胜杯"。

12日，同济大学召开研究生教育会议，回顾总结研究生教育经验成果，共同谋划新时代研究生教育改革发展大计，为全面建设社会主义现代化国家培养更多德才兼备的高层次、高质量人才。

10日至13日举行的中华人民共和国第一届职业技能大赛上，同济大学斩获大赛1金1银。

15日，欧洲血液和骨髓移植学会（EBMT）基金会上海代表处成立仪式举行。会上，学校附属同济医院副院长、血液肿瘤中心主任梁爱斌教授凭借在血液肿瘤疾病治疗方面的成功实践，获颁欧洲血液和骨髓移植学会基金会"圣安东尼－EBMT青年领袖奖"。

16日，上海市马克思主义理论学科与马克思主义学院建设工作推进会举行。学校教授孙其明获得上海市马克思主义理论研究"突出贡献奖"；马克思主义学院教授王平、副教授刘骞获得上海市马克思主义理论教学研究"中青年拔尖人才"称号。

22日，同济大学2020年度"十大最具转化潜力科技成果"发布。

25日至26日，同济大学召开科研工作大会，回顾总结"十三五"科研工作成果经验，谋划部署"十四五"科研工作高质量发展重点任务。

26日上午，同济大学附属东方医院建院100周年庆祝大会举行。